审计不是天书，只要你走进了她的殿堂，就会体验到领悟的愉悦！

愿以《礼记·中庸》中的一句话与大家共勉：博学之，审问之，慎思之，明辨之，笃行之。

中华会计网校
www.chinaacc.com
正保远程教育旗下品牌网站
美国纽交所上市公司(代码:DL)

梦想成真®
系列辅导丛书

2020年 注册会计师全国统一考试

审 计

经典题解 上册

■ 杨闻萍 主编　　■ 中华会计网校 编

感恩20年相伴 助你梦想成真

人民出版社

责任编辑：薛岸杨

特邀编辑：李琳琳

图书在版编目（CIP）数据

审计经典题解：上下册/杨闻萍主编；中华会计
网校编. —北京：人民出版社，2020.3
ISBN 978-7-01-021840-3

Ⅰ.①审… Ⅱ.①杨… ②中… Ⅲ.①审计-资格考
试-题解 Ⅳ.①F239-44

中国版本图书馆 CIP 数据核字（2020）第 020239 号

审计经典题解（上下册）
SHENJI JINGDIAN TIJIE
中华会计网校 编

人民出版社出版发行
（100706 北京市东城区隆福寺街 99 号）

河北东方欲晓印务有限公司印刷 新华书店经销

2020 年 3 月第 1 版 2020 年 3 月第 1 次印刷
开本：787×1092 1/16 印张：27
字数：709 千字

ISBN 978-7-01-021840-3 定价：68.00 元（全 2 册）

版权所有 侵权必究
邮购地址 100706 北京市东城区隆福寺街 99 号
人民东方图书销售中心 电话：010－65250042 65289539
中华会计网校财会书店 电话：010－82318888

前　言

正保远程教育

发展：2000—2020年：感恩20年相伴，助你梦想成真

理念：学员利益至上，一切为学员服务

成果：18个不同类型的品牌网站，涵盖13个行业

奋斗目标：构建完善的"终身教育体系"和"完全教育体系"

中华会计网校

发展：正保远程教育旗下的第一品牌网站

理念：精耕细作，锲而不舍

成果：每年为我国财经领域培养数百万名专业人才

奋斗目标：成为所有会计人的"网上家园"

"梦想成真"书系

发展：正保远程教育主打的品牌系列辅导丛书

理念：你的梦想由我们来保驾护航

成果：图书品类涵盖会计职称、注册会计师、税务师、经济师、财税、实务等多个专业领域

奋斗目标：成为所有会计人实现梦想路上的启明灯

图书特色

一、考试基本情况介绍

1. 教材基本结构

2020 年审计教材共八编 23 章，充分体现了职业道德守则和执业准则的内容。具体如下：

第一编 审计基本原理(第 1 章-第 6 章)

二、命题规律总结及趋势预测

通过对近几年的试题分析，预计 2020 年的试题整体难度保持适中，客观题除少量题目与实务相关构成一定难度外，预计大部分题目来自于教材或准则；简答题基本为分析性题目，要

三、应试技巧

1. 客观题

客观题通常总体难度不高，大部分题目能从教材中找到答案，但有一部分题目有一定难度，这类题目或非常具有实务性，或是对教材知识点的延伸，或是来自于准则、应用指南、同

四、本书特点及备考建议

本书第一部分总体上介绍教材基本结构、分值分布及各章难易度，应试技巧和备考建议；第二部分分章讲解核心考点，通过介绍考点的基本内容，辅以阶段性测试对相关知识点进

① 命题趋势预测及应试技巧

解读考试**整体**情况，掌握解题**突破**口，

精准**预测**，提供备考**指导**

考 情 分 析

▶▶历年考情分析

本章作为注册会计师审计基本理论的重要内容，可能以各种题型考查考生对本章基本概念、基本理论知识的理解。近几年来，每年均会考查多个客观题，同时在风险导向审计的综合题中考查审计目标理论在实务中的运用。考生应重点关注审计的保证程度、审计要素、审计目标、审计基本要求、审计风险等知识点。

核心考点及经典例题详解

考点一 审计的概念与保证程度★

经典例题

[例题 1 · 单选题]（2019 年）下列有关财务报表审计的说法中，错误的是（ ）。

A. 审计不涉及为如何利用信息提供建议

的书面记录，但是并非对在审计过程中作出的所有职业判断均进行书面记录。

考点精析

审计基本要求包括遵守审计准则、遵守职业道德守则、保持职业怀疑、合理运用职业判断。此处主要讲解保持职业怀疑和合理运用职业判断两方面要求。

一、保持职业怀疑

本章综合练习 限时65分钟

一、单项选择题

1. 下列有关财务报表审计的说法中，错误的是（ ）。

A. 财务报表审计的目的是改善财务报表的质量或内涵

B. 财务报表审计的基础是独立性和专业性

A. 被审计单位的管理层

B. 被审计单位的股东

C. 为被审计单位提供贷款的银行

D. 对被审计单位财务报表执行审计的注册会计师

4. 下列各项业务中，属于合理保证业务的

② 核心考点精析及习题训练

· 权威**解读**考试情况，**总结规律**

· 全方位**透析**考试，钻研考点

· 重难点**精析**

· 以题带**点**，深入解读真题

· **夯实**基础，快速**掌握**答题技巧

③ 跨章节主观题突破

找准**致错关键**，避开设题陷阱

一、简答题

1. 本题考核知识点：银行借款的函证、函证实施的时间、函证能够证实的认定、评价管理层不实施函证的理由、针对低估风险的函证

ABC 会计师事务所的 A 注册会计师负责审计甲公司 2019 年度财务报表。审计工作底稿中与函证相关的部分内容摘录如下：

(1) 甲公司 2019 年末的一笔大额银行借款已于 2020 年初到期归还。A 注册会计师检查了还款凭证等支持性文件，结果满意，决定不实施函证程序，并在审计工作底稿

低估风险，因此，在询证函中未填列甲公司账面余额，而是要求被询证者提供余额信息。

要求：针对上述第(1)至(5)项，逐项指出 A 注册会计师的做法是否恰当。如不恰当，简要说明理由。

2. 本题考核知识点：审计工作底稿通常不包括的内容、审计工作底稿归档后的变动、审计工作底稿的保存期限、现金监盘、评价会计估计的合理性并确认错报

甲公司为 ABC 会计师事务所的常年审计客户，A 注册会计师负责甲公司 2018 年度

④ 机考通关模拟试题演练

强化解题能力，速**查漏**补缺

一、单项选择题(本题型共 25 小题，每小题 1 分，共 25 分。每题只有一个正确答案，请从每题的备选答案中选出一个你认为正确的答案)

1. 关于审计重要性，下列说法中错误的是（ ）。

A. 注册会计师在制定具体审计计划时，应当确定财务报表整体的重要性

一、单项选择题(本题型共 25 小题，每小题 1 分，共 25 分。每题只有一个正确答案，请从每题的备选答案中选出一个你认为正确的答案)

1. 如果已在财务报表中披露的某事项不会导致发表非无保留意见，也未被确定为将要在审计报告中沟通的关键审计事项，但根据职业判断认为对财务报表使用者理解财

提供充分适当的审计证据

D. 分析程序可以用于控制测试

4. 下列有关货币单元抽样的说法中，错误的是（ ）。

A. 货币单元抽样不适用于测试总体的低估

B. 货币单元抽样适用于从大规模总体中选

充分、适当的审计证据，下列说法中正确的是（ ）。

A. 注册会计师应根据具体情况并运用职业判断，确定使用统计抽样或非统计抽样方法，以最有效地获取审计证据

B. 审计抽样适用于控制测试和实质性程序中的所有审计程序

目　录

下　册

第五编　完成审计工作与出具审计报告

第三部分　跨章节主观题突破

第四部分　机考通关模拟试题演练

正保文化官微

关注正保文化官微，
回复"勘误表"，
获取本书勘误内容。

第一部分

命题趋势预测及应试技巧

智慧启航

　　世界上最快乐的事，莫过于为理想而奋斗。

——苏格拉底

2020年命题趋势预测及应试技巧

JINGDIAN TIJIE

2020年注册会计师全国统一考试的大幕即将拉开，广大考生又要投入到紧张的复习备考之中。考生普遍认为审计科目内容抽象，难以理解，实务性强。考生要想顺利通过考试，有必要了解下面的信息。

一、考试基本情况介绍

1. 教材基本结构

2020年审计教材共八编23章，充分体现了职业道德守则和执业准则的内容。具体如下：

第一编　审计基本原理(第1章~第6章)

本编主要系统介绍注册会计师审计的基本理论和方法，注册会计师在执行财务报表审计业务时，就是将本编所学习的理论和方法运用于实务。从学习难度上讲，由于涉及一些重要的审计理论和方法，因此，具有一定的难度，特别是对于第一次学习审计科目的考生，会明显感到抽象和难以理解。从命题形式上看，多为客观题，但在简答题和综合题中也会涉及本编的知识，尤其是将一些重要理论与实务相结合，如审计风险的识别、评估和应对的综合题中就会运用到本编的审计目标、认定等内容。

第二编　审计测试流程(第7章~第8章)

本编是非常重要的内容，风险导向审计是当今主流的审计方法，该部分内容系统介绍注册会计师如何对重大错报风险进行评估和应对，并最终将审计风险降至可接受的低水平。从审计测试流程的基本思路来讲，就是识别、评估和应对。在考试时，经常会将风险识别、评估和应对的理念与实务融合在一起进行考查，这样就会大幅度地提高题目的难度，这部分内容要求考生必须具有一定的风险导向审计的理念。此外，这部分内容涉及的知识点非常广泛，考点非常多，即使只考基本知识，对考生的记忆力也是一个很大的挑战。因此，对这部分内容，希望考生能够关注各种题型，尤其是综合性题目。

第三编　各类交易和账户余额的审计(第9章~第12章)

这部分内容是各业务循环中交易、账户余额的审计，注册会计师根据风险评估的结果，对各类交易、账户余额执行进一步审计程序。由于该部分与审计实务密切相关，因此，对没有实务经验的考生来说有一定难度。考生在复习这部分内容时，应注意以下几个方面：第一，根据重要的具体审计目标，能够确定为实现目标应实施的实质性程序；第二，重点掌握重要的审计程序，如函证、监盘等基本内容；第三，关注基本的会计知识。

第四编　对特殊事项的考虑(第13章~第17章)

这部分内容介绍的是财务报表审计过程中对舞弊、违反法律法规行为、审计沟通、利用他人工作、对集团财务报表审计的特殊考虑、会计估计、关联方、持续经营假设以及期初余额等特殊事项的考虑。这部分内容涉及的审计准则较多，重要程度也较高。重点应关注对舞弊的考虑、对集团财务报表审计的特殊考虑、会计估计审计、关联方审计。从命题来看，该部分知识不仅以客观题进行考查，对重要知识点也经常考查简答题，如会计估计审计、关联方审计、集团财务报表审计，在综合题中也可能涉及，如集团财务报表审计。

第五编　完成审计工作与出具审计报告(第 18 章~第 19 章)

本编是在完成了对财务报表各业务循环的审计后,评价审计结果、形成审计意见、草拟审计报告的过程。这两章属于非常重要的章节,在考试中各种题型均可涉及,特别是综合题的考核,要求考生能够根据审计过程中发现的问题,确定审计意见类型,草拟审计报告,这是考生必须要掌握的知识。

第六编　企业内部控制审计(第 20 章)

本编主要针对企业内部控制审计的相关内容作详细介绍,考生需要掌握内部控制审计的计划工作、审计方法、各个方面的控制测试、审计报告等内容。

第七编　质量控制(第 21 章)

本编主要针对会计师事务所质量控制的相关内容作详细介绍,考生应对会计师事务所质量控制中有明确要求或规定(如年限、次数等)的内容进行适当记忆。根据以往考题分析,本编主要以简答题的形式进行考核,但是同时也要关注客观题的考核点。

第八编　职业道德(第 22 章~第 23 章)

职业道德问题是注册会计师考试中的重点内容。这部分内容全面系统地介绍了《中国注册会计师职业道德守则》的内容。从难度上看,除个别知识点有些难度,大部分知识比较易于理解,虽涉及很多职业道德中的具体情况,但总体难度不高。本部分包括的两章内容都是比较重要的,考生应在掌握好职业道德基本原则和概念框架的前提下,更好地把握审计业务对独立性的要求。从命题上看,本部分更容易以客观题或简答题的形式进行考查,尤其是结合具体情况对是否违反职业道德进行判断分析的简答题。

以下是注册会计师审计业务的基本流程与部分章节之间的关系,如图 1 所示:

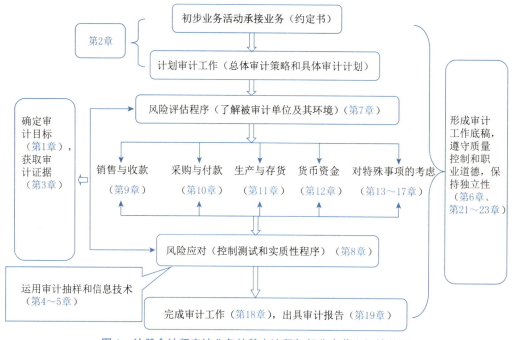

图 1　注册会计师审计业务的基本流程与部分章节之间的关系

2. 分值分布及各章难易度

通过对近年试题分析，总结出"审计"科目考试分值分布及各章难易度见表1。

表1 分值分布及各章难易度

对应编	对应章	大致分值 （取近三年考查的平均分值）	主要题型	难易度	重要程度
第一编	第1章	7分	客观题、简答题、综合题	中	★★★
	第2章	6分	客观题、简答题、综合题	难	★★★
	第3章	8分	客观题、简答题、综合题	中	★★★
	第4章	4.5分	客观题、简答题	难	★★
	第5章	1分	客观题	易	★
	第6章	1.5分	客观题、简答题	易	★★
第二编	第7章	5分	客观题、简答题、综合题	难	★★★
	第8章	3分	客观题、综合题	难	★★★
第三编	第9章	4分	简答题、综合题	难	★★★
	第10章	3分	客观题、简答题、综合题	中	★★
	第11章	6分	客观题、简答题、综合题	难	★★★
	第12章	3分	客观题、简答题	难	★★
第四编	第13章	3.5分	客观题、简答题	难	★★★
	第14章	3.5分	客观题	中	★★
	第15章	3分	客观题	中	★
	第16章	4.5分	客观题、简答题、综合题	难	★★★
	第17章	7分	客观题、简答题	难	★★★
第五编	第18章	3分	客观题、简答题、综合题	中	★★
	第19章	5分	客观题、简答题、综合题	难	★★★
第六编	第20章	5分	客观题、简答题、综合题	难	★★★
第七编	第21章	6.5分	客观题、简答题	中	★★★
第八编	第22章	1分	客观题、简答题	中	★★
	第23章	6分	客观题、简答题	难	★★★

注：本书用"★"来表示各章、各知识点的考频指数以及重要程度。

3. 2020年考试整体变化

与2019年相比，2020年教材整体变动不大，主要体现在以下两方面：

（1）根据《中国注册会计师审计准则第1101号——注册会计师的总体目标和审计工作的基本要求》《中国注册会计师审计准则第1142号——财务报表审计中对法律法规的考虑》和《中国注册会计师审计准则第1411号——利用内部审计人员的工作》，分别对第1章、第13章和第15章的相关内容进行了调整。

（2）根据《中国注册会计师审计准则问题解答第4号——收入确认》对第9章相关内容进行了调整。

除以上两方面外，教材其他章节变动很小或无变动。

二、命题规律总结及趋势预测

1. 近三年题型、题量及分值分布分析，见表2。

表 2　近三年题型、题量及分值分布

年份	单项选择题		多项选择题		简答题		综合题	
	题量	分值	题量	分值	题量	分值	题量	分值
2019 年	25	25	10	20	6	36	1	19
2018 年	25	25	10	20	6	36	1	19
2017 年	25	25	10	20	6	36	1	19

自2012年开始实行机考，题型、题量与分值分布方面没有发生变化。

2. 命题规律分析

(1)审计考试基本特点分析。

①以风险导向审计为基本思路，注重审计工作的基础技能考核；

②在全面考查的基础上，突出重点，对于重点内容不回避，可以多次反复考核。

(2)审计考试趋势分析。

①注重基础内容的考查，非常强调对基础知识的准确掌握；

②考题不拘泥于审计教材，更多注重考核执业准则、执业准则应用指南的原文；

③考试注重对相关知识掌握的精确性，主观题非常强调关键词语以准则或教材原文内容进行答题。

3. 趋势预测

通过对近几年的试题分析，预计2020年的试题整体难度保持适中，客观题除少量题目与实务相关构成一定难度外，预计大部分题目来自于教材或准则；简答题基本为分析性题目，要求考生正确运用相关准则，就实际问题进行判断或分析；综合题是难度最高的题型，在命题上会一贯保持理论结合实务的原则。

三、应试技巧

1. 客观题

客观题通常总体难度不高，大部分题目能从教材中找到答案，但有一部分题目有一定难度，这类题目或非常具有实务性，或是对教材知识点的延伸，或是来自于准则、应用指南、问题解答的原文。

下面我们结合个别真题来分析一下客观题的特点：

(1)直接考查教材原文或纯粹的理论。

【例题·单选题】下列各项中，属于舞弊发生的首要条件的是(　　)。

A. 实施舞弊的动机或压力

B. 实施舞弊的机会

C. 为舞弊行为寻找借口的能力

D. 治理层和管理层对舞弊行为的态度

【答案】A

【解析】舞弊者具有舞弊的动机是舞弊发生的首要条件。

【备考指导】这类题目可谓没有技术含量的送分题，一个弯儿都没有的直接考查。只要考生认真备考了，会发现答案就静静地躺在教材里面。今年考题中这类题目所占比重较去年有所增加，几乎占到了单选题的80%。

(2)结合具体情形，考查对知识点的灵活运用。

【例题·多选题】下列各项中，通常可能导致财务报表层次重大错报风险的有(　　)。

A. 被审计单位所新聘任的财务总监缺乏必要的胜任能力

B. 被审计单位的长期资产减值准备存在高度的估计不确定性

C. 被审计单位管理层缺乏诚信

D. 被审计单位的某项销售交易涉及复杂的安排

【答案】AC

【解析】选项A和C，所导致的重大错报风险不局限于具体某个报表项目，而是可能带来对报表的广泛影响。选项B，影响的是长期资产的计价和分摊，属于认定层次的重大错报风险；选项D，可能涉及该项交易是虚构的，影响的是营业收入的发生认定，属于认定层次的重大错报风险。

【备考指导】这类题目可能不能完全在教材中找到所有的原文依据，考查的是考生真正理解如何区分两个层次的重大错报风险。这就需要考生在平时学习时掌握关键的审计思路，只有掌握了思路，在考试的时候才能以不变应万变，怎么考都不怕。

(3)设置陷阱、模棱两可，考查对知识的准确掌握。

【例题·单选题】下列有关前任注册会计师与后任注册会计师的沟通的说法中，正确的是(　　)。

A. 后任注册会计师应当在接受委托前和接受委托后与前任注册会计师进行沟通

B. 后任注册会计师与前任注册会计师的沟通应当采用书面方式

C. 后任注册会计师应当在取得被审计单位的书面同意后，与前任注册会计师进行沟通

D. 前任注册会计师和后任注册会计师应当将沟通的情况记录于审计工作底稿

【答案】C

【解析】选项A，接受委托后与前任注册会计师的沟通不是必要程序，由后任注册会计师根据审计工作的需要自行决定；选项B，后任注册会计师与前任注册会计师的沟通可以采用书面或口头的方式；选项D，后任注册会计师应当将沟通的情况记录于审计工作底稿。

【备考指导】该题每个选项只读一遍，如果不是对这个知识点有非常透彻的掌握的话，可能不能很快做出正确答案。每个选项给人的感觉都像是正确的，没有明显的错误。但仔细去分析的话，就可以发现"坑"埋在主语部分。比如选项D，凭借我们常有的一种印象——沟通的情况应当记录于审计工作底稿，很容易将其判定为正确，而忽视了前任注册会计师是不需要做这样的记录的。针对这类题目需要我们在考试的时候切莫轻敌，要谨小慎微，避免被"坑"。

综上所述，客观题整体上难度较低，大部分来自于教材原文或准则原文，这就要求考生在平时学习的过程中，要多关注教材和准则的内容，对重点知识做到精准掌握，避免落入出题者的"陷阱"。另外，考生要注意将前后章节的内容融会贯通，重在掌握审计的思路，当面对非教材原文型的题目时，灵活运用所学知识来应对。

2. 简答题

简答题总体难度适中，但属于"绵里藏针"类型，基本上每个题目都会设置个别"难点""陷阱"，使得考生"难做又难舍"。当然除了这些"难点"和"陷阱"外，大部分题目考查的都是比较常规的，比如会计师事务所的质量控制、注册会计师的独立性等内容，而且考查角度及具体知识点的设置也较为常见，甚至一些考点与往年真题有所重复。所以只要考生在学习过程中认真听课做题，拿到这部分分数不成问题。

另外，个别题目可能会突破常见的考查范围，比如在2017年的考试中考查了货币资金审计当中除库存现金监盘、银行存款函证之外的实质性程序的恰当与否的判断，虽与我们常见的知识点有所差距，但是并不算对冷僻知识点的考查。这就需要考生在平时学习的过程中进行全面的学习，这样遇到这类题目时，才不至于慌了手脚。

最后，提醒考生在书写简答题的理由的时候，最好使用"专业术语"。如果能够明确题目考查的知识点，将理由表述为对应教材的原文内容是最好的。但这并不是一定的，还需具体情况具体分析。

3. 综合题

综合题以风险评估、风险应对为主要思路，设置大概5个资料。前两个资料主要为了解到的被审计单位的情况及相关财务数据，要求据此识别风险，指出相关报表项目及认定；后续资料主要考查风险应对过程中涉及的各种做法的判断，涉猎面广泛，最后往往考查完成审计工作当中涉及的错报评价、书面声明等内容。通过5个资料将整个审计过程当中的要点进行考查。除资料一、资料二关系密切之外，其他资料基本可单独拿出来作为一道简答题。其中资料一和资料二中涉及的内容大部分为会计知识，这就要求考生要有一定的会计基础。总之，综合题不愧于"综合"二字，想要拿到综合题的19分，对大多数考生来说，着实不易，需要考生充分储备风险应对当中方方面面的知识，以恰当运用。

四、本书特点及备考建议

本书第一部分从总体上介绍教材基本结构、分值分布及各章难易度、应试技巧和备考建议；第二部分分章讲解核心考点，通过介绍考点的基本内容，辅以阶段性测试对相关知识点进行测试，并提供经典习题辅助练习；第三部分跨章节主观题突破，旨在提高各位考生跨章节综合题的答题能力；第四部分机考通关模拟试题演练，以整套试卷的形式进行模拟训练，为应考做足准备。

最后提醒各位考生，在审计的学习过程中注意以下几点。

1. 重在理解

对于重要的知识点"背"是必要的，但是这种"背"绝不是死记硬背，考生应在理解的基础上加以记忆。

2. 勤思考，多归纳

审计课程的考点很多，容易混淆的点也非常多。因此，考生在复习过程中应注意归纳和总结。

3. 在全面复习的基础上，把握好重点知识

审计的考点非常多，且考试考查得很全面，因此考生必须全面系统地看书。很多题目是综合进行考查的，考生应在全面复习的基础上把握好重点，将这些知识融会贯通。

4. 适当做练习

在复习过程中，做一些习题是必需的，只有通过不断地练习，才能发现自己薄弱的知识点，才能熟悉答题思路、答题技巧及方法。

此外，由于机考模式下的答题与纸质考试下的答题有较大的区别，考生应特别注意在机考模式下的训练。建议考生充分利用中华会计网校的机考模拟系统，熟悉机考的环境和特点，以便更好地应对考试。宝剑锋从磨砺出，梅花香自苦寒来。我们相信，功夫不负有心人，只要认真努力，掌握好学习方法，就一定能通过注册会计师考试。

最后，预祝各位考生取得满意成绩！

关于左侧二维码，你需要知道——

2020年考试变化讲解

亲爱的读者，无论你是新学员还是老考生，本着"逢变必考"的原则，今年考试的变动内容你都需要重点掌握。扫描左侧二维码，网校名师为你带来2020年本科目考试变动解读，助你第一时间掌握重要考点。

第二部分

核心考点精析及习题训练

JINGDIAN TIJIE

抱着追求并从中得到最大快乐的人，才是成功者。

——梭罗

第一编

审计基本原理

　　本编介绍的是财务报表审计的基本原理。主要阐述了审计目标、审计风险、审计计划、审计证据、审计抽样、信息技术对审计的影响和审计工作底稿等财务报表审计的基本概念、方法和基本理论，属于基础理论知识。

　　由于本编是基础理论知识，记忆性内容比较多，需要考生非常熟悉教材内容，对基本的概念和理论能够深入理解；对重要的知识能够加以描述，如审计重要性等；对运用性知识能够灵活运用，如审计抽样在控制测试和细节测试中的具体应用。

　　本编在近年的考试中均作为重点考查内容，所占分值较大。预计在2020年的考试中，仍可能涉及较多的题目。不仅应关注客观题，本编还有可能考查理论结合实务的简答题，如审计计划、审计证据和审计工作底稿很可能会在简答题中单独命题，或在综合题中涉及。

第1章 审计概述

考 情 分 析

➥ 历年考情分析

本章作为注册会计师审计基本理论的重要内容，可能以各种题型考查考生对本章基本概念、基本理论知识的理解。近几年来，每年均考查多个客观题，同时在风险导向审计的综合题中考查审计目标理论在实务中的运用。考生应重点关注审计的保证程度、审计要素、审计目标、审计基本要求、审计风险等知识点。

➥ 本章 2020 年考试主要变化

本章在审计目标知识点中，对完整性目标和准确性(准确性、计价和分摊)目标均增加了对相关披露审计的要求。将相关服务业务中"税务代理"业务调整为"税务咨询和管理咨询"业务。另外增加了注册会计师审计和政府审计都是国家治理体系和治理能力现代化建设的重要方面的相关表述。

核心考点及经典例题详解

考点一　审计的概念与保证程度★

扫我解疑难

表审计的说法中，错误的是（　　）。

A. 审计不涉及为如何利用信息提供建议

B. 审计的目的是增强预期使用者对财务报告的信赖程度

C. 审计只提供合理保证，不提供绝对保证

D. 审计的最终产品是审计报告和已审计财务报表

📝经典例题

【例题 1 · 单选题】（2019 年）下列有关财务报

关于"扫我解疑难"，你需要知道——

亲爱的读者，下载并安装"中华会计网校"APP，扫描对应二维码，即可获赠知识点概述分析及知识点讲解视频（前10次试听免费），帮助夯实相关考点内容。若想获取更多的视频课程，建议选购中华会计网校辅导课程。

【答案】D

【解析】审计的最终产品是审计报告。

【例题2·多选题】(2018年)下列有关鉴证业务保证程度的说法中，正确的有(　　)。

A. 合理保证是高水平的保证，有限保证是中等水平的保证

B. 审计提供合理保证，审阅和其他鉴证业务提供有限保证

C. 合理保证所需证据的数量较多，有限保证所需证据的数量较少

D. 合理保证以积极方式提出结论，有限保证以消极方式提出结论

【答案】CD

【解析】选项A，有限保证提供的是有意义水平的保证；选项B，依据《中国注册会计师其他鉴证业务准则第3101号——历史财务信息审计或审阅以外的鉴证业务》第四条的规定，其他鉴证业务的保证程度分为合理保证和有限保证。

【例题3·多选题】下列各项中，属于鉴证业务的有(　　)。

A. 财务报表审计

B. 财务报表审阅

C. 对财务信息执行商定程序

D. 代编财务信息

【答案】AB

【解析】鉴证业务包括审计、审阅和其他鉴证业务。相关服务业务包括税务咨询、管理咨询、代编财务信息、对财务信息执行商定程序等。

📝 **考点精析**

一、审计的定义

财务报表审计是指注册会计师对财务报表是否不存在重大错报提供合理保证，以积极方式提出意见，增强除管理层之外的预期使用者对财务报表信赖的程度。

第一，审计的目的和作用——提高财务报表的可信赖程度，有效满足财务报表预期使用者的需求；

第二，审计提供的保证程度——合理保证；

第三，审计的基础——独立性和专业性；

第四，审计的最终产品——审计报告。

二、保证程度

注册会计师执行的业务分为鉴证业务和相关服务业务(非鉴证业务)两类，鉴证业务提供的保证程度分为合理保证和有限保证。两者的区别见表1-1。

表1-1　合理保证与有限保证的区别

保证程度 区别	合理保证	有限保证
提出结论的方式	积极方式	消极方式
风险水平	可接受的低水平	可接受的水平
获取证据的程序	综合运用各种程序	主要运用询问、分析程序

【知识点拨】由于合理保证业务收集的审计证据多，因此检查风险较低，最终财务报表的可信赖程度较高，而有限保证业务收集的审计证据少，因此检查风险较高，最终财务报表的可信赖程度也较低。

考点二　审计要素★★

扫我解疑难

📝 **经典例题**

【例题1·多选题】(2019年)下列各项中，属于审计业务要素的有(　　)。

A. 审计证据

B. 财务报表编制基础

C. 审计业务的三方关系人

D. 审计报告

【答案】ABCD

【解析】审计业务要素包括审计业务的三方关系人、财务报表、财务报表编制基础、审计证据和审计报告。

【例题 2·单选题】(2018 年)下列有关审计业务三方关系的说法中，不恰当的是( )。

A. 审计业务的三方关系人分别是注册会计师、被审计单位管理层和财务报表预期使用者

B. 管理层也可能成为预期使用者，但不是唯一的预期使用者

C. 委托人通常是财务报表预期使用者之一，也可能由责任方担任

D. 如果责任方和财务报表预期使用者来自于同一企业，则两者是同一方

【答案】D

【解析】审计业务具有三方关系人是审计业务的要素之一。如果责任方和财务报表预期使用者为同一方，则该业务就不构成审计业务。

考点精析

审计要素包括审计业务的三方关系、财务报表(审计对象的载体)、财务报表编制基础(标准)、审计证据和审计报告。

一、审计业务的三方关系人

三方关系人包括注册会计师、被审计单位管理层(责任方)和财务报表的预期使用者。

三方之间的关系是，注册会计师对由被审计单位管理层(责任方)负责的财务报表(审计对象的载体)发表审计意见(提出结论)，以增强除管理层(责任方)之外的预期使用者对财务报表的信赖程度。

【知识点拨】在审计业务中，三方关系人缺一不可。

1. 注册会计师

注册会计师的责任是按照审计准则的规定对财务报表发表审计意见。注册会计师通过签署审计报告确认其责任。

2. 被审计单位管理层(责任方)

(1)管理层和治理层应对编制财务报表承担完全责任。财务报表审计不能减轻被审计单位管理层和治理层的责任。

(2)如果财务报表存在重大错报，而注册会计师通过审计没有能够发现，管理层和治理层依然要对财务报表承担完全责任，这一责任不能因为财务报表已经注册会计师审计这一事实而减轻。

3. 预期使用者

(1)在实务中注册会计师可能无法识别所有的预期使用者，此时，预期使用者应考虑与财务报表有重要和共同利益的主要利益相关者。

(2)在审计报告中，收件人应尽可能地明确为所有的预期使用者。

二、财务报表

对于财务报表审计业务，审计对象是历史的财务状况、经营成果和现金流量，审计对象的载体是财务报表。

三、财务报表编制基础(标准)

财务报表编制基础分为通用目的编制基础和特殊目的编制基础。

四、审计证据

充分性和适当性是审计证据的基本特性，且两者相互关联。

五、审计报告

(1)针对财务报表在所有重大方面是否符合适当的财务报表编制基础，注册会计师应当以书面报告的形式发表意见。

(2)在对财务报表出具的审计报告中，如果注册会计师履行其他报告责任，应在审计报告中将其单独作为一部分。

考点三 审计目标 ★★★

扫我解疑难

经典例题

【例题·单选题】下列认定中，属于关于所审

计期间各类交易、事项及相关披露的认定的是( )。

A. 存在

B. 权利和义务

C. 截止

D. 准确性、计价和分摊

【答案】C

【解析】选项 ABD 属于关于期末账户余额及相关披露的认定。

一、财务报表审计总体目标

总体目标是注册会计师为完成整体审计工作而达到的预期目的。具体而言，注册会计师的总体目标：一是对财务报表的公允性和合法性发表审计意见；二是根据审计结果对财务报表出具审计报告，并与管理层和治理层沟通。

二、认定与审计目标

1. 基本思路

认定与审计目标的基本思路如图 1-1 所示。

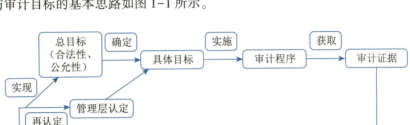

图 1-1　认定与审计目标的基本思路

2. 认定与审计目标的确定

(1)关于所审计期间各类交易、事项及相关披露的认定与具体审计目标(见表 1-2)。

表 1-2　关于所审计期间各类交易、事项及相关披露的认定与具体审计目标

项目	管理层认定	具体审计目标
发生	记录或披露的交易和事项已发生，且与被审计单位有关	确认已记录的交易是真实的
完整性	所有应当记录的交易和事项均已记录，所有应当包括在财务报表中的相关披露均已包括	确认已发生的交易确实均已记录，所有应包括在财务报表中的相关披露均已包括
准确性	与交易和事项有关的金额及其他数据已恰当记录，相关披露已得到恰当计量和描述	确认已记录的交易是按正确金额反映的，相关披露已得到恰当计量和描述
截止	交易和事项已记录于正确的会计期间	确认接近于资产负债表日的交易记录于恰当的期间
分类	交易和事项已记录于恰当的账户	确认被审计单位记录的交易经过适当分类
列报	交易和事项已被恰当地汇总或分解且表述清楚，相关披露在适用的财务报告编制基础下是相关的、可理解的	确认被审计单位的交易和事项已被恰当地汇总或分解且表述清楚，相关披露在适用的财务报告编制基础下是相关的、可理解的

(2)关于期末账户余额及相关披露的认定与具体审计目标(见表 1-3)。

表1-3 关于期末账户余额及相关披露的认定与具体审计目标

项目	管理层认定	具体审计目标
存在	记录的资产、负债和所有者权益是存在的	确认已记录的金额确实存在
权利和义务	记录的资产由被审计单位拥有或控制，记录的负债是被审计单位应当履行的偿还义务	确认资产归属于被审计单位，负债属于被审计单位的义务
完整性	所有应当记录的资产、负债和所有者权益均已记录，所有应当包括在财务报表中的相关披露均已包括	确认已存在的金额均已记录，所有应当包括在财务报表中的相关披露均已包括
准确性、计价和分摊	资产、负债和所有者权益以恰当的金额包括在财务报表中，与之相关的计价或分摊调整已恰当记录，相关披露已得到恰当计量和描述	确认资产、负债和所有者权益以恰当的金额包括在财务报表中，与之相关的计价或分摊调整已恰当记录，相关披露已得到恰当计量和描述
分类	资产、负债和所有者权益已记录于恰当的账户	确认资产、负债和所有者权益已记录于恰当的账户
列报	资产、负债和所有者权益已被恰当地汇总或分解且表述清楚，相关披露在适用的财务报告编制基础下是相关的、可理解的	确认资产、负债和所有者权益已被恰当地汇总或分解且表述清楚，相关披露在适用的财务报告编制基础下是相关的、可理解的

【知识点拨】①将以上认定与通过风险评估程序所评估的认定层次的重大错报风险相结合；

②将以上审计目标与财务报表各业务循环中主要项目的实质性程序相结合，即针对具体审计项目，考生应能够指出注册会计师为实现该审计目标所应实施的实质性程序。

考点四 审计基本要求 ★★

扫我解疑难

经典例题

【例题1·单选题】（2018年）下列有关职业怀疑的说法中，错误的是（ ）。

A. 注册会计师应当在整个审计过程中保持职业怀疑

B. 保持职业怀疑是注册会计师的必备技能

C. 保持职业怀疑可以使注册会计师发现所有由于舞弊导致的错报

D. 保持职业怀疑是保持审计质量的关键要素

【答案】C

【解析】保持职业怀疑，可以使注册会计师合理发现由于错误和舞弊导致的重大错报，而并非所有错报。

【例题2·单选题】（2017年）下列关于职业判断的说法中，错误的是（ ）。

A. 职业判断能力是注册会计师胜任能力的核心

B. 注册会计师保持独立有助于提高职业判断质量

C. 注册会计师工作的可辩护性是衡量职业判断质量的重要方面

D. 注册会计师应当书面记录其在审计过程中作出的所有职业判断

【答案】D

【解析】注册会计师需要对职业判断作出适当的书面记录，但是并非对在审计过程中作出的所有职业判断均进行书面记录。

考点精析

审计基本要求包括遵守审计准则、遵守职业道德守则、保持职业怀疑、合理运用职业判断。此处主要讲解保持职业怀疑和合理运用职业判断两方面要求。

一、保持职业怀疑

1. 职业怀疑的内涵

职业怀疑是指注册会计师执行审计业务

的一种态度，包括采取质疑的思维方式，对可能表明由于舞弊或错误导致错报的情况保持警觉，以及对审计证据进行审慎评价。

2.职业怀疑的要求

第一，秉持质疑的理念。

第二，对引起疑虑的情形保持警觉，如：相互矛盾的证据；引起对文件记录和询问的答复的可靠性产生怀疑的信息；可能存在舞弊的情况；需要实施除审计准则规定外的其他审计程序的情形。

第三，审慎评价审计证据。当存在相互矛盾的审计证据时，注册会计师需要作出进一步调查。

第四，客观评价管理层和治理层。注册会计师不应依赖以往对管理层和治理层诚信形成的判断。

注意：职业怀疑与职业道德基本原则中独立性、客观和公正密切相关。

二、合理运用职业判断

1.职业判断的运用

职业判断不仅贯穿注册会计师执业的始终，而且涉及注册会计师执业中的各类决策。

职业判断对于作出下列决策尤为重要：

(1)确定重要性，识别和评估重大错报风险；

(2)确定所需实施的审计程序的性质、时间安排和范围；

(3)为实现审计目标，评价是否已获取充分、适当的审计证据以及是否还需要执行更多的工作；

(4)评价管理层在运用适用的财务报告编制基础时作出的判断；

(5)根据已获取的审计证据得出结论；

(6)依据职业道德概念框架，识别、评估和应对对职业道德基本原则产生的不利影响。

2.对职业判断的评价

(1)职业判断能力是注册会计师专业胜任能力的核心。

(2)可以从以下几个方面来衡量职业判断的质量：①准确性或意见一致性；②决策一贯性和稳定性；③可辩护性。

考点五　审计风险 ★★★

扫我解疑难

📝 **经典例题**

【例题1·单选题】(2019年)下列各项中，不属于审计固有限制的来源的是(　　)。

A.注册会计师获取审计证据的能力受到法律上的限制

B.注册会计师可能满足于说服力不足的审计证据

C.管理层可能不提供编制财务报表相关的全部信息

D.管理层在编制财务报表的过程中可能运用到判断

【答案】B

【解析】审计的固有限制源于：(1)财务报告的性质；(2)审计程序的性质；(3)在合理的时间内以合理的成本完成审计的需要。选项AC，属于审计程序的性质导致的固有限制；选项D属于财务报告的性质导致的固有限制。

【例题2·单选题】(2017年)下列关于检查风险的说法中，错误的是(　　)。

A.检查风险是指注册会计师未能通过审计程序发现错报，因而发表不恰当审计意见的风险

B.检查风险通常不可能降低为零

C.保持职业怀疑有助于降低检查风险

D.检查风险的高低取决于审计程序设计的合理性和执行的有效性

【答案】A

【解析】检查风险是指如果存在某一错报，该错报单独或连同其他错报可能是重大的，注册会计师为将审计风险降至可接受的低水平而实施程序后没有发现这种错报的风险。

【例题3·多选题】(2016年)下列关于重大错报风险的说法中，正确的有(　　)。

A.重大错报风险包括固有风险和检查风险

B. 注册会计师应当将重大错报风险与特定的交易、账户余额和披露的认定相联系

C. 在评估一项重大错报是否为特别风险时，注册会计师不应考虑控制对风险的抵销作用

D. 注册会计师对重大错报风险的评估，可能随着审计过程中不断获取审计证据而做出相应的变化

【答案】CD

【解析】认定层次的重大错报风险包括固有风险和控制风险，选项 A 错误；识别的重大错报风险不仅可能与特定的某类交易、账户余额和披露的认定相关，还可能与财务报表整体广泛相关，选项 B 错误。

📝考点精析

一、审计风险

审计风险是指当财务报表存在重大错报时注册会计师发表不恰当审计意见的可能性。审计风险取决于重大错报风险和检查风险。

【知识点拨】审计风险模型中的审计风险水平在制定审计计划时就应确定。

二、重大错报风险

重大错报风险是指财务报表在审计前存在重大错报的可能性。两个层次的重大错报风险包括：

(1)财务报表层次的重大错报风险与财务报表整体存在广泛联系，可能影响多项认定。此类风险通常与控制环境有关。

(2)认定层次的重大错报风险又可以进一步细分为固有风险和控制风险。

【知识点拨】重大错报风险与被审计单位的风险相关，且独立于财务报表审计而存在。

三、检查风险

检查风险是指如果存在某一错报，该错报单独或连同其他错报可能是重大的，注册会计师为将审计风险降至可接受的低水平而实施程序后没有发现这种错报的风险。

检查风险取决于审计程序设计的合理性和执行的有效性。

检查风险不可能降低为零。其原因：

第一，注册会计师通常做不到对所有的交易、账户余额和披露进行检查；

第二，其他原因，比如注册会计师选择了不恰当的审计程序、审计程序执行的不恰当，或者错误地解读了审计结论。这些因素可以通过适当的计划、在项目组成员之间进行恰当的职责分配、保持职业怀疑态度以及对项目组成员执行恰当的监督、指导和复核来得以解决。

四、检查风险与重大错报风险的反向关系

在既定的审计风险水平下，可接受的检查风险水平与认定层次重大错报风险的评估结果呈反向关系。即评估的重大错报风险越高，可接受的检查风险越低；评估的重大错报风险越低，可接受的检查风险越高。

检查风险与重大错报风险的反向关系用数学模型表示如下：

(可接受的)审计风险 = (认定层次的)重大错报风险 × (可接受的)检查风险

【知识点拨】结合审计证据的内容，得出下列结论：

(1)(可接受的水平)审计风险与审计证据数量之间成反向变动关系；

(2)(可接受的水平)检查风险与审计证据数量之间成反向变动关系；

(3)评估的重大错报风险与审计证据数量之间成正向变动关系。

五、审计的固有限制

审计的固有限制源于财务报告的性质、审计程序的性质与财务报告的及时性和成本效益的权衡。

📝阶段性测试

1.【单选题】下列有关审计的说法中，错误的是（　　）。

A. 在财务报表审计中，审计对象的载体是财务报表

B. 审计业务的三方关系人是注册会计师、被审计单位管理层、财务报表预期使用者

C. 审计的目的是提供绝对保证

D. 鉴证业务包括审计、审阅和其他鉴证业务

2. 【单选题】下列关于职业判断的说法中，错误的是（　　）。

A. 职业判断能力是注册会计师胜任能力的核心

B. 保持适当的职业怀疑有助于提高职业判断质量

C. 注册会计师工作的可辩护性是衡量职业判断质量的重要方面

D. 注册会计师应当记录在审计过程中作出的所有职业判断

3. 【单选题】在判断注册会计师是否按照审计准则的规定执行工作以应对舞弊风险时，下列各项中，不需要考虑的是（　　）。

A. 注册会计师是否根据具体情况实施了审计程序，并获取了充分、适当的审计证据

B. 注册会计师在审计过程中是否保持了职业怀疑

C. 注册会计师是否识别出舞弊导致的财务报表重大错报

D. 注册会计师是否根据审计证据评价结果出具了恰当的审计报告

阶段性测试答案精析

1. C 【解析】由于固有风险等因素的存在，审计提供的只是高水平的合理保证，而不是绝对保证。

2. D 【解析】注册会计师需要对职业判断作出适当的书面记录，但是并非其在审计过程中作出的所有职业判断均进行书面记录。

3. C 【解析】由于审计的固有限制，即使注册会计师按照审计准则的规定恰当计划和执行了审计工作，也不可避免地存在财务报表中的某些重大错报未被发现的风险。完成审计工作后发现由于舞弊导致的财务报表重大错报，其本身并不表明注册会计师没有按照审计准则的规定执行审计工作。

本章综合练习 限时50分钟

一、单项选择题

1. 下列有关财务报表审计的说法中，错误的是（　　）。

A. 财务报表审计的目的是改善财务报表的质量或内涵

B. 财务报表审计的基础是独立性和专业性

C. 财务报表审计可以有效满足财务报表预期使用者的需求

D. 财务报表审计提供的合理保证意味着注册会计师可以通过获取充分、适当的审计证据消除审计风险

2. 下列关于财务报表审计和财务报表审阅的区别的说法中，错误的是（　　）。

A. 财务报表审计所需的审计证据的数量多于财务报表审阅

B. 财务报表审计采用的证据收集程序少于财务报表审阅

C. 财务报表审计提供的保证水平高于财务报表审阅

D. 财务报表审计提出结论的方式与财务报表审阅不同

3. 下列各项中，通常不属于财务报表预期使用者的是（　　）。

A. 被审计单位的管理层

B. 被审计单位的股东

C. 为被审计单位提供贷款的银行

D. 对被审计单位财务报表执行审计的注册会计师

4. 下列各项业务中，属于合理保证业务的是（　　）。

A. 财务报表审计

B. 财务报表审阅

C. 预测性财务信息审核

D. 对财务信息执行商定程序

5. 下列与注册会计师审计有关的说法中，错误的是( )。

A. 财务报表审计的基础是注册会计师的独立性和专业性

B. 注册会计师审计与政府审计的对象是一致的

C. 审计不涉及为财务报表预期使用者如何利用相关信息提供建议

D. 注册会计师职业界应了解期望差距并尽可能缩小期望差距

6. 下列有关审计业务的说法中，正确的是( )。

A. 如果不存在除责任方之外的其他预期使用者，则该项业务不属于审计业务

B. 审计业务的最终产品是审计报告和后附财务报表

C. 执行审计业务获取的审计证据大多数是结论性而非说服性的

D. 审计的目的是改善财务报表质量，因此，审计可以减轻被审计单位管理层对财务报表的责任

7. 下列关于政府审计的表述中，不正确的是( )。

A. 政府审计的对象是政府的财政收支、国有金融机构和企事业组织的财务收支

B. 政府审计是行政行为，其经费需与审计对象协商

C. 政府审计对被审计对象有行政强制力

D. 政府审计可在职权范围内直接作出审计决定

8. 下列各项中，不属于注册会计师对财务报表审计的总体目标的是( )。

A. 对财务报表整体是否不存在由于舞弊或错误导致的重大错报获取合理保证

B. 根据审计结果对财务报表出具审计报告

C. 与管理层和治理层沟通审计结果

D. 确定被审计单位管理层对其财务报表的认定是否恰当

9. A 注册会计师负责审计甲公司 2017 年度财务报表，甲公司 2017 年 12 月 31 日以支付手续费方式向乙公司发出委托代销商品 800 万元，售价 1 000 万元，并按照该部分商品的售价确认了 2017 年度的营业收入，则对于 2017 年度财务报表来说，主要违反的交易和事项的认定是( )。

A. 存在　　　　B. 准确性

C. 发生　　　　D. 完整性

10. 对于下列应收账款认定，通过实施函证程序，A 注册会计师认为最可能证实的是( )。

A. 计价和分摊　　B. 分类

C. 存在　　　　D. 完整性

11. 下列有关职业判断的说法中，错误的是( )。

A. 注册会计师恰当记录与被审计单位的就相关决策结论进行沟通的方式和时间，有利于提高职业判断的可辩护性

B. 如果有关决策不被该业务的具体事实和情况所支持，职业判断并不能作为注册会计师作出不恰当决策的理由

C. 职业判断涉及与具体会计处理和审计程序相关的决策，但不涉及与遵守职业道德要求相关的决策

D. 保持职业怀疑有助于注册会计师提高职业判断质量

12. 下列有关职业怀疑的说法中，错误的是( )。

A. 职业怀疑要求注册会计师摒弃"存在即合理"的逻辑思维

B. 职业怀疑要求注册会计师审慎评价审计证据

C. 职业怀疑要求注册会计师假定管理层和治理层不诚信，并以此为前提计划审计工作

D. 职业怀疑要求注册会计师对引起疑虑的情形保持警觉

13. 下列有关注册会计师保持职业怀疑的说法中，正确的是( )。

A. 注册会计师应对被审计单位提供的所有证据和解释保持质疑

B. 函证结果与被审计单位内部提供的证据相互矛盾，注册会计师应信任外部证据，即函证结果

C. 发现舞弊迹象时，注册会计师需要做进一步调查，并确定需要修改的审计程序或实施追加的审计程序

D. 对于常年审计客户，注册会计师根据以往年度情况判断被审计单位管理层诚信状况

14. 下列关于重大错报风险的说法中，错误的是( )。

A. 重大错报风险是指如果存在某一错报，该错报单独或连同其他错报可能是重大的，注册会计师为将审计风险降至可接受的低水平而实施程序后没有发现这种错报的风险

B. 重大错报风险包括财务报表层次和各类交易、账户余额以及列报和披露认定层次的重大错报风险

C. 财务报表层次的重大错报风险可能影响多项认定，此类风险通常与控制环境有关，但也可能与其他因素有关

D. 认定层次的重大错报风险可以进一步细分为固有风险和控制风险

15. 在审计风险模型(审计风险=重大错报风险×检查风险)中，"重大错报风险"是指( )。

A. 评估的财务报表层次的重大错报风险

B. 评估的认定层次的重大错报风险

C. 评估的与控制环境相关的重大错报风险

D. 评估的与财务报表存在广泛联系的重大错报风险

16. 注册会计师的下列各种做法中，对降低检查风险无效的是( )。

A. 限制审计报告用途

B. 恰当设计审计程序的性质、时间安排和范围

C. 审慎评价审计证据

D. 加强对已执行审计工作的监督和复核

二、多项选择题

1. 下列各项业务中，不属于鉴证业务的有( )。

A. 预测性财务信息审核

B. 财务报表审计

C. 对财务信息执行商定程序

D. 税务咨询

2. 注册会计师要对职业判断做出适当的书面记录，下列各项记录内容中，有利于提高职业判断的可辩护性的有( )。

A. 注册会计师解决职业判断相关问题的思路

B. 注册会计师得出的结论及理由

C. 注册会计师就决策结论与被审计单位进行沟通的方式和时间

D. 注册会计师收集到的相关信息

3. 下列选项中，属于审计的固有限制的有( )。

A. 许多财务报表项目涉及主观决策、评估或一定程度的不确定性，并且可能存在一系列可接受的解释或判断

B. 被审计单位管理层可能拒绝提供注册会计师要求的某些信息

C. 注册会计师没有被授予调查被审计单位涉嫌违法行为所必要的特定法律权力

D. 注册会计师将审计资源投向最可能存在重大错报风险的领域，并且应减少其他领域的审计资源

4. 下列各项中，属于审计业务要素的有( )。

A. 财务报表

B. 审计证据

C. 财务报表编制基础

D. 审计报告

5. 下列有关三方关系的说法中正确的有( )。

A. 审计业务的三方关系人分别是注册会计师、被审计单位管理层和财务报表预期使用者

B. 注册会计师应当识别使用审计报告的所有组织和人员

C. 来自于同一企业的管理层和预期使用者是三方关系中的同一方

D. 委托人可能是财务报表预期使用者，也可能是责任人

6. 下列有关认定的说法中，正确的有( )。

A. 被审计单位将受托代销的商品列入存货中，则违反了权利和义务认定

B. 应收账款明细账中包含了并不存在的债务人，则违反了存在认定

C. 若已入账的销售交易是对正确发出商品的记录，但金额计算错误，则违反了完整性和发生认定

D. 将出售经营性固定资产所得的收入记录为营业收入，违反了分类认定

7. 被审计单位存在的下列各种情况中，主要违反计价和分摊认定的有( )。

A. 存货的可变现净值低于账面成本时，在财务报表中按成本列示

B. 营业收入中有虚构的销售业务

C. 将一笔应付500万元的货款在账簿中记录为应付300万元

D. 固定资产少计提100万元减值

8. 下列各项中，通常需要注册会计师运用职业判断的有( )。

A. 确定财务报表整体的重要性

B. 确定审计工作底稿归档的最晚日期

C. 确定是否利用被审计单位的内部审计工作

D. 评价审计抽样的结果

9. 在向被审计单位管理层解释审计的固有限制时，下列有关审计固有限制的说法中，注册会计师认为正确的有( )。

A. 审计工作可能因高级管理人员的舞弊行为而受到限制

B. 审计工作可能因审计收费过低而受到限制

C. 审计工作可能因项目组成员素质和能力的不足而受到限制

D. 审计工作可能因财务报表项目涉及主观决策而受到限制

10. 下列有关审计风险的说法中，错误的有( )。

A. 注册会计师可以通过实施适当的审计程序降低重大错报风险

B. 只要注册会计师按照审计准则执业，严格要求自己，检查风险就可以降低为零

C. 在既定的审计风险水平下，可接受的检查风险水平与认定层次重大错报风险的评估结果呈正向关系

D. 审计风险取决于重大错报风险和检查风险

本章综合练习参考答案及详细解析

一、单项选择题

1. D 【解析】审计风险是客观存在的，注册会计师只能从一定程度上降低，但无法消除。

2. B 【解析】财务报表审计采用的证据收集程序包括检查记录或文件、检查有形资产、观察、询问、函证、重新计算、执行分析程序等。财务报表审阅采用的证据收集程序受到有意识的限制，主要采用询问和分析程序获取证据，因此财务报表审计采用的证据收集程序多于财务报表审阅。

3. D 【解析】管理层、股东以及为被审计单位提供贷款的银行，都属于财务报表的预期使用者。

4. A 【解析】选项B，属于有限保证业务；选项C，为其他鉴证业务，注册会计师在对预测性财务信息所依据假设的合理性进行评价时，是有限保证，对预测性财务信息是否依据假设恰当编制，并按照适用的会计准则的规定进行列报发表意见时，则是合理保证；选项D，为非鉴证业务，不提供任何程度的保证。

5. B 【解析】政府审计是对政府的财务收支或国有金融机构和企事业组织财务收支进行审计，注册会计师审计是注册会计师依法对企业财务报表进行审计。

6. A 【解析】审计的最终产品是审计报告，不包括财务报表，财务报表是由被审计单位编制的；执行审计业务获取的审计证据大多数是说服性的，而非结论性的；审计并不能减轻被审计单位管理层对财务报表的责任。

7. B 【解析】政府审计是行政行为，政府审计机关履行职责所必需的经费列入同级财政预算，由同级人民政府予以保证。

8. D 【解析】注册会计师确定被审计单位管理层对其财务报表的认定是否恰当，是注册会计师审计的具体目标。

9. C 【解析】收取手续费方式的销售商品在收到代销清单时确认收入，2017年12月31日未收到代销清单，不应将其列为2017年度收入，违反的是发生认定。

10. C 【解析】函证应收账款的目的在于证实应收账款账户余额的真实性、正确性，防止或发现被审计单位及其有关人员在销售交易中发生的错误或舞弊行为。通过函证应收账款，可以比较有效地证明被询证者(即债务人)的存在和被审计单位记录的可靠性。

11. C 【解析】职业判断涉及注册会计师执业中的各类决策，包括与具体会计处理相关的决策、与审计程序相关的决策，以及与遵守职业道德要求相关的决策。

12. C 【解析】所谓职业怀疑，并不是要求注册会计师假设管理层是不诚信的，而是指注册会计师应当以质疑的思维方式评价所获取证据的有效性，并对相互矛盾的证据，以及引起对文件记录或责任方提供的信用的可靠性产生怀疑的证据保持警觉。

13. C 【解析】选项A，职业怀疑在本质上要求秉承一种质疑的理念，注册会计师不应不假思索全盘接受被审计单位提供的证据和解释，但这并不代表要对被审计单位提供的所有证据和解释保持质疑；选项B，对于相互矛盾的证据应实施其他审计程序加以证实，而不应轻信其中一种审计证据；选项D，注册会计师不应依赖以往对被审计单位管理层和治理层诚信形成的判断。

14. A 【解析】重大错报风险是指财务报表在审计前存在重大错报的可能性，重大错报风险与被审计单位的风险相关，且独立存在于财务报表的审计。选项A是检查风险。

15. B 【解析】审计风险模型中检查风险中的检查是广义的检查，实际上就是注册会计师执行进一步审计程序不能够发现错报的风险，而进一步审计程序是针对认定层次重大错报的，所以审计风险模型中的重大错报风险为评估的认定层次的重大错报风险。

16. A 【解析】检查风险取决于审计程序设计的合理性和执行的有效性，与限制审计报告用途没有关系。

二、多项选择题

1. CD 【解析】鉴证业务包括审计、审阅和其他鉴证业务，预测性财务信息审核属于其他建筑业务。相关服务包括税务咨询、管理咨询、代编财务信息、对财务信息执行商定程序等。

2. ABCD 【解析】注册会计师需要对职业判断作出适当的书面记录，对下列事项进行书面记录，有利于提高职业判断的可辩护性：（1）对职业判断问题和目标的描述；（2）解决职业判断相关问题的思路；（3）收集到的相关信息；（4）得出的结论以及得出结论的理由；（5）就决策结论与被审计单位进行沟通的方式和时间。

3. ABCD 【解析】审计的固有限制源于：（1）财务报告的性质；（2）审计程序的性质；（3）在合理的时间内以合理的成本完成审计的需要。选项 A 属于财务报告的性质，选项 BC 属于审计程序的性质，选项 D 属于财务报告的及时性和成本效益的权衡。

4. ABCD 【解析】审计要素包括审计业务的三方关系、财务报表（审计对象的载体）、财务报表编制基础（标准）、审计证据和审计报告。

5. AD 【解析】选项 B，注册会计师可能无法识别使用审计报告的所有组织和人员，尤其在各种可能的预期使用者对财务报表存在不同的利益需求时；选项 C，注册会计师的审计意见主要是向除管理层之外的预期使用者提供的，在某些情况下，管理层和预期使用者可能来自同一企业，比如某公司同时设有董事会和监事会，监事会需要对董事会和管理层负责编制的财务报表进行监督。这并不意味着两者就是同一方。

6. ABD 【解析】准确性与发生、完整性之间存在区别，违反准确性认定的情况通常是金额计算错误导致的，而不是虚构或者漏记某一个交易事项。若已入账的销售交易是对正确发出商品的记录，但金额计算错误，则违反了准确性认定，没有违反发生认定。在完整性与准确性之间也存在同样的关系。

7. ACD 【解析】选项 B，违反了发生认定；选项 C，购货业务为实际发生的，但是记录的金额与实际金额不符，违反了计价和分摊认定；选项 AD 都是因为计提的减值有问题，所以影响存货、固定资产项目的金额列示，即违反的是计价和分摊认定。

8. ACD 【解析】审计工作底稿的归档期限为审计报告日后 60 天内，无需注册会计师进行职业判断，所以选项 B 不正确。

9. AD 【解析】收费过低可以选择不承接此项审计业务，所以不属于审计的固有限制，选项 B 错误；项目组成员素质和能力的不足，需要委派素质和能力足够的人员来做该项目的审计，所以不属于审计的固有限制，选项 C 错误。

10. ABC 【解析】重大错报风险是客观存在的，无法通过实施审计程序将其降低，选项 A 不正确；由于注册会计师通常并不对所有的交易、账户余额和列报进行检查以及其他原因，检查风险不可能降低为零，选项 B 不正确；在既定的审计风险水平下，可接受的检查风险水平与认定层次重大错报风险的评估结果呈反向关系，选项 C 不正确。

第2章 审计计划
JINGDIAN TIJIE

考 情 分 析

▶ **历年考情分析**

本章属于比较重要的内容，主要介绍审计计划阶段涉及的初步业务活动、总体审计策略和具体审计计划以及重要性等。从近几年的考题来看，重要性的相关内容非常重要，注意各种题型的考查；另外，审计计划也可能与审计工作底稿、审计沟通等内容相结合进行考查。考生应关注：审计业务约定书的内容；总体审计策略和具体审计计划的基本内容；重要性的含义及其运用。

▶ **本章 2020 年考试主要变化**

本章根据现行审计准则及应用指南对审计业务约定书、审计计划、重要性等内容做了部分文字表述的调整。

核心考点及经典例题详解

考点一　初步业务活动★

扫我解疑难

📝 **经典例题**

【例题 1 · 单选题】(2018 年)下列选项中，不属于财务报表审计的前提条件的是(　　)。

A. 管理层设计、执行和维护必要的内部控制，以使财务报表不存在由于舞弊或错误导致的重大错报

B. 管理层向注册会计师提供必要的工作条件

C. 管理层按照适用的财务报表编制基础编制财务报表，并使其实现公允反映

D. 管理层承诺将更正注册会计师在审计过程中识别出的所有重大错报

【答案】D

【解析】审计的前提条件包括管理层在编制财务报表时采用可接受的财务报告编制基础，以及已认可并理解其承担的责任(包括意识到需要提供必要的书面声明)。选项 D 不属于其中的条件。

【例题 2 · 多选题】(2018 年)下列各项中，通常可以作为变更审计业务的合理理由的有(　　)。

A. 环境变化对审计服务的需求产生影响

B. 委托方对原来要求的审计业务的性质存在误解

C. 管理层对审计范围施加限制

D. 客观因素导致审计范围受到限制

【答案】AB

【解析】选项 C 和选项 D 属于变更审计业务的不合理理由。

📝**考点精析**

一、初步业务活动的目的和内容

初步业务活动的目的和内容见表2-1。

表2-1 初步业务活动的目的和内容

目的	内容
①具备执行业务所需的独立性和能力；②不存在因管理层诚信问题而可能影响注册会计师保持该项业务意愿的事项；③与被审计单位之间不存在对业务约定条款的误解	①针对保持客户关系和具体审计业务实施相应的质量控制程序；②评价遵守相关职业道德要求的情况；③就审计业务约定条款达成一致意见

二、审计的前提条件

1. 财务报告编制基础

确定编制基础所采用的财务报告编制基础的可接受性时，注册会计师需要考虑的因素：①被审计单位的性质；②财务报表的目的；③财务报表的性质；④法律法规是否规定了适用的财务报告编制基础。

2. 就管理层的责任达成一致意见

管理层认可并理解其责任，是审计工作的前提，这对审计工作是至关重要的。

3. 确认的形式——书面声明

【知识点拨】如果管理层不认可其责任，或不同意提供书面声明，注册会计师将不能获取充分、适当的审计证据。在这种情况下，注册会计师承接此类业务是不恰当的(除非法律法规另有规定)。

三、审计业务约定书

1. 基本内容

审计业务约定书的具体内容和格式可能因被审计单位的不同而不同，但应当包括以下主要内容：

(1)财务报表审计的目标与范围；

(2)注册会计师的责任；

(3)管理层的责任；

(4)指出用于编制财务报表所适用的财务报告编制基础；

(5)提及注册会计师拟出具的审计报告的预期形式和内容，以及对在特定情况下出具的审计报告可能不同于预期形式和内容的说明。

2. 审计业务约定书的特殊考虑(见表2-2)

表2-2 审计业务约定书的特殊考虑

情况	注册会计师的处理原则
组成部分的审计	如果母公司的注册会计师同时也是组成部分注册会计师，需要考虑下列因素，决定是否向组成部分单独致送审计业务约定书：①组成部分注册会计师的委托人；②是否对组成部分单独出具审计报告；③与审计委托相关的法律法规的规定；④母公司占组成部分的所有权份额；⑤组成部分管理层相对于母公司的独立程度
连续审计	可能导致注册会计师修改审计业务约定条款或提醒被审计单位注意现有的业务约定条款的因素：①有迹象表明被审计单位误解审计目标和范围；②需要修改约定条款或增加特别条款；③被审计单位高级管理人员近期发生变动；④被审计单位所有权发生重大变动；⑤被审计单位业务的性质或规模发生重大变化；⑥法律法规的规定发生变化；⑦编制财务报表采用的财务报告编制基础发生变更；⑧其他报告要求发生变化

3. 审计业务约定条款的变更

在完成审计业务前，如果被审计单位或委托人要求将审计业务变更为保证程度较低的业务，注册会计师应当确定是否存在合理理由。如果理由不合理，注册会计师不应同意变更业务

（见表 2-3）。

表 2-3　审计业务约定条款的变更

理由的合理性	变更原因
合理理由	①环境变化对审计服务的需求产生影响；②对原来要求的审计业务的性质存在误解
不合理理由	管理层施加的或其他情况引起的审计范围受到限制

如果注册会计师不同意变更审计业务约定条款，而管理层又不允许继续执行原审计业务，注册会计师应当：

（1）在适用的法律法规允许的情况下，解除审计业务约定；

（2）确定是否有约定义务或其他义务向治理层、所有者或监管机构等报告该事项。

如果注册会计师认为将审计业务变更为审阅业务或相关服务业务的理由合理，截至变更日已执行的审计工作可能与变更后的业务相关，相应地，注册会计师需要执行的工作和出具的报告会适用于变更后的业务。为避免引起报告使用者的误解，对相关服务业务出具的报告不应提及下列内容：①原审计业务；②在原审计业务中已执行的程序。

【知识点拨】只有将审计业务变更为执行商定程序业务，注册会计师才可在报告中提及已执行的程序。

考点二　总体审计策略和具体审计计划★★

扫我解疑难

📝 经典例题

【例题 1·多选题】（2016 年）下列各项中，属于具体审计计划活动的有（　）。

A. 确定重要性

B. 确定风险评估程序的性质、时间安排和范围

C. 确定进一步审计程序的性质、时间安排和范围

D. 确定是否需要实施项目质量控制复核

【答案】BC

【解析】具体审计计划应当包括风险评估程序、计划实施的进一步审计程序和其他审计程序；选项 AD 属于在总体审计策略中需要考虑的内容。

【例题 2·单选题】（2015 年）下列有关审计计划的说法中，正确的是（　）。

A. 制定总体审计策略的过程通常在具体审计计划之前

B. 总体审计策略不受具体审计计划的影响

C. 制定审计计划的工作应当在实施进一步审计程序之前完成

D. 具体审计计划的核心是确定审计的范围和审计方案

【答案】A

【解析】虽然制定总体审计策略的过程通常在具体审计计划之前，但这两项计划具有内在紧密联系，对其中一项的决定可能会影响甚至改变对另外一项的决定，选项 B 错误；具体审计计划制定的内容之一就是计划实施的进一步审计程序，审计计划随着对被审计单位进一步的了解和审计程序的深入，会进行调整变化，而不是在实施进一步审计程序前就完成，以后就不变了，选项 C 错误；确定审计的范围和审计方案是总体审计策略的核心，选项 D 错误。

📝 考点精析

一、总体审计策略和具体审计计划的对比

总体审计策略和具体审计计划的对比见表 2-4。

表 2-4　总体审计策略和具体审计计划的对比

项目	总体审计策略	具体审计计划
内容	①审计**范围**；②报告**目标、时间安排**及所需沟通的性质；③审计**方向**；④审计**资源**	①**风险评估程序**；②计划实施的**进一步审计程序**；③计划实施的**其他审计程序** 注：当计划的风险评估程序和进一步审计程序与披露相关时，确定这些程序的性质、时间安排和范围十分重要
要求	①**计划审计工作**并非审计业务的一个**孤立阶段**，而是一个持续的、不断修正的过程，**贯穿**于整个审计业务的**始终**；②**总体审计策略**是具体审计计划的**指导，具体审计计划**是总体审计策略的**延伸**；③如果注册会计师在审计过程中对总体审计策略或具体审计计划作出重大修改，应当在审计工作底稿中**记录**作出的**重大修改及其理由**	

二、指导、监督与复核

注册会计师应当制定计划确定对项目组成员的指导、监督及对其工作进行复核的性质、时间安排和范围。主要取决于下列因素：①被审计单位的规模和复杂程度；②审计领域；③评估的重大错报风险；④执行审计工作的项目组成员的专业素质和胜任能力。

考点三　重要性★★★

扫我解疑难

📝 **经典例题**

【例题1·单选题】（2019年）下列因素中，注册会计师在确定实际执行的重要性时无需考虑的是（　　）。

A. 是否为首次接受委托的审计项目

B. 是否存在财务报表使用者特别关注的项目

C. 是否存在值得关注的内部控制缺陷

D. 前期审计中识别出的错报的数量和性质

【答案】B

【解析】选项B是在选择基准时（确定重要性时）需要考虑的因素之一。

【例题2·多选题】（2018年）下列各项工作中，注册会计师通常需要运用实际执行的重要性的有（　　）。

A. 确定需要对哪些类型的交易、账户余额或披露实施进一步审计程序

B. 运用实质性分析程序时，确定已记录金额与预期值之间的可接受差异额

C. 确定未更正错报对财务报表整体的影响是否重大

D. 运用审计抽样实施细节测试时，确定可容忍错报

【答案】ABD

【解析】确定未更正错报对财务报表整体的影响是否重大，运用的是财务报表整体的重要性。

【例题3·单选题】（2018年）下列有关明显微小错报的说法中，错误的是（　　）。

A. 明显微小错报是指对财务报表整体没有重大影响的错报

B. 注册会计师无需累积明显微小的错报

C. 如果无法确定某错报是否明显微小，则不能认定为明显微小

D. 金额低于明显微小错报临界值的错报是明显微小错报

【答案】A

【解析】明显微小错报的汇总数是明显不会对财务报表整体产生重大影响的，选项A的描述过于宽泛。

📝 **考点精析**

一、重要性的含义

1. 重要性概念可从下列方面进行理解

（1）如果合理预期错报（包括漏报）单独或汇总起来**可能影响**财务报表使用者依据财务报表作出的**经济决策**，则通常认为错报是

重大的;

（2）对重要性的判断是根据具体环境作出的，并受错报的金额或性质的影响，或受两者共同作用的影响;

（3）判断某事项对财务报表使用者是否重大，是在考虑财务报表使用者整体共同的财务信息需求的基础上作出的。

2. 注册会计师使用整体重要性水平（将财务报表作为整体）的目的

（1）决定风险评估程序的性质、时间安排和范围;

（2）识别和评估重大错报风险;

（3）确定进一步审计程序的性质、时间安排和范围。

【知识点拨】①在整个业务过程中，随着审计工作的进展，注册会计师应当根据所获得的新信息更新重要性。

②在形成审计结论阶段，要使用整体重要性水平和为特定交易类别、账户余额和披露而确定的较低金额的重要性水平来评价已识别的错报对财务报表的影响和对审计报告中审计意见的影响。

二、重要性水平的确定

在确定计划的重要性水平时需要考虑的因素包括：对被审计单位及其环境的了解、审计的目标、财务报表各项目的性质及其相互关系、财务报表项目的金额及其波动幅度。

1. 财务报表整体的重要性

注册会计师在制定总体审计策略时，应当确定财务报表整体的重要性。

财务报表整体的重要性（从数量方面考虑重要性）＝恰当的基准×适当的百分比

（1）需要从性质和数量方面考虑重要性。

（2）在选择基准时，需要考虑的因素包括：①财务报表要素;②是否存在特定会计主体的财务报表使用者特别关注的项目;③被审计单位的性质、所处的生命周期以及所处行业和经济环境;④被审计单位的所有权结构和融资方式;⑤基准的相对波动性。

【知识点拨】①关注教材列举的实务中常用的基准。企业处于微利或微亏状态时，采用经常性业务的税前利润为基准确定重要性可能影响审计的效率和效果；此时，可以考虑采用过去3~5年经常性业务的平均税前利润作为基准，或采用财务报表使用者关注的其他财务指标作为基准，如营业收入、总资产等。

②如果被审计单位的经营规模较上年度没有重大变化，通常使用替代性基准确定的重要性不宜超过上年度的重要性。

③注册会计师为被审计单位选择的基准在各年度中通常会保持稳定，但是并非必须保持一贯不变。注册会计师可以根据经济形势、行业状况和被审计单位具体情况的变化对采用的基准作出调整。

④注册会计师在确定重要性水平时，不需考虑与具体项目计量相关的固有不确定性。

2. 特定类别交易、账户余额或披露的重要性水平

特定类别交易、账户余额或披露的重要性水平不是财务报表整体重要性在认定层面的具体化，而是注册会计师需要对特定类别交易、账户余额或披露单独确定重要性水平。

3. 实际执行的重要性

确定实际执行的重要性需要注册会计师运用职业判断，并考虑下列因素的影响：

（1）对被审计单位的了解;

（2）前期审计工作中识别出的错报的性质和范围;

（3）根据前期识别出的错报对本期错报作出的预期。

实际执行的重要性通常为财务报表整体重要性的50%~75%，实际执行的重要性水平的确定见表2-5。

表 2-5　实际执行的重要性水平的确定

考虑因素	选择较低百分比的情况	选择较高百分比的情况
以前年度审计的情况	(1)首次接受委托 (2)以前年度审计调整较多	以前年度审计调整较少
项目总体风险	较高	低到中等
内部控制	存在或预期存在值得关注的内部控制缺陷	以前期间的审计经验表明内部控制运行有效

【知识点拨】"财务报表整体的重要性水平"和"实际执行的重要性水平",是每次审计计划中必须确定的。对于特定类别的交易、账户余额或披露的重要性水平,只有在适用的情形下才需要确定。

4. 审计过程中修改重要性

注册会计师可能需要修改财务报表整体的重要性和特定类别的交易、账户余额或披露的重要性水平(如适用)的原因:①审计过程中情况发生重大变化;②获取新信息;③通过实施进一步审计程序,注册会计师对被审计单位及其经营所了解的情况发生变化。

5. 在审计中运用实际执行的重要性

(1)在计划审计工作时根据实际执行的重要性确定需要对哪些类型的交易、账户余额和披露实施进一步审计程序。

在制定审计计划时,通常会将金额超过实际执行的重要性的账户纳入审计范围;但这并不意味着注册会计师可以将所有低于实际执行的重要性的账户排除在审计范围外。

(2)运用实际执行的重要性确定进一步审计程序的性质、时间安排和范围。

【知识点拨】①在实施分析程序时,运用实际执行的重要性确定可接受的差异临界值。

②在实施审计抽样时,运用实际执行的重要性确定可容忍错报等。

『链接』结合《中国注册会计师审计准则问题解答第 8 号——重要性及评价错报》进行学习。

三、错报

1. 错报的定义

错报,是指某一财务报表项目的金额、分类或列报,与按照适用的财务报告编制基础应当列示的金额、分类或列报之间存在的差异;或根据注册会计师的判断,为使财务报表在所有重大方面实现公允反映,需要对金额、分类或列报作出的必要调整。

2. 累积识别出的错报

(1)错报分为事实错报、判断错报和推断错报。

(2)明显微小的错报不需要累积,因为这些错报无论单独来看还是汇总起来(包括金额和性质),都不会对财务报表产生重大影响。

3. 对审计过程识别出的错报的考虑

错报可能不会孤立发生,一项错报的发生可能表明存在其他错报。如果审计过程中累积错报的汇总数接近确定的重要性,则表明存在比可接受的低风险水平更大的风险,即可能未被发现的错报连同审计过程中累积错报的汇总数,可能超过重要性。

📝 阶段性测试

1.【单选题】在完成审计业务前,如果被审计单位要求将审计业务变更为保证程度较低的鉴证业务,注册会计师认为合理的理由是(　　)。

A. 注册会计师不能获取完整和令人满意的信息

B. 注册会计师不能获取充分、适当的审计证据

C. 被审计单位提出大幅度削减审计费用

D. 被审计单位对原来要求的审计业务的性质存在误解

2.【单选题】在制定具体审计计划时,注册会计师应当考虑的内容是(　　)。

A. 计划实施的风险评估程序的性质、时

間安排和范围

B. 计划与管理层和治理层沟通的日期

C. 计划向高风险领域分派的项目组成员

D. 计划召开项目组会议的时间

3. 【多选题】下列因素中，影响对审计工作的指导、监督复核的性质、时间安排和范围的因素的有( )。

A. 被审计单位的规模和复杂程度

B. 审计领域

C. 评估的重大错报风险

D. 执行审计工作的项目组成员的专业素质和胜任能力

4. 【多选题】下列关于重要性的说法中，正确的有( )。

A. 无论是错误还是舞弊，金额小于重要性水平时均不重要

B. 恰当运用重要性有助于提高审计效率和保证审计质量

C. 重要性有数量和性质两个方面的特征

D. 注册会计师应从财务报表，交易、账户余额、披露两个层次来考虑重要性

5. 【单选题】下列各项因素中，注册会计师在确定明显微小错报临界值时，通常无须考虑的是( )。

A. 以前年度审计中识别出的错报

B. 重大错报风险的评估结果

C. 被审计单位治理层和管理层对注册会计师与其沟通错报的期望

D. 被审计单位的财务报表是否分发给广大范围的使用者

📋 **阶段性测试答案精析**

1. D 【解析】合理的变更理由只有两种：一是环境变化对审计服务的需求产生影响；一是对原来要求的审计业务的性质存在误解。

2. A 【解析】选项 BCD 均为总体审计策略应当考虑的内容。

3. ABCD

4. BCD 【解析】如果是舞弊行为，从量的方面看不重要，但从性质上来看却是重要的。

5. D 【解析】在确定明显微小错报的临界值时，注册会计师可能考虑以下因素：①以前年度审计中识别出的错报(包括已更正和未更正错报)的数量和金额；②重大错报风险的评估结果；③被审计单位治理层和管理层对注册会计师与其沟通错报的期望；④被审计单位的财务指标是否勉强达到监管机构的要求或投资者的期望。

本章综合练习 限时80分钟

一、单项选择题

1. 下列各项中，不属于初步业务活动的是( )。

A. 针对保持客户关系和具体审计业务实施相应的质量控制程序

B. 评价遵守相关职业道德要求的情况

C. 在执行首次审计业务时，查阅前任注册会计师的审计工作底稿

D. 就审计业务的约定条款与被审计单位达成一致意见

2. 下列有关审计业务约定书的说法中，错误的是( )。

A. 审计业务约定书应当包括注册会计师的责任和管理层的责任

B. 如果集团公司的注册会计师同时也是组成部分注册会计师，则无须向组成部分单独致送审计业务约定书

C. 对于连续审计，注册会计师可能不需要每期都向被审计单位致送新的审计业务约定书

D. 注册会计师应当在签订审计业务约定书之前确定审计的前提条件是否存在

3. 下列情形中注册会计师通常采用较高的百分比确定实际执行的重要性的是(   )。

   A. 以前期间的审计经验表明被审计单位的内部控制运行有效

   B. 被审计单位面临较大的市场竞争压力

   C. 注册会计师首次接受委托

   D. 被审计单位管理层能力欠缺

4. 下列关于初步业务活动和审计业务约定书的观点中，正确的是(   )。

   A. 注册会计师签订审计业务约定书后，开展初步业务活动

   B. 注册会计师可以决定不在每期都致送新的审计业务约定书，但需要每期都进行初步业务活动

   C. 签订审计业务约定书以确保注册会计师具备执行业务所需的独立性和能力

   D. 开展初步业务活动以确保注册会计师对客户的商业机密保密

5. 如果被审计单位管理层或治理层在拟议的审计业务约定条款中对审计工作范围施加限制，并且这种限制将导致注册会计师无法对财务报表发表审计意见，注册会计师下列做法中，正确的是(   )。

   A. 在实施审计程序后，出具无法表示意见的审计报告

   B. 在实施审计程序后，针对可审计部分出具审计报告

   C. 告知管理层，不能将该项业务作为审计业务予以承接

   D. 与管理层协商，将该项业务变更为简要财务报表审计业务

6. 如果是连续审计业务，在下列情况中，需要注册会计师提醒被审计单位管理层关注或修改现有业务的约定条款的是(   )。

   A. 注册会计师对上期财务报表出具了非标准审计报告

   B. 注册会计师更换两名审计助理人员

   C. 被审计单位对上期财务报表作出重述

   D. 被审计单位高级管理人员近期发生变动

7. 下列各项中，不属于制定总体审计策略时需要考虑的事项的是(   )。

   A. 确定审计业务的特征，以界定审计范围

   B. 明确审计业务的报告目标，以计划审计的时间安排和所需沟通的性质

   C. 计划实施的风险评估程序的性质、时间安排和范围

   D. 确定执行业务所需资源的性质、时间安排和范围

8. 注册会计师在制定财务报表审计总体策略时，应当考虑影响审计业务的重要因素，以确定审计项目组的工作方向。下列描述中，不属于注册会计师在确定审计方向时需要考虑的内容的是(   )。

   A. 评估的财务报表层次的重大错报风险对指导、监督及复核的影响

   B. 预期与被审计单位管理层和治理层沟通的关键日期

   C. 识别被审计单位及其所在行业最近发生的重大变化

   D. 考虑为重大错报风险可能较高的审计领域分配适当的工作时间

9. 下列关于计划审计工作的说法中，不正确的是(   )。

   A. 计划审计工作通常于上期审计工作结束后不久就开始了，直至本期审计工作结束为止

   B. 计划审计工作包括考虑某些活动的时间安排以及在进一步审计程序开始前必须完成的审计程序

   C. 计划审计工作的性质和范围，因审计业务情况的变化、被审计单位的规模和复杂程度、项目组关键成员以前从被审计单位获得的经验的不同而不同

   D. 审计工作底稿中无须记录在审计过程中对具体审计计划作出的修改

10. 下列有关重要性的说法中，错误的是(   )。

    A. 注册会计师应当从定量和定性两方面考虑重要性

B. 注册会计师应当在制定具体审计计划时确定财务报表整体的重要性

C. 注册会计师应当在每个审计项目中确定财务报表整体的重要性、实际执行的重要性和明显微小错报的临界值

D. 注册会计师在确定实际执行的重要性时需要考虑重大错报风险

11. 在理解重要性概念时，下列表述中错误的是（　　）。

A. 重要性取决于在具体环境下对错报金额和性质的判断

B. 如果一项错报单独或连同其他错报可能影响财务报表使用者依据财务报表做出的经济决策，则该项错报是重大的

C. 判断一项错报对财务报表是否重大，应当考虑对个别特定财务报表使用者产生的影响

D. 较小金额错报的累计结果，可能对财务报表产生重大影响

12. 使用重要性水平，下列各项中，可能无助于实现的是（　　）。

A. 确定风险评估程序的性质、时间安排和范围

B. 识别和评估重大错报风险

C. 确定进一步审计程序的性质、时间安排和范围

D. 确定重大不确定事项发生的可能性

13. 注册会计师在确定财务报表整体的重要性时通常选定一个基准。下列各项因素中，在选择基准时不需要考虑的是（　　）。

A. 被审计单位所处的生命周期阶段

B. 基准的重大错报风险

C. 基准的相对波动性

D. 被审计单位的所有权结构和融资方式

14. 关于特定类别交易、账户余额或披露的重要性水平，下列说法中，错误的是（　　）。

A. 只有在适用的情况下，才需确定特定类别交易、账户余额或披露的重要性水平

B. 确定特定类别交易、账户余额或披露的重要性水平时，可将与被审计单位所处行业相关的关键性披露作为一项考虑因素

C. 特定类别交易、账户余额或披露的重要性水平应低于财务报表整体的重要性

D. 不需要确定特定类别交易、账户余额或披露的实际执行的重要性

15. 下列情形中，注册会计师通常考虑采用较高的百分比来确定实际执行的重要性的是（　　）。

A. 首次接受委托的审计项目

B. 以前年度调整较少的项目

C. 处于高风险行业、面临较大市场竞争压力

D. 存在值得关注的内部控制缺陷

16. 下列各项修改重要性水平的理由中，注册会计师通常认为合理的是（　　）。

A. 审计的时间预算重新调整

B. 约定的审计收费发生变化

C. 被审计单位及其经营环境发生变化

D. 被审计单位在下一年度采用新的固定资产折旧政策

17. 下列关于错报的说法中，错误的是（　　）。

A. 明显微小的错报不需要累积

B. 错报可能是由于错误或舞弊导致的

C. 错报仅指某一财务报表项目金额与按照企业会计准则应当列示的金额之间的差异

D. 判断错报是指由于注册会计师认为管理层对财务报表中的确认、计量和列报（包括对会计政策的选择或运用）作出不合理或不恰当的判断而导致的差异

二、多项选择题

1. 下列关于初步业务活动内容的说法中，正确的有（　　）。

A. 需要将评价遵守相关职业道德要求的情况安排在其他审计工作之前，可能在上期审计工作结束后不久或将要结束时就已经开始

B. 注册会计师在作出接受或保持客户关系及具体审计业务的决策后，应与被审计单位签订或修改审计业务约定书

C. 开展初步业务活动有助于注册会计师控制审计风险

D. 就审计业务约定条款达成一致意见，属于初步业务活动的内容

2. 为了确定审计的前提条件是否存在，注册会计师应当就管理层认可并理解其责任与管理层达成一致意见。下列有关管理层责任的说法中，正确的有（　　）。

A. 管理层应当按照适用的财务报告编制基础编制财务报表，并使其实现公允反映

B. 管理层应当设计、执行和维护必要的内部控制，以使财务报表不存在由于舞弊或错误导致的重大错报

C. 管理层应当向注册会计师提供必要的工作条件，包括允许注册会计师接触与编制财务报表相关的所有信息

D. 管理层应当允许注册会计师在获取审计证据时不受限制地接触其认为必要的内部人员和其他相关人员

3. 下列因素中，注册会计师在评价财务报告编制基础的可接受性时，需要考虑的有（　　）。

A. 被审计单位的性质

B. 财务报表的目的

C. 法律法规是否规定了适用的财务报告编制基础

D. 财务报表的性质

4. 在注册会计师完成审计业务前，被审计单位提出将审计业务变更为保证程度较低的业务。下列各项变更理由中，注册会计师通常认为合理的有（　　）。

A. 环境变化对审计服务的需求产生影响

B. 对原来要求的审计业务的性质存在误解

C. 管理层对审计范围施加限制

D. 由于超出被审计单位控制的情形导致审计范围受到限制

5. 注册会计师在确定审计范围时，应考虑的

事项有（　　）。

A. 编制财务报表适用的会计准则和相关会计制度

B. 预期利用在以前期间审计工作中获取的审计证据的程度

C. 会计准则及会计制度的变化

D. 信息技术对审计程序的影响

6. 下列关于具体审计计划的说法中，正确的有（　　）。

A. 制定具体审计计划的主要目的是获取充分、适当的审计证据以将审计风险降至可接受的低水平

B. 具体审计计划包括风险评估程序、计划实施的进一步审计程序和其他审计程序

C. 计划风险评估程序通常在审计开始阶段进行，计划进一步审计程序则需要依据风险评估程序的结果进行

D. 注册会计师可以统筹安排进一步审计程序的先后顺序，对已经作出计划的某类交易、账户余额或披露先行开展工作

7. 下列有关重要性水平的说法中正确的有（　　）。

A. 重要性包括对数量和性质两个方面的考虑，两者必须同时满足重要的前提，该项错报才视为重要

B. 对重要性的评估需要运用注册会计师的职业判断，但是如果被审计单位连续两年接受同一会计师事务所的审计，则注册会计师确定的重要性水平一定是相同的

C. 重要性在计划审计工作和评价错报影响时都要运用

D. 重要性水平是以财务报表使用者决策时对信息的需求为基础确定的

8. 关于确定财务报表整体重要性时选用的基准，下列做法中不正确的有（　　）。

A. 企业处于新兴行业，且目前侧重扩大企业知名度和影响力时，应以税前利润为基准

B. 新设立正处于开办期的企业，应以净资产为基准

C. 企业近年来经营状况大幅度波动，可以过去 3~5 年经常性业务的平均税前利润为基准

D. 基准一经确定应保持稳定，不得变更

9. 在确定实际执行的重要性时，应当考虑的因素有（   ）。

A. 根据前期识别出的错报对本期错报作出的预期

B. 前期审计工作中识别出的错报的性质和范围

C. 对被审计单位的了解

D. 被审计单位管理层和治理层的期望值

10. 如果注册会计师在审计过程中调低了最初确定的财务报表整体的重要性，下列各项中，正确的有（   ）。

A. 注册会计师应当调高可接受的检查风险

B. 注册会计师在评估未更正错报对财务报表的影响时应当使用调整后的财务报表整体的重要性

C. 注册会计师应当确定进一步审计程序的性质、时间安排和范围是否仍然适当

D. 注册会计师应当确定是否有必要修改实际执行的重要性

11. 下列情形中，注册会计师可能认为需要在审计过程中修改财务报表整体的重要性的有（   ）。

A. 被审计单位情况发生重大变化

B. 注册会计师获取新的信息

C. 通过实施进一步审计程序，注册会计师对被审计单位及其经营情况的了解发生变化

D. 审计过程中累积错报的汇总数接近财务报表整体的重要性

三、简答题

1. 上市公司甲公司是 ABC 会计师事务所的常年审计客户，A 注册会计师负责审计甲公司 2018 年度财务报表。审计工作底稿中与确定重要性相关的部分内容摘录如下：

（1）A 注册会计师确定的甲公司 2017 年度

财务报表整体的重要性为利润总额的 5%，即 100 万元。2018 年甲公司利润总额与上年基本持平，考虑到本期财务报表中含有一项高度不确定性的大额估计，因此将 2018 年度财务报表整体的重要性确定为利润总额的 10%，即 200 万元。

（2）A 注册会计师打算在综合考虑"对被审计单位的了解、前期审计工作中识别出的错报的性质和范围、根据前期识别出的错报对本期错报作出的预期，以及甲公司管理层和治理层的期望值"后，来确定实际执行的重要性。

（3）通过实施进一步审计程序，A 注册会计师对甲公司及其经营情况的了解发生变化，决定适当修改财务报表整体的重要性。

（4）A 注册会计师将明显微小错报的临界值确定为财务报表整体重要性的 15%，即 30 万元。

（5）注册会计师根据前期审计经验和本期对被审计单位的了解，评价审计项目整体风险为中等，决定将实际执行的重要性确定为财务报表整体重要性的 50%。

要求：针对上述第（1）至（5）项，逐项指出 A 注册会计师的做法是否恰当。如不恰当，简要说明理由。

2. ABC 会计师事务所的 A 注册会计师担任多家被审计单位 2018 年度财务报表审计的项目合伙人，并为不同的审计客户确定重要性水平，A 注册会计师提出如下观点：

（1）在制定总体审计策略时，确定财务报表整体的重要性水平；在制定具体审计计划时，确定特定类别交易、账户余额或披露的重要性水平和实际执行的重要性。

（2）甲公司近年来经营状况大幅度波动，盈利和亏损交替发生，A 注册会计师选择当年经常性业务的税前利润作为确定重要性水平的基准。

（3）乙公司为新设企业，被审计年度尚处于开办期，正在建造厂房及购买机器设

备，A注册会计师选择将乙公司的营业收入作为重要性水平的基准。

(4)丙公司是ABC会计师事务所的常年审计客户，A注册会计师考虑到丙公司已由成长期发展到成熟期，选择采用经常性业务的税前利润作为替代性基准确定的重要性水平，且最终确定的重要性超过上年度的重要性。

(5)在选择重要性的基准时，需要考虑基准的相对波动性；在确定重要性水平时，需要考虑与具体项目计量相关的固有不确定性。

(6)A注册会计师在审计过程中发现，丁公司的实际财务成果与最初确定财务报表整体的重要性时使用的预期本期财务成果相比存在很大差异，决定修改重要性。

要求：针对上述第(1)至(6)项，逐项指出A注册会计师的观点是否恰当。如不恰当，简要说明理由。

3. A注册会计师负责对常年审计客户甲公司2018年度财务报表进行审计，撰写了总体审计策略和具体审计计划，部分内容摘录如下：

(1)初步了解2018年度甲公司及其环境未发生重大变化，拟信赖以往审计中对管理层、治理层诚信形成的判断。

(2)因对甲公司内部审计人员的客观性和专业胜任能力存有疑虑，拟不利用内部审计的工作。

(3)如对计划的重要性水平做出修正，拟通过修改计划实施的实质性程序的性质、时间安排和范围降低重大错报风险。

(4)假定甲公司在收入确认方面存在舞弊风险，拟将销售交易及其认定的重大错报风险评估为高水平，不再了解和评估相关控制设计的合理性并确定其是否已得到执行，直接实施细节测试。

(5)因甲公司于2018年9月关闭某地办事处并注销其银行账户，拟不再函证该银行账户。

(6)因审计工作时间安排紧张，拟不函证应收账款，直接实施替代审计程序。

(7)2018年度甲公司购入股票作为可供出售的金融资产核算。除实施询问程序外，预期无法获取有关管理层持有意图的其他充分、适当的审计证据，拟就询问结果获取管理层书面声明。

要求：针对上述第(1)至(7)项，逐项指出A注册会计师拟定的计划是否恰当。如不恰当，简要说明理由。

本章综合练习参考答案及详细解析

一、单项选择题

1. C 【解析】查阅前任注册会计师的审计工作底稿是在接受委托后才会涉及的，初步业务活动的目的是确定是否接受委托，因此该环节不涉及查阅前任注册会计师的审计工作底稿。

2. B 【解析】如果母公司的注册会计师同时也是组成部分注册会计师，需要考虑下列因素，决定是否向组成部分单独致送审计业务约定书：(1)组成部分注册会计师的委托人；(2)是否对组成部分单独出具审计报告；(3)与审计委托相关的法律法规的规定；(4)母公司占组成部分的所有权份额；(5)组成部分管理层相对于母公司的独立程度。选项B表述错误。

3. A 【解析】如果存在下列情况，注册会计师可能考虑选择较高的百分比来确定实际执行的重要性：(1)连续审计项目，以前年度审计调整较少；(2)项目总体风险为低到中等，例如处于非高风险行业、管理层有足够能力、面临较低的市场竞争压力和业绩压力等；(3)以前期间的审计经验表明内部控制运行有效。故选项 A 符合题意。选项 BCD 均属于应选择较低百分比的情况。

4. B 【解析】选项 A，会计师事务所应首先开展初步业务活动，判断是否接受委托，之后签订审计业务约定书；选项 C，确保注册会计师具备执行业务所需的独立性和能力是初步业务活动的目的；选项 D，为客户的商业机密保密属于签订业务约定书时注册会计师应遵守的义务。

5. C 【解析】在"拟议的业务约定条款"中就发现存在这种无法发表审计意见的限制，此时首先考虑不能作为审计业务予以承接，而不是仍要实施程序，出具无法表示意见的报告。

6. D 【解析】在连续审计中，需要修改审计业务约定条款或提醒被审计单位注意现有的业务约定条款的情况包括：有迹象表明被审计单位误解审计目标和范围；需要修改约定条款或增加特别条款；被审计单位高级管理人员近期发生变动；被审计单位所有权发生重大变动；被审计单位业务的性质或规模发生重大变化；法律法规的规定发生变化；编制财务报表采用的财务报表编制基础发生变更。

7. C 【解析】选项 C 是具体审计计划包括的内容。

8. B 【解析】选项 B 属于为计划报告目标、时间安排和所需沟通时需要考虑的内容。

9. D 【解析】如果注册会计师在审计过程中对总体审计策略或具体审计计划作出重大修改，应当在审计工作底稿中记录作出的重大修改及其理由。

10. B 【解析】注册会计师应当在制定总体审计策略时确定财务报表整体的重要性，而不是在制定具体审计计划时确定。

11. C 【解析】根据准则的规定，判断一个事项对财务报表使用者是否重大，是将使用者作为一个群体对共性的财务信息的需求来考虑的。因为个别特定使用者的需求可能极其不同，所以不考虑错报对个别特定使用者可能产生的影响，选项 C 不正确。

12. D 【解析】注册会计师使用整体重要性水平(将财务报表作为整体)的目的有：决定风险评估程序的性质、时间安排和范围；识别和评估重大错报风险；确定进一步审计程序的性质、时间安排和范围。所以选项 ABC 均为正确答案，选项 D 不是使用重要性水平的目的。

13. B 【解析】在选择基准时，需要考虑的因素包括：①财务报表要素(如资产、负债、所有者权益、收入和费用)；②是否存在特定会计主体的财务报表使用者特别关注的项目(如为了评价财务业绩，使用者可能更关注利润、收入或净资产)；③被审计单位的性质、所处的生命周期阶段以及所处行业和经济环境；④被审计单位的所有权结构和融资方式(例如，如果被审计单位仅通过债务而非权益进行融资，财务报表使用者可能更关注资产及资产的索偿权，而非被审计单位的收益)；⑤基准的相对波动性。

14. D 【解析】与确定特定类别的交易、账户余额或披露的重要性水平相关的实际执行的重要性，旨在将这些交易、账户余额或披露中未更正与未发现错报的汇总数超过这些交易、账户余额或披露的重要性水平的可能性降至适当的低水平。所以选项 D 错误。

15. B 【解析】如果存在下列情况，注册会计师可能考虑选择较高的百分比来确定实际执行的重要性：①连续审计项目，以前年度审计调整较少；②项目总体风险为低到中等，例如处于非高风险行业、管理层有足够能力、面临较低的市场竞争压力和业绩压力等；③以前期间的审计经验表明内部控制运行有效。

16. C 【解析】在审计执行阶段，随着审计进程的推进，注册会计师应当及时评价计划阶段确定的重要性水平是否仍然合理,并根据具体环境的变化或在审计执行过程中进一步获取的信息,修正计划的重要性水平。选项C"被审计单位及其经营环境发生变化"就是具体环境的变化,因此是修改重要性水平的合理理由。

17. C 【解析】错报,是指某一财务报表项目的金额、分类或列报,与按照适用的财务报告编制基础应当列示的金额、分类或列报之间存在的差异;或根据注册会计师的判断,为使财务报表在所有重大方面实现公允反映,需要对金额、分类或列报作出的必要调整。所以不仅仅指金额之间的差异,还有分类或列报之间的差异,选项C错误。

二、多项选择题

1. ABCD 【解析】选项A,这项活动需要安排在其他审计工作之前,以确保注册会计师已具备执行业务所需要的独立性和专业胜任能力,且不存在因管理层诚信问题而影响注册会计师保持该项业务的意愿等情况,在连续审计中,这些活动通常在上期审计工作结束后不久或将要结束时就已经开始了;选项C,初步业务活动中针对保持客户关系和具体审计业务实施质量控制程序,这项工作是注册会计师控制审计风险的重要环节,所以开展初步业务活动有助于注册会计师控制审计风险。

2. ABCD 【解析】管理层和治理层(如适用)认可并理解其应当承担下列责任,这些责任构成注册会计师按照审计准则的规定执行审计工作的基础:①按照适用的财务报告编制基础编制财务报表,并使其实现公允反映(如适用);②设计、执行和维护必要的内部控制,以使财务报表不存在由于舞弊或错误导致的重大错报;③向注册会计师提供必要的工作条件,包括允许注册会计师接触与编制财务报表相关的所有信息(如记录、文件和其他事项),向注册会计师提供审计所需的其他信息,允许注册

会计师在获取审计证据时,不受限制地接触其认为必要的内部人员和其他相关人员。

3. ABCD 【解析】在确定编制财务报表所采用的财务报告编制基础的可接受性时,注册会计师需要考虑下列相关因素:第一,被审计单位的性质;第二,财务报表的目的;第三,财务报表的性质;第四,法律法规是否规定了适用的财务报告编制基础。

4. AB 【解析】无论是管理层施加还是其他情况导致的审计范围受到限制均不能作为变更业务的合理理由。

5. ABD 【解析】会计准则及会计制度的变化属于注册会计师确定审计方向时需要考虑的事项。

6. ABCD

7. CD 【解析】重要性包括对数量和性质两个方面的考虑,两者只要一个影响财务报表使用者依据财务报表作出的经济决策,则该项错报就是重大的,选项A不正确。虽然是同一被审计单位,但是两年中情况不可能百分之百相同。环境不同,报表使用者依据得到的信息作出的经济决策有可能就会不同,因此重要性水平也有可能会不同,选项B不正确。

8. ABD 【解析】选项A,以营业收入为基准更恰当;选项B,以总资产为基准更恰当;选项D,基准虽应保持稳定,但并非必须保持一贯不变。

9. ABC 【解析】确定实际执行的重要性并非简单机械的计算,需要注册会计师运用职业判断,并考虑下列因素的影响:①对被审计单位的了解(这些了解在实施风险评估程序的过程中得到更新);②前期审计工作中识别出的错报的性质和范围;③根据前期识别出的错报对本期错报作出的预期。

10. BCD 【解析】选项A,此时可接受的检查风险为低水平。

11. ABC 【解析】由于存在下列原因，注册会计师可能需要修改财务报表整体的重要性和特定类别的交易、账户余额或披露的重要性水平(如适用)：①审计过程中情况发生重大变化(如决定处置被审计单位的一个重要组成部分)；②获取新信息；③通过实施进一步审计程序，注册会计师对被审计单位及其经营的了解发生变化。

三、简答题

1.【答案】

(1)不恰当。注册会计师在确定重要性水平时，不需考虑与具体项目计量相关的固有不确定性。

(2)不恰当。确定实际执行的重要性时，不应考虑甲公司管理层和治理层的期望值。

(3)恰当。

(4)不恰当。注册会计师可能将明显微小错报的临界值确定为财务报表整体重要性的3%至5%，也可能低一些或高一些，但通常不超过财务报表整体重要性的10%，除非注册会计师认为有必要单独为重分类错报确定一个更高的临界值。

(5)不恰当。此时应当考虑选择较高的百分比来确定实际执行的重要性，如75%。

2.【答案】

(1)不恰当。财务报表整体的重要性水平、特定类别交易、账户余额或披露的重要性水平和实际执行的重要性均是在制定总体审计策略时确定的。

(2)不恰当。甲公司近年来经营状况大幅度波动，盈利和亏损交替发生，A注册会计师采用经常性业务的税前利润作为基准，未考虑到基准的相对波动性。应当选择过去3到5年经常性业务的平均税前利润或亏损(取绝对值)，或其他基准。

(3)不恰当。乙公司尚未开始经营，选用营业收入作为基准，不能恰当地衡量错报

对财务报表使用者的影响。可以选用总资产作为基准。

(4)不恰当。丙公司的经营规模较上年度没有重大变化，通常使用替代性基准确定的重要性不宜超过上年度的重要性。

(5)不恰当。在确定重要性水平时，不需要考虑与具体项目计量相关的固有不确定性。

(6)恰当。

3.【答案】

(1)不恰当。注册会计师不能仅仅根据甲公司及其环境没有发生重大变化而直接信赖管理层、治理层的诚信，注册会计师还应该考虑被审计单位相关的战略、目标等的影响以及本年度的具体情况来考虑管理层、治理层的诚信问题。

(2)恰当。

(3)不恰当。重大错报风险是客观存在的，并不能够降低，可以通过控制测试，降低评估的重大错报风险；通过修改计划实施的实质性程序的性质、时间安排和范围降低检查风险，并不是重大错报风险。

(4)不恰当。判断收入确认方面存在舞弊风险，可以不执行控制测试，但是了解内部控制程序是必须的，可以在了解内部控制程序后，根据评估的结果，直接执行细节测试。

(5)不恰当。注册会计师对银行存款的函证，应当选择在财务报表涵盖期间所有存过款的银行，包括零账户和账户已结清的账户。不能由于已经注销账户，就不进行银行存款函证。

(6)不恰当。除非有充分证据表明应收账款对财务报表而言是不重要的，或函证很可能是无效的，否则注册会计师应当对应收账款实施函证。注册会计师不能够由于时间、成本等的原因，减少必要的审计程序。

(7)恰当。

第3章 审计证据

JINGDIAN TIJIE

考 情 分 析

▶ 历年考情分析

本章属于非常重要的内容,主要介绍审计证据的性质、获取审计证据的程序种类,以及函证程序和分析程序的具体运用。从近几年的考题来看,除了获取审计证据的程序种类较少考查外,其他内容都是考试的重点内容,尤其是函证及分析程序,而函证程序则是重中之重。其不仅考查客观题,还经常与应收账款、应付账款、银行存款、存货审计等结合考查简答题。分析程序不仅可考查简答题,还会在风险导向审计的综合题中考查。考生应关注:审计证据的性质、函证及分析程序。

▶ 本章2020年考试主要变化

本章只调整了一处原不恰当的表述,其他无变动。

核心考点及经典例题详解

考点一 审计证据的性质 ★★★

扫我解疑难

📝 **经典例题**

【例题1·多选题】(2018年)下列各项中,可能构成审计证据的有( )。

A. 注册会计师在本期审计中获取的信息

B. 注册会计师在以前审计中获取的信息

C. 会计师事务所接受业务时实施质量控制程序获取的信息

D. 被审计单位聘请的专家编制的信息

【答案】 ABCD

【解析】 审计证据是注册会计师为了得出审计结论、形成审计意见而使用的所有信息,题目中四个选项均符合审计证据的定义。

【例题2·单选题】(2017年)下列有关审计证据质量的说法中,错误的是( )。

A. 审计证据的适当性是对审计证据质量的衡量

B. 注册会计师可以通过获取更多的审计证据弥补证据质量的缺陷

C. 在既定的重大错报风险水平下,需要获取的审计证据的数量受审计证据质量的影响

D. 审计证据的质量与审计证据的相关性和可靠性有关

【答案】 B

【解析】 如果审计证据的质量存在缺陷,即相关性或可靠性不足,即使获取再多的证据也难以弥补。

【例题3·单选题】(2015年)下列有关审计证据的说法中,正确的是( )。

A. 外部证据与内部证据矛盾时，注册会计师应当采用外部证据

B. 审计证据不包括会计师事务所接受与保持客户或业务时实施质量控制程序获取的信息

C. 注册会计师可以考虑获取审计证据的成本与所获取信息的有用性之间的关系

D. 注册会计师无需鉴定作为审计证据的文件记录的真伪

【答案】C

【解析】选项 A，外部证据与内部证据矛盾时，首先应查明原因，之后再确定采用哪个审计证据；选项 B，审计证据包括会计师事务所接受与保持客户或业务时实施质量控制程序获取的信息；选项 D，审计工作通常不涉及鉴定文件记录的真伪，注册会计师也不是鉴定文件记录真伪的专家，但应当考虑用作审计证据的信息的可靠性。

📋 **考点精析**

一、审计证据的充分性与适当性

审计证据的充分性和适当性见表 3-1。

表 3-1 审计证据的充分性和适当性

项目	内容
充分性（数量）	审计证据的数量受重大错报风险的影响，即在可接受的审计风险水平下，评估的重大错报风险**越高**，需要的审计证据数量**越多**； 审计证据的数量也受审计证据质量的影响，即审计证据的质量**越高**，需要的审计证据数量**越少**
适当性（质量）	即审计证据的**相关性和可靠性**
充分性和适当性之间的关系	①充分性和适当性是审计证据的两个重要特征，只有**充分且适当**的审计证据才是有证明力的； ②审计证据的数量受质量的影响，即质量**越高**，所需数量可能**越少**，但反过来，并不成立，即如果审计证据的**质量存在缺陷**，注册会计师**仅靠获取更多的证据可能无法弥补其质量上的缺陷**

二、评价充分性和适当性时的特殊考虑

1. 对文件记录可靠性的考虑

审计工作通常**不涉及鉴定文件记录的真伪**，但应当考虑用作审计证据的信息的可靠性，并考虑与这些信息生成和维护**相关控制的有效性**。

如果在审计过程中识别出的情况使其认为文件记录可能是伪造的，或文件记录中的某些条款已发生变动，注册会计师应当作出进一步调查，包括直接向第三方询证，或考虑利用专家的工作以评价文件记录的真伪。

2. 使用被审计单位生成信息时的考虑

注册会计师应当就这些信息的**准确性和完整性**获取审计证据。

3. 证据相互矛盾时的考虑

如果针对某项认定从不同来源获取的审计证据或获取不同性质的审计证据不一致，表明某项审计证据可能不可靠，注册会计师应当**追加**必要的审计程序。

4. 获取审计证据时对成本的考虑

（1）在保证获取充分、适当的审计证据的前提下，注册会计师**可以考虑**获取审计证据的**成本**与所获取信息的有用性之间的关系；

（2）**不应**以获取审计证据的**困难和成本**为由**减少不可替代**的审计程序；

（3）如果确实无法获取必要的审计证据且无较好的替代程序，应视为审计范围受到限制。

考点二 审计程序的种类

扫我解疑难

📋 **经典例题**

【例题·单选题】（2019 年）下列审计程序中，不适用于细节测试的是（ ）。

A. 函证　　　　　　B. 检查

C. 询问　　　　　　D. 重新执行

【答案】D

【解析】 重新执行适用于控制测试。

问、函证、重新计算、重新执行、分析程序，见表3-2。

考点精析

审计程序的种类包括：检查、观察、询

表3-2 审计程序的种类

程序种类		适用的测试流程	说明	备注
检查	检查文件记录	风险评估程序、控制测试、实质性程序	提供的审计证据的可靠性取决于： (1)文件记录的**性质和来源**； (2)当文件记录来自被审计单位内部时，其可靠性取决于生成该内部文件记录的**内部控制的有效性**	—
	检查有形资产	实质性程序	在证明有形资产的**存在**上，具有较强的证明力	并不能够为权利和义务认定、准确性、计价和分摊认定提供可靠的审计证据
观察		风险评估程序、控制测试、实质性程序	可提供执行有关过程或程序的审计证据	所提供的证据仅限于观察发生的时点
询问		风险评估程序、控制测试、实质性程序	广泛应用于整个审计过程中，但可靠性不高	**本身不足以发现认定层次存在的重大错报，也不足以测试内部控制运行的有效性**
函证		实质性程序	获取的审计证据可靠性较高	—
重新计算		实质性程序	对文件记录中的**数据计算的准确性**进行核对	可通过手工方式或电子方式进行
重新执行		控制测试	能够证明控制运行的有效性	—
分析程序		风险评估程序、实质性程序、总体复核	在风险评估程序和总体复核时**必须实施**，在实质性程序时**可以选择使用**	—

考点三　函证★★★

扫我解疑难

经典例题

【例题1·多选题】（2017年）下列各项因素中，通常影响注册会计师是否实施函证决策的有（　　）。

A. 评估的认定层次重大错报风险

B. 被审计单位管理层的配合程度

C. 函证信息与特定认定的相关性

D. 被询证者的客观性

【答案】 ACD

【解析】 注册会计师应当确定是否有必要实施函证以获取认定层次的充分、适当的审计证据。在作出决策时，注册会计师应当考虑以下三个因素：①评估的认定层次重大错报风险；②函证程序针对的认定；③实施除函证以外的其他审计程序。除上述三个因素外，注册会计师还可以考虑下列因素以确定是否选择函证程序作为实质性程序：①被询证者对函证事项的了解；②预期被询证者回复询证函的能力或意愿；③预期被询证者的客观性。

【例题 2 · 多选题】（2016 年）下列情形中，可能影响询证函回函可靠性的有(　　)。

A. 回函为传真件

B. 回函中包括限制性条款

C. 回函信封上寄出方邮戳显示发出城市与被询证者地址不一致

D. 以电子形式发出并收到回函

【答案】 ABCD

考点精析

一、函证决策

注册会计师应当确定是否有必要实施函证以获取认定层次的充分、适当的审计证据。在作出决策时，应当考虑：(1)评估的认定层次重大错报风险；(2)函证程序针对的认定；(3)实施除函证以外的其他审计程序；(4)考虑的其他因素(例如：①被询证者对函证事项的了解；②预期被询证者回复询证函的能力或意愿；③预期被询证者的客观性。)

二、函证的内容

函证的内容见表 3-3。

表 3-3　函证的内容

项目	内容
函证对象	(1)银行存款、借款及与金融机构往来的其他重要信息；(2)应收账款；(3)函证的其他内容 **【知识点拨】** 不函证特例： 银行存款——有充分证据表明相关信息对财务报表不重要且与之相关的重大错报风险很低； 应收账款——有充分证据表明应收账款对财务报表不重要或注册会计师认为函证很可能无效
函证程序 实施的范围	(1)选取的样本应足以代表总体；(2)注册会计师可以根据具体情况确定从总体中选取特定项目进行测试；(3)选取的特定项目可能包括：①金额较大的项目；②账龄较长的项目；③交易频繁但期末余额较小的项目；④重大关联方交易；⑤重大或异常的交易；⑥可能存在争议、舞弊或错误的交易
函证的时间	(1)通常以资产负债表日为截止日，在资产负债表日后适当时间内实施函证； (2)如重大错报风险评估为低水平，可选择资产负债表前适当日期为截止日实施函证，并对所函证项目自该截止日起至资产负债表日止发生的变动实施实质性程序
管理层要求 不实施函证 时的处理	当被审计单位管理层要求对拟函证的某些账户余额或其他信息不实施函证时，注册会计师应当考虑该项要求是否合理，并获取审计证据予以支持； (1)要求合理——实施替代程序； (2)要求不合理并阻挠而无法实施函证——视为审计范围受到限制 **【知识点拨】** 在分析管理层要求不实施函证的原因时，应当保持职业怀疑

三、询证函的设计

1. 设计询证函需要考虑的因素

(1)函证的方式。函证方式不同，所提供的审计证据的可靠性不同。

(2)以往审计或类似业务的经验。如果根据以往经验认为，即使询证函设计恰当，回函率仍很低，应考虑从其他途径获取审计证据。

(3)拟函证信息的性质。注册会计师应当了解被审计单位与第三方之间交易的实质，以确定要对哪些信息进行函证。

(4)选择被询证者的适当性。被询证者应当对所询证的信息知情。

另外，被询证者的能力、独立性、客观性、回函者是否有权回函等也是影响函证所提供的审计证据可靠性的因素。

(5)被询证者易于回函的信息类型。询证函所函证信息是否便于被询证者回答，将影响回函率和所获取审计证据的性质。

询证函通常应当包含被审计单位管理层的授权，授权被询证者向注册会计师提供有关信息。

2. 积极与消极的函证方式(见表3-4)

表3-4 积极与消极的函证方式

函证方式	说明	
积极式	在询证函中列明信息,要求被询证者确认是否正确	回函率高
	在询证函中不列明信息,而要求被询证者填写或提供信息	回函率低
消极式	只要求被询证者仅在不同意询证函列示信息的情况下才予以回函	同时满足相关条件时才考虑采用

四、函证的实施与评价

1. 对函证过程的控制(见表3-5)

表3-5 注册会计师应当对函证的全过程保持控制

项目		内容
发函前的控制		在询证函发出前,注册会计师应恰当地设计询证函,并对询证函上的各项资料进行充分核对(4点)
通过不同方式发函的控制	通过邮寄方式发出询证函	注册会计师应对被询证者的联系方式(由被审计单位提供的)进行核实后,独立寄发询证函(例如,直接在邮局投递),不使用被审计单位本身的邮寄设施
	通过跟函的方式发出询证函	当被询证者同意注册会计师独自前往被询证者处执行函证程序时,注册会计师可以独自前往。如果注册会计师跟函时需要被审计单位员工的陪伴,注册会计师需要在整个过程中保持控制,同时,对被审计单位和被询证者之间串通舞弊的风险保持警觉

2. 积极式函证未收到回函

如果在合理的时间内没有收到询证函回函,注册会计师应当考虑必要时再次向被询证者寄发询证函。如果未能得到被询证者的回应,注册会计师应当实施替代审计程序。

3. 评价函证的可靠性(见表3-6)

表3-6 评价函证的可靠性

函证方式	控制措施
邮寄方式收到回函	(1)验证询证函是否为原件,是否与注册会计师当初发出的是同一份;(2)验证回函的寄出方是否为被询证者,回函是否直接寄给注册会计师;(3)验证回邮信封或快递信封中记录的发件方名称、地址是否与询证函中记载的被询证者名称、地址一致;(4)验证回邮信封上寄出方的邮戳显示发出城市或地区是否与被询证者的地址一致;(5)验证加盖在询证函上的印章以及签名中显示的被询证者名称是否与询证函中记载的被询证者名称一致。必要时,注册会计师还可以进一步与被审计单位持有的其他文件进行核对或亲自前往被询证者进行核实等 【知识点拨】如果回函被邮寄至被审计单位,被审计单位将其转交注册会计师,该回函不能视为可靠的审计证据。此时,注册会计师可要求被询证者直接书面回复
跟函方式收到回函	(1)了解处理函证的通常流程和处理的人员;(2)通过索要名片、观察员工卡或姓名牌等方式确认处理询证函人员的身份和处理询证函的权限;(3)观察处理询证函的人员是否按照正常流程认真处理询证函,例如,该人员是否在其计算机系统或相关记录中核对相关信息

函证方式	控制措施
电子形式收到回函	对于以电子形式收到的回函，由于很难确定回函者的身份及其授权情况，也难以发觉对回函的更改，因此其可靠性存在风险。注册会计师和回函者可以通过采用一定的程序**为回函创造安全的环境**，如果注册会计师确信这种程序安全并得到适当的控制，则回函的可靠性会提高。因此并非一定要求被询证者提供回函原件
口头回复	口头回复不符合函证的要求，注册会计师可以**要求**被询证者提供**直接书面回复**。如果仍未收到书面回函，注册会计师需要通过实施替代程序，寻找其他审计证据以支持口头回复中的信息

【知识点拨】(1)回函中存在免责或其他限制条款是影响外部函证可靠性的因素之一，注册会计师能否依赖回函信息以及依赖的程度取决于免责或限制条款的性质和实质(见表3-7)。

表3-7 回函中存在的免责或其他限制条款对回函可靠性的影响

项目	情形	举例
不影响回函可靠性	①**格式化的免责条款**；②**限制条款与所测试的认定无关**	①"提供的本信息**仅**出于礼貌，**我方没有义务**必须提供，我方不因此承担任何明示或暗示的责任、义务和担保"； ②"本回复**仅用于**审计目的，被询证方、其员工或代理人**无任何责任**，也**不能免除**注册会计师做其他询问或执行其他工作的责任"
影响回函可靠性	使注册会计师对回函中所包含信息的**完整性、准确性**或注册会计师能够**信赖其所含信息的程度产生怀疑**	①"本信息是从电子数据库中取得，可能**不包括**被询证方所拥有的**全部信息**"； ②"本信息既**不保证准确也不保证是最新的**，其他方可能会持有不同意见"； ③"接收人**不能依赖**函证中的信息"

(2)向银行寄发询证函并不能完全保证有关信息的完整性。

五、对不符事项的处理

如果发现了不符事项，注册会计师应当调查不符事项，以确定是否表明存在错报。不符事项的原因可能是双方登记**入账的时间不同**，或是**一方或双方记账错误**，也可能是被审计单位的**舞弊行为**。

考点四 分析程序★★★

扫我解疑难

📒**经典例题**

【例题1·单选题】(2018年)下列有关用作风险评估程序的分析程序的说法中，错误的是( )。

A. 此类分析程序的主要目的在于发现财务报表存在重大错报风险的异常变化

B. 此类分析程序所使用的数据汇总性较强

C. 此类分析程序通常包括对账户余额、趋势和财务比率的变化分析

D. 此类分析程序通常不需要确定预期值

【答案】D

【解析】分析程序用于风险评估程序，应当确定预期值。选项D说法错误。

【例题2·单选题】(2019年)下列有关实质性分析程序的说法中，错误的是( )。

A. 实质性分析程序达到的精确度低于细节测试

B. 实质性分析程序提供的审计证据是间接证据，因此无法对相关财务报表认定提供充分、适当的审计证据

C. 实质性分析程序并不适用于所有财务报表认定

D. 注册会计师可以对某些财务报表认定同时实施实质性分析程序和细节测试

【答案】B

第 3 章 审计证据

【解析】当使用分析程序比细节测试更能有效低将认定层次的检查风险降至可接受的水平时，注册会计师可以考虑单独或结合细节测试运用实质性分析程序，以获取充分、适当的审计证据。

【例题3·单选题】（2017年）下列关于注册会计师在临近审计结束时运用分析程序的说法中，错误的是（　　）。

A. 总体复核阶段分析程序针对的重大错报风险通常集中在财务报表层次

B. 在结束阶段执行分析程序使用的手段与风险评估程序中使用的分析程序基本相同

C. 在结束阶段实施的分析程序并非为了对特定账户余额和披露提供实质性的保证水平

D. 在结束阶段实施分析程序是为了识别可能表明财务报表存在重大错报风险的异常变化

【答案】D

【解析】在总体复核阶段实施的分析程序主要在于强调并解释财务报表项目自上个会计期间以来发生的重大变化，以证实财务报表中列报的所有信息与注册会计师对被审计单位及其环境的了解一致，与注册会计师取得的审计证据一致。风险评估中运用分析程序的主要目的在于识别那些可能表明财务报表存在重大错风险的异常变化。

📝**考点精析**

一、分析程序的用途、目的和要求

分析程序的用途、目的和要求见表3-8。

表3-8　分析程序的用途、目的和要求

适用阶段	执行目的	实施要求
风险评估程序	了解被审计单位及其环境	必须执行
实质性程序	识别财务报表认定层次的重大错报	可选（当使用分析程序比细节测试能更有效地将认定层次的检查风险降至可接受的水平时）
总体复核	确定财务报表整体是否与其对被审计单位的了解一致	必须执行

二、用作风险评估程序

（1）并非在了解被审计单位及其环境的所有方面均实施分析程序，如了解内部控制中不使用分析程序。

（2）在风险评估程序中应用分析程序时所使用的数据汇总性比较强，分析的对象主要是财务报表中账户余额及其相互之间的关系。

（3）与实质性分析程序相比，在风险评估过程中使用的分析程序所进行比较的性质、预期值的精确程度，以及所进行的分析和调查的范围都并不足以提供充分适当的审计证据。

三、用作实质性程序

（1）实施的前提。

①当使用分析程序比细节测试能更有效地将认定层次的检查风险降至可接受的水平时，注册会计师可以考虑单独或结合细节测试，运用实质性分析程序。

②在某些审计领域，如果重大错报风险较低且数据之间具有稳定的预期关系，注册会计师可以单独使用实质性分析程序获取充分、适当的审计证据。

（2）所提供证据的证明力。相对于细节测试而言，实质性分析程序能够达到的精确度可能受到种种限制，所提供的证据在很大程度上是间接证据，证明力相对较弱。

（3）在设计和实施实质性分析程序时，注册会计师应当考虑：①确定实质性分析程序对特定认定的适用性；②数据的可靠性；③评价预期值的准确程度；④已记录金额与预期值之间可接受的差异额。

四、用于总体复核

1. 总体复核阶段实施分析程序的特点

往往集中在财务报表层次；在总体复核

阶段实施的分析程序不是为了对特定账户余额和披露提供实质性的保证水平，所以不如实质性分析程序详细和具体。

2. 再评估重大错报风险

如果识别出以前未识别的重大错报风险，注册会计师应当**重新考虑**对全部或部分各类交易、账户余额和披露评估的风险是否恰当，并在此基础上重新评价之前计划的审计程序是否充分，是否有必要追加审计程序。

📝 阶段性测试

1. 【多选题】如果被审计单位管理层拒绝向客户寄发询证函，注册会计师的下列做法中，正确的有( )。

A. 询问管理层不允许寄发询证函的原因，并就其原因的正当性及合理性收集审计证据

B. 评价管理层不允许寄发询证函对评估的相关重大错报风险的影响

C. 评价管理层不允许寄发询证函对其他审计程序的性质、时间安排和范围的影响

D. 实施替代程序，以获取相关、可靠的审计证据

2. 【多选题】下列有关获取审计证据方法的表述中，正确的有( )。

A. 询问是注册会计师以书面或口头方式向被审计单位内部或外部的知情人员获取信息，并对其答复进行评价的过程

B. 知情人员对询问的答复可能为注册会计师提供尚未获悉的信息

C. 注册会计师有可能会根据询问的结果修改或追加审计程序

D. 询问运用于内部控制测试时，能够获得内部控制运行有效性的充分证据

3. 【单选题】下列各项审计程序中，在风险评估、了解内部控制、控制测试中都可以运用的是( )。

A. 重新执行 B. 检查
C. 穿行测试 D. 分析程序

📝 阶段性测试答案精析

1. ABCD 【解析】如果管理层不允许寄发询证函，注册会计师应当：①询问管理层不允许寄发询证函的原因，并就其原因的正当性及合理性收集审计证据；②评价管理层不允许寄发询证函对评估的相关重大错报风险(包括舞弊风险)，以及其他审计程序的性质、时间安排和范围的影响；③实施替代程序，以获取相关、可靠的审计证据。

2. ABC 【解析】询问通常不足以发现认定层次存在的重大错报，也不足以测试内部控制运行的有效性。

3. B 【解析】在风险评估程序中通常运用询问、检查、观察、分析程序；在了解内部控制时通常运用询问、检查、观察、穿行测试；在控制测试中通常运用询问、检查、观察、重新执行；在实质性程序中通常运用询问、观察、检查、重新计算、函证、分析程序(即实质性分析程序)。

本章综合练习 限时70分钟

一、单项选择题

1. 下列有关审计证据适当性的说法中，错误的是( )。

A. 审计证据的适当性不受审计证据充分性的影响

B. 相关性和可靠性是审计证据适当性的核心内容

C. 审计证据的适当性影响审计证据的充分性

D. 审计证据的适当性是对审计证据数量的衡量

2. 下列有关审计证据的说法中错误的

是(   )。

A. 审计证据包括会计师事务所接受与保持客户或业务时实施质量控制程序获取的信息

B. 审计证据包括从公开渠道获取的与管理层认定相矛盾的信息

C. 审计证据包括被审计单位聘请专家编制的信息

D. 信息的缺乏本身不构成证据

3. 下列有关审计证据充分性的说法中，错误的是(   )。

A. 初步评估的控制风险越低，需要通过控制测试获取的审计证据可能越少

B. 计划从实质性程序中获取的保证程度越高，需要的审计证据可能越多

C. 审计证据质量越高，需要的审计证据可能越少

D. 评估的重大错报风险越高，需要的审计证据可能越多

4. 下列有关审计证据可靠性的说法中，正确的是(   )。

A. 审计证据的充分性影响审计证据的可靠性

B. 可靠的审计证据是高质量的审计证据

C. 从独立的外部来源获得的审计证据可能是不可靠的

D. 内部控制薄弱时内部生成的审计证据是不可靠的

5. 在确定审计证据的相关性时，下列表述中错误的是(   )。

A. 特定的审计程序可能只为某些认定提供相关的审计证据，而与其他认定无关

B. 针对某项认定从不同来源获取的审计证据存在矛盾，表明审计证据不存在说服力

C. 只与特定认定相关的审计证据并不能替代与其他认定相关的审计证据

D. 针对同一项认定可以从不同来源获取审计证据或获取不同性质的审计证据

6. 下列有关审计证据的性质的说法中，错误的是(   )。

A. 审计证据的充分性主要与注册会计师确定的样本量有关

B. 特定的审计程序可能只为某些认定提供相关的审计证据

C. 不同来源或不同性质的审计证据不可能与同一认定相关

D. 所有审计证据的质量均受其所依据信息的相关性和可靠性的影响

7. 下列有关询问程序的说法中，错误的是(   )。

A. 询问适用于风险评估程序、控制测试和实质性程序

B. 询问可以以口头或书面方式进行

C. 注册会计师应当就管理层对询问作出的口头答复获取书面声明

D. 询问是指注册会计师向被审计单位内部或外部的知情人员获取财务信息和非财务信息，并对答复进行评价的过程

8. 下列有关审计程序种类的说法中错误的是(   )。

A. 对通过询问获取的审计证据予以佐证特别重要

B. 函证只能对账户余额进行询证

C. 重新计算可通过手工方式或电子方式进行

D. 重新执行通常只用于控制测试，而不用于了解内部控制

9. 下列有关审计程序的表述中，正确的是(   )。

A. 某些文件是表明一项资产存在的直接审计证据，同时能提供有关计价的审计证据

B. 检查有形资产不仅能为其存在提供可靠的审计证据，还可以为其权利和义务认定提供可靠的审计证据

C. 询问是指注册会计师以口头方式向被审计单位内部或外部的知情人员获取财务信息和非财务信息的过程

D. 观察所提供的审计证据仅限于观察发生的时点

10. 下列有关函证的说法中，正确的是( )。

A. 如果注册会计师认为取得积极式函证回函是获取充分、适当的审计证据的必要程序，则替代程序不能提供注册会计师所需要的审计证据

B. 如果被审计单位与银行存款存在认定有关的内部控制设计良好并有效运行，注册会计师可适当减少函证的样本量

C. 注册会计师应当对应收账款实施函证程序，除非应收账款对财务报表不重要且评估的重大错报风险低

D. 如果注册会计师将重大错报风险评估为低水平，且预期不符事项的发生率很低，可以将消极式函证作为唯一的实质性程序

11. 询证函有两种函证方式，下列有关函证方式的说法中，错误的是( )。

A. 询证函的设计服从于审计目标的需要

B. 在采用积极的函证方式时，只有注册会计师收到回函，才能为财务报表认定提供审计证据

C. 在采用消极的函证方式时，注册会计师只要求被询证者仅在不同意询证函列示的信息的情况下才予以回函，所以未收到回函通常表明被询证者已经收到询证函并已经认可了询证函中包含的信息的准确性

D. 实务中，注册会计师通常将两种方式结合使用

12. 下列有关注册会计师针对"回函可靠性"的考虑中，错误的是( )。

A. 如果被询证者将回函寄至被审计单位，再转交注册会计师，该回函不能视为可靠的审计证据，此时注册会计师可以要求被询证者直接书面回复

B. 通过跟函方式收到的回函，注册会计师需要确认处理询证函人员的身份和处理询证函的权限，如索要名片、观察员工卡或姓名牌等

C. 以电子形式收到的回函，注册会计师应要求被询证者提供回函原件

D. 只对询证函进行口头回复不是对注册会计师的直接书面回复，不符合函证的要求，因此，不能作为可靠的审计证据

13. 回函中格式化的免责条款可能并不会影响所确认信息的可靠性，下列条款中不会影响信息可靠性的是( )。

A. 本信息既不保证准确也不保证是最新的，其他方可能会持有不同意见

B. 本回复仅用于审计目的，被询证方、其员工或代理人无任何责任，也不能免除注册会计师做其他询问或执行其他工作的责任

C. 接收人不能依赖函证中的信息

D. 本信息是从电子数据库中取得，可能不包括被询证方所拥有的全部信息

14. 下列各项中，不属于注册会计师在实施函证程序过程中，针对舞弊风险采取的应对措施的是( )。

A. 验证被询证者是否存在、是否与被审计单位之间缺乏独立性，其业务性质和规模是否与被询证者和被审计单位之间的交易记录相匹配

B. 将与从其他来源得到的被询证者的地址(如与被审计单位签订的合同上签署的地址、网络上查询到的地址)相比较，验证寄出方地址的有效性

C. 将被审计单位档案中有关被询证者的签名样本、公司公章与回函核对

D. 在资产负债表日前实施函证程序

15. 有关实质性分析程序的适用性，下列说法中错误的是( )。

A. 实质性分析程序通常更适用于在一段时间内存在预期关系的大量交易

B. 实质性分析程序不适用于识别出特别风险的认定

C. 对特定实质性分析程序适用性的确定，受到认定的性质和注册会计师对重大错报风险评估的影响

D. 注册会计师无须在所有审计业务中运

用实质性分析程序

16. 以下在风险评估程序中运用分析程序的说法中，错误的是（   ）。

A. 如果分析程序的结果显示的趋势与注册会计师对被审计单位及其环境的了解不一致，注册会计师应当判定其表明被审计单位的财务报表存在重大错报风险

B. 风险评估过程中使用的分析程序不足以提供充分适当的审计证据

C. 注册会计师在实施分析程序时需要考虑财务信息和相关非财务信息之间的关系

D. 在对内部控制的了解中，注册会计师一般不会运用分析程序

17. 下列有关分析程序的说法中，正确的是（   ）。

A. 注册会计师无须在了解被审计单位及其环境的各个方面实施分析程序

B. 分析程序是指注册会计师通过分析不同财务数据之间的内在关系，对财务信息作出评价

C. 用于总体复核的分析程序的主要目的在于识别那些可能表明财务报表存在重大错报风险的异常变化

D. 细节测试比实质性分析程序更能有效地将认定层次的检查风险降至可接受的水平

二、多项选择题

1. 下列有关审计证据的说法中，错误的有（   ）。

A. 注册会计师不是鉴定文件记录真伪的专家，因此，无需考虑用作审计证据的信息的可靠性

B. 注册会计师使用被审计单位生成的信息时，应考虑该信息是否完整和准确

C. 对于相互矛盾的审计证据，注册会计师无须实施进一步的审查

D. 注册会计师应当考虑获取审计证据的成本与所获取信息的有用性之间的关系

2. 下列有关询证函回函可靠性的说法中，错误的有（   ）。

A. 被询证者对于函证信息的口头回复是可靠的审计证据

B. 由被审计单位转交注册会计师的回函不是可靠的审计证据

C. 以电子形式收到的回函不是可靠的审计证据

D. 询证函回函中的免责条款削弱了回函的可靠性

3. 注册会计师在作出函证决策时，通常考虑的因素有（   ）。

A. 评估的认定层次的重大错报风险

B. 函证程序针对的认定

C. 实施除函证以外的其他审计程序

D. 函证实施过程的控制

4. 注册会计师在对应收账款函证的回函进行分析判断时，下列处理中，正确的有（   ）。

A. 对采用积极式函证未取得回函的应建议被审计单位适当调整

B. 对积极式函证未能取得回函的应收账款，考虑审查相关原始凭证以验证其真实性

C. 积极的函证方式通常比消极的函证方式提供的审计证据可靠

D. 回函结果与所函证应收账款有差异时，注册会计师应建议被审计单位适当调整

5. 下列各项中，属于注册会计师需要关注的函证舞弊风险迹象的有（   ）。

A. 位于不同地址的多家被询证者的回函邮戳显示的发函地址相同

B. 收到同一日期发回的、相同笔迹的多份回函

C. 管理层不允许寄发询证函

D. 管理层试图拦截、篡改询证函

6. 下列关于分析程序的用法中，正确的有（   ）。

A. 将分析程序用作风险评估程序

B. 将分析程序用作实质性程序

C. 将分析程序用作控制测试

D. 将分析程序用作对财务报表进行总体复核的程序

7. 在确定实质性分析程序对特定认定的适用性时，注册会计师通常考虑的因素有( )。

A. 在一段时期内是否存在可预期关系的大量交易

B. 评估的重大错报风险

C. 针对同一认定的细节测试

D. 数据之间是否存在稳定的可预期关系

8. 在下列各项中，注册会计师通常认为适合运用实质性分析程序的有( )。

A. 存款利息收入

B. 借款利息支出

C. 营业外收入

D. 房屋租赁收入

9. 下列有关在实施实质性分析程序时确定可接受差异额的说法中正确的有( )。

A. 评估的重大错报风险越高，可接受差异额越低

B. 重要性影响可接受差异额

C. 确定可接受差异额时，需要考虑一项错报单独或连同其他错报导致财务报表发生重大错报的可能性

D. 需要从实质性分析程序中获取的保证程度越高，可接受差异额越高

10. 在确定实质性分析程序使用的数据的可靠性时，注册会计师通常考虑的因素有( )。

A. 可获得信息的来源

B. 可获得信息的可比性

C. 可获得信息是否经过审计

D. 与可获得信息相关的控制

11. 如果在期中实施了实质性程序，在确定对剩余期间实施实质性分析程序是否可以获取充分、适当的审计证据时，注册会计师通常考虑的因素有( )。

A. 数据的可靠性

B. 预期的准确程度

C. 可接受的差异额

D. 分析程序对特定认定的适用性

三、简答题

1. ABC 会计师事务所审计甲公司 2018 年度财务报告，审计工作底稿中与函证相关的部分内容摘录如下：

(1) 甲公司在乙银行开立了用以缴纳税款的专门账户。除此以外，与乙银行没有其他业务关系，审计项目组认为，该账户的重大错报风险很低且余额不重大，未对该账户实施函证程序。

(2) 审计项目组经评估认为应收账款的重大错报风险较低，对甲公司 2018 年 11 月 30 日的应收账款余额实施了函证未发现差异。2018 年 12 月 31 日的应收账款的余额较 11 月 30 日无重大变动，审计项目组据此认为已对年末应收账款余额的存在认定获取了充分、适当的审计证据。

(3) 审计项目组负责填写询证函信息，甲公司业务员负责填写询证函信封。审计项目组取得加盖公章的询证函及业务员填写的信封后，直接至邮局将询证函寄出。

(4) 客户丙公司的回函并非询证函原件，甲公司财务人员解释，在催收回函时，由于丙财务人员表示未收到询证函，因此将其留存的询证函复印件寄送给了丙公司，并要求丙公司财务人员将回函直接寄回 ABC 会计师事务所。审计项目组认为该解释合理，无须实施进一步审计程序。

(5) 审计项目组收到一份银行询证函回函中标注"本行不保证回函的准确性，接收人不能依赖回函中的信息"。审计项目组致电该行，银行人员表示，这是标准条款，审计项目组据此认为回函可靠，并在审计工作底稿中记录了与银行的电话沟通内容。

(6) 甲公司管理层拒绝审计项目组向客户丁公司寄发询证函。

要求：

(1) 针对上述第(1)至(5)项，逐项指出审计项目组的做法是否恰当，若不恰当，请

说明理由。

(2)针对第(6)项，指出审计项目组应采取的应对措施。

2. 甲公司是 ABC 会计师事务所的常年审计客户。A 注册会计师负责审计甲公司 2018 年度财务报表。审计工作底稿中与分析程序相关的部分内容摘录如下：

(1)甲公司所处行业 2018 年度市场需求显著下降。A 注册会计师在实施风险评估分析程序时，以 2017 年财务报表已审数为预期值，将 2018 年财务报表中波动较大的项目评估为存在重大错报风险的领域。

(2)A 注册会计师对营业收入实施实质性分析程序，将实际执行的重要性作为已记录金额与预期值之间可接受的差异额。

(3)甲公司的产量与生产工人工资之间存在稳定的预期关系。A 注册会计师认为产量的信息来自非财务部门，具有可靠性，在实施实质性分析程序时据以测算直接人工成本。

(4)A 注册会计师对运输费用实施实质性分析程序，确定已记录金额与预期值之间可接受的差异额为 150 万元，实际差异为 350 万元。A 注册会计师就超出可接受差异额的 200 万元询问了管理层，并对其答复获取了充分、适当的审计证据。

(5)A 注册会计师在审计过程中未提出审计调整建议，已审财务报表与未审财务报表一致，因此认为无须在临近审计结束时运用分析程序对财务报表进行总体复核。

要求：针对上述第(1)至第(5)项，逐项指出 A 注册会计师的做法是否恰当。如不恰当，提出改进建议。

本章综合练习参考答案及详细解析

一、单项选择题

1. D 【解析】审计证据的适当性是对审计证据质量的衡量，审计证据的充分性是对审计证据数量的衡量。

2. D 【解析】信息的缺乏从一定程度上可以说明被审计单位存在的问题，如内部控制运行的无效性，构成审计证据。

3. A 【解析】选项 A，评估的控制风险越低，说明预期信赖内部控制，则通过实施控制测试获取的审计证据可能越多。

4. C 【解析】选项 A，审计证据的可靠性受其来源和性质的影响，并取决于获取审计证据的具体环境，不受审计证据的充分性的影响；选项 B，只有相关且可靠的审计证据才是高质量的；选项 D，内部控制薄弱时内部生成的审计证据可能不可靠，但不是一定不可靠，选项 D 的描述太绝对。

5. B 【解析】如果从不同来源获取的审计证据或获取的不同性质的审计证据不一致，表明某项审计证据可能不可靠，注册会计师应当追加必要的审计程序，并不表明该审计证据不存在说服力，所以选项 B 过于绝对。

6. C 【解析】不同来源或不同性质的审计证据可能与同一认定相关。比如应收账款的函证属于外部证据，而从应收账款账簿记录追查至被审计单位内部相关原始凭证获取的审计证据属于内部证据，两者的来源不同，但是主要验证的都是应收账款的存在认定。

7. C 【解析】选项 C，针对某些事项，注册会计师可能认为有必要向管理层和治理层(如适用)获取书面声明，以证实对口头询问的答复。

8. B 【解析】函证不必仅仅局限于账户余额，例如，注册会计师可能要求对被审计单位与第三方之间的协议和交易条款进行函证。

9. D 【解析】检查某些证明资产存在的文件或者检查实物，能够证明其确实存在于被审计单位，但不一定能够有效证明其在法律意义上属被审计单位所有，也不一定能提供有关计价的审计证据，所以选项 AB 错误；询问还可以采用书面方式，选项 C 错误。

10. A 【解析】选项 B，在对银行存款实施函证时，应当向被审计单位在本期存过款的所有银行发函，包括零余额账户和在本期内注销的账户，不因内部控制设计良好而减少函证的量；选项 C，除非有充分证据表明应收账款对被审计单位财务报表而言是不重要的，或者函证很可能是无效的，否则，注册会计师应当对应收账款进行函证；选项 D，当同时满足"重大错报风险评估为低水平、涉及大量余额较小的账户、预期不存在大量的错误、没有理由相信被询证者不认真对待函证"这四个条件时，才可以考虑采用消极的函证方式。

11. C 【解析】对于消极式询证函而言，未收到回函并不能明确表明预期的被询证者已经收到询证函或已经核实了询证函中包含的信息的准确性，可能被询证者根本未收到询证函，或是收到后未予以理睬。

12. C 【解析】以电子形式收到的回函，注册会计师和回函者采用一定的程序为电子形式的回函创造安全环境，可以降低该风险。并不强制要求被询证者提供回函原件。

13. B 【解析】选项 ACD 的限制条款，可能使注册会计师对回函中所包含信息的完整性、准确性或注册会计师能够信赖其所含信息的程度产生怀疑，对回函的可靠性产生影响。

14. D 【解析】被审计单位存在舞弊风险，说明被审计单位内部控制或控制环境薄弱，此时不宜在资产负债表日之前实施

函证程序。应对舞弊风险的措施还包括：要求与被询证者相关人员直接沟通讨论询证事项，考虑是否有必要前往被询证者工作地点以验证其是否存在；分别在中期和期末寄发询证函，并使用被审计单位账面记录和其他相关信息核对相关账户的期间变动；考虑从金融机构获得被审计单位的信用记录，加盖该金融机构公章，并与被审计单位会计记录相核对，以证实是否存在被审计单位没有记录的贷款、担保、开立银行承兑汇票、信用证、保函等事项。根据金融机构的要求，注册会计师获取信用记录时可以考虑由被审计单位人员陪同前往。在该过程中，注册会计师需要注意确认该信用记录没有被篡改。

15. B 【解析】针对识别出特别风险的认定，可以实施实质性分析程序，选项 B 错误。

16. A 【解析】如果分析程序的结果显示的趋势与注册会计师对被审计单位及其环境的了解不一致，注册会计师不能直接判定这个不一致表明被审计单位的财务报表存在重大错报风险。如果被审计单位管理层无法提出合理的解释，或者无法取得相关的支持性文件证据，注册会计师才应当考虑其是否表明被审计单位的财务报表存在重大错报风险。

17. A 【解析】分析程序是指注册会计师通过分析不同财务数据之间以及财务数据与非财务数据之间的内在关系，对财务信息作出评价，选项 B 表述不当；在总体复核阶段，注册会计师运用分析程序的目的是确定财务报表整体是否与其对被审计单位的了解一致，选项 C 错误；当分析程序能够更有效地将认定层次的重大错报风险降至可接受的水平时，分析程序可以用作实质性程序，此时实质性分析程序比细节测试更有效，选项 D 错误。

二、多项选择题

1. ACD 【解析】选项 A，注册会计师应考虑

用作审计证据的信息的可靠性；选项 C，对于相互矛盾的审计证据，注册会计师应当追加必要的审计程序；选项 D，注册会计师可以考虑获取审计证据的成本与所获取信息的有用性之间的关系。

2. ACD 【解析】选项 A，只对询证函进行口头回复不是对注册会计师的直接书面回复，不符合函证的要求，因此，不能作为可靠的审计证据；选项 C，注册会计师和回函者采用一定的程序为电子形式的回函创造安全环境，也是可以获取可靠的审计证据的；选项 D，回函中存在免责或其他限制条款是影响外部函证可靠性的因素之一，但这种限制不一定使回函失去可靠性，注册会计师能否依赖回函信息以及依赖的程度取决于免责或限制条款的性质和实质。

3. ABC 【解析】函证实施过程的控制是决定实施函证后，注册会计师才需要考虑的事项。评估的认定层次重大错报风险越高，注册会计师对通过实质性程序获取的审计证据的相关性和可靠性的要求越高。函证对不同的认定的证明力是不同的。针对同一认定可以从不同来源获取审计证据，所以注册会计师也可以考虑实施除函证以外的其他审计程序。

4. BC 【解析】选项 A，对于积极式函证，如果没有收到回函，可能是由于被询证者根本不存在或由于被询证者没有收到询证函，也可能是由于被询证者没有理会询证函，所以无法证明所函证信息是否正确，不能直接建议被审计单位调整；选项 D，如果收回的询证函有差异，注册会计师首先应提请被审计单位查明原因，并做进一步分析和核实。

5. ABCD

6. ABD 【解析】在控制测试中不运用分析程序。

7. ABCD

8. ABD 【解析】营业外收入不具有稳定的

预期关系，不适宜使用分析程序。

9. ABC 【解析】选项 D，需要从实质性分析程序中获取的保证程度越高，则可接受差异额越低。

10. ABCD 【解析】在确定实质性分析程序使用的数据是否可靠时，注册会计师应当考虑下列因素：(1)可获得信息的来源；(2)可获得信息的可比性；(3)可获得信息的性质和相关性；(4)与信息编制相关的控制。同时为了更全面地考虑数据的可靠性，当实施实质性分析程序时，如果使用被审计单位编制的信息，注册会计师应当考虑测试与信息编制相关的控制，以及这些信息是否在本期或前期经过审计。

11. ABCD 【解析】如果在期中实施实质性程序，并计划针对剩余期间实施实质性分析程序，注册会计师应当考虑实质性分析程序对特定认定的适用性、数据的可靠性、做出预期的准确程度以及可接受的差异额，并评估这些因素如何影响针对剩余期间获取充分、适当的审计证据的能力。注册会计师还应考虑某类交易的期末累计发生额或账户期末余额在金额、相对重要性及构成方面能否被合理预期。

三、简答题

1.【答案】

(1)第(1)项恰当。

第(2)项不恰当。注册会计师应对 2018 年 11 月 30 日和 12 月 31 日之间应收账款的变动情况实施进一步审计程序/实质性程序/将实质性程序和控制测试结合使用。

第(3)项不恰当。注册会计师没有将被询证者的名称、地址与被审计单位有关记录/外部记录进行核对。

第(4)项不恰当。注册会计师未对询证函的发出保持控制/询证函不应由甲公司财务人员寄发。

第(5)项不恰当。该限制条款影响了回函

的可靠性/审计项目组需要实施额外或替代审计程序。

（2）审计项目组应当采取以下措施：

①询问管理层不允许寄发询证函的原因，并就其原因的合理性/正当性收集证据；

②评价管理层不允许寄发询证函对评估的重大错报风险（包括舞弊风险），以及其他审计程序的性质、时间安排和范围的影响；

③实施替代程序，以获取相关、可靠的审计证据。

2.【答案】

（1）不恰当。应根据2018年度的变化情况设定预期值。

（2）恰当。

（3）不恰当。应测试与产量信息编制相关的内部控制/测试产量信息/应测试内部信息的可靠性。

（4）不恰当。应当针对350万元的差异进行调查。

（5）不恰当。在临近审计结束时，应当运用分析程序对财务报表进行总体复核/总体复核分析程序是必要程序。

第4章 审计抽样方法

JINGDIAN TIJIE

考 情 分 析

➤ 历年考情分析

本章属于比较重要的内容，主要介绍审计抽样在控制测试和细节测试中的具体运用。从近几年的考题来看，多以客观题的形式考查，或在主观题中有所涉及。此部分内容也可以单独考查简答题。考生应关注：审计抽样的相关概念；审计抽样在控制测试中的运用；审计抽样在细节测试中的运用。

➤ 本章2020年考试主要变化

本章内容无变动。

核心考点及经典例题详解

考点一　审计抽样的相关概念★★

扫我解疑难

📝 经典例题

【例题1·单选题】（2018年）下列有关非抽样风险的说法中，错误的是（　　）。

A. 非抽样风险不能量化

B. 非抽样风险影响审计风险

C. 注册会计师可以通过扩大样本规模降低非抽样风险

D. 注册会计师可以通过采取适当的质量控制政策和程序降低非抽样风险

【答案】C

【解析】选项C，非抽样风险是指注册会计师由于任何与抽样风险无关的原因而得出错误结论的风险，扩大样本规模降低的是抽样风险，而不是非抽样风险。

【例题2·单选题】（2018年）下列关于审计抽样的样本代表性的说法中，错误的是（　　）。

A. 样本具有代表性意味着根据样本测试结果推断的错报与总体中的错报完全相同

B. 如果样本的选取是无偏向的，该样本通常具有代表性

C. 样本的代表性与样本规模无关

D. 样本的代表性通常只与错报的发生率而非错报的特定性质相关

【答案】A

【解析】样本具有代表性并不意味着根据样本测试结果推断的错报一定与总体中的错报完全相同。

【例题3·多选题】（2017年）下列各项中，属于统计抽样特征的有（　　）。

A. 随机选取样本项目

B. 评价非抽样风险

C. 运用概率论评价样本结果

D. 运用概率论计量抽样风险

【答案】ACD

【解析】统计抽样，是指同时具备下列特征的抽样方法：(1)随机选取样本项目；(2)运用概率论评价样本结果，包括计量抽样风险。

📋**考点精析**

一、审计抽样的特征及适用性

1. 审计抽样的特征

审计抽样应当同时具备三个基本特征：

(1)对具有审计相关性的总体中低于百分之百的项目实施审计程序；

(2)所有抽样单元都有被选取的机会；

(3)可以根据样本项目的测试结果推断出有关抽样总体的结论。

【知识点拨】①下列情况不属于审计抽样：a. 针对总体进行百分之百的测试(全查)；b. 选取特定项目实施测试(得出的结果不能据此推断总体特征)。

②只有当从抽样总体中选取的样本具有代表性时，注册会计师才能根据样本项目的测试结果推断出有关总体的结论。

2. 审计抽样的适用性

风险评估程序通常不涉及审计抽样；分析程序通常不宜采用审计抽样。当控制的运行未留下轨迹时，不宜使用审计抽样。

当控制的运行留下轨迹时，可以使用审计抽样实施控制测试；在实施细节测试时，注册会计师可以使用审计抽样获取审计证据。

二、抽样风险和非抽样风险

抽样风险和非抽样风险在重大错报风险的评估和检查风险的确定过程中均可能涉及。

1. 抽样风险

抽样风险分为下列两种类型：

(1)信赖过度风险(控制测试)和误受风险(细节测试)——影响审计效果。

(2)信赖不足风险(控制测试)和误拒风险(细节测试)——影响审计效率。

【知识点拨】只要实施审计抽样，抽样风险就存在。抽样风险与样本规模成反方向变动：样本规模越小，抽样风险越大；样本规

模越大，抽样风险越小。

2. 非抽样风险

非抽样风险是由人为因素造成的，难以量化，但可以通过仔细设计审计程序来降低或防范。

三、统计抽样和非统计抽样

统计抽样和非统计抽样的理解要点：

(1)注册会计师在统计抽样与非统计抽样方法之间进行选择时主要考虑成本效益原则；

(2)统计抽样的优点在于能够客观地计量抽样风险，并通过调整样本规模精确地控制风险；非统计抽样的优点是成本低，易操作；

(3)无论是统计抽样还是非统计抽样，都离不开注册会计师的职业判断；

(4)对选取的样本项目实施的审计程序通常与使用的抽样方法无关。

考点二　审计抽样在控制测试中的应用★★★

扫我解疑难

📋**经典例题**

【例题1·多选题】(2018年)下列抽样方法中，通常可用于统计抽样的有(　　)。

A. 随机选样

B. 系统选样

C. 整群选样

D. 随意选样

【答案】AB

【解析】选项C，通常不能在审计抽样中使用；选项D，随意选样仅适用于非统计抽样。

【例题2·单选题】(2018年)下列有关控制测试的样本规模的说法中，错误的是(　　)。

A. 预计总体偏差率与样本规模同向变动

B. 可容忍偏差率与样本规模反向变动

C. 信赖不足风险与样本规模反向变动

D. 总体规模对样本规模的影响几乎为零，除非总体非常小

【答案】C

【解析】控制测试中主要考虑信赖过度风险，

可接受的信赖过度风险与样本规模反向变动。

【例题 3·单选题】(2017 年)在使用审计抽样实施控制测试时，下列情形中，注册会计师不能另外选取替代样本的是( )。

A. 单据丢失

B. 单据不适用

C. 单据无效

D. 单据未使用

【答案】A

【解析】如果找不到丢失的单据，或者由于其他原因注册会计师无法对选取的项目实施检查，注册会计师可能无法使用替代程序测试控制是否适当运行。

📝 考点精析

一、样本设计阶段

在设计审计样本时，注册会计师应当考虑审计程序的目的和抽样总体的特征。

(1)总体——注册会计师应当确保总体的**适当性**和**完整性**。

(2)定义抽样单元——抽样单元应与审计测试目标相适应，如果对抽样单元的定义过于宽泛可能导致缺乏效率。

(3)定义测试期间——注册会计师通常在期中实施控制测试。注册会计师可以有两种做法来获取关于剩余期间的证据：①将测试扩展至在剩余期间发生的交易，以获取额外的证据。②不将测试扩展至在剩余期间发生的交易。

【知识点拨】被审计单位在被审计期间可能改变某个特定控制。如果某控制(旧控制)被用于实现相同控制目标的另一控制(新控制)所取代，注册会计师需要确定是否测试这两个控制的运行有效性，或只测试新控制。

二、选取样本阶段

1. 确定抽样方法

选取样本的基本方法包括简单随机选样、系统选样、随意选样和整群选样。审计抽样方法的特点以及适用情况见表 4-1。

表 4-1 审计抽样方法的特点以及适用情况

项目	简单随机选样	系统选样	随意选样	整群选样
特点	相同数量的抽样单元组成的每种组合被选取的概率相等	每个抽样单元被选取的机会都相等	所有项目都有被选中的机会	适合检查一群项目
适用情况	统计抽样、非统计抽样	统计抽样(总体随机分布时)、非统计抽样	非统计抽样	通常不能在审计抽样中使用

2. 确定样本规模

在确定样本规模时，注册会计师应当考虑能否将抽样风险降至可接受的低水平。控制测试中影响样本规模的因素见表 4-2。

表 4-2 控制测试中影响样本规模的因素

影响因素	与样本规模的关系
可接受的信赖过度风险	反向变动
可容忍偏差率	反向变动
预计总体偏差率	同向变动
总体规模	影响很小

其他因素：

第一，控制运行的**相关期间越长**(年或季度)，需要测试的**样本越多**；

第二，控制程序**越复杂**，测试的样本**越多**；

第三，通常对**人工控制**实施的测试要**多**

过自动化控制；因为人工控制更容易发生错误和偶然的失败，而针对计算机系统的信息技术一般控制只要有效发挥作用，曾经测试过的自动化控制一般都能保持可靠运行。

3. 选取样本并对其实施审计程序

在对选取的样本项目实施审计程序时可能出现以下几种情况：

（1）无效单据、未使用或不适用的单据——选取替代样本；

（2）对总体的估计出现错误——若高估了总体规模和编号范围，则选取替代样本；

（3）在结束之前停止测试（不用测试了）——重估重大错报风险并考虑是否有必要继续进行测试；

（4）无法对选取的项目实施检查（找不到）——视为偏差。

三、评价样本结果阶段

1. 计算总体偏差率

样本偏差率等于样本中发现的偏差数量除以样本规模，样本偏差率就是注册会计师对总体偏差率的最佳估计，无须另外推断总体偏差率，但必须考虑抽样风险。

2. 考虑抽样风险（见表4-3）

表4-3　在控制测试中运用审计抽样时对样本结果的评价

方法	对抽样风险的考虑	对总体的判断
统计抽样	（1）公式：总体偏差率上限＝风险系数/样本量 （2）查表法	总体偏差率上限 VS 可容忍偏差率： （1）低于时，总体可以接受； （2）大于或等于时，总体不能接受； （3）低于但接近时，考虑是否接受
非统计抽样	抽样风险无法直接计量	估计的总体偏差率 VS 可容忍偏差率： （1）大于、等于或低于但接近时，总体不能接受； （2）大大低于时，总体可以接受； （3）低于但差额不大不小时，考虑是否接受

3. 分析偏差的性质和原因

注册会计师应对偏差进行定性分析。

4. 得出总体结论

考点三　审计抽样在细节测试中的应用★★★

扫我解疑难

📝 经典例题

【例题1·单选题】（2019年）运用审计抽样进行细节测试时，对总体进行分层可以提高抽样效率的是（　　）。

A. 总体规模较大

B. 总体变异性较大

C. 误拒风险较高

D. 预计总体错报较高

【答案】B

【解析】如果总体项目存在重大的变异性，注册会计师可以考虑将总体分层。分层可以降低每一层中项目的变异性，从而在抽样风险没有成比例增加的前提下减小样本规模，提高审计效率。

【例题2·单选题】（2017年）下列有关细节测试的样本规模的说法中，错误的是（　　）。

A. 误受风险与样本规模反向变动

B. 误拒风险与样本规模同向变动

C. 可容忍错报与样本规模反向变动

D. 总体项目的变异性越低，通常样本规模越小

【答案】B

【解析】误受风险与样本规模反向变动，误拒风险与样本规模反向变动。

审计抽样在细节测试中的应用与控制测试一样，分为样本设计、选取样本和评价样本结果三个阶段(见表4-4)。

表4-4　审计抽样在细节测试中的应用

阶段		非统计抽样	统计抽样	
			传统变量抽样	货币单元抽样
样本设计	确定测试目标	测试有关财务报表金额的一项或多项认定的合理性		
	定义总体	适当性和完整性		
	定义抽样单元	根据审计目标和所实施审计程序的性质定义抽样单元，可能是一个账户余额、一笔交易或交易中的一个记录、每个货币单元		
	界定错报	根据审计目标界定错报		
选取样本	总体要求	所选取的样本应能够代表抽样总体的特征；注册会计师可采用简单随机选样、系统选样或随意选样等方法，也可使用计算机辅助审计技术选样		
	识别单个重大项目	在选取样本之前，通常先识别单个重大项目；然后从剩余项目中选取样本，或对剩余项目分层，并将样本规模相应分配给各层；注册会计师从每一层中选取样本，但选取的方法应当能使样本具有代表性		逻辑单元的账面金额大于或等于选样间隔的项目一定会被选中，且可能不止被选取一次，注册会计师可能对这类项目实施100%检查
	样本规模的影响因素	成反向变动：可接受的误受风险、可容忍错报；成同向变动：预计总体错报、总体变异性；影响很小：总体规模		
	确定样本规模	(1)查表的同时运用职业判断对样本规模进行调整；(2)公式：样本规模=总体账面金额/可容忍错报×保证系数		
	样本选取方法	随机选样、系统选样或随意选样	随机选样、系统选样	(1)随机选样、系统选样；(2)以货币单元作为抽样单元，无须分层；(3)系统选样步骤：①确定选样间隔；②在第一个间隔中确定随机起点，并顺序选样；③对包含被选取货币单元的账户余额或交易(逻辑单元)实施检查

阶段		非统计抽样	统计抽样	
			传统变量抽样	货币单元抽样
评价样本结果	推断总体错报	注册会计师可以使用比率法、差额法估计总体错报金额	(1)均值法： 总体错报金额=总体账面金额-样本审定金额/样本规模×总体规模 (2)差额法： 总体错报金额=(样本账面金额-样本审定金额)/样本规模×总体规模 (3)比率法： 总体错报金额=总体账面金额-样本审定金额/样本账面金额×总体账面金额	(1)如果逻辑单元的账面金额大于或等于选样间隔，推断的错报就是该逻辑单元的实际错报金额； (2)如果逻辑单元的账面金额小于选样间隔，注册会计师首先计算存在错报的所有逻辑单元的错报百分比，再用这个错报百分比乘以选样间隔，得出推断错报的金额； (3)将所有推断错报汇总后，再加上在金额大于或等于选样间隔的逻辑单元中发现的实际错报，注册会计师就能计算出总体的错报金额
	考虑抽样风险，并得出结论	运用职业判断和经验考虑抽样风险。当推断的总体错报**大大低于**可容忍错报时，可以接受；当大于、等于或低于但接近可容忍错报时，不可接受	当推断的总体错报**低于**可容忍错报时，可以接受；当推断的总体错报大于或等于可容忍错报时，不能接受	(1)样本中没有发现错报(基本精确度)： 总体错报上限=保证系数×选样间隔； (2)在账面金额大于或等于选样间隔的逻辑单元中发现了错报： 总体错报上限=事实错报+基本精确度； (3)在账面金额小于选样间隔的逻辑单元中发现了错报百分比为100%的错报： 总体错报上限=保证系数×选样间隔； (4)在账面金额小于选样间隔的逻辑单元中发现了错报百分比低于100%的错报： 第一，计算推断错报，推断错报=错报金额/账面金额×选样间隔；第二，将推断错报按金额降序排列后，总体错报上限=推断错报×保证系数增量+基本精确度； (5)混合情况： 第一，账面金额大于或等于选样间隔的逻辑单元，计算事实错报；第二，账面金额小于选样间隔的逻辑单元，计算各项目的推断错报，并按金额降序排列，分别乘以对应的保证系数增量；第三，上述两步计算的结果加上基本精确度即为总体错报上限

【知识点拨】在非统计抽样及传统变量抽样中，如果在设计样本时进行了分层，则要在每层分别推断错报，然后将各层推断的金额加总，计算估计的总体错报。注册会计师还要将进行百分之百检查的个别重大项目中发现的所有错报与推断的错报金额汇总。

📋 **阶段性测试**

1. 【单选题】下列有关信赖过度风险的说法中，正确的是( )。

A. 信赖过度风险影响审计效率

B. 信赖过度风险属于非抽样风险

C. 注册会计师可以通过扩大样本规模降低信赖过度风险

D. 信赖过度风险与控制测试和细节测试均相关

2. 【多选题】下列有关控制测试的样本规模的说法中，错误的有( )。

A. 对相关控制的依赖程度增加，所需的样本规模增大

B. 拟测试的总体预期偏差率减少，所需的样本规模增大

C. 可容忍偏差率增加，所需的样本规模增大

D. 大规模总体中抽样单元的数量增加，所需的样本规模增大

3. 【多选题】下列各项中，可能导致非抽样风险的有( )。

A. 注册会计师未能适当地定义误差，导致注册会计师未能发现样本中存在的偏差或错报

B. 注册会计师未能适当地评价审计发现的情况

C. 注册会计师未能适当地选取足够的样本

D. 注册会计师选择了不适于实现特定目标的审计程序

📋 **阶段性测试答案精析**

1. C 【解析】选项 A，信赖过度风险影响审计效果(质量)；选项 B，信赖过度风险属于抽样风险；选项 D，信赖过度风险是在控制测试中使用审计抽样时的抽样风险，与细节测试无关。

2. BCD 【解析】选项 B，拟测试的总体预期偏差率增加，所需的样本规模增大；选项 C，可容忍偏差率与样本规模存在反向变动关系；选项 D，在大规模总体的情况下，总体规模对样本规模的影响很小。

3. ABD 【解析】抽样风险是由抽样引起的，与样本规模相关，因此选项 C 是导致抽样风险的原因。

本章综合练习 限时60分钟

一、单项选择题

1. 下列有关审计抽样运用的说法中，不正确的是( )。

A. 风险评估程序通常不涉及审计抽样

B. 当控制运行留下轨迹时，注册会计师可以考虑使用审计抽样实施控制测试

C. 实质性程序中均可以使用审计抽样获取审计证据

D. 未留下轨迹的控制，注册会计师通常实施询问、观察等审计程序，以获取有关控制运行有效性的审计证据，此时不宜使用审计抽样

2. 下列有关抽样风险的说法中，错误的是( )。

A. 如果注册会计师对总体中的所有项目都实施检查，就不存在抽样风险

B. 在使用非统计抽样时，注册会计师无法精确地测定抽样风险

C. 无论是控制测试还是细节测试，注册会计师都可通过扩大样本规模降低抽样风险

D. 注册会计师未能恰当地定义误差将导致抽样风险

3. 下列有关统计抽样和非统计抽样的说法中，错误的是（　　）。

A. 注册会计师应当根据具体情况并运用职业判断，确定使用统计抽样或非统计抽样方法

B. 注册会计师在统计抽样与非统计抽样方法之间进行选择时主要考虑成本效益

C. 非统计抽样如果设计适当，也能提供与统计抽样方法同样的结果

D. 注册会计师使用非统计抽样时，不需要考虑抽样风险

4. 下列选取样本的方法中，仅适用于非统计抽样的是（　　）。

A. 使用随机数表选样

B. 随意选样

C. 整群选样

D. 系统选样

5. 下列有关控制测试的样本规模的说法中，错误的是（　　）。

A. 可接受的信赖过度风险与样本规模反向变动

B. 总体规模与样本规模反向变动

C. 可容忍偏差率与样本规模反向变动

D. 预计总体偏差率与样本规模同向变动

6. 在控制测试中，对选取的项目实施审计程序时可能会遇到各种情况，以下有关说法中不恰当的是（　　）。

A. 选取的样本中包含空白收据，如果该无效单据不构成偏差，则注册会计师应用随机样本替代

B. 选取的样本中包含未使用或不适用的单据，如果不构成偏差，则注册会计师应用随机样本替代

C. 如果注册会计师无法对选取的项目实施计划的审计程序或适当的替代程序，就要考虑在评价样本时将该样本项目视为偏差

D. 如果注册会计师高估了总体规模和编号范围，选取的样本中超出实际编号的所有数字都被视为未使用单据，对这部分号码注册会计师可以直接删除

7. 下列有关控制测试中对样本结果评价的表述错误的是（　　）。

A. 在统计抽样中，如果估计的总体偏差率上限低于可容忍偏差率，则总体可以接受

B. 在统计抽样中，如果估计的总体偏差率上限大于可容忍偏差率，则总体不能接受

C. 在统计抽样中，如果估计的总体偏差率上限等于可容忍偏差率，则总体不能接受

D. 在统计抽样中，如果估计的总体偏差率上限低于但接近可容忍偏差率，则总体可以接受

8. 下列有关定义抽样单元的说法中，不正确的是（　　）。

A. 如果抽样目标是测试应收账款的完整性，注册会计师可能选择各应收账款的明细账余额作为抽样单元

B. 抽样单元的选择标准是使审计抽样实现最佳的效率和效果

C. 抽样单元可以是一个账户余额、一笔交易或交易中的一个记录

D. 定义抽样单元时应考虑实施计划的审计程序或替代程序的难易程度

9. 下列有关细节测试样本量的说法中，错误的是（　　）。

A. 总体的变异性与样本规模呈同向变动

B. 当总体被适当分层的情况下确定的样本规模等于总体不分层的情况下确定的样本规模

C. 对于大规模总体，总体的实际规模对样本规模基本没有影响

D. 当误受风险一定时，可容忍错报越低，所需样本规模越大

10. 下列有关细节测试的样本规模的说法中，错误的是（　　）。

A. 可容忍错报与样本规模反向变动

B. 总体的变异性与样本规模同向变动

C. 可接受的误受风险与样本规模同向

变动

D. 总体规模对样本规模的影响很小

11. 下列各项中，不影响可接受的误受风险水平的是(　　)。

A. 注册会计师愿意接受的审计风险水平

B. 评估的重大错报风险水平

C. 针对同一审计目标的其他实质性程序的检查风险

D. 误拒风险

12. 在未对总体进行分层的情况下，注册会计师通常不宜使用的抽样方法是(　　)。

A. 均值法　　　　B. 比率法

C. 差额法　　　　D. 货币单元抽样

13. A 注册会计师负责审计甲公司 2018 年度财务报表，A 注册会计师从账面金额合计 500 000 元、总体规模为 4 000 的存货项目中选择了 200 个项目作为样本。样本的审定金额为 22 560 元，样本的账面金额为 24 000 元，A 注册会计师采用比率法进行审计，则推断错报为(　　)。

A. 28 560 元　　　B. 30 000 元

C. 28 800 元　　　D. 48 800 元

二、多项选择题

1. 下列关于审计抽样的说法中，正确的有(　　)。

A. 审计抽样是对某类交易或账户余额中低于 100% 的项目实施审计程序

B. 在审计抽样中，所有单元都有被选取的机会

C. 选取特定项目进行审计属于审计抽样的一种

D. 对于审计抽样，可以根据样本项目的测试结果推断出有关抽样总体的结论

2. 下列各项中，属于审计抽样基本特征的有(　　)。

A. 对具有审计相关性的总体中低于百分之百的项目实施审计程序

B. 可以根据样本项目的测试结果推断出有关抽样总体的结论

C. 所有抽样单元都有被选取的机会

D. 可以基于某一特征从总体中选出特定项目实施审计程序

3. 下列审计程序中，通常不宜使用审计抽样的有(　　)。

A. 风险评估程序

B. 对未留下运行轨迹的控制的运行有效性实施测试

C. 对信息技术应用控制的运行有效性实施测试

D. 实质性分析程序

4. 以下关于抽样风险和非抽样风险的表述中，正确的有(　　)。

A. 抽样风险和非抽样风险均不能量化

B. 抽样风险与样本规模呈反方向变动，降低抽样风险的唯一途径是扩大样本规模

C. 通过采取适当的质量控制政策和程序可以将非抽样风险降至可接受的水平

D. 选择的总体不适合于测试目标，这属于非抽样风险

5. 下列有关属性抽样与变量抽样的说法中，不正确的有(　　)。

A. 一般而言，属性抽样得出的结论与总体金额有关，而变量抽样得出的结论与总体的发生率有关

B. 货币单元抽样是运用属性抽样原理对货币金额得出结论的统计抽样方法

C. 控制测试运用的是变量抽样原理

D. 细节测试运用的是属性抽样原理

6. 关于影响控制测试样本规模的因素，下列说法中正确的有(　　)。

A. 计划评估的控制有效性越低，可容忍偏差率越高，样本规模越小

B. 在既定的可容忍偏差率下，预计总体偏差率越高，样本规模越大

C. 拟信赖控制运行的相关期间越长，样本规模越大

D. 注册会计师在评估风险时对相关控制的依赖程度增加，样本规模减少

7. 注册会计师发现选取的抽样单元由于原始凭证丢失无法对其实施审计程序，则下列

做法中，正确的有( )。

A. 如果对样本结果的评价不会因为未检查项目可能存在错报而改变，就不需要对这些项目进行检查

B. 如果未检查项目可能存在的错报会导致该类交易或账户余额存在重大错报，注册会计师就要考虑实施替代程序

C. 注册会计师要考虑无法对这些项目实施检查的原因是否会影响计划的重大错报风险评估水平或对舞弊风险的评估

D. 注册会计师重新选取抽样单元来替代丢失原始凭证的项目

8. 下列有关在细节测试中选用的抽样方法的说法中，正确的有( )。

A. 如果决定使用统计抽样，且预计只发现少量差异，可以使用比率法

B. 在未分层的情况下，通常不使用均值法

C. 抽样未发现错报，可以采用差额法

D. 如果预计发现少量的大额错报，可以使用货币单元抽样

9. 下列有关货币单元抽样的说法中，正确的有( )。

A. 传统变量抽样一般比货币单元抽样更易于使用

B. 货币单元抽样的样本规模无须考虑被审计金额的预计变异性

C. 运用货币单元抽样时，在未获得完整的总体之前，可以开始选取样本

D. 如果预计错报不存在或很小，货币单元抽样的样本规模通常比传统变量抽样方法更小

三、简答题

1. A 注册会计师负责审计甲公司 2018 年度财务报表。甲公司本年度银行存款账户数一直为 60 个。甲公司财务制度规定，每月月末由与银行存款核算不相关的财务人员 H 针对每个银行存款账户编制银行存款余额调节表。A 注册会计师决定运用统计抽样方法测试该项控制在全年的运行有效性。相关事项如下：

(1) A 注册会计师计算了各银行存款账户在 2018 年 12 月 31 日余额的标准差，作为确定样本规模的一个因素。

(2) 在确定样本规模后，A 注册会计师采用随机数表的方式选取样本。选取的一个银行存款账户余额极小，A 注册会计师另选了一个余额较大的银行存款账户予以代替。

(3) 在对选取的样本项目进行检查时，A 注册会计师发现其中一张银行存款余额调节表由甲公司银行存款出纳 I 代为编制，A 注册会计师复核后发现该表编制正确，未将其视为控制偏差。

(4) 在对选取的样本项目进行检查后，A 注册会计师将样本中发现的偏差数量除以样本规模得出的数值作为该项控制运行总体偏差率的最佳估计。

(5) 假设 A 注册会计师确定的可接受的信赖过度风险为 10%，样本规模为 45。测试样本后，发现 1 例偏差。当信赖过度风险为"10%"、样本中发现的偏差率为"1"时，控制测试的风险系数为"3.9"。

要求：

(1) 计算确定总体规模。

(2) 针对上述第(1)至(4)项，假设上述事项互不关联，逐项指出 A 注册会计师的做法是否恰当。如不恰当，简要说明理由。

(3) 针对第(5)项，计算总体偏差率上限。

2. A 注册会计师负责审计甲公司 2018 年度财务报表。在针对销售费用的发生认定实施细节测试时，A 注册会计师决定采用传统变量抽样方法实施统计抽样，相关事项如下：

(1) A 注册会计师抽样单元界定为销售费用总额中的每个货币单元。

(2) A 注册会计师将总体分成两层，使每层的均值大致相等。

(3) A 注册会计师在确定样本规模时未考虑销售费用账户的可容忍错报。

(4) 在对选中的一个样本项目进行检查时，

A 注册会计师发现所附发票丢失, 于是另选一个样本项目代替。

(5) 甲公司 2018 年销售费用账面金额合计 75 000 000 元, 总体规模为 4 000。最终确定的样本规模为 200, 样本账面金额合计为 4 000 000 元, 样本审定金额合计为 3 600 000 元。

要求:

(1) 针对上述第 (1) 至 (4) 项, 逐项指出 A 注册会计师的做法是否正确。如果不正确, 简要说明理由。

(2) 针对第 (5) 项, 假定不考虑其他因素, 分别采用差额法和比率法, 计算销售费用错报金额的点估计值。

本章综合练习参考答案及详细解析

一、单项选择题

1. C 【解析】选项 C, 在细节测试中, 注册会计师可以使用审计抽样获取审计证据, 但在实施实质性分析程序时, 注册会计师不宜使用审计抽样。

2. D 【解析】注册会计师未能适当定义误差, 将导致非抽样风险。

3. D 【解析】在非统计抽样中, 需要考虑抽样风险, 只不过抽样风险不能准确计量。

4. B 【解析】由于随意选样中注册会计师无法量化选取样本的概率, 故随意选样只能在非统计抽样中使用。

5. B 【解析】除非总体非常小, 一般而言, 总体规模对样本规模几乎没有影响。

6. D 【解析】选项 D, 在这种情况下, 注册会计师要用额外的随机数代替这些数字, 以确定对应的适当单据。

7. D 【解析】如果估计的总体偏差率上限低于但接近可容忍偏差率, 注册会计师应当结合其他审计程序的结果, 考虑是否接受总体, 并考虑是否需要扩大测试范围, 以进一步证实计划评估的控制有效性和重大错报风险水平。

8. A 【解析】如果抽样目标是测试应付账款的完整性, 注册会计师应以供应商名单或采购凭证为抽样单元。

9. B 【解析】分层可以降低每一层中项目的变异性, 从而在抽样风险没有成比例增加的前提下减少样本规模, 提高审计效率。

10. C 【解析】可接受的误受风险越低, 需要获取的审计证据就越多, 两者成反向变动。

11. D 【解析】误拒风险是注册会计师推断某一重大错报存在而实际上不存在的风险, 不影响可接受的误受风险水平。

12. A 【解析】如果未对总体进行分层, 注册会计师通常不使用均值法, 因为此时所需的样本规模可能太大, 以至于对一般的审计而言不符合成本效益原则。

13. A 【解析】采用比率法推断的总体错报 = 500 000 − 22 560 ÷ 24 000 × 500 000 = 30 000 (元)。

推断错报 = 推断的总体错报 − 已识别的错报 = 30 000 − (24 000 − 22 560) = 28 560 (元)。

二、多项选择题

1. ABD 【解析】"选取特定项目进行审计"不符合审计抽样的基本特征"审计抽样中的每个抽样单元均有被选中的机会", 所以选取特定项目进行审计并不属于审计抽样, 选项 C 错误。

2. ABC 【解析】审计抽样应当同时具备三个基本特征: (1) 对具有审计相关性的总体中低于百分之百的项目实施审计程序; (2) 所有抽样单元都有被选取的机会; (3) 可以根据样本项目的测试结果推断出有关抽样总体的结论。

3. ABCD

4. BCD 【解析】在统计抽样中抽样风险是可以量化的,非抽样风险无法量化。

5. ACD 【解析】选项A,属性抽样得出的结论与总体的发生率有关,而变量抽样得出的结论与总体金额有关;选项C,控制测试运用的是属性抽样原理;选项D,细节测试运用的是变量抽样原理。

6. ABC 【解析】当其他情况相同时,注册会计师在风险评估中对控制运行有效性的依赖程度越高,注册会计师实施控制测试的范围越大,因此样本规模增大。

7. ABC 【解析】注册会计师应当针对选取的每个项目,实施适合具体目的的审计程序,不能因为选取的项目无法实施设计的审计程序,就重新选取抽样单元。

8. BD 【解析】如果注册会计师决定使用统计抽样,样本中未发现错报或者预计只发现少量差异,不应使用比率法和差额法。

9. BCD 【解析】货币单元抽样一般比传统变量抽样更易于使用。

三、简答题

1.【答案】

(1)总体规模=60×12=720。

(2)第(1)项,不恰当。本题中注册会计师运用统计抽样方法进行的是控制测试,无须计算标准差。

第(2)项,不恰当。在审计抽样中,需要根据抽样的结果推断总体,利用随机数表选择的样本具有一定的代表性,如果随意更换了样本,则审计抽样就不具有代表性了,而且控制测试是不考虑余额的,所以此处替换样本的做法不恰当。

第(3)项,不恰当。A注册会计师是在控制测试中运用审计抽样,目的在于确定被审计单位控制是否有效运行,虽然报表编制正确,但是其偏差在于没有按照控制规定由H编制,而是由不应当承担该职责的出纳I编制,所以属于一项控制偏差。

第(4)项,恰当。

(3)总体偏差率上限=3.9/45=8.67%

2.【答案】

(1)第(1)项不正确。抽样单元应为2018年度确认的每一笔销售费用。

第(2)项不正确。分层在于减少总体变异性,而不是使各层之间均值相同。

第(3)项不正确。细节测试采用传统抽样方法确定样本规模,需要考虑可容忍错报的影响。

第(4)项不正确。不应另外选择一个样本项目替代,应查明原因,或实施替代程序,或直接将其视为错报。

(2)差额法:

(4 000 000 - 3 600 000)/200 × 4 000 = 8 000 000(元)

比率法:

(4 000 000 - 3 600 000)/4 000 000 × 75 000 000 = 7 500 000(元)

第5章 信息技术对审计的影响

考情分析

▶ 历年考情分析

本章属于非重要章节，从近几年的考题情况来看，通常以考查客观题为主。由于本章理论性较强，考查主观题的可能性不高，建议以掌握客观题为主。

▶ 本章 2020 年考试主要变化

本章内容无实质性变动。

核心考点及经典例题详解

考点一 信息技术对企业财务报告和内部控制的影响 ★

扫我解疑难

📝 经典例题

【例题·单选题】（2019 年）下列有关信息技术对审计的影响的说法中，错误的是（　）。

A. 被审计单位对信息技术的运用不改变注册会计师制定审计目标、进行风险评估和了解内部控制的原则性要求

B. 被审计单位对信息技术的运用影响注册会计师需要获取的审计证据的性质

C. 被审计单位对信息技术的运用不影响注册会计师需要获取的审计证据的数量

D. 被审计单位对信息技术的运用影响审计内容

【答案】 C

【解析】 如果注册会计师计划依赖自动控制或自动信息系统生成的信息，那么就需要适当扩大信息技术审计的范围。因此被审计单位

对信息技术的运用影响注册会计师需要获取的审计证据的数量。

📝 考点精析

一、信息技术对企业财务报告的影响

（1）企业运用信息系统来创建、记录、处理和报告各项交易时，信息系统形成的信息质量将影响企业编制财务报表、管理企业活动和作出适当的管理决策。

（2）如果注册会计师依赖相关信息系统所形成的财务信息和报告作为审计工作的依据，则必须考虑相关信息和报告的质量。

（3）信息处理目标包括完整性、准确性、经过授权和访问限制四个要素，注册会计师需要在整个过程中考虑这四个方面。

二、信息技术对企业内部控制的影响

在信息技术环境下，传统的人工控制越来越多地被自动控制所替代，但这并不意味着人工控制被完全取代。信息系统对控制的影响，取决于被审计单位对信息系统的依赖程度。

三、信息技术产生的风险

随着信息技术的发展，虽然内部控制的形式及内涵发生了变化，但内部控制的目标并没有因此发生改变。

信息技术产生的特定风险：

（1）信息系统或相关系统程序可能会对数据进行错误处理，也可能会去处理那些本身就错误的数据；

（2）如果相关安全控制无效，会增加对数据信息非授权访问的风险；

（3）数据丢失风险或数据无法访问风险，如系统瘫痪；

（4）不适当的人工干预，或人为绕过自动控制。

四、注册会计师在信息化环境下面临的挑战

1. 对业务流程开展和内部控制运作的理解

传统环境下，主要依赖人工处理；信息化环境下，自动执行，或者人工与信息系统相结合而执行。

2. 对信息系统相关审计风险的认识

如果注册会计师对信息技术环境下的相关控制风险缺乏认识，可能导致审计工作针对性的欠缺，难以有效识别财务报表重大错报。

3. 审计范围的确定

4. 审计内容的变化

在信息技术环境下，审计内容包括对信息系统中相关自动控制的测试。

5. 审计线索的隐性化

6. 审计技术改进的必要性

由于信息技术的运用，传统的审计技术丧失了针对性，而且传统的抽样方式也难以覆盖海量的数据，对于不同来源的数据缺乏深刻的洞察力，覆盖性方面也难以提供更强的审计信心。

7. 有待优化的知识结构

信息技术的广泛运用要求注册会计师必须对信息技术有所掌握和了解，熟悉信息技术的运用和信息系统的风险及控制。

8. 与专业团队的充分协同工作

考点二　信息技术中的一般控制和应用控制测试 ★★

扫我解疑难

📖 经典例题

【例题·单选题】（2018 年）下列有关信息技术一般控制的说法中，错误的是（　　）。

A. 信息技术一般控制只能对实现部分或全部财务报表认定做出间接贡献

B. 信息技术一般控制对所有应用控制具有普遍影响

C. 信息技术一般控制包括程序开发、程序变更、程序和数据访问以及计算机运行四个方面

D. 信息技术一般控制在保证信息系统的安全

【答案】A

【解析】选项 A，信息技术一般控制通常会对实现部分或全部财务报表认定作出间接贡献。在有些情况下，信息技术一般控制也可能对实现信息处理目标和财务报表认定作出直接贡献。

📖 考点精析

在信息技术环境下，人工控制的基本原理并不会发生实质性的改变。

一、信息技术一般控制

1. 信息技术一般控制包括的内容

程序开发、程序变更、程序和数据访问以及计算机运行四个方面。

2. 信息技术一般控制的作用

（1）通常，对实现部分或全部财务报表认定作出间接贡献。

（2）在有些情况下，也可能对实现信息处理目标和财务报表认定作出直接贡献。

（3）有效的信息技术一般控制确保了应用系统控制和依赖计算机处理的自动会计程序得以持续有效地运行。

【知识点拨】 如果注册会计师计划依赖自动应用控制、自动会计程序或依赖系统生成信息的控制，就需要对相关的信息技术一般控制进行验证。当人工控制依赖系统生成的信息时，信息技术的一般控制同样重要。

二、信息技术应用控制

(1) 信息技术应用控制经过的环节——**输入、处理及输出**等。

(2) 系统自动控制关注的要素——**完整性、准确性、存在和发生**等（和人工控制类似）。

(3) 常见的系统自动控制以及信息技术应用控制审计关注点：①系统自动生成报告；②系统配置和科目映射；③接口控制；④访问和权限。

三、公司层面信息技术控制

审计机构往往会对公司层面的信息技术控制执行**单独的审计**，以评估企业信息技术的整体控制环境，来决定信息技术一般控制和应用控制的审计重点、风险等级、审计测试方法等。

四、信息技术一般控制、应用控制与公司层面控制三者之间的关系

1. 信息技术一般控制——**基础**

(1) 其有效与否会直接关系到信息技术应用控制的有效性是否能够信任；

(2) 如果应用系统所依赖的一般控制存在缺陷，注册会计师可能就不能信赖应用系统按设计发挥作用。

2. 公司层面信息技术控制——是公司信息技术**整体控制环境**

(1) 决定了：信息技术一般控制和信息技术应用控制的**风险基调**；

(2) 影响：信息技术一般控制和信息技术应用控制的**部署和落实**。

3. 执行的先后顺序

在执行信息技术一般控制和信息技术应用控制审计之前，注册会计师会首先执行配套的公司层面信息技术控制审计，以了解公司的信息技术整体控制环境，并基于此识别

出信息技术一般控制和信息技术应用控制的主要风险点以及审计重点。

考点三 信息技术对审计过程的影响★★

扫我解疑难

📝 **经典例题**

【例题1·单选题】（2016年）下列有关注册会计师评估被审计单位信息系统复杂度的说法中，错误的是（ ）。

A. 评估信息系统的复杂度，需要考虑系统生成的交易数量

B. 信息技术环境复杂，意味着信息系统也是复杂的

C. 对信息系统复杂度的评估，受被审计单位所使用的系统类型的影响

D. 评估信息系统的复杂度，需要考虑系统中进行的复杂计算的数量

【答案】 B

【解析】 信息技术环境复杂并不一定意味着信息系统也是复杂的，两者没有必然联系。

【例题2·多选题】 信息技术对审计过程的影响主要有（ ）。

A. 对审计技术手段的影响

B. 对审计线索的影响

C. 对审计目标的影响

D. 对内部控制的影响

【答案】 ABD

【解析】 信息技术不改变注册会计师制定审计目标、进行风险评估和了解内部控制的原则性要求。

📝 **考点精析**

一、信息技术对审计的影响

注册会计师制定审计目标、进行风险评估和了解内部控制的原则性要求并不因信息技术的应用而发生改变，审计准则和财务报告审计目标在所有情况下都适用。

信息技术对审计过程的影响主要体现在

以下几个方面：①对审计线索的影响；②对审计技术手段的影响；③对内部控制的影响；④对审计内容的影响；⑤对注册会计师的影响。

二、信息技术审计范围的确定

注册会计师在确定信息技术审计范围时，应考虑被审计单位业务流程复杂度、信息系统复杂度、系统生成的交易数量和业务对于系统的依赖程度、信息和复杂计算的数量、信息技术环境规模和复杂度五个方面。信息技术审计的范围与被审计单位在业务流程及信息系统相关方面的复杂度成正向变动。

在信息技术环境下，审计工作与对系统的依赖程度是直接关联的，注册会计师需要全面考虑其关联关系，从而可以准确定义相关的信息系统审计范围。

【知识点拨】①信息技术环境复杂并不一定意味着信息系统也是复杂的，反之亦然。

②无论被审计单位运用信息技术的程度如何，注册会计师均需了解与审计相关的信息技术一般控制和应用控制。

三、信息技术一般控制对控制风险的影响

(1)信息技术一般控制对应用控制的有效性具有普遍性影响。如果一般控制无效，则增加了应用控制不能防止或发现并纠正认定层次重大错报的可能性，即使这些应用控制本身得到了有效设计。

(2)如果一般控制有效，注册会计师可以更多地信赖应用控制，测试这些控制的运行有效性，并将控制风险评估为低于"最高"水平。

(3)由于公司层面信息技术控制是公司信息技术的整体控制环境，信息技术一般控制是基础，因此，注册会计师通常优先评估公司层面信息技术控制和信息技术一般控制的有效性。

四、信息技术应用控制对控制风险和实质性程序的影响

注册会计师首先针对每个具体的审计目标了解和识别相关的控制与缺陷，在此基础上，对每个相关审计目标评估初步控制风险。

对于一般控制，由于其影响广泛，注册会计师通常不将控制与具体的审计目标相联系。

如果针对某一具体审计目标，注册会计师能够识别出有效的应用控制，并且通过测试后确定其有效运行后，注册会计师能够减少相应的实质性程序。

五、IT环境不太复杂时的审计

当IT环境不太复杂时，注册会计师可采取传统方式进行审计，即"绕过计算机进行审计"。此时，注册会计师仍需要了解信息技术一般控制和应用控制，但不测试其运行的有效性，更多的审计工作将依赖非信息技术类审计方法。

六、IT环境较为复杂时的审计

当IT环境较为复杂时，"绕过计算机进行审计"就不可行，而需要"穿过计算机进行审计"。这时，注册会计师更可能需要更多运用各项审计技术和审计工具开展具体的审计工作。

考点四　计算机辅助审计技术和电子表格的运用 ★

扫我解疑难

📝 **经典例题**

【例题·单选题】计算机辅助审计技术应用最广泛的领域是(　　)。

A. 风险评估程序　　　B. 审计抽样

C. 实质性程序　　　　D. 控制测试

【答案】C

【解析】最广泛地应用计算机辅助审计技术的领域是实质性程序，特别是在与分析程序相关的方面。

📝 **考点精析**

一、计算机辅助审计技术

1. 计算机辅助审计技术对审计工作的

影响

计算机辅助审计技术可以使审计工作更富效率和效果。

2. 计算机辅助审计技术的应用

计算机辅助审计技术最广泛应用的领域是实质性程序，特别是分析程序。除此以外，计算机辅助审计技术还能被用于细节测试(包括目标测试)以及对审计抽样的辅助。计算机辅助审计技术也可用于测试控制的有效性。

二、电子表格

注册会计师在进行系统审计时，需要谨慎地考虑电子表格中的控制，以及类似于信息系统一般控制的设计与执行(在相关时)有效性，从而确保这些内嵌控制持续的完整性。

因为电子表格非常容易被修改，并可能缺少控制活动，因此，电子表格往往面临重大固有风险和错误。所以，注册会计师应该了解相关的电子表格/数据库如何支持关键控制达到相关业务流程的信息处理目标。

析上百家报告单位的数百万交易所需的基础设施，这些均已超出了标准服务器的容量。以何种方式保留数据，人们有不同的观点。

📝 考点精析

数据分析的作用及其应用：

数据分析工具可用于风险分析、交易和控制测试、分析性程序，用于为判断提供支撑并提供见解。一些常规分析工具可以提供审计证据，为会计估计的计算方法是否适当的判断提供支持。

注册会计师在审计中应用数据分析工具可以提高审计质量。审计质量不在于工具本身，而是在于分析和相应判断的质量。这种价值不在于数据转换，而是在于从分析产生的交谈和询问中提取的审计证据。

考点六　不同信息技术环境下的问题 ★

扫我解疑难

📝 经典例题

【例题·单选题】 下列有关"不同信息技术环境下的问题"的阐述中，错误的是(　　)。

A. 在网络环境下，用于处理交易的应用软件和数据文件可能分布于不同位置但互相连接的计算机设备上，由此产生了与内部控制相关的问题，包括对分布于不同位置的服务器的安全、数据和信息的分布及同步、管理监督以及兼容性问题

B. 使用数据库管理系统能够实现不同应用软件之间的数据共享，减少数据冗余，改进对数据的控制，提高数据的决策支撑作用

C. 数据库管理系统带来的问题，包括多重使用者能够访问和修改共享数据的风险

D. 在电子商务这种方式下，交易信息在网上传输，容易被拦截、篡改或不当获取，需要采取相应的安全控制

【答案】 B

【解析】 选项 B 表述的是使用数据库管理系统

考点五　数据分析 ★★

扫我解疑难

📝 经典例题

【例题·多选题】 下列选项中，属于数据分析面临的挑战的有(　　)。

A. 注册会计师需要为每一个大客户的每一系统、按照每一个排列去映射所有编码

B. 超大容量数据的存储问题

C. 数据的安全性和完整性检查

D. 以何种方式保留数据

【答案】 ABCD

【解析】 以上四项均属于数据分析面临的挑战。为了开发一个可用的接口，注册会计师不得不为每一个大客户的每一系统、按照每一个排列去映射所有编码，并且在任何情况下，管理层必须在注册会计师做任何事情以前进行广泛的安全性和完整性检查。注册会计师为了适应数百万兆字节的数据，为了分

的优势，而不是问题所在。

📝 考点精析

一、网络环境

在网络环境下，用于处理交易的应用软件和数据文件可能分布于不同位置但互相连接的计算机设备上，由此产生了与内部控制相关的问题，包括对分布于不同位置的服务器的安全、数据和信息的分布及同步、管理监督以及兼容性问题。

二、数据库管理系统

数据库管理系统带来了与内部控制相关的问题，包括多重使用者能够访问和修改共享数据的风险。因此，需要实施严格的数据库管理和接触控制，以及数据安全备份制度。

三、电子商务系统

在这种方式下，交易信息在网上传输，容易被拦截、篡改或不当获取，需要采取相应的安全控制。此外，被审计单位的会计信息系统可能与交易对方的系统相连接，产生了互相依赖的风险，即交易一方的风险部分取决于交易对手如何识别和管理其自身系统中的风险。

四、外包安排

被审计单位可能将全部或部分的信息技术职能外包给专门的应用软件服务提供商或云计算服务商等计算机服务机构。

如果服务机构提供的服务和对服务的控制，构成被审计单位与财务报告相关的信息系统(包括相关业务流程)的一部分，注册会计师应当参照《中国注册会计师审计准则第1241号——对被审计单位使用服务机构的考虑》的规定办理。

【知识点拨】如果可以获取服务机构注册会计师对服务机构内部控制有效性出具的报告，注册会计师应当评价该报告是否提供了充分、适当的证据，以支持注册会计师的意见。

📝 阶段性测试

1.【单选题】下列关于一般控制对控制风险

的影响的说法中，错误的是( )。

A. 信息技术一般控制对应用控制的有效性具有普遍影响

B. 如果一般控制有效，注册会计师可以更多地信赖应用控制

C. 注册会计师通常优先评估公司层面信息技术控制和一般控制的有效性

D. 由于应用控制本身设计有效，因此即使一般控制无效也能增加应用控制防止或发现并纠正认定层次的重大错报的可能性

2.【单选题】关于信息技术一般控制、应用控制与公司层面控制三者之间的关系，下列说法中不正确的是( )。

A. 公司层面信息技术控制情况会影响信息技术一般控制和信息技术应用控制的部署和落实

B. 公司层面信息技术控制是公司信息技术整体控制环境，决定了信息技术一般控制和信息技术应用控制的风险基调

C. 注册会计师会首先执行配套的公司层面信息技术控制审计，并基于此识别信息技术一般控制和应用控制的主要风险点和审计重点

D. 信息技术一般控制和应用控制分别有各自的控制目标，一般控制的有效与否并不影响应用控制的有效性

3.【多选题】下列关于影响信息技术审计范围因素的说法中，正确的有( )。

A. 如果注册会计师计划依赖自动控制或自动信息系统生成的信息，就需要适当扩大信息技术审计的范围

B. 业务流程的复杂度与信息技术审计范围成正比

C. 信息系统的复杂度与信息技术审计范围成反比

D. 信息技术环境复杂意味着信息系统是复杂的，因此信息技术环境的复杂度与信息技术审计范围成正比

📝 阶段性测试答案精析

1. D 【解析】无效的一般控制增加了应用控

制不能防止或发现并纠正认定层次的重大错报的可能性，即使这些应用控制本身得到了有效设计。

2. D 【解析】选项D，信息技术一般控制是基础，信息技术一般控制的有效与否会直接关系到信息技术应用控制的有效性是否能够信任。

3. AB 【解析】信息技术审计的范围与被审计单位在业务流程及信息系统相关方面的复杂度成正比。信息技术环境的规模和复杂度，主要应当考虑产生财务数据的信息系统数量、信息系统接口以及数据传输方式、信息部门的结构与规模、网络规模、用户数量、外包及访问方式。信息技术环境复杂并不一定意味着信息系统是复杂的，反之亦然。

本章综合练习 限时30分钟

一、单项选择题

1. 下列有关信息技术对内部控制影响的表述中，错误的是( )。

   A. 被审计单位采用信息系统处理业务，意味着人工控制被完全取代

   B. 自动信息系统可以提高信息的及时性、准确性，并使信息变得更易获取

   C. 自动信息系统可以提高管理层对企业业务活动及相关政策的监督水平

   D. 自动控制能够有效处理大流量交易及数据，因为自动信息系统可以提供与业务规则一致的系统处理方法

2. 关于信息技术对审计的影响，下列说法中不正确的是( )。

   A. 信息系统对控制的影响，取决于被审计单位对信息系统的依赖程度

   B. 在信息技术环境下，内部控制的目标发生了改变

   C. 信息技术审计的范围与被审计单位在业务流程及信息系统相关方面的复杂度成正比

   D. 信息技术在企业中的应用并不改变注册会计师进行风险评估和了解内部控制的原则性要求

3. 下列各项中，不属于信息技术一般控制所包括的内容是( )。

   A. 程序和数据访问

   B. 程序开发与变更

   C. 编辑检查

   D. 计算机运行

4. 下列各项中，不属于程序开发控制的要素的是( )。

   A. 项目启动、分析和设计

   B. 开发过程中的需求变更管理

   C. 数据迁移

   D. 对变更维护活动的管理

5. 关于在不太复杂IT环境下的审计，下列说法中不正确的是( )。

   A. 注册会计师可采取传统方式进行审计，即"绕过计算机进行审计"

   B. 注册会计师需要了解信息技术一般控制和应用控制

   C. 注册会计师应测试信息技术一般控制和应用控制的运行有效性

   D. 更多的审计工作将依赖非信息技术类审计方法

6. 下列有关信息技术审计范围的说法中，正确的是( )。

   A. 信息系统经常运行出错，应该扩大对信息系统的审计范围

   B. 信息系统越复杂，信息系统的审计范围越小

   C. 信息技术环境的规模越大，信息系统的审计范围越小

   D. 某流程涉及操作及决策活动的量越大，该流程的审计范围越小

7. 下列有关信息技术的说法中，错误的是（　　）。

A. 自动控制比较不容易被绕过，是信息技术内部控制的优点

B. 在信息技术环境下，注册会计师需要对其基于系统的数据来源及处理过程进行考虑

C. 信息技术环境下，审计线索变为数据存储介质、存储方式以及处理程序等

D. 当不依赖信息系统时，注册会计师无须对系统环境进行了解和评估

二、多项选择题

1. 关于注册会计师在信息化环境下面临的挑战，下列说法中正确的有（　　）。

A. 审计技术需要改进

B. 注册会计师的知识有待优化

C. 需要与专业团队的充分协同工作

D. 审计线索显性化

2. 以下关于一般控制和应用控制的描述中，正确的有（　　）。

A. 应用控制是设计在计算机应用系统中的、有助于达到信息处理目标的控制

B. 信息技术一般控制只会对实现部分或全部财务报告认定作出间接贡献

C. 如果注册会计师计划依赖自动应用控制、自动会计程序或依赖系统生成信息的控制时，就需要对相关的信息技术一般控制进行验证

D. 所有的自动应用控制都会有一个手工控制与之相对应

3. 下列有关公司层面信息技术的说法中，正确的有（　　）。

A. 信息技术规划的制定，属于公司层面信息技术控制

B. 信息安全和风险管理，属于公司层面信息技术控制

C. 信息技术应急预案的制定，属于公司层面信息技术控制

D. 公司层面信息技术控制决定了信息技术一般控制和信息技术应用控制的风险

基调

4. 下列有关信息技术一般控制、应用控制与公司层面控制的说法中，正确的有（　　）。

A. 如果注册会计师计划依赖自动应用控制，就需要对相关的信息技术一般控制进行验证

B. 公司层面信息技术控制是公司的信息技术控制整体环境

C. 信息技术一般控制的有效与否会直接关系到信息技术应用控制的有效性是否能够信任

D. 注册会计师通常优先评估信息技术应用控制的有效性

5. 下列各项中，在确定信息技术审计范围时需要考虑的因素有（　　）。

A. 企业业务流程的复杂度

B. 信息技术环境的规模和复杂度

C. 所处行业的利润水平

D. 信息系统的复杂度

6. 下列关于计算机辅助审计对审计影响的说法中，正确的有（　　）。

A. 计算机辅助审计不便用于控制测试

B. 计算机辅助审计可以用于审计抽样

C. 计算机辅助审计能满足大量的审阅交易数量

D. 计算机辅助审计技术大大提高了审计工作的效率和效果

7. 下列有关信息技术对审计过程影响的说法中，正确的有（　　）。

A. 信息技术在企业中的应用会相应改变注册会计师制定的审计目标

B. 信息技术在企业中的应用不会改变完善的内部控制的目标

C. 在信息化条件下，由于信息化的特点，审计内容会发生相应的变化

D. 信息技术一般控制对应用控制的有效性具有普遍性的影响，如果一般控制有效，注册会计师可以更多地信赖应用控制

8. 下列各项中，属于数据分析工具可以应用的程序有（　　）。

A. 风险评估程序　　　　　　C. 重新执行
B. 控制测试　　　　　　　　D. 分析程序

本章综合练习参考答案及详细解析

一、单项选择题

1. A 【解析】被审计单位采用信息系统处理业务，并不意味着人工控制被完全取代。

2. B 【解析】在信息技术环境下，内部控制虽然在形式及内涵方面发生了变化，但内部控制的目标并没有发生改变。

3. C 【解析】编辑检查不是针对系统本身的控制，而是针对录入数据的控制，属于应用控制。

4. D 【解析】选项D属于程序变更包括的要素。

5. C 【解析】在IT环境不太复杂时，注册会计师虽然仍需了解信息技术一般控制和应用控制，但不测试其运行有效性。

6. A 【解析】选项B，信息系统越复杂，信息系统的审计范围越大；选项C，信息技术环境的规模越大，信息系统的审计范围越大；选项D，某流程涉及操作及决策活动的量越大，该流程的审计范围越大。

7. D 【解析】无论是否依赖信息系统，注册会计师均需对系统环境进行了解和评估。

二、多项选择题

1. ABC 【解析】信息系统封装了信息处理的过程，传统的审计线索全面隐性化。

2. ACD 【解析】选项B，信息技术一般控制通常会对实现部分或全部财务报告认定作出间接贡献，有些情况下，信息技术一般控制也可能对实现信息处理目标和财务报告认定作出直接贡献。

3. ABCD 【解析】熟记常见的公司层面信息技术控制举例。

4. ABC 【解析】注册会计师通常优先评估公司层面信息技术控制和信息技术一般控制的有效性。

5. ABD 【解析】除选项ABD的内容外，还需要考虑系统生成的交易数量和业务对于系统的依赖程度以及信息和复杂计算的数量。选项C，所处行业利润水平的高低和信息技术审计范围的大小没有必然的联系。

6. BCD 【解析】计算机辅助审计技术可以用于测试控制的有效性。

7. BCD 【解析】信息技术在企业中的应用并不能改变注册会计师制定审计目标、进行风险评估和了解内部控制的原则性要求，基本审计准则和财务报告审计目标在所有情况下都适用。

8. ABD 【解析】数据分析工具可用于风险分析、交易和控制测试、分析性程序，用于为判断提供支撑并提供见解。

第6章 审计工作底稿

考情分析

历年考情分析

本章属于比较重要的章节，主要介绍审计工作底稿的性质、要素及归档。从近年的考题来看，几乎每年都有直接命题。考查题型以客观题为主，但也可考查结合实务的主观题。考生应关注审计工作底稿的性质和归档等知识点。

本章2020年考试主要变化

本章内容无变动。

核心考点及经典例题详解

考点一 审计工作底稿的概述 ★★

扫我解疑难

经典例题

【例题·多选题】（2016年）下列各项中，属于注册会计师编制审计工作底稿的目的的有（ ）。

A. 有助于审计项目组计划和执行审计工作

B. 便于后任注册会计师查阅

C. 便于监管机构对会计师事务所实施执业质量检查

D. 保留对未来审计工作连续产生重大影响的事项的记录

【答案】ACD

【解析】编制审计工作底稿的目的不包括便于后任注册会计师查阅。

考点精析

一、审计工作底稿的编制目的

注册会计师应当及时编制审计工作底稿，以实现下列目的：①提供证据，作为注册会计师得出实现总体目标结论的基础；②提供证据，证明注册会计师已按照审计准则和相关法律法规的规定计划和执行了审计工作。

【知识点拨】除上述目的外，编制工作底稿还可以实现的目的有：

①有助于项目组计划和执行审计工作；②有助于负责督导的项目组成员按照审计准则的规定，履行指导、监督与复核审计工作的责任；③便于项目组说明其执行审计工作的情况；④保留对未来审计工作持续产生重大影响的事项的记录；⑤便于会计师事务所按照业务质量控制准则的规定，实施质量控制复核与检查；⑥便于监管机构和注册会计师协会根据相关法律法规或其他相关要求，对会计师事务所实施执业质量检查。

二、审计工作底稿的性质

审计工作底稿的存在形式以及包括(不包括)的内容如表6-1所示。

表6-1　审计工作底稿的存在形式及内容

项目	说明
存在的形式	纸质、电子或其他介质形式都可以
通常包括的内容	(1)审计业务约定书、总体审计策略、具体审计计划等; (2)分析表、重大事项概要、核对表、错报汇总表等; (3)询证函回函和声明、有关重大事项的往来函件(包括电子邮件)、与其他人士(如其他注册会计师、律师、专家等)的沟通文件等; (4)被审计单位文件记录的摘要或复印件、管理建议书等
通常不包括的内容 (重点记忆)	已被取代的草稿或财务报表的草稿; 反映不全面或初步思考的记录; 存在印刷错误或其他错误而作废的文本; 重复的文件记录等

考点二　审计工作底稿的要素 ★

扫我解疑难

经典例题

【例题·单选题】在对营业收入进行细节测试时,注册会计师对顺序编号的销售发票进行了检查。下列各项中,可以作为检查销售发票的识别特征的是(　　)。

A. 销售发票的付款人
B. 销售发票的编号
C. 销售发票的开具人
D. 销售发票的金额

【答案】B

【解析】识别特征是指被测试的项目或事项表现出的征象或标志。对某一个具体项目或事项而言,其识别特征通常具有唯一性,只有选项B符合要求。

考点精析

审计工作底稿通常包括下列全部或部分要素:①标题;②审计过程记录;③审计结论;④审计标识及其说明;⑤索引号及编号;⑥编制者姓名及编制日期;⑦复核者姓名及复核日期;⑧其他应说明事项。

一、标题

标题中应说明被审计单位的名称、审计项目的名称以及资产负债表日或底稿覆盖的会计期间(如果与交易相关)。

二、审计过程记录

1. 具体项目或事项的识别特征(审计程序与记录的识别特征见表6-2)

表6-2　审计程序与记录的识别特征

审计程序	记录的识别特征
对订购单进行细节测试	订购单的日期和其唯一编号
对既定总体内一定金额以上的所有项目进行测试或复核	金额
对某些项目实施系统抽样	样本的来源、抽样的起点及抽样间隔
询问被审计单位中的特定人员	询问的时间、被询问人的姓名及职位

审计程序	记录的识别特征
观察某控制的执行过程	观察的对象或观察过程、相关被观察人员及其各自的责任、观察的地点和时间

2. 重大事项及相关重大职业判断

重大事项通常包括：

(1) 引起特别风险的事项；

(2) 实施审计程序的结果，该结果表明财务信息可能存在重大错报，或需要修正以前对重大错报风险的评估和针对这些风险拟采取的应对措施；

(3) 导致注册会计师难以实施必要审计程序的情形；

(4) 导致出具非无保留意见或者带强调事项段"与持续经营相关的重大不确定性"等段落的审计报告的事项。

3. 针对重大事项如何处理不一致的情况

如果识别出的信息与针对某重大事项得出的最终结论不一致，注册会计师应当记录如何处理不一致的情况。

三、索引号及编号

通常，需要在审计工作底稿中注明索引号及顺序编号，以保持相关审计工作底稿之间清晰的勾稽关系。

四、编制人员和复核人员及执行日期

通常，需要在每一张审计工作底稿上注明执行审计工作的人员和复核人员、完成该项审计工作的日期以及完成复核的日期。

【知识点拨】 如果需要执行项目质量控制复核的话，还需要在审计工作底稿上注明**项目质量控制复核人员及复核的日期**。

考点三 审计工作底稿的归档★★

扫我解疑难

📝 经典例题

【例题 1·多选题】 (2018 年) 注册会计师在审计工作底稿归档期间作出的下列变动中，属于事务性变动的有(   )。

A. 删除管理层书面声明的草稿

B. 将审计报告日前已收回的询证函进行编号和交叉索引

C. 获取估值专家的评估报告最终版本并归入审计工作底稿

D. 对审计档案归整工作的完成核对表签字认可

【答案】 ABD

【解析】 选项 C，估值专家的评估报告最终版本，属于最新获取的审计证据，不属于事务性变动。

【例题 2·多选题】 (2014 年) 下列有关注册会计师在审计报告日后对审计工作底稿做出变动的做法中，正确的有(   )。

A. 在归档期间，删除或废弃被取代的审计工作底稿

B. 在归档期间，记录在审计报告日前获取的、与项目组相关成员进行讨论并达成一致意见的审计证据

C. 以归档期间收到的询证函回函替换审计报告日前已实施的替代程序审计工作底稿

D. 在归档后由于实施追加的审计程序而修改审计工作底稿，并记录修改的理由、时间和人员，以及复核的时间和人员

【答案】 ABD

【解析】 选项 C，不能替换，这两份底稿均需要保存，能相互印证，保证审计质量。

📝 考点精析

一、审计工作底稿归档工作的性质

在审计报告日后将审计工作底稿归整为最终审计档案是一项**事务性**的工作，在这一过程中不涉及实施新的审计程序或得出新的结论。主要包括：

(1) **删除或废弃被取代的**审计工作底稿；

(2)对审计工作底稿进行**分类、整理和交叉索引**;

(3)对审计档案归整工作的完成核对表**签字认可**;

(4)**记录**在审计报告**日前获取**的、与审计项目组相关成员进行讨论并**达成一致意见**的审计证据。

二、审计工作底稿归档的期限(注意区分完成审计工作和未能完成审计业务两种情况)

(1)完成审计工作:**审计报告日后60天内**。

(2)未能完成审计业务:**审计业务中止后60天内**。

【知识点拨】如果会计师事务所接受委托针对客户的同一财务信息执行不同的业务,出具两个或多个不同的报告,会计师事务所应当将其作为不同的业务,分别在相关政策和程序规定的归档期限内将业务工作底稿归整为最终审计档案。

三、审计工作底稿归档后的变动

1. 需要变动工作底稿的情形

注册会计师发现有必要修改现有审计工作底稿或增加新的审计工作底稿的情形主要有以下两种:

(1)注册会计师已实施了必要的审计程序,取得了充分、适当的审计证据并得出了恰当的审计结论,但审计工作底稿的**记录不够充分**;

(2)审计报告日后,发现例外情况要求注册会计师实施新的或追加审计程序,或导致注册会计师**得出新的结论**。

【相关链接】与期后事项相关内容结合学习。

2. 变动审计工作底稿时的记录要求

在完成最终审计档案的归整工作后,如果发现有必要修改现有审计工作底稿或增加新的审计工作底稿,无论修改或增加的性质如何,注册会计师均应当记录下列事项:

(1)修改或增加审计工作底稿的**理由**;

(2)修改或增加审计工作底稿的**时间和人**员,以及**复核的时间和人员**。

修改现有审计工作底稿主要是指在保持原审计工作底稿中所记录的信息,即对原记录信息**不予删除(包括涂改、覆盖等方式)**的前提下,采用增加新信息的方式予以修改。

考点四 审计工作底稿的保存期限★★

扫我解疑难

📝**经典例题**

【例题·单选题】(2014年)组成部分注册会计师为集团审计目的出具审计报告的日期为2014年2月15日,集团项目组出具集团审计报告的日期为2014年3月5日。下列有关组成部分注册会计师的审计工作底稿保存期限的说法中,正确的是( )。

A. 应当自2014年1月1日起至少保存10年
B. 应当自2014年2月15日起至少保存10年
C. 应当自2014年3月5日起至少保存10年
D. 应当自2014年4月16日起至少保存10年

【答案】C

【解析】集团项目组针对集团财务报表出具审计报告的日期为2014年3月5日,其中包括对组成部分注册会计师审计工作结果的利用,因此应当一并自2014年3月5日起至少保存10年。

📝**考点精析**

审计工作底稿的保存期限:

(1)完成审计工作:自**审计报告日起,至少保存10年**。

(2)未能完成审计业务:自**审计业务中止日起,至少保存10年**。

【知识点拨】①归档期限是审计报告日或审计业务中止日"**后**"60天内,而保存期限是从审计报告日或审计业务中止日"**起**"至少10年,二者计算的起点不是同一天。

②在完成最终审计档案的归整工作后,注册会计师不应在规定的保存期届满前删除或废弃任何性质的审计工作底稿。

1. 【多选题】下列有关审计工作底稿的说法中，正确的有(   )。

A. 审计工作底稿可以以纸质、电子或其他介质形式存在

B. 以电子或其他介质形式存在的审计工作底稿，应与其他纸质形式的审计工作底稿一并归档，并应能通过打印等方式，转换成纸质形式的审计工作底稿

C. 注册会计师在具体审计计划中记录拟对固定资产审计采用综合性方案，因在测试控制时发现相关控制运行无效，将其改为实质性方案，重新编制具体审计计划工作底稿，并替代原具体审计计划工作底稿

D. 在实务中，会计师事务所通常单独保存以电子或其他介质形式存在的审计工作底稿

2. 【多选题】下列注册会计师对审计工作底稿所作的变动中，正确的有(   )。

A. 在归档期间，删除或废弃被取代的审计工作底稿

B. 在归档期间，记录在审计报告日前获取的、与审计项目组相关成员进行讨论并且达成一致意见的审计证据

C. 在归档结束后，由于实施追加的审计程序而修改审计工作底稿，并记录修改的理由、时间、人员及复核的时间和人员

D. 在归档结束后，将收到的询证函回函替换审计报告日前已实施替代程序形成的审计工作底稿

📋 **阶段性测试答案精析**

1. ABD 【解析】选项 C，注册会计师应在审计工作底稿中记录在审计过程中对具体审计计划作出的任何重大修改和理由。

2. ABC 【解析】选项 D，在完成审计档案的归档后，注册会计师不应在规定的保存期届满前删除或废弃任何性质的审计工作底稿。

本章综合练习 限时60分钟

一、单项选择题

1. 下列关于审计工作底稿的说法中，正确的是(   )。

A. 审计工作底稿的编制集中在审计工作完成后

B. 审计工作底稿可以代替被审计单位的会计记录

C. 注册会计师的口头解释不能用来解释或澄清审计工作底稿中包含的信息

D. 审计工作底稿是审计证据的载体

2. 下列有关审计工作底稿格式、要素和范围的表述中，不正确的是(   )。

A. 对业务复杂的被审计单位进行审计形成的审计工作底稿，通常比对业务简单的被审计单位进行审计形成的审计工作底稿要多

B. 不同的审计程序会使得注册会计师获取不同性质的审计证据，由此注册会计师可能会编制不同的审计工作底稿

C. 当从已执行审计工作或获取审计证据的记录中不易确定结论或结论的基础时，注册会计师应当考虑记录结论或结论基础的必要性

D. 注册会计师对执行的所有审计程序均应同等记录，不应进行有选择性的记录

3. 下列关于审计工作底稿的说法中，不正确的是(   )。

A. 审计工作底稿反映了整个审计过程

B. 审计证据的重要程度会影响审计工作底稿的格式、内容和范围

C. 在归档期间可以记录在审计报告日前获取的、与项目组相关成员进行讨论并达成一致意见的审计证据

D. 注册会计师可以将以电子形式存在的

审计工作底稿通过打印方式转换成纸质形式的审计工作底稿予以保存，同时删除以电子形式存在的审计工作底稿

4. 在记录实施审计程序的性质、时间安排和范围时，注册会计师应当记录测试的具体项目或事项的识别特征。注册会计师在对连续编号的发运凭证进行检查时，记录的识别特征恰当的是( )。

A. 发运凭证填制的日期

B. 发运凭证的填制人

C. 发运凭证的复核人

D. 发运凭证的编号

5. 注册会计师在归档工作底稿时，作出了以下处理，其中错误的是( )。

A. 对编制的固定资产折旧分析表中存在涂改和写错的地方，注册会计师安排助理人员重新抄写一份，并将原分析表销毁

B. 对审计工作中需要核对的工作底稿没有签字的由 A 注册会计师统一代签

C. 对审计档案归档工作的完成核对表，注册会计师签字认可

D. 补充记录在审计报告日前已经获取的、与审计项目组相关成员进行讨论并取得一致意见的审计证据

6. 下列各情形中，注册会计师认为不属于在归档期间对审计工作底稿作出事务性变动的是( )。

A. 注册会计师删除被取代的审计工作底稿

B. 注册会计师对审计工作底稿进行分类、整理和交叉索引

C. 注册会计师对审计档案归整工作的完成核对表签字认可

D. 注册会计师记录在审计报告日后实施补充审计程序获取的审计证据

7. 下列有关审计工作底稿的说法中，正确的是( )。

A. 根据审计准则的规定，会计师事务所应当自财务报表报出日起，对审计工作底稿至少保存 10 年

B. 如果注册会计师未能完成审计业务，审计工作底稿的归档期限为审计业务中止后的 60 天内

C. 反映不全面或初步思考的记录代表了注册会计师审计思路的完善过程，因此也应当作为审计工作底稿一并予以归档

D. 注册会计师对所有审计工作底稿的归档期限均为资产负债表日后 60 天内

8. 下列 ABC 会计师事务所执行的各项审计业务中，符合归档期限要求的是( )。

A. 注册会计师于 2020 年 2 月 28 日完成审计工作并出具了对 A 公司 2019 年度财务报表的审计报告，所形成的审计工作底稿于 2020 年 5 月 30 日归档

B. 注册会计师于 2020 年 2 月 28 日完成了对 B 公司 2019 年度财务报表的审计工作，3 月 2 日，B 公司董事会批准对外报出，相关的审计工作底稿已于 2020 年 5 月 1 日归档

C. 按照时间预算的规划，审计项目组应于 2020 年 3 月 1 日开始实施对 C 公司 2019 年度财务报表的审计工作。3 月 6 日，因发现 C 公司存在重大舞弊事项后会计师事务所决定终止该项审计业务，此时，将已形成的审计工作底稿全部作废

D. 注册会计师于 2020 年 2 月 1 日完成对 D 公司 2019 年度财务报表的审计工作，2020 年 3 月 10 日将相关的审计工作底稿整理归档

9. 在某些例外情况下，如果在审计报告日后实施了新的或追加的审计程序，或者得出新的结论，应当形成相应的审计工作底稿。下列各项中，无须包括在审计工作底稿中的是( )。

A. 有关例外情况的记录

B. 实施的新的或追加的审计程序、获取的审计证据、得出的结论及对审计报告的影响

C. 对审计工作底稿作出相应变动的时间和人员以及复核的时间和人员

D. 审计报告日后，修改后的被审计单位财务报表草稿

10. 注册会计师对被审计单位 2019 年度财务报表进行审计，于 2020 年 3 月 31 日完成审计工作并出具审计报告，相关审计工作底稿于 2020 年 5 月 20 日归档。关于审计工作底稿的保存期限，下列说法中，正确的是( )。

A. 自 2019 年 12 月 31 日起至少 7 年

B. 自 2020 年 3 月 31 日起至少 10 年

C. 自 2020 年 5 月 20 日起至少 7 年

D. 自 2020 年 5 月 20 日起至少 10 年

二、多项选择题

1. 注册会计师编制审计工作底稿应当使未曾接触该项审计工作的有经验的专业人士了解相关内容。下列各项中，应当使其清楚了解的内容有( )。

A. 实施审计程序的性质、时间安排和范围

B. 审计收费金额以及收费标准

C. 审计中遇到的重大事项和得出的结论

D. 实施审计程序的结果和获取的审计证据

2. 下列有关审计工作底稿的说法中，正确的有( )。

A. 细节测试和实质性分析程序的审计工作底稿所记录的内容有所不同，但两类审计工作底稿都应当充分、适当地反映注册会计师执行的审计程序

B. 注册会计师编制审计工作底稿的目的是提供充分适当的记录，作为审计报告的基础，同时也为证明其按照中国注册会计师审计准则的规定执行了审计工作提供证据

C. 对所有审计工作底稿的归档期限均为审计报告日后 60 天内

D. 会计师事务所安排注册会计师在检查以前年度工作底稿时，注册会计师发现以前自己编制的工作底稿中有计算错误，因此进行了涂改修正，该错误不影响原审计结论

3. 下列关于识别特征的说法中，正确的有( )。

A. 识别特征不因审计程序的性质而改变

B. 对于需要系统化抽样的项目，可以以样本的来源、抽样的起点及抽样间隔作为识别特征

C. 询问被审计单位中特定人员，可以以询问的时间、被询问人员的姓名及职位作为识别特征

D. 对于观察程序，可以以观察的对象或观察过程、相关被观察人员及其各自的责任、观察的地点和时间作为识别特征

4. 下列各项中，注册会计师在记录已实施审计程序的性质、时间安排和范围时，应当记录的内容有( )。

A. 测试的具体项目或事项的识别特征

B. 审计工作的执行人员及完成审计工作的日期

C. 审计工作的复核人员及复核的日期和范围

D. 索引号

5. 下列各项中，属于重大事项的有( )。

A. 实施审计程序的结果表明财务信息可能存在重大错报

B. 引起特别风险的事项

C. 导致出具非无保留意见的审计报告的事项

D. 导致注册会计师难以实施必要审计程序的情形

6. 项目经理在审计报告日后，准备将审计工作底稿归档，下列做法中，正确的有( )。

A. 在审计报告日前，收到函件的回函原件，注册会计师核对一致后，将原底稿中的复印件替换

B. 在审计报告日后，注册会计师收到回函，经审核一致后，将之前实施的替代程序工作底稿进行替换

C. 发现审计工作底稿中索引编号错误，助理人员进行了修改

D. 将经签字认可的工作完成核对表归入审计档案

7. 下列关于审计工作底稿的说法中，正确的有( )。

A. 中国境内的会计师事务所执行涉外业

务时可以同时使用某种外国文字

B. 审计工作底稿只能以纸质形式存在

C. 对于连续审计的情况，当期归整的档案包括三年前获取的部分资料，该部分资料仍需继续保存七年

D. 如果针对同一财务信息出具多个不同的报告，会计师事务所应视为不同的业务，分别将审计工作底稿归整为最终审计档案

三、简答题

1. ABC 会计师事务所的 A 注册会计师负责审计多家被审计单位 2018 年度财务报表。与审计工作底稿相关的部分事项如下：

（1）因无法获取充分、适当的审计证据，A 注册会计师在 2019 年 2 月 28 日终止了甲公司 2018 年度财务报表审计业务。考虑到该业务可能重新启动，A 注册会计师未将审计工作底稿归档。

（2）A 注册会计师在出具乙公司 2018 年度审计报告次日收到一份应收账款询证函回函，确认金额无误后将其归入审计工作底稿，未删除记录替代程序的原审计工作底稿。

（3）在将丙公司 2018 年度财务报表审计工作底稿归档后，A 注册会计师知悉丙公司已于 2019 年 4 月清算并注销，认为无须保留与丙公司相关的审计档案，决定销毁。

（4）A 注册会计师在丁公司 2018 年度审计工作底稿归档后，收到管理层寄回的书面声明原件，与已归档的传真件核对一致后，直接将其归入审计档案。

（5）A 注册会计师获取了丁公司 2018 年年度报告的最终版本，阅读和考虑年度报告中的其他信息后，通过在年度报告封面上注明"已阅读"作为已执行工作的记录。

要求：针对上述第（1）至（5）项，逐项指出 A 注册会计师的做法是否恰当，如不恰当，简要说明理由。

2. A 注册会计师负责审计甲公司 2018 年度财务报表。与审计工作底稿相关的部分事项如下：

（1）A 注册会计师在总体审计策略中记录了财务报表整体的重要性、实际执行的重要性、特定类别的交易、账户余额或披露的重要性水平，因在审计过程中情况发生重大变化，调整了财务报表整体的重要性和特定类别的交易、账户余额或披露的重要性水平，重新编制总体审计策略，并替代原审计计划工作底稿。

（2）A 注册会计师识别出的信息与针对某重大事项得出的最终结论不一致，A 注册会计师将如何处理该不一致的情况记录于审计工作底稿。

（3）A 注册会计师在对订购单进行细节测试时，将订购单所订购的商品名称、规格、数量作为识别特征记录于审计工作底稿。

（4）在完成审计业务的复核后，项目质量控制复核人员将下列事项记入审计工作底稿：①会计师事务所项目质量控制复核政策要求的程序已得到实施；②项目质量控制复核在审计报告日或审计报告日之前已完成。

（5）在审计报告日后，A 注册会计师获知在审计报告日前已对被审计单位的诉讼事项作出最终判决结果，且判决结果与之前作出的判断有重大差异。A 注册会计师拟对该事项实施追加的审计程序。

要求：

（1）针对上述第（1）至（4）项，逐项指出 A 注册会计师的做法是否恰当。如不恰当，简要说明理由。

（2）针对第（5）项，指出 A 注册会计师应当记录的事项。

3. A 注册会计师负责审计甲集团 2018 年度财务报表。与审计工作底稿相关的部分事项如下：

（1）A 注册会计师在对应收账款进行函证时，采用审计抽样技术选取样本，并将抽样的起点作为识别特征记录于审计工作底稿。

（2）A 注册会计师拟利用 2017 年度审计中获取的有关存货和成本循环的控制运行有效性的审计证据，将信赖这些控制的理由和结论记录于审计工作底稿。

第 6 章　审计工作底稿

（3）A注册会计师在询问甲集团公司特定人员时，将询问的时间、被询问人员的姓名及职务作为识别特征记录于审计工作底稿。

（4）在归整审计档案时，A注册会计师将取得的甲集团公司财务报表的草稿纳入审计工作底稿的归档范围。

（5）在完成审计档案归整工作后，A注册

会计师收到一份应收账款询证函回函原件，其结果显示无差异。A注册会计师将其归入审计档案，并销毁了被替换下来的传真件。

要求：针对上述第（1）至（5）项，逐项指出A注册会计师的做法是否恰当。如不恰当，简要说明理由。

本章综合练习参考答案及详细解析

一、单项选择题

1. D 【解析】注册会计师应当及时编制审计工作底稿，而不应集中在审计工作完成后，选项A错误；审计工作底稿包括被审计单位的很多信息和记录，但是审计工作底稿的所有权属于会计师事务所，不能代替被审计单位的会计记录，选项B错误；注册会计师的口头解释本身不能为其执行的审计工作或得出的审计结论提供足够的支持，但可用来解释或澄清审计工作底稿中包含的信息，选项C错误。

2. D 【解析】注册会计师可能区分不同的审计证据进行有选择性的记录。

3. D 【解析】以电子或其他介质形式存在的审计工作底稿需要单独保存。

4. D 【解析】在确定连续编号的凭证的识别特征时，可以将该编号作为识别特征。

5. B 【解析】选项B应该由具体进行审计工作底稿复核的人员补签字，不应该由A注册会计师统一代签。

6. D 【解析】在归档期间对审计工作底稿作出的事务性变动主要包括：删除或废弃被取代的审计工作底稿；对审计工作底稿进行分类、整理和交叉索引；对审计档案归整工作的完成核对表签字认可；记录在审计报告日前获取的、与项目组相关成员进行讨论并达成一致意见的审计证据。

7. B 【解析】会计师事务所应当自审计报告

日起，对审计工作底稿至少保存10年，选项A错误；审计工作底稿通常不包括反映不全面或初步思考的记录，因为这些不直接构成审计结论和审计意见的支持性证据，因此无须保留，选项C错误；通常审计工作底稿应当在审计报告日后60天内归档，而不是资产负债表日。如果注册会计师未能完成审计业务，审计工作底稿的归档期限为审计业务中止后的60天内，选项D错误。

8. D 【解析】审计工作底稿应在审计报告日后60天内归档，而该选项AB中的归档期限超过了60天，所以不正确；选项C，归档期限为审计业务中止后的60天内，此处3月6日直接作废，故不正确。

9. D 【解析】已被取代的草稿或财务报表的草稿、反映不全面或初步思考的记录、存在印刷错误或其他错误而作废的文本，以及重复的文件记录等都不纳入审计工作底稿中。

10. B 【解析】会计师事务所应当自审计报告日起，对审计工作底稿至少保存10年，选项B正确。

二、多项选择题

1. ACD 【解析】注册会计师编制的审计工作底稿，应当使得未曾接触该项审计工作的有经验的专业人士清楚了解：（1）按照审计准则和相关法律法规的规定实施的审计程序的性质、时间安排和范围；（2）实施审计程序的结果和获取的审计证据；（3）审计中遇到的重大事项和得出的结论，以及在得出结论时作出的重大职业判断。

2. AB 【解析】选项C，如果注册会计师未能完成审计业务，则审计工作底稿的归档期限为审计业务中止后的60天内；选项D，归档后修改工作底稿时，应在对原记录信息不予删除（包括涂改、覆盖等方式）的前提下，采用增加新信息的方式予以修改。

3. BCD 【解析】识别特征因审计程序的性质和测试的项目或事项的不同而不同。

4. ABC 【解析】索引号或者编号是为了汇总及便于交叉索引和复核而注明在审计工作底稿中的，并不属于在记录已实施审计程序的性质、时间安排和范围时应当记录的内容。

5. ABCD

6. ACD 【解析】归档期间收到的询证函回函不应替换替代审计程序的审计工作底稿，因为此时属于两种不同审计程序获取的审计证据，不能相互替换，均需归档。

7. AD 【解析】审计工作底稿可以以纸质、电子或其他介质形式存在，选项B错误；对于连续审计的情况，当期归整的审计工作底稿可能包括以前年度获取的资料，这些资料虽然是在以前年度获取，但由于其作为本期档案的一部分，注册会计师对于这些当期有效的档案，应视为当期取得并保存10年，选项C错误。

三、简答题

1. 【答案】

（1）不恰当。A注册会计师应在审计业务中止后的60天内完成审计工作底稿的归档工作。

（2）恰当。

（3）不恰当。在完成最终审计档案的归整工作后，注册会计师不应在规定的保存期届满前删除或废弃任何性质的审计工作底稿。

（4）不恰当。注册会计师应当记录对已归档审计工作底稿的修改或增加。

（5）不恰当。应当记录实施的具体程序。

2. 【答案】

（1）第（1）项，不恰当。注册会计师应当将对财务报表整体的重要性、特定类别的交易、账户余额或披露的一个或多个重要性水平、实际执行的重要性作出的任何修改记录于审计工作底稿。

第（2）项，恰当。

第（3）项，不恰当。对订购单进行细节测试时，注册会计师可以以订购单的日期和其唯一的编号作为识别特征记录于审计工作底稿中。订购的商品的名称、规格、数量不具有唯一性。

第（4）项，不恰当。除此之外，针对已复核的审计业务，项目质量控制复核人员还应当就项目质量控制复核人员没有注意到任何尚未解决的事项，使其认为项目组作出的重大判断和得出的结论不适当形成审计工作底稿。

（2）注册会计师应当记录的事项有：修改或增加审计工作底稿的理由；修改或增加审计工作底稿的时间和人员，以及复核的时间和人员。

3. 【答案】

第（1）项，不恰当。A注册会计师应当将样本的来源、抽样的起点及抽样间隔作为识别特征记录于审计工作底稿。

第（2）项，恰当。

第（3）项，恰当。

第（4）项，不恰当。已被取代的草稿或财务报表的草稿通常不纳入审计工作底稿中。

第（5）项，不恰当。在完成审计档案的归整工作后，注册会计师不应在规定的保存期限届满前删除或废弃任何性质的审计工作底稿。

第二编

审计测试流程

本编内容体现了中国注册会计师审计准则中最重要的两个审计风险准则：风险评估和风险应对。

本编难度较大，需要理解和记忆的内容较多，考生应特别关注本编对应章节考点的分析介绍，同时结合"第三编　各类交易和账户余额的审计"进行学习，以达到融会贯通的目的。

本编非常重要，不仅包括很多客观题的考点，而且还有综合题的考点，因此本编在考试中所占分数较高。这就要求考生在掌握风险导向审计相关理论的基础上，将风险导向的理念和思路与实务相结合。学习时要注重结合历年考题，认真分析和总结，并积极地通过多做练习题做好充分的准备。

第7章 风险评估

JINGDIAN TIJIE

考情分析

▶ 历年考情分析

本章是非常重要的章节，在历年考试中几乎每年必考主观题。本章主要以风险导向为核心内容，介绍风险评估程序的执行，即了解被审计单位及其环境，评估财务报表层次和认定层次的重大错报风险。由于本章理论性较强，在考试时不仅会考查客观题，还可能会将本章的内容同审计实务结合考查综合题。考生应关注风险评估程序，了解被审计单位及其环境，了解被审计单位的内部控制以及对重大错报风险的评估等内容。

▶ 本章 2020 年考试主要变化

本章主要是对一些细节表述的完善，另外，在项目组内部讨论中增加了对披露要求的考虑，将"当管理层未能实施控制以恰当应对特别风险时"对缺陷的界定由"重大缺陷"调整为"值得关注的内部控制缺陷"，其他无实质性变动。

核心考点及经典例题详解

考点一　风险识别和评估概述★

扫我解疑难

📝 经典例题

【例题·单选题】（2017 年）下列有关了解被审计单位及其环境的说法中，正确的是（　　）。

A. 注册会计师无须在审计完成阶段了解被审计单位及其环境

B. 对小型被审计单位，注册会计师可以不了解被审计单位及其环境

C. 注册会计师对被审计单位及其环境了解的程度，取决于会计师事务所的质量控制政策

D. 注册会计师对被审计单位及其环境了解的程度，低于管理层为经营管理企业而对被审计单位及其环境需要了解的程度

【答案】D

【解析】选项 A，了解被审计单位及其环境是一个连续和动态地收集、更新与分析信息的过程，贯穿于整个审计过程的始终；选项 B，对小型被审计单位，注册会计师也是要了解被审计单位及其环境的；选项 C，评价对被审计单位及其环境了解的程度是否恰当，关键是看注册会计师对被审计单位及其环境的了解是否足以识别和评估财务报表的重大错报风险。

📝 考点精析

注册会计师应当了解被审计单位及其环境，以充分识别和评估财务报表重大错报风

险，设计和实施进一步审计程序。

了解被审计单位及其环境是**必要程序**，为注册会计师在关键环节做出职业判断提供重要基础。

了解被审计单位及其环境是**一个连续和动态地**收集、更新与分析信息的过程，**贯穿于整个审计过程的始终**。

了解的程度是否恰当，关键看是否足以识别和评估财务报表的重大错报风险。

【知识点拨】注册会计师对被审计单位及其环境了解的程度，**低于**管理层为经营管理企业而对被审计单位及其环境需要了解的程度。

考点二　风险评估程序、信息来源及项目组内部的讨论★★

扫我解疑难

经典例题

【例题1·多选题】（2016年）下列各项程序中，通常用作风险评估程序的有（　）。
A. 检查
B. 重新执行
C. 观察
D. 分析程序

【答案】ACD

【解析】重新执行专属于控制测试，不用于风险评估程序。

【例题2·多选题】下列各项中，属于注册会计师项目组内部讨论的主要内容的有（　）。

A. 管理层是否倾向于高估或低估收入
B. 管理层是否存在严重的诚信问题
C. 管理层对内部控制的态度
D. 被审计单位是否面临重大的经营风险

【答案】ABCD

【解析】项目组应当讨论被审计单位面临的经营风险、财务报表容易发生错报的领域以及发生错报的方式，特别是由于舞弊导致重大错报风险的可能性。

考点精析

一、风险评估程序和信息来源

注册会计师为了解被审计单位及其环境应当实施的风险评估程序有：①询问管理层和被审计单位内部其他人员；②分析程序；③观察和检查。注册会计师在了解被审计单位及其环境过程中，往往将这些程序结合在一起使用。但是注册会计师并非在了解被审计单位及其环境的每个方面均实施上述所有风险评估程序。

【知识点拨】①除实施上述程序外，还可采用其他程序。

②信息来源应从多方面获取（被审计单位内外、承接业务时、以前期间获取的信息等）。

二、项目组内部的讨论

项目组内部讨论的目标、内容、参与讨论的人员及讨论的时间和方式见表7-1。

表7-1　项目组内部的讨论

项目	内容
讨论的目标	项目组内部的讨论为项目组成员提供了交流信息和分享见解的机会
讨论的内容	①被审计单位面临的经营风险 ②财务报表容易发生错报的领域以及发生错报的方式 ③由于舞弊导致重大错报的可能性 讨论的内容和范围受项目组成员的职位、经验和所需要信息的影响
参与讨论的人员	①项目组的关键成员 ②（根据项目需要可能参与的）信息技术或其他特殊技能的专家
讨论的时间和方式	项目组应当根据审计的具体情况，在整个审计过程中持续交换有关财务报表发生重大错报可能性的信息

考点三　了解被审计单位及其环境 ★★★

扫我解疑难

📝 经典例题

【例题1·单选题】（2017年）下列关于经营风险对重大错报风险的影响的说法中，错误的是（　）。

A. 多数经营风险最终都会产生财务后果，从而可能导致重大错报风险

B. 经营风险通常不会对财务报表层次重大错报风险产生直接影响

C. 经营风险可能对认定层次重大错报风险产生直接影响

D. 注册会计师在评估重大错报风险时，没有责任识别或评估对财务报表没有重大影响的经营风险

【答案】 B

【解析】 经营风险可能对某类交易、账户余额和披露的认定层次重大错报风险或财务报表层次重大错报风险产生直接影响。

【例题2·多选题】 在了解被审计单位财务业绩的衡量和评价时，下列各项中，注册会计师可以考虑的信息有（　）。

A. 经营统计数据

B. 信用评级机构报告

C. 证券研究机构的分析报告

D. 员工业绩考核与激励性报酬政策

【答案】 ABCD

【解析】 在了解被审计单位财务业绩衡量和评价情况时，注册会计师应当关注下列信息：（1）关键业绩指标（财务或非财务的）、关键比率、趋势和经营统计数据；（2）同期财务业绩比较分析；（3）预算、预测、差异分析，分部信息与分部、部门或其他不同层次的业绩

报告；（4）员工业绩考核与激励性报酬政策；（5）被审计单位与竞争对手的业绩比较；（6）外部机构也会衡量和评价被审计单位的财务业绩，如分析师的报告和信用评级机构的报告。上述第（1）至（5）项主要是内部因素，第（6）项是外部因素。

【例题3·综合题】（2018年）上市公司甲公司是ABC会计师事务所的常年审计客户，主要从事汽车的生产和销售。A注册会计师负责审计甲公司2017年度财务报表，确定财务报表整体的重要性为1 000万元，明显微小错报的临界值为30万元。

资料一：

A注册会计师在审计工作底稿中记录了所了解的甲公司情况及其环境，部分内容摘录如下：

（1）2017年，在钢材价格及劳动力成本大幅上涨的情况下，甲公司通过调低主打车型的价格，保持了良好的竞争力和市场占有率。

（2）2017年，甲公司首款互联网汽车研发项目取得突破性进展，于2017年末开始量产。甲公司因此获得研发补助1 800万元，并于2017年12月将相关开发支出转入无形资产。

（3）自2017年1月起，甲公司将产品质量保证金的计提比例由营业收入的3%调整为2%。

（4）2017年12月31日，甲公司以1亿元购入丙公司40%股权。根据约定，甲公司按持股比例享有丙公司自评估基准日2017年6月30日至购买日的净利润。

（5）2017年12月，甲公司与非关联方丁公司签订意向书，以3 000万元价格向其转让一批旧设备。2018年1月，该交易获得批准并完成交付。

资料二：

A注册会计师在审计工作底稿中记录了甲公司的财务数据，部分内容摘录如表7-2所示：

表7-2 甲公司部分财务数据

项目	未审数	已审数
	2017 年	2016 年
营业收入	100 000	95 000
营业成本	89 000	84 500
销售费用——产品质量保证	2 000	2 850
投资收益——权益法核算(丙公司)	1 200	0
其他收益——互联网汽车项目补助	1 800	0
持有待售资产——拟销售给丁公司的设备	4 200	0
长期股权投资——丙公司	11 200	0
无形资产——互联网汽车开发项目	4 000	0

资料三：

A注册会计师在审计工作底稿中记录了审计计划，部分内容摘录如下：

(1)因评估的舞弊风险较高，A注册会计师拟将甲公司全年的会计分录和其他调整作为会计分录测试的总体，针对该总体实施完整性测试，并选取所有金额超过30万元的异常项目进行测试。

(2)A注册会计师认为仅实施实质性程序不能获取与成本核算相关的充分、适当的审计证据，因此，拟实施综合性方案：测试相关内部控制在2017年1月至10月期间的运行有效性，并对2017年11月至12月的成本核算实施细节测试。

(3)A注册会计师在询问管理层、阅读内控手册并执行穿行测试后，尽管认为甲公司与关联方交易相关的内部控制设计合理，但不拟信赖，拟直接实施细节测试。

(4)因其他应收款和其他应付款的年初年末余额均低于实际执行的重要性，A注册会计师拟不对其实施进一步审计程序。

资料四：

A注册会计师在审计工作底稿中记录了实施进一步审计程序的情况，部分内容摘录如下：

(1)A注册会计师在测试与销售收款相关的内部控制时识别出一项偏差，经查系员工舞弊所致。因追加样本量进行测试后未再识别出偏差，A注册会计师认为相关内部控制运行有效，并向管理层通报了该项舞弊。

(2)A注册会计师选取甲公司的部分分公司实施库存现金监盘，发现某分公司存在以报销凭证冲抵现金的情况。因错报金额低于明显微小错报的临界值，A注册会计师未再实施其他审计程序。

(3)A注册会计师采用实质性分析程序测试甲公司2017年度的运输费用，已记录金额低于预期值500万元，因该差异低于实际执行的重要性，A注册会计师认可了已记录金额。

(4)A注册会计师在测试管理费用时发现两笔错报，分别为少计会议费40万元和多计研发支出50万元，因合计金额小于明显微小错报的临界值，未予累积。

资料五：

A注册会计师在审计工作底稿中记录了重大事项的处理情况，部分内容摘录如下：

(1)2018年1月初，甲公司对某型号汽车实施召回，免费更换安全气囊，预计将发生更换费用4 000万元。管理层在2017年度财务报表中确认了该项费用并进行了披露。A注册会计师在对更换费用及相关披露实施审计程序后，认可了管理层的处理。

(2)因不同意A注册会计师提出的某些审计调整建议，管理层拒绝在书面声明中说明未更正错报单独或汇总起来对财务报表整体的影响不重大。考虑到未更正错报对财务报表的影响很小，A 注册会计师同意管理层不提供该项声明。

(3)因未能在审计报告日前获取甲公司 2017 年年度报告，A 注册会计师于审计报告日后从网上下载了甲公司公布的年度报告进行阅读，结果满意。

要求：

(1)针对资料一第(1)至(5)项，结合资料二，假定不考虑其他条件，逐项指出资料一所列事项是否可能表明存在重大错报风险。如果认为可能存在重大错报风险，简要说明

理由，并说明该风险主要与哪些财务报表项目的哪些认定相关(不考虑税务影响)。

(2)针对资料三第(1)至(4)项，假定不考虑其他条件，逐项指出审计计划的内容是否恰当。如不恰当，简要说明理由。

(3)针对资料四第(1)至(4)项，假定不考虑其他条件，逐项指出 A 注册会计师的做法是否恰当。如不恰当，简要说明理由。

(4)针对资料五第(1)至(3)项，假定不考虑其他条件，逐项指出 A 注册会计师的做法是否恰当。如不恰当，简要说明理由。

【答案】(1)见表 7-3：

表 7-3　甲公司存在重大错报风险的情况、理由及影响的报表项目与认定

事项序号	是否可能表明存在重大错报风险(是/否)	理由	财务报表项目名称及认定
(1)	是	在原材料和人工成本上涨，而主要产品价格下降的情况下，毛利率仍与上年相当，可能存在多计收入、少计成本的风险	营业收入(发生) 营业成本(完整性/准确性)
(2)	是	互联网汽车开发资本化形成无形资产，相关补助可能是与资产相关的政府补助，可能存在多计其他收益的风险	其他收益(发生) 递延收益(完整性)/无形资产(计价和分摊)
(3)	是	该事项涉及会计估计变更且金额重大，可能存在少计预计负债和销售费用的风险	销售费用(准确性) 预计负债(计价和分摊)
(4)	是	长期股权投资购入之后才能采用权益法核算/权益法确认的投资收益不应包括购买前的损益，可能存在多计投资收益和长期股权投资的风险	长期股权投资(计价和分摊) 投资收益(准确性)
(5)	是	截至 2017 年末，转让交易未经批准，尚不满足划分为持有待售资产的条件，可能存在多计持有待售资产的风险；转让价格低于账面值，可能存在少计资产减值准备的风险	持有待售资产(存在) 固定资产(完整性) 固定资产(计价和分摊) 资产减值损失(准确性)

(2)见表 7-4：

表 7-4　审计计划是否恰当及理由

事项序号	是否恰当(是/否)	理由
(1)	否	金额大小不是选取测试异常项目的考虑因素/应测试所有异常项目
(2)	否	还应当对内部控制在剩余期间的运行有效性获取审计证据。细节测试的总体应当是全年的成本核算/还应当对 1 月至 10 月的成本核算实施细节测试

事项序号	是否恰当(是/否)	理由
(3)	是	—
(4)	否	其他应付款存在低估风险/还应当考虑舞弊风险，不能仅因为其金额低于实际执行的重要性而不实施进一步审计程序

(3)见表7-5：

表7-5　注册会计师的做法是否恰当及理由

事项序号	是否恰当(是/否)	理由
(1)	否	控制偏差系由舞弊导致，扩大样本规模通常无效/该内部控制无效
(2)	否	该错报可能是系统性错报/其他分公司可能也会存在类似的错报/A注册会计师应当调查其他分公司是否有类似情况
(3)	否	应将差异额与可接受差异额比较
(4)	否	两笔错报金额均大于明显微小错报的临界值/两笔错报不能相互抵销，应予以累积

(4)见表7-6：

表7-6　注册会计师的做法是否恰当及理由

事项序号	是否恰当(是/否)	理由
(1)	是	—
(2)	否	注册会计师仍应当要求管理层提供有关未更正错报的书面声明/书面声明可以增加有关不同意某事项构成错报的表述
(3)	否	注册会计师应当获取管理层提供的年度报告的最终版本/不应在网上下载，应当在公布前获取年度报告

📝 **考点精析**

了解被审计单位及其环境的总体要求：

注册会计师应当从下列方面了解被审计单位及其环境：

(1)相关行业状况、法律环境和监管环境及其他外部因素；

(2)被审计单位的性质；

(3)被审计单位对会计政策的选择和运用；

(4)被审计单位的目标、战略以及可能导致重大错报风险的相关经营风险；

(5)对被审计单位财务业绩的衡量和评价；

(6)被审计单位的内部控制。

其中：(1)为外部因素，(2)、(3)、(4)、(6)为内部因素，(5)既有内部因素也有外部因素。

注册会计师应根据所了解到的被审计单位的信息分析识别可能存在的重大错报是影响财务报表整体，还是影响具体交易、账户余额及披露的相关认定；被审计单位及其环境的各个方面可能会互相影响。注册会计师在对被审计单位及其环境的各个方面进行了解和评估时，应当考虑各因素之间的相互关系。

【知识点拨】考生在掌握这部分知识时，应特别注意领悟风险导向的审计思路，对了解到的被审计单位的情况，要考虑这种情况是否容易导致被审计单位发生错误或舞弊；如果容易发生错误或舞弊，可能影响的是财务报表整体，还是具体的交易或账户；如果容易导致具体的交易或账户余额发生错误或舞弊，与哪个认定相关。

阶段性测试

1.【单选题】下列有关风险评估程序的说法中错误的是（　　）。

A. 风险评估程序是注册会计师为了解被审计单位及其环境而执行的程序

B. 注册会计师执行风险评估程序，目的是识别和评估财务报表重大错报风险，无论该风险是由错误还是由舞弊导致的

C. 风险评估程序本身能为形成审计意见提供充分、适当的审计证据

D. 风险评估程序贯穿于审计过程始终

2.【多选题】以下审计程序中，可以作为风险评估程序的有（　　）。

A. 询问管理层关注的主要问题

B. 观察闲置固定资产的实际情况，识别是否存在减值迹象

C. 分析被审计单位毛利率的变动情况

D. 分析应收账款账龄，复核计提坏账准备的准确性

3.【多选题】下列各项中，属于风险评估阶段审计项目组内部讨论的内容的有（　　）。

A. 被审计单位面临的经营风险

B. 财务报表容易发生错报的领域以及发生错报的方式

C. 由于舞弊导致重大错报的可能性

D. 针对财务报表层次的重大错报风险拟采取的总体应对措施

4.【单选题】下列需要了解的被审计单位及其环境的内容中，属于外部因素的是（　　）。

A. 相关行业状况、法律环境与监管环境以及其他外部因素

B. 被审计单位对会计政策的选择和运用

C. 被审计单位的性质

D. 被审计单位的内部控制

阶段性测试答案精析

1. C 【解析】风险评估程序本身不能为形成审计意见提供充分、适当的审计证据。

2. AC 【解析】选项 BD 属于实质性程序。

3. ABC 【解析】选项 D 属于应对风险时应当考虑的内容。

4. A 【解析】选项 A 属于被审计单位的外部因素；选项 BCD 属于内部因素。

考点四　了解被审计单位的内部控制★★★

扫我解疑难

经典例题

【例题 1·单选题】（2018 年）下列各项控制中，属于检查性控制的是（　　）

A. 财务总监复核并批准财务经理提出撤销银行账号的申请

B. 出纳不能兼任收入或支出的记账工作

C. 财务经理复核会计编制的银行存款余额调节表

D. 财务经理根据其权限复核并批准相关付款

【答案】C

【解析】选项 ABD 属于预防性控制。

【例题 2·多选题】（2017 年）下列各项中，属于被审计单位设计和实施内部控制的责任主体的有（　　）。

A. 被审计单位的治理层

B. 被审计单位的管理层

C. 被审计单位的普通员工

D. 负责被审计单位内部控制审计的注册会计师

【答案】ABC

【解析】设计和实施内部控制的责任主体是治理层、管理层和其他人员，组织中的每一个人都对内部控制负有责任。

【例题 3·多选题】（2017 年）下列要素中，注册会计师在评价被审计单位控制环境时应当考虑的有（　　）。

A. 对诚信和道德价值观念的沟通与落实

B. 管理层的理念和经营风格

C. 人力资源政策与实务

D. 对胜任能力的重视

【答案】ABCD

【解析】控制环境包括：对诚信和道德价值观念的沟通与落实；对胜任能力的重视；治理层的参与程度；管理层的理念和经营风格；组织结构及职权与责任的分配；人力资源政策与实务。

【例题4·多选题】（2017年）下列有关注册会计师了解内部控制的说法中，正确的有(   )。

A. 注册会计师在了解被审计单位内部控制时，应当确定其是否得到一贯执行

B. 注册会计师不需要了解被审计单位所有的内部控制

C. 注册会计师对内部控制的了解通常不足以测试控制运行的有效性

D. 注册会计师询问被审计单位人员不足以评价内部控制设计的有效性

【答案】BCD

【解析】"了解内部控制"包含两层含义：一是评价控制的设计；二是确定控制是否得到执行。在测试控制运行的有效性时，注册会计师应当从下列方面获取关于控制是否有效运行的审计证据：①控制在所审计期间的相关时点是如何运行的；②控制是否得到一贯执行；③控制由谁或以何种方式执行。

📝 考点精析

一、内部控制要素

1. 内部控制的责任主体

被审计单位治理层、管理层和其他人员，组织中的每一个人都对内部控制负有责任。

2. 内部控制要素

内部控制要素包括：控制环境、风险评估过程、与财务报告相关的信息系统和沟通、控制活动、对控制的监督。

二、与审计相关的控制

注册会计师只需要对与财务报表审计相关的内部控制进行了解和评价，并非被审计单位所有的内部控制。

三、对内部控制了解的深度

（1）了解内部控制的程序。注册会计师通过询问、观察、检查和穿行测试了解被审计单位的内部控制。

【知识点拨】分析程序不适用于了解内部控制。

（2）了解被审计单位内部控制的目的是评价内部控制设计是否合理以及是否得到执行，但不包括对控制是否得到一贯执行的测试。

【知识点拨】

①注册会计师实施风险评估程序时必须了解被审计单位的内部控制以评价其设计的合理性和是否得到执行。进一步审计程序中控制测试是可以有选择地实施的程序，其目的是确定内部控制是否得到有效运行。

②如果控制设计不当，不需要再考虑控制是否得到执行。

③询问本身并不足以评价控制的设计以及确定其是否得到执行，注册会计师应当将询问与其他风险评估程序结合使用。

④除非存在某些可以使控制得到一贯运行的自动化控制，否则注册会计师对控制的了解并不足以测试控制运行的有效性。

四、内部控制的局限性

（1）在决策时人为判断可能出现错误和因人为失误而导致内部控制失效。

（2）控制可能由于两个或更多的人员串通或管理层不当地凌驾于内部控制之上而被规避。

此外：

（1）如果被审计单位内部行使控制职能的人员素质不适应岗位要求，也会影响内部控制功能的正常发挥。

（2）被审计单位实施内部控制的成本效益问题也会影响其效能，当实施某项控制的成本大于控制效果而发生损失时，就没有必要设置控制环节或控制措施。

（3）内部控制一般都是针对经常而重复发生的业务设置的，如果出现不经常发生或未预计到的业务，原有控制就可能不适用。

五、控制环境

控制环境包括治理职能和管理职能，以

及治理层和管理层对内部控制及其重要性的态度、认识和措施。良好的控制环境是实施有效内部控制的基础。因此，**财务报表层次的重大错报风险通常源自于薄弱的控制环境。**

【知识点拨】①控制环境对重大错报风险的评估**具有广泛影响**，控制环境**本身并不能**防止或发现并纠正各类交易、账户余额、披露认定层次的重大错报。

②在确定构成控制环境的要素是否得到执行时，注册会计师应当考虑**将询问与其他风险评估程序相结合**以获取审计证据。

六、被审计单位的风险评估过程

风险评估过程的作用是识别、评估和管理影响被审计单位实现经营目标能力的各种风险。

注册会计师应当询问管理层识别出的经营风险，并考虑这些风险是否可能导致重大错报。

在审计过程中，如果发现与财务报表有关的风险因素，注册会计师可通过向管理层询问和检查有关文件确定被审计单位的风险评估过程是否也发现了该风险。如果识别出管理层未能识别的重大错报风险，注册会计师应当考虑被审计单位的风险评估过程为何没有识别出这些风险，以及评估过程是否适合于具体环境，或者确定与风险评估过程相关的内部控制是否存在值得关注的内部控制缺陷。

七、信息系统与沟通

1. 与财务报告相关的信息系统

与财务报告相关的信息系统，包括用以生成、记录、处理和报告交易、事项和情况，对相关资产、负债和所有者权益履行经营管理责任的程序和记录。

【知识点拨】①与财务报告相关的信息系统应当与业务流程相适应。

②自动化程序和控制可能降低了发生无意错误的风险，但是并没有消除个人凌驾于控制之上的风险。

2. 与财务报告相关的沟通

与财务报告相关的沟通包括使员工了解各自在与财务报告有关的内部控制方面的角色和职责，员工之间的工作联系，以及向适当级别的管理层报告例外事项的方式。

【知识点拨】注册会计师应当了解被审计单位内部如何对财务报告的岗位职责以及与财务报告相关的重大事项进行沟通。注册会计师还应当了解管理层与治理层（特别是审计委员会）之间的沟通，以及被审计单位与外部（包括与监管部门）的沟通。

八、控制活动

1. 控制活动的含义

控制活动是指有助于确保管理层的指令得以执行的政策和程序。包括与授权、业绩评价、信息处理、实物控制和职责分离等相关的活动。

2. 对控制活动的了解

注册会计师对被审计单位整体层面的控制活动进行的了解和评估，主要是针对被审计单位的一般控制活动，特别是信息技术的一般控制。

【知识点拨】控制活动主要影响业务流程层面。

九、对控制的监督

对控制的监督是指被审计单位评价内部控制在一段时间内运行有效性的过程。对控制的监督涉及及时评估控制的有效性并采取必要的补救措施。

十、在整体层面和业务流程层面了解内部控制

内部控制的某些要素（如控制环境）更多地对被审计单位整体层面产生影响，而其他要素（如信息系统与沟通、控制活动）则可能更多地与特定业务流程相关。

整体层面的控制（包括对管理层凌驾于内部控制之上的控制）和信息技术一般控制通常在所有业务活动中普遍存在。

在业务流程层面了解被审计单位内部控制，通常采取下列步骤：

（1）确定被审计单位的重要业务流程和重要交易类别。

（2）了解重要交易流程，并记录获得的了解。

（3）确定可能发生错报的环节。

（4）识别和了解相关控制。有关控制的种类见表7-7。

表7-7　控制的种类

种类	概念	特征	举例
预防性控制	通常用于业务流程的每一项交易，以防止错报的发生	"事前或事中"预防	计算机自动生成收货报告；在更新采购档案之前必须先有收货报告
检查性控制	发现流程中可能发生的错报，监督流程和相应的预防性控制能否有效地发挥作用	"事后"检查	定期编制银行存款余额调节表；复核应收账款贷方余额

在某些情况下注册会计师之前的了解可能表明被审计单位在业务流程层面针对某些重要交易流程所设计的控制是无效的，或者注册会计师并不打算信赖控制，这时注册会计师没有必要进一步了解在业务流程层面的控制。

特别需要注意的是，如果认为仅通过实质性程序无法将认定层次的检查风险降至可接受的水平，或者针对特别风险，注册会计师应当了解和评估相关的控制活动。

（5）执行穿行测试，证实对交易流程和相关控制的了解。注册会计师通常会执行穿行测试，以了解各类重要交易在业务流程中发生、处理和记录的过程。

【知识点拨】如果不打算信赖控制，注册会计师仍需要执行适当的审计程序以确认以前对业务流程及可能发生错报环节了解的准确性和完整性。

（6）初步评价和风险评估。初步评价结果对进一步审计程序决策的影响见表7-8。

表7-8　初步评价结果对进一步审计程序决策的影响

初步评价结果	影响决策
所设计的控制单独或连同其他控制能够防止或发现并纠正重大错报，并得到执行	进行控制测试，以期望减少实质性程序
控制本身的设计是合理的，但没有得到执行	不进行控制测试，直接实施实质性程序
控制本身的设计就是无效的或缺乏必要的控制	

【知识点拨】

①注册会计师需要评价控制设计的合理性并确定其是否得到执行。评价结论只是初步结论，仍可能随控制测试后实施实质性程序的结果而发生变化。

②注册会计师应当将认定层次的控制因素和其他因素相结合，评估认定层次的重大错报风险，以确定进一步审计程序的性质、时间安排和范围。

考点五　评估重大错报风险★★★

扫我解疑难

📝经典例题

【例题1·单选题】（2018年）下列各项中，注册会计师在确定某项重大错报风险是否为特别风险时，通常无需考虑的是（　　）。

A. 交易的复杂程度

B. 风险是否涉及重大的关联方交易

C. 被审计单位财务人员的胜任能力

D. 财务信息计量的主观程度

【答案】C

【解析】在判断哪些风险是特别风险时，注册会计师应当至少考虑下列事项：(1)风险是否属于舞弊风险；(2)风险是否与近期经济环境、会计处理方法或其他方面的重大变化相关，因而需要特别关注；(3)交易的复杂程度；(4)风险是否涉及重大的关联方交易；(5)财务信息计量的主观程度，特别是计量结果是否具有高度不确定性；(6)风险是否涉及异常或超出正常经营过程的重大交易。

【例题2·多选题】(2017年)下列各项中，注册会计师在评估特别风险时应当考虑的有( )。

A. 交易的复杂程度

B. 风险是否涉及重大关联方交易

C. 风险是否属于舞弊风险

D. 与交易相关的控制对风险的抵销效果

【答案】ABC

【解析】在判断哪些风险是特别风险时，注册会计师不应考虑识别出的控制对相关风险的抵销效果。

【例题3·单选题】(2016年)下列情形中，通常表明存在财务报表层次的重大错报风险的是( )。

A. 被审计单位从事复杂的金融工具投资

B. 被审计单位的竞争者开发的新产品上市

C. 被审计单位存在重大关联方交易

D. 被审计单位资产的流动性出现问题

【答案】D

【解析】通常与财务报表层次的重大错报风险有关的迹象包括：控制环境薄弱；在不稳定的国家和地区开展业务；资产的流动性出现问题；重要客户流失；融资能力受到限制；采用新的会计准则或启用新的会计信息系统；资不抵债、无法偿还到期债务等导致对持续经营能力产生重大疑虑的事项。

【例题4·单选题】(2016年)下列情形中，注

册会计师应当将其评估为存在特别风险的是( )。

A. 被审计单位对母公司的销量占总销量的50%

B. 被审计单位将重要子公司转让给实际控制人控制的企业并取得大额转让收益

C. 被审计单位销售产品给子公司的价格低于销售给第三方的价格

D. 被审计单位与收购交易的对方签订了对赌协议

【答案】B

【解析】特别风险通常与重大的非常规交易和判断事项有关，非常规交易是指由于金额或性质异常而不经常发生的交易。例如，企业购并、债务重组、重大或有事项等。选项B属于企业合并取得大额的转让收益，应当引起对该事项的特别关注，评估为特别风险。

📝 考点精析

一、评估财务报表层次和认定层次的重大错报风险

1. 评估重大错报风险的审计程序

(1)在了解被审计单位及其环境(包括与风险相关的控制)的整个过程中，结合对财务报表中各类交易、账户余额和披露(包括定量披露和定性披露)的考虑，识别风险；

(2)结合对拟测试的相关控制的考虑，将识别出的风险与认定层次可能发生错报的领域相联系；

(3)评估识别出的风险，并评价其是否更广泛地与财务报表整体相关，进而潜在地影响多项认定；

(4)考虑发生错报的可能性(包括发生多项错报的可能性)，以及潜在错报的重大程度是否足以导致重大错报。

【知识点拨】注册会计师应当根据风险评估结果，确定实施进一步审计程序的性质、时间安排和范围。

2. 识别两个层次的重大错报风险

在对重大错报风险进行识别和评估后，

注册会计师应当确定，识别的重大错报风险是与特定的某类交易、账户余额和披露的认定相关(认定层次的重大错报风险)，还是与财务报表整体广泛相关，进而影响多项认定(财务报表层次的重大错报风险)。

3. 控制环境对评估财务报表层次重大错报风险的影响

财务报表层次的重大错报风险很可能源于薄弱的控制环境。

4. 考虑控制对评估认定层次重大错报风险的影响

注册会计师在评估重大错报发生的可能性时，除了考虑可能的风险外，还要考虑控制对风险的抵销和遏制作用。

5. 考虑财务报表的可审计性

注册会计师在了解被审计单位内部控制后，可能对被审计单位财务报表的可审计性产生怀疑。如果通过对内部控制的了解发现下列情况，并对财务报表局部或整体的可审计性产生疑问，注册会计师应当考虑出具保留意见或无法表示意见的审计报告：

(1)被审计单位会计记录的状况和可靠性存在重大问题，不能获取充分、适当的审计证据以发表无保留意见；

(2)对管理层的诚信存在严重疑虑。

必要时，注册会计师应当考虑解除业务约定。

二、特别风险

1. 确定特别风险时应考虑的事项

(1)风险是否属于舞弊风险；

(2)风险是否与近期经济环境、会计处理方法和其他方面的重大变化有关；

(3)交易的复杂程度；

(4)风险是否涉及重大的关联方交易；

(5)财务信息计量的主观程度，特别是对不确定事项的计量存在较大区间；

(6)风险是否涉及异常或超出正常经营过程的重大交易。

【知识点拨】注册会计师在判断哪些风险是特别风险时，不应考虑识别出的控制对相关风险的抵销效果。舞弊、管理层凌驾于控制之上、超出正常经营过程的重大关联方交易这三项是可以直接认定为特别风险的事项。其他的事项需要经过注册会计师的职业判断，而不能直接认定为属于特别风险。比如具有高度估计不确定性的会计估计导致的风险，不能直接认为其属于特别风险，而是需要注册会计师根据实际情况运用职业判断来确定是否属于特别风险。

2. 考虑与特别风险相关的控制

注册会计师应当了解与特别风险相关的控制，即评价与特别风险相关控制的设计情况，并确定其是否已经得到执行。如果管理层未能实施控制以恰当应对特别风险，注册会计师应当认为内部控制存在值得关注的内部控制缺陷，并考虑其对风险评估的影响。在这种情况下，注册会计师应当就此类事项与治理层沟通。

【知识点拨】如果计划测试旨在减轻特别风险控制运行的有效性，注册会计师不应依赖以前审计获取的关于内部控制运行有效性的审计证据。

如果认为评估的认定层次重大错报风险是特别风险，注册会计师应当专门针对该风险实施实质性程序。如果仅实施实质性程序，此时应当包括细节测试，或将细节测试和实质性分析程序结合使用。

三、仅通过实质性程序无法应对的重大错报风险

如果认为仅通过实质性程序获取的审计证据无法应对认定层次的重大错报风险，注册会计师应当评价被审计单位针对这些风险设计的控制，并确定其执行情况。

当被审计单位对日常交易采用高度自动化处理时，审计证据可能仅以电子形式存在，其充分性和适当性通常取决于自动化信息系统相关控制的有效性，注册会计师应当考虑仅通过实施实质性程序不能获取充分、适当审计证据的可能性。

四、对风险评估的修正

注册会计师对认定层次重大错报风险的评估，可能随着审计过程中不断获取审计证据而做出相应的变化。

"**评估重大错报风险**"与"**了解被审计单位及其环境**"，都是**连续和动态**地收集、更新与分析信息的过程，**贯穿于整个审计过程的始终**。

📋 阶段性测试

1. 【多选题】下列控制活动中，属于检查性控制的有( )。

A. 在更新采购档案之前必须先有收货报告

B. 仓库管理员根据经批准的发货单办理出库

C. 财务人员每月月末与客户进行对账并调查差异

D. 定期编制银行存款余额调节表

2. 【单选题】下列事项中，与被审计单位财务报表整体广泛相关，进而影响多项认定的是( )。

A. 被审计单位存在复杂的联营业务

B. 被审计单位存在重大关联方交易

C. 被审计单位的产品科技含量较高，相关科技发展迅速，该产品很容易过时

D. 管理层承受异常压力，存在舞弊风险

3. 【单选题】下列关于了解内部控制的说法中，错误的是( )。

A. 如果认为仅通过实质性程序无法将认定层次的检查风险降至可接受的低水平，应当了解相关的内部控制

B. 针对特别风险，应当了解与该风险相关的控制

C. 当某重要业务流程有显著变化时，应当根据变化的性质及其对相关账户发生重大错报的影响程度，考虑是否需要对变化前后的业务都执行穿行测试

D. 应当了解所有与财务报告相关的控制

📋 阶段性测试答案精析

1. CD 【解析】选项 AB 均为预防性控制的典型示例。

2. D 【解析】选项 A，表明长期股权投资账户的认定可能存在重大错报风险；选项 B，表明关联方及关联方交易的披露认定可能存在重大错报风险；选项 C，表明存货账户的计价和分摊认定存在重大错报风险。

3. D 【解析】选项 D，注册会计师应当了解的是所有与财务报告审计相关的内部控制。与财务报告相关的内部控制和与审计相关的内部控制涵盖的内容有所重叠，但并非所有与财务报告相关的内部控制都与审计相关。

本章综合练习 限时120分钟

一、单项选择题

1. 下列关于了解被审计单位及其环境的说法中，错误的是( )。

A. 了解被审计单位及其环境是必要程序

B. 了解被审计单位及其环境是一个连续和动态的过程，贯彻于整个审计过程的始终

C. 要求注册会计师对被审计单位及其环境了解的程度要高于管理层对被审计单位及其环境进行了解的程度

D. 评价对被审计单位及其环境了解的程度是否恰当，关键是看注册会计师对被审计单位及其环境的了解是否足以识别和评估财务报表的重大错报风险

2. 下列关于风险评估程序的说法中，不正确的是( )。

A. 注册会计师对被审计单位及其环境了解的程度要低于管理层为经营管理企业而对被审计单位及其环境需要了解的程度

B. 注册会计师在了解内部控制时通常不用分析程序，但可以使用穿行测试

C. 整体层面的控制和信息技术一般控制通常在所有业务活动中普遍存在

D. 为获取充分、适当的审计证据，注册会计师需要了解与每一个控制目标相关的所有控制活动

3. 在实施风险评估程序时，下列程序中，注册会计师不会执行的是（ ）。

A. 询问被审计单位管理层和内部其他人员

B. 实地查看被审计单位生产经营场所和设备

C. 检查文件、记录和内部控制手册

D. 重新执行内部控制

4. 注册会计师可以通过向相关人员询问来获得对被审计单位及其环境的了解，以下各项中不恰当的是（ ）。

A. 询问内部法律顾问可能有助于注册会计师了解有关法律法规的遵循情况

B. 询问内部审计人员可能有助于注册会计师了解其针对被审计单位内部控制设计和运行有效性实施的工作

C. 询问参与生成、处理或记录复杂或异常交易的员工可能有助于评估管理层对内部审计发现的问题是否采取适当的措施

D. 询问治理层可能有助于注册会计师了解财务报表编制的环境

5. 下列关于经营风险的说法中，错误的是（ ）。

A. 经营风险比财务报表层次重大错报风险的范围更广

B. 注册会计师了解被审计单位的经营风险有助于其识别财务报表重大错报风险

C. 并非所有的财务报表重大错报风险都与经营风险相关，但所有的经营风险都会导致财务报表重大错报风险

D. 经营风险可能对认定层次重大错报风险产生直接影响

6. 下列各项中，属于认定层次重大错报风险的是（ ）。

A. 被审计单位治理层和管理层不重视内部控制

B. 被审计单位管理层凌驾于内部控制之上

C. 被审计单位大额应收账款的可收回性具有高度不确定性

D. 被审计单位所处行业严重衰退

7. 下列关于内部控制的说法中，正确的是（ ）。

A. 设计和实施内部控制是治理层、管理层的责任，组织中的其他人员没有责任

B. 风险评估过程不属于内部控制要素之一

C. 实现内部控制目标的手段是设计和执行控制政策及程序

D. 内部控制的目标与注册会计师审计的目标一致

8. 下列被审计单位的控制中，通常与审计无关的是（ ）。

A. 信用部经理审核客户信用

B. 公司因某些特别原因同意对某个不符合一般信用条件的客户赊购商品

C. 航空公司用于维护航班时间表的自动控制系统

D. 定期盘点存货

9. 下列有关控制环境的说法中，错误的是（ ）。

A. 控制环境对重大错报风险的评估具有广泛的影响

B. 有效的控制环境本身可以防止或发现并纠正各类交易、账户余额和披露认定层次的重大错报

C. 财务报表层次重大错报风险很可能源于薄弱的控制环境

D. 有效的控制环境可以降低舞弊发生的风险

10. 以下关于了解内部控制的说法中，不正确的是（ ）。

A. 任何情况下，注册会计师对内部控制的了解都不能代替其对内部控制运行有效性的测试程序

B. 注册会计师对内部控制的了解，主要是评价内部控制的设计和确定内部控制的执行

C. 内部控制的人工成分在处理涉及主观判断的状况或交易事项时可能比自动化控制更为适当

D. 与审计相关的控制，包括被审计单位为实现财务报告可靠性目标设计和实施的控制

11. 下列关于控制活动的表述中，错误的是（　　）。

A. 在了解控制活动时，注册会计师的工作重点是识别和了解针对重大错报更高的领域的控制活动

B. 如果多项控制活动能够实现同一目标，注册会计师需要了解与该目标相关的每项控制活动

C. 控制活动是控制环境的具体化

D. 注册会计师对被审计单位整体层面的控制活动进行的了解和评估，主要是针对被审计单位的一般控制活动

12. 下列各项中，不属于实物控制的是（　　）。

A. 对资产和记录采取适当的安全保护措施

B. 对访问计算机程序和数据文件设置授权

C. 定期盘点并将盘点记录与会计记录相核对

D. 将交易记录与资产保管的职责分配给不同员工

13. 下列与审计相关的内部控制的说法中，正确的是（　　）。

A. 与财务报告相关的内部控制均与审计相关

B. 与审计相关的内部控制并非均与财务报告相关

C. 与经营目标相关的内部控制与审计无关

D. 与合规目标相关的内部控制与审计无关

14. 下列关于被审计单位管理层对控制监督的表述中，正确的是（　　）。

A. 对控制的监督是指有助于确保管理层的指令得以执行的政策和程序

B. 管理层仅通过持续的监督活动或者单独的评价活动即可实现对控制的监督

C. 管理层可能会与注册会计师就内部控制进行沟通，以便发现内部控制存在的问题

D. 注册会计师可以利用被审计单位的内部审计报告，无须考虑该信息是否存在错报

15. 在下列有关对内部控制的了解的表述中，正确的是（　　）。

A. 如果并不打算依赖控制，注册会计师就没有必要了解业务流程层面的控制

B. 如果不打算信赖内部控制，注册会计师仍需要执行穿行测试

C. 无论对内部控制了解的结果如何，都应当对其进行控制测试

D. 注册会计师需要了解与每一个控制目标相关的所有控制活动

16. 下列情形中，最可能导致财务报表层次重大错报风险的是（　　）。

A. 被审计单位存在复杂的合资关系

B. 被审计单位存在重大的关联方交易

C. 被审计单位更换生产部门经理

D. 被审计单位在经济不稳定的地区开展业务

17. 下列有关特别风险的说法中，正确的是（　　）。

A. 注册会计师在判断重大错报风险是否为特别风险时，应当考虑识别出的控制对于相关风险的抵销效果

B. 注册会计师应当将管理层凌驾于控制之上的风险评估为特别风险

C. 注册会计师应当对特别风险实施细节测试

D. 注册会计师应当了解并测试与特别风险相关的控制

二、多项选择题

1. 针对项目组内部讨论，下列相关说法中，正确的有（   ）。

   A. 项目组内每位成员均应当参加项目组内部讨论

   B. 讨论的内容和范围受项目组成员的职位、经验和所需要的信息的影响

   C. 项目组应当讨论被审计单位面临的经营风险、财务报表容易发生错报的领域，以及发生错报的方式，特别是由于舞弊导致重大错报的可能性

   D. 项目组通过讨论可以使成员更好地了解在各自负责的领域中，由于舞弊或错误导致财务报表重大错报的可能性

2. 下列各项控制中，不属于预防性控制的有（   ）。

   A. 指定专人每月末进行银行对账，编制银行存款余额调节表

   B. 对新客户由信用部经理进行信用审批

   C. 定期与客户进行对账，并调查差异原因

   D. 每月末盘点库存现金，保证账实相符

3. 下列情形中，可能导致企业产生经营风险的有（   ）。

   A. 企业开发新产品而增加产品责任

   B. 企业业务扩展而对市场需求估计不准确

   C. 企业本期及未来融资条件的变动

   D. 企业会计处理成本降低

4. 下列各项中，体现内部控制的固有局限性的有（   ）。

   A. 由于负责复核信息的人员不了解复核的目的或没有采取适当的措施，例外报告没有得到有效使用

   B. 管理层与客户签订背后协议，修改标准的销售合同条款和条件

   C. 管理层凌驾于旨在识别和报告超过赊销信用额度交易的控制之上

   D. 控制的设计和修改可能存在失误而导致内部控制失效

5. 下列有关控制环境的说法中，正确的有（   ）。

   A. 在审计业务承接阶段，注册会计师无须了解和评价控制环境

   B. 在实施风险评估程序时，注册会计师需要对控制环境构成要素获取足够了解，并考虑内部控制的实质及其综合效果

   C. 在进行风险评估时，如果注册会计师认为被审计单位的控制环境薄弱，则很难认定某一流程的控制是有效的

   D. 在评估重大错报风险时，注册会计师应当将控制环境连同其他内部控制要素产生的影响一并考虑

6. 下列关于了解内部控制的说法中，正确的有（   ）。

   A. 注册会计师需要了解和评价的内部控制只是与财务报表审计相关的内部控制，并非被审计单位所有的内部控制

   B. 了解内部控制，包括评价控制的设计，并确定其是否得到执行，但不包括对控制是否得到一贯执行的测试

   C. 针对特别风险，注册会计师应直接实施进一步审计程序，无需了解和评估相关的控制活动

   D. 在某些情况下，注册会计师之前的了解可能表明被审计单位在业务流程层面针对某些重要交易流程所设计的控制是无效的，则注册会计师没有必要进一步了解在业务流程层面的控制

7. 下列活动中，注册会计师认为属于控制活动的有（   ）。

   A. 授权   B. 业绩评价

   C. 风险评估   D. 职责分离

8. 在了解被审计单位的内部控制时，应实施的审计程序有（   ）。

   A. 选择若干具有代表性的交易和事项进行穿行测试

   B. 重新执行重要的内部控制

   C. 检查内部控制生成的文件和记录

   D. 询问被审计单位的有关人员，并查阅相关内部控制文件

9. 在对内部控制进行初步评价并进行风险评

估后，注册会计师通常需要在审计工作底稿中形成的结论有(　　)。

A. 控制本身的设计是否有效

B. 控制是否得到执行

C. 是否信赖控制并实施控制测试

D. 是否实施实质性程序

10. 下列关于评估重大错报风险的说法中，正确的有(　　)。

A. 应当区别财务报表层次的重大错报风险与认定层次的重大错报风险

B. 资产的流动性出现问题，与财务报表层次的重大错报风险有关

C. 被审计单位存在重大的关联方交易，与认定层次的重大错报风险有关

D. 财务报表层次的重大错报风险很可能源于薄弱的控制环境

11. 注册会计师运用各项风险评估程序，在了解被审计单位及其环境的整个过程中识别风险，下列识别的风险中与各类交易、账户余额和披露相关的有(　　)。

A. 被审计单位因相关环境法规的实施需要更新设备，可能面临原有设备闲置或贬值的风险

B. 被审计单位对于存货跌价准备的计提没有实施比较有效的内部控制，管理层未根据存货的可变现净值，计提相应的

跌价准备

C. 竞争者开发的新产品上市，可能导致被审计单位的主要产品在短期内过时，预计将出现存货跌价和长期资产的减值

D. 管理层缺乏诚信或承受异常的压力可能引发舞弊风险

12. 在确定特别风险时，注册会计师的下列做法正确的有(　　)。

A. 直接假定被审计单位的存货确认存在特别风险

B. 将被审计单位管理层舞弊导致的重大错报风险确定为特别风险

C. 直接假定被审计单位的收入确认存在特别风险

D. 将被审计单位管理层凌驾于控制之上的风险确定为特别风险

三、简答题

1. 公开发行股票的 X 股份有限公司(以下简称 X 公司)系 ABC 会计师事务所的审计客户。甲和乙注册会计师负责对 X 公司 2019 年度财务报表进行审计，经初步了解，X 公司 2019 年度的经营形势、管理和经营机构与 2018 年度比较未发生重大变化，且未发生重大重组行为。甲和乙注册会计师获取的 X 公司营业收入与营业成本的数据如表 7-9 和表 7-10 所示。

表 7-9　X 公司的营业收入与营业成本　　　　　金额单位：万元

产品	营业收入		营业成本	
	2018 年	2019 年	2018 年	2019 年
A 产品	5 000	6 000	4 000	3 500
B 产品	2 400	2 500	1 800	1 850
合计	7 400	8 500	5 800	5 350

表 7-10　X 公司 2019 年度四个季度营业收入

会计期间：2019 年度　　　　　金额单位：万元

项目	1 季度	2 季度	3 季度	4 季度
A 产品营业收入	1 250	1 200	1 200	2 350
B 产品营业收入	600	550	580	770

要求：

（1）针对以上资料，运用分析程序，指出 X 公司可能存在的重大错报风险。

（2）针对 X 公司存在的重大错报风险指出注册会计师应实施的主要审计程序。

2. A 注册会计师在审计工作底稿中记录了被审计单位甲公司销售与收款循环的内部控制，部分内容摘录如表 7-11 所示。

表 7-11　甲公司销售与收款循环的内部控制摘录

序号	风险	控制
（1）	向客户提供过长信用期而增加坏账损失风险	客户的信用期由销售部经理批准
（2）	在没有核对发运凭证的情况下发出商品	商品打包发运前，对商品发运配置内容进行独立核对。在发运配置上签字以示商品已与发运配置核对且种类和数量相符
（3）	应付账款记录不准确	每季度末，财务部向供应商寄送对账单核对往来款项。如供应商回复表明差异超过应付账款余额的 10%，则进行调查

要求：针对资料第（1）至（3）项，假定不考虑其他条件，逐项指出所列控制的设计是否存在缺陷。如认为存在缺陷，简要说明理由。

四、综合题

1. 甲公司是 ABC 会计师事务所的常年审计客户，主要从事化工产品的生产和销售。A 注册会计师负责审计甲公司 2019 年财务报表，确定财务报表整体的重要性水平为 800 万元。

资料一：

A 注册会计师在审计工作底稿中记录了所了解的甲公司情况及其环境，部分内容摘录如下：

（1）2019 年，甲公司应收账款回收困难，通过与商业银行签订保理合同转让了部分应收账款，以缓解资金压力。

（2）2019 年 1 月，甲公司下属乙分厂整体进行搬迁，收到政府从财政预算直接拨付的搬迁补偿款 5 000 万元，用于补偿乙分厂停工损失、搬迁费用及新建厂房。乙分厂 2019 年末完成搬迁，于 2020 年 1 月 1 日恢复生产。扣除针对搬迁和重建过程中发生的停工损失，搬迁费用及新建厂房补偿后，搬迁补偿款结余 1 000 万元。

（3）因环保问题，甲公司将于 2020 年 6 月关闭其下属丙分厂。管理层就辞退计划与员工协商一致，预计支付补偿金 1 900 万元。该计划于 2019 年 12 月经董事会批准，将于 2020 年内实施完毕。

（4）2018 年 12 月，甲公司聘请 XYZ 评估公司对其拥有的一项采矿权进行评估，并据此计提资产减值准备 2 000 万元。2019 年 12 月，甲公司聘请 DEF 测量公司对该矿储量进行测量，结果表明上年评估的储量偏低。管理层因此冲回资产减值准备 1 200 万元。

资料二：

A 注册会计师在审计工作底稿中记录了甲公司的财务数据（见表 7-12），部分内容摘录如下：

表 7-12　甲公司财务数据摘录　　　　金额单位：万元

项目	2019 年（未审数）	2018（已审数）
应收账款	12 000	25 000
短期借款	1 000	5 000
应付职工薪酬	240	220

项目	2019 年(未审数)	2018(已审数)
营业收入	58 000	60 000
营业外收入——乙工厂搬迁补偿款	5 000	0
利润总额	(16 000)	(9 000)

要求：根据资料一，结合资料二的相关信息，评估甲公司是否存在重大错报风险。如存在，请指出与哪些项目(仅限于营业收入、应付职工薪酬、营业外收入、递延收益、短期借款、应收账款、无形资产、资产减值损失)的哪些认定相关，并说明理由。

2. Y 公司为主要从事各种农业化肥生产和销售的上市实体。Y 公司日常交易采用自动化信息系统(以下简称系统)和手工控制相结合的方式。W 注册会计师负责审计 Y 公司 2019 年度财务报表。

资料一：

注册会计师在审计工作底稿中记录了所了解的 Y 公司的情况及其环境，部分内容摘录如下：

(1)由于 2018 年度生产指标未达到董事会制定的目标，Y 公司于 2019 年 2 月更换了公司负责生产的副总经理及生产部门的经理。

(2)Y 公司 2019 年 6 月将闲置不用的一台固定资产低价销售给母公司，固定资产原值 10 万元，已计提折旧 6 万元，销售价格为 2 万元。

(3)Y 公司主要竞争对手于 2019 年年末纷纷推出促销活动。为了巩固市场份额，Y 公司于 2020 年元旦开始全面下调主要产品的建议零售价，不同规格的主要产品降价幅度从 5% 到 20% 不等。

(4)2019 年，由于行业状况发生变化，银行授予 Y 公司的银行信贷限额从 2019 年之前的 1 500 万元调减为 100 万元，历年的平均贷款金额为 1 000 万元。供应商也降低了 Y 公司的信用额度，因此当年经营活动现金净流量变为负数。Y 公司销售方式主要采用赊销方式。

(5)Y 公司于 2019 年 7 月发现在 2018 年 6 月购入的无形资产(管理用)没有记录，由于涉及金额 1 000 万元，所以在管理层审批前先进行了会计调整，然后管理层于 2019 年 12 月予以批准。

(6)2019 年年初，Y 公司启用存货信息系统，并计划同时使用原手工控制程序 6 个月。由于同时运行两个流程对 Y 公司相关部门人员的工作量影响很大，2 个月后，Y 公司决定提前停用原手工流程。

(7)2019 年年末，Y 公司的当地政府环境管理部门，根据收到的群众投诉和调查结果，可能对 Y 公司作出停业整顿 1 年的处理。

资料二：

W 注册会计师在审计工作底稿中记录了所获取的 Y 公司财务数据，部分内容摘录如表 7-13 所示。

表 7-13 Y 公司财务数据摘录

金额单位：万元

项目	2019 年	2018 年
营业收入	64 750	58 480
营业成本	55 440	46 730
存货账面余额	8 892	8 723
减：存货跌价准备	370	480

项目	2019 年	2018 年
存货账面价值	8 522	8 243

资料三：

注册会计师在审计工作底稿中记录了所了解的有关生产与存货循环的控制，部分内容摘录如下：

(1)仓库管理员甲将原材料领用申请单编号、领用数量、规格等信息输入存货信息系统，经仓库经理乙复核并以电子签名方式确认后，系统自动更新材料明细台账。

(2)系统每月月末根据汇总的产成品销售数量及各产成品的加权平均单位成本自动计算主营业务成本，自动生成结转主营业务成本的会计分录并过入相应的账簿。

(3)每月月末进行存货盘点，仓库管理员根据盘点中发现的毁损、陈旧、过时及残次存货编制不良存货明细表，交采购经理丙和销售经理丁分析该存货的可变现净值，如需要计提存货跌价准备，由会计主管编制存货价值调整表，并安排相关人员进行账务处理。

资料四：

W 注册会计师对生产与存货循环的控制实施测试，并在审计工作底稿中记录了测试情况，部分内容摘录如下：

(1)在抽样追踪了若干笔原材料领用申请单到材料明细台账的过程中，没有发现差异，但是存在仓库经理请假期间，仍然有仓库经理电子签名确认的业务。

(2)在抽样追踪 2019 年 11 月 10 个主要产品的主营业务成本在系统中的结转过程时注意到，有两笔主营业务成本的金额存在手工录入修改痕迹。财务人员解释，由于新系统的相关数据模块运行不够稳定，部分产成品的加权平均单位成本的运算结果有时存在误差，因此采用手工录入方式予

以修正，并且只有财务经理有权在系统中录入修正数据。审计检查了相关样本的手工修正后产成品加权平均单位成本，没有发现差异。

(3)注册会计师利用抽样技术，抽取若干份不良存货明细表，检查是否附有支持性的文件，询问采购和销售经理如何分析存货的可变现净值，检查会计主管对存货跌价准备计提的账务处理和披露是否恰当。检查过程中没有发现异常。

要求：

(1)针对资料一第(1)至(7)项，结合资料二，假定不考虑其他条件，逐项指出资料一所列事项是否可能表明存在重大错报风险。如果认为存在，简要说明理由，并分别说明该风险属于财务报表层次还是认定层次。如果认为属于认定层次，指出相关事项主要与哪些财务报表项目(仅限于营业收入、营业成本、管理费用、存货、无形资产、资产减值损失)的哪些认定相关。

(2)针对资料三第(1)至(3)项，假定不考虑其他条件，逐项判断上述控制在设计上是否存在缺陷。如果存在缺陷，分别予以指出，并简要说明理由，提出改进建议。

(3)针对资料三第(1)至(3)项，逐项指出上述控制的目标是什么，主要与哪些财务报表项目的哪些认定相关。

(4)针对资料四第(1)至(3)项，假定不考虑其他条件以及资料三中可能存在的控制设计缺陷，逐项指出上述测试结果是否表明相关内部控制得到有效执行。如果表明相关内部控制没有得到有效执行，简要说明理由。

本章综合练习参考答案及详细解析

一、单项选择题

1. C 【解析】要求注册会计师对被审计单位及其环境了解的程度，要低于管理层为经营管理企业而对被审计单位及其环境需要了解的程度。

2. D 【解析】选项 A，从简单角度进行理解，注册会计师是外人，而管理层是主人，对于自家的了解总比外人了解的要深；选项 D，如果多项控制活动能够实现同一目标，注册会计师不必了解与该目标相关的每项控制活动。

3. D 【解析】选项 D 属于控制测试程序，而非风险评估程序。

4. C 【解析】询问参与生成、处理或记录复杂或异常交易的员工，可能有助于注册会计师评价被审计单位选择和运用某项会计政策的适当性。

5. C 【解析】并非所有的经营风险都与财务报表相关，多数经营风险最终都会产生财务后果，从而影响财务报表，但并非所有的经营风险都会导致重大错报风险。

6. C 【解析】选项 ABD 均属于财务报表层次重大错报风险。

7. C 【解析】设计和实施内部控制的责任主体是治理层、管理层和其他人员，组织中的每一个人都对内部控制负有责任，选项 A 错误；风险评估过程属于内部控制的要素之一，选项 B 错误；内部控制的目标旨在保证财务报告的可靠性、经营效率和效果以及对法律法规的遵守，而注册会计师审计的目标是对财务报表是否不存在重大错报发表审计意见，选项 D 错误。

8. C 【解析】被审计单位通常有一些与审计无关的控制，注册会计师无须对其加以考虑。例如，被审计单位可能依靠某一复杂的自动控制系统提高经营活动的效率和效果(如航空公司用于维护航班时间表的自动控制系统)，这些控制通常与审计无关。

9. B 【解析】控制环境本身并不能防止或发现并纠正各类交易、账户余额和披露认定层次的重大错报。因为控制环境仅仅设定一种氛围和基调，而不是具体的控制活动。具体的控制活动针对具体认定的问题。

10. A 【解析】除非存在某些可以使控制得到一贯运行的自动化控制，否则注册会计师对控制的了解不足以测试控制运行的有效性。

11. B 【解析】如果多项控制活动能够实现同一目标，注册会计师不必了解与该目标相关的每项控制活动。注册会计师实现识别和了解针对重大错报更高的领域的控制活动的工作目标即可。

12. D 【解析】选项 D 属于"职责分离"，它是与"实物控制"并列的一项控制活动。

13. B 【解析】被审计单位通常有一些与财务报告相关但与审计无关的控制，所以选项 A 不正确，选项 B 正确。被审计单位的目标和控制，与财务报告、经营及合规有关，但这些目标和控制并非都与注册会计师的审计相关，选项 CD 错误。

14. C 【解析】对控制的监督是指被审计单位评价内部控制在一段时间内运行有效性的过程，选项 A 是控制活动的定义；管理层可能将持续的监督活动与单独的评价活动相结合，以实现对控制的监督，选项 B 错误；如果注册会计师拟利用被审计单位监督活动使用的信息，注册会计师应当考虑该信息是否具有可靠性，选项 D 错误。

15. B 【解析】如果并不打算信赖控制，此时注册会计师没有必要"进一步"了解在业务流程层面的控制，而非不了解业务流程层面的控制，选项 A 错误；当通过对内部控制的了解发现控制设计无效或没有得到执行，此时不实施控制测试，选项 C 错误；注册会计师并不需要了解与每一个控制目标相关的所有控制活动。如果多项控制活动能够实现同一目标，注册会计师不必了解与该目标相关的每项控制活动，选项 D 错误。

16. D 【解析】选项 A，表明长期股权投资账户的认定可能存在重大错报风险；选项 B，表明关联方及关联方交易的披露认定可能存在重大错报风险；选项 C，影响存货方面的重大错报风险；选项 D，可能导致注册会计师对被审计单位的持续经营能力产生重大疑虑，与财务报表整体相关。

17. B 【解析】在判断重大错报风险是否为特别风险时，注册会计师不应当考虑识别出的控制对于相关风险的抵销效果，选项 A 不正确；注册会计师应当对特别风险实施实质性程序，而不仅仅是细节测试，选项 C 不正确；注册会计师应当了解与特别风险相关的控制，如果了解到相关的内部控制无效，此时不需要测试相关的控制，选项 D 不正确。

二、多项选择题

1. BCD 【解析】注册会计师应当运用职业判断确定项目组内部参与讨论的成员。项目组的关键成员应当参与讨论，如果项目组需要拥有信息技术或其他特殊技能的专家，这些专家根据需要可能参与讨论，参与讨论人员的范围受项目组成员的职责经验和信息需要的影响。例如，在跨地区审计中，每个重要地区项目组的关键成员都应该参与讨论，但不要求所有成员每次都参与项目组的讨论。

2. ACD 【解析】选项 B 属于预防性控制。

3. ABC 【解析】选项 D 会计处理成本的降低对企业来说是利好事项，不会导致经营风险。

4. ABCD 【解析】选项 AD 体现的是在决策

时人为判断可能出现错误和因人为失误而导致内部控制失败。选项 BC 体现的是控制由于两个或更多的人员串通或管理层不当地凌驾于内部控制之上而被规避。

5. BCD 【解析】选项 A，在审计业务承接阶段，注册会计师就需要对控制环境作出初步了解和评价。

6. ABD 【解析】选项 C，针对特别风险，注册会计师应当了解和评估相关的控制活动。

7. ABD 【解析】控制活动是指有助于确保管理层的指令得以执行的政策和程序。包括与授权、业绩评价、信息处理、实物控制和职责分离等相关的活动。

8. ACD 【解析】选项 B 属于控制测试中适用的审计程序。

9. ABC

10. ABCD

11. ABC 【解析】选项 D，管理层缺乏诚信或承受异常的压力可能引发舞弊风险，与财务报表整体相关。

12. BCD 【解析】特别风险通常与非常规的交易和判断事项有关，注册会计师应当基于收入确认存在舞弊风险的假定，评价哪些类型的收入、收入交易或认定导致舞弊风险。

三、简答题

1.【答案】

（1）营业收入和营业成本分析如下：

①2019 年营业收入 8 500 万元，比 2018 年增加了 1 100 万元，增幅 14.86%，在经营形式、管理和经营结构均未发生重大变化的情况下，营业收入增幅 14.86%，可能存在虚增营业收入的重大错报风险。

②A 产品 2019 年销售毛利率（6 000－3 500）/6 000×100% = 41.67%，相比较于 2018 年的（5 000－4 000）/5 000×100% = 20% 上升了 21.67%，在 2019 年与 2018 年产销形势相当时，销售毛利率变化幅度不应发生巨大变化；同时，B 产品 2019 年的

销售毛利率为 26%，比 2018 年的 25% 只略有上升，较合理。综合考虑，营业收入存在虚增、营业成本存在低估的重大错报风险。

③第 4 季度 A、B 产品营业收入均大幅上升。可能由于季节性销售的原因，也可能是 X 公司存在虚构交易的行为，营业收入存在提前确认的重大错报风险。

（2）根据上述分析程序的结论，应着重对 A 产品主营业务收入的高估、主营业务成本的低估进行检查，同时应当关注主营业务收入的截止测试，所以应当执行的实质性程序包括：

①检查主营业务收入的确认条件、方法是否符合企业会计准则、前后期是否一致。

②结合对应收账款的函证程序，选择主要的客户函证本期的销售额。

③实施销售的截止测试：通过测试资产负债表日前后若干天一定金额以上的发运凭证，与应收账款和收入明细账进行核对；同时，从应收账款和主营业务收入明细账选取在资产负债表日前后若干天一定金额以上的凭证，与发运凭证核对，以确定销售是否存在跨期现象，调整重大跨期销售。

④关注资产负债表日后是否发生大额销售退回，检查其是否属于资产负债表日后事项，检查是否存在期末虚构销售，次年做销售退回的情况。

2.【答案】甲公司控制设计存在缺陷的情况与理由，见表 7-14。

表 7-14　甲公司控制设计存在缺陷的情况与理由

事项序号	控制设计是否存在缺陷（是/否）	理由
（1）	是	未实现职责分离目标/客户的信用期，应经信用管理部审核/可能由于销售人员追求更大销售量而不恰当批准信用期，导致坏账损失风险
（2）	否	—
（3）	是	应调查所有差异/即使差异未超过甲公司对该供应商应付账款余额的 10%，也应当调查

四、综合题

1.【答案】甲公司存在重大错报风险的情况、理由及影响的报表项目与认定，见表 7-15。

表 7-15　甲公司存在重大错报风险的情况、理由及影响的报表项目与认定

事项序号	是否可能表明存在重大错报风险(是/否)	理由	财务报表项目名称及认定
（1）	是	甲公司通过与商业银行之间签订保理合同，转让部分应收账款以缓解资金压力，预期在应收账款不变的情况下增加短期借款。甲公司的短期借款余额不增反降，应收账款同样大幅下降，存在少计短期借款和应收账款的重大错报风险	短期借款(完整性) 应收账款(完整性)
（2）	是	乙分厂 2019 年未完成搬迁，搬迁补偿款结余 1 000 万元，但报表中仍列示的是 5 000 万元，存在多计营业外收入，少计递延收益的重大错报风险	营业外收入(发生) 递延收益(完整性)

事项序号	是否可能表明存在重大错报风险(是/否)	理由	财务报表项目名称及认定
(3)	是	管理层就辞退计划与员工协商一致,预计支付补偿金1 900万元,应计入应付职工薪酬,而2018年与2019年应付职工薪酬变动不大,存在少计应付职工薪酬的风险	应付职工薪酬(完整性)
(4)	是	采矿权初始计入无形资产,期末计提的减值准备在以后期间不予转回	无形资产(计价和分摊)资产减值损失(完整性)

2.【答案】

(1)Y公司存在重大错报风险的情况、理由及影响的报表项目与认定,见表7-16。

表7-16　Y公司存在重大错报风险的情况、理由及影响的报表项目与认定

事项序号	是否可能表明存在重大错报风险(是/否)	理由	重大错报风险属于财务报表层次还是认定层次(财务报表层次/认定层次)	财务报表项目及相关认定
(1)	是	因为2018年生产指标未达到董事会制定的目标,2019年就更换了生产副总和生产经理,很可能存在高估存货的风险	认定层次	存货(存在)
(2)	否	—	—	—
(3)	是	2018年度的毛利率为20%,2019年度的毛利率为14.38%,同时2020年度开始下调主要产品的售价,说明企业存货在2019年年底就存在减值的迹象,另外分析2019年度比2018年度存货余额稍有增长,存货跌价准备的计提却减少了22.92%,说明很可能存在少计提存货跌价准备的风险	认定层次	存货(计价和分摊)资产减值损失(完整性)
(4)	是	由于行业环境发生变化,影响到银行对于企业偿债能力的判断,同时企业的经营模式采用赊销,往年贷款金额远远高于2019年度的银行信贷限额,对Y公司的融资能力产生了重大影响,对于公司整体均产生广泛的影响	财务报表层次	—
(5)	是	发生无形资产核算的重大会计调整,应先审核再调整,但Y公司在进行会计调整的处理原则上存在先调整后审批的问题,可能存在重大错报风险	认定层次	无形资产(存在、计价和分摊)管理费用(准确性、发生)
(6)	是	安装了存货信息系统,并提前停止了手工控制的运行,可能存在不稳定运行的情况	认定层次	存货(存在、完整性)

事项序号	是否可能表明存在重大错报风险(是/否)	理由	重大错报风险属于财务报表层次还是认定层次(财务报表层次/认定层次)	财务报表项目及相关认定
(7)	是	Y公司受到监管部门的调查,已经严重影响到企业正常生产经营活动,存在广泛、严重的重大错报风险	财务报表层次	—

(2)生产与存货循环的控制存在缺陷的情况、理由及改进建议,见表7-17。

表7-17 生产与存货循环的控制存在缺陷的情况、理由及改进建议

事项序号	是否存在缺陷(是/否)	缺陷描述	理由	改进建议
(1)	否	—	—	—
(2)	否	—	—	—
(3)	是	①每月月末存货盘点时,才根据发现的存货状况编制不良存货明细表	①每月月末进行存货盘点,才考虑编制不良存货明细表,对于存货价值反映不及时,容易出现存货价值已经发生损失,而没有及时反映到财务报表中的情况	①建议增加非盘点期发现存货毁损时,仓库管理员编制不良存货明细表,随时反映存货状况的内部控制
		②直接将不良存货明细表提交给其他部门经理进行分析	②将没有经过审核的不良存货明细表,直接交给其他部门的经理进行分析,缺乏审核制度,容易出现错误,也容易出现本身存货没有毁损,但是管理员多报损毁,贪污存货的情况	②建议增加审核制度,对于仓库管理员编制的不良存货明细表,经过仓库经理乙审批后交给其他相关部门经理进行分析
		③确定需要调整存货价值时,会计主管直接安排人员进行调整	③存货价值的调整需要经过复核和审批,没有经过复核可能存在错误,没有经过审批,容易出现舞弊	③建议增加财务经理对存货价值调整的复核,并确定董事会审批的控制

(3)生产与存货循环的控制目标、影响的财务报表项目及认定,见表7-18。

表7-18 生产与存货循环的控制目标、影响的财务报表项目及认定

事项序号	目标	财务报表项目	认定
(1)	发出材料均已准确记录	存货	计价和分摊
(2)	已销售存货均已正确结转成本	营业成本/存货	准确性/计价和分摊
(3)	存货价值调整是真实发生的	存货/资产减值损失	计价和分摊/发生、完整性、准确性

(4) 内部控制有效执行的情况及理由，见表7-19。

表7-19　内部控制有效执行的情况及理由

事项序号	是否得到有效执行(是/否)	理由
(1)	否	存在"未经授权的人员，利用仓库经理的代码进入系统操作"的问题，在系统安全上存在较大的隐患
(2)	否	自动控制的系统模块存在缺陷，需要手工调整的介入，财务经理有权限直接输入，产生直接篡改数据而凌驾于账户记录控制之上的风险
(3)	是	—

第8章 风险应对

JINGDIAN TIJIE

考 情 分 析

▶ **历年考情分析**

本章属于重要章节，主要介绍如何采取总体应对措施和进一步审计程序应对评估出的财务报表层次和认定层次的重大错报风险。从命题趋势来看，属于必考内容，多在客观题中考查，但也可在主观题中与风险评估、各循环审计的内容相结合，考查风险应对的思路。考生应关注：针对财务报表层次重大错报风险的总体应对措施；针对认定层次重大错报风险的进一步审计程序；控制测试的性质、时间安排和范围以及实质性程序的性质、时间安排和范围等内容。

▶ **本章2020年考试主要变化**

本章新增1条在确定何时实施审计程序时应当考虑的因素，另外对与财务报表编制完成阶段相关的实质性程序的表述进行了完善，其他无实质性变动。

核心考点及经典例题详解

考点一 针对财务报表层次重大错报风险的总体应对措施★★

扫我解疑难

📝 **经典例题**

【**例题1·单选题**】（2016年）下列各项措施中，不能应对财务报表层次重大错报风险的是（ ）。

A. 扩大控制测试的范围

B. 在期末而非期中实施更多的审计程序

C. 增加审计程序的不可预见性

D. 增加拟纳入审计范围的经营地点的数量

【答案】A

【解析】选项A属于进一步审计程序，应对的是认定层次重大错报风险。

【**例题2·多选题**】（2015年）下列有关审计程序不可预见性的说法中，正确的有（ ）。

A. 注册会计师需要与被审计单位管理层事先沟通拟实施具有不可预见性的审计程序的要求，但不能告知其具体审计程序

B. 注册会计师应当在签订审计业务约定书时明确提出拟在审计过程中实施具有不可预见性的审计程序，但不明确具体审计程序

C. 注册会计师采取不同的抽样方法使当年抽取的测试样本与以前有所不同，可以增加审计程序的不可预见性

D. 注册会计师通过调整实施审计程序的时间，可以增加审计程序的不可预见性

【答案】ACD

【解析】审计业务约定书没有强制要求明确提出拟在审计过程中实施具有不可预见性的审计程序。

于实质性方案。

考点精析

一、财务报表层次重大错报风险与总体应对措施

注册会计师针对评估的财务报表层次重大错报风险确定的总体应对措施包括：

（1）向项目组强调保持职业怀疑的必要性。

（2）指派更有经验或具有特殊技能的审计人员，或利用专家的工作。

（3）提供更多的督导。

（4）在选择拟实施的进一步审计程序时融入更多的不可预见的因素。

注册会计师可以通过以下方式提高审计程序的不可预见性：

①对某些未测试过的低于设定的重要性水平或风险较小的账户余额和认定实施实质性程序；

②调整实施审计程序的时间，使其超出被审计单位的预期；

③采取不同的审计抽样方法，使当期抽取的测试样本与以前有所不同；

④选取不同的地点实施审计程序，或预先不告知被审计单位所选定的测试地点。

（5）对拟实施的审计程序的性质、时间安排或范围作出总体修改。

如果控制环境存在缺陷，注册会计师在对拟实施审计程序的性质、时间安排和范围作出总体修改时应当考虑：

（1）在期末而非期中实施更多的审计程序；

（2）通过实施实质性程序获取更广泛的审计证据；

（3）增加拟纳入审计范围的经营地点的数量。

二、总体应对措施对拟实施进一步审计程序的总体审计方案的影响

拟实施进一步审计程序的总体方案包括实质性方案和综合性方案。当评估的财务报表层次重大错报风险属于高风险水平时，拟实施进一步审计程序的总体方案往往更倾向

考点二 针对认定层次重大错报风险的进一步审计程序★★

扫我解疑难

经典例题

【例题1·多选题】（2017年）下列各项中，注册会计师在确定进一步审计程序的范围时，应当考虑的有（　　）。

A. 确定的重要性水平

B. 评估的重大错报风险

C. 审计证据适用的期间或时点

D. 计划获取的保证程度

【答案】ABD

【解析】在确定进一步审计程序的范围时，注册会计师应当考虑下列因素：（1）确定的重要性水平；（2）评估的重大错报风险；（3）计划获取的保证程度。

【例题2·单选题】（2015年）下列有关注册会计师实施进一步审计程序的时间的说法中，错误的是（　　）。

A. 如果被审计单位的控制环境良好，注册会计师可以更多地在期中实施进一步审计程序

B. 注册会计师在确定何时实施进一步审计程序时需要考虑能够获取相关信息的时间

C. 如果评估的重大错报风险为低水平，注册会计师可以选择资产负债表日前适当日期为截止日实施函证

D. 对于被审计单位发生的重大交易，注册会计师应当在期末或期末以后实施实质性程序

【答案】D

【解析】对于被审计单位发生的重大交易，注册会计师应当在期末或接近期末实施实质性程序。

考点精析

一、进一步审计程序的含义和要求

1. 进一步审计程序的含义

进一步审计程序是相对于风险评估程序而言的，是指注册会计师针对评估的各类交易、

账户余额和披露认定层次重大错报风险实施的审计程序，包括控制测试和实质性程序。

【知识点拨】①注册会计师设计和实施的进一步审计程序的性质、时间安排和范围，应当与评估的认定层次重大错报风险具备明确的对应关系。

②尽管在应对评估的认定层次重大错报风险时，拟实施的进一步审计程序的性质、时间安排和范围都应当确保其具有针对性，但其中最重要的是进一步审计程序的性质。

2. 设计进一步审计程序时的考虑因素

在设计进一步审计程序时，注册会计师应当考虑的因素包括：①风险的重要性；②重大错报发生的可能性；③涉及的各类交易、账户余额和披露的特征；④被审计单位采用的特定控制的性质；⑤注册会计师是否拟获

取审计证据，以确定内部控制在防止或发现并纠正重大错报方面的有效性。

【知识点拨】

①注册会计师出于成本效益的考虑可以采用综合性方案设计进一步审计程序，但在某些情况下，注册会计师必须通过实施控制测试，才可能有效应对评估出的某一认定的重大错报风险，比如仅通过实质性程序无法应对的重大错报风险。

②无论选择何种方案，注册会计师都应当对所有重大类别的交易、账户余额和披露设计和实施实质性程序。

二、进一步审计程序的性质、时间和范围

进一步审计程序的性质、时间和范围见表8-1。

表8-1 进一步审计程序的性质、时间和范围

进一步审计程序的要素	含义	考虑的因素	备注
性质	指进一步审计程序的目的和类型。进一步审计程序的类型包括检查、观察、询问、函证、重新计算、重新执行和分析程序	应考虑认定层次重大错报风险的评估结果和评估的认定层次重大错报风险产生的原因	如果在实施进一步审计程序时拟利用被审计单位信息系统生成的信息，注册会计师应当就信息的准确性和完整性获取审计证据
时间	指注册会计师何时实施进一步审计程序，或审计证据适用的期间或时点	①注册会计师可以在期中或期末实施控制测试或实质性程序。当重大错报风险较高时，注册会计师应当考虑在期末或接近期末实施实质性程序，或采用不通知的方式，或在管理层不能预见的时间实施审计程序。②注册会计师在确定何时实施审计程序时应当考虑的重要因素有：控制环境、何时能得到相关信息、错报风险的性质、审计证据适用的期间或时点、编制财务报表的时间（尤其是编制某些披露的时间）	在期中实施进一步审计程序，可能有助于注册会计师在审计工作初期识别重大事项，并在管理层的协助下及时解决这些事项；或针对这些事项制定有效的实质性方案或综合性方案。由于期中实施进一步审计程序的局限性，如果在期中实施了进一步审计程序，注册会计师还应当针对剩余期间获取审计证据
范围	指实施进一步审计程序的数量，包括抽取的样本量，对某项控制活动的观察次数等	①确定的重要性水平；②评估的重大错报风险；③计划获取的保证程度	随着重大错报风险的增加，注册会计师应当考虑扩大审计程序的范围。但只有当审计程序本身与特定风险相关时，扩大审计程序的范围才是有效的

考点三 控制测试 ★★★

扫我解疑难

📋 经典例题

【例题 1·单选题】 (2018 年)如果注册会计师已获取有关控制在期中运行有效的审计证据，下列有关剩余期间补充证据的说法中，错误的是( )。

A. 如果控制在剩余期间发生了变化，注册会计师可以通过实施穿行测试，将期中获取的审计证据合理延伸至期末

B. 注册会计师可以通过测试被审计单位对控制的监督，将控制在期中运行有效的审计证据合理延伸至期末

C. 被审计单位的控制环境越有效，注册会计师需要获取的剩余期间的补充证据越少

D. 注册会计师在信赖控制的基础上拟减少的实质性程序的范围越大，注册会计师需要获取的剩余期间的补充证据越多

【答案】 A

【解析】 穿行测试用于了解内部控制，不用于控制测试，不能通过实施穿行测试，将期中获取的审计证据合理延伸至期末。

【例题 2·单选题】 (2019 年)对于财务报表审计业务，在决定是否信赖以前审计获取的有关控制运行有效性的审计证据时，下列选项中，注册会计师无需考虑的是( )。

A. 控制是否是自动化控制

B. 控制发生的频率

C. 控制是否是复杂的人工控制

D. 控制在本年是否发生变化

【答案】 B

【解析】 关于如何考虑以前审计获取的有关控制运行有效性的审计证据，基本思路是考虑拟信赖的以前审计中测试的控制在本期是否发生变化，选项 D 应当考虑；在确定利用以前审计获取的有关控制运行有效性审计证据是否适当以及再次测试控制的时间间隔时，

选项 AC 应当考虑。

📋 考点精析

一、控制测试的要求

当存在下列情形之一时，注册会计师应当实施控制测试：

(1)在评估认定层次重大错报风险时，**预期控制的运行是有效的**；

(2)**仅实施实质性程序**并**不能够**提供认定层次充分、适当的审计证据。

【知识点拨】 在认为仅通过实施实质性程序不能获取充分、适当的审计证据的情况下，注册会计师必须实施控制测试，且这种测试已经不再是单纯出于成本效益的考虑，而是必须执行的一类审计程序。

二、控制测试的性质

1. 控制测试的性质的含义

控制测试的性质是指控制测试所使用的审计程序的类型及其组合。

控制测试采用审计程序的类型包括**询问、观察、检查和重新执行**。

【知识点拨】 询问本身并不足以测试控制运行的有效性，注册会计师需要将询问与其他审计程序结合使用；观察提供的证据仅限于观察发生的时点，因此，将询问与检查或重新执行结合使用，可能比仅实施询问和观察获取更高水平的保证。

2. 确定控制测试的性质时的要求

注册会计师应考虑：特定控制的性质、测试与认定直接相关和间接相关的控制、如何对一项自动化的应用控制实施控制测试。

3. 实施控制测试时对双重目的的实现

控制测试的目的是评价控制是否有效运行；细节测试的目的是发现认定层次的重大错报。尽管两者目的不同，但注册会计师可以考虑针对同一交易同时实施控制测试和细节测试，以实现双重目的。

4. 实施实质性程序的结果对控制测试结果的影响

(1)如果通过实施实质性程序发现某项认

定存在错报，注册会计师应当评价该错报对相关控制的运行有效性的影响：

①降低对相关控制的信赖程度；

②调整实质性程序的性质；

③扩大实质性程序的范围等。

（2）如果实施实质性程序发现被审计单位没有识别出的重大错报，通常表明内部控制存在重大缺陷，注册会计师应当就这些缺陷与管理层和治理层进行沟通。

（3）如果通过实施实质性程序未发现某项认定存在错报，这本身并不能说明与该认定有关的控制是有效运行的。

三、控制测试的时间

1. 控制测试的时间的含义

控制测试的时间包含两层含义：一是何时实施控制测试；二是测试所针对的控制适用的时点或期间。

【知识点拨】如果需要获取控制在某一期间有效运行的审计证据，仅获取与时点相关的审计证据是不充分的，注册会计师应当辅

以其他控制测试，包括测试被审计单位对控制的监督。

2. 如何考虑期中审计证据

对于控制测试，注册会计师通常在期中实施，因为在期中实施此类程序具有更积极的作用。但即使注册会计师已获取有关控制在期中运行有效性的审计证据，仍然需要考虑如何能够将控制在期中运行有效性的审计证据合理延伸至期末。

如果已获取有关控制在期中运行有效性的审计证据，并拟利用该证据，注册会计师应当实施下列审计程序：

（1）获取这些控制在剩余期间发生重大变化的审计证据；

（2）确定针对剩余期间还需获取的补充审计证据。注册会计师除了测试剩余期间控制的运行有效性，测试被审计单位控制的监督也能作为一项有益的补充证据。获取补充审计证据时需考虑的因素见表8-2。

表8-2 确定针对剩余期间需要获取的补充审计证据时的考虑因素

应当考虑的因素	变动关系
评估的认定层次重大错报风险的重要程度	同向
在期中测试的特定控制，以及自期中测试后发生的重大变动	同向
在期中对有关控制运行有效性获取的审计证据的程度	反向
剩余期间的长度	同向
在信赖控制的基础上拟缩小实质性程序的范围	同向
控制环境	反向

3. 如何考虑以前审计获取的审计证据

（1）基本思路。

考虑拟信赖的以前审计中测试的控制在本期是否发生变化。如果拟信赖以前审计获取的有关控制运行有效性的审计证据，注册

会计师应当通过实施询问并结合观察或检查程序，获取这些控制是否已经发生变化的审计证据。

（2）具体情况的处理，见表8-3：

表8-3 对以前审计获取的审计证据的具体考虑

情况	具体考虑
当控制在本期发生变化时	注册会计师应当考虑以前审计获取的有关控制运行有效性的审计证据是否与本期审计相关。如果拟信赖的控制自上次测试后已发生实质性变化，以致影响以前审计所获取证据的相关性，注册会计师应当在本期审计中测试这些控制的运行有效性

情况	具体考虑
当控制在本期未发生变化时	如果拟信赖的控制自上次测试后未发生变化，且不属于旨在减轻特别风险的控制，注册会计师应当运用职业判断确定是否在本期审计中测试其运行有效性，以及本次测试与上次测试的时间间隔，但**每三年至少对控制测试一次**。 『提示』①在确定利用以前审计获取的有关控制运行有效性的审计证据是否适当以及再次测试控制的时间间隔时，注册会计师应当考虑的因素包括：a. 内部控制其他要素的有效性，包括控制环境、对控制的监督以及被审计单位的风险评估过程；b. 控制特征产生的风险；c. 信息技术一般控制的有效性；d. 影响内部控制的重大人事变动；e. 由于环境发生变化而特定控制缺乏相应变化导致的风险；f. 重大错报的风险和对控制的信赖程度。 ②如果拟信赖以前审计获取的某些控制运行有效性的审计证据，注册会计师应当在**每次审计时**从中选取足够数量的控制，测试其运行有效性，**不应将所有拟信赖控制的测试集中于某一次审计**，而在之后的**两次**审计中**不进行任何测试**
不得依赖以前审计所获取证据的情形	对于旨在减轻特别风险的控制，**不论该控制在本期是否发生变化**，注册会计师都不应依赖以前审计获取的证据，注册会计师应当在**每次审计中都测试**这类控制

四、控制测试的范围

控制测试的范围，是指某项控制活动的测试次数。注册会计师应当设计控制测试，以获取控制在整个拟信赖期间有效运行的充分、适当的审计证据。

1. 确定控制测试范围的考虑因素（见表8-4）

表8-4　确定控制测试范围的考虑因素

考虑的因素	与控制测试的范围的关系
在拟信赖期间，被审计单位执行控制的频率	同向
在所审计期间，注册会计师拟信赖控制运行有效性的时间长度	同向
控制的预期偏差	同向，但过高可能不需要测试
通过测试与认定相关的其他控制获取的审计证据的范围	反向
拟获取有关认定层次控制运行有效性的审计证据的相关性和可靠性	反向

2. 对自动化控制的测试范围的特别考虑

除非系统（包括系统使用的表格、文档或其他永久性数据）发生变动，注册会计师通常不需要增加自动化控制的测试范围。

考点四　实质性程序★★★

扫我解疑难

📝 **经典例题**

【例题1·单选题】（2017年）下列各项审计程序中，注册会计师在实施控制测试和实质性

程序时均可以采用的是（　　）。

A. 检查　　　　　B. 分析程序
C. 函证　　　　　D. 重新执行

【答案】 A

【解析】 控制测试采用的审计程序有询问、观察、检查和重新执行。实质性程序采用的审计程序有观察、检查、询问、重新计算、函证、分析程序。

【例题2·单选题】（2016年）下列有关实质性程序的说法中，正确的是（　　）。

A. 注册会计师对认定层次的特别风险实施的实质性程序应当包括实质性分析程序

B. 注册会计师应当针对所有类别的交易、账

户余额和披露实施实质性程序

C. 注册会计师实施的实质性程序应当包括将财务报表与其所依据的会计记录进行核对或调节

D. 如果在期中实施了实质性程序，注册会计师应当对剩余期间实施控制测试和实质性程序

【答案】C

【解析】选项 A，针对特别风险可以仅实施细节测试，也可以将细节测试与实质性分析程序结合实施，不一定包括实质性分析程序；选项 B，无论评估的重大错报风险结果如何，注册会计师都应当针对所有"重大"类别的交易、账户余额和披露实施实质性程序；选项 D，针对剩余期间可以仅实施进一步实质性程序，也可以将实质性程序与控制测试结合使用。

📝 **考点精析**

一、实质性程序的含义和要求

1. 实质性程序的含义

实质性程序是指用于发现认定层次重大错报的审计程序，包括对各类交易、账户余额和披露的细节测试以及实质性分析程序。

【知识点拨】无论评估的重大错报风险结果如何，注册会计师都应当针对所有重大类别的交易、账户余额和披露实施实质性程序。

2. 针对特别风险实施的实质性程序

如果认为评估的认定层次重大错报风险是特别风险，注册会计师应当专门针对该风险实施实质性程序。如果针对特别风险实施的程序仅为实质性程序，这些程序应当包括细节测试，或将细节测试和实质性分析程序结合使用，以获取充分、适当的审计证据。为应对特别风险需要获取具有高度相关性和可靠性的审计证据，仅实施实质性分析程序不足以获取有关特别风险的充分、适当的审计证据。

二、实质性程序的性质

1. 实质性程序的性质的含义

实质性程序的性质是指实质性程序的类型及其组合。实质性程序的两种基本类型是对各类交易、账户余额和披露的细节测试以及实质性分析程序。

2. 细节测试和实质性分析程序的适用性

细节测试适用于：对各类交易、账户余额和披露认定的测试，尤其是对存在或发生、计价认定的测试。

实质性分析程序适用于：对在一段时期内存在可预期关系的大量交易。

三、实质性程序的时间

由于实质性程序的目的在于更直接地发现重大错报，在期中实施实质性程序时更需要考虑其成本效益的权衡；对于以前审计中通过实质性程序获取的审计证据，则采取了更加慎重的态度和更严格的限制。具体处理见表8-5：

表8-5　实质性程序的时间

情形	处理原则	考虑因素及备注
期中是否实施实质性程序？	可以实施	①控制环境和其他相关的控制；②实施审计程序所需信息在期中之后的可获得性；③实质性程序的目的；④评估的重大错报风险；⑤特定类别交易或账户余额以及相关认定的性质；⑥针对剩余期间，能否通过实质性程序或将实质性程序与控制测试相结合，降低期末存在错报而未被发现的风险

情形	处理原则	考虑因素及备注
从期中至期末是否需追加程序？追加的程序？	应追加程序。注册会计师有两种选择：(1)针对剩余期间实施进一步的实质性程序；(2)针对剩余期间，将实质性程序和控制测试结合使用	如果拟将期中测试得出的结论延伸至期末，注册会计师应当考虑针对剩余期间仅实施实质性程序是否足够。如果认为实施实质性程序本身不充分，注册会计师还应测试剩余期间相关控制运行的有效性或针对期末实施实质性程序。如果已识别出由于舞弊导致的重大错报风险，为将期中得出的结论延伸至期末而实施的审计程序通常是无效的，注册会计师应当考虑在期末或者接近期末实施实质性程序
以前期间获取的审计证据是否可用？	通常对本期只有很弱的证据效力或没有证据效力，不足以应对本期的重大错报风险	只有当以前获取的审计证据及其相关事项未发生重大变动时，以前获取的审计证据才可能用作本期的有效审计证据

四、实质性程序的范围

在确定实质性程序的范围时，注册会计师应当考虑的因素：

(1)评估的认定层次重大错报风险：注册会计师评估的认定层次的重大错报风险越高，需要实施实质性程序的范围越广。

(2)实施控制测试的结果：如果对控制测试结果不满意，注册会计师可能需要考虑扩大实质性程序的范围。

📋 阶段性测试

1.【单选题】A注册会计师正在执行甲公司2018年度财务报表审计工作，了解到其财务人员整体素质较差，对此，A注册会计师的下列做法中错误的是（ ）。

A. 向项目组强调保持职业怀疑态度的必要性

B. 在选择拟实施的进一步审计程序时融入更多的不可预见的因素

C. 将财务报表层次的重大错报风险评估为高水平，更倾向于采用综合性方案作为拟实施进一步审计程序的总体方案

D. 对拟实施审计程序的性质、时间安排和范围作出总体修改

2.【多选题】关于控制测试的时间的有关要求中，下列说法中正确的有（ ）。

A. 如果需要获取控制在某一期间有效运行的审计证据，仅获取与时点相关的审计

证据是不充分的，注册会计师应当辅以其他控制测试，包括测试被审计单位对控制的监督

B. 注册会计师在期中实施控制测试具有积极作用，但是，即使注册会计师在期中获取了有关控制运行有效的审计证据，仍然需要考虑如何能够将控制在期中运行有效性的审计证据合理延伸至期末

C. 如果注册会计师拟信赖针对特别风险的控制，则所有关于该控制运行有效性的审计证据必须来自当年的控制测试

D. 如果拟信赖以前审计获取的某些控制运行有效性的审计证据，注册会计师即可以直接实施实质性程序，无须再选取一定数量的控制测试其运行有效性

3.【多选题】如果在期中实施了控制测试，在针对剩余期间获取补充审计证据时，注册会计师通常考虑的因素有（ ）。

A. 控制环境

B. 评估的重大错报风险水平

C. 在期中对有关控制有效性获取的审计证据的程度

D. 拟减少实质性程序的范围

4.【单选题】在确定控制测试的范围时，注册会计师的下列做法中，不正确的是（ ）。

A. 在风险评估时对控制运行有效性的拟信赖程度较高，通常应当考虑扩大实施控

制测试的范围

B. 在拟信赖内部控制的前提下，如果控制的预期偏差率较高，通常应当考虑扩大实施控制测试的范围

C. 对于一项持续有效运行的自动化控制，通常应当考虑扩大实施控制测试的范围

D. 如果拟信赖控制运行有效性的时间长度较长，通常应当考虑扩大实施控制测试的范围

📝 阶段性测试答案精析

1. C 【解析】当评估的财务报表层次重大错报风险属于高风险水平(并相应采取更强调审计程序不可预见性以及重视调整审计程序的性质、时间安排和范围等总体应对

措施)时，拟实施进一步审计程序的总体方案往往更倾向于实质性方案。

2. ABC 【解析】选项D，如果拟信赖以前审计获取的某些控制运行有效性的审计证据，注册会计师应当在每次审计时从中选取足够数量的控制，测试其运行有效性。

3. ABCD 【解析】针对期中证据以外的、剩余期间的补充证据，注册会计师应当考虑的因素除了四个选项外，还包括在期中测试的特定控制、剩余期间的长度。

4. C 【解析】对于自动化控制而言，由于其具有内在一贯性，如果确定被审计单位正在执行，则注册会计师通常无须扩大控制测试的范围。

本章综合练习 限时80分钟

一、单项选择题

1. 下列关于控制环境与总体应对措施的说法中，不正确的是(　　)。

A. 控制环境有效，通常会削弱期末获得的审计证据的可信赖程度

B. 如果控制环境存在缺陷，注册会计师可以通过实施实质性程序获取更广泛的审计证据

C. 如果控制环境存在缺陷，注册会计师可以增加拟纳入审计范围的经营地点的数量

D. 注册会计师对控制环境的了解影响其对财务报表层次重大错报风险的评估，从而影响所采取的总体应对措施

2. 下列做法中，不可以提高审计程序的不可预见性的是(　　)。

A. 针对销售和销售退回延长截止测试期间

B. 向以前没有询问过的被审计单位员工询问

C. 对以前通常不测试的金额较小的项目实施实质性程序

D. 对被审计单位银行存款年末余额实施函证

3. 下列关于进一步审计程序的说法中，正确的是(　　)。

A. 注册会计师应当根据对财务报表层次重大错报风险的评估结果确定进一步审计程序

B. 只要审计程序的范围足够大，注册会计师可以适当降低对进一步审计程序的性质与特定风险的相关性的要求

C. 对于不存在能够被注册会计师识别的控制活动的小型被审计单位，注册会计师仅需通过实施实质性程序获取充分、适当的审计证据

D. 无论选择何种方案，注册会计师都应当对所有重大类别的交易、账户余额和披露设计和实施实质性程序

4. 关于进一步审计程序的范围，下列说法中错误的是(　　)。

A. 确定的重要性水平越高，注册会计师实施进一步审计程序的范围越广

B. 评估的重大错报风险越高，注册会计师实施的进一步审计程序的范围越广

C. 计划获取的保证程度越高，注册会计师实施的进一步审计程序的范围越广

D. 只有当审计程序本身与特定风险相关时，扩大审计程序的范围才是有效的

5. 如果注册会计师在期中执行了控制测试，并获取了控制在期中运行有效性的审计证据，下列说法中，正确的是( )。

A. 如果在期末实施实质性程序未发现某项认定存在错报，说明与该项认定相关的控制是有效的，不需要再对相关控制进行测试

B. 如果某一控制在剩余期间内发生变动，在评价整个期间的控制运行有效性时，无需考虑期中测试的结果

C. 对某些自动化运行的控制，可以通过测试信息系统一般控制的有效性获取控制在剩余期间运行有效的审计证据

D. 如果某一控制在剩余期间内未发生变动，不需要获取剩余期间控制运行有效性的审计证据

6. 下列有关实质性程序时间安排的说法中，错误的是( )。

A. 控制环境和其他相关控制越薄弱，注册会计师越不宜在期中实施实质性程序

B. 注册会计师对评估的某项认定的重大错报风险越高，越应当考虑将实质性程序集中在期末或者接近期末实施

C. 如果实施实质性程序所需信息在期中之后难以获得，注册会计师应考虑在期中实施实质性程序

D. 如果在期中实施了实质性程序，注册会计师应当针对剩余期间实施控制测试，以将期中测试得出的结论合理延伸至期末

7. 下列审计程序中，不适用于实质性程序的是( )。

A. 询问　　　　　B. 观察

C. 函证　　　　　D. 穿行测试

8. 下列有关控制测试程序的说法中，不正确

的是( )。

A. 控制测试适用的审计程序包括询问、观察、检查和重新执行

B. 检查程序适用于所有控制测试

C. 观察是测试不留下书面记录的控制的运行情况的有效方法

D. 询问本身并不足以测试控制运行的有效性

9. 下列关于控制测试的说法中，不正确的是( )。

A. 当拟实施的进一步审计程序以控制测试为主时，应当获取有关控制运行有效性的更高的保证水平

B. 根据特定控制的性质选择所需实施审计程序的类型

C. 询问本身不足以测试控制运行的有效性，应当与其他审计程序结合使用

D. 在设计控制测试时，仅考虑测试与认定直接相关的控制

10. 在利用以前年度获取的审计证据时，下列说法中，错误的是( )。

A. 对于不属于旨在减轻特别风险的控制，如果在本年未发生变化，且上年经测试运行有效，本次审计中可以不进行测试

B. 对于旨在减轻特别风险的控制，如果在本年未发生变化，可以依赖上年的测试结果

C. 如果相关事项未发生重大变化，则上年通过实质性程序获取的审计证据可以考虑作为本年的有效审计证据

D. 一般而言，上年通过实质性程序获取的审计证据对本年只有很弱的证据效力或没有证据效力

11. 在下列情况中，注册会计师可以选择在期中实施实质性程序的是( )。

A. 控制环境和其他相关控制薄弱

B. 收入截止测试

C. 评估的重大错报风险为舞弊风险

D. 被审计单位系统变动导致某类交易记

录信息在期中后难以获取

12. 下列审计程序中，每次审计都必须实施的是（　　）。

　　A. 针对内部控制的有效性进行测试

　　B. 针对特别风险的控制进行测试

　　C. 核对财务报表与其所依据的会计记录

　　D. 实质性分析程序

13. 关于实质性程序，下列说法中不正确的是（　　）。

　　A. 实质性程序包括细节测试和实质性分析程序

　　B. 评估的某项认定的重大错报风险越高，越应当考虑将实质性程序集中于期末或接近期末实施

　　C. 仅实施实质性分析程序可以获取有关特别风险的充分、适当的审计证据

　　D. 细节测试的目的在于直接识别财务报表认定是否存在错报

二、多项选择题

1. 下列有关总体审计方案的说法中，正确的有（　　）。

　　A. 注册会计师可以针对不同认定采用不同的审计方案

　　B. 注册会计师可以采用综合性方案或实质性方案应对重大错报风险

　　C. 注册会计师应当采用实质性方案应对特别风险

　　D. 注册会计师应当采用与前期审计一致的审计方案，除非评估的重大错报风险发生重大变化

2. 下列关于对拟实施进一步审计程序的总体方案的说法中，正确的有（　　）。

　　A. 注册会计师采取的总体应对措施对拟实施进一步审计程序的总体审计方案具有重大影响

　　B. 注册会计师评估的财务报表层次重大错报风险对拟实施进一步审计程序的总体审计方案具有重大影响

　　C. 当评估的财务报表层次重大错报风险属于高风险水平时，拟实施进一步审计程序

的总体方案往往更倾向于综合性方案

　　D. 当评估的财务报表层次重大错报风险属于高风险水平时，实施进一步程序时选择更多的是常规程序

3. 在确定进一步审计程序的范围时，注册会计师应当考虑的主要因素有（　　）。

　　A. 控制环境

　　B. 评估的认定层次重大错报风险

　　C. 计划获取的保证程度

　　D. 错报风险的性质

4. 下列情形中，注册会计师不应利用以前年度获取的有关控制运行有效的审计证据的有（　　）。

　　A. 注册会计师拟信赖旨在减轻特别风险的控制

　　B. 控制在过去两年审计中未经测试

　　C. 控制在本年发生重大变化

　　D. 被审计单位的控制环境薄弱

5. 在测试内部控制的运行有效性时，注册会计师应当获取的审计证据有（　　）。

　　A. 控制是否存在

　　B. 控制是否得到一贯执行

　　C. 控制由谁执行

　　D. 控制在所审计期间不同时点是如何运行的

6. 下列关于控制测试的说法中，正确的有（　　）。

　　A. 控制测试并非在任何情况下都需要实施

　　B. 仅通过实施实质性程序不能获取充分、适当的审计证据的情况下，注册会计师必须实施控制测试

　　C. 如果被审计单位在所审计期间内的不同时期使用了不同的控制，注册会计师应当考虑不同时期控制运行的有效性

　　D. 在测试控制运行的有效性时，注册会计师只需要抽取少量的交易进行检查或观察某几个时点

7. 如果在期中实施了控制测试，在针对剩余期间获取补充审计证据时，注册会计师通

常考虑的因素有( )。

A. 控制环境

B. 评估的认定层次重大错报风险的重大程度

C. 在期中对有关控制运行有效性获取的审计证据的程度

D. 在信赖控制的基础上拟缩小实质性程序的范围

8. 在识别出被审计单位的特别风险后,采取的下列应对措施中,正确的有( )。

A. 将特别风险所影响的财务报表项目与具体认定相联系

B. 对于管理层应对特别风险的控制,无论是否信赖,都需要进行了解

C. 应当专门针对识别的特别风险实施实质性程序

D. 对于管理层应对特别风险的控制,无论是否信赖,都需要进行测试

9. 下列情况中,注册会计师应当实施控制测试的有( )。

A. 在评估认定层次重大错报风险时,预期控制的运行是有效的

B. 仅实施实质性程序不能够提供认定层次充分、适当的审计证据

C. 评估的认定层次重大错报风险是特别风险

D. 因控制测试而减少的实质性程序的工作量小于控制测试的工作量

10. 下列关于控制测试采用的审计程序的说法中,正确的有( )。

A. 仅通过询问不能获取控制运行有效性的充分审计证据

B. 观察是测试留下书面记录的控制运行情况的有效方法

C. 检查是测试未留下书面记录的控制运行情况的有效方法

D. 观察提供的证据仅限于观察发生的时点

11. 如果注册会计师已获取有关控制在期中运行有效性的审计证据,在确定针对剩

余期间需要获取的补充审计证据的说法中不正确的有( )。

A. 评估的重大错报风险对财务报表的影响越小,注册会计师需要获取的剩余期间的补充证据越多

B. 如果注册会计师在期中对有关控制运行有效性获取的审计证据比较充分,可以考虑适当减少需要获取的剩余期间的补充证据

C. 剩余期间越短,注册会计师需要获取的剩余期间的补充证据越少

D. 注册会计师对相关控制的信赖程度越高,通常在信赖控制的基础上拟减少进一步实质性程序的范围就越大,在这种情况下,注册会计师需要获取的剩余期间的补充证据越少

12. 关于如何考虑以前审计获取的有关控制运行有效性的审计证据,下列说法中,正确的有( )。

A. 如果控制的变化仅仅引起数据累积发生变化,这种变化不会影响以前获取审计证据的相关性

B. 如果控制的变化仅仅使得被审计单位从中获取新的报告,这种变化通常不影响以前审计所获取审计证据的相关性

C. 当信息技术一般控制薄弱时,注册会计师可能更少地依赖以前审计获取的审计证据

D. 如果对控制的信赖程度较高,注册会计师可适当延长再次测试控制的时间间隔

13. 下列关于实质性程序的说法中,正确的有( )。

A. 如果通过实施实质性程序未发现某项认定存在错报,可以从一定程度上说明与该认定有关的控制是有效运行的

B. 实质性分析程序通常更适用于在一段时间内存在可预期关系的大量交易

C. 在期中实施实质性程序时需要权衡成本效益

D. 实施控制测试的结果不影响实质性程序的范围

14. 下列关于实质性程序的时间安排的说法中，不正确的有（   ）。

A. 注册会计师应当在执行控制测试后执行实质性程序

B. 对于任何认定，注册会计师都不能够利用以前审计中实施实质性程序获取的审计证据

C. 对于收入截止认定，注册会计师应当在期末（或接近期末）实施实质性程序

D. 控制环境和其他相关的控制越薄弱，注册会计师越应当考虑在期中实施实质性程序

15. 对于舞弊导致的重大错报风险，被审计单位存在故意错报或操纵的可能性，注册会计师应当（   ）。

A. 慎重考虑能否将期中测试得出的结论延伸至期末

B. 应当将其视为特别风险

C. 如果已识别出由于舞弊导致的重大错报风险，为将期中得出的结论延伸至期末而实施的审计程序通常是无效的

D. 如果已识别出由于舞弊导致的重大错报风险，应当考虑在期末或接近期末实施实质性程序

三、简答题

甲公司是 ABC 会计师事务所的常年审计客户，主要从事化工产品的生产和销售。A 注册会计师负责审计甲公司 2019 年财务报表，确定财务报表整体的重要性水平为 800 万元。

A 注册会计师在审计工作底稿中记录了实施实质性程序的情况，部分内容摘录如表 8-6 所示。

表 8-6　审计工作底稿中记录的实质性程序摘录

序号	实质性程序或控制测试的测试目标	实施情况及结果
（1）	测试营业收入的截止	A 注册会计师从资产负债表日前若干天的主营业务收入账簿记录追查至销售发票存根、发运凭证以及客户订购单，结果满意
（2）	测试应收账款的存在	甲公司大额的应收账款已于 2018 年全额计提坏账准备，2019 年度无变化，A 注册会计师直接利用上一年度的测试结果
（3）	测试期末存货跌价准备的完整性	A 注册会计师获取了财务报表编制的存货跌价准备明细表，复核了该表中计算公式和数据的准确性以及相关假设的合理性，并进行了重新计算，结果满意
（4）	检查关键管理人员薪酬的准确性	A 注册会计师获取了财务编制的关键管理人员薪酬明细表，并向关键管理人员进行了函证，结果满意
（5）	测试主营业务收入的发生	A 注册会计师在 2017 年从主营业务收入明细账中选取样本，追查至相应的销售发票存根，结果满意。A 注册会计师在 2018 年度未测试这项控制，鉴于该项控制一直未发生变化，A 注册会计师在 2019 年度直接利用 2017 年的测试结果
（6）	测试超过赊销额度的赊销由销售总监和财务经理审批这项控制的有效性	A 注册会计师测试了 2019 年 1 月至 9 月的该项控制，并于 2020 年 1 月询问了销售总监和财务总监控制在剩余期间的运行情况，未发现偏差。A 注册会计师认为该项控制在 2019 年度运行有效

要求：根据上述资料，指出所列示的审计程序实施情况及结果是否恰当。如不恰当，说明理由。

四、综合题

Y 注册会计师负责对 X 公司 2019 年度财务报表进行审计。相关资料如下：

资料一：

X 公司主要从事 A 产品的生产和销售，无明显产销淡旺季。产品销售采用赊销方式，正常信用期为 20 天。在 A 产品生产成本中，a 原材料成本占重大比重。a 原材料在 2019 年年初、年末库存均为零。A 产品的发出计价采用移动加权平均法。

资料二：

2019 年度，X 公司所处行业的统计资料显示，生产 A 产品所需 a 原材料主要依赖进口，汇率因素导致 a 原材料采购成本大幅上涨；替代产品面市使 A 产品的市场需求减少，市场竞争激烈，导致销售价格明显下跌。

资料三：

X 公司 2019 年度未经审计财务报表及相关账户记录反映见表 8-7、表 8-8、表 8-9。

表 8-7 A 产品 2018 年度和 2019 年度的销售记录

产品名称	2019 年度（未审数）			2018 年度（已审数）		
	数量（吨）	营业收入（万元）	营业成本（万元）	数量（吨）	营业收入（万元）	营业成本（万元）
A 产品	900	50 000	40 000	800	40 000	34 000

表 8-8 A 产品 2019 年度收发存记录

日期及摘要	入库			出库			库存		
	数量（吨）	单价（万元）	营业成本（万元）	数量（吨）	单价（万元）	营业成本（万元）	数量（吨）	单价（万元）	营业成本（万元）
年初余额							0	0	0
1 月 3 日入库	80	60	4 800				80	60	4 800
1 月 4 日出库				70	60	4 200	10	60	600
2 月 9 日入库	80	55	4 400				90	55.56	5 000
略									
11 月 30 日出库				75	52	3 900	75	52	3 900
12 月 2 日入库	75	48	3 600				150	50	7 500
12 月 9 日出库				150	50	7 500	0	0	0
年末余额							0	0	0

表 8-9 与销售 A 产品相关的应收账款变动记录

日期及摘要	借方（万元）	贷方（万元）	余额（万元）
2019 年年初余额			3 000
2019 年 1 月 2 日收款		2 700	300
2019 年 1 月 4 日赊销	5 000		5 300
略			
2019 年 11 月 30 日收款		2 500	600
2019 年 12 月 9 日赊销	9 000		9 600

续表

日期及摘要	借方(万元)	贷方(万元)	余额(万元)
2019 年年末余额			9 600
2020 年年初余额			9 600
2020 年 1 月 25 日赊销	3 000		12 600
2020 年 1 月 31 日余额			12 600

要求:

(1)根据上述资料,假定不考虑其他条件,运用分析程序识别 X 公司 2019 年度财务报表是否存在重大错报风险,并列示分析过程和分析结果。

(2)在要求(1)的基础上,如果 X 公司 2019 年度财务报表存在重大错报风险,指出重大错报风险主要与哪些财务报表项目(仅限于营业收入、应收账款、营业成本、存货)的哪些认定相关,并将答案直接填入表 8-10 中。

表 8-10 与重大错报风险相关的财务报表项目和认定

财务报表项目	认定

(3)假定评估的 X 公司财务报表层次重大错报风险属于高风险水平,指出 Y 注册会计师拟实施进一步审计程序的总体方案通常更倾向于何种方案。

(4)针对评估的财务报表层次重大错报风险,在选择进一步审计程序时,Y 注册会计师可以通过哪些方式提高审计程序的不可预见性。

(5)假定 X 公司 2019 年度财务报表存在舞弊导致的认定层次重大错报风险,Y 注册会计师应当考虑采用哪些方式予以应对。

(6)根据上述资料,假定不考虑其他因素,在审计 X 公司 2019 年度财务报表时,如果对销售实施截止测试,Y 注册会计师应当以检查何种文件记录为起点安排审计路径,并简要说明理由。

本章综合练习参考答案及详细解析

一、单项选择题

1. A 【解析】控制环境的缺陷通常会削弱期中获得的审计证据的可信赖程度。

2. D 【解析】对被审计单位银行存款年末余额实施函证是注册会计师通常应当执行的常规审计程序。

3. D 【解析】注册会计师应当根据对认定层次重大错报风险的评估结果确定进一步审计程序,选项 A 错误;只有首先确保进一步审计程序的性质与特定风险相关时,扩大审计程序的范围才是有效的,选项 B 错误;注册会计师始终应当考虑在缺乏控制的情况下,仅通过实施实质性程序是否能够获取充分、适当的审计证据,选项 C 错误。

4. A 【解析】确定的重要性水平越低,注册会计师实施进一步审计程序的范围越广。

5. C 【解析】选项 A,如果通过实施实质性程序未发现某项认定存在错报,这本身不能说明与该认定有关的控制是有效运行的;选项 B,如果控制在剩余期间发生了变化(如信息系统、业务流程或人事管理等方面发生变动），注册会计师需要了解并测试控制的变化对期中审计证据的影响；选项D，如果某一控制在剩余期间内未发生变动，注册会计师还需要考虑其他因素确定针对期中证据以外的、剩余期间的补充证据，以将控制在期中运行有效性的审计证据合理延伸至期末。

6. D 【解析】在期中实施了实质性程序后，针对剩余期间，不能仅实施控制测试，而是实施进一步的实质性程序或将实质性程序与控制测试结合使用，以将期中测试得出的结论合理延伸至期末。

7. D 【解析】选项D，穿行测试通常用于风险评估程序，不适用于实质性程序。

8. B 【解析】选项B，检查程序适用于留下轨迹的内部控制测试。

9. D 【解析】在设计控制测试时，注册会计师不仅应当考虑与认定直接相关的控制，还应当考虑与认定间接相关的控制。

10. B 【解析】对于旨在减轻特别风险的控制，不论该控制在本期是否发生变化，注册会计师都不应依赖以前审计获取的证据。

11. D 【解析】如果控制环境和其他相关控制薄弱，或者评估的重大错报风险为舞弊风险，注册会计师应当在期末或者接近期末实施实质性程序。收入截止测试的目标是资产负债表日前后的交易的入账时间是否正确，其性质决定了必须在期末或接近期末实施实质性程序。

12. C 【解析】如果注册会计师拟信赖旨在减轻特别风险的控制，注册会计师应在本期审计中测试这些控制，也就是说，在注册会计师拟信赖某项控制时，注册会计师才需要测试这类控制，选项AB不是必须实施的程序。选项D，实质性分析程序通常更适用于一段时间内存在可预期关系的大量交易，并非每次都必须实施。

13. C 【解析】选项C，为应对特别风险需

要获取具有高度相关性和可靠性的审计证据，仅实施实质性分析程序不足以获取有关特别风险的充分、适当的审计证据。

二、多项选择题

1. AB 【解析】选项C，应对特别风险，也可以采用综合性方案；选项D，注册会计师所确定的总体审计方案类型依据对被审计单位评估的重大错报风险。

2. AB 【解析】选项C，当评估的财务报表层次重大错报风险属于高风险水平时，拟实施进一步审计程序的总体方案往往更倾向于实质性方案；选项D，应当注意使某些程序不被管理层预见或事先了解，所以更多地应使用非常规的审计程序。

3. BC 【解析】确定进一步审计程序的范围时，注册会计师应考虑的因素包括：确定的重要性水平；评估的重大错报风险；计划获取的保证程度。选项AD属于确定进一步审计程序的时间需要考虑的因素。

4. ABC 【解析】鉴于特别风险的特殊性，对旨在减轻特别风险的控制不论在本期是否发生变化，注册会计师都不应依赖以前审计获取的证据，选项A正确；每三年至少对控制测试一次，选项B正确；如果控制在本年发生重大变化，则不应利用以前年度获取的有关控制运行有效的审计证据，选项C正确；当被审计单位控制环境薄弱或对控制的监督薄弱时，注册会计师应当缩短再次测试控制的时间间隔或完全不信赖以前审计获取的审计证据，选项D错误。

5. BCD 【解析】实施控制测试的目的是测试控制运行的有效性，除选项BCD外，还包括控制以何种方式运行。选项A属于了解内部控制的目的，不是控制测试的目的。

6. ABC 【解析】选项D，在了解控制是否得到执行时，注册会计师只需抽取少量的交易进行检查或观察某几个时点，但在测

控制运行的有效性时，注册会计师需要抽取足够数量的交易进行检查或对多个不同时点进行观察。

7. ABCD 【解析】针对期中证据以外的、剩余期间的补充证据，注册会计师应当考虑下列因素：(1)评估的认定层次重大错报风险的重大程度；(2)在期中测试的特定控制；(3)在期中对有关控制运行有效性获取的审计证据的程度；(4)剩余期间的长度；(5)在信赖控制的基础上拟缩小实质性程序的范围；(6)控制环境。

8. ABC 【解析】选项 D 错误，控制测试不是必须执行的审计程序。

9. AB 【解析】选项 C，如果确定评估的认定层次重大错报风险是特别风险，并拟信赖旨在减轻特别风险的控制，注册会计师才应在本期测试这些控制的运行有效性。选项 D，注册会计师进行控制测试的目的之一是减少实质性程序的工作量，节约成本。所以如果进行控制测试本身的工作量比因控制测试而减少的实质性程序的工作量还要大，此时注册会计师进行控制测试不符合成本效益原则。

10. AD 【解析】对运行情况留有书面证据的控制，检查非常适用。观察更适合测试未留下书面记录的控制，如职责分离。

11. AD 【解析】选项 A，评估的重大错报风险对财务报表的影响越大，注册会计师需要获取的剩余期间的补充证据越多；选项 D，注册会计师对相关控制的信赖程度越高，通常在信赖控制的基础上拟减少进一步实质性程序的范围就越大，在这种情况下，注册会计师需要获取的剩余期间的补充证据越多。

12. BC 【解析】如果控制的变化引起数据累积发生变化，这种变化可能影响以前审计所获取审计证据的相关性，选项 A 错误；如果对控制的信赖程度较高，注册会计师应当缩短再次测试控制的时间间隔或完全不信赖以前审计获取的审计证

据，选项 D 错误。

13. BC 【解析】选项 A，如果通过实施实质性程序未发现某项认定存在错报，这本身并不能说明与该认定有关的控制是有效运行的；选项 D，在确定实质性程序的范围时，注册会计师应当考虑评估的认定层次重大错报风险和实施控制测试的结果。

14. ABD 【解析】选项 A，控制测试不是必须执行的审计程序，另外，针对同一认定的控制测试和实质性程序没有必然的先后顺序；选项 B，当以前获取的审计证据及其相关事项未发生重大变动时，以前获取的审计证据可以用作本期有效的审计证据，只是注册会计师需要在本期实施审计程序，以确定这些审计证据是否具有持续相关性；选项 C，收入截止认定的性质决定了注册会计师必须在期末(或接近期末)实施实质性程序；选项 D，控制环境和其他相关的控制越薄弱，注册会计师越不宜在期中实施实质性程序。

15. ABCD 【解析】对于舞弊导致的重大错报风险(作为一类重要的特别风险)，被审计单位存在故意错报或操纵的可能性，那么注册会计师更应慎重考虑能否将期中测试得出的结论合理延伸至期末。因此，如果已识别出由于舞弊导致的重大错报风险，为将期中得出的结论延伸至期末而实施的审计程序通常是无效的，注册会计师应当考虑在期末或接近期末实施实质性程序。

三、简答题

【答案】

(1)不恰当。仅考虑资产负债表日前的账簿记录，而未考虑资产负债表日后的账簿记录属于延后入账的情况。

(2)不恰当。全额计提坏账准备与应收账款的计价相关，不能证实应收账款的存在认定，即使本期应收账款金额未发生变化，注册会计师也应当结合应收账款函证

程序证实应收账款的存在。

(3)不恰当。仅通过复核被审计单位的计算不足以提供存货跌价准备完整性的审计证据,注册会计师应当结合存货监盘以发现其他的存货减值迹象。

(4)恰当。

(5)恰当。

(6)不恰当。仅通过询问不能获取充分适当的审计证据。

四、综合题

【答案】

(1)根据下列分析程序表明,X 公司 2019 年度财务报表存在重大错报风险:

①分析 A 产品营业收入、营业成本和毛利率的变动:

2018 年度已审数中 A 产品的毛利率=(40 000-34 000)/40 000×100%=15%,但是 2019 年度未审数中 A 产品的毛利率=(50 000-40 000)/50 000×100%=20%,毛利率增长了 5 个百分点;2019 年与 2018 年相比,A 产品的营业收入增长 10 000(50 000-40 000)万元,销售数量增长 100(900-800)吨,销售单价上升 5.56(50 000/900-40 000/800)万元/吨。但是,根据资料二显示"替代产品面市使 A 产品的市场需求减少,市场竞争激烈,导致销售价格明显下跌",所以很可能存在虚增收入的情况。

②分析产品成本变动情况:

因为汇率因素导致 a 原材料采购成本大幅上涨,将会导致 A 产品的成本上升,但是从 2019 年度收发记录中可以看出 A 产品 2019 年的入库单价却逐步下降,很可能表明存货成本存在重大错报风险。

③分析应收账款变动情况:

从与销售 A 产品相关的应收账款变动记录表中可以看出 2019 年 12 月 9 日赊销产生的应收账款在 2020 年 1 月 31 日都没有收回,但是"产品销售采用赊销方式,正常信用期为 20 天",所以应收账款很可能存在坏账计提不足等重大错报风险或虚构收入的情况。

(2)与重大错报风险相关的财务报表项目和认定,见表 8-11。

表 8-11 与重大错报风险相关的财务报表项目和认定

财务报表项目	认定
存货	完整性
应收账款	存在、权利和义务、计价和分摊
营业收入	发生
营业成本	发生、完整性

(3)如果评估的 X 公司财务报表层次重大错报风险属于高风险水平,则 Y 注册会计师拟实施进一步审计程序的总体方案通常更倾向于实质性方案。

(4)针对评估的财务报表层次重大错报风险,在选择进一步审计程序时,Y 注册会计师可以通过下列方式提高审计程序的不可预见性:

①对某些以前未测试过的低于设定的重要性水平或风险较小的账户余额和认定实施实质性程序;

②调整实施审计程序的时间,使其超出被审计单位的预期;

③采取不同的审计抽样方法,使当年抽取的测试样本与以前有所不同;

④选取不同的地点实施审计程序,或预先不告知被审计单位所选定的测试地点。

(5)如果 X 公司 2019 年度财务报表存在舞弊导致的认定层次重大错报风险,Y 注册会计师应当考虑采用下列方式予以应对:

①改变拟实施审计程序的性质,以获取更为可靠、相关的审计证据,或获取其他佐证性信息,包括更加重视实地观察或检查,在实施函证程序时改变常规函证内容,询问被审计单位的非财务人员等;

②改变实质性程序的时间,包括在期末或接近期末实施实质性程序,或针对本期较早时间发生的交易事项或贯穿于整个本期

的交易事项实施测试;

③改变审计程序的范围,包括扩大样本规模,采用更详细的数据实施分析程序等。

(6)对销售实施截止测试,Y 注册会计师应当以账簿记录为起点。从资产负债表日前后若干天的账簿记录查至记账凭证,检查发票存根与发运凭证,目的是证实已入账收入是否在同一期间已开具发票并发货,有助于发现多计营业收入的问题。

第三编

各类交易和账户余额的审计

　　财务报表审计的组织方式大致有两种：一是对财务报表的每个账户余额单独进行审计，此法称为账户法（Account Approach）；二是将财务报表分成几个循环进行审计，即把紧密联系的交易种类和账户余额归入同一循环中，按业务循环组织实施审计，此法称为循环法（Cycle Approach）。本编在介绍审计实务时采用循环法，分别介绍了销售与收款循环、采购与付款循环、生产与存货循环，另外介绍了货币资金的审计。

　　从学习角度分析，本编内容较多，在学习过程中应当注意把握重点，即对重要循环的重要项目的实质性程序予以重点掌握，比如应收账款的函证、存货的监盘等，同时应注意与之相关的会计知识，可以参考注册会计师《会计》教材中的收入、存货、固定资产、无形资产、投资性房地产、金融资产、长期股权投资、非货币性资产交换、资产负债表日后事项等章节内容，提高在审计中灵活运用会计知识的水平。

　　考试中，对于本编内容的要求较高，在客观题和主观题中均有可能涉及，尤其要关注主观题中对于审计目标、管理层认定、控制测试和实质性程序四者对应关系的考查。

第9章 销售与收款循环的审计

JINGDIAN TIJIE

考情分析

➡ 历年考情分析

本章属于非常重要的章节，在考试中各种题型均可涉及。本章主要介绍销售与收款循环相关的内部控制和控制测试以及在这一循环中涉及的重要报表项目应收账款、营业收入等的实质性程序。从近年的命题形式来看，针对本章的直接命题较少，主要是将本章内容融汇在简答或综合题中考查相关实际运用。如重要实质性程序的运用、识别内部控制缺陷、风险评估在本循环审计中的运用等。此外，本章与会计知识的关联较多。考生应关注：销售与收款的内部控制及其测试；营业收入的实质性程序；应收账款和坏账准备的审计程序等内容。

『提示』财务报表各业务循环审计属于考试的重点内容，而且综合性强，考生应对这部分内容重点掌握。一定要注意将审计的理论与实务融会贯通。对这部分内容应从以下几方面掌握：

第一，理解各业务循环的内部控制及其控制测试；

第二，掌握各业务循环主要项目的重要实质性程序（典型程序和实现的主要目标）；

第三，掌握相关的会计知识；

第四，通过做题培养并总结常见的分析思路及认定的判断技巧。

➡ 本章 2020 年考试主要变化

本章主要根据《中国注册会计师审计准则问题解答第 4 号——收入确认》对"常用的收入确认舞弊手段""表明被审计单位在收入确认方面可能存在舞弊风险的迹象""对收入确认实施分析程序"以及"营业收入的实质性程序"等内容进行了调整。

核心考点及经典例题详解

考点一 销售与收款循环的特点 ★

扫我解疑难

📝 经典例题

【例题·单选题】下列认定中，与销售部门负

责催收应收账款这一控制直接相关的是（　　）。

A. 发生 　　　　　　B. 存在

C. 完整性 　　　　　D. 计价和分摊

【答案】D

【解析】销售部门负责催收应收账款，能够避免销售部门盲目追求销售业绩而不重视客户信用的现象，有利于降低坏账风险，因此，这项控制与应收账款的"计价和分摊"认定相关。

📝 考点精析

销售与收款循环的特点主要包括两部分内容：一是本循环所涉及的主要凭证和会计记录；二是本循环中的主要业务活动(见图9-1)。

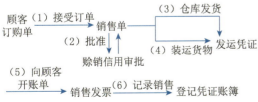

图9-1 主要销售业务活动流程

(1)销售单与销售交易的"发生"认定相关；

(2)销售信用批准控制与应收账款的"计价和分摊"认定相关；

(3)销售单流转控制与销售交易的"完整性"认定相关；

(4)定期检查每张装运凭证后均已附有相应的销售发票与销售交易的"完整性"认定相关；

(5)检查及复核装运凭证与销售交易的"发生""完整性"认定相关；

(6)检查销售发票编号的连续性、装运凭证和销售单的日期等，与销售交易"发生""完整性""准确性"等认定相关。

考点二　销售与收款循环的重大错报风险的评估★★★

扫我解疑难

📝 经典例题

【例题1·综合题】(2017年节选)ABC会计师事务所首次接受委托，审计上市公司甲公司2016年度财务报表，委托A注册会计师担任项目合伙人。A注册会计师确定财务报表整体重要性为1 200万元，甲公司主要提供快递物流服务。

资料一：

A注册会计师在审计工作底稿中记录了公司的情况与环境，部分内容摘录如下：

(1)2015年6月甲公司经营航空快递，租赁飞机2架，租期5年。管理层按实际飞行小时和预计每飞行小时维修费率计提租赁期满退租时的大修费用。2016年1月起，甲公司航空运输降价40%，业务上升。

(2)2016年4月，甲公司推出加盟运营，一次性收50万元加盟费，提供5年培训与服务。2016年甲公司共收加盟费3 000万元。

资料二：

A注册会计师记录甲公司部分财务数据如表9-1所示：

表9-1　甲公司部分财务数据

金额单位：万元

项目	2016年	2015年
营业收入——航空运输收入	3 200	8 000
营业收入——加盟费收入	3 000	0

要求：针对资料一第(1)至(2)项，结合资料二，假定不考虑其他条件，逐项指出资料一所列各项是否可能表明存在重大错报风险，并简要说明理由。如果认为该风险为认定层次重大错报风险，说明该风险主要与哪些财务报表项目的哪些认定相关(不考虑财务影响)。

【答案】见表9-2。

表9-2　甲公司存在重大错报风险的情况、理由及影响的报表项目与认定

事项序号	是否可能表明存在重大错报（是/否）	理由	财务报表项目名称及认定
（1）	是	甲公司在航空运输降价40%，但业务量上升的情况下，2016年航空运输收入仅为2015年航空运输收入的40%，存在少计营业收入的重大错报风险	营业收入（完整性）
（2）	是	甲公司收取加盟费的同时还提供5年的培训与服务，应当在合同或协议规定的有效期5年内分期确认收入，甲公司于2016年一次性确认收入，存在多记收入的重大错报风险	营业收入（发生）

【例题2·多选题】下列情形中，属于虚增收入或提前确认收入的有（　　）。

A. 利用与未披露关联方之间的资金循环虚构交易

B. 将商品从某一地点移送至另一地点，以出库单和运输单据为依据记录销售收入

C. 采用以旧换新的方式销售商品时，以新旧商品的差价确认收入

D. 对于在某一时间段内履行的履约义务，在履约进度能够合理确定的情况下，在完成履约义务时确认收入

【解析】AB

【解析】选项C，以旧换新其实包括销售货物与有偿收购旧货两项业务活动，应分别按照正常销售和购入进行会计处理。如果以差价确认收入，则少记了收入。选项D，对于在某一时间段内履行的履约义务，在履约进度能够合理确定的情况下，应在资产负债表日按履约进度确认收入，如果推迟到完成履约义务时，会导致收入确认延后。

📖**考点精析**

一、销售与收款循环存在的重大错报风险

1. 通过实施风险评估程序识别与收入确认相关的舞弊风险

注册会计师应当评价通过实施风险评估程序和执行其他相关活动获取的信息是否表明存在舞弊风险因素。

【知识点拨】注册会计师在识别和评估与收入确认相关的重大错报风险时，应当基于收入确认存在舞弊风险的假定，评价哪些类型的收入、收入交易或认定导致舞弊风险。

（1）假定收入确认存在舞弊风险，并不意味着注册会计师应当将与收入确认相关的所有认定都假定为存在舞弊风险。

（2）如果注册会计师认为收入确认存在舞弊风险的假定不适用于业务的具体情况，从而未将收入确认作为由于舞弊导致的重大错报风险领域，注册会计师应当在审计工作底稿中记录得出该结论的理由。

2. 常用的收入确认舞弊手段

（1）为粉饰财务报表而虚增收入或提前确认收入。

（2）为降低税负或转移利润而少计收入或推迟确认收入。

『链接』结合《中国注册会计师审计准则问题解答第4号——收入确认》学习此部分内容。

3. 舞弊迹象

存在舞弊风险迹象并不必然表明发生了舞弊，但通过了解舞弊风险迹象，有助于注册会计师对审计过程中发现的异常情况产生警觉，从而更有针对性地采取应对措施。

4. 对收入确认实施分析程序

注册会计师通过实施分析程序，可能识别出未注意到的异常关系或通过其他审计程序难以发现的变动趋势，从而有目的的、有针对性地注意到可能发生重大错报风险的领域，有助于评估和应对重大错报风险。

『链接』结合"对舞弊和法律法规的考虑"进行掌握。

二、根据重大错报风险评估结果设计进一步审计程序

注册会计师基于销售与收款循环的重大错报风险评估结果，制定实施进一步审计程序的总体方案（包括综合性方案和实质性方案）。

考点三 测试销售与收款循环的内部控制★★

扫我解疑难

经典例题

【例题·多选题】下列关于销售与收款的内部控制中，恰当的有（　）。

A. 由不负责现金出纳的应收账款记账人员按月向客户寄发对账单

B. 应收票据的贴现须经保管票据的人员书面批准

C. 销售部门负责应收账款的催收

D. 开具账单部门职员在独立检查是否存在装运凭证和相应的经批准的销售单之后开具销售发票

【答案】CD

【解析】选项A，应当由不负责现金出纳和销售及应收账款记账的人员按月向客户寄发对账单；选项B，应收票据的贴现必须经保管票据以外的主管人员书面批准。

考点精析

一、了解销售与收款循环的内部控制

（1）询问参与各业务活动的人员，一般包括销售部门、仓储部门和财务部门的员工和管理人员；

（2）获取并阅读相关业务流程图或内部控制手册等资料；

（3）观察特定控制的运用，如观察仓储部门人员是否以及如何将装运的商品与销售单上的信息进行核对；

（4）检查文件资料，如检查销售单、发运凭证、客户对账单等；

（5）实施穿行测试，即追踪交易从发生到最终被反映在财务报表中的整个处理过程。

二、销售交易内部控制要点

销售交易内部控制要点见表9-3。

表9-3　销售交易内部控制要点

销售交易 内部控制	要点
1. 适当的职责分离	适当的职责分离有助于防止各种有意或无意的错误。 不相容岗位通常包括： ①企业应当将办理销售、发货、收款三项业务的部门（或岗位）分别设立； ②企业在销售合同订立前，应当指定专门人员就销售价格、信用政策、发货及收款方式等具体事项与客户进行谈判。谈判人员至少应有两人以上，并与订立合同的人员相分离； ③编制销售发票通知单的人员与开具销售发票的人员应相互分离； ④销售人员应当避免接触销货现款； ⑤企业应收票据的取得和贴现必须经由保管票据以外的主管人员的书面批准； ⑥赊销批准职能与销售职能的分离
2. 恰当的授权审批	注册会计师应当关注如下四个关键点： ①赊销审批：在销售发生之前，赊销已经正确审批； ②发货审批：非经正当审批，不得发出货物； ③价格审批：销售价格、销售条件、运费、折扣等必须经过审批； ④审批权限：审批人应当在授权范围内进行审批，不得超越审批权限

销售交易 内部控制	要点
3. 充分的凭证和记录	只有具备充分的记录手续，才有可能实现各项控制目标。企业在收到客户订购单后，编制一份预先编号的一式多联的销售单，分别用于批准赊销、审批发货、记录发货数量以及向客户开具发票等，通过定期清点销售单和销售发票，可以避免漏开发票或漏记销售的情况
4. 凭证的预先编号	①对凭证预先进行编号，旨在防止销售以后遗漏向客户开具账单或登记入账（完整性），也可防止重复开具发票或重复记账（发生）； ②定期检查全部凭证的编号，并调查凭证缺号或重号的原因
5. 按月寄出对账单	由不负责现金出纳和销售及应收账款记账的人员按月向客户寄发对账单，能促使客户在发现应付账款余额不正确后及时反馈有关信息
6. 内部核查程序	由内部审计人员或其他独立人员核查销售交易的处理和记录，是实现内部控制目标不可缺少的一项控制措施

三、以风险为起点的控制测试

风险评估与风险应对是整个审计过程的核心，因此，注册会计师通常以识别的重大错报风险为起点，选取拟测试的控制并实施控制测试。考生应了解每一项活动存在的风险和其与认定的关系。

『提示』请仔细研读教材中"销售与收款循环的风险、存在的控制及控制测试程序"，理解相关的内容对于应对简答题、综合题均有好处。

考点四 营业收入的审计 ★★★

扫我解疑难

📖 **经典例题**

【例题1·多选题】（2014年）下列各项审计程序中，可以为营业收入发生认定提供审计证据的有（　　）。

A. 从营业收入明细账中选取若干记录，检查相关原始凭证

B. 对应收账款余额实施函证

C. 检查应收账款明细账的贷方发生额

D. 调查本年新增客户的工商资料、业务活动及财务状况

【答案】ABCD

【例题2·多选题】审计工作底稿所记录的下列与收入审计有关的内容中，正确的有（　　）。

A. 获得当年度政府节能环保补贴，企业全部确认营业收入，建议其调减营业收入，确认为营业外收入

B. 转让某专利技术的使用权5年，一次性收费500万元，提供后续服务，企业本年度确认收入100万元，建议其本年度一次性确认收入500万元

C. 2017年12月15日销售一部电梯，价款100万元，2018年1月13日安装完毕，企业于2017年确认了收入，建议其调减收入100万元

D. 针对企业资产负债表日至财务报告批准报出日之间退回的报告期收入，建议其调整报告期的收入、成本等相关项目

【答案】ACD

【解析】选项B应分期确认收入，企业的处理正确，无须调整。

📖 **考点精析**

一、主营业务收入的一般实质性程序

1. 获取营业收入明细表

2. 实施实质性分析程序

（1）将账面销售收入、销售清单和销售增值税销项清单进行核对。

（2）将本期销售收入金额与以前可比期间的对应数据或预算数进行比较。

（3）分析月度或季度销售量、销售单价、销售收入金额、毛利率变动趋势。

（4）将销售收入变动幅度与销售商品及提供劳务收到的现金、应收账款/合同资产、存货、税金等项目的变动幅度进行比较。

（5）将销售毛利率、应收账款/合同资产周转率、存货周转率等关键财务指标与可比期间数据、预算数或同行业其他企业数据进行比较。

（6）分析销售收入等财务信息与投入产出率、劳动生产率、产能、水电能耗、运输数量等非财务信息之间的关系。

（7）分析销售收入与销售费用之间的关系，包括销售人员的人均业绩指标、销售人员薪酬、广告费、差旅费，以及销售机构的设置、规模、数量、分布等。

3. 检查主营业务收入确认方法是否符合企业会计准则的规定

4. 核对收入交易的原始凭证与会计分录

以主营业务收入明细账中的会计分录为起点，检查相关原始凭证，如订购单、销售单、发运凭证、发票等，以评价已入账的营业收入是否真实发生。

5. 从发运凭证中选取样本追查至主营业务收入明细账

从发运凭证中选取样本，追查至主营业务收入明细账，以确定是否存在遗漏事项（完整性认定）。

6. 函证

结合对应收账款实施的函证程序，选择主要客户函证本期销售额。

7. 实施销售截止测试

（1）选取资产负债表日前后若干天的发运凭证，与应收账款和收入明细账进行核对；同时，从应收账款和收入明细账选取在资产负债表日前后若干天的凭证，与发运凭证核对，以确定销售是否存在跨期现象。

（2）复核资产负债表日前后销售和发货水平，确定业务活动水平是否异常，并考虑是否有必要追加实施截止测试程序。

（3）取得资产负债表日后所有的销售退回记录，检查是否存在提前确认收入的情况。

（4）结合对资产负债表日应收账款的函证程序，检查有无未取得对方认可的销售。

销售收入截止测试的两条审计路径见表9-4。

表9-4　销售收入截止测试审计路径

审计路线	目的	测试程序
以账簿记录为起点	防止高估营业收入	从资产负债表日前后若干天的账簿记录追查至记账凭证和客户签收的发运凭证，目的是证实已入账收入是否在同一期间已发货并由客户签收，有无多记收入
以发运凭证为起点	防止低估营业收入	从资产负债表日前后若干天的已经客户签收的发运凭证查至账簿记录，确定主营业务收入是否已记入恰当的会计期间

8. 检查销货退回

9. 检查销售折扣与折让

10. 列报和披露

检查主营业务收入在财务报表中的列报和披露是否符合企业会计准则的规定。

二、特别审计程序

注册会计师应根据被审计单位的特定情况和收入的重大错报风险程度（如附有销售退回条件的商品销售、售后回购等），考虑是否有必要实施一些特别的审计程序。

如果识别出被审计单位收入真实性存在重大异常情况，且通过常规审计程序无法获取充分、适当的审计证据，注册会计师需要考虑实施"延伸检查"程序，即对检查范围进行合理延伸，以应对识别出的舞弊风险。可实施的"延伸检查"程序如下：

（1）在获取被审计单位配合的前提下，对相关供应商、客户进行实地走访，针对相关采购、销售交易的真实性获取进一步的审计证据。

（2）利用企业信息查询工具，查询主要供应商和客户的股东至其最终控制人，以识别相关供应商和客户与被审计单位是否存在关联方关系。

（3）在采用经销模式的情况下，检查经销商的最终销售实现情况。

（4）当注意到存在关联方（例如被审计单位控股股东、实际控制人、关键管理人员）配合被审计单位虚构收入的迹象时，获取并检查相关关联方的银行账户资金流水，关注是否存在与被审计单位相关供应商或客户的异常资金往来。

【知识点拨】（1）如果识别出收入舞弊或获取的信息表明可能存在舞弊，注册会计师可与被审计单位治理层沟通，并要求治理层对舞弊事项进行调查。

（2）如果"延伸检查"程序是必要的，但受条件限制无法实施，或实施"延伸检查"程序后仍不足以获取充分、适当的审计证据，注册会计师应当考虑审计范围是否受限，并考虑对审计报告意见类型的影响或解除业务约定。

考点五 应收账款的审计 ★★★

扫我解疑难

📝 经典例题

【例题1·简答题】（2018年）ABC会计师事务所的A注册会计师负责审计甲公司2017年度财务报表。审计工作底稿中与函证相关的部分内容摘录如下：

（1）甲公司2017年末的一笔大额银行借款已于2018年初到期归还。A注册会计师检查了还款凭证等支持性文件，结果满意，决定不实施函证程序，并在审计工作底稿中记录了不实施函证程序的理由。

（2）A注册会计师评估认为应收账款的重大错报风险较高，为尽早识别可能存在的错报，在期中审计时对截至2017年9月末的余额实

施了函证程序，在期末审计时对剩余期间的发生额实施了细节测试，结果满意。

（3）A注册会计师对应收乙公司的款项实施了函证程序。因回函显示无差异，A注册会计师认可了管理层对应收乙公司款项不计提坏账准备的处理。

（4）A注册会计师拟对甲公司应付丙公司的款项实施函证程序。因甲公司与丙公司存在诉讼纠纷，管理层要求不实施函证程序。A注册会计师认为其要求合理，实施了替代审计程序，结果满意。

（5）A注册会计师评估认为应付账款存在低估风险，因此，在询证函中未填列甲公司账面余额，而是要求被询证者提供余额信息。

要求：针对上述第（1）至（5）项，逐项指出A注册会计师的做法是否恰当。如不恰当，简要说明理由。

【答案】

（1）不恰当。应当对重要的银行借款实施函证程序。

（2）不恰当。重大错报风险较高时，应在期末或接近期末实施函证。

（3）不恰当。函证不能为应收账款坏账准备的计提提供充分证据。

（4）不恰当。还应考虑可能存在重大的舞弊或错误，以及管理层的诚信度。

（5）恰当。

【例题2·单选题】（2013年）下列有关注册会计师是否实施应收账款函证程序的说法中，正确的是（　）。

A. 对上市公司财务报表执行审计时，注册会计师应当实施应收账款函证程序

B. 对小型企业财务报表执行审计时，注册会计师可以不实施应收账款函证程序

C. 如果有充分证据表明函证很可能无效，注册会计师可以不实施应收账款函证程序

D. 如果在收入确认方面不存在由于舞弊导致的重大错报风险，注册会计师可以不实施应收账款函证程序

【答案】C

【解析】除非有充分证据表明应收账款对被审计单位财务报表而言是不重要的，或者函证很可能是无效的，否则，注册会计师应当对应收账款进行函证。

📝 **考点精析** •

一、审计目标与认定对应关系

应收账款的审计目标一般包括：

A. 确定资产负债表中记录的应收账款是否存在——存在；

B. 确定所有应当记录的应收账款是否均已记录——完整性；

C. 确定记录的应收账款是否由被审计单位拥有或控制——权利和义务；

D. 确定应收账款是否可收回，坏账准备的计提方法和比例是否恰当，计提是否充分——计价和分摊；

E. 确定应收账款及其坏账准备是否已按照企业会计准则的规定在财务报表中作出恰当列报——列报。

二、审计目标与审计程序对应关系表

应收账款审计目标与审计程序对应关系表见表9-5。

表9-5 应收账款审计目标与审计程序对应关系表

审计目标	审计程序
D	取得应收账款明细表
ABD	分析与应收账款相关的财务指标
D	检查应收账款账龄分析是否正确
ACD	对应收账款实施函证程序
D	评价坏账准备计提的适当性
A	复核应收账款和相关总分类账、明细分类账和现金日记账，调查异常项目。对大额或异常、关联方应收账款，即使回函相符，仍应抽查其原始凭证
C	检查银行存款和银行贷款等询证函的回函、会议纪要、借款协议和其他文件，确定应收账款是否已被质押或出售

三、应收账款函证

除非有充分证据表明应收账款对被审计单位财务报表而言是不重要的，或者函证很可能是无效的，否则，注册会计师应当对应收账款进行函证。函证的具体步骤见表9-6。

表9-6 函证的具体步骤

步骤	具体内容
（1）确定函证范围和对象	函证数量的大小、范围是由诸多因素决定的，主要有：应收账款在全部资产中的重要性；被审计单位内部控制的强弱；以前期间的函证结果。 一般情况下，注册会计师应选择以下项目作为函证对象：账龄较长的项目；与债务人发生纠纷的项目；重大关联方项目；主要客户项目；新增客户项目；交易频繁但期末余额较小甚至为零的项目；非正常的项目

步骤	具体内容
(2)选择函证方式	注册会计师可采用积极的或消极的函证方式实施函证，也可将两种方式结合使用。 在采用积极的函证方式时，只有注册会计师收到回函，才能为财务报表认定提供审计证据。注册会计师没有收到回函，无法证明所函证信息是否正确。 积极的函证方式通常比消极的函证方式提供的审计证据可靠。因而在采用消极方式函证时，注册会计师通常还需辅之以其他审计程序 【知识点拨】在某些情况下，尤其是识别出有关收入确认的舞弊风险，导致注册会计师不能信赖从被审计单位取得的审计证据，注册会计师可能认为取得积极式函证回函是获取充分、适当审计证据的必要程序
(3)确定函证时间	注册会计师通常以**资产负债表日**为截止日，在资产负债表**日后**适当时间内实施函证。如果重大错报风险评估为**低水平**，注册会计师可以选择资产负债表**日前**适当日期为截止日实施函证，并对所函证项目自该截止日起至资产负债表日止发生的**变动**实施实质性程序
(4)函证控制	注册会计师应当对确认或填列的信息、选择被询证者、设计询证函以及发出和跟进(包括收回)询证函进行控制 【知识点拨】①在邮寄询证函时，注册会计师可以在核实由被审计单位提供的被询证者的联系方式后，**不使用被审计单位本身的邮寄设施**，而是**独立寄发**询证函(例如，直接在邮局投递)； ②如果注册会计师跟函时需有被审计单位员工陪伴，注册会计师需要在**整个过程中**保持对询证函的控制，同时，对被审计单位和被询证者之间串通舞弊的风险保持警觉
(5)对不符事项的处理	收回的询证函若有差异，注册会计师需要调查核实原因，确定其是否构成错报。不能仅通过询问被审计单位相关人员对不符事项的性质和原因得出结论，而是要在询问原因的基础上，检查相关的原始凭证和文件资料予以证实
(6)对未回函项目实施替代程序	①检查资产负债表日后收回的货款； ②检查相关的销售合同、销售单、发运凭证等文件； ③检查被审计单位与客户之间的往来邮件，如有关发货、对账、催款等事宜的邮件

【知识点拨】询证函回函的所有权归属会计师事务所，询证函回函应纳入审计工作底稿管理。

『链接』结合《中国注册会计师审计准则问题解答第2号——函证》进行学习。

阶段性测试

1.【多选题】下列与收入确认相关的情形中，存在舞弊风险迹象的有（   ）。

A. 未经客户同意，在销售合同约定的发货期之前发送商品

B. 交易标的对交易对手而言不具有合理用途

C. 交易之后长期不进行结算

D. 在接近期末时发生了大量或大额的交易

2.【单选题】在B公司2019年度财务报表审计中，A注册会计师负责销售与收款循环的审计。针对2019年营业收入的完整性认定，A注册会计师设计了下列四项审计程序，其中不能够获取充分、适当的审计证据的程序是（   ）。

A. 抽取2019年12月31日的发货单，检查相应的销售发票副本和账簿记录

B. 抽取2019年12月31日开具的销售发票副本，检查相应的发货单和账簿记录

C. 从营业收入明细账中抽取2020年1月1日的明细记录，检查相应的记账凭证、发货单和销售发票副本

D. 从营业收入明细账中抽取2019年12月31日的明细记录，检查相应的记账凭证、发货单和销售发票副本

3. 【多选题】下列各项中，注册会计师通常选择作为函证对象的有(   )。

A. 账龄较长的项目

B. 与债务人发生纠纷的项目

C. 重大关联方项目

D. 交易频繁但期末余额较小甚至余额为零的项目

4. 【多选题】下列各项中，可能导致应收账款函证结果产生不符的有(   )。

A. 询证函发出时，债务人已经付款，而被审计单位尚未收到货款

B. 询证函发出时，被审计单位的货物已经发出并已作销售记录，但债务人尚未收到货物

C. 债务人将货物退回而被审计单位尚未收到

D. 债务人对收到的货物质量方面有异议

而拒付货款

📝 **阶段性测试答案精析**

1. ABCD

2. D 【解析】选项 D 针对的是营业收入的发生认定。

3. ABCD 【解析】一般情况下，注册会计师应选择以下项目作为函证对象：账龄较长的项目；与债务人发生纠纷的项目；重大关联方项目；主要客户(或关系密切的客户)项目；新增客户项目；交易频繁但期末余额较小甚至余额为零的项目；可能产生重大错报或舞弊的非正常的项目。

4. ABCD 【解析】四个选项都属于被审计单位与债务人登记入账不符事项的具体表现。

本章综合练习 限时60分钟

一、单项选择题

1. 下列认定中，与销售信用批准控制相关的是(   )。

A. 计价和分摊   B. 发生

C. 权利和义务   D. 完整性

2. "独立检查已处理销售发票上的销售金额与会计记录金额的一致性"，这一控制针对的销售交易的认定是(   )。

A. 发生   B. 完整性

C. 准确性   D. 计价和分摊

3. 下列关于销售与收款交易的内部控制的表述中，错误的是(   )。

A. 企业应当指定专人就销售价格、信用政策等具体事项与客户进行谈判并订立合同

B. 定期清点销售单和销售发票，有助于防止漏开账单

C. 由负责登记固定资产卡片的人员按月向客户寄发应收账款对账单

D. 财会部门应当督促销售部门加紧催收应收账款

4. 下列有关收入确认的舞弊风险的说法中，错误的是(   )。

A. 关联方交易比非关联方交易更容易增加收入的发生认定存在舞弊风险的可能性

B. 如果被审计单位已经超额完成当年的利润目标，但预期下一年度的目标较难达到，表明收入的截止认定存在舞弊风险的可能性较大

C. 如果被审计单位采用投入产出法确认收入，且合同履约进度具有高度估计不确定性，表明收入的准确性认定存在舞弊风险的可能性较大

D. 对于以营利为目的的被审计单位，收入的发生认定存在舞弊风险的可能性通常大于完整性认定存在的舞弊风险

5. 关于评估与收入确认有关的重大错报风险，下列说法中错误的是(   )。

A. 注册会计师应当将与收入确认相关的所有认定都假定为存在舞弊风险

B. 实施风险评估程序，对注册会计师识别与收入确认相关的舞弊风险至关重要

C. 评估与收入确认有关的重大错报风险，注册会计师可以使用分析程序

D. 如果注册会计师认为收入确认存在舞弊风险的假定不适用于业务的具体情况，从而未将收入确认作为由于舞弊导致的重大错报风险领域，注册会计师应当在审计工作底稿中记录得出该结论的理由

6. 注册会计师检查发运凭证与销售发票连续编号是否完整，主要的测试目标是( )。

A. 登记入账的销售交易是否真实发生

B. 所有销售交易是否均已登记入账

C. 销售入账的金额是否正确

D. 销售交易是否计入恰当的会计期间

7. 甲公司的会计记录显示，2019 年 12 月某类存货销售激增，导致该类存货库存数量下降为零。注册会计师实施的下列程序中，难以发现虚假销售的是( )。

A. 计算该类存货 2019 年 12 月的毛利率，与以前月份的毛利率进行比较

B. 执行销售截止测试

C. 将该类存货列入监盘范围

D. 选择 2019 年 12 月的大额销售客户寄发询证函

8. 为证实被审计单位登记入账的销售交易确已发生，下列审计程序中，最为有效的是( )。

A. 函证应收账款余额

B. 从发运凭证追查至主营业务收入明细账

C. 从发运凭证追查至销售发票

D. 从主营业务收入明细账追查至发票存根及发运凭证

9. 为了证实被审计单位关于主营业务收入的截止认定，下列程序中最有效的是( )。

A. 从销售发票追查到主营业务收入明细账

B. 选取资产负债表日前后若干天一定金额

以上的发运凭证，追查至销售发票和主营业务收入明细账

C. 从主营业务收入明细账追查到发运凭证

D. 从发运凭证追查到销售发票副本和主营业务收入明细账

10. 注册会计师在对应收账款实施函证程序时，针对下列方面通常难以获取有效审计证据的是( )。

A. 应收账款的存在性

B. 应收账款的可变现净值

C. 应收账款金额的准确性

D. 应收账款是否归属于被审计单位

11. 对应收账款询证函的寄发过程的下列控制中，正确的是( )。

A. 由注册会计师填写询证函，交由被审计单位业务员到被询证单位盖章后取回

B. 由被审计单位财务人员填写询证函并寄发

C. 要求被询证单位将回函寄往会计师事务所

D. 由注册会计师填写并寄发，要求被询证单位将回函寄往被审计单位

12. 如果认为应收账款函证很可能无效，下列各项中，注册会计师首先考虑的是( )。

A. 视为审计范围受限，考虑对审计意见的影响

B. 检查相关原始凭证，如销售合同、销售订购单、期后收款的回款单据等

C. 要求管理层提供余额可靠的书面声明后认可该余额

D. 直接认可该余额

13. 针对坏账准备项目，注册会计师实施的下列审计程序中，错误的是( )。

A. 将应收账款坏账准备本期计提数与信用减值损失相应明细项目的发生额核对

B. 检查坏账准备计提和核销的批准程序，取得书面报告等证明文件，评价计提坏账准备所依据的资料、假设

C. 被审计单位某大额应收账款已于上一

年全额计提坏账准备，本年度无变化，注册会计师拟利用上一年度的这一测试结果证实该应收账款的存在

D. 通过比较前期坏账准备计提数和实际发生数，以检查期后事项评价坏账准备计提的合理性

14. 下列关于对收入执行"延伸审计"的相关说法中，正确的是(　　)。

A. 注册会计师应当在每次审计中都执行收入的延伸审计

B. 如果对被审计单位下游企业执行延伸审计，则延伸审计程序应当覆盖下游产业链的所有环节

C. 在获取被审计单位配合的前提下，注册会计师通过对相关供应商、客户进行实地走访以执行延伸审计

D. 为提高延伸审计程序的可执行性，注册会计师在访谈前应当经被审计单位确认后向走访对象发送访谈提纲

二、多项选择题

1. 下列各项内部控制中，有助于保证所有销售交易均已登记入账的有(　　)。

A. 发运凭证均经事先编号并及时登记入账

B. 销售发票均经事先编号并已登记入账

C. 从价格清单主文档获取销售单价登记明细账

D. 销售交易是以经审核的发运凭证及经过批准的客户订购单为依据登记入账的

2. 关于评估与收入确认相关的重大错报风险，下列说法中正确的有(　　)。

A. 注册会计师应当基于收入确认存在舞弊风险的假定，评估与收入确认相关的重大错报风险

B. 收入舞弊手段一定体现为为了达到粉饰财务报表目的而虚增收入或提前确认收入

C. 被审计单位的客户是否付款取决于能否从第三方融资，这种情形属于收入确认舞弊风险迹象，了解这一迹象有助于注册会计师更有针对性地采取应对措施

D. 分析程序是一种识别收入确认舞弊风险的较为有效的方法，注册会计师需要重视并充分利用分析程序，发挥其在识别收入确认舞弊中的作用

3. 下列各项审计程序中，可以为营业收入发生认定提供审计证据的有(　　)。

A. 从营业收入明细账中选取若干记录，检查相关原始凭证

B. 对应收账款余额实施函证

C. 检查应收账款明细账的贷方发生额

D. 调查本年新增客户的工商资料、业务活动及财务状况

4. 下列审计程序中，能够应对高估销售收入的重大错报风险的有(　　)。

A. 追查应收账款明细账中贷方发生额的记录

B. 从主营业务收入明细账中抽取若干分录，追查有无发运凭证、客户签收单

C. 检查主营业务收入明细账中与销售分录相应的销货单，以确定销售是否履行赊销审批手续和发货审批手续

D. 从已经签收的发运凭证追查至账簿记录

5. 下列各项中，属于销售截止测试的审计程序的有(　　)。

A. 复核资产负债表日前后销售和发货水平，确定业务活动水平是否异常

B. 取得资产负债表日后所有的销售退回记录，检查是否存在提前确认收入的情况

C. 结合对资产负债表日应收账款的函证程序，检查有无未取得对方认可的大额销售

D. 检查营业收入在财务报表中的列报是否恰当

6. 注册会计师在审计 A 公司应收账款时发现存在主要海外客户，注册会计师应实施的实质性程序中正确的有(　　)。

A. 检查 A 公司外币应收账款的增减变动是否采用发生日的即期汇率将外币折算为记账本位币金额

B. 检查 A 公司期末外币应收账款余额是

否采用期末即期汇率折合为记账本位币金额

C. 检查折算差额的会计处理是否正确

D. 对外币应收账款进行函证

7. 注册会计师在确定应收账款函证的范围、对象、方式和时间安排时，应当考虑的事项有（ ）。

A. 被审计单位的经营环境

B. 内部控制的有效性

C. 被询证者处理询证函的习惯做法

D. 回函的可能性

8. 下列关于应收账款询证函的说法中，正确的有（ ）。

A. 应收账款询证函回函应作为审计工作底稿归档管理

B. 除法院、检察院及其他有关部门依法查阅审计工作底稿，注册会计师协会对执业情况进行检查以及前后任沟通等情形外，应收账款询证函回函原件不得提供给被审计单位作为法律诉讼的证据

C. 应收账款询证函回函的所有权归属于会计师事务所

D. 询证函应以会计师事务所的名义寄发

9. 当运用审计抽样对应收账款进行函证且函证结果存在差异时，注册会计师进行的工作包括（ ）。

A. 应当估算应收账款的总额中可能出现的累计差错额

B. 估算未被选中进行函证的应收账款的累计差错额

C. 可以进一步扩大函证范围

D. 忽略函证结果的较小差异

三、简答题

1. 甲公司是 ABC 会计师事务所的常年审计客户，主要从事电子产品的生产和销售，A 注册会计师负责审计甲集团公司 2019 年度财务报表，确定集团财务报表整体的重要性为 100 万元。

资料一：A 注册会计师在审计工作底稿中记录了所了解的甲公司的销售与收款循环相关的部分事项，摘录如下：

(1) M 产品是甲公司于 2019 年完成研发的新上市的产品，于 2019 年 12 月 31 日以分期收款方式向某非关联公司销售了首批产品，合同约定销售价格为 120 万元（不含增值税），约定收款期为三年，2019 年至 2021 年每年年末各收取 40 万元。甲公司于 2019 年 12 月 31 日向该非关联公司交付了该批产品。

(2) 由于市场产能过剩、竞争加剧，甲公司为扩大销量，提高 N 产品的市场占有率，承诺为购买 N 产品的客户取得银行贷款提供担保。丙公司在 2019 年 3 月与甲公司签订购销合同，订购甲公司 N 产品 100 件，单价 1 万元，于 2019 年 10 月 30 日交货，丙公司应于 2020 年 6 月还款。在 2019 年年底丙公司被曝商业欺诈，面临巨额赔偿，不能如期还款的可能性较大。该批 N 产品已于 2019 年 10 月 30 日交货。除丙公司外，无其他新增客户购买 N 产品。

资料二：A 注册会计师在审计工作底稿中记录了甲公司的财务数据，部分内容摘录见表 9-7。

表 9-7　甲公司部分财务数据　　　　　　　　　　　金额单位：万元

项目	2019 年度（未审数）		2018 年度（已审数）	
	M 产品	N 产品	M 产品	N 产品
营业收入	120	130	0	30

资料三：A 注册会计师在审计工作底稿中记录了甲公司销售与收款循环的内部控制，部分内容摘录如表 9-8 所示。

表 9-8　甲公司销售与收款循环的内部控制摘录

序号	风险	控制
（1）	向客户提供过长信用期而增加坏账损失风险	客户的信用期由信用管理部审核批准。如长期客户临时申请延长信用期，由销售部经理批准
（2）	已记账的收入未发生或不准确	财务人员将经批准的销售订单、客户签字确认的发运凭单及发票所载信息相互核对无误后，编制记账凭证（附上述单据），经财务部经理审核后入账
（3）	应收账款记录不准确	每季度末，财务部向客户寄送对账单。如客户未及时回复，销售人员需要跟进；如客户回复表明差异超过该客户欠款余额的5%，则进行调查

要求：

（1）针对资料一第（1）至（2）项，结合资料二，假定不考虑其他条件，逐项指出资料一所列事项是否可能表明存在重大错报风险，如果认为可能存在重大错报风险，简要说明理由，并说明该风险与哪些财务报表项目（仅限于营业收入、应收账款）的哪些认定相关。

（2）针对资料三第（1）至（3）项，假定不考虑其他条件，逐项指出资料三所列控制的设计是否存在缺陷。如认为存在缺陷，简要说明理由。

2. A 注册会计师负责审计甲公司 2019 年度财务报表。甲公司 2019 年 12 月 31 日应收账款余额为 3 000 万元。A 注册会计师认为应收账款存在重大错报风险，决定选取金额较大以及风险较高的应收账款明细账户实施函证程序，选取的应收账款明细账户余额合计为 1 800 万元。相关事项如下：

（1）审计项目组成员要求被询证的甲公司客户将回函直接寄至会计师事务所，但甲公司客户 X 公司将回函寄至甲公司财务部，审计项目组成员取得了该回函，将其归入审计工作底稿。

（2）对于审计项目组以传真件方式收到的回函，审计项目组成员与被询证方取得了电话联系，确认回函信息，并在审计工作底稿中记录了电话内容与时间、对方姓名与职位，以及实施该程序的审计项目组员姓名。

（3）审计项目组成员根据甲公司财务人员提供的电子邮箱地址，向甲公司境外客户 Y 公司发送了电子邮件，询证应收账款余额，并收到了电子邮件回复。Y 公司确认余额准确无误。审计项目组成员将电子邮件打印后归入审计工作底稿。

（4）甲公司客户 Z 公司的回函确认金额比甲公司账面余额少 150 万元。甲公司销售部人员解释，甲公司于 2019 年 12 月末销售给 Z 公司的一批产品，在 2019 年末尚未开具销售发票，Z 公司因此未入账。A 注册会计师认为该解释合理，未实施其他审计程序。

（5）实施函证的 1 800 万元应收账款余额中，审计项目组未收到回函的余额合计 950 万元，审计项目组对此实施了替代程序：对其中的 500 万元查看了期后收款凭证；对没有期后收款记录的 450 万元，检查了与这些余额相关的销售合同和发票，未发现例外事项。

（6）鉴于对 60% 应收账款余额实施函证程序未发现错报，A 注册会计师推断其余 40% 的应收账款余额也不存在错报，无须实施进一步审计程序。

要求：针对上述第（1）至（6）项，逐项指出甲公司审计项目组的做法是否恰当。如不恰当，简要说明理由。

本章综合练习参考答案及详细解析

一、单项选择题

1. A 【解析】设计销售信用批准控制是为了降低坏账风险，所以与应收账款的计价和分摊认定相关。

2. C 【解析】独立检查已处理销售发票上的销售金额与会计记录金额的一致性，针对的是销售交易的准确性认定。

3. A 【解析】谈判人员至少应有两人以上，并与订立合同的人员相分离。

4. D 【解析】对于以营利为目的的被审计单位，管理者实施舞弊的动机或压力不同，其舞弊风险所涉及的具体认定也不同，注册会计师需要作出具体分析。如果管理层难以实现预期的利润目标，则可能有高估收入的动机或压力，因此，收入的发生认定存在舞弊风险的可能性较大，而完整性认定则通常不存在舞弊风险；相反，如果管理层有隐瞒收入而降低税负的动机，则注册会计师需要更加关注与收入完整性认定相关的舞弊风险。所以，选项 D 错误。

5. A 【解析】假定收入确认存在舞弊风险，并不意味着注册会计师应当将与收入确认相关的所有认定都假定为存在舞弊风险。

6. B 【解析】检查发运凭证与销售发票连续编号是否完整针对的是完整性认定，其目标是测试所有销售交易是否均已登记入账。

7. A 【解析】存货数量下降为零，说明被审计单位已经结转成本，这种情况下毛利率不会有太大变化，因此选项 A 是无效程序。

8. D 【解析】选项 D 属于逆查，最有助于实现发生认定。

9. B 【解析】选项 C 主要证实主营业务收入的发生认定；选项 AD 可以查出收入未入账的情况，主要证实的是主营业务收入的完整性认定。

10. B 【解析】应收账款的可变现净值依据注册会计师对该应收账款可收回性的判断，函证难以获取该方面的证据。

11. C 【解析】注册会计师应当对选择被询证者、设计询证函以及发出和收回询证函进行控制。要求被询证者将询证函原件寄回注册会计师所在的会计师事务所，以免被审计单位截留篡改。

12. B 【解析】如果认为函证很可能是无效的，注册会计师应当实施替代审计程序，获取相关、可靠的审计证据。对于函证未回函及未函证应收账款，注册会计师应抽查有关原始单据，如销售合同、销售订购单、销售发票副本、发运凭证及期后收款的回款单据等，以验证与其相关的应收账款的真实性。

13. C 【解析】计提坏账准备影响到应收账款的计价和分摊认定，不能证实应收账款的存在认定，即使本期应收账款金额未发生变化，注册会计师也应当结合应收账款函证等程序证实应收账款的存在。

14. C 【解析】选项 A，如果识别出被审计单位收入真实性存在重大异常情况，且通过常规审计程序无法获取充分、适当的审计证据，注册会计师需要考虑实施"延伸检查"程序，并非每次审计中都必须执行；选项 B，如果对下游产业链的某个或某几个环节实施"延伸检查"程序获取的审计证据，可以应对与收入确认相关的舞弊风险，则"延伸检查"程序无需覆盖所有环节；选项 D，注册会计师应当充分考虑被审计单位与被访谈对象串通舞弊的可能性，在访谈前应注意对访谈提纲保密。

二、多项选择题

1. AB 【解析】题干所指是完整性认定。选项 C 与计价和分摊认定相关，选项 D 与发生认定相关。

2. ACD 【解析】选项B，收入舞弊手段还可能体现为为了达到报告期内降低税负或转移利润等目的而少计收入或递延确认收入。

3. ABCD【解析】选项A，为递查，可以证实发生；选项B，应收账款的函证可以证实应收账款的存在，同时也为营业收入的发生提供证据；选项C，应收账款的贷方发生额代表应收账款的收回，可以为营业收入的真实发生提供证据；选项D，对新增客户情况的调查可以为交易的真实性提供证据。

4. ABC 【解析】选项D，应对的是低估销售收入的重大错报风险。

5. ABC 【解析】对销售实施截止测试，目的主要是确定被审计单位主营业务收入的会计记录归属期是否正确，应记入本期或下期的主营业务收入是否被推延至下期或提前至本期，选项D是与列报认定相关的审计程序。

6. ABCD 【解析】对于外币应收账款，不仅进行函证还应当检查非记账本位币应收账款的折算汇率及折算是否正确。

7. ABCD 【解析】注册会计师应当考虑被审计单位的经营环境、内部控制的有效性、应收账款账户的性质、被询证者处理询证函的习惯做法、回函的可能性等，以确定应收账款函证的范围、对象、方式和时间安排。

8. ABC 【解析】选项D，询证函应以被审计单位的名义寄发。

9. ABC 【解析】即使函证结果的差异较小，也可能会因为性质较为严重或推算出来的差错影响较大，不能直接忽略，故选项D不正确。

三、简答题

1.【答案】

（1）见表9-9。

表 9-9　甲公司存在重大错报风险的情况、理由及影响的报表项目与认定

事项序号	是否可能表明存在重大错报风险(是/否)	理由	财务报表项目名称及认定
（1）	是	该交易属于具有融资性质的分期收款销售，应当按照合同总价款的公允价值确认收入，通常按其未来现金流量现值或商品现销价格计算确定，而甲公司M产品的收入为120万元，很可能是全额确认了收入，存在多计收入的风险	营业收入（准确性）应收账款（计价和分摊）
（2）	是	甲公司在未来面临代偿和无法追偿风险时，应综合考虑贷款年限、客户信用等因素，判断是否满足收入确认条件，该客户在报告期末出现无法如期还款的可能性，甲公司N产品2019年收入比2018年高出100万元，很可能未全面考虑，直接一次性确认了这笔销售收入，可能存在高估收入、多计应收账款的风险	营业收入（发生）应收账款（存在）

（2）见表9-10。

表 9-10　甲公司销售与收款循环内部控制存在缺陷的情况及理由

事项序号	控制设计是否存在缺陷（是/否）	理由
（1）	是	未实现职责分离目标/长期客户临时申请延长信用期，应经信用管理部审核/可能由于销售人员追求更大销售量而不恰当延长信用期，导致坏账损失风险
（2）	否	—
（3）	是	应调查所有差异/即使差异未超过甲公司对该客户应收账款余额的5%，也应当调查/也可能是重大的

2.【答案】

（1）不恰当。注册会计师应当对函证的全过程保持控制。

（2）恰当。

（3）不恰当。电子回函的可靠性存在风险，注册会计师应当核实被询证者的信息。

（4）不恰当。函证的差异不能仅以口头解释为证据，应实施其他审计程序核实不符事项。

（5）不恰当。获取的销售合同和发票均为内部证据，证明力不足。

（6）不恰当。选取特定项目的方法不能以样本的测试结果推断至总体。

第10章 采购与付款循环的审计

考 情 分 析

➤ 历年考情分析

本章属于比较重要的章节，主要介绍采购与付款循环的内部控制和控制测试、应付账款的实质性程序、一般费用的实质性程序等内容。从命题趋势来看，针对本章直接命题的几率不高，主要是将采购与付款循环的内部控制及负债审计的内容与风险评估、风险应对相结合在主观题中考查。考生在了解采购与付款循环业务活动的基础上，要重点掌握相关内部控制及控制测试、应付账款的实质性程序。此外，考生还应注意与负债、费用相关的会计知识。

➤ 本章 2020 年考试主要变化

本章内容无实质性变化。

核心考点及经典例题详解

考点一 采购与付款循环的主要业务活动和相关内部控制 ★

扫我解疑难

📝 经典例题

【例题·单选题】下列有关采购与付款循环业务活动的处理，正确的是( )。

A. 请购单只能由采购部门负责填写

B. 只允许本企业内部员工进入存放商品的仓储区

C. 对于租赁合同和资本支出，企业通常不作特别授权

D. 支票一经签署就应在其凭单和支持性凭证上用加盖印戳或打洞等方式将其注销，以免重复付款

【答案】D

【解析】请购单可以由仓库负责填写，也可以由其他部门编制，选项 A 错误；存放商品的仓储区应相对独立，限制无关人员接近，本企业员工范围过大，选项 B 错误；对于租赁合同和资本支出，企业通常要求作特别授权，只允许指定人员提出请购，选项 C 错误。

📝 考点精析

购货付款业务流程如图 10-1 所示。

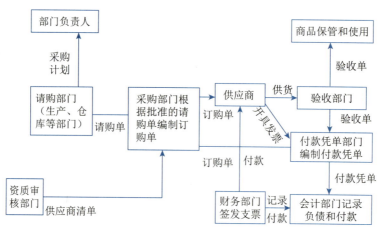

图 10-1　采购与付款业务流程

【知识点拨】①请购单**不便事先编号**；为加强控制，每张请购单必须经过对这类支出预算负责的主管人员签字批准。请购单是证明有关采购交易"**发生**"认定的凭据之一，也是采购交易轨迹的起点。

②订购单应预先予以**顺序编号**并经过被授权的采购人员**签名**。

③支票一经签署就应在其凭单和支持性凭证上用加盖印戳或打洞等方式将其注销，以免重复付款。

考点二　测试采购与付款循环的内部控制及控制测试★★

扫我解疑难

📝 **经典例题**

【例题·多选题】下列有关采购与付款循环内部控制的提法中，不正确的有(　　)。

A. 如果采购计划未经适当审批，将影响应付账款的完整性认定

B. 采购订单上的供应商代码必须在系统供应商清单中存在匹配的代码，才能生效并发送供应商，这项控制影响应付账款的"存在"认定

C. 临近期末的采购未被记录在正确的会计期间，影响应付账款的"完整性"认定

D. 采购订单与有效的请购单不符，将影响应付账款的"完整性"认定

【答案】AD

【解析】选项A影响应付账款存在认定；选项D会影响应付账款的"存在"、"准确性、计价和分摊"认定。

📝 **考点精析**

采购与付款循环的风险、存在的控制及控制测试程序(节选)见表10-1。

表 10-1　采购与付款循环的风险、存在的控制及控制测试程序(节选)

可能发生错报的环节	相关的财务报表项目及认定	对应的内部控制示例(自动)	对应的内部控制示例(人工)	内部控制测试程序
采购计划未经适当审批	存货：存在 其他费用：发生 应付账款：存在		生产、仓储等部门根据生产计划制定需求计划，采购部门汇总需求，按采购类型制定采购计划，经复核人复核后执行	询问复核人复核采购计划的过程，检查采购计划是否经复核人恰当复核

可能发生错报的环节	相关的财务报表项目及认定	对应的内部控制示例(自动)	对应的内部控制示例(人工)	内部控制测试程序
新增供应商或供应商信息变更未经恰当的认证	存货:存在 其他费用:发生 应付账款:存在	采购订单上的供应商代码必须在系统供应商清单中存在匹配的代码,才能生效并发送供应商	复核人复核并批准每一对供应商数据的变更请求。包括供应商地址或银行账户的变更以及新增供应商等。复核时,评估拟进行的供应商数据变更是否得到合适文件的支持,诸如由供应商提供的新地址或银行账户明细或经批准新供应商的授权表格。当复核完成且复核人提出的问题/要求的修改已经得到满意的解决后,复核人在系统中确认复核完成	询问复核人复核供应商数据变更请求的过程,抽样检查变更需求是否有相关文件支持及有复核人的复核确认。检查系统中采购订单的生成逻辑,确认是否存在供应商代码匹配的要求

【知识点拨】关注教材中列举的采购及付款循环的风险、内部控制及控制测试程序。

扫我 解疑难

考点三 应付账款审计 ★★

📝 **经典例题**

【例题·多选题】以下各项审计程序中,可以实现应付账款完整性审计目标的有( )。

A. 结合存货监盘,检查被审计单位在资产负债表日是否存在有材料入库凭证但未收到购货发票的业务

B. 抽查被审计单位资产负债表日后应付账款明细账贷方发生额,核对相应的购货发票和验收单据,确认其入账时间是否正确

C. 检查被审计单位资产负债表日后收到的购货发票,确认其入账时间是否正确

D. 检查被审计单位资产负债表日后应付账款明细账借方发生额的相应凭证,确认其入账时间是否正确

【答案】ABC

【解析】选项 D 主要实现应付账款存在目标。

📝 **考点精析**

一、审计目标与认定对应关系

应付账款审计目标与认定对应关系见表 10-2。

表 10-2 应付账款审计目标与认定对应关系表

审计目标	财务报表认定					
	存在	完整性	权利和义务	计价和分摊	分类	列报
A. 资产负债表中记录的应付账款是存在的	√					
B. 所有应当记录的应付账款均已记录		√				
C. 资产负债表中记录的应付账款是被审计单位应当履行的现实义务			√			
D. 应付账款以恰当的金额包括在财务报表中,与之相关的计价或调整已恰当记录,相关披露已得到恰当计量和描述				√		
E. 应付账款已记录于恰当的账户					√	

审计目标	财务报表认定					
	存在	完整性	权利和义务	计价和分摊	分类	列报
F. 应付账款已被恰当地汇总或分解且表述清楚，相关披露在适用的财务报告编制基础下是相关的、可理解的						√

二、审计目标与审计程序对应关系表

应付账款审计目标与审计程序对应关系见表10-3。

表 10-3　应付账款审计目标与审计程序对应关系表

审计目标	可供选择的审计程序
BD	获取被审计单位与其供应商之间的对账单，并将对账单和被审计单位财务记录之间的差异进行调节，查找有无未入账的应付账款，确定应付账款金额的准确性
BD	检查债务形成的相关原始凭证，如供应商发票、验收报告或入库单等，查找有无未及时入账的应付账款，确定应付账款期末余额的准确性
B	针对资产负债表日后付款项目，检查银行对账单及有关付款凭证，询问被审计单位内部或外部的知情人员，查找有无未及时入账的应付账款
B	结合存货监盘程序，检查被审计单位在资产负债日前后的存货入库资料(验收报告或入库单)，检查是否有大额料到单未到的情况，确认相关负债是否计入了正确的会计期间
B	检查资产负债表日后应付账款明细账贷方发生额的相应凭证，关注其购货发票的日期，确认其入账时间是否合理
AC	选择重要的应付账款项目函证其余额和交易条款，对未回函的再次发函或实施替代的检查程序
B	针对已偿付的应付账款，追查至银行对账单、银行付款单据和其他原始凭证，检查其是否在资产负债表日前真正偿付
A	针对异常或大额交易及重大调整事项(如大额的购货折扣或退回，会计处理异常的交易，未经授权的交易，或缺乏支持性凭证的交易等)，检查相关原始凭证和会计记录，以分析交易的真实性、合理性

三、应付账款的函证

获取适当的供应商相关清单，对应付账款实施函证。选取样本进行测试并执行下列审计程序：

(1)向债权人发送询证函。注册会计师应对询证函保持控制，包括确定需要确认或填列的信息、选择适当的被询证者、设计询证函，包括正确填列被询证者的姓名和地址，以及被询证者直接向注册会计师回函的地址等信息，必要时再次向被询证者寄发询证函等。

(2)将询证函余额与已记录金额相比较，如存在差异，检查支持性文件。评价已记录金额是否适当。

(3)对于未作回复的函证实施替代程序。

(4)如果认为回函不可靠，评价对评估的重大错报风险以及其他审计程序的性质、时间安排和范围的影响。

四、检查应付账款是否计入了正确的会计期间，是否存在未入账的应付账款

(1)对本期发生的应付账款增减变动，检查至相关支持性文件，确认会计处理是否正确。

(2)检查资产负债表日后应付账款明细账贷方发生额的相应凭证，关注其购货发票的日期，确认其入账时间是否合理。

（3）获取并检查被审计单位与其供应商之间的对账单以及被审计单位编制的差异调节表，确定应付账款金额的准确性。

（4）针对资产负债表日后付款项目，检查银行对账单及有关付款凭证(如银行汇款通知、供应商收据等)，询问被审计单位内部或外部的知情人员，查找有无未及时入账的应付账款。

（5）结合存货监盘程序，检查被审计单位在资产负债日前后的存货入库资料(验收报告或入库单)，检查是否有大额货到单未到的情况，确认相关负债是否计入了正确的会计期间。

五、寻找未入账负债的测试

选取尽量接近审计报告日的项目进行测试并实施下列审计程序：

（1）检查支持性文件，如相关的发票、采购合同/申请、收货文件以及接受劳务明细，以确定收到商品/接受劳务的日期及应在期末之前入账的日期。

（2）追踪已选取项目至应付账款明细账、货到票未到的暂估入账和/或预提费用明细表，并关注费用所计入的会计期间。调查并跟进所有已识别的差异。

（3）评价费用是否被记录于正确的会计期间，并相应确定是否存在期末未入账负债。

阶段性测试

1.【多选题】为合理保证已发生的采购交易均已记录，需要设置的关键内部控制有( )。

A. 请购单均经事先连续编号

B. 订购单均经事先连续编号并将已完成的

采购登记入账

C. 验收单均经事先连续编号并登记入账

D. 应付凭单均经事先连续编号并已登记入账

2.【多选题】注册会计师对被审计单位的采购业务进行期末截止测试，可以实施的审计程序包括( )。

A. 实地观察

B. 监盘存货

C. 比较购货发票上的日期与采购明细账中的日期

D. 比较验收单上的日期与采购明细账中的日期

3.【多选题】下列审计程序中，能够实现应付账款完整性认定审计目标的有( )。

A. 检查长期挂账的应付账款

B. 函证零余额的应付账款

C. 从应付账款明细账追查至相关原始凭证

D. 检查连续编号的验收单有无漏号

阶段性测试答案精析

1. BCD 【解析】由于企业内很多部门都可以填列请购单，所以不便事先统一编号，为加强控制，每张请购单必须经过对这类支出预算负责的主管人员签字批准。

2. CD 【解析】截止测试的目标是确定入账日期是否正确。选项 A，实地观察无法确认入账日期是否正确；选项 B，针对的是存货的存在认定，对证实存货完整性以及权利和义务认定也有帮助，但无助于实现截止测试的目标。

3. BD 【解析】选项 AC 实现的是应付账款存在认定的审计目标。

本章综合练习 限时45分钟

一、单项选择题

1. 下列关于采购与付款循环涉及凭证所证明的认定的说法中，不正确的是( )。

A. 定期独立检查验收单的顺序以确定每笔采购交易都已编制凭证，与采购交易的"完整性"认定有关

B. 请购单是证明有关采购交易的"发生"认定的证据之一，也是采购交易轨迹的起点

C. 检查付款凭单是否附有购货发票与采购交易的"完整性"认定相关

D. 验收单是支持资产或费用以及与采购有关的负债的"存在或发生"认定的重要凭证

2. "订购单均经事先连续编号并将已完成的采购登记入账"，这一关键内部控制针对的控制目标是(   )。

A. 已发生的采购交易均已记录

B. 所记录的采购交易计价正确

C. 所记录的采购都确已收到商品或已接受劳务

D. 采购交易的分类正确

3. 下列各项中，不能实现应付账款存在认定审计目标的是(   )。

A. 检查资产负债表日后应付账款明细账贷方发生额的相应凭证

B. 选择应付账款的重要项目函证其余额和交易条款

C. 检查应付账款长期挂账的原因

D. 从应付账款明细账追查至相关原始凭证

4. 为了证实采购交易被正确记入应付账款和存货等明细账中，并正确汇总，注册会计师最常用的实质性程序是(   )。

A. 查验付款凭单后是否附有完整的相关单据

B. 检查订购单连续编号的完整性

C. 检查有关凭证上内部核查的标记

D. 通过加计采购明细账，追查过入采购总账和应付账款、存货明细账的数额是否正确，用以测试过账和汇总的正确性

5. 注册会计师将是否存在未入账的应付账款作为重点审计领域，下列实施的审计程序中，难以实现上述审计目标的是(   )。

A. 检查供应商发票、验收报告等原始凭证追查至应付账款明细账

B. 检查被审计单位资产负债表日后应付账款明细账贷方发生额，确认其购货发票日期

C. 检查被审计单位资产负债表日前已偿付应付账款，追查至银行对账单、银行付款凭证

D. 分析本期各月应付账款余额，分析变动趋势

二、多项选择题

1. 在采购与付款循环中，下列各组属于不相容岗位的有(   )。

A. 请购与保管

B. 询价与确定供应商

C. 采购与验收

D. 付款审批与付款执行

2. 当注册会计师识别出存在应付关联方的款项时，应该实施的审计程序有(   )。

A. 了解交易的商业理由

B. 检查证实交易的支持性文件

C. 检查被审计单位与关联方的对账记录

D. 向关联方函证

3. 下列程序中，属于对一般费用的实质性程序的有(   )。

A. 将已记录金额与期望值进行比较，识别需要进一步调查的差异

B. 抽取资产负债表日前后的凭证，实施截止测试，评价费用是否被记录于正确的会计期间

C. 结合存货监盘程序，检查被审计单位在资产负债表日前后的存货入库资料

D. 检查一般费用的列报和披露是否恰当

4. 注册会计师对被审计单位付款交易执行截止测试的程序包括(   )。

A. 确定期末最后签署的支票的号码，确保其后的支票支付未被当作本期的交易予以记录

B. 选择已记录采购的样本，检查相关的商品验收单，保证交易已计入正确的会计期间

C. 追踪付款至期后的银行对账单，确定其

在期后的合理期间内被支付

D. 询问期末已签署但尚未寄出的支票，考虑该项支付是否应在本期转回，计入下一会计期间

5. 对于未回函的应付账款重大项目，注册会计师应采用替代审计程序。下列各项中，可以采用的有（　　）。

A. 检查决算日后应付账款明细账及库存现金和银行存款日记账，核实其是否已支付

B. 检查该笔债务的相关凭证资料，如合同、发票、验收单，核实应付账款的真实性

C. 针对已偿付的应付账款，追查至银行对账单、银行付款单据和其他原始凭证，检查其是否在资产负债表日前真实偿付

D. 检查资产负债表日后应付账款明细账贷方发生额的相应凭证，关注购货发票的日期

6. 下列审计程序中，能够验证应付账款的完整性的审计程序有（　　）。

A. 检查订购单、验收单等原始凭证，追查至应付账款明细账

B. 从应付账款明细账选取大额应付账款进行函证

C. 检查资产负债表日后应付账款明细账贷方发生额的相应凭证，关注其购货发票的日期，确认其入账时间是否合理

D. 检查资产负债表日已经偿付的应付账款，追查至银行对账单、银行付款单据和其他原始凭证，检查其是否在资产负债表日前真正偿付

7. 下列各项中，可以用来检查应付账款是否计入了正确的会计期间的有（　　）。

A. 获取并检查被审计单位与其供应商之间的对账单以及被审计单位编制的差异调节表

B. 检查资产负债表日后应付账款明细账贷方发生额的相应凭证，关注其购货发票的日期

C. 检查资产负债表日后付款项目的银行对账单及有关付款凭证

D. 检查被审计单位在资产负债表日前后的存货入库资料

8. 注册会计师负责对甲公司2018年财务报表进行审计，选择对除折旧/摊销、人工费用以外的一般费用执行分析程序，则需要考虑的事项包括（　　）。

A. 可获取信息的来源、可比性

B. 根据关键因素和相互关系设定预期值，评价预期值是否足够精确以识别重大错报

C. 将期末应付账款余额与期初余额进行比较，分析波动原因

D. 将已记录金额与期望值进行比较

三、简答题

1. ABC会计师事务所的A注册会计师负责审计甲公司2019年度财务报表，审计工作底稿中与负债审计相关的部分内容摘录如下：

(1) 甲公司各部门使用的请购单未连续编号，请购单由部门经理批准，超过一定金额还需总经理批准，A注册会计师认为该项控制设计有效，实施了控制测试，结果满意。

(2) 为查找未入账的应付账款，A注册会计师检查了资产负债表日后应付账款明细账贷方发生额的相关凭证，并结合存货监盘程序，检查了甲公司资产负债日前后的存货入库资料，结果满意。

(3) 由于2019年人员工资和维修材料价格连续上涨，甲公司实际发生的产品质量保证支出与以前年度预计数相差较大，A注册会计师要求管理层就该差异进行追溯调整。

(4) 甲公司有一笔账龄三年以上、金额重大的其他应付款，因2019年度未发生变动，A注册会计师未实施进一步审计程序。

(5) 甲公司年末与固定资产弃置义务相关的预计负债金额为200万元，A注册会计师作出了300万元到360万元之间的区间

估计，与管理层沟通后同意其按 100 万元的错报进行调整。

要求：针对上述第(1)至(5)项，逐项指出 A 注册会计师的做法是否恰当，如不恰当，简要说明理由。

2. ABC 会计师事务所接受甲公司委托审计其 2018 年度财务报表，并委派 A 注册会计师担任项目合伙人。A 注册会计师在审计工作底稿中记录的与采购与付款相关内部控制，部分内容摘录如下：

(1)采购原材料须由请购部门编制请购单，采购部门审核请购单后发出预先连续编号的采购订单。采购的原材料经采购人员验收后入库。

(2)甲公司将经批准的合格供应商信息录入信息系统形成供应商主文档，生产部员工在信息系统中填制连续编号的请购单时只能选择该主文档中的供应商。供应商的变动需由采购部经理批准，并由其在系统中更新供应商主文档。

(3)应付凭单部门核对供应商发票、入库单和采购订单，并编制预先连续编号的付款凭单。会计部门在接到经应付凭单部门审核的上述单证和付款凭单后，登记原材料和应付账款明细账。月末，在与仓库核对连续编号的入库单和采购订单后，应付凭单部门对相关原材料入库数量和采购成本进行汇总。应付凭单部门对已经验收入库但尚未收到供应商发票的原材料编制清单，会计部门据此将相关原材料暂估入账。

(4)甲公司安排入库单编制人员定期检查已经进行会计处理的入库单记录，确认是否存在遗漏、或重复记录的入库单，并对例外情况予以跟进。

要求：针对上述第(1)至(4)项，逐项指出甲公司的内部控制是否存在缺陷。如存在缺陷，简要说明理由，并提出改进建议。

本章综合练习参考答案及详细解析

一、单项选择题

1. C 【解析】如果付款凭单未附有购货发票，说明可能记录了未发生的采购交易，与"发生"认定相关，而不是"完整性"认定。

2. A 【解析】要求订购单均经事先连续编号并将已完成的采购登记入账，这样可能通过漏号发现未登记的采购交易，并及时更正，有助于达到"已发生的采购交易均已记录"的内部控制目标。

3. A 【解析】选项 A 与完整性认定相关。通过检查资产负债表日后应付账款明细账的贷方发生额的有关凭证，只能有两种可能：一种情况是这笔应付账款贷方发生额应当记录在审计年度，这就说明应付账款完整性认定有错；另一种情况是这笔应付账款本来就应该记录在资产负债表日后，

这就证明应付账款在审计年度中的完整性没有错。可见，"检查资产负债表日后应付账款明细账贷方发生额的相应凭证"与应付账款完整性有关。

4. D 【解析】选项 ABC 都属于控制测试，而且不是验证"计价和分摊"认定的程序，故此三项均不正确。

5. D 【解析】选项 D 属于实质性分析程序，资产负债表项目应关注时点数据，因此分析各月变动情况与检查应付账款的完整性无关。

二、多项选择题

1. BCD 【解析】请购人与被请购资产的保管人可以是同一人。采购与付款交易不相容岗位至少包括：请购与审批；询价与确定供应商；采购合同的订立与审批；采购与验收；采购、验收与相关会计记录；付

款审批与付款执行。

2. ABCD

3. ABD 【解析】选项C属于"检查应付账款是否计入了正确的会计期间"的审计程序，不符合题意。

4. ACD 【解析】选项B是针对采购交易的截止测试。

5. AB 【解析】选项C，既然针对的是资产负债表日前已偿付的应付账款，那么就不会体现在资产负债表日的余额中，函证不包括该部分金额，该程序就不会是函证的替代程序；选项D，针对的是应付账款的完整性。

6. ACD 【解析】选项B，函证应付账款针对的主要是存在认定。

7. ABCD

8. ABD 【解析】选项C本身没有错误，但是不属于对除折旧/摊销、人工费用以外的一般费用进行的分析程序。

三、简答题

1. 【答案】
(1) 恰当。
(2) 不恰当。还应检查资产负债表日后货币资金的付款项目/获取甲公司与供应商之间的对账单并与财务记录进行核对调

节/检查采购业务形成的相关原始凭证。
(3) 不恰当。资产负债表日后价格的变化并不表明前期会计估计存在差错。
(4) 不恰当。注册会计师应当对重大账户余额实施实质性程序。
(5) 恰当。

2. 【答案】
(1) 存在缺陷：采购部门的人员不能验收商品。
理由：采购与验收是不相容的岗位。
建议：验收商品应当由验收部门的人员进行验收。
(2) 存在缺陷：均由采购部经理执行，未设置恰当的职责分离。
理由：对供应商信息修改的批准和录入是两项不相容职责。
建议：由会计部门的人员负责更新供应商主文档。
(3) 没有缺陷。
(4) 存在缺陷：入库单编制人员不能复核入库单记录。
理由：编制和复核是不相容职责。
建议：由独立复核人员定期检查已经进行会计处理的入库单记录。

第11章 生产与存货循环的审计

JINGDIAN TIJIE

考情分析

▶ **历年考情分析**

本章属于重点章节，主要介绍针对生产与存货循环中涉及的相关内部控制和重要财务报表项目执行的控制测试和实质性程序。考试中，各种题型均会涉及，近几年主要考查的是关于存货审计的简答题，考生应重点关注。对本章内容的学习，考生应关注：存货的监盘、存货的计价测试等内容，此外，还应注意相关的会计知识。

▶ **本章 2020 年考试主要变化**

本章主要删除了针对存货的一般审计程序中的"实质性分析程序"的内容，其他只是文字表述上的调整，并无实质性变动。

核心考点及经典例题详解

考点一 生产与存货循环的业务活动、主要凭证、内部控制及控制测试★

扫我解疑难

📝 **经典例题**

【例题·多选题】有关生产与存货循环的内部控制，下列说法中恰当的有（　　）。

A. 所有领料单由生产主管签字批准，仓库管理员凭经批准的领料单发料，此控制能够有效防范原材料未经授权就发出的风险

B. 生产通知单应由生产计划部门负责签发，但无需对此连续编号

C. 如果发出的原材料未正确记入相应产品的生产成本，则影响生产成本的"计价和分摊"认定

D. 为了保证存货存放安全，只有经过授权的人员可以接触存货

【答案】ACD

【解析】选项 B，生产通知单应连续编号。

📝 **考点精析**

一、生产与存货循环的业务活动及主要凭证

生产与存货循环的业务活动及主要凭证见图 11-1。

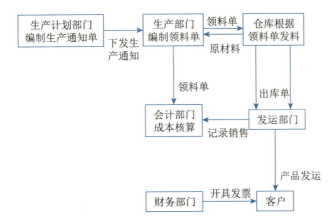

图 11-1　生产与存货循环的业务活动及主要凭证

二、生产与存货循环的相关内部控制及控制测试

生产与存货循环的相关内部控制及控制测试见表 11-1。

表 11-1　生产与存货循环的相关内部控制及控制测试

可能发生错报的环节	相关财务报表项目及认定	存在的内部控制（自动）	存在的内部控制（人工）	内部控制测试程序
1. 发出原材料				
原材料的发出可能未经授权	生产成本：存在		所有领料单由生产主管签字批准，仓库管理员凭经批准的领料单发出原材料	选取领料单，了解生产主管如何执行相关审核，检查是否有生产主管的签字授权
发出的原材料可能未正确计入相应产品的生产成本中	生产成本：计价和分摊	领料单信息输入系统时须输入对应的生产任务单编号和所生产的产品代码，每月月末系统自动归集生成材料成本明细表	生产主管每月月末将其生产任务单及相关领料单存联与材料成本明细表进行核对，调查差异并处理	检查生产主管核对材料成本明细表的记录，并询问其核对过程及结果
2. 记录人工成本				
生产工人的人工成本可能未得到准确反映	生产成本：计价和分摊	所有员工有专属员工代码和部门代码，员工的考勤记录记入相应员工代码	人事部每月编制工薪费用分配表，按员工所属部门将工薪费用分配至生产成本、制造费用、管理费用和销售费用，经财务经理复核后入账	检查系统中员工的部门代码设置是否与其实际职责相符。询问并检查财务经理复核工资费用分配表的过程和记录
3. 产成品入库				
已完工产品的生产成本可能没有转移到产成品中	存货：计价和分摊	系统根据当月输入的产成品入库单和出库单信息自动生成产成品收（入库）发（出库）存(余额)报表	成本会计将产成品收发存表中的产品入库数量与当月成本计算表中结转的产成品成本对应的数量进行核对	询问和检查成本会计将产成品收发存报表与成本计算表进行核对的过程和记录

可能发生 错报的环节	相关财务报 表项目及认定	存在的内部控制 （自动）	存在的内部控制（人工）	内部控制测试程序
4. 盘点存货				
存货可能被盗或因材料领用/产品销售未入账而出现账实不符	存货：存在		仓库保管员每月末盘点存货并与仓库台账核对并调节一致；成本会计监督其盘点与核对，并抽查部分存货进行复盘。 每年年末盘点所有存货，并根据盘点结果分析盘盈盘亏并进行账面调整	
5. 计提存货跌价准备				
可能存在残冷背次的存货，影响存货的价值	存货：计价和分摊 资产减值损失：完整性	系统根据存货入库日期自动统计货龄，每月月末生成存货货龄分析表	财务部根据系统生成的存货货龄分析表，结合生产和仓储部门上报的存货损毁情况及存货盘点中对存货状况的检查结果，计提存货减值准备，报总经理审核批准后入账	询问财务经理识别减值风险并确定减值准备的过程，检查总经理的复核批准记录

【知识点拨】

①在上述控制测试中，如果人工控制在执行时依赖于信息系统生成的报告，注册会计师还应当针对系统生成报告的准确性执行测试。

②在被审计单位采用信息系统执行全程自动化成本核算的情况下，注册会计师通常需要对信息系统中的成本核算流程和参数设置进行了解和测试(可能需要利用信息技术专家的工作)，并测试相关信息系统一般控制的运行有效性。

考点二　存货监盘★★★

扫我解疑难

📝 **经典例题**

【例题1·简答题】(2018年)ABC会计师事务所的A注册会计师负责审计多家被审计单位2017年度财务报表。与存货审计相关的部分事项如下：

(1)甲公司为制造型企业，存货产销量大但年末余额不重大，因此，A注册会计师未了解与生产和存货循环相关的业务流程，直接实施了细节测试。

(2)乙公司2017年年末持有的在途存货于2018年1月4日验收入库，管理层在2018年1月5日实施盘点时将这些存货纳入了盘点范围，A注册会计师在实施监盘的基础上，检查了这些存货的验收入库单据等，结果满意。

(3)A注册会计师于2017年12月31日在丙公司存货盘点现场实施监盘，于次日取得所有盘点标签，检查了是否连续编号，并将存货盘点汇总表与盘点标签进行了核对，结果满意。

(4)A注册会计师评价认为丁公司管理层有关存货盘点的指令和程序设计合理，因此在监盘中缩小了抽盘范围。

(5)A注册会计师于2017年年末对戊公司存货实施监盘时，得知管理层拟于2018年1月销毁一批过期商品，A注册会计师检查了该批商品的账簿记录，确认已全额计提跌价准备，不再将其纳入监盘范围。

(6)己公司是ABC会计师事务所2018年2月新承接的客户，管理层于2017年12月31日进行了存货盘点，因年末存货余额重大，A注册会计师详细检查了己公司的年末盘点记录以及期后的存货出入库记录及相关单据，结果满意,据此认可了年末存货数量。

要求:针对上述第(1)至(6)项,逐项指出 A 注册会计师的做法是否恰当。如不恰当,简要说明理由。

【答案】

(1)不恰当。应了解与生产和存货循环相关的业务流程。

(2)恰当。

(3)不恰当。不应在次日取得所有盘点标签和检查盘点标签是否连续编号/应在监盘前检查盘点标签是否连续编号,盘点结束后回收并清点所有已使用和未使用的盘点表和盘点标签。

(4)不恰当。还应考虑指令和程序是否得到执行。

(5)不恰当。应对过期商品是否存在及其状况实施监盘。

(6)不恰当。应对己公司存货执行监盘程序。

【例题2·简答题】(2014年)甲公司主要从事家电产品的生产和销售。ABC 会计师事务所负责审计甲公司 2013 年度财务报表。审计项目组在审计工作底稿中记录了与存货监盘相关的情况,部分内容摘录如下:

(1)审计项目组拟不信赖与存货相关的内部控制运行的有效性,故在监盘时不再观察管理层制定的盘点程序的执行情况。

(2)审计项目组获取了盘点日前后存货收发及移动的凭证,以确定甲公司是否将盘点日前入库的存货、盘点日后出库的存货以及已确认为销售但尚未出库的存货包括在盘点范围内。

(3)由于甲公司人手不足,审计项目组受管理层委托,于 2013 年 12 月 31 日代为盘点甲公司异地专卖店的存货,并将盘点记录作为甲公司的盘点记录和审计项目组的监盘工作底稿。

(4)审计项目组按存货项目定义抽样单元,选取 a 产品为抽盘样本项目之一。a 产品分布在 5 个仓库中,考虑到监盘人员安排困难,审计项目组对其中 3 个仓库的 a 产品执行抽盘,

未发现差异,对该样本项目的抽盘结果满意。

(5)在甲公司存货盘点结束前,审计项目组取得并检查了已填用、作废及未使用盘点表单的号码记录,确定其是否连续编号以及已发放的表单是否均已收回,并与存货盘点汇总表中记录的盘点表单使用情况核对一致。

(6)甲公司部分产成品存放在第三方仓库,其年末余额占资产总额的 10%。

要求:

(1)针对上述第(1)至(5)项,逐项指出审计项目组的做法是否恰当。如不恰当,简要说明理由。

(2)针对上述第(6)项,列举三项审计项目组可以实施的审计程序。

【答案】

(1)第(1)项不恰当。无论是否信赖内部控制,注册会计师在监盘中均应当观察管理层制定的盘点程序的执行情况。

第(2)项不恰当。已确认为销售但尚未出库的存货不应包括在盘点范围内。

第(3)项不恰当。盘点存货是甲公司管理层的责任,审计项目组代管理层执行盘点工作,将会影响其独立性。

第(4)项不恰当。当 a 产品被选为样本项目时,应当对所有 a 产品执行抽盘。

第(5)项恰当。

(2)审计项目组可以实施的审计程序有(以下答对三项即可):

①向保管存货的第三方函证存货的数量和状况;

②检查与第三方保管的存货相关的文件记录;

③对第三方保管的存货实施监盘;

④安排其他注册会计师对第三方保管的存货实施监盘;

⑤获取其他注册会计师或提供仓储服务的第三方的注册会计师针对第三方用以保证存货得到恰当盘点和保管的内部控制的适当性而出具的报告。

一、存货监盘的作用

1. 存货监盘的必要性

当存货对财务报表**重要**时，注册会计师应当"(1)在存货盘点现场实施监盘(除非不可行)；(2)对期末存货记录实施审计程序，以确定其是否准确反映实际的存货盘点结果。"以对存货的存在和状况获取充分、适当的审计证据。

2. 监盘的责任

注册会计师的责任：实施存货监盘，获取有关期末存货**数量和状况**的充分、适当的审计证据。

被审计单位管理层的责任：定期盘点存货、合理确定存货的数量和状况。

二者应各司其职，并不能相互取代。

3. 审计目标

监盘存货的审计目标为：获取有关存货"**数量和状况**"的审计证据。

(1)针对存在认定：存货监盘针对的主要是存货的存在认定；

(2)针对完整性、计价和分摊认定：能提供部分审计证据；

(3)针对所有权：可能获取部分审计证据。存货监盘本身不足以提供注册会计师确定存货的所有权，注册会计师可能需要执行其他实质性程序以应对所有权认定的相关风险。

4. 存货监盘审计程序

在存货盘点现场实施监盘时，注册会计师应当实施下列审计程序：

(1)**评价**管理层用以记录和控制存货盘点结果的指令和程序；

(2)**观察**管理层制定的盘点程序的执行情况；

(3)**检查**存货；

(4)执行**抽盘**。

【知识点拨】监盘程序用作控制测试还是实质性程序，取决于注册会计师的风险评估

结果、审计方案和实施的特定程序。

二、存货监盘计划

1. 制订存货监盘计划的基本要求

注册会计师应当根据**被审计单位存货的特点、盘存制度和存货内部控制的有效性**等情况，**在评价被审计单位管理层制定的存货盘点程序的基础上**，编制存货监盘计划，对存货监盘做出合理安排。

2. 制订存货监盘计划应考虑的相关事项

在编制存货监盘计划时，注册会计师需要考虑以下事项：

(1)与存货相关的重大错报风险。

(2)与存货相关的内部控制的性质。

(3)对存货盘点是否制定了适当的程序，并下达了正确的指令。

注册会计师一般需要复核或与管理层讨论其存货盘点程序。在复核或与管理层讨论其存货盘点程序时，注册会计师应当考虑下列主要因素，以评价其能否合理地确定存货的数量和状况：盘点的时间安排；存货盘点范围和场所的确定；盘点人员的分工及胜任能力；盘点前的会议及任务布置；存货的整理和排列，对毁损、陈旧、过时、残次及所有权不属于被审计单位的存货的区分；存货的计量工具和计量方法；在产品完工程度的确定方法；存放在外单位的存货的盘点安排；存货收发截止的控制；盘点期间存货移动的控制；盘点表单的设计、使用与控制；盘点结果的汇总以及盘盈或盘亏的分析、调查与处理。

【知识点拨】如果认为被审计单位的存货盘点程序存在缺陷，注册会计师应当提请被审计单位调整。

(4)存货盘点的时间安排。

如果存货盘点在财务报表日以外的其他日期进行，注册会计师除实施存货监盘相关审计程序外，还应当实施其他审计程序，以获取审计证据，确定**存货盘点日与财务报表日之间**的存货**变动**是否已得到恰当的记录。

(5)被审计单位是否一贯采用永续盘

存制。

①如果被审计单位通过实地盘存制确定存货数量，则注册会计师要参加此种盘点。

②如果被审计单位采用永续盘存制，注册会计师在年度中一次或多次参加盘点。

(6)存货的存放地点，以确定适当的监盘地点。

如果被审计单位的存货存放在多个地点，注册会计师可以要求被审计单位提供一份完整的存货存放地点清单(包括期末库存量为零的仓库、租赁的仓库，以及第三方代被审计单位保管存货的仓库等)，并考虑其完整性。根据具体情况下的风险评估结果，注册会计师可以考虑执行相应的审计程序。

【知识点拨】如果识别出由于舞弊导致的影响存货数量的重大错报风险，注册会计师在检查被审计单位存货记录的基础上，可能决定：

①在不预先通知的情况下对特定存放地点的存货实施监盘；

②在同一天对所有存放地点的存货实施监盘；

③在连续审计中，注册会计师可以考虑在不同期间的审计中变更所选择实施监盘的地点。

(7)是否需要专家协助。

3. 存货监盘计划的主要内容(见表11-2)

表 11-2　存货监盘计划的主要内容

项目	内容
存货监盘的主要目标	获取被审计单位资产负债表日有关存货数量和状况以及有关管理层存货盘点程序可靠性的审计证据，检查存货的数量是否真实完整，是否归属被审计单位，存货有无毁损、陈旧、过时、残次和短缺等状况
存货监盘范围	范围的大小取决于存货的内容、性质及与存货相关的内部控制的完善程度和重大错报风险的评估结果
存货监盘的时间	应当与被审计单位实施存货盘点的时间相协调，包括实地察看盘点现场的时间、观察存货盘点的时间和对已盘点存货实施检查的时间等
存货监盘的要点及关注事项	盘点期间的存货移动、存货的状况、存货的截止确认、存货的各个存放地点及金额等
监盘人员的分工	根据被审计单位参加存货盘点人员的情况，确定参加存货监盘的人员组成以及各组成人员的职责和具体分工情况，并加强督导
抽盘存货的范围	根据对被审计单位存货盘点和对被审计单位内部控制的评价结果确定抽盘存货的范围。在实施观察程序后，如果认为被审计单位内部控制设计良好且得到有效实施、存货盘点组织良好，可以相应缩小实施抽盘程序的范围

三、存货监盘程序

在存货盘点现场实施监盘时，注册会计师应当实施下列审计程序：

1. 评价管理层用以记录和控制存货盘点结果的指令和程序

注册会计师可以通过询问管理层以及阅读被审计单位的盘点计划等方式，了解被审计单位对存货移动所采取的控制程序和对存货收发截止影响的考虑。

在实施存货监盘程序时，注册会计师需要观察被审计单位有关存货移动的控制程序是否得到执行。

2. 观察管理层制定的盘点程序的执行情况

(1)观察管理层制定的盘点程序(如对盘点时及其前后的存货移动的控制程序)的执行情况，这有助于注册会计师获取有关管理层指令和程序是否得到适当设计和执行的审计证据。

(2)如果在盘点过程中被审计单位的生产经营仍将持续进行，注册会计师应通过实施必要的检查程序，确定被审计单位是否已经对此设置了相应的控制程序，确保在适当的期间内对存货做出了准确记录。

（3）注册会计师可以获取有关截止性信息（如存货移动的具体情况）的复印件，有助于日后对存货移动的会计处理实施审计程序。

『提示』应关注存货各种不同情况下，是否应纳入盘点范围。

3. 检查存货

在存货监盘过程中检查存货，虽然不一定能确定存货的所有权，但有助于确定存货的存在，以及识别过时、毁损或陈旧的存货。

4. 执行抽盘

（1）检查的方法：

①从存货盘点记录中选取项目追查至存货实物，测试盘点**记录的准确性**；

②从存货实物中选取项目追查至存货盘点记录，测试存货盘点**记录的完整性**。

【知识点拨】注册会计师应尽可能避免让被审计单位事先了解即将抽盘的存货项目。

（2）发现差异的处理：注册会计师在实施抽盘程序发现差异时，一方面，注册会计师应当查明原因，并及时提请被审计单位更正；另一方面，注册会计师应当考虑错误的潜在范围和重大程度，在可能的情况下，扩大检查范围以减少错误的发生。注册会计师还可要求被审计单位重新盘点。重新盘点的范围可限于某一特殊领域的存货或特定盘点小组。

5. 需要特别关注的情况

（1）存货盘点范围。

针对应纳入盘点范围的存货：在被审计单位盘点存货前，注册会计师应当观察盘点现场，确定应纳入盘点范围的存货是否已经

适当整理和排列，并附有盘点标识，以防止遗漏或重复盘点。

针对未纳入盘点范围的存货：注册会计师应当查明未纳入的原因。

【知识点拨】①对所有权不属于被审计单位的存货，注册会计师应当取得其规格、数量等有关资料，确定是否已**单独存放**、**标明**，且未被纳入盘点范围；

②在途存货属于企业购入的存货，注册会计师应将其纳入存货盘点范围，但由于这部分存货的特殊性，注册会计师可以不进行监盘，而是实施替代审计程序，如采用函证方式审查。

（2）对特殊类型存货的监盘。对特殊的存货，注册会计师需要运用职业判断，根据存货的实际情况，设计恰当的审计程序，对存货的数量和状况获取审计证据。

6. 存货监盘结束时的工作

（1）再次观察盘点现场，以确定所有应纳入盘点范围的存货是否均已盘点；

（2）取得并检查已填用、作废及未使用盘点表单的号码记录，确定其是否连续编号，查明已发放的表单是否均已收回，并与存货盘点的汇总记录进行核对。

【知识点拨】①如果存货盘点日不是资产负债表日，注册会计师应当实施适当的审计程序，确定盘点日与资产负债表日之间存货的变动是否已得到恰当的记录。

②在实务中，注册会计师可以结合盘点日至财务报表日之间间隔期的长短、相关内部控制的有效性等因素进行风险评估，设计和执行适当的审计程序。

四、特殊情况的处理（见表 11-3）

表 11-3　特殊情况的处理

特殊情况	具体处理
在存货盘点现场实施存货监盘不可行	实施**替代审计程序**（如检查盘点日后出售盘点日之前取得或购买的特定存货的文件记录），以获取有关存货的存在和状况的充分、适当的审计证据。如果不能实施替代审计程序，或者实施替代审计程序可能无法获取有关存货的存在和状况的充分、适当的审计证据，注册会计师需要按照规定发表非无保留意见

特殊情况	具体处理
因不可预见的情况导致无法在存货盘点现场实施监盘	另择日期实施监盘，并对间隔期内发生的交易实施审计程序
由第三方保管或控制的存货	注册会计师应当实施下列一项或两项审计程序，以获取有关该存货存在和状况的充分、适当的审计证据： (1)向持有被审计单位存货的第三方函证存货的数量和状况； (2)实施检查或其他适合具体情况的审计程序。 其他审计程序包括：①实施或安排其他注册会计师实施对第三方的存货监盘；②获取其他注册会计师或服务机构注册会计师针对用以保证存货得到恰当盘点和保管的内部控制的适当性而出具的报告；③检查与第三方持有的存货相关的文件记录，如仓储单；④当存货被作为抵押品时，要求其他机构或人员进行确认

『链接』结合《中国注册会计师审计准则问题解答第3号——存货监盘》对存货监盘进行学习。

考点三 存货的计价测试★

扫我解疑难

📋 经典例题

【例题·多选题】下列各项中，注册会计师在测试存货跌价损失准备时，需要测试的有( )。

A. 识别需要计提跌价损失准备的存货项目

B. 检查可变现净值的计量是否合理

C. 生产成本在当期完工产品与在产品之间的分配

D. 原材料的单位成本

【答案】AB

【解析】选项CD是注册会计师对存货单位成本实施测试时的测试程序。

📋 考点精析

一、存货单位成本测试

1. 原材料的单位成本测试

测试思路：通常基于企业的原材料计价方法(如先进先出法，加权平均法等)，结合原材料的历史购买成本，测试其账面成本是否准确；

测试程序：核对原材料采购的相关凭证(主要是与价格相关的凭证，如合同、采购订单、发票等)以及验证原材料计价方法的运用是否正确。

2. 产成品和在产品的单位成本测试

注册会计师需要对成本核算过程(包括直接材料成本测试、直接人工成本测试、制造费用测试和生产成本在当期完工产品与在产品之间分配四项内容)实施测试。

二、存货跌价损失准备的测试

注册会计师在测试存货跌价损失准备时，需要从以下两个方面进行测试：①识别需要计提跌价损失准备的存货项目；②检查可变现净值的计量是否合理。

📋 阶段性测试

1. 【单选题】定期盘点存货是管理层的责任，实施监盘程序是注册会计师的责任，则盘点计划的制定人应为( )。

A. 注册会计师

B. 被审计单位管理层

C. 被审计单位的主管部门

D. 被审计单位的存货保管人员

2. 【多选题】下列有关存货监盘的说法中，正确的有( )。

A. 注册会计师在制定监盘计划时，需要考虑是否在监盘中利用专家的工作

B. 如果存货盘点在财务报表日以外的其他日期进行，注册会计师除实施监盘相关审计程序外，还应当实施其他程序，以确定盘点日与财务报表日之间的存货变动已得到恰当记录

C. 如果存货存放在不同地点，注册会计师的监盘应当覆盖所有存放地点

D. 如果存货存放在多个地点，注册会计师根据被审计单位提供的存货存放地点清单进行监盘即可

3. 【多选题】下列各项中，属于注册会计师在存货监盘结束时应当做的工作的有( )。

A. 再次观察盘点现场，以确定所有应纳入盘点范围的存货是否均已盘点

B. 取得并检查已填用、作废及未使用盘点表单的号码记录

C. 将盘点表单与存货盘点的汇总记录进行核对

D. 考虑管理层对存货盘点是否制定了适当的程序

4. 【多选题】注册会计师应当对存货的计价进行测试，则下列属于针对产成品和在产品的单位成本测试的内容的有( )。

A. 直接材料成本测试

B. 制造费用测试

C. 直接人工成本测试

D. 生产成本在当期完工产品与在产品之间分配的测试

📝 **阶段性测试答案精析**

1. B 【解析】对存货进行定期盘点，是存货内部控制的基本要求，是管理层的责任，所以盘点计划应由被审计单位管理层负责编制，注册会计师可对该计划进行复核或与管理层讨论该计划。

2. AB 【解析】选项C，注册会计师通常应当重点考虑被审计单位的重要存货存放地点，特别是金额较大或可能存在重大错报风险的存货地点，将这些存货地点列入监盘地点；选项D，注册会计师还应当考虑存货存放地点清单的完整性。

3. ABC 【解析】对存货盘点是否制定了适当的程序，是在制定存货监盘计划时应当考虑的事项之一，而不是在存货监盘结束时才考虑的事项。

4. ABCD

本章综合练习 限时80分钟

一、单项选择题

1. 下列有关存货监盘的说法中，正确的是( )。

A. 注册会计师主要采用观察程序实施存货监盘

B. 注册会计师在实施存货监盘过程中不应协助被审计单位的盘点工作

C. 由于不可预见的情况而导致无法在预定日期实施存货监盘，注册会计师可以实施替代程序

D. 注册会计师实施存货监盘程序通常可以确定存货的所有权

2. 关于生产与存货循环的业务活动和相关内部控制，下列说法中不正确的是( )。

A. 生产通知单应预先顺序编号

B. 产成品的发出须由独立的发运部门进行

C. 由负责保管存货的人员单独负责盘点存货

D. 盘点表和盘点标签事先连续编号，发放给盘点人员时登记领用人员

3. 下列不属于了解生产和存货循环的业务活动和相关内部控制的程序的是( )。

A. 获取并阅读企业的相关业务流程图

B. 检查被审计单位存货计价的准确性

C. 询问参与生产和存货循环各业务活动的被审计单位人员

D. 观察生产部门将完工产品移送入库的流程及相关控制活动

4. 下列关于存货监盘的说法中，不正确的是(   )。

A. 存货监盘的相关程序可以用作控制测试或者实质性程序

B. 注册会计师对存货实施监盘并不能替代被审计单位管理层定期盘点存货、合理确定存货的数量和状况的责任

C. 注册会计师监盘存货的目的在于获取有关存货数量和状况的审计证据

D. 观察存货盘点的时间和对已盘点存货实施检查的时间构成了存货监盘的时间

5. 在编制存货监盘计划时，注册会计师需要考虑与存货相关的重大错报风险，以下分析中，错误的是(   )。

A. 飞机制造企业由于制造过程漫长，应当将递延成本、预期发生成本以及未来市场波动可能对当期损益的影响等事项作为审计重点

B. 由于服装产品的消费者对服装风格或颜色的偏好容易发生变化，时装行业的审计重点通常是存货预期发生成本的不确定性

C. 鲜活、易腐商品由于保质期短暂，注册会计师应当关注存货变质的风险

D. 具有高科技含量的存货，应当关注技术进步导致产品过时的风险

6. 下列各项中，不属于存货监盘计划的主要内容的是(   )。

A. 存货监盘的目标、范围及时间安排

B. 存货监盘的要点及关注事项

C. 参加存货盘点人员的分工

D. 抽盘存货的范围

7. 下列关于存货盘点范围的说法中，错误的是(   )。

A. 在途存货应当包括在盘点范围内

B. 所有受托代存货不应包括在盘点范围内

C. 在截止日前已确认为销售但尚未装运出库的商品应当包括在盘点范围内

D. 在截止日前已记录为购货但尚未入库的存货应当包括在盘点范围内

8. 注册会计师实施的下列审计程序中，不正确的是(   )。

A. 在被审计单位盘点存货前，注册会计师应当观察盘点现场

B. 对应纳入盘点范围的存货，注册会计师应当确定是否已经适当整理和排列，并附有盘点标识

C. 对未纳入盘点范围的存货，注册会计师无须查明未纳入的原因

D. 如果被审计单位声明不存在受托代存货的情况，注册会计师也应当关注是否存在某些存货不属于被审计单位的迹象

9. 下列关于针对特殊类型存货监盘的具体审计程序的说法，错误的是(   )。

A. 对牲畜进行监盘，可通过高空摄影以确定其存在，对不同时点的数量进行比较，并依赖永续存货记录

B. 对使用磅秤测量的存货进行监盘，在监盘前和监盘过程中均应检验磅秤的精准度，并留意磅秤的位置移动与重新调校程序

C. 对糖、煤、钢废料等存货进行监盘，可利用专家或被审计单位内部有经验人员的工作

D. 对使用桶、箱、罐、槽等容器储存的液体、气体、谷类粮食进行监盘，可使用浸蘸、测量棒、工程报告以及依赖永续存货记录

10. 下列有关存货监盘的说法中，错误的是(   )。

A. 在连续审计中，注册会计师可以考虑在不同期间的审计中变更所选择实施监盘的地点

B. 如果由于不可预见的情况，无法在存货盘点现场实施监盘，注册会计师应当实施替代审计程序

C. 注册会计师在获取有关存货数量或状况的审计证据时，可以考虑利用专家的工作

D. 监盘程序主要是对存货的结存数量予以确认，计价测试主要验证的是存货单位成本是否正确

11. 下列关于存货单位成本测试的说法中，不正确的是(　　)。

A. 针对原材料的单位成本，注册会计师通常基于企业的原材料计价方法测试

B. 在原材料单位成本测试过程中，需结合原材料的历史购买成本，测试其账面价值的准确性

C. 直接人工成本的测试不属于针对原材料的单位成本测试

D. 在制造费用测试中，需要检查在产品约当产量计算或其他分配标准是否合理

二、多项选择题

1. 针对"销售发出的产成品成本可能没有准确转入营业成本"的风险，注册会计师可以实施的控制测试包括(　　)。

A. 检查系统设置的自动结转功能是否正常运行，成本结转方式是否符合公司成本核算政策

B. 询问财务经理识别减值风险并确定减值准备的过程

C. 询问和检查财务经理和总经理进行毛利率分析的过程和记录

D. 选取领料单，了解生产主管如何执行相关审核，检查是否有生产主管的签字授权

2. 如果注册会计师认为存货数量存在舞弊导致的重大错报风险，下列做法中，通常能够应对该风险的有(　　)。

A. 扩大与存货相关的内部控制测试的样本规模

B. 要求被审计单位在报告期末或邻近期末的时点实施存货盘点

C. 在不预先通知的情况下对特定存放地点的存货实施监盘

D. 在观察存货盘点的过程中，实施额外的程序

3. 注册会计师应当制定监盘计划，对存货监盘做出合理安排，在制定存货监盘计划时，注册会计师需要考虑的事项包括(　　)。

A. 与存货相关的重大错报风险

B. 与存货相关的内部控制的性质

C. 存货盘点的时间安排

D. 存货的存放地点

4. 在存货盘点现场实施监盘时，注册会计师应当实施的审计程序包括(　　)。

A. 检查存货

B. 评价管理层用以记录和控制存货盘点结果的指令和程序

C. 执行抽盘

D. 观察管理层制定的盘点程序的执行情况

5. 下列有关存货监盘的说法中，正确的有(　　)。

A. 存货监盘针对的主要是存货的存在、完整性以及权利和义务的认定

B. 在截止日以前已确认销售但尚未装运出库的存货项目应当包含在盘点范围内

C. 注册会计师通常可观察存货的验收入库地点和装运出库地点以执行截止测试

D. 存货装运入库和装运过程中采用连续编号时，注册会计师应当关注截止日期前的最后编号

6. 下列有关注册会计师在对期末存货进行截止测试实施的审计程序的说法中，正确的有(　　)。

A. 观察存货的验收入库地点和装运出库地点以执行截止测试

B. 被审计单位在存货入库和装运出库过程中采用连续编号的凭证，注册会计师应当关注截止日前后的最后编号

C. 如果被审计单位使用运货车厢或拖车进行存储、运输或验收入库，注册会计师应当重点检查运货车厢或拖车的出入记录

D. 注册会计师重点检查在途存货和被审计单位直接向顾客发运的存货是否均已得到适当的会计处理

7. 下列关于存货监盘中执行抽盘程序的说法中，正确的有（　　）。

A. 为提高审计效率，注册会计师应当与被审计单位协调抽盘时间，并告知被审计单位拟抽盘的存货项目

B. 在对存货盘点结果进行测试时，注册会计师可以从存货盘点记录中选取项目追查至存货实物，以证实盘点记录的准确性

C. 注册会计师在实施抽盘程序时发现差异，很可能表明被审计单位的存货盘点在准确性或完整性方面存在错误

D. 实施抽盘程序发现差异时，注册会计师应当查明原因，并及时提请被审计单位更正

8. 在存货监盘中，针对下列特殊情况的处理，正确的有（　　）。

A. 如果存货存放在对注册会计师的安全有威胁的地点，注册会计师应当实施替代程序以获取充分适当的审计证据

B. 露天存放的木材等原材料被积雪覆盖，注册会计师将要求管理层提供原材料余额可靠的声明作为替代审计程序

C. 注册会计师决定向持有被审计单位重要存货的第三方函证存货的数量和状况

D. 对于由第三方保管或控制的存货，注册会计师可以考虑由第三方保管存货的商业理由的合理性

9. 如果第三方保管或控制的存货对财务报表是重要的，注册会计师应当实施的审计程序包括（　　）。

A. 注册会计师应当向持有被审计单位存货的第三方函证存货的数量和状况

B. 实施或安排其他注册会计师实施对第三方的存货监盘

C. 获取其他注册会计师或服务机构注册会计师针对用以保证存货得到恰当盘点和保管的内部控制的适当性而出具的报告

D. 检查与第三方持有的存货相关的文件记录

10. 下列关于存货跌价损失准备的测试，下列说法中正确的有（　　）。

A. 注册会计师在测试存货跌价损失准备时，需要检查被审计单位可变现净值的计量是否合理

B. 注册会计师需要结合存货监盘过程中检查存货状况而获取的信息，判断存货跌价损失准备计算表是否有遗漏

C. 如果被审计单位编制了存货货龄分析表，注册会计师可以通过审阅分析表识别滞销或陈旧的存货

D. 注册会计师应充分关注被审计单位对存货可变现净值的确定及存货跌价准备的计提

三、简答题

1. ABC 会计师事务所的 A 注册会计师负责审计甲公司 2019 年度财务报表，与存货审计相关的部分事项如下：

（1）甲公司的存货存在特别风险，A 注册会计师在了解部分内部控制后，未测试控制运行的有效性，直接实施了细节测试。

（2）2019 年 12 月 25 日，A 注册会计师对存货实施监盘，结果满意，因年末存货余额与盘点日余额差异较小，A 注册会计师根据监盘结果认可了年末存货数量。

（3）在执行抽盘时，A 注册会计师从存货盘点记录中选取项目追查至存货实物，从存货实物中选取项目追查至盘点记录，以获取有关盘点记录准确性和完整性的审计证据。

（4）A 注册会计师向乙公司函证由其保管的甲公司存货的数量和状况，收到的传真回函显示，数量一致，状况良好。A 注册会计师据此认可了回函结果。

要求：针对上述第（1）至（4）项，逐项指出 A 注册会计师的做法是否恰当，如不恰当，简要说明理由。

2. A 注册会计师负责对常年审计客户甲公司

2018 年度财务报表进行审计，甲公司经营范围涉及多个行业，审计项目组实施存货监盘的部分事项如下：

（1）由于突降大雪，导致 A 注册会计师无法按照预计的时间抵达存货监盘现场，注册会计师决定检查甲公司生产记录以及出入库凭证来验证存货的存在。

（2）甲公司生产的 X 产品，存放在不同的仓库中，由于盘点人手不足，甲公司决定在不同日期对 A 产品进行盘点。

（3）A 注册会计师获取盘点日前后存货收发及移动的凭证，以确定甲公司是否将截止日前入库的存货以及截止日后出库的存货均纳入盘点范围。

（4）A 注册会计师在监盘过程中对存货进行了检查，发现有部分存货有损毁迹象，被审计单位盘点人员解释称，这部分存货已进入报废程序，并未纳入盘点范围，所以 A 注册会计师未对此进行记录。

（5）甲公司生产的钢材委托外地专用仓库保管，A 注册会计师认为到实地监盘路途遥远，浪费大量的时间，并且需要耗费大量的交通费、差旅费，认为存货监盘不可行，所以向保管钢材的仓库函证。

（6）A 注册会计师对甲公司盘点的存货执行抽盘，抽取样本规模 50 个，发现 1 个样本项目存在盘点错误，要求甲公司在盘点记录中更正了该项错误。A 注册会计师认为该错误在金额和数量方面均不重要，因此，对抽盘结果表示满意，不再实施其他审计程序。

要求：针对上述第（1）至（6）项，逐项指出 A 注册会计师的做法是否恰当。如不恰当，简要说明理由。

四、综合题

甲公司系 ABC 会计师事务所的常年审计客户，主要从事电子产品的生产和销售。ABC 会计师事务所委派 X 注册会计师担任甲公司 2018 年度财务报表审计项目合伙人。在审计存货时，X 注册会计师编制了相关工作底稿，部分内容摘录如表 11-4、表 11-5、表 11-6 所示。

资料一：

表 11-4　工作底稿摘录（一）　　金额单位：万元

甲公司				索引号：B1-1	
原材料审计表				编制：（略）	日期：2019 年 3 月 5 日
截至 2018 年 12 月 31 日				审核：（略）	日期：2019 年 3 月 5 日
	索引	2018 年			2017 年
		未审数	审计调整	审定数	已审数
A 原材料	注释 1	40		40	100
B 原材料	注释 2	200	50	250	450
C 原材料	注释 3	50	−20	30	200
……	……	……	……	……	……
减：存货跌价准备	B1-3	0	0	0	0
合计		2 000	−60	1 940	1 800

注释 1：A 原材料主要用于生产 A 产品。A 原材料 2018 年年末结存数量与 2017 年年末基本保持一致，但结存金额比 2017 年年末有所减少。主要原因是：A 原材料供应商从 2018 年年初开始向甲公司提供采购折扣（年末一次性结算）。甲公司在 2018 年 12 月 31 日收到 A 原材料供应商支付的 2018 年度采购折扣 60 万元，并相应冲减 A 原材料 2018 年年末结存成本 60 万元。我们检查了采购合同、供应商出具的采购折扣结算明细表以及相关的银行进账单据，没有发现异常。审计处理建议：无须提出审计调整建议。

甲公司	索引号：B1-1

注释 2：B 原材料主要用于生产 B 产品。根据 B 原材料盘点结果，2018 年年末结存金额未包括于 2018 年 12 月 31 日已入库但尚未收到采购发票的 50 万元 B 材料。审计处理建议：已提出审计调整，于 2018 年年末补计已入库的 B 原材料 50 万元。

注释 3：C 原材料主要用于生产 C 产品。

根据 C 原材料盘点结果，2018 年年末结存金额中有 20 万元的 C 原材料在 2018 年 12 月 31 日收到采购发票，但于 2019 年 1 月 1 日才实际收到入库。审计处理建议：已提出审计调整建议，于 2018 年年末冲回尚未收到入库的 C 原材料 20 万元。

......

资料二：

表 11-5 工作底稿摘录（二）

金额单位：万元

甲公司					索引号：B1-2
产成品审计表				编制：（略）	日期：2019 年 3 月 5 日
截至 2018 年 12 月 31 日				审核：（略）	日期：2019 年 3 月 5 日
项目	索引	2018 年			2017 年
		未审数	审计调整	审定数	已审数
A 产品	注释 1	450		450	150
B 产品	注释 2	280	40	320	500
C 产品	注释 3	170	20	190	300
......	......	......	......	......	......
减：存货跌价准备	B1-3	0	0	0	0
合计		3 000	100	3 100	2 800

注释 1：A 产品是甲公司目前最畅销的产品，2018 年平均每月销售量约 20 000 件，并且预计 2019 年的售价和销量都将有所上升。

根据 A 产品盘点结果，2018 年年末结存金额中未包括已于 2018 年 12 月 31 日对外开具销售发票但未发货的 1 000 件产品（成本 30 万元）。据甲公司销售经理介绍，客户实际于 2018 年 12 月 31 日向甲公司采购共计 2 000 件 A 产品，甲公司已于 2018 年 12 月 31 日向客户开具 2 000 件的销售发票，并确认销售收入。其中 1 000 件已于 2018 年 12 月 31 日交付客户。由于甲公司仓库 2018 年年末工作繁忙，剩余 1 000 件实际于 2019 年 1 月 10 日交付客户。甲公司销售经理表示客户知道甲公司延迟发货的安排，且未提出异议。我们检查了甲公司 2018 年 12 月 31 日开具的销售发票，以及 2019 年 1 月 10 日的交货记录，没有发现异常。审计处理建议：无须提出审计调整建议。

注释 2：B 产品曾经是甲公司的主要产品之一，但随着 A 产品的推出，月销量已由 2018 年 1 月的约 10 000 件下降至 2018 年 12 月的约 3 000 件，并且预计 2019 年的售价和销量都将继续下跌。事实上，甲公司已于 2019 年 2 月初宣布 B 产品降价 10%。

2018 年 12 月月末销售的 1 000 件 B 产品（成本为 40 万元）在 2019 年 1 月 5 日被退回。甲公司相应冲减了 2019 年 1 月份的主营业务收入。我们检查了相关销货退回协议以及 2019 年 1 月 5 日的入库记录，没有发现异常。审计处理建议：已提出审计调整建议，冲回该 1 000 件 B 产品于 2018 年度所确认的相关主营业务收入、主营业务成本和应收账款，并相应调整增加 2018 年年末 B 产品余额 40 万元。

第 11 章 生产与存货循环的审计

甲公司	索引号：B1-2

注释 3：C 产品已于 2019 年 2 月起停产。

我们对 C 产品于 2018 年 12 月 31 日的发出计价进行了测试[见索引号(略)]，注意到 C 产品于 2018 年 12 月结转主营业务成本所用的单位成本计算有误，导致多转主营业务成本 20 万元。审计处理建议：已提出审计调整建议，冲回 C 产品于 2018 年度多结转的主营业务成本 20 万元，并相应调整增加 2018 年年末 C 产品余额 20 万元。

……

资料三：

表 11-6　工作底稿摘录（三）　　　　　　　　　　　　　金额单位：万元

甲公司				索引号：B1-3		
存货跌价准备审计表			编制：(略)	日期：2019 年 3 月 5 日		
截至 2018 年 12 月 31 日			审核：(略)	日期：2019 年 3 月 5 日		
项目	索引	结存成本	可变现净值	应计提的跌价准备	账面已计提的跌价准备	差异
A 原材料	注释 1	40	120	0	0	0
B 原材料	注释 2	200	210	0	0	0
C 原材料	注释 3	50	55	0	0	0
……	……	……	……	……	……	
小计		2 000		0	0	0
A 产品	注释 1	450	59	0	0	0
B 产品	注释 2	280	290	0	0	0
C 产品	注释 3	170	180	0	0	0
……	……	……	……	……	……	
小计		3 000		0	0	0

注释 1：原材料可变现净值按照 2018 年 12 月 31 日的相关原材料市场价格扣除对外转让原材料的预计销售费用和相关税费确定。

我们核对了相关原材料供应商 2018 年 12 月 31 日的报价、预计销售费用和税费的计算表[索引号(略)]，没有发现差异。审计处理建议：无须提出审计调整建议。

注释 2：产成品可变现净值按照 2018 年 12 月 31 日的相关产品销售价格扣除必要销售费用和相关税费确定。

我们核对了甲公司相关产品 2018 年 12 月 31 日的售价目录以及预计销售费用和税费的计算表[索引号(略)]，没有发现差异。审计处理建议：无须提出审计调整建议。

……

要求：

(1)针对资料一的注释 1 至注释 3，假定不考虑其他条件，逐项指出相关审计处理建议是否存在不当之处，并简要说明理由。如果存在不当之处，简要提出改进建议。

(2)针对资料二的注释 1 至注释 3，假定不考虑其他条件，逐项指出相关审计处理建

议是否存在不当之处，并简要说明理由。如果存在不当之处，简要提出改进建议。

(3)针对资料三，结合资料一和资料二，假定不考虑其他条件，指出资料三所列的存货跌价准备审计表的内容存在哪些不当之处。

(4)针对资料三，结合资料一和资料二，

假定不考虑其他条件，针对 A 原材料、B 原材料和 C 原材料，以及 A 产品、B 产品和 C 产品，逐项指出是否存在需要建议甲公司计提存货跌价准备的情况，并简要说明理由。

本章综合练习参考答案及详细解析

一、单项选择题

1. B 【解析】选项 A，存货监盘程序包括评价管理层用以记录和控制存货盘点结果的指令和程序、观察管理层制定的盘点程序的执行情况、检查存货、执行抽盘，不是主要采用观察程序；选项 C，如果由于不可预见的情况无法在存货盘点现场实施监盘，注册会计师应当另择日期实施监盘，并对间隔期内发生的交易实施审计程序；选项 D，存货监盘主要验证存货的存在认定，存货监盘本身并不足以确定存货的所有权，注册会计师可能需要执行其他实质性审计程序以证实其所有权。

2. C 【解析】每一组盘点人员中应包括仓储部门以外的其他部门人员，即不能由负责保管存货的人员单独负责盘点存货。

3. B 【解析】选项 B 属于生产与存货循环的实质性程序。

4. D 【解析】存货监盘的时间，包括实地察看盘点现场的时间、观察存货盘点的时间和对已盘点存货实施检查的时间等，应当与被审计单位实施存货盘点的时间相协调。

5. B 【解析】由于服装产品的消费者对服装风格或颜色的偏好容易发生变化，时装行业的审计重点通常是存货是否过时。

6. C 【解析】存货监盘计划应当包括参加存货监盘人员的分工，而存货盘点人员的分工是被审计单位的考虑范畴。

7. C 【解析】已确认为销售但尚未装运出库的商品已不属于被审计单位，不应包括在盘点范围内。

8. C 【解析】对未纳入盘点范围的存货，注册会计师应当查明未纳入的原因。

9. C 【解析】对糖、煤、钢废料等存货进行监盘，可运用工程估测、几何计算、高空勘测，并依赖详细的存货记录；如果堆场中的存货堆不高，可进行实地监盘，或通过旋转存货堆加以估计。

10. B 【解析】由于不可预见的情况无法在存货盘点现场实施监盘，注册会计师应当另择日期实施监盘，并对间隔期内发生的交易实施审计程序。

11. D 【解析】在生产成本在当期完工产品与在产品之间分配的测试中，需要检查在产品约当产量计算或其他分配标准是否合理。

二、多项选择题

1. AC 【解析】选项 B 针对的是"可能存在残冷背次的存货，影响存货的价值"的风险。选项 D 针对的是"原材料的发出可能未经授权"的风险。

2. BCD 【解析】选项 A，控制测试的目标是测试控制的运行有效性，难以应对由于舞弊导致的存货数量存在的重大错报风险。

3. ABCD 【解析】除了上述四项外，还要考虑：对存货盘点是否制定了适当的程序，并下达了正确的指令；被审计单位是否一贯采用永续盘存制；是否需要专家协助。

4. ABCD

5. CD 【解析】选项 A，存货监盘针对的主要是存货的存在认定；选项 B，所有截止日前已确认销售但尚未装运出库的存货项目不能包含在盘点范围内。

6. ABD 【解析】选项 C，如果被审计单位使用运货车厢或拖车进行存储、运输或验收入库，注册会计师应当详细列出存货场地上满载和空载的车厢或拖车，并记录各自的存货状况。

7. BCD 【解析】选项 A，注册会计师应尽可能避免让被审计单位事先了解将抽盘的存货项目。

8. ACD 【解析】管理层书面声明不足以提供存货存在的充分适当的审计证据。由于不可预见的情况无法在存货盘点现场实施监盘，注册会计师应当另择日期实施监盘，并对间隔期内发生的交易实施审计程序。

9. ABCD

10. ABCD

三、简答题

1.【答案】

(1)恰当。

(2)不恰当。如果存货盘点日不是资产负债表日，注册会计师应当实施适当的审计程序，确定盘点日与资产负债日之间存货的变动是否已得到恰当的记录。

(3)恰当。

(4)不恰当。注册会计师应当验证传真件回函的可靠性。

2.【答案】

(1)不恰当。如果由于不可预见的情况无法在存货盘点现场实施监盘，注册会计师应当另择日期实施监盘，并对间隔期内发生的交易实施审计程序。

(2)不恰当。针对同种存货，应该在同一日期进行盘点。

(3)恰当。

(4)不恰当。注册会计师应当把所有损毁的详细情况记录下来。

(5)不恰当。审计中的困难、时间或成本等事项本身，不能作为注册会计师省略不可替代的审计程序或满足于说服力不足的审计证据的正当理由。

(6)不恰当。注册会计师在实施抽盘程序时发现差异，很可能表明甲公司的存货盘点在准确性或完整性方面存在错误，应当查明原因，并考虑错误的潜在范围和重大程度。

四、综合题

【答案】

(1)见表 11-7。

表 11-7　资料一中相关审计处理建议是否存在不当之处、理由和改进建议

资料一的注释	审计处理建议是否存在不当之处(是/否)	理由	改进建议
注释 1	是	收到的折扣要抵减相应采购的存货的成本，如果相应存货已被使用，要相应调整营业成本等相关的项目	按存货结存、使用情况来调整存货余额或营业成本等项目
注释 2	否	材料已经于 2018 年入库，应当确认为甲公司 2018 年存货	—
注释 3	是	不能没有收货就冲回相应存货，相关存货可能在"在途物资"中核算	需要进一步检查相关存货发货情况和采购合同确定。如果合同约定供应商发货即转移相关原材料风险和报酬，并且于 2018 年 12 月 31 日供应商已经发货，则不应冲回相应存货，注册会计师不应提出审计调整建议

（2）见表11-8。

表11-8　资料二中相关审计处理建议是否存在不当之处、理由和改进建议

资料二的注释	审计处理建议是否存在不当之处（是/否）	理由	改进建议
注释1	是	对于尚未发出的存货，虽然已经开具发票，但仍有可能尚不满足收入确定条件，需要执行进一步审计程序才能确定是否能够满足收入确认条件，是否应当纳入盘点范围，不能直接作出无须调整的审计建议	对该事项进一步追查相应的合同或文件，结合向客户函证等程序，考虑收入确认条件，以确定是否满足收入确认条件，是否纳入盘点范围
注释2	否	财务报表批准报出日前的销售退回属于调整事项	—
注释3	否	计价错误导致多结转营业成本应予以冲回	—

（3）资料三所列的存货跌价准备审计表的内容主要存在以下问题：

①所列示的存货结存成本金额不恰当。用于测试存货跌价准备的结存成本金额应当考虑对存货成本的审计调整的影响。

②原材料可变现净值的计算方法不恰当。持有用于生产的原材料的可变现净值不应当基于相关原材料市场价格而定，应当参考其所生产产品的估计售价减去至完工时估计将要发生的成本、估计的销售费用以及相关税费后的金额来确定。

③产成品的可变现净值计算方法不适当。产成品的可变现净值需要考虑资产负债表日后事项的影响，而不能简单地直接以12月31日售价为基础确定。

④审计处理建议不恰当。如果正确确定相关原材料和产成品的可变现净值，有部分原材料和产成品可能存在需要计提存货跌价准备的情况。

（4）见表11-9。

表11-9　是否需要建议甲公司计提存货跌价准备的情况及理由

存货项目	是否存在需要建议甲公司计提存货跌价准备的情况（是/否）	理由
A原材料	否	其所生产的A产品的可变现净值高于成本
B原材料	是	其所生产的B产品期后售价下调，其可变现净值可能低于成本
C原材料	是	其所生产的C产品期后停产，可变现净值可能低于成本
A产品	否	基于2018年年末按售价计算的可变现净值高于成本，后续售价预计可能还会继续上涨，不存在需要计提存货跌价准备的情况
B产品	是	期后售价下调10%，导致存货可变现净值低于成本
C产品	是	C产品期后停产，说明该产品属于被淘汰产品，产品可能无法出售或售价很有可能会进一步下调，导致存货可变现净值低于成本

第12章 货币资金的审计

考 情 分 析

▶ 历年考情分析

本章属于比较重要的章节,主要介绍银行存款和库存现金的内部控制及重要的审计程序。从近年本章的命题趋势来看,主要是在客观题或简答题中对银行存款、库存现金及其他货币资金的主要审计程序进行考查。考生应关注:货币资金的内部控制、库存现金监盘、银行存款函证等知识点。

▶ 本章2020年考试主要变化

本章内容无变动。

核心考点及经典例题详解

考点一 货币资金审计涉及的主要业务活动及内部控制★

扫我解疑难

📝 经典例题

【例题·单选题】下列有关货币资金的内部控制制度中,存在重大缺陷的是( )。

A. 现金收入及时存入银行,特殊情况下,坐支现金应事先得到开户银行审查批准,由开户银行核定坐支范围和限额

B. 企业应当加强与货币资金相关的票据的管理,明确各种票据的购买、保管、领用、背书转让、注销等环节的职责权限和程序

C. 出纳人员不得兼任稽核、会计档案保管和收入、支出、费用、债权债务账目的登记工作

D. 出纳负责核对银行账户,每月核对一次,并编制银行存款余额调节表,使银行存款账面余额与银行对账单调节相符

【答案】D

【解析】选项D,应指定专人核对银行账户并编制银行存款余额调节表,该人员应是与保管银行存款和记录银行存款无关的人员。

📝 考点精析

一、货币资金的主要业务活动

1. 现金管理

出纳员每日对库存现金自行盘点,编制现金报表,计算当日现金收入、支出及结余额,并将结余额与实际库存额进行核对,如有差异及时查明原因。会计主管不定期检查现金日报表。每月末,会计主管指定出纳员以外的人员对现金进行盘点,编制库存现金盘点表,将盘点金额与现金日记账余额进行核对。

2. 银行存款管理

(1)银行账户管理；

(2)编制银行存款余额调节表；

(3)票据管理；

(4)印章管理。

二、货币资金的内部控制

常见的关键内部控制：

(1)企业应当建立货币资金业务的岗位责任制。**出纳人员不得兼任稽核、会计档案保管和收入、支出、费用、债权债务账目的登记工作。企业不得由一人办理货币资金业务的全过程。**

(2)企业应当对货币资金业务建立严格的授权审批制度，在授权范围内进行审批，不得超越审批权限。

(3)企业应当按照规定的程序办理货币资金支付业务。(程序：申请→审批→复核→支付)

(4)企业对于重要货币资金支付业务，应当实行**集体决策和审批**。

(5)严禁未经授权的机构或人员办理货币资金业务或直接接触货币资金。

(6)企业应当指定专人(不是出纳)定期核对银行账户，每月至少核对一次，编制银行存款余额调节表，使银行存款账面余额与银行对账单调节相符。

(7)应当定期和不定期地进行现金盘点。

(8)财务专用章应由专人保管，个人名章必须由本人或其授权人员保管。**严禁一人保管支付款项所需的全部印章。**

【知识点拨】以上业务活动要点及内部控制仅为举例，在实务中可能由于每个企业的货币资金管理方式或内部控制的不同而有所不同。

考点二 测试货币资金的内部控制★★

扫我解疑难

📝 经典例题

【例题·单选题】下列与库存现金相关的内部控制可能存在缺陷的是( )。

A. 每日及时记录现金收支

B. 担任登记现金日记账及总账职责的人员与担任现金出纳职责的人员分开

C. 现金折扣需经过适当审批

D. 每日盘点现金并与账面余额核对

【答案】B

【解析】登记现金日记账的人员不能同时登记总账。

📝 考点精析

一、库存现金的控制测试

库存现金内部控制要求和控制测试程序举例见表12-1。

表12-1 库存现金内部控制要求和控制测试程序举例

内部控制要求	控制测试程序
(1)现金付款的审批和复核	
部门经理审批本部门的付款申请，审核付款业务是否真实发生、付款金额是否准确，以及后附票据是否齐备，并在复核无误后签字认可。财务部门在安排付款前，财务经理再次复核经审批的付款申请及后附相关凭证或证明，如核对一致，进行签字认可并安排付款	①询问相关业务部门的部门经理和财务经理其在日常现金付款业务中执行的内部控制，以确定其是否与被审计单位内部控制政策要求保持一致。 ②观察财务经理复核付款申请的过程，是否核对了付款申请的用途、金额及后附相关凭证，以及在核对无误后是否进行了签字确认。 ③重新核对经审批及复核的付款申请及其相关凭证，并检查是否经签字确认

第12章 货币资金的审计

内部控制要求	控制测试程序
(2)现金盘点	
会计主管指定应付账款会计每月月末的最后一天对库存现金进行盘点,根据盘点结果编制库存现金盘点表,将盘点余额与现金日记账余额进行核对,并对差异调节项进行说明。 会计主管复核库存现金盘点表,如盘点金额与现金日记账余额存在差异且差异金额超过2万元,需查明原因并报财务经理批准后进行财务处理	①在月末最后一天参与被审计单位的现金盘点,检查是否由应付账款会计进行现金盘点。 ②观察现金盘点程序是否按照盘点计划的指令和程序执行,是否编制了现金盘点表并根据内部控制要求经财务部相关人员签字复核。 ③检查现金盘点表中记录的现金盘点余额是否与实际盘点金额保持一致,现金盘点表中记录的现金日记账余额是否与被审计单位现金日记账中余额保持一致。 ④针对调节差异金额超过2万元的调节项,检查是否经财务经理批准后进行财务处理

【知识点拨】 与存货监盘一样,现金监盘程序是用作控制测试还是实质性程序,取决于注册会计师对风险评估结果、审计方案和实施的特定程序的判断。注册会计师可以将现金监盘同时用作控制测试和实质性程序。

二、银行存款的控制测试

银行存款内部控制要求和控制测试程序举例见表12-2。

表12-2 银行存款内部控制要求和控制测试程序举例

内部控制要求	控制测试程序
(1)银行账户的开立、变更和注销	
会计主管根据被审计单位的实际业务需要就银行账户的开立、变更和注销提出申请,经财务经理审核后报总经理审批	①询问会计主管被审计单位本年开户、变更、撤销的整体情况。 ②取得本年度账户开立、变更、撤销申请项目清单,检查清单的完整性,并在选取适当样本的基础上检查账户的开立、变更、撤销项目是否已经财务经理和总经理审批
(2)银行付款的审批和复核	
部门经理审批本部门的付款申请,审核付款业务是否真实发生、付款金额是否准确,以及后附票据是否齐备,并在复核无误后签字认可。 财务部门在安排付款前,财务经理再次复核经审批的付款申请及后附相关凭据或证明,如核对一致,进行签字认可并安排付款	①询问相关业务部门的部门经理和财务经理在日常银行付款业务中执行的内部控制,以确定其是否与被审计单位内部控制政策要求保持一致。 ②观察财务经理复核付款申请的过程,是否核对了付款申请的用途、金额及后附相关凭据,以及在核对无误后是否进行了签字确认。 ③重新核对经审批及复核的付款申请及其相关凭据,并检查是否经签字确认
(3)编制银行存款余额调节表	

内部控制要求	控制测试程序
每月月末，会计主管指定应收账款会计核对银行存款日记账和银行对账单，编制银行存款余额调节表，使银行存款账面余额与银行对账单调节相符。如存在差异项，查明原因并进行差异调节说明。 会计主管复核银行存款余额调节表，对需要进行调整的调节项目及时进行处理，并签字确认	①询问应收账款会计和会计主管，以确定其执行的内部控制是否与被审计单位内部控制政策要求保持一致，特别是针对未达账项的编制及审批流程。 ②针对选取的样本，检查银行存款余额调节表，查看调节表中记录的企业银行存款日记账余额是否与银行存款日记账余额保持一致、调节表中记录的银行对账单余额是否与被审计单位提供的银行对账单中的余额保持一致。 ③针对调节项目，检查是否经会计主管的签字复核。 ④针对大额未达账项进行期后收付款的检查

考点三 库存现金的实质性程序★★

扫我解疑难

📝 经典例题

【例题·单选题】2019 年 3 月 5 日对甲公司全部现金进行监盘后，确认实有现金数额为 1 000 元。甲公司 3 月 4 日账面库存现金余额为 2 000 元，3 月 5 日发生的现金收支全部未登记入账，其中收入金额为 3 000 元、支出金额为 4 000 元，2019 年 1 月 1 日至 3 月 4 日现金收入总额为 165 200 元、现金支出总额为 165 500 元，则推断 2018 年 12 月 31 日库存现金余额应为( )元。

A. 1 300   B. 2 300

C. 700   D. 2 700

【答案】B

【解析】2018 年 12 月 31 日库存现金余额 = 1 000-(165 200+3 000)+(165 500+4 000)= 2 300(元)，故选项 B 是正确的。

📝 考点精析

一、认定与审计程序对应关系表库存现金审计目标

认定与审计程序对应关系见表 12-3。

表 12-3 认定与审计程序对应关系表

相关认定	审计程序
D	核对库存现金日记账与总账的金额是否相符，检查非记账本位币库存现金的折算汇率及折算金额是否正确
A	监盘库存现金
ABD	抽查大额库存现金收支，检查原始凭证是否齐全、原始凭证内容是否完整、有无授权审批、记账凭证与原始凭证是否相符、账务处理是否正确、是否记录于恰当的会计期间等内容

提示：A——存在；B——完整性；C——权利和义务；D——计价和分摊

二、库存现金监盘(见表 12-4)

表 12-4 库存现金监盘

项目	内容
审计目标	验证库存现金存在性
监盘范围	企业各部门保管的所有现金，包括已收到但未存入银行的现金、零用金、找换金等
监盘时间	一般选择在上午上班前或下午下班时进行

项目	内容
监盘方式	**突击盘点。** 【知识点拨】如果被审计单位库存现金存放部门有两处或两处以上，应同时盘点
参加人员	出纳员、被审计单位会计主管人员、注册会计师。 【知识点拨】应由出纳员清点现金，注册会计师现场监督
监盘程序	(1)制定计划：制定库存现金监盘程序(计划)，计划应包括盘点时间、范围、方式、人员等； (2)审查账簿：审阅库存现金日记账，并与现金收付凭证相核对(关注金额和日期是否相符)； (3)结出余额：由出纳员根据库存现金日记账进行加总累计数额，结出库存现金余额； (4)盘点现金：盘点保险柜内的现金实存数，同时编制"库存现金盘点表"，分币种、面值列示盘点金额； (5)库存余额：资产负债表日后进行盘点时，应调整至资产负债表日的金额； (6)查明差异：将盘点金额与库存现金日记账余额进行核对，如有差异，应查明原因，并做出记录或适当调整。 【知识点拨】若有充抵库存现金的借条等应在"库存现金盘点表"中注明或作出必要的调整

考点四　银行存款的实质性程序 ★★★

扫我解疑难

📝 **经典例题**

【例题·简答题】(2017年)ABC会计师事务所的A注册会计师负责审计甲公司2016年度财务报表，与货币资金审计相关的部分事项如下：

(1)对于账面余额存在差异的银行账户，A注册会计师获取了银行存款余额调节表，检查了调节表中的加计数是否正确，并检查了调节后的银行存款日记账余额与银行对账单余额是否一致，据此认可了银行存款余额调节表。

(2)因对甲公司管理层提供的银行对账单的真实性存有疑虑，A注册会计师在出纳陪同下前往银行获取银行对账单，在银行柜台人员打印对账单时，A注册会计师前往该银行其他部门实施了银行函证。

(3)甲公司有一笔2015年10月份存入的期限两年的大额定期存款。A注册会计师在2015年度财务报表审计中检查了开户证实原件并实施了函证，结果满意，因此，未在2016年

度审计中实施审计程序。

(4)为测试银行账户交易入账的真实性，A注册会计师在验证银行对账单的真实性后，从银行存款日记账中选取样本与银行对账单进行核对，并检查了支持性文件，结果满意。

(5)乙银行在银行询证函回函中注明："接收人不能依赖函证中的信息。"A注册会计师认为该条款不影响回函的可靠性，认可了回函结果。

要求：针对上述第(1)至(5)项，逐项指出A注册会计师的做法是否恰当。如不恰当，简要说明理由。

【答案】

(1)不恰当。A注册会计师还可能需要检查调节事项/关注长期未达账项，查看是否存在挪用资金等事项/特别关注银付企未付、企付银未付中支付异常的领款事项，包括没有载明收款人、签字不全等支付事项，确认是否存在舞弊。

(2)不恰当。当A注册会计师亲自到银行获取银行对账单时，要对获取的全过程保持控制。

(3)不恰当。即使甲公司该笔大额定期存款未发生变化，A注册会计师拟利用以前审计获取的审计证据时，也应当在本期实施审计程序，以确定这些审计证据是否具有持续相关性。

(4)恰当。

(5)不恰当。询证函中的条款属于对回函可靠性产生影响的限制性条款，可能需要执行额外或替代审计程序。

一、认定与审计程序对应关系表

认定与审计程序对应关系见表12-5。

表 12-5　认定与审计程序对应关系表

相关认定	审计程序
ABD	计算银行存款累计余额应收利息收入，分析比较被审计单位银行存款应收利息收入与实际利息收入的差异是否恰当，评估利息收入的合理性，检查是否存在高息资金拆借，确认银行存款余额是否存在，利息收入是否已经完整记录
ABD	检查银行存款账户发生额
ABD	取得并检查银行存款余额调节表
ACD	函证银行存款余额，编制银行函证结果汇总表，检查银行回函
ABD	抽查大额银行存款收支的原始凭证
AB	检查银行存款收支的截止是否正确

提示：A——存在；B——完整性；C——权利和义务；D——计价和分摊

二、银行存款的实质性程序

1. 获取并复核银行存款余额明细表

如果怀疑银行账户的完整性有问题，注册会计师可以考虑另外再实施以下实质性程序：

(1)注册会计师亲自到中国人民银行或基本存款账户开户行查询并打印《已开立银行结算账户清单》，以确认被审计单位账面记录的银行人民币结算账户是否完整。

(2)结合其他相关细节测试，关注原始单据中被审计单位的收(付)款银行账户是否包含在注册会计师已获取的开立银行账户清单内。

2. 检查银行存款账户发生额

注册会计师对银行存款账户的发生额进行审计，通常能够有效应对被审计单位编制虚假财务报告、管理层或员工非法侵占货币资金等舞弊风险。

(1)对不同账户发生银行日记账漏记银行交易的可能性进行分析，获取相关账户相关期间的全部银行对账单。

(2)如果怀疑被审计单位银行对账单的真实性有问题，注册会计师可以在被审计单位的协助下亲自到银行获取银行对账单。在获取银行对账单时，注册会计师要保持职业谨慎，应全程关注银行对账单的打印过程。

(3)从银行对账单中选取交易的样本与被审计单位银行日记账记录进行核对；从被审计单位银行存款日记账上选取样本，核对至银行对账单。

(4)浏览银行对账单，选取大额异常交易，如银行对账单上有一收一付相同金额，或分次转出相同金额等，检查被审计单位银行存款日记账上有无该项收付金额记录。

3. 取得并检查银行对账单和银行存款余额调节表

(1)取得并检查银行对账单。

①取得被审计单位加盖银行印章的银行对账单，必要时，亲自到银行获取对账单，并对获取过程保持控制；

②将银行对账单与银行日记账余额进行核对；

③将被审计单位资产负债表日的银行对账单与银行询证函回函核对，确认是否一致。

(2)取得并检查银行存款余额调节表。

获取资产负债表日的银行存款余额调节表，检查调节表中加计数是否正确，调节后银行存款日记账余额与银行对账单余额是否一致；检查调节事项，确定未达账项是否存在；特别关注银付企未付、企付银未付中支付异常的领款事项。

4. 函证银行存款余额(见表12-6)

表12-6　函证银行存款余额

项目	内容
函证必要性	除非有充分证据表明某一银行存款、借款及与金融机构往来的其他重要信息对财务报表不重要"且"与之相关的重大错报风险很低，否则对银行存款均需要实施函证程序。 【知识点拨】如果不对这些项目实施函证程序，注册会计师应当在审计工作底稿中说明理由
函证目标	①函证银行存款余额是证实资产负债表所列银行存款是否存在的重要程序(存在性)； ②函证还可用于发现企业未登记的银行借款和未披露的或有负债(完整性)
函证对象	银行存款(包括零余额账户和在本期内注销的账户)、借款及与金融机构往来的其他重要信息
函证方式	积极式函证
函证时间	资产负债表日后

5. 抽查大额银行存款收支的原始凭证

检查原始凭证是否齐全、记账凭证与原始凭证是否相符、账务处理是否正确、是否记录于恰当的会计期间等各项内容。

考点五　其他货币资金审计 ★★

扫我解疑难

📋 经典例题

【例题·单选题】(2016年)下列审计程序中，通常不能为定期存款的存在认定提供可靠的审计证据的是( )。

A. 对未质押的定期存款检查开户证书原件

B. 函证定期存款的相关信息

C. 对于资产负债表日后已到期的定期存款，核对兑付凭证

D. 对已质押的定期存款，检查定期存单复印件

【答案】 D

【解析】 对于已质押的定期存款，检查定期存单复印件，并与相应的质押合同核对验证其存在。

📋 考点精析

一、定期存款审计程序

(1)向管理层询问定期存款存在的商业理由并评估其合理性；

(2)获取定期存款明细表，检查是否与账面记录金额一致，存款人是否为被审计单位，定期存款是否被质押或限制使用；

(3)在监盘库存现金的同时，监盘定期存款凭据；

(4)对未质押的定期存款，检查开户证实书原件；

(5)对已质押的定期存款，检查定期存单复印件，并与相应的质押合同核对；

(6)函证定期存款相关信息；

(7)结合财务费用审计测算利息收入的合理性，判断是否存在体外资金循环的情形；

(8)在资产负债表日后已提取的定期存款，核对相应的兑付凭证等；

(9)关注被审计单位是否在财务报表附注中对定期存款给予充分披露。

二、对其他货币资金的审计程序

(1)保证金存款的检查，检查开立银行承兑汇票的协议或银行授权审批文件；

(2)对于存出投资款，跟踪资金流向，并获取董事会决议等批准文件、开户资料、授权操作资料等。

📋 阶段性测试

1.【单选题】监盘库存现金，不能实现的审计目标是( )。

A. 确定库存现金在资产负债表日是否确实存在

B. 确定在特定期间内发生的库存现金收支业务是否均已记录完毕

C. 确定库存现金在现金日记账上的金额是否准确

D. 确定库存现金在报表上的披露是否恰当

2. 【单选题】下列关于监盘库存现金的说法中，不正确的是( )。

A. 监盘库存现金是确定库存现金在资产负债表日是否存在的重要程序

B. 监盘库存现金既可以用于控制测试，也可用于实质性程序

C. 监盘库存现金时，被审计单位的现金出纳和会计主管必须参加

D. 如果监盘日库存现金账实相符，则表明在被审计单位资产负债表日库存现金存在且账实相符

3. 【多选题】被审计单位 2018 年 12 月 31 日的银行存款余额调节表包括一笔"企业已

付、银行未付"调节项，其内容为以支票支付赊购材料款。下列审计程序中，能为该调节项提供审计证据的有( )。

A. 检查付款申请单是否经适当批准

B. 就 2018 年 12 月 31 日相关供应商的应付账款余额实施函证

C. 检查支票开具日期

D. 检查 2019 年 1 月的银行对账单

📝**阶段性测试答案精析**

1. D 【解析】通过监盘程序无法验证库存现金在报表上的披露是否恰当。

2. D 【解析】监盘日库存现金账实相符并不表明资产负债表日就账实相符。注册会计师应根据监盘日的实有数调整至资产负债表日的实有数，并与资产负债表日的账面数核对，才能得出结论。

3. BCD 【解析】选项 A，付款申请单是否经过适当批准只能为付款的真实性提供证据，并不能为调节项提供审计证据。

本章综合练习 限时50分钟

一、单项选择题

1. 注册会计师实施的下列程序中，属于控制测试的是( )。

A. 取得银行存款余额调节表并检查未达账项的真实性

B. 检查银行存款收支的正确截止

C. 检查是否定期取得银行对账单并编制银行存款余额调节表

D. 函证银行存款余额

2. 下列被审计单位对于货币资金的控制中，注册会计师认为不恰当的是( )。

A. 每日盘点库存现金并与账面余额核对

B. 当日收入库存现金应及时送存银行

C. 库存现金收支业务每日发生时及时登记

D. 出纳负责登记应收账款明细账

3. 注册会计师执行的下列实质性程序中属于审查企业收到的现金是否已经全部登记入账的是( )。

A. 对库存现金执行监盘程序

B. 从被审计单位当期收据存根中抽取大额现金收入追查到相关的凭证和账簿记录

C. 对被审计单位结账日前一段时间内现金收支凭证进行审计，以确定是否存在应记入下期的事项

D. 检查现金收入的日记账、总账并追查至相关原始凭证

4. 下列有关库存现金监盘的说法中，注册会计师认为正确的是( )。

A. 对库存现金的监盘时间必须选择在上午上班前或下午下班时

B. 由出纳在盘点后编制"库存现金监盘表"

C. 盘点库存现金人员应视被审计单位的具体情况而定，但必须有会计人员和被审计单位的会计主管人员参加，并由注册会计师进行监盘

D. 监盘库存现金是证实资产负债表中货币资金项目中现金是否存在的一项重要审计程序

5. 下列不属于注册会计师针对银行存款完整性目标实施的审计程序的是( )。

A. 了解并评价被审计单位开立账户的管理控制措施

B. 获取被审计单位已将全部银行存款账户提供给被审计单位注册会计师的书面声明

C. 检查收款凭证以及付款凭证后所附的原始凭证，并追查至银行存款日记账

D. 追踪大额现金收入、支出的来源和去向，核对至原始单据

6. 注册会计师在检查被审计单位 2018 年 12 月 31 日的银行存款余额调节表时，发现下列调节事项，其中有迹象表明性质或范围不合理的是( )。

A. "银行已收、企业未收"项目包含一项 2018 年 12 月 31 日到账的应收账款，被审计单位尚未收到银行的收款通知

B. "企业已付、银行未付"项目包含一项被审计单位于 2018 年 12 月 31 日提交的转账支付申请，用于支付被审计单位 2018 年 12 月份的电费

C. "企业已收、银行未收"项目包含一项 2018 年 12 月 30 日收到的退货款，被审计单位已将供应商提供的支票提交银行

D. "银行已付、企业未付"项目包含一项 2018 年 11 月支付的销售返利，该笔付款已经总经理授权，但由于经办人员未提供相关单据，会计部门尚未入账

7. 针对被审计单位某银行账户的银行对账单余额与银行存款日记账余额不符，下列各项审计程序中，最有效的是( )。

A. 重新测试相关的内部控制

B. 检查银行存款日记账中记录的资产负债表日前后的收付情况

C. 向该银行函证

D. 检查该银行账户的银行存款余额调节表

8. 注册会计师获取的对账单显示余额为 775 000 元，并注意到以下事项：在途存款 25 000 元，企业开出的转账支票 3 600 元；企业未入账的借款利息扣除 5 000 元，企业收到外单位开具的转账支票 16 000 元，假定不考虑其他因素，则编制的银行存款余额调节表中调节后的金额是( )元。

A. 795 000   B. 812 400

C. 786 000   D. 796 400

9. 下列关于银行存款函证的说法中，不正确的是( )。

A. 银行存款函证程序可证实资产负债表所列银行存款是否存在

B. 零余额账户应纳入函证范围

C. 如果有充分证据表明某银行存款对财务报表不重要，注册会计师可以不对其实施函证

D. 注册会计师应当对函证过程保持控制

10. 注册会计师对定期存款执行的下列审计程序中，不正确的是( )。

A. 函证定期存款的相关信息

B. 将未质押的定期存款与开户证实书复印件核对

C. 编制检查表，检查是否与账面记录金额一致

D. 对审计外勤工作结束前已提取的定期存款，核对相应的对付凭证、银行对账单和定期存款复印件

11. 注册会计师在执行货币资金的实质性程序时，以下相关说法不正确的是( )。

A. 对于保证金存款的检查，注册会计师可以检查开立银行承兑汇票的协议或银行授信审批文件

B. 如果被审计单位有定期存款，注册会

计师可以考虑向管理层询问定期存款存在的商业理由并评估其合理性

C. 如果被审计单位有定期存款，注册会计师可以考虑在监盘库存现金的同时，监盘定期存款凭据

D. 检查资产负债表日后已提取的定期存款，并与相应的兑付凭证进行核对，有助于实现定期存款的完整性认定

二、多项选择题

1. 下列关于货币资金内部控制的表述中，正确的有（　　）。

A. 会计主管指定成本会计每月至少核对一次银行账户，编制银行存款余额调节表

B. 保管支票簿的人员不能同时负责现金支出

C. 不得由一人办理货币资金业务的全过程

D. 对于重要的货币资金业务，应当实施集体决策和审批

2. 下列针对货币资金项目实施的审计程序中，正确的有（　　）。

A. 抽查资产负债表日前后若干天的、一定金额以上的收支凭证实施截止测试

B. 若存款人非被审计单位，注册会计师应当获取该账户户主和被审计单位的书面声明

C. 对于现金比例较高的被审计单位，注册会计师可以选取现金结算量较大的交易方进行实地观察或询问

D. 检查大额现金收支，核对其交易真实性

3. 下列有关银行存款审计的说法中，不正确的有（　　）。

A. 除余额较小的银行账户不实施函证外，其他银行账户均应实施函证

B. 取得并检查银行存款对账单和银行存款余额调节表是证实银行存款计价和分摊认定的重要程序

C. 被审计单位资产负债表上的银行存款余额，应以编制或取得银行存款余额调节表日银行存款账户数额为准

D. 向银行函证被审计单位的银行存款，

不仅可以证实被审计单位银行存款的真实性，还可以核实被审计单位对银行借款记录的完整性

4. 甲公司编制的 2018 年 12 月末银行存款余额调节表显示存在 120 000 元的未达账项，其中包括甲公司已付而银行未付的材料采购款 100 000 元。以下审计程序中，可能为该材料采购款未达账项的真实性提供审计证据的有（　　）。

A. 检查 2019 年 1 月份的银行对账单

B. 检查相关的采购合同、供应商销售发票和付款审批手续

C. 就 2018 年 12 月末银行存款余额向银行寄发询证函

D. 向相关的原材料供应商寄发询证函

5. 注册会计师拟对银行存款余额实施函证程序，下列做法中，正确的有（　　）。

A. 以被审计单位的名义寄发银行询证函

B. 除余额为零的银行存款账户以外，对被审计单位所有银行存款账户实施函证程序

C. 由被审计单位代为填写银行询证函后，交由注册会计师复核后发出并回收

D. 如果银行询证函回函结果表明没有差异，则可以直接认定银行存款余额是正确的

6. 下列各项中，属于注册会计师通过向往来银行函证能够证实的有（　　）。

A. 企业银行存款的真实性

B. 企业所欠银行债务的情况

C. 企业未入账的银行借款

D. 企业未披露的或有负债

三、简答题

1. 在对 A 公司 2018 年度财务报表进行审计时，甲注册会计师负责审计货币资金项目，并决定于 2019 年 2 月 10 日对库存现金进行监盘。

A 公司在总部和营业部均设有出纳部门。为顺利监盘库存现金，甲注册会计师在监盘前一天通知 A 公司会计主管人员做好监盘准备。考虑到出纳日常工作安排，对总

部和营业部库存现金的监盘时间分别定在上午上班前和下午下班时。监盘时，出纳把现金放入保险柜，并将已办妥现金收付手续的交易登入现金日记账，结出现金日记账余额；在甲注册会计师的监督下，由出纳当场盘点现金并填写"库存现金监盘表"，盘点日实有库存现金数额与盘点日账面应有金额核对一致即可确认。

要求：请指出上述库存现金监盘工作中有哪些不当之处，并提出改进建议。

2. A注册会计师确定甲公司2018年度财务报表整体的重要性为200万元，明显微小错报的临界值为10万元。A注册会计师实施了银行及应收账款函证程序，相关审计工作底稿的部分内容摘录如下表12-7：

表12-7 函证审计工作底稿部分内容摘录

询证函编号	是否回函(是/否)	账面余额	回函金额	差异	审计说明
银行询证函：					(1)
Y1	是	3 500	3 500	0	(2)
Y2	是	235	232	3	(3)
……（略）	……（略）	……（略）	……（略）	……（略）	……（略）
应收账款询证函：					
W1	不适用	900	不适用	不适用	(4)
W2	否	1 300	不适用	不适用	(5)
W3	否	850	不适用	不适用	(6)
……（略）	……（略）	……（略）	……（略）	……（略）	……（略）

审计说明：

(1) 对甲公司2018年12月31日有往来余额的银行账户实施函证程序。

(2) 甲公司为该银行重要客户，有业务专员上门办理各类业务。2019年2月18日，A注册会计师在甲公司财务经理陪同下将函证交予上门办理业务的银行业务专员。银行业务专员当场盖章回函。函证结果满意。

(3) 差异金额3万元，小于明显微小错报的临界值，无须实施进一步审计程序。

(4) 该账户已全额计提坏账准备，不存在风险，选取另一样本实施函证。

(5) 询证函被退回，原因为"原址查无此单位"。已实施替代程序，未发现差异。

(6) 未收到回函，已与客户财务人员电话确认余额，无须实施替代程序。

要求：针对上述审计说明第(1)至(6)项，逐项指出A注册会计师的做法是否恰当。如不恰当，简要说明理由。

本章综合练习参考答案及详细解析

一、单项选择题

1. C 【解析】选项ABD均属于实质性程序。

2. D 【解析】出纳人员不得兼任稽核、会计档案保管和收入、支出、费用、债权债务账目的登记工作。

3. B 【解析】选项A可实现存在、权利和义务的目标；选项B可实现完整性的目标；

选项C针对截止目标；选项D可实现存在的目标。

4. D 【解析】选项A，对库存现金的监盘时间最好选择在上午上班前或下午下班时，而不是必须；选项B，出纳编制的是"库存现金盘点表"，而不是"库存现金监盘表"；选项C，盘点库存现金必须有出纳员和被审计单位会计主管人员参加，并由注册会计师进行监盘，而不是会计人员。

5. D 【解析】选项 D 是针对现金的审计程序，适用于现金交易比例较高的被审计单位。

6. D 【解析】选项 D 不属于未达账项的情况，未达账项是指企业与银行之间，对同一项经济业务由于凭证传递上的时间差所形成的一方已登记入账，而另一方因未收到相关凭证，尚未登记入账的事项。选项 D 是因为经办人员未提供相关单据，而使会计部门尚未入账，所以不合理。

7. D 【解析】通过检查银行存款余额调节表可以检查调节后银行存款日记账金额与银行对账单余额是否一致。

8. B 【解析】经银行存款余额调节表调节后的金额为 775 000+25 000+16 000－3 600＝812 400(元)。

9. C 【解析】注册会计师应当对银行存款(包括零余额账户和在本期内注销的账户)、借款及与金融机构往来的其他重要信息实施函证程序，除非有充分证据表明某一银行存款、借款及与金融机构往来的其他重要信息对财务报表不重要且与之相关的重大错报风险很低。

10. B 【解析】检查时，需要核对开户证实书的原件，以防止被审计单位提供的复印件是未质押(或未提现)前的原件的复印件。

11. D 【解析】检查资产负债表日后已提取的定期存款，并与相应的兑付凭证进行核对能为定期存款的存在认定提供一定的证据。

二、多项选择题

1. ABCD

2. ABCD 【解析】选项 A，是检查货币资金收支的截止是否正确；选项 B，是检查银行存款账户存款人非被审计单位时应当实施的审计程序；选项 CD，参考《中国注册会计师审计准则问题解答第 12 号——货币资金审计》。

3. ABC 【解析】选项 A，注册会计师应当对银行存款(包括零余额账户和在本期内注销的账户)、借款及与金融机构往来的其他重要信息实施函证程序，除非有充分证据表明某一银行存款、借款及与金融机构往来的其他重要信息对财务报表不重要且与之相关的重大错报风险很低，因此余额的大小并非衡量对银行存款是否函证的条件；选项 B，取得并检查银行存款对账单和银行存款余额调节表是证实银行存款是否存在的重要程序，与计价和分摊认定的关系不大；选项 C，资产负债表上的银行存款余额应当以资产负债表日的实有数为准。

4. ABD 【解析】由于在 12 月末供应商尚未办理转账，所以向银行函证 12 月末的银行存款余额是无效的。

5. AC 【解析】对银行存款账户余额为零的，也应实施函证程序，因为也可能存在企业欠银行债务的情况。银行询证函回函结果表明没有差异，不能直接认定银行存款余额就是正确的。

6. ABCD 【解析】向往来银行函证包括对银行存款及与其往来的其他重要信息实施函证程序，所以不仅能了解银行存款的真实性，对债务的情况、漏记资产、负债的情况也能有所了解。

三、简答题

1.【答案】

(1)提前通知 A 公司会计主管人员做好监盘准备的做法不当。

改进建议：甲注册会计师应当实施突击性检查。

(2)没有同时监盘总部和营业部库存现金的做法不当。

改进建议：甲注册会计师应组织同时监盘总部和营业部的库存现金，若不能同时监盘，则应对后监盘的库存现金实施封存。

(3)A 公司会计主管人员没有参与盘点的

做法不当。

改进建议：盘点人员应包括出纳、会计主管人员和注册会计师。

(4) 由出纳编制"库存现金监盘表"的做法不当。

改进建议：应当由注册会计师负责编制"库存现金监盘表"。

(5) 未对现金数额进行追溯调整不正确。

改进建议：在非资产负债表日进行盘点和监盘时，应调整至资产负债表日的金额。

2. 【答案】

第(1)项，不恰当。A 注册会计师没有对零余额和在本期内注销的账户实施函证。也未评估这些账户是否对财务报表不重要且与之相关的重大错报风险很低。

第(2)项，不恰当。A 注册会计师没有评估回函的可靠性。/银行业务专员当场办理回函，未实施适当的核对程序和处理流程。

第(3)项，不恰当。小额差异可能是由方向相反的大额差异相互抵消形成的，也需要进行调查。

第(4)项，不恰当。函证程序应对的是存在认定，全额计提坏账准备针对的是计价和分摊的认定，无法应对存在认定。

第(5)项，不恰当。对于"原址查无此单位"的异常函证，应当保持足够的职业怀疑，对函证地址信息进行调查。/应当实施进一步审计程序检查是否存在被审计单位虚构销售客户的情况，不应直接实施替代程序。

第(6)项，不恰当。只对询证函进行口头回复不符合函证的要求，因为其不是对 A 注册会计师的直接书面回复。

第四编

对特殊事项的考虑

　　本编涉及的内容比较特殊，看似和其他章节没有多大联系，但在具体实务中注册会计师也会接触到这些特殊事项的审计。本编主要介绍注册会计师在审计中遇到的一些特殊事项的审计，内容涉及对舞弊和法律法规的考虑、审计沟通、注册会计师利用他人的工作、对集团财务报表审计的特殊考虑以及会计估计的审计、关联方的审计、考虑持续经营假设和首次接受委托时对期初余额的审计等。它们与前几编介绍的审计基本思路相一致，同时是对注册会计师财务报表审计业务当中的特殊考虑所做的补充介绍。

　　本编整体难度一般，但理解和记忆的内容较多，可考点也较多。预计在今年考试中，无论是客观题还是简答题、综合题都会有较多考查。

第13章 对舞弊和法律法规的考虑

考 情 分 析

▶ 历年考情分析

本章属于比较重要的章节，主要介绍财务报表审计中与舞弊相关的责任及对法律法规的考虑。从命题形式来看，近几年主要是在客观题中对理论知识进行考查，但也可能在主观题中结合风险评估与风险应对考查舞弊风险的识别和应对。因此，考生应将本章内容与循环审计中的风险评估和应对融会贯通，同时应关注：注册会计师对发现舞弊的责任，即对舞弊风险的识别、评估和应对；注册会计师对财务报表审计中违反法律法规问题的责任和考虑。

▶ 本章 2020 年考试主要变化

本章主要根据《中国注册会计师审计准则第 1142 号——财务报表审计中对法律法规的考虑》及其应用指南对相关内容进行了调整，主要涉及对"识别出或怀疑存在违反法律法规行为时实施的审计程序"以及"对识别出的或怀疑存在的违反法律法规行为的沟通和报告"部分的调整。

核心考点及经典例题详解

考点一 财务报表审计中对舞弊的考虑 ★★

扫我解疑难

📝 经典例题

【例题 1·多选题】（2019 年）为应对管理层凌驾于控制之上的风险，下列各项审计程序中，注册会计师应当实施的有（　　）。

A. 确认重大关联方交易是否得到适当授权

B. 测试编制财务报表过程中作出的会计分录和其他调整是否适当

C. 评价做出被审计单位正常经营过程的重大交易的商业理由

D. 复核会计估计是否存在偏向

【答案】BCD

【解析】管理层凌驾于控制之上的风险属于特别风险。无论对管理层凌驾于控制之上的风险的评估结果如何，注册会计师都应当设计和实施审计程序，用以：(1)测试日常会计核算过程中作出的会计分录以及编制财务报表过程中作出的其他调整是否适当。(2)复核会计估计是否存在偏向，并评价产生这种偏向的环境是否表明存在由于舞弊导致的重大错报风险。(3)对于超出被审计单位正常经营过程的重大交易，或基于对被审计单位及其环境的了解以及在审计过程中获取的其他信息而显得异常的重大交易，评价其商业理由(或缺乏商业理由)是否表明被审计单位从事交易的目的是为了对财务信息作出虚假报告或掩盖侵占资产的行为。

【例题 2·单选题】（2017 年）下列各项中，属于舞弊发生的首要条件的是（　）。

A. 实施舞弊的动机或压力

B. 实施舞弊的机会

C. 为舞弊行为寻找借口的能力

D. 治理层和管理层对舞弊行为的态度

【答案】 A

【解析】 舞弊者具有舞弊的动机是舞弊发生的首要条件。

【例题 3·多选题】（2016 年）下列有关会计分录测试的说法中，正确的有（　）。

A. 在所有财务报表审计业务中，注册会计师均应当实施会计分录测试

B. 注册会计师应当对待测试会计分录总体实施完整性测试

C. 即使被审计单位对会计分录和其他调整实施的控制有效，注册会计师也不可以缩小会计分录的测试范围

D. 会计分录测试的对象包括被审计单位编制合并报表时作出的抵销分录

【答案】 ABD

【解析】 被审计单位对会计分录和其他调整实施的控制有效，注册会计师可以适当缩小会计分录的测试范围。

📋 **考点精析**

一、治理层、管理层的责任与注册会计师的责任

1. 治理层、管理层的责任

被审计单位治理层和管理层对防止或发现舞弊**负有主要责任**。治理层的监督包括考虑管理层凌驾于控制之上或对财务报告过程施加其他不当影响的可能性。

2. 注册会计师的责任

注册会计师对发现舞弊方面的责任可以从正反两个方面界定（见图 13-1）。

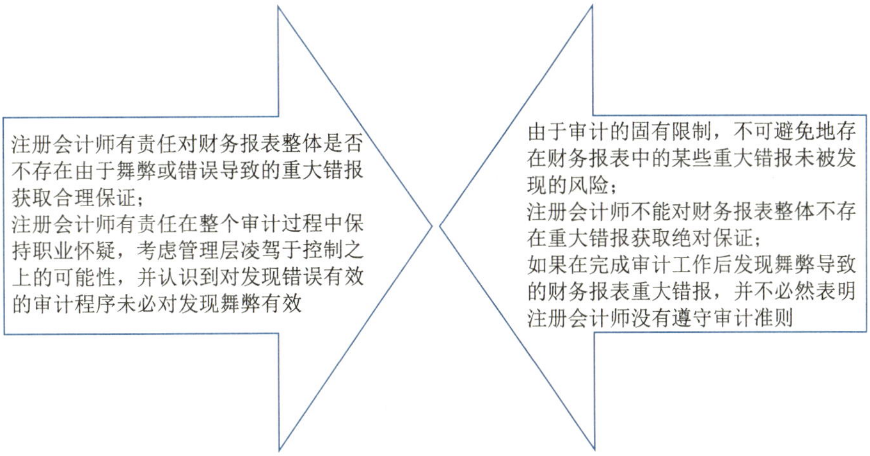

注册会计师有责任对财务报表整体是否不存在由于舞弊或错误导致的重大错报获取合理保证；
注册会计师有责任在整个审计过程中保持职业怀疑，考虑管理层凌驾于控制之上的可能性，并认识到对发现错误有效的审计程序未必对发现舞弊有效

由于审计的固有限制，不可避免地存在财务报表中的某些重大错报未被发现的风险；
注册会计师不能对财务报表整体不存在重大错报获取绝对保证；
如果在完成审计工作后发现舞弊导致的财务报表重大错报，并不必然表明注册会计师没有遵守审计准则

图 13-1　注册会计师对发现舞弊方面的责任

【知识点拨】 舞弊导致的重大错报未被发现的风险，**大于错误**导致的重大错报未被发现的风险。

二、风险评估程序和相关活动

注册会计师评估舞弊风险通常采用的程序包括：

1. 询问

注册会计师应当向治理层、管理层、内部审计人员询问，以确定其是否知悉任何舞弊事实、舞弊嫌疑或舞弊指控。

注册会计师还应当考虑询问被审计单位内部的其他相关人员，如：

（1）不直接参与财务报告过程的业务人员；

（2）拥有不同级别权限的人员；

（3）参与生成、处理或记录复杂或异常交

易的人员及对其进行监督的人员；

（4）内部法律顾问；

（5）负责道德事务的主管人员或承担类似职责的人员；

（6）负责处理舞弊指控的人员。

2. 评价舞弊风险因素

注册会计师应当评价通过其他风险评估程序和相关活动获取的信息，是否表明存在舞弊风险因素。存在舞弊风险因素并不必然表明发生了舞弊，但在舞弊发生时通常存在舞弊风险因素，因此，舞弊风险因素可能表明存在由于舞弊导致的重大错报风险。舞弊的发生一般都具备三个风险因素：动机或压力、机会、借口。

【知识点拨】舞弊者具有舞弊的动机是舞弊发生的首要条件；舞弊的机会一般源于内部控制在设计和运行上的缺陷；借口是舞弊发生的重要条件之一，只有舞弊者能够对舞弊行为予以合理化，舞弊者才可能做出舞弊行为，做出舞弊行为后才能心安理得。

3. 实施分析程序

4. 考虑其他信息

5. 组织项目组讨论

三、识别和评估舞弊导致的重大错报风险

舞弊导致的重大错报风险属于特别风险。在识别和评估由于舞弊导致的重大错报风险时，注册会计师应当基于收入确认存在舞弊风险的假定，评价哪些类型的收入、收入交易或认定导致舞弊风险。

四、应对舞弊导致的重大错报风险（见表13-1）

表13-1　应对舞弊导致的重大错报风险

舞弊导致的风险类型	应对措施
财务报表层次的舞弊风险	总体应对措施： （1）在分派和督导项目组成员时，考虑承担重要业务职责的项目组成员所具备的知识、技能和能力，并考虑由于舞弊导致的重大错报风险的评估结果； （2）评价被审计单位对会计政策（特别是涉及主观计量和复杂交易的会计政策）的选择和运用，是否可能表明管理层通过操纵利润对财务信息作出虚假报告； （3）在选择审计程序的性质、时间安排和范围时，增加审计程序的不可预见性
认定层次的舞弊风险	（1）改变拟实施审计程序的性质，以获取更为可靠、相关的审计证据，或获取其他佐证性信息，包括更加重视实地观察或检查，在实施函证程序时改变常规函证内容，询问被审计单位的非财务人员等； （2）改变实质性程序的时间，包括在期末或接近期末实施实质性程序，或针对本期较早时间发生的交易事项或贯穿于本会计期间的交易事项实施测试； （3）改变审计程序的范围，包括扩大样本规模，采用更详细的数据实施分析程序等
管理层凌驾于控制之上的风险	（1）测试日常会计核算过程中作出的会计分录以及编制财务报表过程中作出的其他调整是否适当； （2）复核会计估计是否存在偏向，并评价产生这种偏向的环境是否表明存在由于舞弊导致的重大错报风险； （3）对于超出被审计单位正常经营过程的重大交易，或基于对被审计单位及其环境的了解以及在审计过程中获取的其他信息而显得异常的重大交易，评价其商业理由

五、会计分录测试

在所有财务报表审计业务中，注册会计师都需要专门针对管理层凌驾于控制之上的风险设计和实施会计分录测试。

1. 会计分录和其他调整的类型

（1）标准会计分录。此类分录受信息系统一般控制和其他系统性控制的影响。

（2）非标准会计分录。此类会计分录可能具有较高的重大错报风险，通常容易被管理层用来操纵利润，并且可能涉及任何报表项目。

（3）其他调整。此类分录可能不受被审计单位内部控制的影响。

2. 确定待测试会计分录和其他调整的总体并测试总体的完整性

（1）在测试会计分录和其他调整时，首先需要确定待测试总体，其次针对该总体实施完整性测试。

（2）由于虚假会计分录和其他调整通常在报告期末作出，因此，注册会计师应选择对在报告期末作出的会计分录和其他调整进行测试。

（3）由于舞弊导致的财务报表重大错报可能发生于整个会计期间，并且舞弊者可能运用各种方式隐瞒舞弊行为，因此，注册会计师应考虑是否有必要测试整个会计期间的会计分录和其他调整。

3. 选取并测试会计分录和其他调整时考虑的因素

（1）对由于舞弊导致的重大错报风险的评估。

（2）对会计分录和其他调整已实施的控制。

（3）被审计单位的财务报告过程以及所能获取的证据的性质。

（4）虚假会计分录或其他调整的特征。

（5）账户的性质和复杂程度。

（6）在日常经营活动之外处理的会计分录或其他调整。

『链接』结合《中国注册会计师审计准则问题解答第7号——会计分录测试》学习。

六、评价审计证据

（1）注册会计师应当评价识别出的某项错报是否表明存在舞弊。注册会计师不应将审计中发现的舞弊视为孤立发生的事项。如果存在舞弊的迹象，注册会计师应当评价该项错报对审计工作其他方面的影响，特别是对管理层声明可靠性的影响。

（2）如果识别出某项错报是或可能是由于管理层舞弊导致的，特别是涉及较高层级的管理层，无论该项错报是否重大，注册会计师都应当重新评价对由于舞弊导致的重大错报风险的评估结果，以及该结果对旨在应对评估的风险的审计程序的性质、时间安排和范围的影响。

（3）在重新考虑此前获取的审计证据的可靠性时，注册会计师还应当考虑相关的情形是否表明可能存在涉及员工、管理层或第三方的串通舞弊。

七、无法继续执行审计业务

1. 对继续执行审计业务的能力产生怀疑

对继续执行审计业务的能力产生怀疑的异常情形及注册会计师的应对措施见表13-2。

表13-2　对继续执行审计业务的能力产生怀疑的异常情形及注册会计师的应对措施

项目	内容
异常情形	(1)被审计单位没有针对舞弊采取适当的、注册会计师根据具体情况认为必要的措施，即使该舞弊对财务报表并不重大； (2)注册会计师对由于舞弊导致的重大错报风险的考虑以及实施审计测试的结果，表明存在重大且广泛的舞弊风险； (3)注册会计师对管理层或治理层的胜任能力或诚信产生重大疑虑
应对措施	(1)确定适用于具体情况的职业责任和法律责任，包括是否需要向审计业务委托人或监管机构报告； (2)在相关法律法规允许的情况下，考虑是否需要解除业务约定

2. 解除业务约定

影响注册会计师在何时解除业务约定的因素包括管理层或治理层成员参与舞弊可能产生的影响（可能会影响到管理层声明的可靠性），以及与被审计单位之间保持客户关系对注册会计师的影响。

如果决定解除业务约定，注册会计师应当采取下列措施：

（1）与适当层级的管理层和治理层就解除业务约定的决定和理由进行讨论；

（2）考虑是否存在职业责任或法律责任，需要向审计业务委托人或监管机构报告解除业务约定的决定和理由。

八、书面声明

注册会计师应当就下列事项向管理层和治理层（如适用）获取书面声明：

（1）管理层和治理层认可其设计、执行和维护内部控制以防止和发现舞弊的责任；

（2）管理层和治理层已向注册会计师披露

了管理层对由于舞弊导致的财务报表重大错报风险的评估结果；

（3）管理层和治理层已向注册会计师披露了已知的涉及管理层、在内部控制中承担重要职责的员工以及其他人员（在舞弊行为导致财务报表出现重大错报的情况下）的舞弊或舞弊嫌疑；

（4）管理层和治理层已向注册会计师披露了从现任和前任员工、分析师、监管机构等方面获知的、影响财务报表的舞弊指控或舞弊嫌疑。

九、与管理层、治理层和监管机构的沟通（见表13-3）

表13-3　与管理层、治理层和监管机构的沟通

沟通对象	沟通的内容
与管理层的沟通	当已获取的证据表明存在或可能存在舞弊时，应尽快提请适当层级的管理层关注，即使该事项可能被认为不重要。 通常情况下，适当层级的管理层至少要比涉嫌舞弊的人员高出一个级别
与治理层的沟通	如果确定或怀疑舞弊涉及管理层、在内部控制中承担重要职责的员工及其舞弊行为可能导致财务报表重大错报的其他人员，注册会计师应当尽早就此类事项与治理层沟通
与监管机构的沟通	如果识别出舞弊或怀疑存在舞弊，注册会计师应当确定是否有责任向被审计单位以外的机构报告。 当向外机构报告与注册会计师的保密义务相矛盾时，如果法律法规要求注册会计师报告，注册会计师应当遵守法律法规的规定

考点二　财务报表审计中对法律法规的考虑★★

扫我解疑难

经典例题

【例题1·单选题】（2018年）当怀疑被审计单位存在违反法律法规行为时，下列各项审计程序中，通常不能为注册会计师提供额外审计证据的是（　　）。

A. 获取被审计单位管理层的书面声明

B. 与被审计单位治理层讨论

C. 向被审计单位内部法律顾问咨询

D. 向会计师事务所的法律顾问咨询

【答案】A

【解析】选项A，书面声明本身并不能为所涉及的任何事项提供充分、适当的审计证据。

【例题2·单选题】（2016年）下列有关财务报表审计中对法律法规的考虑的说法中，错误的是（　　）。

A. 注册会计师有责任实施特定的审计程序，以识别和应对可能对财务报表产生重大影响的违反法律法规行为

B. 注册会计师没有责任防止被审计单位违反法律法规

C. 如果被审计单位存在对财务报表有重大影响的违反法律法规行为，且未能在财务报表中得到充分反映，注册会计师应发表保留或否定意见

D. 注册会计师通常采用书面形式与被审计单

位治理层沟通审计过程中注意到的有关违反法律法规的事项

【答案】A

【解析】针对被审计单位需要遵守的第二类法律法规，注册会计师的责任仅限于实施特定的审计程序，以有助于"识别"可能对财务报表产生重大影响的违反法律法规行为。

考点精析

违反法律法规，是指被审计单位、治理层、管理层或者为被审计单位工作或受其指导的其他人，有意或无意违背除适用的财务报告编制基础以外的现行法律法规的行为。

违反法律法规不包括与被审计单位经营活动无关的不当个人行为。

【知识点拨】

(1)在考虑被审计单位的一项行为是否违反法律法规时，注册会计师可以考虑征询法律意见；

(2)在确定某行为是否违反法律法规时，最终只能由法院或其他适当的监管机构作出裁决。

一、管理层遵守法律法规的责任

管理层的责任是在治理层的监督下确保被审计单位的经营活动符合法律法规的规定。

二、注册会计师的责任

针对被审计单位需要遵守的不同的法律法规，注册会计师应当承担不同的责任：

(1)针对被审计单位需要遵守的对决定财务报表中的重大金额和披露有直接影响的法律法规，注册会计师的责任是，就被审计单位遵守这些法律法规的规定获取充分、适当的审计证据。

(2)针对被审计单位需要遵守的对决定财务报表中的金额和披露没有直接影响的其他法律法规，注册会计师的责任仅限于实施特定的审计程序，以有助于识别可能对财务报表产生重大影响的违反这些法律法规的行为。

在审计过程中，为了对财务报表形成审计意见而实施的其他审计程序，可能使注册会计师识别出或怀疑被审计单位存在违反法律法规行为，考虑到法律法规对被审计单位产生影响的范围，注册会计师在整个审计过程中均应保持职业怀疑。

三、识别出或怀疑存在违反法律法规行为时实施的审计程序

1. 注意到与识别出的或怀疑存在的违反法律法规行为相关的信息时的审计程序

(1)了解违反法律法规行为的性质及其发生的环境。

(2)获取进一步的信息，以评价对财务报表可能产生的影响。

2. 怀疑被审计单位存在违反法律法规行为时的审计程序

(1)当治理层能够提供额外审计证据时，注册会计师可以与治理层讨论其发现，除非法律法规禁止。

(2)当管理层或治理层(如适用)不能向注册会计师提供充分的信息，证明被审计单位遵守了法律法规时，注册会计师可以考虑向被审计单位内部或外部的法律顾问咨询有关法律法规在具体情况下的运用，包括舞弊的可能性以及对财务报表的影响。

(3)如果认为向被审计单位法律顾问咨询是不适当的或不满意其提供的意见，注册会计师可以考虑向所在会计师事务所的其他人员、网络事务所、职业团体或注册会计师的法律顾问咨询。

3. 评价识别出的或怀疑存在的违反法律法规行为的影响

注册会计师应当评价识别出的或怀疑存在的违反法律法规行为对审计的其他方面可能产生的影响，包括对注册会计师风险评估和被审计单位书面声明可靠性的影响。

某些情况下，如果管理层或治理层没有采取注册会计师认为适合具体情况的补救措施，或者识别出的或怀疑存在的违反法律法规行为导致对管理层或治理层的诚信产生质疑，即使违反法律法规行为对财务报表不重要，如果法律法规允许，注册会计师也可能

考虑是否有必要解除业务约定。

在决定是否有必要解除业务约定时，注册会计师可以考虑征询法律意见。

特殊情况下，如果管理层或治理层没有采取适当的补救行动，且不能解除业务约定，注册会计师可以在审计报告的其他事项段中描述违反法律法规行为。

四、对识别出的或怀疑存在的违反法律法规行为的报告

1. 与治理层沟通

除非治理层全部成员参与管理被审计单位，注册会计师应当与治理层沟通审计过程中注意到的有关违反法律法规的事项(除非法律法规禁止)，但不必沟通明显不重要的事项。

违反法律法规行为情节严重时的沟通要求：

(1)对故意和重大的违反法律法规行为，注册会计师应当**尽快**向治理层通报。

(2)如果怀疑违反法律法规行为涉及管理层或治理层，注册会计师应当向被审计单位**审计委员会或监事会等更高层级**的机构通报。如果不存在更高层级的机构，或者注册会计师认为被审计单位可能不会对通报做出反应，或者注册会计师不能确定向谁报告，注册会计师应当考虑是否需要向外部监管机构报告或**征询法律意见**。

2. 出具审计报告

(1)如果认为识别出的或怀疑存在的违反法律法规行为对财务报表有重大影响，且未能在财务报表中得到恰当反映，注册会计师应当出具**保留意见或否定意见**的审计报告。

(2)注册会计师应当考虑**审计范围受到限制**的影响。

3. 向被审计单位之外的适当机构报告识别出的或怀疑存在的违反法律法规行为

如果识别出或怀疑存在违反法律法规行为，注册会计师应当考虑**是否有责任**向被审计单位以外的适当机构报告。

【知识点拨】要求报告的是经注册会计师发现和确定的"严重"违反法律法规行为。

"严重"主要是指**有重大法律后果或涉及社会公众利益**。

📋 阶段性测试

1.【多选题】为应对管理层凌驾于控制之上的风险，下列审计程序中，注册会计师应当在所有审计业务中实施的有( )。

A. 对报告期末做出的会计分录和其他调整实施测试

B. 复核会计估计是否存在偏向

C. 对营业收入实施实质性分析程序

D. 对关联方交易及余额实施函证程序

2.【单选题】下列有关舞弊风险的表述中，错误的是( )。

A. 被审计单位存在舞弊风险因素，并不必然表明一定会发生舞弊行为

B. 注册会计师应当将评估的由于舞弊导致的重大错报风险作为特别风险

C. 如果对被审计单位管理层凌驾于控制之上的风险评估为低水平，注册会计师可以不设计和实施审计程序

D. 注册会计师应当假定收入确认存在舞弊风险

3.【单选题】注册会计师应当针对评估的由于舞弊导致的财务报表层次重大错报风险确定总体应对措施。下列各项措施中，错误的是( )。

A. 修改财务报表整体的重要性

B. 评价被审计单位对会计政策的选择和运用

C. 指派更有经验、知识、技能和能力的项目组成员

D. 在确定审计程序的性质、时间安排和范围时，增加审计程序的不可预见性

4.【单选题】下列事项中，不属于侵占资产导致的错报的是( )。

A. 将与已注销账户相关的收款转移至个人银行账户

B. 通过向被审计单位竞争者泄露技术资料与其串通以获取回报

C. 向虚构的员工支付工资

D. 管理层故意遗漏财务报表金额或披露

5.【多选题】如果识别出被审计单位违反法律法规的行为，下列各项程序中，注册会计师应当实施的程序包括（　　）。

A. 了解违反法律法规行为的性质及其发生的环境

B. 评价识别出的违反法律法规行为对注册会计师风险评估的影响

C. 就识别出的所有违反法律法规行为与治理层进行沟通

D. 评价被审计单位书面声明的可靠性

阶段性测试答案精析

1. AB 【解析】无论对管理层凌驾于控制之上的风险的评估结果如何，注册会计师都应当设计和实施审计程序，用以：(1)测试日常会计核算过程中作出的会计分录以及编制财务报表过程中作出的其他调整是否适当；(2)复核会计估计是否存在偏向，并评价产生这种偏向的环境是否表明存在由于舞弊导致的重大错报风险；(3)对于超出被审计单位正常经营过程的重大交易，或基于对被审计单位及其环境的了解以及在审计过程中获取的其他信息而显得异常的重大交易，评价其商业理由(或缺乏商业理由)是否表明被审计单位从事交易的目的是为了对财务信息作出虚假报告或掩盖侵占资产的行为。

2. C 【解析】无论对管理层凌驾于控制之上的风险的评估结果如何，注册会计师都应当设计和实施审计程序。

3. A 【解析】在针对评估的由于舞弊导致的财务报表层次重大错报风险确定总体应对措施时，注册会计师应当：(1)在分派和督导项目组成员时，考虑承担重要业务职责的项目组成员所具备的知识、技能和能力，并考虑由于舞弊导致的重大错报风险的评估结果；(2)评价被审计单位对会计政策的选择和运用，是否可能表明管理层通过操纵利润对财务信息做出虚假报告；(3)在选择审计程序的性质、时间安排和范围时，增加审计程序的不可预见性。

4. D 【解析】选项D，属于编制虚假财务报表导致的错报。

5. ABD 【解析】注册会计师应当与治理层沟通审计过程中注意到的有关违反法律法规的事项(除非法律法规禁止)，但不必沟通明显不重要的事项。

本章综合练习 限时55分钟

一、单项选择题

1. 下列审计程序中，通常不能应对管理层凌驾于控制之上的风险的是（　　）。

A. 测试会计分录和其他调整

B. 复核会计估计是否存在偏向

C. 评价重大非常规交易的商业理由

D. 获取有关重大关联方交易的管理层书面声明

2. 下列有关"在舞弊审计中治理层、管理层与注册会计师的责任"的表述中，错误的是（　　）。

A. 被审计单位治理层和管理层对防止或发现舞弊负有主要责任

B. 如果在完成审计工作后发现舞弊导致的财务报表重大错报，表明注册会计师没有遵守审计准则

C. 由于审计的固有限制，即使注册会计师按照审计准则的规定恰当计划和执行了审计工作，也不可避免地存在财务报表中的某些重大错报未被发现的风险

D. 在按照审计准则的规定执行审计工作时，注册会计师有责任对财务报表整体是

否不存在由于舞弊或错误导致的重大错报
获取合理保证

3. 下列舞弊风险因素中，不属于动机或压力
因素的是（　　）。

A. 财务稳定性或盈利能力受到经济环境、
行业状况或被审计单位经营情况的威胁

B. 管理层为满足第三方要求或预期而承受
过度的压力

C. 管理层或治理层的个人财务状况受到被
审计单位财务业绩的影响

D. 组织结构复杂或不稳定

4. 下列关于舞弊的说法中，不正确的
是（　　）。

A. 侵占资产通常伴随着虚假或误导性的
记录或文件

B. 舞弊导致的重大错报未被发现的风险，
大于错误导致的重大错报未被发现的风险

C. 在识别和评估由于舞弊导致的重大错
报风险时，注册会计师应当基于收入确认
存在舞弊风险的假定，评价哪些类型的收
入、收入交易或认定导致舞弊风险

D. 由于舞弊导致的重大错报风险属于特
别风险，因此在识别舞弊风险时通常不使
用分析程序

5. 在评估舞弊导致的重大错报风险时，如果
注册会计师注意到客户存在下列情况时，
应当着重考虑该客户编制虚假财务报告导
致的错报的风险大大增加的是（　　）。

A. 存在大额现金被经手或处理的情形

B. 不相容职务的分离不充分，或独立审核
不力

C. 对审计工作的完成或审计报告的出具提
出不合理的时间限制

D. 对高层管理人员的差旅费、业务招待
费等财务支出审查薄弱

6. 下列程序中，通常不用于评估舞弊风险的
是（　　）。

A. 询问治理层、管理层和内部审计人员

B. 考虑在客户接受或保持过程中获取的
信息

C. 组织项目组内部讨论

D. 实施实质性分析程序

7. 下列关于注册会计师针对发现的舞弊事项
与管理层和治理层沟通的说法中，正确的
是（　　）。

A. 如果怀疑舞弊涉及管理层，注册会计
师应当将此怀疑向治理层通报，但不应该
与其讨论完成审计工作所必须的审计程序
的性质、时间安排和范围

B. 注册会计师针对发现的舞弊事项与治理
层的沟通应该采用书面形式

C. 如果根据判断认为存在与治理层职责相
关的、涉及舞弊的其他事项，注册会计师
应当就此与治理层沟通

D. 如果注意到旨在防止或发现舞弊的内
部控制在设计或执行方面存在值得关注的
缺陷，注册会计师应当尽早告知适当层级
的管理层

8. 针对管理层凌驾于控制之上的风险，注册
会计师实施的下列审计程序中，不具有针
对性的是（　　）。

A. 测试被审计单位在报告期末做出的会
计分录和其他调整

B. 追溯复核与以前年度财务报表反映的重
大会计估计相关的管理层判断和假设

C. 对于超出被审计单位正常经营过程的重
大交易，评价其商业理由

D. 在年末对被审计单位的所有存货进行
监盘

9. 下列审计程序中，通常不能识别被审计单
位违反法律法规行为的是（　　）。

A. 阅读董事会和管理层的会议纪要

B. 向管理层、内部或外部法律顾问询问诉
讼、索赔及评估情况

C. 对营业外支出中的罚款及滞纳金支出实
施细节测试

D. 获取管理层关于被审计单位不存在违
反法律法规行为的书面声明

10. 关于注册会计师对被审计单位违反法律
法规行为的审计责任，下列说法中，正

确的是( )。

A. 注册会计师有责任发现被审计单位所有的违反法律法规行为

B. 针对通常对决定财务报表中的重大金额和披露有直接影响的法律法规的规定，注册会计师应当获取被审计单位遵守这些规定的充分、适当的审计证据

C. 注册会计师没有责任专门实施审计程序以发现被审计单位的违反法律法规行为

D. 对被审计单位的违反法律法规行为，注册会计师应当在审计报告中予以反映

二、多项选择题

1. 下列有关管理层凌驾于控制之上的风险的说法中，错误的有( )。

A. 管理层凌驾于控制之上的风险属于特别风险

B. 自动化控制可以消除管理层凌驾于控制之上的风险

C. 对财务信息做出虚假报告通常与管理层凌驾于控制之上有关

D. 某些总体风险较低的被审计单位可能不存在管理层凌驾于控制之上的风险

2. 为获取信息、评估舞弊风险，下列人员中，注册会计师应当考虑向其询问的有( )。

A. 不直接参与财务报告过程的业务人员

B. 内部法律顾问

C. 参与生成、处理或记录复杂或异常交易的人员

D. 拥有不同级别权限的人员

3. 下列舞弊风险因素中，与编制虚假财务报告相关的有( )。

A. 利用商业中介进行交易，但缺乏明显的商业理由

B. 在非所有者管理的主体中，管理层由一人或少数人控制，且缺乏补偿性控制

C. 会计系统和信息系统无效

D. 对高级管理人员支出的监督不足

4. 下列情形中，注册会计师认为可能为管理

层提供实施舞弊机会的有( )。

A. 被审计单位从事科技含量高、研发周期长的经营业务

B. 被审计单位大量采用分销渠道销售产品

C. 被审计单位高级管理人员变更频繁

D. 管理层在被审计单位中拥有重大经济利益

5. 下列情形中，可能表明被审计单位存在舞弊迹象的有( )。

A. 管理层不允许注册会计师在同一时间对所有存放地点的存货实施监盘

B. 被审计单位所处行业竞争激烈并伴随着利润率的下降，而管理层过于强调提高利润水平的目标

C. 被审计单位与关联方签订设备采购合同，以预付款的形式向关联方支付采购款，采购款长期未进行结算，年末以合同终止为由收回预付款项

D. 管理层不允许寄发询证函

6. 在被审计单位的内部控制系统中，针对会计分录和其他调整，通常包括的控制措施有( )。

A. 针对会计分录和其他调整的授权、过账、审核、核对等方面设置职责分离

B. 在会计系统中设置系统访问权限，用以控制会计分录的记录权和审批权

C. 用以防止并发现虚假会计分录或未经授权的更改的控制措施

D. 由管理层、治理层或其他适当人员对会计分录记录和过入总账以及在编制财务报表过程中作出其他调整的过程进行监督

7. 在设计和实施审计程序，以测试日常会计核算过程中作出的会计分录以及编制财务报表过程中作出的其他调整是否适当时，下列审计程序中，应当实施的有( )。

A. 向参与财务报告过程的人员询问与处理会计分录和其他调整相关的不恰当或异常的活动

B. 选择在报告期末作出的会计分录和其他调整

C. 考虑是否有必要测试整个会计期间的会计分录和其他调整

D. 追溯复核与以前年度财务报表反映的重大会计估计相关的管理层判断和假设

8. 下列有关会计分录和其他调整的说法中，错误的有( )。

A. 审计准则要求注册会计师测试整个会计期间的会计分录和其他调整

B. 注册会计师通常选择在报告期中作出的会计分录和其他调整进行测试

C. 注册会计师在确定待测试会计分录和其他调整进行测试的性质、时间安排和范围时，需要运用职业判断

D. 注册会计师在对会计分录和其他调整实施完整性测试时，不需要事先确定待测试会计分录和其他调整的总体

9. 下列属于注册会计师可能遇到的对其继续执行审计业务的能力产生怀疑的异常情形包括( )。

A. 被审计单位没有针对舞弊采取适当的、注册会计师根据具体情况认为必要的措施，该舞弊对财务报表不重大

B. 被审计单位没有按照注册会计师审计的建议调整相关报表项目

C. 注册会计师对由于舞弊导致的重大错报风险的考虑以及实施审计测试的结果，表明存在重大且广泛的舞弊风险

D. 注册会计师对管理层或治理层的胜任能力或诚信产生重大疑虑

10. 下列各项做法中，可以应对舞弊导致的重大错报风险的有( )。

A. 选取以前年度未寄发询证函的客户应付账款余额实施函证

B. 在同一天对所有存放在不同地点的存货实施盘点

C. 扩大营业收入细节测试的样本规模

D. 通过实地走访，核实供应商和客户真实存在

11. 下列各项中，属于注册会计师应当考虑的、会导致更高的重大错报风险的违反法律法规行为的有( )。

A. 许多法律法规主要与被审计单位经营活动相关，却不能被与财务报表相关的信息系统所获取

B. 审计程序的有效性受到内部控制的固有局限性和使用的测试方法的影响

C. 注册会计师获取的审计证据大多是说服性的而非结论性的

D. 违反法律法规行为可能涉及故意隐瞒的行为

12. 有类法律法规，对决定财务报表中的金额和披露没有直接影响，但遵守这些法律法规对被审计单位的经营活动、持续经营能力或避免大额罚款至关重要，属于这类法律法规的有( )。

A. 税收和企业年金方面的法律法规

B. 遵守经营许可条件方面的法律法规

C. 监管机构对偿债能力的规定

D. 环境保护要求方面的法律法规

13. 下列有关违反法律法规行为对审计报告影响的说法中正确的有( )。

A. 如果被审计单位在财务报表中对该违反法律法规行为作出恰当反映，注册会计师应当出具无保留意见的审计报告

B. 如果认为违反法律法规行为对财务报表有重大影响，且未能在财务报表中得到恰当反映，注册会计师应当出具保留意见或否定意见的审计报告

C. 如果因被审计单位阻挠无法获取充分、适当的审计证据，以评价是否发生或可能发生对财务报表具有重大影响的违反法律法规行为，根据审计范围受到限制的程度，出具保留意见或否定意见的审计报告

D. 如果因审计范围受到被审计单位以外的其他条件限制而无法确定违反法律法规行为是否发生，注册会计师应当考虑其对审计报告的影响，出具保留或无法表示意见的审计报告

三、简答题

A 注册会计师负责审计甲公司 2018 年度财

务报表。在审计过程中，遇到下列事项：

(1)甲公司拥有 3 家子公司，分别生产不同的饮料产品。甲公司所处行业整体竞争激烈，市场处于饱和状态，同行业公司的主营业务收入年增长率低于 5%，但甲公司董事会仍要求管理层将 2018 年度主营业务收入增长率定为 8%。管理层编制的甲公司 2018 年度财务报表显示，已按计划实现目标。

(2)甲公司管理层除领取固定工资外，其奖金金额与当年实现主营业务收入的情况挂钩。

(3)在以前年度审计中，A 注册会计师未将收入确认作为由于舞弊导致的重大错报风险领域。

要求：

(1)针对事项(1)和事项(2)，分析甲公司是否存在舞弊风险因素，并简要说明理由。

(2)针对事项(3)，分析 A 注册会计师未将收入确认为由于舞弊导致的重大错报风险领域是否适当，并简要说明理由。

本章综合练习参考答案及详细解析

一、单项选择题

1. D 【解析】书面声明本身并不能提供充分适当的审计证据，更不能应对管理层凌驾于控制之上的特别风险。

2. B 【解析】如果在完成审计工作后发现舞弊导致的财务报表重大错报，特别是串通舞弊或伪造文件记录导致的重大错报，并不必然表明注册会计师没有遵守审计准则。

3. D 【解析】选项 D，属于机会因素。

4. D 【解析】选项 D，分析程序适用于舞弊风险的识别和评估，注册会计师实施分析程序有助于识别异常的交易或事项，以及对财务报表和审计产生影响的金额、比率和趋势。

5. C 【解析】选项 ABD 通常提醒注册会计师怀疑客户与侵占资产相关的舞弊风险大大增加。

6. D 【解析】注册会计师在实施分析程序以了解被审计单位及其环境时，应当评价在实施分析程序时识别出的异常或偏离预期的关系，是否表明存在由于舞弊导致的重大错报风险，这里说的是风险评估阶段的分析程序。实质性分析程序是用于发现认定层次重大错报的程序，不用于评估舞弊风险。

7. C 【解析】选项 A，如果怀疑舞弊涉及管理层，注册会计师应当将此怀疑向治理层通报，并与其讨论完成审计工作所必需的审计程序的性质、时间安排和范围；选项 B，注册会计师针对发现的舞弊事项与治理层的沟通可以采用口头形式，也可以采用书面形式；选项 D，应当与治理层沟通，而不是与管理层沟通。

8. D 【解析】选项 D 属于常规程序，不具备不可预见性。

9. D 【解析】可能使注册会计师注意到识别出或怀疑存在的违反法律法规行为的审计程序包括：阅读会议纪要；向被审计单位管理层、内部或外部法律顾问询问诉讼、索赔及评估情况；对某类交易、账户余额或披露实施细节测试。

10. B 【解析】如果认为违反法律法规行为对财务报表具有重大影响，注册会计师应当要求被审计单位在财务报表中予以恰当反映。

二、多项选择题

1. BD 【解析】选项 B，该类风险只能合理控制，不能被完全消除；选项 D，由于管理层在被审计单位的地位，管理层凌驾于控制之上的风险在所有被审计单位中都会存在。

2. ABCD

3. ABC 【解析】选项 D 与侵占资产导致的错报相关。

4. ABC 【解析】管理层在被审计单位中拥有重大经济利益属于动机或压力。

5. ABCD 【解析】选项 A，可能存在管理层操纵转移不同地点的存货以虚增或虚减存货的风险；选项 B，管理层可能通过舞弊高估收入，从而高估利润；选项 C，被审计单位可能隐瞒了交易的真正目的(是为了实现关联方无偿占用被审计单位的资金)，可能存在与关联方串通舞弊进行虚假交易的嫌疑；选项 D，管理层不允许寄发询证函，可能存在虚构交易的风险。

6. ABCD 【解析】除此之外，还包括：由被审计单位的内部审计人员(如有)定期测试控制运行的有效性。

7. ABC 【解析】选项 D 属于复核会计估计是否存在偏向时应实施的审计程序。

8. ABD 【解析】选项 A，审计准则要求注册会计师考虑是否有必要测试整个会计期间的会计分录和其他调整；选项 B，注册会计师通常选择在报告期末作出的会计分录和其他调整进行测试；选项 D，注册会计师在测试会计分录和其他调整时，首先需要确定待测试会计分录和其他调整的总体，然后针对该总体实施完整性测试。

9. ACD 【解析】选项 B 属于注册会计师在审计中遇到的正常事项，此时注册会计师

应根据该项目的调整金额考虑对审计报告的影响。

10. ABCD

11. AD 【解析】就法律法规而言，由于下列原因，审计的固有限制对注册会计师发现重大错报的能力的潜在影响会加大：①许多法律法规主要与被审计单位经营有关，通常不影响财务报表，且不能被与财务报表相关的信息系统获取；②违反法律法规可能涉及故意隐瞒的行为；③某行为是否构成违反法律法规，最终只能由法院或其他适当的监管机构认定。

12. BCD 【解析】选项 A，通常对决定财务报表中的重大金额和披露有直接影响。

13. ABD 【解析】选项 C，应出具保留或无法表示意见的审计报告。

三、简答题

【答案】

(1)均存在舞弊风险因素。事项(1)，甲公司所处行业竞争激烈且市场处于饱和状态，甲公司主营业务收入年增长率超过行业平均增长率，管理层受收入增长期望过高的压力；事项(2)，管理层报酬中相当一部分取决于收入的完成情况，管理层存在虚增收入的动机。

(2)不适当。注册会计师应在整个审计过程中保持职业怀疑态度，不应受到以前对管理层正直和诚信形成判断的影响，且在识别和评估由于舞弊导致的重大错报风险时，注册会计师应假定收入确认存在舞弊风险。

审计不是天书，只要你走进了她的殿堂，就会体验到领悟的愉悦！

愿以《礼记·中庸》中的一句话与大家共勉：博学之，审问之，慎思之，明辨之，笃行之。

梦想成真®
系列辅导丛书

2020年 注册会计师全国统一考试

审 计

经典题解 下册

■ 杨闻萍 主编 ■ 中华会计网校 编

感恩20年相伴 助你梦想成真

人民出版社

目　录

下　册

第14章 审计沟通

考情分析

➡ 历年考情分析

本章属于一般重要的内容，主要介绍在注册会计师审计的过程中与治理层和前任注册会计师的沟通。从近几年的命题趋势来看，本章多考查客观题，也可在主观题中与具体审计项目相结合进行考查。考生应重点关注注册会计师与治理层的沟通事项、形式及过程、前后任注册会计师的概念及沟通的要求。

➡ 本章2020年考试主要变化

本章除与治理层沟通的事项中对"计划的审计范围和时间安排"需要沟通的事项中增加了1条、修订了1条外，其他内容无实质性变动。

核心考点及经典例题详解

考点一 注册会计师与治理层的沟通 ★★

扫我解疑难

📑 经典例题

【例题1·单选题】（2017年）下列各项中，注册会计师应当以书面形式与治理层沟通的是（ ）。

A. 注册会计师识别出的舞弊风险

B. 注册会计师确定的关键审计事项

C. 注册会计师识别出的值得关注的内部控制缺陷

D. 未更正错报

【答案】C

【解析】注册会计师应当以书面形式向治理层通报值得关注的内部控制缺陷。其他选项并非必须用书面形式。

【例题2·多选题】（2015年）如果注册会计师与治理层之间的双向沟通不充分，并且这种情况得不到解决，下列措施中，注册会计师可以采取的有（ ）。

A. 根据范围受到的限制发表非无保留意见

B. 与监管机构、被审计单位外部的在治理结构中拥有更高权力的组织或人员进行沟通

C. 就采取不同措施的后果征询法律意见

D. 在法律法规允许的情况下解除业务约定

【答案】ABCD

【解析】如果注册会计师与治理层之间沟通不充分，注册会计师要考虑对审计意见的影响或从第三方寻求帮助。

📑 考点精析

一、沟通的对象

1. 总体要求

(1) 确定沟通对象的一般要求。

①确定适当的沟通人员。注册会计师应当确定与被审计单位治理结构中的哪些适当人员沟通,适当人员可能因沟通事项的不同而不同。

②确定适当的沟通人员时应当利用的信息。在确定与哪些适当人员沟通特定事项时,注册会计师应当利用在了解被审计单位及其环境时获取的有关治理结构和治理过程的信息。

(2)需要商定沟通对象的特殊情形。

第一,通常,被审计单位也会指定其治理结构中相对固定的人员或组织(如审计委员会)负责与注册会计师进行沟通。

第二,如果由于被审计单位的治理结构没有被清楚地界定,导致注册会计师无法清楚地识别适当的沟通对象,被审计单位也没有指定适当的沟通对象,注册会计师就应当尽早与审计委托人商定沟通对象,并就商定的结果形成备忘录或其他形式的书面记录。

2. 与治理层的下设组织或个人沟通

(1)决定与治理层下设组织或个人沟通时应当考虑的主要因素。通常,注册会计师没有必要(实际上也不可能)就全部沟通事项与治理层整体进行沟通。适当的沟通对象往往是治理层的下设组织和人员。

(2)被审计单位设有审计委员会的情形。尽管审计委员会的具体权力和职责可能不同,但与其沟通已成为注册会计师与治理层沟通的一个关键因素。

(3)需要与治理层整体沟通的特殊情形(治理层全部成员参与管理被审计单位)。如果就审计准则要求沟通的事项已与负有管理责任的人员沟通,且这些人员同时负有治理责任,注册会计师无须就这些事项再次与负有治理责任的相同人员沟通。然而,注册会计师应当确信与负有管理责任人员的沟通能够向所有负有治理责任的人员充分传递应予沟通的内容。

二、沟通的事项(见表14-1)

表 14-1　沟通的事项

沟通的事项	具体内容	备注
1. 注册会计师与财务报表审计相关的责任	(1)注册会计师负责对在治理层监督下管理层编制的财务报表形成和发表意见。 (2)财务报表审计并不减轻管理层或治理层的责任	注册会计师与财务报表审计相关的责任通常包含在审计业务约定书或记录审计业务约定条款的其他适当形式的书面协议中
2. 计划的审计范围和时间安排	(1)注册会计师拟如何应对由于舞弊或错误导致的特别风险以及重大错报风险评估水平较高的领域; (2)注册会计师对与审计相关的内部控制采取的方案; (3)在审计中对重要性概念的运用; (4)实施计划的审计程序或评价审计结果需要的专门技术或知识的性质及程度,包括利用专家的工作; (5)注册会计师对于哪些事项可能需要重点关注因而可能构成关键审计事项所作的初步判断; (6)针对适用的财务报告编制基础或者被审计单位所处的环境、财务状况或活动发生的重大变化对单一报表及披露产生的影响,注册会计师拟采取的应对措施	在治理层部分或全部成员参与管理被审计单位的情况下,注册会计师需要保持职业谨慎,避免损害审计的有效性

沟通的事项	具体内容	备注
3. 审计中发现的重大问题	(1)注册会计师对被审计单位会计实务(包括会计政策、会计估计和财务报表披露)重大方面的质量的看法。 (2)审计工作中遇到的重大困难。 (3)已与管理层讨论或需要书面沟通的审计中出现的重大事项,以及注册会计师要求提供的书面声明,除非治理层全部成员参与管理被审计单位。 (4)影响审计报告的格式和内容。 (5)审计中出现的、根据职业判断认为对监督财务报告过程重大的其他事项	——
4. 值得关注的内部控制缺陷	向治理层:应当以书面形式及时通报。 同时,向相应层级的管理层通报下列内部控制缺陷: (1)已向或拟向治理层通报的值得关注的内部控制缺陷,除非在具体情况下不适合直接向管理层通报。 (2)在审计过程中识别出的、其他方尚未向管理层通报而注册会计师根据职业判断认为足够重要从而值得管理层关注的内部控制其他缺陷	第一,在进行风险评估时,注册会计师了解内部控制的目的是设计适合具体情况的审计程序,而不是对内部控制的有效性发表意见。 第二,值得关注的内部控制缺陷,是指注册会计师根据职业判断,认为足够重要从而值得治理层关注的内部控制的一个缺陷或多个缺陷的组合
5. 注册会计师的独立性	注册会计师需要遵守与财务报表审计相关的职业道德要求,包括对独立性的要求。通常包括:①对独立性的不利影响;②法律法规和职业规范规定的防范措施、被审计单位采取的防范措施,以及会计师事务所内部自身的防范措施	——
6. 补充事项	与治理结构或过程有关的重大问题、缺乏适当授权的高级管理层作出的重大决策或行动	要沟通的事项是注册会计师注意到的

三、沟通的过程

1. 确立沟通过程

(1)基本要求。清楚地沟通注册会计师的责任、计划的审计范围和时间安排以及期望沟通的大致内容,有助于为有效的双向沟通确立基础。

(2)与管理层的沟通。在与治理层沟通某些事项前,注册会计师可能就这些事项与管理层讨论,除非这种做法并不适当。不适合与管理层讨论的事项包括管理层的胜任能力或诚信问题等。如果被审计单位没有内部审计,注册会计师可以在与治理层沟通前,先与内部审计人员讨论相关事项。

(3)与第三方的沟通。治理层可能希望向第三方(如银行或特定监管机构)提供注册会计师书面沟通文件的副本。在向第三方提供为治理层编制的书面沟通文件时,在书面沟通文件中声明以下内容:①书面沟通文件仅为治理层的使用而编制,在适当的情况下也可供集团管理层和集团注册会计师使用,但不应被第三方依赖;②注册会计师对第三方不承担责任;③书面沟通文件向第三方披露或分发的任何限制。

除非法律法规要求向第三方提供注册会计师与治理层的书面沟通文件的副本,否则注册会计师在向第三方提供前可能需要事先征得治理层同意。

2. 沟通的形式

(1)对于审计中发现的重大问题,如果根据职业判断认为采用口头形式沟通不适当,注册会计师应当以书面形式与治理层沟通，但书面沟通不必包括审计过程中的所有事项；

（2）对于审计准则要求的**注册会计师的独立性、值得关注的内部控制缺陷**，注册会计师应**以书面形式**沟通；

（3）其他事项，注册会计师可采用口头或书面形式沟通。书面沟通可能包括向治理层提供审计业务约定书。

3. 沟通的时间安排

（1）总体要求。注册会计师应当**及时**与治理层沟通。

（2）具体要求。

①对于计划事项的沟通，通常在审计业务的**早期**阶段进行。

②对于审计中遇到的重大困难，如果治理层能够协助注册会计师克服这些困难，或者这些困难可能导致发表非无保留意见，可能需要**尽快**沟通。

③当在审计报告中沟通关键审计事项适用时，注册会计师可以在讨论审计工作的计划范围及时间安排时沟通对关键审计事项的初步看法，注册会计师在沟通重大审计发现时也可以与治理层进行更加频繁的沟通，以进一步讨论此类事项。

④**无论何时**就对独立性的不利影响和相关防范措施作出了重要判断，就独立性进行沟通都可能是适当的。

⑤沟通审计中发现的问题，包括注册会计师对被审计单位会计实务质量的看法，也可能作为总结性讨论的一部分。

⑥当同时审计通用目的和特殊目的的财务报表时，注册会计师协调沟通的时间安排可能是适当的。

4. 沟通过程的充分性

注册会计师应当评价其与治理层之间的双向沟通对实现审计目的是否充分。注册会计师**不需要设计专门程序**以支持其对治理层之间的双向沟通的评价，这种评价可以建立在为其他目的而实施的审计程序所获取的审计证据的基础上。

如果认为双向沟通不充分，注册会计师应当评价其对重大错报风险评估以及获取充分、适当的审计证据的能力的影响，并采取适当的防范措施：

（1）根据范围受到的限制发表非无保留意见。

（2）就采取不同措施的后果征询法律意见。

（3）与第三方（如监管机构）、被审计单位外部的在治理结构中拥有更高权力的组织或人员（如企业的业主、股东大会中的股东）或对公共部门负责的政府部门进行沟通。

（4）在法律法规允许的情况下解除业务约定。

考点二　前任注册会计师和后任注册会计师的沟通★★

扫我解疑难

📝 经典例题

【例题1·单选题】（2017年）下列有关前任注册会计师与后任注册会计师的沟通的说法中，正确的是（　）。

A. 后任注册会计师应当在接受委托前和接受委托后与前任注册会计师进行沟通

B. 后任注册会计师与前任注册会计师的沟通应当采用书面方式

C. 后任注册会计师应当在取得被审计单位的书面同意后，与前任注册会计师进行沟通

D. 前任注册会计师和后任注册会计师应当将沟通的情况记录于审计工作底稿

【答案】 C

【解析】 选项A，接受委托后与前任注册会计师的沟通不是必要程序，由后任注册会计师根据审计工作的需要自行决定；选项B，后任注册会计师与前任注册会计师的沟通可以采用书面或口头的方式；选项D，后任注册会计师应当将沟通的情况记录于审计工作底稿。

【例题2·多选题】（2016年）下列关于前后任

注册会计师沟通的说法中，错误的有（　　）。

A. 后任注册会计师在接受委托前与前任注册会计师沟通，应当征得被审计单位同意

B. 在接受委托前，后任注册会计师应当采用书面形式与前任注册会计师进行沟通

C. 如果需要查阅前任注册会计师的审计工作底稿，后任注册会计师不必征得被审计单位同意

D. 在接受委托前和接受委托后，后任注册会计师均应与前任注册会计师沟通

【答案】BCD

【解析】接受委托前的沟通可以是书面形式也可以是口头形式，选项 B 错误；查阅前任注册会计师的审计工作底稿必须要经过被审计单位同意，选项 C 错误；在接受委托后，后任注册会计师与前任的沟通不是必需的，选项 D 错误。

考点精析

一、前后任注册会计师

1. 前任注册会计师

前任注册会计师通常包含两种情况：

（1）已对最近一期财务报表发表了审计意见的某会计师事务所的注册会计师。

（2）接受委托但未完成审计工作的某会计师事务所的注册会计师。

如果委托人在相邻两个会计年度中连续变更多家会计师事务所，在这种情况下，前任注册会计师是指相对于执行当期财务报表审计业务的会计师事务所而言，为最近一期财务报表出具了审计报告的某会计师事务所，以及在后任注册会计师之前接受委托对当期财务报表进行审计但未完成审计工作的所有会计师事务所。

2. 后任注册会计师

后任注册会计师是指正在考虑接受委托或已经接受委托，接替前任注册会计师对被审计单位本期财务报表进行审计的注册会计师。

二、前后任注册会计师沟通的总体要求

（1）通常由后任注册会计师主动发起，但需征得被审计单位的同意；

（2）沟通可以采用口头或书面等方式进行；

（3）后任注册会计师应当将沟通的情况记录于审计工作底稿。

【知识点拨】前后任注册会计师应当对沟通过程中获知的信息保密。即使未接受委托，后任注册会计师仍应履行保密义务。

三、接受委托前的沟通

1. 沟通的必要性

在接受委托前，后任注册会计师应当与前任注册会计师进行必要沟通（必须沟通），并对沟通结果进行评价，以确定是否接受委托（沟通的目的）。

2. 沟通的前提

后任注册会计师进行主动沟通的前提是征得被审计单位的同意。

3. 必要沟通的核心内容

（1）是否发现被审计单位管理层存在诚信方面的问题。

（2）前任注册会计师与管理层在重大会计、审计等问题上存在的意见分歧。

（3）前任注册会计师向被审计单位治理层通报的管理层舞弊、违反法律法规行为以及值得关注的内部控制缺陷。

（4）前任注册会计师认为导致被审计单位变更会计师事务所的原因。

4. 前任注册会计师的答复

（1）在被审计单位允许前任注册会计师对后任注册会计师的询问做出充分答复的情况下，前任注册会计师应当根据所了解的事实，对后任注册会计师的合理询问及时做出充分答复。

（2）如果受到被审计单位的限制或存在法律诉讼的顾虑，决定不向后任注册会计师做出充分答复，前任注册会计师应当向后任注册会计师表明其答复是有限的，并说明原因。

（3）如果未得到答复，且没有理由认为变更会计师事务所的原因异常，后任注册会计

师需要设法以其他方式与前任注册会计师再次进行沟通。如果仍得不到答复，后任注册会计师可以致函前任注册会计师，说明如果在适当的时间内得不到答复，将假设不存在专业方面的原因使其拒绝接受委托，并表明拟接受委托。

5. 被审计单位不同意沟通时的处理

后任注册会计师应当提请被审计单位以书面方式允许前任注册会计师对其询问作出充分答复。如果受到被审计单位的限制或存在法律诉讼的顾虑，决定不向后任注册会计师作出充分答复，前任注册会计师应当向后任注册会计师表明其答复是有限的，并说明原因。如果得到的答复是有限的，或未得到答复，后任注册会计师应当考虑是否接受委托。

四、接受委托后的沟通

(1)接受委托后的沟通不是必要程序，而是由后任注册会计师根据审计工作的需要自行决定的。

(2)接受委托后的沟通主要包括查阅前任注册会计师的工作底稿及询问有关事项等。沟通可以采用电话询问、举行会谈、致送审计问卷等方式，但最有效、最常用的方式是查阅前任注册会计师的工作底稿。

如果需要查阅前任注册会计师的工作底稿，后任注册会计师应当征得被审计单位同意，并与前任注册会计师进行沟通。

(3)前任注册会计师所在的会计师事务所可根据情况自主决定是否允许后任注册会计师查阅相关工作底稿以及确定查阅的内容。

在允许查阅审计工作底稿之前，前任注册会计师应当向后任注册会计师获取确认函，就审计工作底稿的使用目的、范围和责任等与后任注册会计师达成一致意见。

(4)查阅前任注册会计师工作底稿获取的信息可能影响后任注册会计师实施审计程序的性质、时间安排和范围，但后任注册会计师应当对自身实施的审计程序和得出的审计结论负责。后任注册会计师不应在审计报告中表明，其审计意见全部或部分地依赖前任注册会计师的审计报告或工作。

五、发现前任注册会计师审计的财务报表可能存在重大错报时的处理

1. 安排三方会谈

如果发现前任注册会计师审计的财务报表可能存在重大错报，后任注册会计师应当提请被审计单位告知前任注册会计师。必要时，后任注册会计师应当要求被审计单位安排三方会谈。

2. 无法参加三方会谈的处理

如果被审计单位拒绝告知前任注册会计师，或前任注册会计师拒绝参加三方会谈，或后任注册会计师对解决问题的方案不满意，后任注册会计师应当考虑对审计意见的影响或解除业务约定。具体讲，后任注册会计师应当考虑：

(1)这种情况对当前审计业务的潜在影响，并根据具体情况出具恰当的审计报告。

(2)是否退出当前审计业务。

(3)后任注册会计师可考虑向其法律顾问咨询，以便决定如何采取进一步措施。

📋 **阶段性测试**

1.【单选题】下列各项中，注册会计师应当以书面形式与治理层沟通的是(   )。

A. 审计过程中遇到的重大困难

B. 计划的审计范围和时间安排

C. 上市公司审计中注册会计师的独立性

D. 审计中发现的所有内部控制缺陷

2.【单选题】注册会计师选择沟通对象的下列做法中，错误的是(   )。

A. 在上市公司审计中，注册会计师选择有权决定聘任、解聘注册会计师的人员就注册会计师独立性问题进行沟通

B. 注册会计师就可能影响重大错报风险的经营计划和战略与管理层沟通

C. 注册会计师应当就审计过程中识别出的内部控制缺陷以书面形式向治理层通报

D. 注册会计师就有关管理层的胜任能力

或诚信方面与管理层讨论可能是不适当的

3. 【多选题】针对注册会计师识别出的管理层以前未披露的重大关联方交易，下列各项中，应当与治理层沟通的有( )。

A. 管理层有意未向注册会计师披露关联方关系

B. 管理层未披露的重大关联方交易未经适当授权和批准

C. 注册会计师对新识别的关联方实施的实质性程序

D. 注册会计师与管理层在按照适用编制基础的规定披露重大关联方交易方面存在分歧

4. 【多选题】下列有关后任注册会计师的说法中，正确的有( )。

A. 当会计师事务所发生变更时，正在考虑接受委托的会计师事务所的注册会计师是后任注册会计师

B. 当会计师事务所发生变更时，已经接受委托的会计师事务所的注册会计师是后任注册会计师

C. 会计师事务所公开招聘注册会计师时参加竞标的是后任注册会计师

D. 对已经审计的财务报表进行重新审计，正在考虑接受委托或已经接受委托的注册会计师属于后任注册会计师

📝 **阶段性测试答案精析**

1. C 【解析】选项 A，审计过程中遇到的重大困难可以(不是"应当")与治理层书面沟通；选项 B，计划的审计范围和时间安排可以采用书面形式或口头形式沟通；选项 D，在审计中发现的值得治理层关注的内部控制缺陷应当采用书面形式与治理层沟通，而不是所有的内部控制缺陷都以书面形式沟通。

2. C 【解析】注册会计师应当以书面形式及时向治理层通报审计过程中识别出的值得关注的内部控制缺陷，而识别出的内部控制缺陷的范围大于值得关注的内部控制缺陷的范围。

3. ABD 【解析】注册会计师应当与治理层沟通审计工作中发现的与关联方相关的重大事项，选项 ABD 均属于应与治理层沟通的重大事项。选项 C，注册会计师无须与治理层沟通具体的审计程序。

4. ABD 【解析】后任注册会计师是指正在考虑接受委托或已经接受委托，接替前任注册会计师对被审计单位财务报表进行审计的注册会计师。参加竞标加入会计师事务所的注册会计师并不属于后任注册会计师。

本章综合练习 限时50分钟

一、单项选择题

1. 下列各项中，注册会计师应当以书面形式与治理层沟通的是( )。

A. 审计过程中遇到的重大困难

B. 计划的审计范围和时间安排

C. 上市公司审计中注册会计师的独立性

D. 审计中发现的所有内部控制缺陷

2. 下列各项中，注册会计师可以口头形式与被审计单位治理层沟通的是( )。

A. 涉及管理层的舞弊嫌疑

B. 值得关注的内部控制缺陷

C. 审计项目组成员按照相关职业道德要求与被审计单位保持了独立性

D. 会计师事务所为被审计单位提供审计和非审计服务的收费总额

3. 在确定与治理层沟通的时间时，注册会计师的下列做法中不正确的是( )。

A. 对于计划事项的沟通，可以随同对业务约定条款的协商一并进行

B. 对于审计中遇到的重大困难，应当尽快

予以沟通

C. 对于注意到的内部控制设计或执行中的重大缺陷，应当在审计结束后以管理建议书形式沟通

D. 在确定沟通的时间安排时还应当考虑治理层的期望

4. 在与治理层沟通注册会计师的责任时，下列说法中错误的是( )。

A. 注册会计师应当就其责任直接与治理层沟通

B. 注册会计师承担对财务报表审计的责任可以减轻治理层的责任

C. 注册会计师应当和治理层沟通与其履行对财务报告过程监督职责相关的重大事项

D. 注册会计师通常不专门为识别与治理层沟通的补充事项设计程序

5. 下列与治理层沟通的相关说法中，错误的是( )。

A. 在某些情形下，注册会计师的保密义务与沟通义务之间的潜在冲突可能十分复杂，此时注册会计师可以考虑获取法律咨询意见

B. 注册会计师通常没有必要就全部沟通事项与治理层整体进行沟通

C. 注册会计师应当以书面形式与治理层沟通注册会计师与财务报表审计相关的责任

D. 注册会计师应当与治理层沟通计划的审计范围和时间安排的总体情况，不包括识别的特别风险

6. 如果被审计单位未纠正注册会计师在上一年度审计时识别出的值得关注的内部控制缺陷，注册会计师在执行本年度审计时的下列做法中，正确的是( )。

A. 在制定审计计划时予以考虑，不再与治理层沟通

B. 以书面形式再次向治理层通报

C. 在审计报告中增加强调事项段予以说明

D. 在审计报告中增加其他事项段予以说明

7. 如果被审计单位是上市实体，下列事项

中，注册会计师通常不应与治理层沟通的是( )。

A. 已与管理层讨论的审计中出现的重大事项

B. 注册会计师的独立性

C. 审计工作中遇到的重大困难

D. 已确定的财务报表整体的重要性

8. 下列有关与治理层沟通的表述中，错误的是( )。

A. 如果准则要求沟通的事项是以口头形式沟通的，沟通的具体情况可以不形成审计工作底稿

B. 如果准则要求沟通的事项是以书面形式沟通的，注册会计师应当保存一份沟通文件的副本，作为审计工作底稿的一部分

C. 注册会计师应当与治理层就识别出的可能导致对被审计单位持续经营能力产生重大疑虑的事项或情况进行沟通，除非治理层全部成员参与管理被审计单位

D. 如果注册会计师确定就"识别出的可能导致对被审计单位持续经营能力产生重大疑虑的事项或情况"与治理层进行沟通，沟通的内容应当包括其对审计报告的影响(如适用)

9. 下列关于前后任注册会计师沟通的说法中，错误的是( )。

A. 在确定向后任注册会计师提供哪些审计工作底稿时，前任注册会计师应当征求被审计单位的同意

B. 在查阅前任注册会计师审计工作底稿前，后任注册会计师应当征求被审计单位的同意

C. 在允许后任注册会计师查阅审计工作底稿前，前任注册会计师应当取得确认函

D. 为获取更多接触前任注册会计师审计工作底稿的机会，后任注册会计师可以在工作底稿使用方面作出较高程度的限制性保证

10. 下列有关前后任注册会计师沟通的说法中，错误的是( )。

A. 接受委托前的沟通是必要的审计程序，接受委托后的沟通不是必要的审计程序

B. 如果前任注册会计师受到被审计单位的限制或存在法律诉讼的顾虑，决定不向后任注册会计师作出充分答复，后任注册会计师应当拒绝接受委托

C. 当会计师事务所通过投标方式承接审计业务时，前任注册会计师无须对所有参与投标的会计师事务所进行答复

D. 接受委托后，如果需要查阅前任注册会计师的审计工作底稿，后任注册会计师应当征得被审计单位的同意

11. 关于注册会计师接受委托前的沟通，下列说法中正确的是（　　）。

A. 在被审计单位允许的情况下，前任注册会计师应当对所有潜在的后任注册会计师的询问作出答复

B. 如果未得到前任注册会计师的答复，且没有理由认为变更事务所的原因异常，后任注册会计师可以直接假定不存在专业方面的原因使其拒绝接受委托

C. 接受委托前，如果没有进行必要的沟通，则视为后任注册会计师没有实施必要的审计程序

D. 目的在于确定接受委托后可以在多大程度上利用前任注册会计师的工作

12. 下列关于前后任注册会计师沟通的说法中，错误的是（　　）。

A. 在确定向后任注册会计师提供哪些审计工作底稿时，前任注册会计师应当征得被审计单位的同意

B. 在查阅前任注册会计师审计工作底稿前，后任注册会计师应当征得被审计单位的同意

C. 在允许后任注册会计师查阅审计工作底稿前，前任注册会计师应当取得确认函

D. 为获取更多接触前任注册会计师审计工作底稿的机会，后任注册会计师可以

在工作底稿使用方面作出较高程度的限制性保证

二、多项选择题

1. 针对识别出的可能导致对被审计单位持续经营能力产生重大疑虑的事项或情况，假定治理层不参与管理被审计单位，下列各项中，注册会计师应当与治理层沟通的有（　　）。

A. 这些事项或情况是否构成重大不确定性

B. 注册会计师对这些事项或情况实施的追加审计程序

C. 在财务报表编制和列报中运用持续经营假设是否适当

D. 财务报表中的相关披露是否充分

2. 关于注册会计师与治理层的沟通，下列做法中正确的有（　　）。

A. 注册会计师应当以书面形式对注册会计师的独立性与治理层沟通

B. 注册会计师应当以书面形式向治理层通报值得关注的内部控制缺陷

C. 注册会计师可以采用书面形式向治理层沟通确定为关键审计事项的事项

D. 注册会计师可以与治理层讨论被审计单位的目标和战略

3. 注册会计师与治理层沟通的事项可能包括（　　）。

A. 注册会计师在审计过程中注意到的所有有关违反法律法规的事项

B. 注册会计师对与审计相关的内部控制采取的方案

C. 其他信息存在重大错报，管理层拒绝作出更正

D. 注册会计师为获取充分、适当的审计证据需要付出的努力远远超过预期

4. 下列各项中，可能表明被审计单位存在值得关注的内部控制缺陷的有（　　）。

A. 被审计单位内部缺乏通常应当建立的风险评估过程

B. 注册会计师识别出被审计单位内部控制

未能防止的管理层舞弊

C. 与管理层经济利益相关的重大交易没有得到治理层适当审查

D. 管理层未对注册会计师以前已沟通的值得关注的内部控制缺陷采取适当的纠正措施

5. 下列事项中，注册会计师需要与治理层沟通的有（　　）。

A. 注册会计师要求管理层提供的书面声明

B. 对独立性的不利影响

C. 被审计单位为消除对独立性的不利影响而采取的防范措施

D. 注册会计师对被审计单位会计实务重大方面的质量的看法

6. 下列各项中，符合对前后任注册会计师沟通的总体要求的有（　　）。

A. 后任注册会计师负有主动沟通的义务

B. 前提是征得被审计单位的同意

C. 沟通须以书面方式进行

D. 前后任注册会计师均应履行保密义务

7. 接受委托前，向前任注册会计师进行询问是一项必要的沟通程序，对于后任注册会计师来说，需要询问的事项有（　　）。

A. 是否发现被审计单位管理层存在诚信方面的问题

B. 前任注册会计师与管理层在重大会计、审计等问题上存在的意见分歧

C. 前任注册会计师曾与被审计单位治理层（如监事会、审计委员会或其他类似机构）沟通过的关于管理层舞弊、违反法律法规行为以及值得关注的内部控制缺陷等问题

D. 前任注册会计师认为导致被审计单位变更会计师事务所的原因

8. 下列关于前任注册会计师的说法中，正确的有（　　）。

A. 当会计师事务所发生变更时，已对最近一期财务报表发表了审计意见的会计师事务所是前任注册会计师

B. 当会计师事务所发生变更时，接受委托但尚未完成审计工作的会计师事务所是前任注册会计师

C. 接受委托但尚未完成审计工作，委托人可能与会计师事务所解除约定的会计师事务所是前任注册会计师

D. 与执行当期财务报表审计业务的会计师事务所共同参加竞标，最终未承接业务的会计师事务所也属于前任注册会计师

9. 在接受委托后的前后任注册会计师沟通过程中，注册会计师的做法正确的有（　　）。

A. 后任注册会计师在获得被审计单位的书面同意后，查阅前任注册会计师的工作底稿，但前任注册会计师只允许查阅不允许复印或摘录

B. 后任注册会计师在获得被审计单位的书面同意后，在允许查阅前任注册会计师的工作底稿之前，前任注册会计师应当向后任注册会计师获取确认函，就工作底稿的使用目的、范围和责任等与其达成一致意见

C. 如果期初余额利用了前任注册会计师的审计结果，后任注册会计师应在审计报告中说明这一事实，以明确责任

D. 在承接委托后，虽然已征得被审计单位的书面同意，可以查阅前任注册会计师的工作底稿，但是考虑能够对相关事项获取充分适当的审计证据后，后任注册会计师决定不查阅前任注册会计师的工作底稿

三、简答题

ABC会计师事务所首次接受委托，对甲公司2018年度财务报表进行审计，委派A注册会计师担任项目合伙人。甲公司2017年度财务报表由XYZ会计师事务所的X注册会计师负责审计。在审计中遇到下列事项：

（1）A注册会计师在接受委托前与X注册会计师进行电话沟通，询问其是否发现甲公司管理层存在正直诚信方面的问题以及与甲公司管理层在重大会计审计问题上是否存在意见分歧，并在沟通之后告知甲公

司管理层。

(2)X 注册会计师拒绝 A 注册会计师查阅其 2017 年度审计工作底稿，A 注册会计师据此认为无法对存货的期初余额获取充分、适当的审计证据。

(3)由于无法获得甲公司持有的某联营企业相关财务信息，无法就年末长期股权投资的账面价值以及当年确认的投资收益获取充分、适当的审计证据，X 注册会计师对甲公司 2017 年度财务报表发表了保留意见。甲公司于 2018 年处置了该项投资。A 注册会计师认为，导致对上期财务报表

发表保留意见的事项已经解决，该事项对 2018 年度审计意见无影响。

(4)A 注册会计师发现甲公司 2017 年度财务报表存在一项重大错报。甲公司管理层调整了 2018 年度财务报表对应数据，在财务报表附注中作了充分披露，并将该事项告知 X 注册会计师。A 注册会计师认为该问题已解决，无须实施其他程序。

要求：假定上述第(1)至(4)项均为独立事项，并且不考虑其他因素，逐项指出 A 注册会计师的处理是否恰当。如不恰当，简要说明理由。

本章综合练习参考答案及详细解析

一、单项选择题

1. C 【解析】选项 A，审计过程中遇到的重大困难可以与治理层书面沟通，但不是一定要以书面形式沟通；选项 B，计划的审计范围和时间安排可以采用书面或口头形式沟通；选项 C，上市公司审计中注册会计师的独立性必须采用书面形式沟通；选项 D，在审计中发现的值得关注的内部控制缺陷应当采用书面形式与治理层沟通，而不是"所有"的内部控制缺陷都要以书面形式进行沟通。

2. A 【解析】选项 BCD 均应以书面形式与治理层沟通。

3. C 【解析】对于注册会计师注意到的内部控制设计和运行中的重大缺陷，应尽快与管理层或治理层沟通。

4. B 【解析】注册会计师承担的责任是其自身的，并不能够减轻或代替治理层的责任。

5. D 【解析】注册会计师应当与治理层沟通计划的审计范围和时间安排的总体情况，包括特别风险的审计范围和时间安排。参考《中国注册会计师审计准则第 1151 号——与治理层的沟通》第 8、第 12、第

15、第 16 条。

6. B 【解析】如果发现管理层未能恰当应对识别出的值得关注的内部控制缺陷，应当与治理层进行沟通。

7. D 【解析】注册会计师可以就在审计中对重要性概念的运用与治理层进行沟通，但是不能沟通具体的已确定的重要性金额。

8. A 【解析】如果准则要求沟通的事项以口头形式沟通，注册会计师应当将其包括在审计工作底稿中，并记录沟通的时间和对象。参考《中国注册会计师审计准则第 1151 号——与治理层的沟通》第 24 条、《中国注册会计师审计准则第 1324 号——持续经营》第 24 条。

9. A 【解析】审计工作底稿的所有权属于会计师事务所，因此前任注册会计师是否允许后任注册会计师获取审计工作底稿，或向后任注册会计师提供哪些审计工作底稿，前任注册会计师可以自主决定。

10. B 【解析】选项 B，应该考虑是否接受委托，而不是一定拒绝接受委托。

11. C 【解析】前任注册会计师应在被审计单位明确选定其中的一家会计师事务所作为后任注册会计师后，才对该后任注

册会计师的询问作出答复，选项 A 错误；如果未得到前任注册会计师的答复，且没有理由认为变更事务所的原因异常，后任注册会计师需要设法与前任注册会计师再次沟通，如果仍得不到回复，后任可以致函前任注册会计师，说明如果在适当的时间得不到答复，将假设不存在专业方面的原因使其拒绝接受委托，选项 B 错误；接受委托前的沟通，目的是了解被审计单位更换会计师事务所的原因以及是否存在不应接受委托的情况，选项 D 错误。

12. A 【解析】审计工作底稿的所有权属于会计师事务所，因此前任注册会计师是否允许后任注册会计师获取审计工作底稿，或向后任注册会计师提供哪些审计工作底稿，前任注册会计师可以自主确定。

二、多项选择题

1. ACD 【解析】注册会计师应当与治理层就识别出的可能导致对被审计单位持续经营能力产生重大疑虑的事项或情况进行沟通，除非治理层全部成员参与管理被审计单位。与治理层的沟通应当包括下列方面：(1)这些事项或情况是否构成重大不确定性；(2)在财务报表编制和列报中运用持续经营假设是否适当；(3)财务报表中的相关披露是否充分。

2. ABCD 【解析】对于注册会计师的独立性、识别出的值得关注的内部控制缺陷，注册会计师必须以书面形式进行沟通；对于审计中发现的重大问题，以口头形式沟通不适当的，必须以书面形式沟通。除上述事项外，对于其他事项，注册会计师可以采取口头或书面的方式沟通。

3. BCD 【解析】注册会计师应当与治理层沟通审计过程中注意到的有关违反法律法规的事项(除非法律法规禁止)，但不必沟通明显不重要的事项，选项 A 错误。

4. ABCD 【解析】参考《中国注册会计师审

计准则第 1152 号——向治理层和管理层通报内部控制缺陷》应用指南第 7 条。

5. ABCD 【解析】选项 AD 属于注册会计师在审计中发现的重大问题，应当与治理层沟通；选项 BC 属于与注册会计师的独立性相关的事项。

6. ABD 【解析】沟通可以采用书面或口头的方式进行，选项 C 不符合总体要求。

7. ABCD 【解析】后任注册会计师向前任注册会计师询问的内容应当合理、具体，既不能过于宽泛，也不宜过于琐碎。后任注册会计师向前任注册会计师询问的内容应当至少包括 ABCD 四项。

8. ABC 【解析】与执行当期财务报表审计业务的会计师事务所共同参加竞标，最终未接受委托的会计师事务所不属于前任注册会计师，选项 D 错误。

9. ABD 【解析】独立地对本期财务报表审计并承担责任是后任注册会计师的责任，如果在审计报告中说明，则会使得预期使用者认为后任注册会计师有向外推脱责任的嫌疑。如果前任注册会计师决定向后任注册会计师提供工作底稿，一般可考虑进一步从被审计单位(前审计客户)处获取一份确认函，以便降低在与后任注册会计师进行沟通时发生误解的可能性。前任注册会计师应当自主决定可供后任注册会计师查阅、复印或摘录的工作底稿内容。接受委托后的沟通不是必要程序，而是由后任注册会计师根据审计工作需要自行决定。

三、简答题

【答案】

(1)不恰当。与前任注册会计师的沟通需要事先征得被审计单位的同意；还应当与前任注册会计师沟通：向被审计单位治理层通报的管理层舞弊、违反法律法规行为和值得关注的内部控制缺陷，以及前任注册会计师认为导致被审计单位变更会计师事务所的原因。

(2)不恰当。除查阅前任注册会计师的审

计工作底稿外，可以实施其他追加的审计程序以获得期初存货的相关证据。

（3）不恰当。由于无法获取该项股权投资的财务信息，无法知悉其对 2018 年度年初未分配利润和 2018 年度投资收益的影响，因此该事项属于导致对上期财务报表发表保留意见的事项对本期仍有重大影响，且对对应数据的可比性存在影响，应当发表保留意见。

（4）恰当。

第15章 注册会计师利用他人的工作

考情分析

▶ 历年考情分析

本章属于一般重要的章节，主要介绍注册会计师在审计过程中对内部审计工作和专家工作的利用。本章难度不高，考题中所占分值也较低。从近几年命题形式来看，通常以客观题形式进行考查，也可能在主观题中涉及本章的内容。考生应关注：注册会计师是否利用以及如何利用内部审计工作；是否利用专家的工作；与专家达成一致意见；评价专家工作的恰当性。

▶ 本章 2020 年考试主要变化

本章根据《中国注册会计师审计准则第 1411 号——利用内部审计人员的工作》对利用内部审计人员的工作部分进行了调整。

核心考点及经典例题详解

考点一 利用内部审计工作★★

扫我解疑难

📋 **经典例题**

【例题 1·单选题】(2018 年)下列各项中，注册会计师通常可以利用内部审计工作的是( )。

A. 重要性水平的确定

B. 实施控制测试

C. 确定细节测试的样本规模

D. 对会计政策恰当性的评估

【答案】B

【解析】审计过程中涉及的职业判断，如重大错报风险的评估、重要性水平的确定、样本

规模的确定、对会计政策和会计估计的评估等，均应当由注册会计师负责执行。

【例题 2·多选题】(2019 年)下列情况中，注册会计师不得利用内部审计工作的有( )。

A. 内部审计没有采用系统、规范化的方法

B. 评估的认定层次的重大错报风险较高

C. 内部审计的地位不足以支持内部审计人员的客观性

D. 计划和实施相关的审计程序涉及较多判断

【答案】AC

【解析】选项 BD，可以较少的利用内部审计工作，并非不得利用。

📋 **考点精析**

一、注册会计师利用内部审计工作的内容和责任

1. 注册会计师在审计中利用内部审计人员的工作包括：①在获取审计证据的过程中利用内部审计的工作；②在注册会计师的指导、监督和复核下利用内部审计人员提供直接协助。

2. 注册会计师对发表的审计意见**独立承担责任**，这种责任并**不因利用内部审计工作或利用内部审计人员提供直接协助而减轻**。

3. 基本思路(见图15-1)：

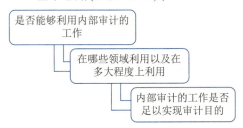

**图15-1 注册会计师利用内部
审计工作的基本思路**

二、确定是否利用、在哪些领域利用以及在多大程度上利用内部审计人员的工作

(一)确定是否能够利用内部审计的工作时，注册会计师应当评价：

(1)内部审计在被审计单位中的地位，以及相关政策和程序支持内部审计人员客观性的程度；

(2)内部审计人员的胜任能力；

(3)内部审计是否采用系统、规范化的方法(包括质量控制)。

如果存在下列情形之一，注册会计师不得利用内部审计的工作：

(1)内部审计在被审计单位的地位以及相关政策和程序不足以支持内部审计人员的客观性；

(2)内部审计人员缺乏足够的胜任能力；

(3)内部审计没有采用系统、规范化的方法(包括质量控制)。

(二)确定在哪些领域利用内部审计工作

1. 注册会计师应当考虑内部审计已执行和拟执行工作的性质和范围，以及这些工作与注册会计师总体审计策略和具体审计计划的相关性，以作为确定能够利用内部审计工作的领域和程度的基础。

2. 注册会计师应当作出审计业务中的所有重大判断，并防止不当利用内部审计工作。当存在下列情况之一时，注册会计师应当计划较少地利用内部审计工作，而更多地直接执行审计工作：

(1)当在下列方面涉及较多判断时：

①计划和实施相关的审计程序；

②评价收集的审计证据。

(2)当评估的认定层次重大错报风险较高，需要对识别出的特别风险予以特殊考虑时。

(3)当内部审计在被审计单位中的地位以及相关政策和程序对内部审计人员客观性的支持程度较弱时。

(4)当内部审计人员的胜任能力较低时。

(三)利用内部审计工作

如果计划利用内部审计工作，注册会计师应当与内部审计人员讨论利用其工作的计划，以作为协调各自工作的基础。

注册会计师应当阅读与拟利用的内部审计工作相关的内部审计报告，以了解其实施的审计程序的性质和范围以及相关发现。

注册会计师应当针对计划利用的全部内部审计工作实施充分的审计程序，以确定其对于实现审计目的是否适当。

三、确定是否利用、在哪些领域利用以及在多大程度上利用内部审计人员提供直接协助

(一)确定是否利用、在哪些领域利用以及在多大程度上利用内部审计人员提供直接协助，见图15-2。

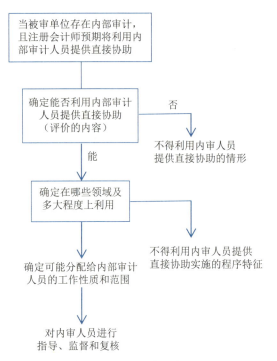

图 15-2　确定是否利用、在哪些领域利用以及在多大程度上利用内部审计人员提供直接协助

（二）利用内部审计人员提供直接协助

在利用内部审计人员为审计提供直接协助之前，注册会计师应当：

（1）从拥有相关权限的被审计单位代表人员处获取书面协议，允许内部审计人员遵循注册会计师的指令，并且被审计单位不干涉内部审计人员为注册会计师执行的工作；

（2）从内部审计人员处获取书面协议，表明其将按照注册会计师的指令对特定事项保密，并将对其客观性受到的任何不利影响告知注册会计师。

注册会计师对内部审计人员执行的工作进行指导、监督和复核时：

（1）注册会计师在确定指导、监督和复核的性质、时间安排和范围时应当认识到内部审计人员并不独立于被审计单位，并且指导、监督和复核的性质、时间安排和范围应当恰当应对涉及判断的程度、评估的重大错报风险、拟提供直接协助的内部审计人员客观性和胜任能力的评价结果；

（2）复核程序应当包括由注册会计师检查

内部审计人员执行的部分工作所获取的审计证据。

注册会计师对内部审计人员执行的工作的指导、监督和复核应当足以使注册会计师对内部审计人员就其执行的工作已获取充分、适当的审计证据以支持相关审计结论感到满意。

考点二　利用专家的工作★★

扫我解疑难

📝经典例题

【例题1·单选题】（2018年）下列有关注册会计师的外部专家的说法中，错误的是（　　）。

A. 外部专家不是审计项目组成员

B. 外部专家无需遵守注册会计师职业道德守则的要求

C. 外部专家的工作底稿通常不构成审计工作底稿

D. 外部专家不受会计师事务所质量控制政策和程序的约束

【答案】B

【解析】外部专家需要遵守注册会计师的职业道德守则，比如保密原则、独立性等。

【例题2·多选题】（2019年）下列各项中，注册会计师在利用外部专家工作时应当与专家达成一致意见的有（　　）。

A. 注册会计师和专家各自的责任

B. 注册会计师和专家之间沟通的时间安排

C. 注册会计师对专家遵守事务所质量控制政策和程序的要求

D. 专家工作的性质、范围和目标

【答案】ABD

【解析】外部专家不是项目组成员，不受会计师事务所的质量控制政策和程序的约束。

📝考点精析

专家，即注册会计师的专家，是指在**会计或审计以外的**某一领域具有专长的个人或组织，并且其工作被注册会计师利用，以协助注册会计师获取充分、适当的审计证据。

注意：

第一，专家既可能是会计师事务所内部专家，也可能是外部专家。

第二，注册会计师对发表的审计意见**独立承担责任**，这种责任并不因利用专家的工作而减轻。

第三，利用专家工作的基本思路见图15-3。

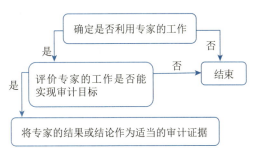

图 15-3　利用专家工作的基本思路

一、确定是否利用专家的工作

1. 可能需要利用专家工作的审计程序范围

（1）了解被审计单位及其环境；

（2）识别和评估重大错报风险；

（3）针对评估的财务报表层次风险，确定并实施总体应对措施；

（4）针对评估的认定层次风险，设计和实施进一步审计程序，包括控制测试和实质性程序；

（5）在对财务报表形成审计意见时，评价已获取的审计证据的充分性和适当性。

2. 编制财务报表需要利用会计以外某一领域的专长时的考虑

在确定是否利用专家的工作时，注册会计师可能考虑的因素包括：

①管理层在编制财务报表时是否利用了管理层的专家的工作；②事项的性质和重要性，包括复杂程度；③事项存在的重大错报风险；④应对识别出的风险的预期程序的性质，包括注册会计师对与这些事项相关的专家工作的了解和具有的经验，以及是否可以获得替代性的审计证据。

二、审计程序的性质、时间安排和范围

在确定相关审计程序的性质、时间安排和范围时，注册会计师应当考虑：①与专家工作相关的事项的性质；②与专家工作相关的事项中存在的重大错报风险；③专家的工作在审计中的重要程度；④注册会计师对专家以前所做工作的了解，以及与之接触的经验；⑤专家是否需要遵守会计师事务所的质量控制政策和程序。

【知识点拨】在考虑专家是否需要遵守会计师事务所的质量控制政策和程序时，应当**区分内部专家和外部专家**。**内部专家**可能是会计师事务所的合伙人或员工（包括临时员工），因此需要**遵守**会计师事务所制定的政策和程序。而**外部专家**不是项目组成员，**不受会计师事务所制定的质量控制政策和程序的约束**。

三、专家的胜任能力、专业素质和客观性

注册会计师应当评价专家是否具有实现审计目的所必需的胜任能力、专业素质和客观性。在评价外部专家的客观性时，注册会计师应当询问可能对外部专家客观性产生不利影响的利益和关系。

【知识点拨】在某些情况下，针对外部专家已知的、与被审计单位存在的任何利益或关系，注册会计师从外部专家获取书面声明可能是适当的。

四、与专家达成一致意见

无论是对外部专家还是内部专家，注册会计师应当就这些事项与其达成一致意见，并根据需要形成书面协议。

第一，当就专家工作的性质、范围和目标达成一致意见时，注册会计师通常需要与专家讨论需要遵守的相关技术标准、其他职业准则或行业要求。

第二，注册会计师和专家就各自角色和责任达成的一致意见，可能还包括就各自的工作底稿的使用和保管达成的一致意见。

【知识点拨】①注册会计师对发表的审计

意见**独立承担责任**，这种责任**并不因利用专家的工作而减轻**。当出具无保留意见的审计报告时，注册会计师**不应在审计报告中提及专家的工作**，除非法律法规另有规定。

②当**专家是项目组的成员**时，专家的工作底稿**是审计工作底稿的一部分**。除非协议另有安排，**外部专家**的工作底稿**属于外部专家**，不是审计工作底稿的一部分。

第三，有效的双向沟通有利于将专家工作的性质、时间安排和范围与审计的其他工作整合在一起，也有利于在审计过程中对专家工作的目标进行适当的调整。

第四，适用于注册会计师的相关职业道德要求中的**保密条款**同样也**适用于专家**。

五、评价专家工作的恰当性

（1）注册会计师应当评价专家的工作是否足以实现审计目的。评价专家工作是否足以实现审计目的所实施的特定程序可能包括：①询问专家；②复核专家的工作底稿和报告；③实施用于证实的程序；④必要时（如当专家的工作结果或结论与其他审计证据不一致时）与具有相关专长的其他专家讨论；⑤与管理层讨论专家的报告。

（2）评价专家的工作结果或结论的相关性和合理性。

（3）评价专家工作涉及使用重要的假设和方法的相关性和合理性。

（4）评价专家工作涉及使用重要的原始数据的相关性、完整性和准确性。

（5）评价结果为不恰当时的措施。

如果确定专家的工作不足以实现审计目的，注册会计师应当采取下列措施之一：①就专家拟执行的进一步工作的性质和范围，与专家达成一致意见；②根据具体情况，实施追加的审计程序。如果注册会计师认为专家的工作不足以实现审计目的，且注册会计师通过实施追加的审计程序，或者通过雇用、聘请其他专家仍不能解决问题，则意味着没有获取充分、适当的审计证据，注册会计师有必要按照相关规定发表非无保留意见。

『链接』结合《中国注册会计师审计准则第1421号——利用专家的工作》应用指南的相关内容进行学习。

阶段性测试

1.【单选题】有关注册会计师在审计报告中提及专家的工作，下列说法中，正确的是（　　）。

A. 如果注册会计师能够对专家的工作获取充分、适当的审计证据，可在无保留意见的审计报告中提及专家的工作

B. 如果注册会计师确定专家的工作不足以实现审计目的，可在无保留意见的审计报告中提及专家的工作

C. 注册会计师不应在无保留意见的审计报告中提及专家的工作，除非法律法规另有规定

D. 如果注册会计师决定明确自身与专家各自对审计报告的责任，应当在无保留意见的审计报告中提及专家的工作

2.【单选题】下列参与审计业务的人员中，不属于注册会计师的专家的是（　　）。

A. 对保险合同进行精算的会计师事务所精算部门人员

B. 受聘于会计师事务所对投资性房地产进行评估的资产评估师

C. 对与企业重组相关的复杂税务问题进行分析的会计师事务所税务部门人员

D. 就复杂会计问题提供建议的会计师事务所技术部门人员

阶段性测试答案精析

1. C 【解析】注册会计师不应在无保留意见的审计报告中提及专家的工作，除非法律法规另有规定，所以选项ABD均错误。

2. D 【解析】选项ABC均属于注册会计师的专家；选项D，归根结底没有逃出会计这个圈子，因此不属于注册会计师的专家。

一、单项选择题

1. 下列有关内部审计与注册会计师审计关系的说法中，错误的是(   )。

   A. 内部审计对象与注册会计师审计对象密切相关

   B. 注册会计师应当考虑内部审计工作的某些方面是否有助于确定审计程序的性质、时间安排和范围

   C. 由于内部审计准则要求内部审计机构和人员保持独立性和客观性，所以可以达到注册会计师审计所要求的水平

   D. 注册会计师必须对与财务报表审计有关的所有重大事项独立作出职业判断，而不应完全依赖内部审计工作

2. 下列有关利用内部审计的工作的说法中，不正确的是(   )。

   A. 如果内部审计的工作结果表明被审计单位的财务报表在某些领域存在重大错报风险，注册会计师就应当对这些领域给予特别关注

   B. 注册会计师在与管理层沟通计划的审计范围和时间安排的总体情况时，无需与其沟通注册会计师计划如何利用内部审计工作

   C. 如果注册会计师计划利用内部审计工作，应与内部审计人员讨论利用其工作的计划

   D. 注册会计师应当针对计划利用的全部内部审计工作实施充分的审计程序，以确定其对于实现审计目的是否适当

3. 在确定是否可以利用内部审计工作时，注册会计师通常不需要考虑的因素是(   )。

   A. 内部审计的组织地位及客观性

   B. 内部审计人员的薪酬

   C. 内部审计是否采用系统、规范化的方法

   D. 内部审计人员的专业胜任能力

4. 注册会计师应针对计划利用的全部内部审计工作实施充分的审计程序，以确定其对于实现审计目的是否适当，下列各项中，不属于评价事项的是(   )。

   A. 内部审计工作是否经过恰当的计划、实施、监督、复核和记录

   B. 内部审计是否获取了充分、适当的证据，以使其能够得出合理的结论

   C. 内部审计得出的结论在具体环境下是否适当

   D. 内部审计人员的胜任能力

5. 下列各项中，属于注册会计师利用内部审计人员的工作的目的的是(   )。

   A. 减轻注册会计师的责任

   B. 减少对于财务报表审计相关的重大事项的职业判断

   C. 掌握内部审计发现的、可能对被审计单位财务报表和注册会计师审计产生重大影响的事项

   D. 对被审计单位内部控制进行监督

6. 下列有关注册会计师的专家的说法中，正确的是(   )。

   A. 无论是内部专家还是外部专家，都是项目组成员，受会计师事务所的质量控制政策和程序的约束

   B. 无论是内部专家还是外部专家，都不包括会计、审计领域的专家

   C. 无论是内部专家还是外部专家，注册会计师都应当就专家工作的性质、范围和目标等事项与专家达成一致意见并生成书面协议

   D. 无论是内部专家还是外部专家，注册会计师都应询问对专家客观性产生不利影响的利益和关系

7. 下列有关注册会计师利用外部专家工作的说法中，错误的是(   )。

A. 外部专家需要遵守适用于注册会计师的相关职业道德要求中的保密条款

B. 外部专家不受会计师事务所按照质量控制准则制定的质量控制政策和程序的约束

C. 外部专家的工作底稿是审计工作底稿的一部分

D. 在审计报告中提及外部专家的工作并不减轻注册会计师对审计意见承担的责任

8. 注册会计师对专家信息保密的要求具体是指（   ）。

A. 专家就自己擅长的领域对注册会计师保密

B. 专家必须对在执业过程中知悉的被审计单位的信息保密

C. 专家必须对被审计单位保守关于审计项目组的秘密

D. 专家必须对整个项目的财务数据保密

9. 注册会计师在评价专家的工作是否足以实现审计目的时，下列各项中，不需评价的是（   ）。

A. 专家工作结果或结论的合理性和相关性

B. 专家工作涉及使用的所有假设和方法的合理性和相关性

C. 专家工作结果或结论与其他审计证据的一致性

D. 专家工作涉及使用的重要原始数据的相关性、完整性和准确性

10. 下列事项中，注册会计师在考虑利用专家工作时，可能不需要做的是（   ）。

A. 评价专家工作是否具有实现审计目标所必须的胜任能力、专业素质和客观性

B. 充分了解专家的专长领域

C. 评价专家的工作是否足以实现审计目的

D. 要求专家遵守会计师事务所的质量控制政策和程序

二、多项选择题

1. 下列选项中，在确定利用内部审计人员的工作是否足以实现审计目的时，应当评价

的有（   ）。

A. 内部审计人员按照审计准则要求的客观性

B. 内部审计人员的专业胜任能力

C. 内部审计人员客观性的程度

D. 内部审计是否采用系统、规范化的方法

2. 下列各项审计工作中，注册会计师不能利用内部审计工作的有（   ）。

A. 评估重大错报风险

B. 确定重要性水平

C. 确定控制测试的样本规模

D. 评估会计政策和会计估计

3. 下列情形中，属于注册会计师不得利用内部审计的工作的有（   ）。

A. 内部审计人员缺乏足够的胜任能力

B. 内部审计在被审计单位中的地位不足以支持内部审计人员的客观性

C. 内部审计没有采用系统、规范化的方法

D. 评估的认定层次重大错报风险较高，需要对识别出的特别风险予以特殊考虑

4. 下列有关注册会计师利用内部审计人员提供直接协助的说法中，正确的有（   ）。

A. 注册会计师应询问内部审计人员可能对其客观性产生不利影响的利益和关系

B. 如果内部审计人员对拟执行的工作缺乏足够的胜任能力，注册会计师不得利用内部审计人员提供直接协助

C. 如果在审计中涉及重大判断时，注册会计师不得利用内部审计人员提供直接协助

D. 在利用内部审计人员为审计提供直接协助之前，注册会计师应从拥有相关权限的被审计单位代表人处获取书面协议

5. 下列关于专家的胜任能力、专业素质和客观性的说法中，正确的有（   ）。

A. 专家的客观性与其偏见、利益冲突及其他可能影响其职业判断或商业判断的因素相关

B. 可以通过专家以往发表的论文或出版的书籍获得对专家胜任能力、专业素质和客观性的了解

C. 专家的胜任能力、专业素质和客观性，对评价专家的工作是否适合审计目的具有重大影响

D. 通过相关程序一旦确定专家具备相应的胜任能力、专业素质和客观性，在之后的审计过程中可以不再进行评价

6. 下列关于利用专家工作的说法中，正确的有(   )。

A. 注册会计师和专家应当就各自的工作底稿的使用和保管达成一致意见

B. 在任何情况下，注册会计师都不得在审计报告中提及专家的工作

C. 注册会计师利用专家工作的目标是减轻对发表的审计意见所承担的责任

D. 随着审计的进行或环境的变化，注册会计师可能需要修改之前有关利用专家工作的决定

7. 在确定是否利用专家的工作时，注册会计师可能考虑的因素有(   )。

A. 管理层在编制财务报表时是否利用了管理层的专家的工作

B. 事项的性质和重要性，包括复杂程度

C. 事项存在的重大错报风险

D. 应对识别出的风险的预期程序的性质

8. 在对专家的专长领域进行了解时，下列各项中，需要考虑的有(   )。

A. 与审计相关的、管理层的专家专长领域的进一步细分信息

B. 职业准则或其他准则以及法律法规是否适用

C. 专家使用哪些假设和方法

D. 专家使用的内外部数据或信息的性质

9. 下列关于利用专家工作的说法中，不正确的有(   )。

A. 专家在工作中需要利用的原始数据应由专家全权负责，注册会计师无需对此实施审计程序

B. 外部专家同样受到会计师事务所制定的质量控制政策和程序的约束

C. 如果对专家的专业胜任能力或客观性存

有疑虑，注册会计师应当与管理层交换意见，并考虑能否通过专家的工作获取充分、适当的审计证据

D. 当注册会计师认为利用专家工作没有获取充分、适当的审计证据，且通过实施追加的审计程序仍不能解决问题，注册会计师有必要发表非无保留意见

10. 下列有关注册会计师在利用专家工作的表述中，正确的有(   )。

A. 专家的工作底稿属于审计工作底稿的一部分

B. 专家应遵守注册会计师职业道德要求中的保密条款

C. 除非法律法规另有规定，注册会计师不应在无保留意见的审计报告中提及专家的工作

D. 如果确定专家的工作不足以实现审计目的，注册会计师应当就专家拟执行的进一步工作的性质和范围，与专家达成一致意见，或者根据具体情况，实施追加的审计程序

三、简答题

ABC 会计师事务所的 A 注册会计师负责审计甲公司 2018 年度财务报表，审计工作底稿的内容摘录如下：

(1)A 注册会计师在运用审计抽样对应收账款实施函证程序，了解到内部审计人员近期刚刚对应收账款进行了内部审查，所以由内部审计人员协助确定审计抽样的样本规模。

(2)A 注册会计师在应对某项特别风险时利用了专家工作，且要求专家不仅要在工作结束时提交一份正式的书面报告，而且要随着工作的推进随时作出口头报告。

(3)A 注册会计师考虑到项目组内没有与专家具备同等的专业技能的人员，所以对专家选择的假设和方法进行了了解，未评价专家工作涉及使用的假设和方法的相关性与合理性。

(4)专家在工作过程中运用了大量的原始

数据，A注册会计师与专家约定好由专家对原始数据实施细节测试，所以未对原始数据进行评价。

(5)由于专家工作的结果构成注册会计师发表审计意见的重要基础，A注册会计师在无保留意见的审计报告中提及了专家的工作。

要求：针对上述第(1)至(5)项，逐项指出A注册会计师的做法是否恰当。如不恰当，简要说明理由。

本章综合练习参考答案及详细解析

一、单项选择题

1. C 【解析】内部审计机构和人员的独立性和客观性，无法达到注册会计师审计所要求的水平。

2. B 【解析】注册会计师应当与治理层沟通其计划如何利用内部审计工作。

3. B 【解析】注册会计师应当通过评价下列事项，确定是否能够利用内部审计的工作以实现审计目的：(1)内部审计在被审计单位中的地位，以及相关政策和程序支持内部审计人员客观性的程度；(2)内部审计人员的胜任能力；(3)内部审计是否采用系统、规范化的方法(包括质量控制)。

4. D 【解析】选项D属于确定能否利用内部审计的工作应评价的事项。

5. C 【解析】注册会计师对发表的审计意见独立承担的责任，并不因利用内部审计工作或利用内部审计人员提供直接协助而减轻，审计过程中涉及的职业判断，均应当由注册会计师负责执行。对被审计单位内部控制进行监督是内部审计的目标。所以选项ABD均错误。

6. B 【解析】选项A，外部专家不属于审计项目组成员，不受会计师事务所质量控制政策和程序的约束；选项C，无论是外部专家还是内部专家，注册会计师应当就这些事项与其达成一致意见，并根据需要形成书面协议，但不是必须生成书面协议；选项D，在评价外部专家的客观性时，注册会计师应当询问可能对外部专家客观性产生不利影响的利益和关系。

7. C 【解析】当专家是项目组的成员时，专家的工作底稿是审计工作底稿的一部分。除非协议另作安排，外部专家的工作底稿属于外部专家，不是审计工作底稿的一部分。

8. B 【解析】适用于注册会计师的相关职业道德要求中的保密条款同样也适用于专家。

9. B 【解析】如果专家的工作涉及使用"重要"的假设和方法，注册会计师需要评价这些假设和方法在具体情况下的相关性和合理性。

10. D 【解析】在考虑专家是否需要遵守会计师事务所的质量控制政策和程序时，应当区分内部专家和外部专家，外部专家不受其约束，所以选项D不是必须做的。

二、多项选择题

1. BCD 【解析】应当评价的是内部审计的客观性，而不是按照审计准则要求的客观性。

2. ABCD 【解析】通常，审计过程中涉及的职业判断，如重大错报风险的评估、重要性水平的确定、样本规模的确定、对会计政策和会计估计的评估等，均应当由注册会计师负责执行，不能利用内部审计人员的工作。

3. ABC 【解析】选项D属于注册会计师应计划较少地利用内部审计工作的情形。

4. ABCD

5. ABC 【解析】随着审计的进行，一些不可预料事件的出现、条件的改变或已获取的审计证据，注册会计师可能有必要重新考虑对专家的胜任能力、专业素质和客观性的最初评价，故选项 D 错误。

6. AD 【解析】注册会计师不应在无保留意见的审计报告中提及专家的工作，除非法律另有规定，选项 B 错误；注册会计师对发表的审计意见独立承担责任，这种责任不因利用专家的工作而减轻，选项 C 错误。

7. ABCD

8. ABCD

9. AB 【解析】选项 A，当专家工作涉及使用重要的原始数据时，注册会计师应实施相应的审计程序，评价其相关性、完整性和准确性；选项 B，外部专家不是项目组成员，不受会计师事务所制定的质量控制政策和程序的约束。

10. BCD 【解析】选项 A，当专家是项目组的成员时，专家的工作底稿是审计工作底稿的一部分；除非协议另作安排，外部专家的工作底稿属于外部专家，不是审计工作底稿的一部分。

三、简答题

【答案】

(1)不恰当。样本规模的确定涉及重大职业判断，应当由注册会计师负责执行。

(2)恰当。

(3)不恰当。注册会计师应当评价专家工作涉及使用的假设和方法的相关性与合理性。

(4)不恰当。注册会计师应当实施相应的审计程序，评价专家工作涉及使用重要的原始数据的相关性、完整性和准确性。

(5)不恰当。注册会计师不应在审计报告中提及专家的工作，除非法律法规另有规定。

第16章 对集团财务报表审计的特殊考虑

JINGDIAN TIJIE

考情分析

▶ 历年考情分析

本章为非常重要的章节，属于每年重点考查的内容。从命题形式看，本章各种题型均可考查，尤其是主观题。考生应注意结合审计基本原理及审计测试流程等基础章节的内容理解在集团审计中项目合伙人和集团项目组如何协调利用组成部分注册会计师的工作。考生应关注：集团财务报表审计中的相关概念；了解组成部分注册会计师；重要性；对不同组成部分执行的工作；与集团管理层和治理层的沟通等。

▶ 本章 2020 年考试主要变化

本章内容无变化。

核心考点及经典例题详解

考点一 与集团财务报表审计有关的概念★★

扫我解疑难

📝 **经典例题**

【例题·简答题】（2011年改编）ABC 会计师事务所负责审计 D 集团公司 2019 年度财务报表，并委派 A 注册会计师担任审计项目合伙人。D 集团公司属于家电制造行业，共有 4 家全资子公司，各子公司的相关资料摘录如表 16-1 所示：

表 16-1　各子公司的相关资料

公司名称	主营业务	资产总额在集团中所占的份额	营业收入在集团中所占的份额	利润总额在集团中所占的份额	说明
E 公司	彩电	80%	50%	78%	（1）
F 公司	冰箱	5%	5%	6%	（2）
G 公司	洗衣机	5%	40%	5%	（3）

公司名称	主营业务	资产总额在集团中所占的份额	营业收入在集团中所占的份额	利润总额在集团中所占的份额	说明
H 公司	集团产品的出口销售	5%	5%	4%	(4)

说明:

(1)E 公司的业务和财务状况稳定。

(2)F 公司从事的业务刚刚开始两年,规模较小,财务状况较为稳定。

(3)为拓展市场,G 公司向部分主要客户提供特殊退货安排。

(4)H 公司从事了若干远期外汇交易,以管理 2019 年度外汇汇率持续波动的风险。

要求:假定在确定某子公司对集团而言是否具有财务重大性时,A 注册会计师采用资产总额、营业收入和利润总额为基准,代 A 注册会计师确定哪些子公司为集团审计中重要组成部分,哪些子公司为非重要组成部分,并简单说明理由。

【答案】E 公司为重要组成部分,这是因为 E 公司的资产、利润总额及营业收入在集团中所占份额较高,对集团具有财务重大性;

G 公司为重要组成部分,这是因为 G 公司营业收入在集团中所占份额较高,对集团具有财务重大性,且由于其特殊退货的安排,使得 G 公司的收入确认存在可能导致集团财务报表发生重大错报的特别风险;

H 公司为重要组成部分,这是因为 2019 年度外汇汇率持续波动,H 公司从事远期外汇交易存在可能导致集团财务报表发生重大错报的特别风险。

F 公司为非重要组成部分,这是因为其资产、利润总额及营业收入在集团中所占份额较低,并且财务状况较为稳定。

📝 **考点精析**

一、集团、组成部分及重要组成部分

(1)集团,是指由所有组成部分构成的整体,并且所有组成部分的财务信息包括在集团财务报表中。集团至少拥有一个以上的组成部分。

(2)组成部分,是指某一实体或某项业务活动,其财务信息由集团或组成部分管理层编制并应包括在集团财务报表中。

(3)重要组成部分,是指集团项目组识别出的具有下列特征之一的组成部分:

①单个组成部分对集团**具有财务重大性**;

②由于单个组成部分的特定性质或情况,可能存在导致集团财务报表发生重大错报的**特别风险**。

二、组成部分注册会计师

组成部分注册会计师,是指基于集团审计目的,按照集团项目组的要求,对组成部分财务信息执行相关工作的注册会计师。

【知识点拨】基于集团审计目的,集团项目组成员可能按照集团项目组的工作要求,对组成部分财务信息执行相关工作。在这种情况下,该成员也是组成部分注册会计师。

考点二　了解集团及其环境、集团组成部分及其环境★

扫我解疑难

📝 **经典例题**

【例题·多选题】下列各项中,属于集团管理层下达的指令的有( )。

A. 运用的会计政策

B. 适用于集团财务报表的法定和其他披露要求

C. 报告的时间要求

D. 内部控制制度

【答案】ABC

【解析】集团管理层下达的指令,通常是针对财务信息的，其他方面的信息不需要集团审计的注册会计师进行了解。

📝 考点精析

注册会计师应当通过了解被审计单位及其环境，识别和评估财务报表重大错报风险。在集团审计中，审计风险包括组成部分注册会计师可能没有发现组成部分财务信息存在的错报（该错报导致集团财务报表发生重大错报）的风险，以及集团项目组可能没有发现该错报的风险。集团项目组应当：

（1）在业务承接或保持阶段获取信息的基础上，进一步了解集团及其环境、集团组成部分及其环境，包括集团层面控制；

（2）了解合并过程，包括集团管理层向组成部分下达的指令。

一、集团管理层下达的指令

为实现财务信息的**一致性和可比性**，集团管理层通常对组成部分下达指令。这些指令具体说明了对包括在集团财务报表中的组成部分财务信息的要求，通常采用财务报告程序手册和报告文件包的形式。

注意：报告文件包通常由标准模板组成，但通常不采用按照适用的财务报告编制基础编制和列报的整套财务报表的形式。

二、舞弊

注册会计师需要识别和评估舞弊导致财务报表发生重大错报的风险，针对评估的风险设计和实施适当的应对措施。

三、集团项目组成员和组成部分注册会计师对集团财务报表重大错报风险（包括舞弊风险）的讨论

项目组**关键成员**需要讨论由于舞弊或错误导致被审计单位财务报表发生重大错报的可能性，并特别强调舞弊导致的风险。参与讨论的成员还可能包括**组成部分注册会计师**。

四、了解集团及其环境、集团组成部分及其环境的程序

集团项目组应当对集团及其环境、集团组成部分及其环境获取充分的了解，以足以：

（1）确认或修正最初识别的重要组成部分；

（2）评估由于舞弊或错误导致集团财务报表发生重大错报的风险。

在了解集团及其环境、集团组成部分及其环境的基础上，**集团项目组应当制定集团总体审计策略和具体审计计划**。**集团项目合伙人**应当**复核**集团总体审计策略和具体审计计划。

考点三　了解组成部分注册会计师★★

扫我解疑难

📝 经典例题

【例题·单选题】（2018年）在审计集团财务报表时，下列情形中，导致集团项目组无法利用组成部分注册会计师工作的是（　　）。

A. 组成部分注册会计师未处于积极有效监管环境中

B. 组成部分注册会计师不符合与集团审计相关的独立性要求

C. 集团项目组对组成部分注册会计师的专业胜任能力存有并非重大的疑虑

D. 组成部分注册会计师无法向集团项目组提供所有审计工作底稿

【答案】 B

【解析】 选项B，如果组成部分注册会计师不符合与集团审计相关的独立性要求，集团项目组应当就组成部分财务信息亲自获取充分、适当的审计证据，而不应要求组成部分注册会计师对组成部分财务信息执行相关工作。

📝 考点精析

一、了解组成部分注册会计师的前提

只有当基于集团审计目的，计划要求由组成部分注册会计师执行组成部分财务信息的相关工作时，集团项目组才需要了解组成部分注册会计师。

注意：如果集团项目组计划**仅在**集团层

面对某些组成部分实施分析程序，就无须了解这些组成部分注册会计师。

二、了解组成部分注册会计师的内容

如果计划要求组成部分注册会计师执行组成部分财务信息的相关工作，集团项目组应当了解下列事项：

(1)组成部分注册会计师是否了解并将遵守与集团审计相关的职业道德要求，特别是独立性要求；

(2)组成部分注册会计师是否具备专业胜任能力；

(3)集团项目组参与组成部分注册会计师工作的程度是否足以获取充分、适当的审计证据；

(4)组成部分注册会计师是否处于积极的监管环境中。

集团项目组独立执行相关工作还是参与组成部分注册会计师的工作，具体见表16-2。

表16-2　集团项目组独立执行或参与组成部分注册会计师工作的具体情形

项目	具体情形
由集团项目组独立执行相关工作	①不符合集团审计的独立性要求； ②职业道德存在重大疑虑； ③专业胜任能力存在重大疑虑； ④监管环境存在重大疑虑
集团项目组参与组成部分注册会计师的工作	①消除对组成部分注册会计师专业胜任能力的并非重大的疑虑（如认为其缺乏行业专门知识）； ②消除组成部分注册会计师未处于积极有效的监管环境中的影响

考点四　重要性★★★

扫我解疑难

📄 **经典例题**

【例题1·单选题】（2018年）对于集团财务报表审计，下列有关组成部分重要性的说法中，错误的是(　　)。

A.组成部分重要性应当小于集团财务报表整体的重要性

B.组成部分重要性应当由集团项目组确定

C.不重要的组成部分无需确定组成部分重要性

D.不同组成部分的组成部分重要性可能不同

【答案】 C

【解析】 当对重要组成部分实施程序无法获取充分适当的审计证据时，注册会计师会考虑挑选非重要组成部分实施审计或审阅，此时就需要确定组成部分重要性。

【例题2·多选题】（2015年）下列各项中，集团项目组应当确定的有(　　)。

A.集团明显微小错报临界值

B.集团整体重要性

C.组成部分重要性

D.组成部分实际执行的重要性

【答案】 ABC

【解析】 组成部分实际执行的重要性可以由集团项目组确定，也可以由组成部分注册会计师确定。

📋 **考点精析**

在对集团财务报表审计时，集团项目组应当确定：集团财务报表整体的重要性、适用于特定类别交易、账户余额或披露的一个或多个重要性水平、组成部分重要性、明显微小错报的临界值。

1.集团财务报表整体的重要性

在制定集团总体审计策略时，集团项目组确定集团财务报表整体的重要性。

2.适用于特定类别交易、账户余额或披露的一个或多个重要性水平

3.组成部分重要性

(1)前提条件

如果由组成部分注册会计师对组成部分财务信息执行审计或审阅，集团项目组应基于集团审计目的，确定组成部分重要性。

(2)确定的要求

为将未更正和未发现错报的汇总数超过集团财务报表整体的重要性的可能性降至适

当的低水平，集团项目组应当将组成部分重要性设定为低于集团财务报表整体的重要性。在确定组成部分重要性时，**无须**采用将集团财务报表整体重要性**按比例分配**的方式，因此，对不同组成部分确定的重要性的汇总数，**有可能高于**集团财务报表整体重要性。

【知识点拨】如果基于集团审计目的，由组成部分注册会计师对组成部分财务信息执行审计工作，**集团项目组**应当**评价**在组成部分层面确定的**实际执行的重要性的适当性**。

4. 明显微小错报的临界值

注册会计师需要设定临界值，不能将超过该临界值的错报视为对集团财务报表明显微小的错报。组成部分注册会计师需要将在组成部分财务信息中识别出的超过临界值的错报通报给集团项目组。

📝 阶段性测试

1. 【多选题】下列各项中，如果集团管理层在该方面对注册会计师施加了限制，集团项目组将无法获取充分、适当的审计证据的有(   )。

A. 集团项目组接触重要组成部分的信息

B. 组成部分注册会计师接触重要组成部分的信息

C. 集团项目组参与组成部分注册会计师的工作

D. 集团项目组对具有财务重大性的组成部分实施审计

2. 【单选题】下列有关组成部分重要性的说法中，错误的是(   )。

A. 组成部分重要性的汇总数可以高于集团财务报表整体的重要性

B. 组成部分重要性可以由集团项目组或组成部分注册会计师确定

C. 如果仅计划在集团层面对某组成部分实施分析程序，无需为该组成部分确定重要性

D. 集团财务报表整体的重要性应当高于组成部分重要性

📝 阶段性测试答案精析

1. ABCD 【解析】如果集团管理层限制集团项目组或组成部分注册会计师接触重要组成部分的信息，则集团项目组将无法获取充分、适当的审计证据。如果这类限制与不重要的组成部分相关，集团项目组仍有可能获取充分、适当的审计证据。

2. B 【解析】组成部分重要性应当由集团项目组确定。

考点五　针对评估的风险采取的应对措施★★★

扫我解疑难

📝 经典例题

【例题1·多选题】(2017年)在审计集团财务报表时，下列各项工作中，应当由集团项目组执行的有(   )。

A. 确定对组成部分执行的工作类型

B. 了解合并过程

C. 对重要组成部分实施风险评估程序

D. 对不重要的组成部分在集团层面实施分析程序

【答案】ABD

【解析】如果组成部分注册会计师对重要组成部分财务信息执行审计，集团项目组应当参与组成部分注册会计师实施的风险评估程序，而不是由集团项目组执行。

【例题2·单选题】(2017年)在审计集团财务报表时，下列工作类型中，不适用于重要组成部分的是(   )。

A. 特定项目审计

B. 财务信息审阅

C. 财务信息审计

D. 实施特定审计程序

【答案】B

【解析】对重要组成部分的财务信息必须实施审计程序，不应实施审阅或分析程序。

对于组成部分财务信息，集团项目组应当确定由其亲自执行或由组成部分注册会计师代为执行的相关工作的类型。集团项目组还应当确定参与组成部分注册会计师工作的性质、时间安排和范围。集团项目组确定对组成部分财务信息拟执行工作的类型以及参与组成部分注册会计师工作的程度，受下列因素影响：

(1)组成部分的重要程度；

(2)识别出的导致集团财务报表发生重大错报的特别风险；

(3)对集团层面控制的设计的评价，以及其是否得到执行的判断；

(4)集团项目组对组成部分注册会计师的了解。

一、对组成部分需执行的工作

集团项目组对组成部分需执行的工作类型如图 16-1 所示。

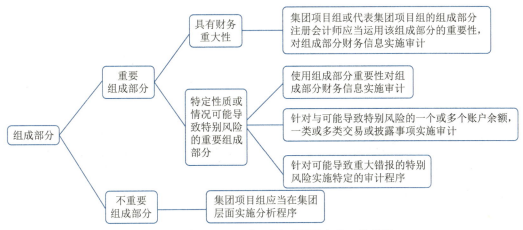

图 16-1 集团项目组对组成部分需执行的工作类型

二、已执行的工作仍不能提供充分、适当审计证据时的处理

如果集团项目组认为对重要组成部分财务信息执行的工作、对集团层面控制和合并过程执行的工作以及在集团层面实施的分析程序还不能获取形成集团审计意见所依据的充分、适当的审计证据，集团项目组应当选择某些不重要的组成部分，并对已选择的组成部分财务信息亲自执行或由代表集团项目组的组成部分注册会计师执行下列一项或多项工作：

(1)使用组成部分重要性对组成部分财务信息实施审计；

(2)对一个或多个账户余额、一类或多类交易或披露实施审计；

(3)使用组成部分重要性对组成部分财务信息实施审阅；

(4)实施特定程序。

【知识点拨】集团项目组应当在一段时间之后更换所选择的组成部分。

三、参与组成部分注册会计师的工作

如果组成部分注册会计师对重要组成部分财务信息执行审计，集团项目组应当参与组成部分注册会计师实施的风险评估程序，以识别导致集团财务报表发生重大错报的特别风险。

集团项目组参与的性质、时间安排和范围受其对组成部分注册会计师所了解情况的影响，但至少应当包括：

(1)与组成部分注册会计师或组成部分管理层讨论对集团而言重要的组成部分业务活动；

(2)与组成部分注册会计师讨论由于舞弊或错误导致组成部分财务信息发生重大错报的可能性；

(3)复核组成部分注册会计师对识别出的

导致集团财务报表发生重大错报的特别风险形成的审计工作底稿。

如果在由组成部分注册会计师执行相关工作的组成部分内，识别出导致集团财务报表发生重大错报的特别风险，集团项目组应当评价针对识别出的特别风险拟实施的进一步审计程序的恰当性。根据对组成部分注册会计师的了解，集团项目组应当确定是否有必要参与进一步审计程序。

考点六　与组成部分注册会计师的沟通 ★

扫我解疑难

📖 **经典例题**

【例题·多选题】集团项目组应当要求组成部分注册会计师沟通与得出集团审计结论相关的事项。下列各项中，应当沟通的有（　　）。

A. 组成部分注册会计师是否已遵守与集团审计相关的职业道德要求

B. 表明可能存在管理层偏向的迹象

C. 组成部分注册会计师是否已遵守集团项目组的要求

D. 描述识别出的组成部分层面值得关注的内部控制缺陷

【答案】ABCD

【解析】除上述四项以外，还有：（1）指出作为组成部分注册会计师出具报告对象的组成部分财务信息；（2）因违反法律法规而可能导致集团财务报表发生重大错报的信息；（3）组成部分财务信息中未更正错报的清单；（4）组成部分注册会计师向组成部分治理层已通报或拟通报的其他重大事项，包括涉及组成部分管理层、在组成部分层面内部控制中承担重要职责的员工以及其他人员（在舞弊行为导致组成部分财务信息出现重大错报的情况下）的舞弊或舞弊嫌疑；（5）可能与集团审计相关或者组成部分注册会计师期望集团项目组加以关注的其他事项，包括在组成部分注册会计师要求组成部分管理层提供的书面声明中

指出的例外事项；（6）组成部分注册会计师的总体发现、得出的结论和形成的意见。

📖 **考点精析**

集团项目组清晰、及时地通报工作要求，是集团项目组和组成部分注册会计师之间形成有效的双向沟通关系的基础。

一、集团项目组向组成部分注册会计师的通报

集团项目组应当及时向组成部分注册会计师通报工作要求。通报的内容应当明确组成部分注册会计师应执行的工作和集团项目组对其工作的利用，以及组成部分注册会计师与集团项目组沟通的形式和内容。

二、组成部分注册会计师向集团项目组沟通的事项

集团项目组应当要求组成部分注册会计师沟通与得出集团审计结论相关的事项。

【知识点拨】在配合集团项目组时，如果法律法规未予禁止，组成部分注册会计师可以允许集团项目组接触相关审计工作底稿。

三、评价与组成部分注册会计师的沟通

集团项目组应当评价与组成部分注册会计师的沟通。集团项目组应当：

（1）与组成部分注册会计师、组成部分管理层或集团管理层（如适用）讨论在评价过程中发现的重大事项；

（2）确定是否有必要复核组成部分注册会计师审计工作底稿的相关部分。

如果认为组成部分注册会计师的工作不充分，集团项目组应当确定需要实施哪些追加的程序，以及这些程序是由组成部分注册会计师还是由集团项目组实施。

考点七　与集团管理层和集团治理层的沟通 ★

扫我解疑难

📖 **经典例题**

【例题·单选题】（2013年）下列有关集团项

目组与集团治理层的沟通内容的说法中，错误的是(   )。

A. 沟通内容应当包括引起集团项目组对组成部分注册会计师工作质量产生疑虑的情形

B. 沟通内容应当包括集团项目组计划参与组成部分注册会计师工作的性质的概述

C. 如果集团项目组认为组成部分管理层的舞弊行为不会导致集团财务报表发生重大错报，无须就该事项进行沟通

D. 沟通内容应当包括集团项目组对组成部分注册会计师工作作出的评价

【答案】C

【解析】集团项目组需要就涉及集团管理层、组成部分管理层、在集团层面控制中承担重要职责的员工以及其他人员(在舞弊行为导致集团财务报表出现重大错报的情况下)的舞弊或舞弊嫌疑与集团治理层进行沟通。

📝 考点精析

一、与集团管理层的沟通

在确定通报的内容时，集团项目组应当考虑：

(1)集团项目组识别出的集团层面内部控制缺陷；

(2)集团项目组识别出的组成部分层面内部控制缺陷；

(3)组成部分注册会计师提请集团项目组关注的内部控制缺陷。

【知识点拨】如果集团项目组识别出舞弊或组成部分注册会计师提请集团项目组关注舞弊，或者有关信息表明可能存在舞弊，集团项目组应当及时向**适当层级**的集团管理层通报，以便管理层告知主要负责防止和发现舞弊事项的人员。

二、与集团治理层的沟通

集团项目组向集团治理层通报的事项，可能包括组成部分注册会计师提请集团项目组关注，并且集团项目组根据职业判断认为与集团治理层责任相关的重大事项。

1.【多选题】下列因素中，影响集团项目组确定对组成部分财务信息拟执行的工作的类型的有(   )。

A. 组成部分的重要程度

B. 识别出的导致集团财务报表发生重大错报的特别风险

C. 对集团层面控制的设计的评价，以及其是否得到执行的判断

D. 集团项目组对组成部分注册会计师的了解

2.【多选题】集团项目组确定选择多少组成部分、选择哪些组成部分以及对所选择的每个组成部分财务信息执行工作的类型，可能的影响因素有(   )。

A. 预期就重要组成部分财务信息获取审计证据的程度

B. 集团层面控制运行的有效性

C. 内部审计是否对组成部分执行了工作，以及内部审计工作对集团审计的影响

D. 组成部分是否发生重大变化

3.【单选题】下列关于集团审计中组成部分注册会计师的说法中，错误的是(   )。

A. 如果集团项目组计划仅在集团层面对某些组成部分实施分析程序，就无须了解这些组成部分注册会计师

B. 当基于集团审计目的对组成部分财务信息执行相关工作时，组成部分注册会计师需要遵守与集团审计相关的职业道德要求

C. 集团项目组可以通过参与组成部分注册会计师的工作、实施追加的风险评估程序，消除对组成部分注册会计师专业胜任能力的并非重大的疑虑

D. 集团项目组可以通过参与组成部分注册会计师的工作消除组成部分注册会计师不具有独立性的影响

4.【单选题】下列各项中，注册会计师既需要向集团管理层通报，又需要向集团治理层通报的是(   )。

A. 涉及集团管理层的舞弊嫌疑

B. 对组成部分财务信息拟执行工作的类型的概述

C. 对组成部分注册会计师的工作作出的评价，引起集团项目组对其工作质量产生疑虑的情形

D. 集团项目组识别出的值得关注的内部控制缺陷

阶段性测试答案精析

1. ABCD

2. ABCD 【解析】四个选项均属于影响因素，除此之外，还有：（1）组成部分是新设立的还是收购的；（2）组成部分是否应用相同的系统和程序；（3）通过在集团层面实施分析程序识别出的异常波动；（4）与同类其他组成部分相比，某组成部分是否对集团具有财务重大性，或可能导致风险；（5）是否因法律法规要求或其他原因需要对组成部分执行审计。

3. D 【解析】如果组成部分注册会计师不符合与集团审计相关的独立性要求，集团项目组不能通过参与组成部分注册会计师的工作、实施追加的风险评估程序或对组成部分财务信息实施进一步审计程序，消除组成部分注册会计师不具有独立性的影响。集团项目组应当就组成部分财务信息亲自获取充分、适当的审计证据。

4. D 【解析】选项 ABC 都是集团项目组应当与治理层沟通的事项。

本章综合练习 限时70分钟

一、单项选择题

1. 下列关于集团审计业务的承接与保持的说法中，错误的是( )。

A. 承接新业务与承接连续审计业务，集团项目组需要了解的方面不同

B. 集团项目组应当了解集团及其环境、集团组成部分及其环境，以足以识别可能的重要组成部分

C. 集团项目可以通过与集团管理层沟通来了解集团及其环境

D. 集团项目合伙人无须评价集团项目组参与组成部分注册会计师工作的程度

2. 下列关于集团财务报表审计责任的说法中，正确的是( )。

A. 组成部分注册会计师对组成部分注册会计师所有发现的问题、得出的结论或形成的意见负责

B. 集团项目合伙人有责任确认集团项目组从整体上具备适当的胜任能力，但不包括组成部分注册会计师的胜任能力

C. 如果法律法规要求在审计报告中提及组成部分注册会计师，则该提及会减轻集团项目合伙人及其所在的会计师事务所对集团审计意见承担的责任

D. 如果因组成部分财务信息导致集团项目组在对集团财务报表出具的审计报告中发表非无保留意见，集团项目组应当在审计报告中提及组成部分注册会计师

3. 下列有关集团财务报表审计的说法中，错误的是( )。

A. 集团财务报表可以是没有母公司但处在同一控制下的各组成部分编制的财务信息汇总生成的财务报表

B. 集团项目组负责制定集团总体审计策略

C. 组成部分注册会计师不包括基于集团财务报表审计目的，按照集团项目组的工作要求，对组成部分财务信息执行相关工作的集团项目组成员

D. 集团按照职能部门、生产过程或单项产品分布来组织财务报告系统，这些职能部门、生产过程或单项产品可被视为组成部分

4. 在了解组成部分注册会计师后，下列情形中，集团项目组可以采取措施消除其疑虑或影响的是( )。

A. 组成部分注册会计师不符合与集团审计相关的独立性要求

B. 集团项目组对组成部分注册会计师的专业胜任能力存有重大疑虑

C. 集团项目组对组成部分注册会计师的职业道德存有重大疑虑

D. 组成部分注册会计师未处于积极有效的监管环境中

5. 下列关于与组成部分注册会计师的沟通的说法中，错误的是( )。

A. 如果认为组成部分注册会计师的工作不充分，集团项目组应当确定需追加的程序及执行人员

B. 集团项目组与组成部分注册会计师沟通应采用书面形式

C. 通报的内容应当明确组成部分注册会计师应执行的工作和集团项目组对其工作的利用

D. 通报的内容应当明确组成部分注册会计师与集团项目组沟通的形式和内容

6. 下列关于集团项目组与组成部分注册会计师沟通的说法中，不正确的是( )。

A. 组成部分注册会计师向集团项目组及时汇报是集团项目组和组成部分注册会计师之间形成有效的双向沟通关系的基础

B. 如果集团项目组与组成部分注册会计师的沟通不充分，集团项目组可能有必要复核组成部分注册会计师审计工作底稿的相关部分

C. 组成部分注册会计师应将识别出的组成部分层面值得关注的内部控制缺陷与集团项目组沟通

D. 集团项目组应当及时向组成部分注册会计师通报工作要求

7. 在了解组成部分注册会计师后，下列情形中，集团项目组可以采取措施消除其疑虑或影响的是( )。

A. 组成部分注册会计师不符合与集团审计相关的独立性要求

B. 集团项目组对组成部分注册会计师的专业胜任能力存有重大疑虑

C. 集团项目组对组成部分注册会计师的职业道德存有重大疑虑

D. 组成部分注册会计师未处于积极有效的监管环境中

8. 在考虑组成部分注册会计师的工作时，下列有关说法正确的是( )。

A. 组成部分并不都是在会计核算上独立或相对独立，且可以单独提供财务信息

B. 组成部分均具备法人资格

C. 为保持独立性，集团项目组不应当参与组成部分注册会计师的工作

D. 集团项目组通常会根据组成部分的性质、特定的环境或组成部分在金额上对整体财务报表影响的程度，来判断某一组成部分是否为重要的组成部分

9. 对于组成部分财务信息，集团项目组应当确定由其亲自执行或由组成部分注册会计师代为执行的相关工作的类型，下列相关决策中，错误的是( )。

A. 对不重要的组成部分，集团项目组应在组成部分层面实施分析程序

B. 针对具有财务重大性的重要组成部分，使用组成部分重要性对组成部分财务信息实施审计

C. 针对可能存在导致集团财务报表发生重大错报的特别风险的重要组成部分，使用组成部分重要性对组成部分财务信息实施审计

D. 对于选择的不重要组成部分，集团项目组应当在一段时间之后更换所选择的组成部分

10. 下列关于集团审计中重要性的表述，错误的是( )。

A. 集团项目组需要在制定具体审计计划时确定集团财务报表整体的重要性

B. 如果组成部分注册会计师对组成部分

财务信息实施审计，集团项目组应当为这些组成部分确定组成部分重要性

C. 如果组成部分注册会计师对组成部分财务信息实施审阅，集团项目组应当为这些组成部分确定组成部分重要性

D. 如果基于集团审计目的，由组成部分注册会计师对组成部分财务信息执行审计工作，集团项目组应当评价在组成层面确定的实际执行的重要性的适当性

二、多项选择题

1. 下列各项中，可能属于集团财务报表审计中的组成部分的有（　　）。

A. 集团内的母公司

B. 集团内子公司对外投资的联营企业

C. 集团的分支机构

D. 集团的职能部门

2. 在审计集团财务报表时，下列有关组成部分重要性的说法中，正确的有（　　）。

A. 组成部分重要性的汇总数不能高于集团财务报表整体的重要性

B. 集团项目组应当将组成部分重要性设定为低于集团财务报表整体的重要性

C. 组成部分重要性应当由集团项目组确定

D. 集团项目组应当为所有组成部分确定组成部分重要性

3. 下列各项关于组成部分的说法中，正确的有（　　）。

A. 对集团具有财务重大性的组成部分为重要组成部分

B. 随着单个组成部分对集团具有的财务重大性的增加，集团财务报表的重大错报风险通常也会增加

C. 如果某组成部分由于其特定性质可能存在导致集团财务报表发生重大错报的特别风险，则应判定为重要组成部分

D. 只要单个组成部分达到了注册会计师选定基准的15%，就应判定为重要组成部分

4. 集团项目组应当对集团及其环境、集团组成部分及其环境获取充分的了解。下列各项中，属于获取充分了解的目的的有（　　）。

A. 确认最初识别的重要组成部分

B. 评估由于舞弊或错误导致集团财务报表发生重大错报的风险

C. 了解组成部分注册会计师

D. 评价集团层面的内部控制

5. 下列关于组成部分重要性的说法中正确的有（　　）。

A. 在确定组成部分重要性时，无须采用将集团财务报表整体重要性按比例分配的方式

B. 对不同组成部分确定的重要性的汇总数，不能高于集团财务报表整体重要性

C. 在制定组成部分总体审计策略时，需要使用组成部分的重要性

D. 组成部分注册会计师需要使用组成部分重要性，评价识别出的未更正错报单独或汇总起来是否重大

6. 对于可能存在导致集团财务报表发生重大错报的特别风险的组成部分，注册会计师应当执行的工作有（　　）。

A. 使用组成部分重要性对组成部分财务信息实施审计

B. 针对与可能导致集团财务报表产生重大错报的特别风险相关的一个或多个账户余额、一类或多类交易或披露事项实施审计

C. 使用组成部分重要性对组成部分财务信息实施审阅

D. 实施特定的审计程序

7. 如果集团项目组由于集团管理层的限制不能获取充分、适当的审计证据，下列措施中，正确的有（　　）。

A. 如果是新业务，拒绝接受业务委托

B. 如果是连续审计业务，在法律法规允许的情况下，解除业务约定

C. 如果注册会计师不能解除业务约定，在可能的范围内对集团财务报表实施审计

D. 如果注册会计师不能解除业务约定，对集团财务报表发表否定意见

8. 在考虑组成部分注册会计师的工作时，下列有关说法中，不正确的有(   )。

A. 集团项目组通常仅根据组成部分的性质对整体财务报表影响的程度，来判断某一组成部分是否为重要的组成部分

B. 组成部分注册会计师基于集团审计目的对组成部分财务信息执行相关工作，并对所有发现的问题、得出的结论或形成的意见负责

C. 重要组成部分的重要性水平可以由组成部分注册会计师确定

D. 组成部分注册会计师是集团项目组成员以外的，负责对集团组成部分财务信息执行相关工作的其他注册会计师

三、简答题

1. ABC 会计师事务所的 A 注册会计师负责审计甲集团公司 2019 年度财务报表，与集团审计相关的部分事项如下：

(1)乙公司为不重要的组成部分，A 注册会计师对组成部分注册会计师的专业胜任能力存在重大疑虑，因此，对其审计工作底稿实施了详细复核，不再实施其他审计程序。

(2)丙公司为甲集团公司 2019 年新收购的子公司，存在导致集团财务报表发生重大错报的特别风险，A 注册会计师要求组成部分注册会计师使用组成部分重要性对丙公司财务信息实施审阅。

(3)丁公司为海外子公司，A 注册会计师要求担任丁公司组成部分注册会计师的境外会计师事务所确认其是否了解并遵守中国注册会计师职业道德守则的规定。

(4)联营公司戊公司为重要组成部分，因无法接触戊公司的管理层和注册会计师，A 注册会计师取得了戊公司 2019 年度财务报表和审计报告、甲集团公司管理层拥有的戊公司财务信息及作出的与戊公司财务信息有关的书面声明，认为这些信息已构成与戊公司相关的充分、适当的审计证据。

(5)2020 年 2 月 15 日，组成部分注册会计师对已公司 2019 年度财务信息出具了审计报告，A 注册会计师对已公司 2020 年 2 月 15 日至集团审计报告日期间实施了期后事项审计程序，未发现需要调整或披露的事项。

要求：针对上述第(1)至(5)项，逐项指出 A 注册会计师的做法是否恰当。如不恰当，简要说明理由。

2. 甲集团公司拥有乙公司等 6 家全资子公司。ABC 会计师事务所负责审计甲集团公司 2019 年度财务报表，确定甲集团公司合并财务报表整体的重要性为 500 万元。集团项目组在审计工作底稿中记录了集团审计策略，部分内容摘录如表 16-3 所示：

表 16-3 集团审计策略

组成部分	(1) 是否为重要组成部分（是/否）	(2) 是否由其他会计师事务所执行相关工作（是/否）	(3) 拟执行工作的类型	(4) 组成部分重要性	说明
乙公司	是	否	审计	500 万元	确定该组成部分实际执行的重要性为 300 万元
丙公司	是	是	审计	200 万元	该组成部分实际执行的重要性由其他会计师事务所自行确定，无需评价

组成部分	（1）是否为重要组成部分（是/否）	（2）是否由其他会计师事务所执行相关工作（是/否）	（3）拟执行工作的类型	（4）组成部分重要性	说明
丁公司	是	是	审计	100 万元	确定该组成部分实际执行的重要性为 60 万元
戊公司	否	否	审阅	不适用	执行审阅工作，无需确定组成部分重要性
戊公司	否	否	集团层面分析程序	不适用	执行集团层面分析程序，无需确定组成部分重要性
庚公司	否	否	审计	400 万元	确定该组成部分实际执行的重要性为 240 万元

要求：假定不考虑其他条件，结合上表中第（1）、（2）和（3）列，分别指出第（4）列所列内容是否恰当。如不恰当，简要说明理由。

3. ABC 会计师事务所负责审计甲集团公司 2018 年度财务报表。集团项目组在审计工作底稿中记录了集团审计策略，部分审计工作底稿摘录如表 16-4 所示。

表 16-4　部分审计工作底稿摘录

序号	集团公司/组成部分	是否为重要组成部分（是/否）	集团审计策略
（1）	甲集团公司	不适用	初步预期集团层面控制运行有效，并拟实施控制测试
（2）	乙公司（子公司）	否	拟使用集团财务报表整体的重要性对乙公司财务信息实施审阅
（3）	丙公司（联营公司）	否	拟实施集团层面的分析程序，不利用丙公司注册会计师的工作，因此不对其进行了解
（4）	丁公司（子公司）	是	经初步了解，负责丁公司审计的组成部分注册会计师不符合与集团审计相关的独立性要求。拟通过参与该注册会计师对丁公司实施的审计工作，消除其不具有独立性的影响
（5）	戊公司（子公司）	是	拟要求组成部分注册会计师实施审计，并提交其出具的戊公司审计报告。对戊公司自 2019 年 3 月 10 日（戊公司财务报表审计报告日）至 2019 年 3 月 31 日（甲集团公司财务报表审计报告日）之间发生的、可能需要在甲集团公司财务报表中调整或披露的期后事项，拟要求组成部分注册会计师实施审阅予以识别
（6）	庚公司（子公司）	是	庚公司从事大量衍生工具交易，可能存在导致集团财务报表发生重大错报的特别风险。拟要求组成部分注册会计师针对上述特别风险实施特定的审计程序

要求：逐项指出上表所述的集团审计策略是否恰当。如不恰当，简单说明理由。

本章综合练习参考答案及详细解析

一、单项选择题

1. D **【解析】** 如果组成部分注册会计师对重要组成部分财务信息执行相关工作，集团项目合伙人应当评价集团项目组参与组成部分注册会计师工作的程度是否足以获取充分、适当的审计证据。

2. A **【解析】** 选项B，集团项目合伙人应当确信执行集团审计业务的人员（包括组成部分注册会计师）从整体上具备适当的胜任能力和必要素质。选项C，即便法律法规要求在审计报告中提及组成部分注册会计师，审计报告也应当说明，这种提及并不减轻集团项目组的责任。选项D，除非法律法规要求在审计报告中提及组成部分注册会计师，并且这样做对充分说明情况是必要的，否则不应提及组成部分注册会计师。

3. C **【解析】** 基于集团审计目的，集团项目组成员可能按照集团项目组的工作要求，对组成部分财务信息执行相关工作。在这种情况下，该成员也是组成部分注册会计师。

4. D **【解析】** 如果组成部分注册会计师不符合与集团审计相关的独立性要求，或集团项目组对组成部分注册会计师职业道德、专业胜任能力和所处的监管环境存有重大疑虑，集团项目组应当就组成部分财务信息亲自获取充分、适当的审计证据，而不应要求组成部分注册会计师对组成部分财务信息执行相关工作。集团项目组可以通过参与组成部分注册会计师的工作、实施追加的风险评估程序或对组成部分财务信息实施进一步审计程序，消除对组成部分注册会计师专业胜任能力的并非重大的疑虑，或消除组成部分注册会计师未处于积极有效的监管环境中的影响。选项D符合题意。

5. B **【解析】** 选项B，沟通形式不仅限于书面形式，还可以为口头、视频会议等形式。

6. A **【解析】** 集团项目组和组成部分注册会计师之间形成有效的双向沟通关系的基础是集团项目组清晰、及时地通报工作要求。

7. D **【解析】** 如果组成部分注册会计师不符合与集团审计相关的独立性要求，或集团对组成部分注册会计师职业道德、专业胜任能力和所处的监管环境存有重大疑虑，集团项目组应当就组成部分财务信息亲自获取充分、适当的审计证据，而不应要求组成部分注册会计师对组成部分财务信息执行相关工作。

8. D **【解析】** 组成部分的共同特点是在会计核算上独立或相对独立，可以单独提供财务信息，因此选项A不正确；组成部分可能具备法人资格，如子公司、合资公司和联营公司，也可能不具备法人资格，因此选项B不正确；为获取充分、适当的审计证据将被审计单位集团财务报表的审计风险降至可接受的低水平，集团项目组应当考虑是否参与组成部分注册会计师的工作，选项C不正确。

9. A **【解析】** 选项A，集团项目组实施的分析程序应在集团层面进行，而非组成部分层面。

10. A **【解析】** 在制定总体审计策略时，集团项目组确定集团财务报表整体的重要性。

二、多项选择题

1. ABCD **【解析】** 选项ABCD均可能属于集团财务报表审计的组成部分。

2. BC **【解析】** 选项A，在确定组成部分重要性时，无须采用将集团财务报表整体重要性按比例分配的方式，因此对不同组成部分确定的重要性的汇总数，有可能高于集团财务报表整体重要性；选项D，如果集团项目组仅计划对不重要的组成部分在集团层面实施分析程序，那么无须为其确定重要性。

3. ABC 【解析】基准和百分比的确定是注册会计师的职业判断，在实际工作中，根据具体情况可能会高于或低于15%。

4. AB 【解析】集团项目组应当对集团及其环境、集团组成部分及其环境获取充分的了解，以足以：①确认或修正最初识别的重要组成部分；②评估由于舞弊或错误导致集团财务报表发生重大错报的风险。选项C，题干是对被审计单位的了解(包括集团和集团的组成部分)，所以不涉及了解组成部分注册会计师的问题；选项D，风险评估的目的不是评价被审计单位的内部控制，而是了解集团层面的内部控制。

5. ACD 【解析】在确定组成部分重要性时，无须采用将集团财务报表整体重要性按比例分配的方式，因此，对不同组成部分确定的重要性的汇总数，有可能高于集团财务报表整体重要性。

6. ABD 【解析】选项C属于集团项目组对选取的不重要的组成部分执行的审计工作类型。

7. ABC 【解析】如果注册会计师不能解除业务约定，在可能的范围内对集团财务报表实施审计，并对集团财务报表发表无法

表示意见，而不是否定意见。

8. ACD 【解析】选项A，集团项目组通常会根据组成部分的性质、特定的环境或组成部分在全额上对整体财务报表影响的程度，来判断某一组成部分是否为重要的组成部分；选项C，集团项目组基于集团审计目的，为重要组成部分确定重要性水平；选项D，基于集团审计目的，集团项目组成员可能按照集团项目组的工作要求，对组成部分财务信息执行相关工作，在这种情况下，该成员也是组成部分注册会计师。

三、简答题

1. 【答案】

(1)不恰当。对组成部分注册会计师的专业胜任能力存有重大疑虑，不应由组成部分注册会计师执行工作/应当由集团项目组亲自获取审计证据。

(2)不恰当。丙公司为重要组成部分，不应当执行审阅/应当对丙公司执行财务信息审计/特定账户余额、披露或交易审计/实施特定审计程序。

(3)恰当。

(4)不恰当。戊公司是重要组成部分，A注册会计师取得的这些信息不能构成与戊公司相关的充分、适当的审计证据。

(5)恰当。

2. 【答案】见表16-5。

表16-5　集团审计策略恰当与否及理由

组成部分	是否恰当(是/否)	理由
乙公司	否	组成部分重要性应当低于集团财务报表整体的重要性
丙公司	否	如果实际执行的重要性由组成部分注册会计师确定，应当评价其适当性
丁公司	是	
戊公司	否	如果对组成部分财务信息执行审阅，应当确定组成部分重要性
戊公司	是	
庚公司	是	

3. 【答案】见表 16-6。

表 16-6 集团审计策略恰当与否及理由

集团审计 策略序号	是否恰当 （是/否）	理由
（1）	是	—
（2）	否	应当使用组成部分乙公司的重要性对乙公司财务信息实施审阅
（3）	是	—
（4）	否	组成部分注册会计师不符合集团审计独立性要求，集团项目组应就该组成部分 财务信息亲自获取充分、适当的审计证据
（5）	否	应要求戊公司组成部分注册会计师实施审计程序
（6）	是	—

第17章 其他特殊项目的审计

考 情 分 析

▶▶ 历年考情分析

本章属于非常重要的章节，主要介绍了会计估计审计、关联方审计、考虑持续经营假设以及首次接受委托时对期初余额的审计。从命题形式来看，各种题型均可考查，近几年每年基本都有2道客观题，且经常考查简答题或综合题，所占分值较高，因此考生要对本章给予足够的重视。对本章内容的学习，考生不仅要掌握如何特殊考虑每个特殊项目的审计，还要注意与审计报告、舞弊风险、审计沟通的相关内容相结合进行融会贯通。

▶▶ 本章 2020 年考试主要变化

本章内容无变动。

核心考点及经典例题详解

考点一　审计会计估计 ★★★

扫我解疑难

📝 **经典例题**

【例题 1·多选题】(2018 年)下列选项中，属于存在高度估计不确定性的会计估计的有(　　)。

A. 高度依赖判断的会计估计

B. 未采用经认可的计量技术计算的会计估计

C. 采用高度专业化的、由被审计单位自主开发的模型作出的公允价值会计估计

D. 缺乏可观察到的输入数据的情况下作出的公允价值会计估计

【答案】ABCD

【例题 2·简答题】(2018 年)ABC 会计师事务所的 A 注册会计师负责审计甲公司 2017 年度的财务报表。与会计估计审计相关的部分事项如下:

(1)2017 年年末甲公司某项重大未决诉讼的结果极不确定，管理层无法作出合理估计，但在财务报表附注中披露了该事项。因该事项不影响财务报表的确认与计量，A 注册会计师认为不存在特别风险。

(2)A 注册会计师评估认为商誉减值存在特别风险，在了解了与商誉减值测试相关的内部控制后，认为其设计合理并得到了执行。为提高效率，A 注册会计师采用了实质性方案。

(3)甲公司的会计政策规定，按照成本与可变现净值孰低计提存货跌价准备。A 注册会计师将 2016 年年末的存货跌价准备与相关存货在 2017 年实际发生的损失进行了比较，未发现重大差异，认为管理层的估计合理，据此认可了 2017 年年末的存货跌价准备余额。

(4)甲公司对其产品提供一年的保修义务，根

据以往经验，保修费用占销售收入的比例为5%~10%，管理层按5%确认了2017年度的保修费用。A注册会计师认为可能存在管理层偏向，要求管理层调整计提比例。

(5)管理层在实施固定资产减值测试时编制了未来5年的现金流量预测，假设年收入增长率为10%。A注册会计师将其与经董事会批准的未来5年的销售规划及预算进行了核对，结果满意，据此认为年收入增长率假设合理。

要求：针对上述第(1)至(5)项，逐项指出A注册会计师的做法是否恰当。如不恰当，简要说明理由。

【答案】

(1)不恰当。还应当考虑会计估计披露的充分性。

(2)不恰当。应当采用综合性方案。

(3)不恰当。复核上期财务报表中会计估计的结果不足以得出"认可2017年年末的存货跌价准备余额"的结论。

(4)不恰当。应复核管理层在作出会计估计时的判断和决策，以识别是否可能存在管理层偏向的迹象。

(5)不恰当。内部资料核对得出的证据不可靠。

📝 **考点精析**

一、会计估计的性质

会计估计通常是被审计单位在不确定情况下作出的，需要运用被审计单位管理层的专业判断，其准确程度取决于管理层对不确定的交易或事项的结果作出的主观判断。由于会计估计的主观性、复杂性和不确定性，管理层作出的会计估计发生重大错报的可能性较大，注册会计师应确定会计估计的重大错报风险是否属于特别风险。

注意：会计估计的结果与财务报表中原来已确认或披露的金额存在差异，并不必然表明财务报表存在错报。

二、会计估计的审计思路(见图17-1)

图17-1 会计估计的审计思路

(一)风险评估程序

针对会计估计，注册会计师应当了解的内容包括：

(1)适用的财务报告编制基础的要求；

(2)管理层如何识别是否需要作出会计估计；

(3)管理层如何作出会计估计。

【知识点拨】第一，当管理层作出会计估计的流程比较结构化时，注册会计师可以针对管理层定期复核导致会计估计的情况及在必要时重新估计会计估计的方法及惯常做法实施风险评估程序。

第二，通常，会计估计(特别是与负债相关的会计估计)的完整性是注册会计师考虑的重要因素。

(二)识别和评估重大错报风险

在识别和评估重大错报风险时，注册会计师应当对与会计估计相关的估计不确定性的程度进行评价，并根据职业判断确定识别出的具有高度估计不确定性的会计估计是否会导致特别风险。

【知识点拨】第一，与会计估计相关的估计不确定性程度，可能影响会计估计对管理层偏向的敏感性。

第二，当估计不确定性非常高，以致难以作出合理的会计估计时，适用的财务报告编制基础可能禁止在财务报表中对此进行确认或以公允价值计量。此时，特别风险不仅与会计估计是否应予确认或以公允价值计量相关，而且与披露的充分性相关。

第三，如果会计估计导致特别风险，注册会计师需要了解相关的控制，包括控制活动。

（三）应对评估的风险

1. 应对会计估计导致的重大错报风险

注册会计师应当实施下列一项或多项审计程序：

（1）确定截至审计报告日发生的事项是否提供有关会计估计的充分、适当的审计证据；

（2）测试管理层如何作出会计估计以及会计估计所依据的数据；

（3）测试与管理层如何作出会计估计相关的控制的运行有效性，并实施恰当的实质性程序；

（4）作出注册会计师的点估计或区间估计，以评价管理层的点估计。

注册会计师应针对以下两种情况分别处理：

①如果使用的是**有别于**管理层的假设或方法，注册会计师应当对管理层的假设或方法进行充分了解，以确定注册会计师在作出点估计或区间估计时已考虑了**相关变量**，并评价与管理层的点估计存在的任何重大差异。

②如果认为使用**区间估计是恰当**的，注册会计师应基于可获得的审计证据来**缩小区间估计**，直至该区间估计范围内的所有结果均可被视为**合理**。

【知识点拨】通常情况下，当区间估计的区间已缩小至**等于或低于实际执行的重要性**时，该区间估计对于评价管理层的点估计是**适当的**。

2. 应对会计估计导致的特别风险

（1）估计不确定性

①评价管理层如何考虑替代性的假设或结果，以及拒绝采纳的原因，或者在管理层没有考虑替代性的假设或结果的情况下，评价管理层在作出会计估计时如何处理估计不确定性；

②评价管理层使用的重大假设是否合理。

③当管理层实施特定措施的意图和能力

与其使用的重大假设的合理性或对适用的财务报告编制基础的恰当应用相关时，评价这些意图和能力。

（2）作出区间估计

（3）确认和计量的标准

（四）评价会计估计的合理性并确定错报

注册会计师应当根据所获取到的审计证据，评价财务报表中的会计估计在适用的财务报告编制基础下是合理的还是存在错报。

（1）当审计证据**支持点估计**时，注册会计师的点估计与管理层的点估计之间的差异**构成错报**。

（2）当注册会计师认为使用其区间估计能够获取充分、适当的审计证据时，则在注册会计师区间估计之外的管理层的点估计得不到审计证据的支持。此时，**错报不小于管理层的点估计与注册会计师区间估计之间的最小差异**。

（五）其他相关审计程序

1. 关注与会计估计相关的披露

2. 识别可能存在管理层偏向的迹象

3. 获取书面声明

考点二　关联方的审计 ★★★

扫我解疑难

经典例题

【例题1·单选题】（2017年）下列有关超出被审计单位正常经营过程的重大关联方交易的说法中，错误的是（　　）。

A. 此类交易导致的风险可能不是特别风险

B. 注册会计师应当评价此类交易是否已按照适当的财务报告编制基础得到恰当会计处理和披露

C. 注册会计师应当检查与此类交易相关的合同或协议，以评价交易的商业理由

D. 此类交易经过恰当授权和批准，不足以就其不存在由于舞弊或错误导致的重大错报风

险得出结论

【答案】A

【解析】注册会计师应当将识别出的、超出被审计单位正常经营过程的重大关联方交易导致的风险确定为特别风险。

【例题2·多选题】(2019年)如果识别出管理层未识别出或未披露的关联方关系或重大关联方交易，下列各项程序中，注册会计师应当实施的有(   )。

A. 立即将相关信息向治理层通报

B. 要求管理层识别与新识别出的关联方之间发生的所有交易

C. 立即将相关信息向项目组其他成员通报

D. 对新识别的关联方或重大关联方交易实施实质性程序

【答案】BCD

【解析】如果识别出管理层以前未识别出或未向注册会计师披露的关联方关系或重大关联方交易，注册会计师应当：(1)立即将相关信息向项目组其他成员通报。(2)在适用的财务报告编制基础对关联方作出规定的情况下，要求管理层识别与新识别出的关联方之间发生的所有交易，以便注册会计师作出进一步评价，并询问与关联方关系及其交易相关的控制为何未能识别或披露该关联方关系或交易。(3)对新识别出的关联方或重大关联方交易实施恰当的实质性程序。(4)重新考虑可能存在管理层以前未识别出或未披露的其他关联方或重大关联方交易的风险。(5)如果管理层不披露关联方关系或交易看似是有意的(即舞弊)，评价这一情况对审计的影响。

📝 **考点精析**

一、风险评估程序

1. 了解关联方关系及其交易

2. 在检查记录或文件时对关联方信息保持警觉

在某些安排或其他信息中可能会显示管理层以前未识别或未向注册会计师披露的关联方关系或关联方交易，因此在审计过程中检查记录或文件时，注册会计师应当对这些安排或其他信息保持警觉。

(1)检查文件记录。注册会计师应当对某些可能提供有关关联方关系及其交易信息的记录或文件进行检查。

(2)询问管理层。如果识别出被审计单位超出正常经营过程的重大交易，注册会计师应当向管理层询问这些交易的性质以及是否涉及关联方。

【知识点拨】第一，如果关联方相关的控制无效或者不存在，注册会计师可能无法就关联方关系及其交易获取充分、适当的审计证据。在这种情况下，注册会计师需要考虑对审计工作(包括审计意见)的影响。

第二，如果管理层和参与交易的另一方之间具有控制或重大影响的关系，管理层凌驾于控制之上的风险就越高，其原因是这些关系可能表明管理层有更大的动机和机会实施舞弊。

二、识别和评估重大错报风险

注册会计师应当识别和评估关联方关系及其交易导致的重大错报风险，并确定这些风险是否为特别风险。

注册会计师**应当将识别出的、超出被审计单位正常经营过程的重大关联方交易导致的风险确定为特别风险。**

三、针对重大错报风险的应对措施

(1)如果识别出可能表明存在管理层以前未识别出或未向注册会计师披露的关联方关系或交易的安排或信息，注册会计师应当确定相关情况是否能够证实关联方关系或关联方交易的存在。

(2)如果识别出管理层以前未识别出或未向注册会计师披露的关联方关系或重大关联方交易，注册会计师应当：

①立即将相关信息向项目组其他成员通报；

②在适用的财务报告编制基础对关联方作出规定的情况下，要求管理层识别与新识

别出的关联方之间发生的所有交易，以便注册会计师作出进一步评价，并询问与关联方关系及其交易相关的控制为何未能识别或披露该关联方关系或交易；

③对新识别出的关联方或重大关联交易实施恰当的实质性程序；

④重新考虑可能存在管理层以前未识别出或未向注册会计师披露的其他关联方或重大关联交易的风险，如有必要，实施追加的审计程序；

⑤如果管理层不披露关联方关系或交易看似是有意的，因而显示可能存在由于舞弊导致的重大错报风险，评价这一情况对审计的影响。

（3）如果管理层在财务报表中作出认定，声明关联方交易是按照等同于公平交易中通行的条款执行的，注册会计师应当就该项认定获取充分、适当的审计证据。

被审计单位管理层只有在提供确凿证据的情况下，才能披露关联方交易是公平交易。如果无法获取充分、适当的审计证据，合理确信管理层关于关联方交易是公平交易的披露，注册会计师可以要求管理层**撤销**此披露。如果管理层**不同意撤销**，注册会计师应当**考虑其对审计报告的影响**。

四、针对识别出的超出正常经营过程的重大关联方交易导致的特别风险所采取的应对措施

①检查相关合同或协议（评价交易的商业理由、交易的条款、交易的会计处理和披露）；

②获取交易已经恰当授权和批准的审计证据。

由于被审计单位与关联方可能存在串通舞弊或关联方对被审计单位具有支配性影响，使得授权和批准本身并不足以证实不存在由于舞弊或错误导致的重大错报风险。

五、其他相关审计程序

（1）获取书面声明。

（2）与治理层沟通。除非治理层全部成员

参与管理被审计单位，注册会计师应当与治理层沟通审计工作中发现的与关联方相关的重大事项。

考点三　考虑持续经营假设 ★★

扫我解疑难

📋 经典例题

【例题·单选题】（2019年）如果注册会计师识别出可能导致对被审计单位持续经营能力产生重大疑虑的事项或情况，下列说法中，错误的是（　）。

A. 注册会计师应当通过实施追加的审计程序，以确定这些事项或情况是否存在重大不确定性

B. 注册会计师应当考虑自管理层对持续经营能力作出评估后是否存在其他可获得的事实或信息

C. 注册会计师应当评价管理层与持续经营能力评估相关的未来应对计划对具体情况是否可行

D. 注册会计师应当根据对这些事项或情况是否存在重大不确定性的评估结果，确定是否与治理层沟通

【答案】 D

【解析】 注册会计师"应当"与治理层沟通这些事项或情况是否构成重大不确定性。

📋 考点精析

一、管理层的责任和注册会计师的责任

1. 管理层的责任

无论财务报告编制基础**是否作出明确规定**，管理层**均需要**在编制财务报表时**评估**持续经营能力。

2. 注册会计师的责任

注册会计师的责任是就管理层在编制和列报财务报表时运用持续经营假设的适当性获取充分、适当的审计证据，并就持续经营能力是否存在重大不确定性得出结论。无论

财务报表编制基础**是否作出明确要求**，注册会计师的这种责任**始终存在**。

（1）注册会计师对持续经营假设进行审计是为了确定被审计单位以持续经营假设为基础编制财务报表是否合理。

（2）注册会计师未在审计报告中提及持续经营的不确定性，不能被视为对被审计单位持续经营能力的保证。

3. 持续经营假设审计的基本思路

（1）风险评估时，关注对持续经营能力产生重大疑虑的事项或情况，主要包括财务方面、经营方面和其他方面。

（2）实施审计程序确定其假设是否适当。

（3）确定对持续经营能力产生重大疑虑的事项或情况对审计报告的影响。

二、风险评估程序和相关活动

如果被审计单位存在资不抵债、无法偿还到期债务等事项或情况，这可能表明被审计单位存在因持续经营问题导致的重大错报风险，该项风险与"财务报表整体"广泛相关，从而影响多项认定。

三、评价管理层对持续经营能力作出的评估

（1）管理层对持续经营能力的合理评估期间应是自财务报表日起的下一个会计期间；

（2）如果管理层评估持续经营能力涵盖的期间**短于**自财务报表日起的**十二个月**，注册会计师应提请管理层将其至少**延长至自财务报表日起的十二个月**。

四、超出管理层评估期间的事项或情况

（1）注册会计师应当询问管理层是否知悉超出评估期间的、可能导致对持续经营能力产生重大疑虑的事项或情况以及相关经营风险。

（2）在考虑**更远期间**发生的事项或情况时，只有对持续经营能力的影响达到**重大**时，

注册会计师才需要考虑采取进一步措施。

（3）除询问管理层外，注册会计师没有责任实施其他任何审计程序，以识别超出管理层评估期间并可能导致对被审计单位持续经营能力产生重大疑虑的事项或情况。

五、识别出事项或情况时实施追加的审计程序

如果识别出可能导致对持续经营能力产生重大疑虑的事项或情况，注册会计师应当通过实施追加的审计程序（包括考虑缓解因素），以确定持续经营能力是否存在重大不确定性。这些程序应当包括：

（1）如果管理层尚未对被审计单位持续经营能力作出评估，提请其进行评估；

（2）评价管理层与持续经营能力评估相关的未来应对计划，这些计划的结果是否可能改善目前的状况，以及管理层的计划对于具体情况是否可行；

（3）如果被审计单位已编制现金流量预测，且对预测的分析是评价管理层未来应对计划时所考虑的事项或情况的未来结果的重要因素，评价用于编制预测的基础数据的可靠性，并确定预测所基于的假设是否具有充分的支持；

（4）考虑自管理层作出评估后是否存在其他可获得的事实或信息；

（5）要求管理层和治理层（如适用）提供有关未来应对计划及其可行性的书面声明。

【知识点拨】如果合理预期不存在其他充分、适当的审计证据，注册会计师应当就对财务报表有重大影响的事项向管理层和治理层（如适用）获取书面声明。

六、审计结论与对审计报告的影响

不同情形下的审计结论与对审计报告的影响见表17-1。

表 17-1 审计结论与对审计报告的影响

存在的情形		审计意见
被审计单位运用持续经营假设恰当但存在重大不确定性	报表中已作出充分披露	无保留意见+"与持续经营相关的重大不确定性"为标题的单独段落
	报表中未充分披露	保留意见或否定意见
	存在多项重大不确定事项	无法表示意见
运用持续经营假设不适当	报表仍按照持续经营假设编制	否定意见
	报表按其他(注册会计师可接受的)编制基础编制并作了充分披露	(带强调事项段的)无保留意见
严重拖延对财务报表的批准而存在的重大不确定性		考虑对审计结论的影响

【知识点拨】

①"与持续经营相关的重大不确定性"为标题的段落，用以提醒财务报表使用者关注财务报表附注中对相关事项的披露，说明这些事项或情况表明存在可能导致对被审计单位持续经营能力产生重大疑虑的重大不确定性，且该事项并不影响发表的审计意见。

②在极少数情况下，当存在多项对财务报表整体具有重要影响的重大不确定性时，注册会计师可能认为发表无法表示意见是适当的。

七、与治理层的沟通

除非治理层全部成员参与管理被审计单位，注册会计师应当与治理层就识别出的可能导致对被审计单位持续经营能力产生重大疑虑的事项或情况进行沟通。

与治理层的沟通应当包括下列方面：

(1)这些事项或情况是否构成重大不确定性；

(2)管理层在编制财务报表时运用持续经营假设是否适当；

(3)财务报表中的相关披露是否充分；

(4)对审计报告的影响(如适用)。

考点四　期初余额审计★★

扫我解疑难

📋 经典例题

【例题·单选题】（2018 年）首次接受委托对期初余额进行审计，注册会计师首先要考虑的是(　　)。

A. 为期初余额确定财务报表整体的重要性和实际执行的重要性

B. 期初余额反映的恰当的会计政策是否在本期财务报表中得到一贯运用

C. 查阅前任注册会计师的工作底稿

D. 评价期初余额是否含有对上期财务报表产生重大影响的错报

【答案】B

【解析】注册会计师对被审计单位财务报表期初余额进行审计，首先应当关注其所选择的会计政策是否恰当和是否被一贯运用，这也是为了使企业会计信息质量达到口径一致、相互可比的要求。

📋 考点精析

一、期初余额的含义

期初余额是指期初存在的账户余额。期初余额以上期期末余额为基础，反映了以前期间的交易和事项以及上期采用的会计政策的结果。

注意：第一，期初余额是期初已存在的账户余额；

第二，期初余额反映了以前期间的交易和事项以及上期采用的会计政策的结果；

第三，期初余额与注册会计师首次审计业务相联系；

第四，注册会计师一般"无须专门"对期初余额发表审计意见。

二、期初余额的审计程序

注册会计师对期初余额的审计程序通常包括：

（1）确定上期期末余额是否已正确结转至本期，或在适当的情况下已作出重新表述。

（2）确定期初余额是否反映对恰当会计政策的运用。

（3）实施一项或多项审计程序：

①如果上期财务报表已经审计，通过查阅前任注册会计师的审计工作底稿，以获取有关期初余额的审计证据；

②评价本期实施的审计程序是否能够提供有关期初余额的审计证据；

③实施其他专门的审计程序，以获取有关期初余额的审计证据。

a. 对流动资产和流动负债，注册会计师通常可以通过本期实施的审计程序获取部分审计证据。

注意：就存货而言，本期对存货的期末余额实施的审计程序，几乎无法提供有关期初持有存货的审计证据。因此，注册会计师有必要实施追加的审计程序。下列一项或多项审计程序可能提供有关期初存货余额的充分、适当的审计证据：监盘当前的存货数量并调节至期初存货数量；对期初存货项目的计价实施审计程序；对毛利和存货截止实施审计程序。

b. 对非流动资产和非流动负债，注册会计师通常检查形成期初余额的会计记录和其他信息。在某些情况下，注册会计师可向第三方函证期初余额，或实施追加的审计程序。

三、审计结论和审计报告

期初余额对审计结论和审计报告的影响见表17-2。

表17-2　期初余额对审计结论和审计报告的影响

情形	对审计结论和审计报告的影响
审计后不能获取有关期初余额的充分、适当的审计证据	①发表适合具体情况的保留意见或无法表示意见； ②除非法律法规禁止，对经营成果和现金流量（如相关）发表保留意见或无法表示意见，而对财务状况发表无保留意见
期初余额存在重大错报	①注册会计师应当告知管理层； ②如果上期财务报表由前任注册会计师审计，注册会计师还应当考虑提请管理层告知前任注册会计师； ③如果错报的影响未能得到正确的会计处理和恰当的列报，注册会计师应当出具保留意见或否定意见的审计报告
会计政策变更	如果与期初余额相关的会计政策未能在本期得到一贯运用，或者会计政策的变更未能得到正确的会计处理和恰当的列报，注册会计师应当出具保留意见或否定意见的审计报告
前任注册会计师对上期财务报表出具了非无保留意见审计报告	①该重大事项在本期已经消除或者虽仍存在，但被审计单位已经按照有关会计准则的要求作了充分披露，那么注册会计师在本期审计时就不需因此而出具非无保留意见审计报告； ②该重大事项在本期仍然存在并且对本期财务报表的影响仍然重大，而被审计单位继续坚持不在本期财务报表附注中予以披露，那么注册会计师在本期审计时仍需因此而出具非无保留意见审计报告

1. **【多选题】** 在应对与会计估计相关的重大错报风险时，下列各项程序中，适当的有( )。

A. 确定截至审计报告日发生的事项是否提供有关会计估计的审计证据

B. 测试管理层如何作出会计估计以及会计估计所依据的数据

C. 测试与管理层如何作出会计估计相关的控制的运行有效性，并实施恰当的实质性程序

D. 作出点估计或区间估计，以评价管理层的点估计

2. **【单选题】** 如果注册会计师识别出超出正常经营过程的重大关联方交易，应检查相关合同或协议，下列程序中，不属于在检查合同或协议时应评价的是( )。

A. 交易是否经过适当的授权和批准

B. 交易是否具有合理的商业理由

C. 交易条款是否与管理层的解释一致

D. 交易是否按照适用的财务报表编制基础进行会计处理和披露

3. **【单选题】** 注册会计师应当评估管理层对持续经营能力作出的评估，下列说法中错误的是( )。

A. 在有些情况下管理层缺乏详细分析来支持其评估，并不是注册会计师判断被审计单位运用持续经营的假设是否恰当的依据

B. 注册会计师应当考虑管理层作出的评估是否已经考虑所有相关信息，这些信息不包括注册会计师实施审计程序时获取的信息

C. 注册会计师应当考虑管理层对相关事项或情况结果的预测，所依据的假设是否实现

D. 管理层评估持续经营的涵盖期间短于12个月时，注册会计师应当要求延长评估期间

4. **【多选题】** 下列有关注册会计师首次接受委托时就期初余额获取审计证据的说法中，正确的有( )。

A. 对非流动资产和非流动负债，注册会计师可以通过检查形成期初余额的会计记录和其他信息获取有关期初余额的审计证据

B. 对流动资产和流动负债，注册会计师可以通过本期实施的审计程序获取有关期初余额的审计证据

C. 如果上期财务报表已经审计，注册会计师可以通过审阅前任注册会计师的审计工作底稿获取有关期初余额的审计证据

D. 注册会计师可以通过向第三方函证获取有关期初余额的审计证据

1. ABCD **【解析】** 在应对评估的重大错报风险时，注册会计师应当考虑会计估计的性质，并实施下列一项或多项程序：①确定截至审计报告日发生的事项是否提供有关会计估计的审计证据；②测试管理层如何作出会计估计以及会计估计所依据的数据；③测试与管理层如何作出会计估计相关的控制的运行有效性，并实施恰当的实质性程序；④作出注册会计师的点估计或区间估计，以评价管理层的点估计。

2. A **【解析】** 选项A是针对识别出超出正常经营过程的重大关联方交易时注册会计师采取的应对措施之一，并不是检查合同或协议时应评价的内容。

3. B **【解析】** 在评价管理层作出的评估时，注册会计师应当考虑管理层作出评估的过程、依据的假设以及应对计划。注册会计师应当考虑管理层作出的评估是否已考虑所有相关信息，其中包括注册会计师实施审计程序获取的信息。

4. ABCD

本章综合练习 限时70分钟

一、单项选择题

1. 下列关于会计估计错报的说法中，正确的是（ ）。

   A. 当审计证据支持注册会计师的点估计时，该点估计与管理层的点估计之间的差异构成错报

   B. 如果会计估计的结果与上期财务报表中已确认的金额存在重大差异，表明上期财务报表存在错报

   C. 如果管理层的点估计在注册会计师的区间估计内，表明管理层的点估计不存在错报

   D. 由于会计估计具有主观性，与会计估计相关的错报是判断错报

2. 下列有关会计估计不确定性的说法中，错误的是（ ）。

   A. 会计估计所使用的不可观察输入值越多，估计不确定性越高

   B. 会计估计涉及的预测期越长，估计不确定性越高

   C. 历史数据用于会计估计时，预测未来事项的相关性越小，估计不确定性越高

   D. 会计估计与实际结果之间的差异越大，估计不确定性越高

3. 下列各项中，不构成错报的是（ ）。

   A. 管理层对导致特别风险的会计估计的估计不确定性的披露不充分

   B. 会计估计的结果与财务报表中原已确认的金额存在差异

   C. 当审计证据支持点估计时，管理层作出的点估计与注册会计师作出的点估计存在差异

   D. 当审计证据支持区间估计时，管理层作出的点估计小于注册会计师作出的区间估计的最小值

4. 下列与会计估计审计相关的程序中，注册会计师应当在风险评估阶段实施的是（ ）。

   A. 确定管理层是否恰当运用与会计估计相关的财务报告编制基础的规定

   B. 复核上期财务报表中会计估计的结果

   C. 评价会计估计的合理性

   D. 确定管理层作出会计估计的方法是否恰当

5. 下列有关管理层偏向的说法中，错误的是（ ）。

   A. 某些形式的管理层偏向为主观决策所固有，在作出这些决策时，如果管理层有意误导财务报表使用者，则管理层偏向具有欺诈性质

   B. 会计估计对管理层偏向的敏感性随着管理层作出会计估计的主观性的增加而增加

   C. 在得出某项会计估计是否合理的结论时，存在管理层偏向的迹象表明存在错报

   D. 对于连续审计，以前审计中识别出的可能存在管理层偏向的迹象，会对注册会计师本期计划审计工作、风险识别和评估活动产生影响

6. 为确定是否存在管理层以前未识别或未向注册会计师披露的关联方关系或关联方交易，下列记录或文件中，注册会计师应当检查的是（ ）。

   A. 所得税纳税申报表

   B. 股东会和治理层会议的纪要

   C. 股东登记名册

   D. 内部审计人员的报告

7. 如果识别出可能表明存在管理层未向注册会计师披露的关联方关系的信息，下列各项应对措施中，注册会计师通常采取的是（ ）。

   A. 向被审计单位董事会通报

   B. 向项目质量控制复核人员通报

   C. 要求被审计单位管理层在财务报表中披露该交易是否属于公平交易

D. 确定相关情况是否能够证实关联方关
系的存在

8. 下列关于关联方审计的说法中，错误的
是( )。

A. 注册会计师需要评价关联方关系及其
交易是否导致财务报表未实现公允反映

B. 注册会计师应当与治理层沟通审计工作
中发现的与关联方相关的所有事项

C. 注册会计师需要评价识别出的关联方关
系及其交易是否已按照适用的财务报告编
制基础得到恰当会计处理和披露

D. 注册会计师可能需要向治理层获取其
就某些关联方交易的细节向注册会计师作
出口头声明的书面声明

9. 下列关于持续经营假设的说法中，不恰当
的是( )。

A. 如果财务报告编制基础没有明确要求
管理层对持续经营能力作出评估，则管理
层无需在编制财务报表时评估持续经营
能力

B. 注册会计师的责任是就管理层在编制和
列报财务报表时运用持续经营假设的适当
性获取充分、适当的审计证据，并就持续
经营能力是否存在重大不确定性得出结论

C. 如果管理层评估持续经营能力涵盖的期
间短于自财务报表日起的 12 个月，注册会
计师应提请管理层将其至少延长至自财务
报表日起的 12 个月

D. 除询问管理层外，注册会计师没有责
任实施其他任何审计程序，以识别超出管
理层评估期间并可能导致对被审计单位持
续经营能力产生重大疑虑的事项或情况

10. 在下列事项中，最可能引起注册会计师
对持续经营能力产生疑虑的是( )。

A. 难以获得开发必要新产品所需要资金

B. 投资活动产生的现金流量为负数

C. 以股票股利替代现金股利

D. 存在重大关联方交易

11. 注册会计师对被审计单位 2017 年 1 月至
6 月财务报表进行审计，并于 2017 年 8

月 31 日出具审计报告。下列各项中，管
理层在编制 2017 年 1 月至 6 月财务报表
时，评估其持续经营能力应当涵盖的最
短期间是( )。

A. 2017 年 7 月 1 日至 2018 年 6 月 30
日止

B. 2017 年 9 月 1 日至 2018 年 8 月 31
日止

C. 2017 年 12 月 31 日至 2018 年 12 月 31
日止

D. 2017 年 7 月 1 日至 2018 年 12 月 31
日止

12. 注册会计师对被审计单位的持续经营假
设进行考虑时，其中对审计报告影响的
相关说法中，错误的是( )。

A. 如果财务报表已按照持续经营基础编
制，但根据判断认为管理层在财务报表
中运用持续经营假设不适当，注册会计
师应当发表否定意见

B. 如果运用持续经营假设适当，但存在
重大不确定性，且财务报表对重大不确
定性已作出充分披露，注册会计师应当
发表无保留意见，并在审计报告中增加
强调事项段

C. 如果运用持续经营假设适当，但存在
重大不确定性，且财务报表对重大不确
定性未作出充分披露，注册会计师应当
考虑发表保留意见或否定意见

D. 如果运用持续经营假设适当，但存在
重大不确定性，且管理层不愿按照注册
会计师的要求作出评估或延长评估期间，
注册会计师应当考虑这一情况对审计报
告的影响

13. 下列有关期初余额审计的说法中，正确
的是( )。

A. 如果上期财务报表已经由前任注册会
计师审计或未经审计，注册会计师可以
在审计报告中增加其他事项段说明相关
情况

B. 如果不能针对期初余额获取充分、适

当的审计证据，注册会计师应当发表保留意见

C. 如果按照适用的财务报告编制基础确定与期初余额相关的会计政策未能在本期得到一贯运用，注册会计师应当发表保留或否定意见

D. 如果期初余额存在对本期财务报表产生重大影响的错报，且错报的影响未能得到正确的会计处理和恰当的列报，注册会计师应当发表保留意见

14. 如果期初余额存在对本期财务报表产生重大影响的错报，错报的影响未能得到正确的会计处理和恰当的列报，注册会计师应当对财务报表发表的审计意见类型是（ ）。

　　A. 保留意见或否定意见

　　B. 保留意见或无法表示意见

　　C. 带强调事项段的无保留意见

　　D. 无法表示意见

二、多项选择题

1. 下列各项因素中，影响会计估计的估计不确定性程度的有（ ）。

　　A. 会计估计对假设变化的敏感性

　　B. 管理层在作出会计估计时是否利用专家工作

　　C. 是否存在可以降低估计不确定性的经认可的计量技术

　　D. 是否能够从外部来源获得可靠数据

2. 注册会计师在评价会计估计重大错报风险时，可能需要考虑的事项有（ ）。

　　A. 会计估计的实际的或预期的重要程度

　　B. 会计估计的记录金额与注册会计师预期应记录金额的差异

　　C. 管理层在作出会计估计时是否利用专家工作

　　D. 对上期会计估计进行复核的结果

3. 下列各项中，注册会计师在了解管理层如何识别是否需要作出会计估计时应当了解的有（ ）。

　　A. 被审计单位是否已从事可能需要作出

会计估计的新型交易

　　B. 需要作出会计估计的交易的条款是否已改变

　　C. 是否已经发生可能需要作出新估计或修改现有估计的新情况或事项

　　D. 用以作出会计估计的方法和依据

4. 下列各项会计估计中，不确定性相对较低的有（ ）。

　　A. 未采用经认可的计量技术计算的会计估计

　　B. 非公开交易的衍生金融工具的公允价值会计估计

　　C. 因与常规交易相关而经常作出并更新的会计估计

　　D. 在模型的假设或输入数据是可观察到的情况下，采用广为人知或被普遍认可的计量模型作出的公允价值会计估计

5. 下列各项审计工作中，可以应对与会计估计相关的重大错报风险的有（ ）。

　　A. 测试管理层如何作出会计估计以及会计估计所依据的数据

　　B. 测试与管理层作出会计估计相关的控制的运行有效性

　　C. 作出注册会计师的点估计或区间估计，以评价管理层的点估计

　　D. 确定截至审计报告日发生的事项是否提供有关会计估计的审计证据

6. 下列有关注册会计师作出的区间估计的说法中，正确的有（ ）。

　　A. 注册会计师作出的区间估计需要包括所有可能的结果

　　B. 注册会计师有可能缩小区间估计直至审计证据指向点估计

　　C. 当区间估计的区间缩小至等于或低于财务报表整体的重要性时，该区间估计对于评价管理层的点估计是适当的

　　D. 如果使用有别于管理层的假设或方法作出区间估计，注册会计师应当充分了解管理层的假设或方法

7. 注册会计师在审计会计估计时，下列迹象

中，可能表明存在管理层偏向的有( )。

A. 管理层选择或做出重大假设以产生有利于管理层目标的点估计

B. 管理层根据环境已经发生的变化，相应地改变会计估计或估计方法

C. 选择带有乐观倾向的点估计

D. 针对公允价值会计估计，被审计单位的自有假设与可观察到的市场假设不一致，但仍使用被审计单位的自有假设

8. 下列有关关联方审计的说法中错误的有( )。

A. 关联方交易比非关联方交易具有更高的财务报表重大错报风险

B. 如果适用的财务报告编制基础未对关联方做出规定，注册会计师无须对关联方关系及其交易实施审计程序

C. 如果与被审计单位存在担保关系的其他方不在管理层提供的关联方清单上，注册会计师需要对是否存在未披露的关联方关系保持警觉

D. 如果识别出管理层未向注册会计师披露的重大关联方交易，注册会计师应当出具非无保留意见的审计报告

9. 如果识别出管理层未向注册会计师披露的重大关联方交易，下列各项措施中，注册会计师应当采取的有( )。

A. 立即将相关信息向项目组其他成员通报

B. 将与新识别的重大关联方交易相关的风险评估为特别风险

C. 重新考虑可能存在管理层以前未向注册会计师披露的其他关联方或重大关联方交易的风险

D. 对新识别的重大关联方交易实施恰当的实质性程序

10. 下列各项中，表明关联方可能对被审计单位或管理层施加支配性影响的有( )。

A. 关联方否决管理层或治理层作出的重大经营决策

B. 被审计单位的重大交易需经关联方的

最终批准

C. 对涉及关联方的交易，管理层和治理层均进行独立复核和批准

D. 对关联方提出的业务建议，管理层和治理层未曾或很少进行讨论

11. 当识别出可能导致对被审计单位持续经营能力产生重大疑虑的事项或情况时，注册会计师可能会评价管理层与持续经营能力评估相关的未来应对计划，注册会计师可以实施的审计程序有( )。

A. 阅读股东、治理层及相关委员会会议有关财务困境及管理层应对计划的会议纪要

B. 向被审计单位的律师询问是否存在诉讼或索赔

C. 针对期后事项实施审计程序

D. 分析和讨论可获得的被审计单位最近的中期财务报表

12. 针对识别出的可能导致对被审计单位持续经营能力产生重大疑虑的事项或情况，假定治理层不参与管理被审计单位，下列各项中，注册会计师应当与治理层沟通的有( )。

A. 这些事项或情况是否构成重大不确定性

B. 注册会计师对这些事项或情况实施的追加审计程序

C. 在财务报表编制和列报中运用持续经营假设是否适当

D. 财务报表中的相关披露是否充分

13. 下列各项中，属于注册会计师期初余额审计的目标的有( )。

A. 对期初余额单独发表审计意见

B. 确定期初余额反映的恰当的会计政策是否在本期财务报表中得到一贯运用

C. 确定会计政策的变更是否已按照适用的财务报告编制基础作出恰当的会计处理和充分的列报与披露

D. 确定期初余额不存在对本期财务报表产生重大影响的错报

14. 对于期初余额的审计，下列表述中正确的有（   ）。

A. 如果上期财务报表已经审计，查阅前任注册会计师的审计工作底稿，以获取有关期初余额的审计证据

B. 对流动资产和流动负债，注册会计师通常可以通过本期实施的审计程序获取部分审计证据

C. 对非流动资产和非流动负债，注册会计师通常检查形成期初余额的会计记录和其他信息。在某些情况下，注册会计师可向第三方函证期初余额，或实施追加的审计程序

D. 期初余额就是上期期末余额，因此注册会计师只需要简单核对两者是否一致即可

三、简答题

1. 甲公司是 ABC 会计师事务所的常年审计客户。A 注册会计师负责审计甲公司 2019 年度财务报表，确定财务报表整体的重要性为 200 万元，审计工作底稿中与会计估计审计相关的部分事项摘录如下：

(1)因甲公司 2019 年度经营情况较上年度没有发生重大变化，A 注册会计师通过实施分析程序对上年会计估计在本年的结果进行了复核，以评估与会计估计相关的重大错报风险。

(2)甲公司管理层实施固定资产减值测试时采用的重大假设具有高度估计不确定性，导致特别风险。A 注册会计师评价了管理层采用的计量方法，测试了基础数据，并将重大假设与相关历史数据进行了比较，并未发现重大差异，据此认为管理层的减值测试结果合理。

(3)2019 年甲公司聘请 XYZ 咨询公司提供精算服务，并根据精算结果进行了会计处理，A 注册会计师评价了 XYZ 咨询公司的胜任能力和专业素质，了解和评价了其工作，认为可以将其工作结果作为审计证据。

(4)2019 年 12 月，甲公司厂房发生重大火灾，管理层根据保险合同和损失情况估计和确认了应收理赔款 100 万元，A 注册会计师检查了保险合同和甲公司管理层编制的损失情况说明，据此认为管理层的会计估计合理。

(5)因 2018 年年末少计无形资产减值准备 300 万元，A 注册会计师对甲公司 2018 年度财务报表发表了保留意见，甲公司于 2019 年处置了相关无形资产，并在 2019 年度财务报表中确认了处置损益。A 注册会计师认为导致对上期财务报表发表保留意见的事项已经解决，不影响 2019 年度审计报告。

要求：针对上述第(1)至(5)项，逐项指出 A 注册会计师做法是否恰当。如不恰当，简要说明理由。

2. ABC 会计师事务所的 A 注册会计师担任多家被审计单位 2018 年度财务报表审计的项目合伙人，在审计的过程中，遇到下列事项：

(1)2018 年，甲公司以 500 万元从具有支配性影响的母公司购买一项资产。A 注册会计师了解到该交易已经董事会授权和批准，因此，认为不存在重大错报风险，拟通过检查合同等相关支持性文件获取审计证据。

(2)乙公司属于化妆品行业，该行业将于 2018 年执行更为严格的化学成分限量标准，乙公司的产品可能因此被淘汰。管理层提供了其对该事项的评估及相关书面声明。A 注册会计师据此认为该事项不影响乙公司的持续经营能力。

(3)A 注册会计师认为丙公司 2018 年某新增主要客户很可能是丙公司的关联方，在询问管理层和实施追加的进一步审计程序后仍无法确定，据此发表保留意见。

(4)丁公司存在多项对财务报表整体具有重要影响的可能导致对该公司持续经营能力产生重大疑虑的重大不确定性，以至于

难以判断财务报表的编制基础是否适合继续采用持续经营假设，由于丁公司管理层已在财务报表中作出充分披露，所以 A 注册会计师在审计报告中增加强调事项段强调了这项事实。

(5)戊公司管理层未向 A 注册会计师披露其与己公司的关联方关系，A 注册会计师与治理层沟通了这一情况。戊公司管理层未向 A 注册会计师披露其与己公司的重大关联方交易，A 注册会计师认为其是无意而为之，未与戊公司治理层沟通这一情况。

要求：针对上述第（1）至（5）项，假定不考虑其他条件，逐项指出 A 注册会计师的做法是否恰当。如不恰当，简要说明理由。

本章综合练习参考答案及详细解析

一、单项选择题

1. A 【解析】选项 B，会计估计的结果与上期财务报表中已确认金额之间的差异，并不必然表明上期财务报表存在错报；选项 C，通常情况下，当区间估计的区间已缩小至等于或低于实际执行的重要性时，该区间估计对于评价管理层的点估计是恰当的，需要评价注册会计师区间估计的恰当性；选项 D，与会计估计相关的错报包括事实错报、判断错报和推断错报。

2. D 【解析】会计估计的不确定性是对未知的事项的描述。选项 D 已经有了实际结果之后，就不存在估计的这种不确定性了，这时候可以直接确定会计估计的准确与否。

3. B 【解析】会计估计的结果与上期财务报表中已确认金额之间的差异，并不必然表明上期财务报表存在错报。

4. B 【解析】选项 ACD 均属于应对评估的会计估计相关的重大错报风险时实施的审计程序。

5. C 【解析】在得出某项会计估计是否合理的结论时，存在管理层偏向的迹象并不必然表明存在错报。

6. B 【解析】选项 ACD 均是"可以"检查的记录或文件，只有选项 B 是必须检查的。

7. D 【解析】如果识别出可能表明存在管理层以前未识别出或未向注册会计师披露的关联方关系或交易的安排或信息，注册会计师应当确定相关情况是否能够证实关联方关系或关联方交易的存在。

8. B 【解析】注册会计师只需要与治理层沟通审计工作中发现的与关联方相关的重大事项，而不是所有事项。

9. A 【解析】即使财务报告编制基础没有明确要求管理层对持续经营能力作出评估，管理层也需要在编制财务报表时评估持续经营能力。

10. A 【解析】选项 A，被审计单位无法获得必需的资金，则没有能力在盈利前景良好的项目上进行投资并获取未来收益。当现有产品失去市场竞争力时，将直接影响到被审计单位盈利能力，从而对被审计单位的持续经营能力产生重大影响。

11. A 【解析】管理层对持续经营能力的合理评估期间应该是自财务报表日起的下一个会计期间，本题是对 2017 年 1 月至 6 月的财务报表出具审计报告，所属会计期间涵盖的是 6 个月，半年报的财务报表日是 2017 年 6 月 30 日。

12. B 【解析】选项 B，应在审计报告中增加以"与持续经营相关的重大不确定性"为标题的单独部分进行说明，而不是增加强调事项段。

13. C 【解析】选项 A，如果上期财务报表已经由前任注册会计师审计，注册会计师在审计报告中"可以"提及前任注册会计师，如果上期财务报表未经审计，注册会计师"应当"在审计报告的其他事项段中说明对应数据未经审计。选项B，如果不能对期初余额获取充分适当的审计证据，应当根据影响的广泛程度，发表保留或无法表示意见。选项D，错报未能得到正确的会计处理和恰当的列报，应当根据影响的广泛性，发表保留或否定意见的审计报告。

14. A 【解析】如果期初余额存在对本期财务报表产生重大影响的错报，注册会计师应当告知管理层；如果上期财务报表由前任注册会计师审计，注册会计师还应当考虑提请管理层告知前任注册会计师。如果错报的影响未能得到正确的会计处理和恰当的列报，注册会计师应当对财务报表发表保留意见或否定意见。

二、多项选择题

1. ACD 【解析】有时管理层在作出会计估计时会涉及其他专业领域的知识，故可能会利用专家的工作，但并不表明其具有较高的估计不确定性。

2. ABCD

3. ABC 【解析】选项D属于了解管理层如何作出会计估计时应当了解的内容。

4. CD 【解析】选项AB属于不确定性相对较高的会计估计。

5. ABCD

6. BD 【解析】注册会计师作出的区间估计需要包括所有"合理"结果，而非"可能"的结果，选项A不正确；通常情况下，当区间估计的区间已缩小至等于或低于实际执行的重要性时，该区间估计对于评价管理层的点估计是适当的，选项C不正确。

7. ACD 【解析】与会计估计相关的、可能存在管理层偏向迹象的例子包括：①管理层主观地认为环境已经发生变化，并相应地改变会计估计或估计方法（选项B错误）；②针对公允价值会计估计，被审计单位的自有假设与可观察到的市场假设不一致，但仍使用被审计单位的自有假设（选项D）；③管理层选择或作出重大假设以产生有利于管理层目标的点估计（选项A）；④选择带有乐观或悲观倾向的点估计（选项C）；⑤管理层的主观判断或采用的假设与市场、宏观环境、行业数据或历史信息不一致，从而显示管理层的主观判断或采用的假设带有明显偏向；⑥以前年度财务报表确认和披露的重大会计估计与后期实际结果之间存在重大差异，并且各项差异的方向一致（例如，各项差异同为增加利润）或者差异的方向与管理层目标一致（例如，管理层当年度的目标是增加利润，或减少税负）；⑦变更会计估计后被审计单位的财务成果或财务状况将发生显著的变化，例如，扭亏为盈、达到再融资要求等。

8. ABD 【解析】选项A，许多关联方交易是在正常经营过程中发生的，与类似非关联方交易相比，这些关联方可能并不具有更高的财务报表重大错报风险；选项B，即使适用的财务报告编制基础对关联方作出很少的规定或没有作出规定，注册会计师仍然需要了解被审计单位的关联方关系及其交易，以足以确定财务报表（就其受到关联方关系及其交易的影响而言）是否实现公允反映；选项D，首先应该考虑实施相关审计程序进行确认，而不是直接考虑对审计意见的影响。

9. ACD 【解析】如果识别出管理层以前未识别出或未披露的关联方关系或重大关联方交易，注册会计师应当：①立即将相关信息向项目组其他成员通报；②要求管理层识别与新识别出的关联方之间的所有交易；③对新识别出的关联方或重大关联方交易实施恰当的实质性程序；④重新考虑可能存在管理层以前未识别出或未披露的其他关联方或重大关联方交易的风险；⑤如果管理层不披露关联方关系或交易看似是有意的(即舞弊)，评价这一情况对审计的影响。

10. ABD 【解析】选项C，对涉及关联方(或与关联方关系密切的家庭成员)的交易，管理层和治理层极少进行独立复核和批准可能表明关联方能够施加支配性影响。

11. ABCD

12. ACD【解析】注册会计师应当与治理层就识别出的可能导致对被审计单位持续经营能力产生重大疑虑的事项或情况进行沟通，除非治理层全部成员参与管理被审计单位。与治理层的沟通应当包括下列方面：(1)这些事项或情况是否构成重大不确定性；(2)在财务报表编制和列报中运用持续经营假设是否适当；(3)财务报表中的相关披露是否充分。

13. BCD 【解析】选项A不恰当。注册会计师是对本期财务报表发表审计意见，对期初余额的审计主要是确定期初余额是否含有对本期财务报表产生重大影响的错报，并不单独针对期初余额发表审计意见。

14. ABC 【解析】上期期末余额通常应直接结转至本期。但在出现某些情形时，上期期末余额不应直接结转至本期，而应当做出重新表述，因此选项D不正确。

三、简答题

1.【答案】

(1)不恰当。对具有高度估计不确定性的会计估计仅实施分析程序不够。

(2)不恰当。对存在特别风险的会计估计，未评价管理层如何考虑替代性的假设/未

评价管理层在作出会计估计时如何处理估计不确定性。

(3)不恰当。注册会计师未评价管理层的专家的客观性。

(4)不恰当。应当考虑从保险公司获取相关证据/应当考虑利用专家工作对损失情况进行评估。

(5)不恰当。该事项对本期财务报表影响重大，A注册会计师应当考虑该事项对2019年财务报表审计意见的影响。

2.【答案】

(1)不恰当。母公司对甲公司具有支配性影响，甲公司与授权和批准相关的控制可能是无效的，因此授权和批准本身并不足以就是否不存在重大错报风险得出结论。

(2)不恰当。"主要产品"可能因为行业执行更严格的化学成分限量标准而淘汰，注册会计师应当考虑该事项对企业持续经营能力的影响，并评价管理层拟对该事项所采取的应对措施以及措施的可行性。

(3)不恰当。注册会计师应当考虑将该事项作为审计中的重大困难与治理层进行沟通，要求治理层提供进一步的信息。

(4)不恰当。此时注册会计师不可能对财务报表形成审计意见，在这种情况下，注册会计师应当考虑出具无法表示意见的审计报告。

(5)不恰当。管理层有意或无意未向注册会计师披露关联方关系或重大关联方交易，注册会计师都应当提醒治理层关注以前未识别的重大关联方和关联方交易。

第五编

完成审计工作与出具审计报告

　　本编内容是注册会计师在审计完成阶段需要做的工作，包括汇总审计测试结果，进行更具综合性的审计工作，如评价审计中的重大发现、评价审计过程中发现的错报、关注期后事项对财务报表的影响、复核审计工作底稿和财务报表等内容。在此基础上，评价审计结果，在与客户沟通以后，获取管理层声明，确定应出具审计报告的意见类型和措辞，进而编制并报送审计报告，终结审计工作。

　　从学习难度上分析，本编内容难度较大，也是考试的重点。预计在今年考试中很可能会结合实务循环章节的内容以综合题的形式出现，同时应关注实务循环章节中相关的会计处理原则，以期在综合题中能够融会贯通、运用自如。

第18章 完成审计工作

JINGDIAN TIJIE

考 情 分 析

▶ 历年考情分析

本章属于非常重要的章节，主要介绍了完成审计工作阶段所涉及的内容。从近几年的命题形式来看，主要是在客观题中对相关概念和要点进行直接考查，也可能在主观题中考查对完成审计工作的具体运用，如在综合题中考查对审计过程中发现的错报的评价等。考生应关注：评价审计过程中发现的错报；期后事项的含义和种类；注册会计师对各时段期后事项的责任及知悉该期后事项时的考虑；获取书面声明等知识点。

▶ 本章2020年考试主要变化

本章主要是对"项目组内部复核"中的复核人员和复核范围删除了部分内容，其他内容无变动。

核心考点及经典例题详解

考点一 评价审计过程中发现的错报 ★★★

扫我解疑难

📋 经典例题

【例题·单选题】(2015年)下列有关注册会计师对错报进行沟通的说法中，错误的是( )。

A. 除非法律法规禁止，注册会计师应当及时将审计过程中发现的所有错报与适当层级的管理层进行沟通

B. 注册会计师应当要求管理层更正审计过程中发现的超过明显微小错报临界值的错报

C. 除非法律法规禁止，注册会计师应当与治理层沟通未更正错报

D. 注册会计师应当与治理层沟通与以前期间

相关的未更正错报对相关类别的交易、账户余额或披露以及财务报表整体的影响

【答案】A

【解析】选项A，并不是所有的错报均与管理层进行沟通。

📋 考点精析

一、错报的沟通和更正

1. 错报的沟通

对于审计中累积的所有错报，注册会计师应当及时与适当层级的管理层进行沟通，并要求管理层予以更正，除非法律法规禁止。及时与适当层级的管理层沟通错报事项能使管理层评价这些事项是否为错报，并采取必要的行动，如有异议则告知注册会计师。

2. 错报的更正

(1)被审计单位管理层更正所有错报(包

括注册会计师通报的错报），一方面能够保持会计账簿和记录的准确性，另一方面可以降低由于与本期相关的、非重大的且尚未更正的错报的累积影响而导致未来期间财务报表出现重大错报的风险。

（2）如果管理层拒绝更正部分或全部错报，注册会计师应了解其不更正的理由，并在评价财务报表整体是否不存在重大错报时考虑该理由。

二、评价未更正错报的影响

未更正错报，是指注册会计师在审计过程中累积的且被审计单位未予更正的错报。在评价未更正错报的影响之前，注册会计师可能有必要依据实际的财务结果对重要性作出修改。在对重要性或重要性水平（如适用）进行重新评价后，如果需要确定较低的金额，则应重新考虑实际执行的重要性和进一步审计程序的性质、时间安排和范围的适当性。

1. 单项错报

注册会计师需要考虑每一单项错报，以评价其对相关类别的交易、账户余额或披露的影响。

2. 抵销的错报

（1）不能抵销的错报：如果某一单项错报是**重大**的，则该项错报**不太可能被其他错报抵销**。

（2）可以抵销的错报：如果错报是**同一账户余额或同一类别**的**交易内部的错报**，这种抵销可能是**适当**的。但需要注意的是，在得出抵销非重大错报是适当的这一结论之前，需要考虑可能存在其他未被发现的错报的风险。

【知识点拨】①除非**错报金额微小且性质不重要**，否则注册会计师均应当提请管理层

调整。

②对分类错报要做定性的评价。

③在评价错报时还应考虑错报的性质，特别是金额低于重要性的错报。

三、书面声明

注册会计师应当要求管理层和治理层（如适用）提供书面声明，说明其是否认为未更正错报单独或汇总起来对财务报表整体的影响不重大。

考点二　审计工作底稿的复核★★

扫我解疑难

经典例题

【例题·单选题】（2016年）下列有关项目合伙人复核的说法中，错误的是（　　）。

A. 项目合伙人通常需要复核项目组对关键领域所作的判断

B. 项目合伙人无须复核所有审计工作底稿

C. 项目合伙人应当在审计工作底稿中记录复核的范围和时间

D. 项目合伙人应当复核与重大错报风险相关的所有审计工作底稿

【答案】 D

【解析】 项目合伙人复核的内容包括：①对关键领域所作的判断，尤其是执行业务过程中识别出的疑难问题或争议事项；②特别风险；③项目合伙人认为重要的其他领域。

考点精析

对审计工作底稿的复核分为项目组内部复核和项目质量控制复核两个层次，见表18-1：

表18-1　对审计工作底稿的复核

项目	内容
项目组内部复核	（1）复核原则：由项目组内经验较多的人员（包括项目合伙人）复核经验较少的人员的工作。 （2）确认原则：对工作底稿实施的复核必须留下证据，一般由复核者在相关审计工作底稿上签名并署明日期

项目	内容
项目组内部复核	(3)复核时间: **贯穿审计全过程**。 (4)项目合伙人复核。 ①项目合伙人应当对会计师事务所分派的每项审计业务的总体质量负责。 ②项目合伙人复核的范围包括: 对关键领域所作的判断; 特别风险; 项目合伙人认为重要的其他领域
项目质量控制复核	注册会计师在出具审计报告前, 会计师事务所应当指定专门的机构或人员对审计项目组执行的审计实施项目质量控制复核, 在项目质量控制复核**完成后**, 才能出具审计报告

【知识点拨】

项目质量控制复核人员应在业务过程中的适当阶段及时实施项目质量控制复核, 而不是在出具审计报告前才实施复核。独立的项目质量控制复核**不能减轻**项目组内部复核的责任。

考点三 期后事项★★

扫我解疑难

📝 经典例题

【例题·多选题】 (2015 年)下列有关期后事项审计的说法中, 正确的有( )。

A. 注册会计师应当设计和实施审计程序, 获取充分、适当的审计证据, 以确定所有在财务报表日至财务报表报出日之间发生的、需要在财务报表中调整或披露的事项均已得到识别

B. 注册会计师应当恰当应对在审计报告日后知悉的且如果在审计报告日知悉可能导致注册会计师修改审计报告的事实

C. 在财务报表报出后, 注册会计师没有义务针对财务报表实施任何审计程序

D. 注册会计师应当要求管理层提供书面声明, 确认所有在财务报表日后发生的、按照适用的财务报告编制基础的规定应予调整或披露的事项均已得到调整或披露

【答案】 BCD

【解析】 选项 A, 应区分情况对待, 对第一时段(财务报表日至审计报告日)的期后事项应主动识别, 对第二时段(审计报告日至财务报表报出日)的期后事项是被动识别。

📝 考点精析

注册会计师对各时段期后事项的责任和处理见表 18-2。

表 18-2 各时段期后事项的责任和处理

时段	注册会计师的责任	针对被审计单位是否接受调整建议采取的措施及处理	
第一时段: 财务报表日至审计报告日	主动识别	对发现的需要调整报表项目或在附注中进行披露的事项: (1)提请管理层调整或披露; (2)如拒绝调整或披露, 考虑发表保留意见或否定意见的审计报告	
第二时段: 审计报告日至财务报表公布日	被动识别	若同意修改	实施必要的审计程序, 对修改后的报表出具新的审计报告
		若拒绝修改	报告尚未提交
			则出具保留或否定意见的审计报告

时段	注册会计师的责任	针对被审计单位是否接受调整建议采取的措施及处理
第三时段：财务报表公布日后	没有义务	若同意修改	(1)实施必要的审计程序；(2)复核管理层采取的措施是否确保所有收到原财务报表和审计报告的人士了解这一情况；(3)延伸实施审计程序，并出具新的审计报告；(4)在特殊情况下，修改审计报告或提供新的审计报告
		若拒绝修改	应当通知管理层和治理层，并采取措施防止财务报表使用者信赖审计报告

【知识点拨】①关注用以识别第一时段期后事项的审计程序。

②掌握与财务报表日后事项相关的会计知识。

③第二时段期后事项和第三时段期后事项，在管理层修改财务报表时，特殊情况下有两种处理方式：a. 修改审计报告，并增加补充报告日期；b. 出具新的或经修改的审计报告，并增加强调事项段或其他事项段。

考点四　书面声明 ★★★

扫我解疑难

📝 经典例题

【例题1·单选题】(2018年)下列有关书面声明日期的说法中，错误的是( )。

A. 书面声明的日期不得晚于审计报告日

B. 书面声明的日期不得早于财务报表报出日

C. 书面声明的日期可以早于审计报告日

D. 书面声明的日期可以和审计报告日是同一天

【答案】B

【解析】书面声明的日期不得晚于审计报告日，在财务报表报出日之前。

【例题2·单选题】(2016年)下列有关书面声明的说法中，错误的是( )。

A. 为支持与财务报表或某项具体认定相关的其他审计证据，注册会计师可以要求管理层提供关于财务报表或特定认定的书面声明

B. 即使管理层已提供可靠的书面声明，也不影响注册会计师就管理层责任履行情况或具体认定获取的其他审计证据的性质和范围

C. 如果在审计报告中提及的所有期间内，现任管理层均尚未就任，注册会计师也需要向现任管理层获取涵盖整个相关期间的书面声明

D. 如果管理层不向注册会计师提供所有交易均已记录并反映在财务报表中的书面声明，注册会计师应当对财务报表发表保留意见或无法表示意见

【答案】D

【解析】针对所有交易记录并反映在财务报表属于准则规定的基本书面声明，被审计单位是必须要提供的。如果管理层拒绝签署审计准则规定的书面声明，则出具无法表示意见的审计报告，不能出具保留意见审计报告，选项D错误。

📝 考点精析

一、书面声明的内容

(1)针对管理层责任的书面声明；

(2)关于财务报表的额外书面声明；

(3)与向注册会计师提供信息有关的额外的书面声明；

(4)关于特定认定的书面声明。

【知识点拨】①书面声明**不包括财务报表及其认定，以及支持性账簿和相关记录**；

②尽管书面声明提供必要的审计证据，但其**本身并不为所涉及的任何事项提供充分、适当的审计证据**；

③如果未从管理层获取其确认已履行责

第18章　完成审计工作

任[确认其根据审计业务约定条款,履行了按照适用的财务报告编制基础编制财务报表并使其实现公允反映(如适用)]的书面声明,注册会计师在审计过程中获取的有关管理层已履行这些责任的其他审计证据是不充分的。

二、书面声明的日期、涵盖期间和形式

书面声明的日期、涵盖期间和形式见表18-3。

表 18-3　书面声明的日期、涵盖期间和形式

项目	说明
书面声明日期	书面声明的日期应当尽量接近对财务报表出具审计报告的日期,但不得在审计报告日后
书面声明涵盖的期间	书面声明应当涵盖审计报告针对的所有财务报表和期间
书面声明的形式	以声明书的形式致送注册会计师

【知识点拨】①如果管理层修改书面声明的内容或不提供注册会计师要求的书面声明,可能使注册会计师警觉存在重大问题的可能性;

②如果在审计报告中提及的所有期间内,现任管理层均尚未就任,现任管理层依然要对财务报表整体负责。

三、对书面声明可靠性的疑虑以及管理层不提供要求的书面声明(见表18-4)

表 18-4　对书面声明可靠性的疑虑以及管理层不提供要求的书面声明时的处理

情形		注册会计师的应对
对书面声明可靠性的疑虑	对管理层的胜任能力、诚信、道德价值观或勤勉尽责存在疑虑	注册会计师应当确定对书面或口头声明和审计证据总体的可靠性可能产生的影响。如果注册会计师认为管理层在财务报表中作出不实陈述的风险很大,以至于审计工作无法进行,治理层也未采取适当的纠正措施时,注册会计师可能需要考虑解除业务约定(如果法律法规允许)或出具无法表示意见的审计报告
	书面声明与其他审计证据不一致	注册会计师应当实施审计程序以设法解决这些问题。注册会计师可能需要考虑风险评估结果是否仍然适当。如果认为不适当,注册会计师需要修正风险评估结果,并确定进一步审计程序的性质、时间安排和范围,以应对评估的风险。如果问题仍未解决,注册会计师应当重新考虑对管理层的胜任能力、诚信、道德价值观或勤勉尽责的评估,或者重新考虑对管理层在这些方面的承诺或贯彻执行的评估,并确定书面声明与其他审计证据的不一致对书面或口头声明和审计证据总体的可靠性可能产生的影响
管理层不提供要求的书面声明		如果管理层不提供要求的一项或多项书面声明,注册会计师应当: (1)与管理层讨论该事项; (2)重新评价管理层的诚信,并评价该事项对书面或口头声明和审计证据总体的可靠性可能产生的影响; (3)采取适当措施,包括确定该事项对审计意见可能产生的影响(如,出具无法表示意见的审计报告)

📋**阶段性测试**

1.【单选题】对于审计过程中累积的错报,下列做法中,正确的是( )。

A. 如果错报单独或汇总起来未超过财务报表整体的重要性,注册会计师可以不要求管理层更正

B. 如果错报单独或汇总起来未超过实际执行的重要性,注册会计师可以不要求管理层更正

C. 如果错报不影响确定财务报表整体的重要性时选定的基准,注册会计师可以不要

求管理层更正

D. 注册会计师应当要求管理层更正审计过程中累积的所有错报

2.【单选题】下列关于复核审计工作底稿和财务报表的说法中，错误的是（   ）。

A. 在完成审计工作阶段，注册会计师需要运用分析程序对财务报表总体合理性进行总体复核

B. 会计师事务所在安排项目组内部复核工作时，应当由项目组内经验较多的人员复核经验较少人员的工作

C. 项目合伙人需要复核所有审计工作底稿

D. 项目组内部复核人员随着审计工作的开展及时复核相应的工作底稿

3.【单选题】下列关于注册会计师对期后事项责任的表述中，不正确的是（   ）。

A. 在审计报告日后至财务报表报出日前，管理层有责任将发现的可能影响财务报表的事实告知注册会计师

B. 注册会计师应当实施必要的审计程序，获取充分、适当的审计证据，以确定截至审计报告日发生的、需要在财务报表中调整或披露的事项是否均已得到识别

C. 在审计报告日至财务报表公布日之间获知可能影响财务报表的期后事项，注册会计师应当及时与被审计单位讨论，必要时实施适当的审计程序

D. 在财务报表报出后，如果知悉可能对财务报表产生重大影响的事实，没有责任采取措施

4.【多选题】下列各项中，注册会计师应当获取书面声明的有（   ）。

A. 管理层确认其根据审计业务约定条款，履行了按照适用的财务报告编制基础编制财务报表并使其实现公允反映（如适用）的责任

B. 管理层按照审计业务约定条款，已向注册会计师提供所有相关信息，并允许注册会计师不受限制地接触所有相关信息以及被审计单位内部人员和其他相关人员

C. 管理层确认所有交易均已记录并反映在财务报表中

D. 管理层将按照审计业务约定书中规定的审计报告用途使用审计报告

5.【单选题】下列有关书面声明的说法中，正确的是（   ）。

A. 书面声明的日期应当和审计报告日在同一天，且应当涵盖审计报告针对的所有财务报表和期间

B. 管理层已提供可靠书面声明的事实，影响注册会计师就管理层责任履行情况或具体认定获取的其他审计证据的性质和范围

C. 如果对管理层的诚信产生重大疑虑，以至于认为其做出的书面声明不可靠，注册会计师在出具审计报告时应当对财务报表发表无法表示意见

D. 如果书面声明与其他审计证据不一致，注册会计师应当要求管理层修改书面声明

📋 **阶段性测试答案精析**

1. D 【解析】除非错报金额微小且性质不重要，否则注册会计师均应当提请管理层调整。

2. C 【解析】项目合伙人复核的内容包括：①对关键领域所作的判断，尤其是执行业务过程中识别出的疑难问题或争议问题；②特别风险；③项目合伙人认为重要的其他领域。因此项目合伙人无须复核所有审计工作底稿。

3. D 【解析】在财务报表公布后，注册会计师没有义务专门对财务报表进行查询，但如果知悉可能对财务报表产生重大影响的事实，注册会计师应当与管理层和治理层（如适用）讨论该事项，确定财务报表是否需要修改。

4. ABC 【解析】书面声明是注册会计师在财务报表审计中需要获取的必要信息，是审计证据的重要来源，"按照审计业务约定书中规定的审计报告用途使用审计报告"对注册会计师执行财务报表审计并无

帮助，管理层无须针对此发表书面声明。

5. C 【解析】选项 A，书面声明的日期不一定与审计报告日为同一天，但不能晚于审计报告日；选项 B，尽管书面声明提供了必要的审计证据，但是其本身并不为所涉及的任何事项提供充分、适当的审计证据，而且，管理层已提供可靠书面声明的事实，并不影响注册会计师就管理层责任履行情况或具体认定获取的其他审计证据的性质和范围；选项 D，首先应该调查原因，之后再确定修改哪类审计证据。

本章综合练习 限时55分钟

一、单项选择题

1. 下列关于评价审计过程中的重大错报的说法中，不正确的是( )。

A. 注册会计师应当及时将审计过程中累积的所有错报与适当层级的管理层进行沟通

B. 注册会计师应当从金额和性质两方面确定未更正错报是否重大

C. 在评价未更正错报的影响之前，注册会计师可能有必要依据实际的财务结果对重要性作出修改

D. 注册会计师获取了管理层和治理层对未更正错报的声明，就无须对未更正错报的影响形成审计结论

2. 下列关于未更正错报的说法中，正确的是( )。

A. 注册会计师应当累积审计过程中所有识别出的错报

B. 同一账户余额或同一类别的交易内部的错报可以相互抵销

C. 低于财务报表整体重要性的错报不是重大错报

D. 注册会计师可能认为超过了重要性水平的分类错报仍然对财务报表整体不产生重大影响

3. 下列有关复核审计工作底稿的表述中，错误的是( )。

A. 对审计工作底稿的复核可分为两个层次，包括项目组内部复核和项目合伙人的质量控制复核

B. 项目组内部复核是最详细的复核

C. 会计师事务所在安排项目组内部复核时，应当由项目组内经验较多的人员复核经验较少的人员的工作

D. 项目质量控制复核并不能减轻项目合伙人的责任，更不能替代项目合伙人的责任

4. 针对财务报表日至审计报告日之间发生的期后事项，下列说法中正确的是( )。

A. 因为这个阶段已经不属于注册会计师所审计年度的事项，无须关注

B. 注册会计师没有责任针对财务报表实施审计程序进行专门查询

C. 注册会计师应当实施必要的审计程序，获取充分、适当的审计证据以主动识别该期后事项

D. 在财务报表报出后，注册会计师没有义务针对财务报表作出查询

5. 下列关于注册会计师对期后事项责任的表述中，不正确的是( )。

A. 对于财务报表日至审计报告日之间的期后事项，注册会计师负有主动识别的义务

B. 在审计工作完成后，注册会计师没有责任针对期后事项实施审计程序

C. 在审计报告日至财务报表报出日之间获知可能影响财务报表的期后事项，注册会计师应当及时与被审计单位讨论，必要时实施适当的审计程序

D. 在财务报表公布后，注册会计师没有

义务专门对财务报表实施审计程序

6. 注册会计师于 2019 年 3 月 20 日完成对 Y 公司 2018 年度财务报表的审计工作，Y 公司于 3 月 30 日将已审财务报表与审计报告一同对外公布。此后，注册会计师知悉 Y 公司的下列情况，其中，应当采取相应行动的是( )。

A. 3 月 31 日，发生火灾，损失重大

B. 4 月 5 日，H 公司因质量问题全部退回了上月 21 日自 Y 公司购买的大量商品

C. 3 月 18 日，法院判决 Y 公司因上年的技术侵权应向 K 公司支付巨额赔款

D. 3 月 31 日，Y 公司以比上年年末暂估价略高的价格向供应商支付了设备款

7. 下列有关第三时段期后事项的表述中，不正确的是( )。

A. 针对第三时段期后事项必须是在审计报告日已经存在的事实且该事实如果被注册会计师在审计报告日前获知，可能影响审计报告时，注册会计师才需要采取行动

B. 针对第三时段的期后事项，如果管理层未采取任何行动，注册会计师应根据具体情况发表非无保留意见的审计报告

C. 针对第三时段的期后事项，如果管理层修改了财务报表，注册会计师采取的必要措施之一是根据具体情况对有关修改实施必要的审计程序

D. 针对第三时段的期后事项，如果管理层修改了财务报表，在特殊情况下，注册会计师应修改审计报告或提供新的审计报告

8. 下列有关管理层书面声明的作用的说法中，错误的是( )。

A. 书面声明为财务报表审计提供了必要的审计证据

B. 书面声明可以促使管理层更加认真地考虑声明所涉及的事项

C. 书面声明本身不为所涉及的任何事项提供充分、适当的审计证据

D. 书面声明已提供可靠书面声明的事实，

可能影响注册会计师就具体认定获取的审计证据的性质和范围

9. 下列有关书面声明的说法中，正确的是( )。

A. 书面声明的日期应当和审计报告日在同一天，且应当涵盖审计报告针对的所有财务报表和期间

B. 管理层已提供可靠书面声明的事实，影响注册会计师就管理层责任履行情况或具体认定获取的其他审计证据的性质和范围

C. 如果书面声明与其他审计证据不一致，注册会计师应当要求管理层修改书面声明

D. 如果对管理层的诚信产生重大疑虑，以至于认为其作出的书面声明不可靠，注册会计师在出具审计报告时应当对财务报表发表无法表示意见

二、多项选择题

1. 下列有关评价审计过程中发现的错报的说法中，不正确的有( )。

A. 管理层未更正注册会计师通报的所有错报，则会导致财务报表存在重大错报

B. 管理层更正所有错报（包括注册会计师通报的错报），能够保持会计账簿和记录的准确性，降低由于与本期相关的、非重大的且尚未更正的错报的累积影响而导致未来期间财务报表出现重大错报的风险

C. 注册会计师应及时与适当层级的管理层沟通错报事项

D. 只要错报低于财务报表整体的重要性，即可认定该错报不重大

2. 下列说法中，属于项目组内部复核需要考虑的事项的有( )。

A. 已执行的审计工作是否支持形成的结论，并已得到适当记录

B. 复核与项目组做出的重大判断和得出的结论相关的审计工作底稿

C. 审计程序的目标是否已实现

D. 审计工作是否已按照职业准则和适用的法律法规的规定执行

3. 对上市公司财务报表审计时，项目质量控

制复核人员在实施项目质量控制复核时，应当考虑的内容包括( )。

A. 评价在编制审计报告时得出的结论，并考虑拟出具审计报告的恰当性

B. 项目组就具体审计业务对会计师事务所独立性作出的评价

C. 与项目合伙人讨论重大事项

D. 项目组是否已就涉及意见分歧的事项，或者其他疑难问题或争议事项进行适当咨询，以及咨询得出的结论

4. 下列有关期后事项审计的说法中，正确的有( )。

A. 期后事项是指财务报表日至财务报表报出日之间发生的事项

B. 期后事项是指财务报表日至审计报告日之间发生的事项，以及注册会计师在审计报告日后知悉的事实

C. 注册会计师仅需主动识别财务报表日至财务报表报出日之间发生的期后事项

D. 审计报告日后，如果注册会计师知悉某项若在审计报告日知悉将导致修改审计报告的事实，且管理层已就此修改了财务报表，应当对修改后的财务报表实施必要的审计程序，出具新的或经修改的审计报告

5. 在审计报告日后至财务报表报出日前，如果知悉可能对财务报表产生重大影响的事实，注册会计师实施审计程序后认为需要修改财务报表，而管理层拒绝修改，并且审计报告已提交给被审计单位，以下处理正确的有( )。

A. 通知治理层不要将财务报表和审计报告向第三方报出

B. 如果不修改财务报表仍被报出，在考虑自身的权利和义务以及所征询的法律意见后利用证券传媒，刊登声明

C. 修改审计报告

D. 在下次审计时考虑对审计报告的影响

6. ABC 会计师事务所承接了甲公司业务委托审计其 2018 年度财务报表，并于 2019 年 3

月 22 日完成审计工作，财务报表于 2019 年 3 月 28 日报出。2019 年 4 月 5 日注册会计师通过媒体获知 2019 年 3 月 5 日有一批货物因质量问题发生了退货，且管理层修改了财务报表，注册会计师应当采取的措施有( )。

A. 根据修改实施必要的审计程序，确定管理层的修改是否恰当

B. 复核管理层采取的措施能否确保所有收到原财务报表和审计报告的人士了解这一情况

C. 针对修改后的 2018 年度财务报表出具新的或经修改的审计报告

D. 在出具的甲公司 2019 年度财务报表审计报告中增加强调事项段，提醒财务报表使用者注意修改 2018 年度财务报表的原因

7. 下列各项中，注册会计师应当要求被审计单位管理层提出书面声明的有( )。

A. 管理层是否认为在作出会计估计时使用的重大假设是合理的

B. 管理层是否已向注册会计师披露了从现任和前任员工、分析师、监管机构方面获得的、影响财务报表的舞弊指控和舞弊嫌疑

C. 管理层是否已向注册会计师披露了所有知悉的且在编制财务报表时应当考虑其影响的违反法律法规行为或怀疑存在的违反法律法规行为

D. 管理层是否认为未更正错报单独或汇总起来对财务报表整体影响不重大

8. 下列关于书面声明的说法中，不正确的有( )。

A. 书面声明包括财务报表及其认定

B. 如果注册会计师不能获取充分、适当的审计证据，可获取书面声明作为审计意见的基础

C. 被审计单位管理层就某事项提供的书面声明可以在一定程度上减轻注册会计师的责任

D. 在很多情况下，要求管理层提供书面

声明而非口头声明，从而提高声明的质量

9. 如果被审计单位管理层拒绝就其责任的履行情况提供书面声明，下列做法中，注册会计师认为正确的有( )。

A. 重新评价获取审计证据的总体可靠性

B. 对财务报表出具无法表示意见的审计报告

C. 重新评价被审计单位管理层的诚信情况

D. 对财务报表出具保留意见的审计报告

三、简答题

1. ABC 会计师事务所的 A 注册会计师负责审计甲集团公司 2018 年财务报表审计工作，A 注册会计师在审计工作底稿中记录了处理错报的相关情况，部分内容摘录如下：

(1)2018 年，甲集团公司推出销售返利制度，并在 ERP 系统中开发了返利管理模块。A 注册会计师在对某组成部分执行审计时发现，因系统参数设置有误，导致选取的测试项目少计返利 2 万元。A 注册会计师认为该错报低于集团财务报表明显微小错报的临界值，可忽略不计。

(2)A 注册会计师发现甲集团公司销售副总经理挪用客户回款 50 万元，就该事项与总经理和治理层进行了沟通。因管理层已同意调整该错报并对相关内部控制缺陷进行整改，A 注册会计师未再执行其他审计工作。

(3)A 注册会计师使用审计抽样对管理费用进行了测试，发现测试样本存在 20 万元错报，A 注册会计师认为该错报不重大，同意管理层不予调整。

(4)2018 年 10 月，甲集团公司账面余额 1 200 万元的一条新建生产线达到预定可使用状态。截至 2018 年年末，因未办理竣工决算，该生产线尚未转入固定资产。A 注册会计师认为该错报为分类错误，涉及折

旧金额很小，不构成重大错报，同意管理层不予调整。

要求：针对上述第(1)至第(4)项，假定不考虑其他条件，逐项指出 A 注册会计师的做法是否恰当。如不恰当，简要说明理由并提出改进建议。

2. ABC 会计师事务所承接甲公司 2018 年财务报表审计工作，于 2019 年 3 月 15 日完成审计工作，审计报告于 2019 年 3 月 20 日提交给甲公司。甲公司于 2019 年 3 月 22 日对外公布财务报表。在日后事项期间分别发生如下事项：

(1)2019 年 3 月 12 日公司在一起历时半年的诉讼中败诉，支付赔偿金 1 500 万元，公司在上年年末已确认预计负债 1 000 万元。甲公司最终未接受注册会计师要求的按规定对此事项进行恰当会计处理的建议。

(2)2019 年 3 月 21 日已确认为 2018 年度营业收入的重大销售相关货物因质量原因被退回，管理层最终并未修改财务报表。

(3)2019 年 3 月 24 日，注册会计师发现已公布财务报表中存在某项当初未被发现的重大错报。甲公司按注册会计师的要求修改了财务报表。

(4)2019 年 4 月 2 日被审计单位为从银行借入 5 000 万元长期借款而签订重大资产抵押合同。

(5)2019 年 4 月 6 日因遭受火灾，存货发生毁损 100 万元。

要求：根据上述资料判断是否属于期后事项，对于归属于期后事项的，请判断归属的种类、注册会计师应承担的责任以及注册会计师应采取的应对措施(假定各个事项之间不存在关联)。

本章综合练习参考答案及详细解析

一、单项选择题

1. D 【解析】注册会计师应当要求管理层和治理层(如适用)提供书面声明,说明其是否认为未更正错报单独或汇总起来对财务报表整体的影响不重大。即使注册会计师获取了管理层和治理层对未更正错报的声明,注册会计师仍需要对未更正错报的影响形成审计结论。

2. D 【解析】明显微小错报不需要累积,选项 A 错误;同一账户余额或同一类别的交易内部的错报之间的抵销可能是适当的,但是在得出抵销非重大错报是否适当的这一结论之前,需要考虑可能存在其他未被发现的错报的风险,选项 B 错误;即使某些错报低于财务报表整体的重要性,但因与这些错报相关的某些情况,在将其单独或连同在审计过程中累积的其他错报一并考虑时,注册会计师也可能将这些错报评价为重大错报,选项 C 错误。

3. A 【解析】对审计工作底稿的复核可分为项目组内部复核和独立的项目质量控制复核两个层次。

4. C 【解析】财务报表日至审计报告日之间发生的期后事项,属于第一时段,注册会计师负有主动识别的义务,所以选项 AB 不正确;选项 D 的说法本身没有错误,但是不属于财务报表日至审计报告日发生的期后事项的处理,而是在财务报表已经报出后的处理。

5. B 【解析】在审计报告日后,如果注册会计师知悉了某事实,且若在审计报告日前知悉可能导致修改审计报告,注册会计师应当与管理层和治理层讨论该事项,如果管理层修改财务报表,注册会计师应当根据具体情况对有关修改实施必要的审计程序,选项 B 错误。

6. C 【解析】选项 AB 事项在审计报告日不存在,所以不属于需要调整的事项;选项 D 事项不影响审计意见;选项 C 事项不仅在审计报告日存在,而且很可能改变注册会计师的审计意见,所以属于注册会计师应采取相应行动的事项。

7. B 【解析】选项 B,针对第三时段期后事项,审计报告已经报出了,无法出具非无保留意见的审计报告。此时如果管理层没有采取必要措施确保所有收到原财务报表的人士了解这一情况,也没有在注册会计师认为需要修改的情况下修改财务报表,注册会计师应当通知管理层和治理层(除非治理层全部成员参与管理被审计单位),注册会计师将设法防止财务报表使用者信赖该审计报告。如果注册会计师已经通知管理层或治理层,而管理层或治理层没有采取必要措施,注册会计师应当采取适当措施,以设法防止财务报表使用者信赖该审计报告。

8. D 【解析】管理层已提供可靠书面声明的事实,并不影响注册会计师就管理层责任履行情况或具体认定获取的其他审计证据的性质和范围。

9. D 【解析】选项 A,书面声明的日期不一定与审计报告日为同一天,书面声明的日期不能晚于审计报告日;选项 B,尽管书面声明提供了必要的审计证据,但是其本身并不为所涉及的任何事项提供充分、适当的审计证据,而且,管理层已提供可靠书面声明的事实,并不影响注册会计师就管理层责任履行情况或具体认定获取的其他审计证据的性质和范围;选项 C,首先应该调查原因,之后再确定修改哪类审计证据。

二、多项选择题

1. AD 【解析】注册会计师通报的错报中有些错报并不重大,即使管理层未更正可能也不会导致财务报表存在重大错报，故选项 A 不正确；有些错报即使金额低于财务报表整体的重要性，但其性质可能是重要的，或连同其他错报会导致财务报表存在重大错报，也应将这种错报视为重大，故选项 D 不正确。

2. ACD 【解析】选项 B 属于项目质量控制复核需要复核的内容。

3. ABCD 【解析】质量控制复核范围包括：①与项目合伙人讨论重大事项；②复核财务报表和拟出具的审计报告；③复核选取的与项目组作出的重大判断和得出的结论相关的审计工作底稿；④评价在编制审计报告时得出的结论，并考虑拟出具审计报告的恰当性。对于上市实体财务报表审计，还应当考虑：①项目组就具体审计业务对会计师事务所独立性作出的评价；②项目组是否已就涉及意见分歧的事项，或者其他疑难问题或争议事项进行适当咨询，以及咨询得出的结论；③选取的用于复核的审计工作底稿，是否反映了项目组针对重大判断执行的工作，以及是否支持得出的结论。本题问的是上市公司，所以上述四个选项都是需要考虑的内容。

4. BD 【解析】期后事项是指财务报表日至审计报告日之间发生的事项，以及注册会计师在审计报告日后知悉的事实，选项 A 不正确；注册会计师仅需主动识别财务报表日至审计报告日之间发生的期后事项，选项 C 不正确。

5. AB 【解析】如果注册会计师认为应当修改财务报表而管理层没有修改，并且审计报告已提交给被审计单位，注册会计师应当通知治理层不要将财务报表和审计报告向第三方报出。如果财务报表仍被报出，注册会计师应当采取措施防止财务报表使用者信赖该审计报告。例如，针对上市公司，注册会计师可以利用证券传媒，刊登必要的声明，防止使用者信赖审计报告。注册会计师采取的措施取决于自身的权利

和义务以及所征询的法律意见。此时审计报告已经提交，无法修改审计报告，选项 C 不正确。针对此情况应该及时处理，以防止报表使用者信赖审计报告，而不应等到下次审计再考虑，选项 D 不正确。

6. ABC 【解析】选项 D 不正确，注册会计师应当针对修改后的 2018 年财务报表出具的新的审计报告中增加强调事项段或其他事项段，而不能在针对 2019 年度财务报表的审计报告中增加强调事项段。

7. ABCD

8. ABC 【解析】书面声明不包括财务报表及其认定，以及支持性账簿和相关记录，选项 A 不正确。书面声明本身并不为所涉及的任何事项提供充分、适当的审计证据，而且，管理层已提供可靠书面声明的事实，并不影响注册会计师就管理层责任履行情况或具体认定获取的其他审计证据的性质和范围，所以选项 BC 错误。

9. ABC 【解析】如果管理层不提供要求的一项或多项书面声明，注册会计师应当：与管理层讨论该事项；重新评价管理层的诚信，并评价该事项对书面或口头声明和审计证据总体的可靠性可能产生的影响；采取适当措施，包括确定该事项对审计意见可能产生的影响。如果存在下列情形之一，注册会计师应当对财务报表发表无法表示意见：①注册会计师对管理层的诚信产生重大疑虑，以至于认为其作出的书面声明不可靠；②管理层不提供审计准则要求的书面声明，管理层责任的履行情况属于审计准则要求的书面声明，应当发表无法表示意见。

三、简答题

1.【答案】

(1) 不恰当。理由：该错报为系统性错报/可能发生于其他组成部分。改进建议：集团项目组应当关注并汇总其他组成部分的这类错报，汇总考虑该类错报对集团财务报表的影响。

（2）不恰当。理由：该错报涉及较高层级的管理层舞弊。改进建议：注册会计师应当采取下列措施：①重新评估舞弊导致的重大错报风险。②考虑重新评估的结果对审计程序的性质、时间安排和范围的影响。③重新考虑此前获取的审计证据的可靠性。

（3）不恰当。理由：没有推断总体错报。改进建议：注册会计师应当使用在抽样中发现的样本错报去推断总体的错报金额/应针对推断的总体错报金额评价其是否重大。

（4）恰当。

2.【答案】

（1）属于第一时段期后事项，注册会计师应主动识别该时段期后事项，注册会计师应当出具保留或否定意见的审计报告。

（2）属于第二时段期后事项，注册会计师被动识别该时段期后事项，注册会计师应当通知管理层和治理层（除非治理层全部成员参与管理被审计单位）在财务报表作出必要修改前不要向第三方报出。如果财务报表在未经必要修改的情况下仍被报出，注册会计师应当采取适当措施，以设法防止财务报表使用者信赖该审计报告。注册会计师采取的措施取决于自身的权利和义务以及所征询的法律意见。

（3）属于第三时段期后事项，注册会计师没有义务识别该时段期后事项，但如果知悉在审计报告日已存在的、可能导致修改财务报表的事实，注册会计师应当采取适当措施：根据具体情况对有关修改实施必要的审计程序；复核管理层采取的措施能否确保所有收到原财务报表和审计报告的人士了解这一情况；延伸实施审计程序，并针对修改后的财务报表出具新的审计报告；在特殊情况下，修改审计报告或提供新的审计报告。

（4）不属于期后事项，注册会计师不承担任何责任。

（5）不属于期后事项，注册会计师不承担任何责任。

第19章 审计报告

JINGDIAN TIJIE

考情分析

▶ 历年考情分析

本章属于非常重要的内容，各种题型均可能涉及，特别是简答题或结合其他知识考查综合题，且命题几率较高。考生应重点掌握在各种情况下审计意见类型的正确判断、各种情况在审计报告中的处理，比如添加事项段等单独部分。考生应重点关注：在审计报告中沟通关键审计事项；非无保留意见审计报告；强调事项段和其他事项段；注册会计师对其他信息的责任。

▶ 本章 2020 年考试主要变化

本章仅做了少量文字表述上的调整，内容无实质性变动。

核心考点及经典例题详解

考点一 审计报告的基本内容 ★

扫我解疑难

📝 经典例题

【例题·单选题】（2016 年）下列有关审计报告日的说法中，错误的是(　　)。

A. 审计报告日不应早于管理层书面声明的日期

B. 审计报告日可以晚于管理层签署已审计财务报表的日期

C. 审计报告日应当是注册会计师获取充分、适当的审计证据，并在此基础上对财务报表形成审计意见的日期

D. 在特殊情况下，注册会计师可以出具双重日期的审计报告

【答案】C

【解析】审计报告日不应早于注册会计师获取充分、适当的审计证据，并在此基础上对财务报表形成审计意见的日期，选项 C 错误。

📝 考点精析

审计报告应当包括下列要素：

(1)标题；

(2)收件人；

(3)审计意见；

(4)形成审计意见的基础；

(5)管理层对财务报表的责任；

(6)注册会计师对财务报表审计的责任；

(7)按照相关法律法规的要求报告的事项（如适用）；

(8)注册会计师的签名和盖章；

(9)会计师事务所的名称、地址和盖章；

(10)报告日期。

审计报告要素理解要点：

第一，如果是**股份有限公司**，审计报告的收件人应为"**全体股东**"；如果是**有限责任公司**，则收件人应为"**董事会**"。

第二，如果出具非无保留意见的审计报告，应将"审计意见"改名为"保留意见""否定意见""无法表示意见"等；将"形成审计意见的基础"改名为"形成保留意见的基础""形成否定意见的基础""形成无法表示意见的基础"等。

第三，在符合增加强调事项段、关键审计事项段、其他事项段、与持续经营相关的重大不确定性段或其他信息段的情况下，应在审计报告的"形成审计意见的基础"段之后**单独增加**对应的段落。

第四，审计报告日期不应早于注册会计师获取充分、适当的审计证据，并在此基础上对财务报表形成审计意见的日期。

在确定审计报告日时，注册会计师应当确信已获取下列两方面的审计证据：

(1)构成整套财务报表的所有报表(含披露)已编制完成；

(2)被审计单位的董事会、管理层或类似机构已经认可其对财务报表负责。

第五，两名注册会计师签署审计报告——项目合伙人及负责该项目的注册会计师。对上市实体整体通用目的的财务报表出具的审计报告应当注明**项目合伙人**。

考点二 在审计报告中沟通关键审计事项★★★

扫我解疑难

📋 **经典例题**

【**例题·多选题**】下列有关"在审计报告中沟通关键审计事项"的提法中，正确的有(　　)。

A. 关键审计事项一定是注册会计师与治理层沟通过的

B. 注册会计师与治理层沟通的事项就是关键审计事项

C. 在审计报告中沟通的关键审计事项应是已经得到满意解决的事项

D. 除非法律法规另有规定，如果对财务报表发表了无法表示意见，通常不得在审计报告中包含关键审计事项

【**答案**】ACD

【**解析**】关键审计事项是注册会计师以"与治理层沟通的事项"为起点，最终确定的最为重要的事项，故选项 B 错误。

📋 **考点精析**

一、确定关键审计事项的决策框架

以"与治理层沟通的事项"为起点→选出"在执行审计工作时重点关注过的事项"→选出"**最为重要**的事项"，构成"关键审计事项"。

注册会计师在确定哪些事项属于重点关注过的事项以及选出最为重要的事项需要考虑的内容见表 19-1。

表 19-1　选取关键审计事项所考虑的内容

项目	考虑的内容
选择重点关注过的事项	(1)评估的重大错报风险较高的领域或识别出的**特别风险**； (2)与财务报表中涉及重大管理层判断(包括被认为具有高度估计不确定性的会计估计)的领域相关的重大审计判断； (3)当期重大交易或事项对审计的影响

项目	考虑的内容
从重点关注过的事项中选取关键审计事项	(1)该事项对预期使用者理解财务报表整体的重要程度，尤其是对财务报表的重要性； (2)与该事项相关的会计政策的性质或者与同行业其他实体相比，管理层在选择适当的会计政策时涉及的复杂程度或主观程度； (3)从定性和定量两个方面考虑，与该事项相关的由于舞弊或错误导致的已更正错报和累积未更正错报(如有)的性质和重要程度； (4)为应对该事项所需要付出的审计努力的性质和程度； (5)在实施审计程序、评价实施审计程序的结果、获取相关和可靠的审计证据以作为发表审计意见的基础时，注册会计师遇到的困难的性质和严重程度，尤其是当注册会计师的判断变得更加主观时； (6)识别出的与该事项相关的控制缺陷的严重程度； (7)该事项是否涉及数项可区分但又相互关联的审计考虑

【知识点拨】"最为重要的事项"并不意味着只有一项。被审计单位规模和复杂程度、业务和经营环境的性质，以及审计业务具体事实和情况可能影响需要在审计报告中包含的关键审计事项的数量。

二、在审计报告中沟通关键审计事项

1. 审计报告中单设关键审计事项部分

注册会计师应当在审计报告中单设一部分，以"关键审计事项"为标题，并在该部分使用恰当的子标题逐项描述关键审计事项。

关键审计事项部分的引言应当同时说明下列事项：

(1)关键审计事项是注册会计师根据职业判断，认为对本期财务报表审计最为重要的事项；

(2)关键审计事项的应对以对财务报表整体进行审计并形成审计意见为背景，注册会计师对财务报表整体形成审计意见，而不对关键审计事项单独发表意见。

注意：在关键审计事项部分披露的关键审计事项必须是已经得到满意解决的事项，即不存在审计范围受到限制，也不存在注册会计师与被审计单位管理层意见分歧的情况。注册会计师应当在关键审计事项部分提及形成保留(否定)意见的基础部分或与持续经营相关的重大不确定性部分。

2. 描述单一关键审计事项

注册会计师应当在审计报告中对每一关

键审计事项进行逐项描述。在描述关键审计事项时，注册会计师需要避免不恰当地提供与被审计单位相关的原始信息。

三、不在审计报告中沟通关键审计事项的情形

除非存在下列情形之一，注册会计师应当在审计报告中描述每项关键审计事项：

(1)法律法规禁止公开披露某事项；

(2)在极少数情形下，如果合理预期在审计报告中沟通某事项造成的负面后果超过在公众利益方面产生的益处，注册会计师确定不应在审计报告中沟通该事项。

【知识点拨】第一，虽然从性质上来看"导致非无保留意见的事项，或可能导致对被审计单位持续经营能力产生重大疑虑的事项或情况存在重大不确定性"均属于关键审计事项，但是这些事项不得在审计报告的关键审计事项部分进行描述。

第二，如果注册会计师根据被审计单位和审计业务的具体事实和情况，确定不存在需要沟通的关键审计事项，或者仅有的需要沟通的关键审计事项是上述事项，注册会计师应当在审计报告中单设的关键审计事项部分对此进行说明。

四、就关键审计事项与治理层沟通

注册会计师应就关键审计事项与治理层沟通，其沟通的作用与内容见表19-2。

表 19-2 就关键审计事项与治理层沟通

项目	内容
与治理层沟通的作用	(1)能够使治理层了解注册会计师就关键审计事项作出的审计决策的基础以及这些事项将如何在审计报告中作出描述; (2)能够使治理层考虑鉴于这些事项将在审计报告中沟通,作出新的披露或提高披露质量是否有用
与治理层沟通的内容	(1)注册会计师确定的关键审计事项; (2)根据被审计单位和审计业务的具体情况,注册会计师确定不存在需要在审计报告中沟通的关键审计事项(如适用)

考点三 非无保留意见审计报告★★★

扫我解疑难

📝 **经典例题**

【例题·简答题】(2018 年)ABC 会计师事务所的 A 注册会计师负责审计多家上市公司 2017 年度财务报表,遇到下列与审计报告相关的事项:

(1)2017 年 10 月,甲公司因严重破坏环境被环保部门责令停产并对居民进行赔偿,管理层确认了大额预计负债并在财务报表附注中予以披露。A 注册会计师将其作为审计中最为重要的事项与治理层进行了沟通,拟在审计报告的关键审计事项部分沟通该事项。同时,A 注册会计师认为该事项对财务报表使用者理解财务报表至关重要,拟在审计报告中增加强调事项段予以说明。

(2)乙公司 2017 年年末商誉、固定资产、长期股权投资等多项资产存在减值迹象。因管理层未提供相关资料,A 注册会计师无法就上述资产的减值准备获取充分、适当的审计证据,拟对财务报表发表无法表示意见,并在审计报告的其他信息部分说明注册会计师无法确定与资产减值准备相关的其他信息是否存在重大错报。

(3)由于丙公司与关联方交易相关的内部控制存在重大缺陷,A 注册会计师拟对丙公司 2017 年 12 月 31 日的财务报告内部控制发表否定意见。因丙公司管理层未在财务报表附注中披露该情况,A 注册会计师拟在对财务

报表出具的审计报告中增加强调事项段,提请财务报表使用者关注这一个情况。

(4)因某具有财务重大性的子公司连续两年亏损,丁公司管理层在合并财务报表中就与该子公司相关的商誉计提了大额减值准备。A 注册会计师发现该子公司业务数据与财务数据存在无法解释的重大差异,因此认为无法对与该子公司相关的商誉减值准备获取充分、适当的审计证据,拟对丁公司合并财务报表发表保留意见。

(5)戊公司管理层 2017 年确认了一笔大额长期职工福利,未将其折现,并拒绝了 A 注册会计师的审计调整建议。A 注册会计师认为该项未更正错报对财务报表整体没有重大影响。因将长期职工福利作为审计中最为重要的事项并与治理层沟通过,A 注册会计师拟将其作为关键审计事项在审计报告中进行沟通。

要求:针对上述第(1)至(5)项,逐项指出 A 注册会计师的做法是否恰当。如不恰当,简要说明理由。

【答案】

(1)不恰当。被确定为在审计报告中沟通的关键审计事项无需在强调事项段中再次说明。

(2)不恰当。应当在形成无法表示意见的基础部分对无法确定与资产减值准备相关的信息是否存在重大错报进行说明。

(3)不恰当。不应增加强调事项段/应当确定对内部控制有效性发表否定意见对财务报表审计意见的影响。

(4)恰当。

(5)不恰当。该事项未得到满意解决,不应在

关键审计事项部分沟通。

考点精析

一、非无保留意见的含义及出具条件

非无保留意见是指保留意见、否定意见或无法表示意见。当存在下列情形之一时，注册会计师应当在审计报告中发表非无保留意见：

（1）根据获取的审计证据，得出财务报表整体存在重大错报的结论。财务报表的重大错报可能源于：①选择的会计政策的恰当性；②对所选择的会计政策的运用；③财务报表披露的恰当性或充分性。

（2）无法获取充分、适当的审计证据，不能得出财务报表整体不存在重大错报的结论。下列情形可能导致注册会计师无法获取充分、适当的审计证据：①超出被审计单位控制的情形；②与注册会计师工作的性质或时间安

排相关的情形；③管理层施加限制的情形。

【知识点拨】如果注册会计师能够通过实施替代程序获取充分、适当的审计证据，则无法实施特定的程序并不构成对审计范围的限制。

二、确定非无保留意见的类型

注册会计师确定恰当的非无保留意见类型，取决于下列事项：①导致非无保留意见的事项的性质，是财务报表存在重大错报，还是在无法获取充分、适当的审计证据的情况下，财务报表可能存在重大错报；②注册会计师就导致非无保留意见的事项对财务报表产生或可能产生影响的广泛性作出的判断。

注册会计师对导致发表非无保留意见的事项的性质和这些事项对财务报表产生或可能产生影响的广泛性作出的判断，以及这些判断对审计意见类型的影响见表19-3。

表19-3　注册会计师的判断对审计意见类型的影响

导致发表非无保留意见的事项的性质	事项对财务报表产生或可能产生影响的广泛性	
	重大但不具有广泛性	重大且具有广泛性
财务报表存在重大错报	保留意见	否定意见
无法获取充分、适当的审计证据	保留意见	无法表示意见

如果受到的限制产生的影响重大且具有广泛性，应当在可行时解除业务约定，如果在出具审计报告之前解除业务约定被禁止或不可行，应当发表无法表示意见。注册会计师可能认为需要在审计报告中增加其他事项段。（解释不能解约的原因）

如果认为有必要对财务报表整体发表否定意见或无法表示意见，注册会计师不应在同一审计报告中对按照相同财务报告编制基础编制的单一财务报表或者财务报表特定要素、账户或项目发表无保留意见。

三、非无保留意见的审计报告的格式和内容

关注审计报告的参考格式。

即使发表了否定意见或无法表示意见，注册会计师也应当在形成非无保留意见的基

础部分说明注意到的、将导致发表非无保留意见的所有其他事项及其影响。

考点四　在审计报告增加强调事项段和其他事项段★★

扫我解疑难

经典例题

【例题·简答题】（2017年节选）ABC会计师事务所的A注册会计师负责审计多家上市公司2016年度财务报表，遇到下列与审计报告相关的事项：

（1）ABC会计师事务所首次接受委托，审计丙公司2016年度财务报表。A注册会计师拟在审计报告中增加其他事项段，说明上期财务报表由前任注册会计师审计及其出具的审

计报告的日期。

（2）戊公司管理层在2016年度财务报表附注中披露了2017年1月发生的一项重大收购。A注册会计师认为该事项对财务报表使用者理解财务报表至关重要，拟在审计报表中增加其他事项段予以说明。

要求：针对上述第（1）至（2）项，逐项指出A注册会计师的做法是否恰当，如不恰当，简要说明理由。

【答案】（1）不恰当。还应当在其他事项段中说明前任注册会计师发表的意见的类型。

（2）不恰当。该事项已在财务报表附注中进行披露，A注册会计师应在强调事项段中予以说明。

📝考点精析

一、审计报告的强调事项段

1. 强调事项段的含义

审计报告的强调事项段是指审计报告中含有的一个段落，该段落提及**已在财务报表中恰当列报或披露**的事项，根据注册会计师的职业判断，该事项对财务报表使用者理解财务报表至关重要。

2. 增加强调事项段的情形

如果认为有必要提醒财务报表使用者关注已在财务报表中列报或披露，且根据职业判断认为对财务报表使用者理解财务报表至关重要的事项，在同时满足下列条件时，注册会计师应当在审计报告中增加强调事项段：

（1）该事项**不会导致**注册会计师发表**非无保留意见**；

（2）当《中国注册会计师审计准则第1504号——在审计报告中沟通关键审计事项》适用时，该事项**未被确定**为将要在审计报告中沟通的**关键审计事项**。

注册会计师可能认为需要加强调事项段的情形举例如下：①异常诉讼或监管行动的未来结果存在不确定性；②提前应用（在允许的情况下）对财务报表有广泛影响的新会计准则；③存在已经或持续对被审计单位财务状

况产生重大影响的特大灾难。

【知识点拨】强调事项段的过多使用会降低注册会计师沟通所强调事项的有效性。强调事项段应当仅提及已在财务报表中列报或披露的信息。

3. 在审计报告中增加强调事项段时注册会计师采取的措施

（1）将强调事项段作为单独的一部分置于审计报告中，并使用包含"强调事项"这一术语的适当标题。

（2）明确提及被强调事项以及相关披露的位置，以便能够在财务报表中找到对该事项的详细描述。强调事项段应当仅提及已在财务报表中列报或披露的信息。

（3）指出审计意见没有因该强调事项而改变。

二、审计报告的其他事项段

1. 其他事项段的含义

其他事项段是指审计报告中含有的一个段落，该段落**提及未在**财务报表中**列报或披露**的事项，根据注册会计师的职业判断，该事项与财务报表使用者理解审计工作、注册会计师责任或审计报告相关。

2. 需要增加其他事项段的情形

如果认为有必要沟通虽然未在财务报表中列报或披露，但根据职业判断认为与财务报表使用者理解审计工作、注册会计师的责任或审计报告相关的事项，在同时满足下列条件时，注册会计师应当在审计报告中增加其他事项段：

（1）未被法律法规禁止；

（2）当《中国注册会计师审计准则第1504号——在审计报告中沟通关键审计事项》适用时，该事项**未被确定**为将要在审计报告中沟通的**关键审计事项**。

需要在审计报告中增加其他事项段的情形包括：

（1）与使用者**理解审计工作相关**的情形；

（2）与使用者**理解注册会计师的责任或审计报告**相关的情形；

（3）对**两套以上财务报表出具审计报告**的情形；

（4）**限制审计报告分发和使用**的情形。

如果在审计报告中包含其他事项段，注册会计师应当将该段落作为单独的一部分，并使用"其他事项"或其他适当标题。

【知识点拨】如果拟在审计报告中增加强调事项段或其他事项段，注册会计师应当就该事项和拟使用的措辞与治理层沟通。

『链接』结合《中国注册会计师审计准则第 1503 号——在审计报告中增加强调事项段和其他事项段》附录 1 其他审计准则对强调事项段的具体要求及附录 2 其他审计准则对其他事项段的具体要求的内容来掌握涉及增加强调事项段或其他事项段的情形。

阶段性测试

1.【单选题】注册会计师应评价财务报表是否在所有重大方面按照适用的财务报告编制基础编制，下列因素中，注册会计师无须考虑的是（　　）。

A. 财务报表是否恰当披露了所选择和运用的重要会计政策

B. 管理层是否作出了精确的会计估计

C. 财务报表是否作出充分披露，使财务报表预期使用者能够理解重大交易和事项对财务报表所传递的信息的影响

D. 财务报表列报的信息是否具有相关性、可靠性、可比性和可理解性

2.【多选题】下列关于在审计报告中沟通关键审计事项的说法中，不恰当的有（　　）。

A. 注册会计师在审计中重点关注过的事项就是在审计报告中沟通的关键审计事项

B. 识别出的特别风险领域可能属于注册会计师重点关注过的事项

C. 注册会计师从重点关注过的事项选出的最为重要的事项构成关键审计事项，因此，只能在审计报告中沟通一项关键审计事项

D. 可能导致对被审计单位持续经营能力

产生重大疑虑的事项存在重大不确定性的事项，应在关键审计事项部分披露

3.【多选题】下列情形中，注册会计师认为需要增加其他事项段的有（　　）。

A. 与使用者理解审计工作相关的情形

B. 限制审计报告分发和使用的情形

C. 除审计准则规定的注册会计师对财务报表出具审计报告的责任外，相关法律法规可能对注册会计师设定了其他报告责任

D. 存在已经或持续对被审计单位财务状况产生重大影响的特大灾难

阶段性测试答案精析

1. B 【解析】要求管理层作出精确的会计估计是不切实际的，只能要求管理层作出合理的会计估计。在评价财务报表是否在所有重大方面按照适用的财务报告编制基础编制时，应当评价下列内容：①财务报表是否恰当披露了所选择和运用的重要会计政策；②选择和运用的会计政策是否符合适用的财务报告编制基础，并适合被审计单位的具体情况；③管理层作出的会计估计是否合理；④财务报表列报的信息是否具有相关性、可靠性、可比性和可理解性；⑤财务报表是否作出充分披露，使财务报表预期使用者能够理解重大交易和事项对财务报表所传递的信息的影响；⑥财务报表使用的术语（包括每一财务报表的标题）是否适当。

2. ACD 【解析】关键事项是注册会计师在审计中重点关注过的事项中最为重要的事项，故选项 A 错误。"最为重要的事项"并不意味着只有一项，故选项 C 错误。可能导致对持续经营能力产生重大疑虑的事项或情况存在重大不确定性，虽符合关键审计事项的定义，但此事项在审计报告中专门的部分披露，故选项 D 错误。

3. AB 【解析】选项 C，属于其他报告责任段的要求；选项 D，需要增加强调事项段。

考点五　比较信息 ★★

扫我解疑难

📝 经典例题

【例题·单选题】 （2015年）下列关于在审计报告中提及相关人员的说法中，错误的是（　）。

A. 如果上期财务报表已由前任注册会计师审计，注册会计师不应在无保留意见审计报告中提及前任注册会计师的相关工作，除非法律法规另有规定

B. 注册会计师不应在无保留意见的审计报告中提及专家的相关工作，除非法律法规另有规定

C. 注册会计师不应在无保留意见审计报告中提及服务机构注册会计师的相关工作，除非法律法规另有规定

D. 注册会计师对集团财务报表出具的审计报告不应提及组成部分注册会计师，除非法律法规另有规定

【答案】 A

【解析】 选项A错误，如果上期财务报表已经由前任注册会计师审计，注册会计师在审计报告中可以提及前任注册会计师对对应数据出具的审计报告；选项B，参考《中国注册会计师审计准则第1421号——利用专家的工作》第15条；选项C，参考《中国注册会计师审计准则第1241号——对被审计单位使用服务机构的考虑》第29条。选项D，参考《中国注册会计师审计准则第1401号——对集团财务报表审计的特殊考虑》第24条。

📝 考点精析

一、对应数据

对应数据对审计报告的影响见表19-4。

表19-4　对应数据对审计报告的影响

情形描述	审计报告的处理
总体要求	当财务报表中列报对应数据时，由于审计意见是针对包括对应数据的本期财务报表整体的，审计意见通常不提及对应数据
上期导致非无保留意见的事项仍未解决	如果未解决事项对本期数据的影响或可能的影响是重大的，注册会计师应当在导致非无保留意见事项段中同时提及本期数据和对应数据
	如果未解决事项对本期数据的影响或可能的影响不重大，注册会计师应当说明，由于未解决事项对本期数据和对应数据之间可比性的影响或可能的影响，因此发表了非无保留意见
上期财务报表存在重大错报	如果注册会计师已经获取上期财务报表存在重大错报的审计证据，而以前对该财务报表发表了无保留意见，且对应数据未经适当重述或恰当披露，注册会计师应当就包括在财务报表中的对应数据，在审计报告中对本期财务报表发表保留意见或否定意见
	若对应数据已在本期财务报表中得到适当重述或恰当披露，注册会计师可以在审计报告中增加强调事项段，以描述这一情况，并提及详细描述该事项的相关披露在财务报表中的位置
上期财务报表已由前任注册会计师审计	如果上期财务报表已由前任注册会计师审计，注册会计师在审计报告中可以提及前任注册会计师对对应数据出具的审计报告
上期财务报表未经审计	注册会计师应当在审计报告的其他事项段中说明对应数据未经审计。但这种说明并不减轻注册会计师获取充分、适当的审计证据，以确定期初余额不含有对本期财务报表产生重大影响的错报的责任

二、比较财务报表

比较财务报表对审计报告的影响见表19-5。

表19-5　比较财务报表对审计报告的影响

情形描述	审计报告的处理
总体要求	当列报比较财务报表时，审计意见应当提及列报财务报表所属的各期，以及**发表的审计意见涵盖的各期**
对上期财务报表发表的意见与以前发表的意见	当因本期审计而对上期财务报表发表审计意见时，如果对上期财务报表发表的意见与以前发表的意见不同，注册会计师应当在**其他事项段**中披露导致不同意见的实质性原因
上期财务报表已由前任注册会计师审计	如果上期财务报表已由前任注册会计师审计，除非前任注册会计师对上期财务报表出具的审计报告与财务报表一同对外提供，注册会计师除对本期财务报表发表意见外，还应当增加**其他事项段**
认为存在影响上期财务报表的重大错报，且前任出具了无保留意见	如果上期财务报表已经更正，且前任注册会计师同意对更正后的上期财务报表出具新的审计报告，注册会计师应当仅对本期财务报表出具审计报告
	前任注册会计师可能无法或不愿对上期财务报表重新出具审计报告。注册会计师可以在审计报告中增加**其他事项段**，指出前任注册会计师对更正前的上期财务报表出具了报告
上期财务报表未经审计	如果上期财务报表未经审计，注册会计师应当在**其他事项段**中说明比较财务报表未经审计。但这种说明并不减轻注册会计师获取充分、适当的审计证据，以确定期初余额不含有对本期财务报表产生重大影响的错报的责任

考点六　注册会计师对其他信息的责任★★

扫我解疑难

📝 经典例题

【例题·多选题】下列有关其他信息的说法中，不正确的有（　　）。

A. 注册会计师对财务报表发表的审计意见涵盖了其他信息

B. 注册会计师应当在审计报告日前获取组成年度报告文件的最终版本

C. 如果注册会计师认为审计报告日前获取的其他信息存在重大错报，且与治理层沟通后仍未得到更正，注册会计师可在审计报告在指明其他信息存在重大错报

D. 如果注册会计师认为对被审计单位及其环境的了解需要更新，注册会计师应当修改对风险评估、评估错报等的责任

【答案】AB

【解析】注册会计师对财务报表发表的审计意见不涵盖其他信息；组成年度报告的最终版本，如果可能，注册会计师会在审计报告日前获取，但也有可能在审计报告日后才能获取到。

📝 考点精析

一、获取、阅读并考虑其他信息

年度报告，是指管理层或治理层根据法律法规的规定或惯例，一般以年度为基础编制的、旨在向所有者（或类似的利益相关方）提供实体经营情况和财务业绩及财务状况（财务业绩及财务状况反映于财务报表）信息的一个文件或系列文件组合。一份年度报告包含或随附财务报表和审计报告，通常包括实体的发展，未来前景、风险和不确定事项，治理层声明，以及包含治理事项的报告等信息。其他信息，是指在被审计单位年度报告中包含的**除财务报表和审计报告以外**的财务信息和非财务信息。

作为独立文件发布的报告，通常不是组成年度报告的系列文件的一部分。比如：单独的行业或监管报告（如资本充足率报告）；公司社会责任报告；可持续发展报告；多元化和平等机会报告；产品责任报告；劳工做法和工作条件报告。

注册会计师应当就及时获取组成年度报告的文件的最终版本与管理层作出适当安排。

对其他信息的阅读与考虑见表19-6。

表19-6 阅读并考虑其他信息

其他信息	注册会计师的考虑
与财务报表中的金额或其他项目相一致、或对其进行概括、或为其提供更详细的信息	这些其他信息和财务报表之间是否存在重大不一致；进行比较
在审计财务报表过程中，已经针对其了解到一些情况	其与注册会计师在审计中了解到的情况是否存在重大不一致
与财务报表或注册会计师在审计中了解到的情况不相关	应当对这些其他信息中似乎存在重大错报的迹象保持警觉

二、应对措施

注册会计师针对其他信息的不同情形应采取不同的应对措施，见表19-7。

表19-7 针对其他信息的不同情形应采取不同的应对措施

项目	内容	措施	
似乎存在重大不一致，或其他信息存在重大错报时的应对	注册会计师应当与管理层讨论该事项，必要时，执行其他程序	①确定其他信息是否存在重大错报；②确定财务报表是否存在重大错报；③确定注册会计师对被审计单位及其环境的了解是否需要更新	
确定其他信息存在重大错报时的应对	审计报告日前	考虑对审计报告的影响，并就注册会计师计划如何在审计报告中处理重大错报**与治理层进行沟通**；当拒绝更正其他信息的重大错报导致对管理层和治理层的诚信产生怀疑，进而**质疑审计过程中从其获取声明的可靠性时，解除业务约定**可能是适当的	
	审计报告日后获取	更正	确定更正已经完成，复核管理层为与收到其他信息的人士沟通并告知其修改而采取的步骤
		未更正	考虑其法律权利和义务，并采取恰当的措施，以提醒审计报告使用者恰当关注未更正的重大错报
财务报表存在重大错报或者注册会计师对被审计单位及其环境的了解需要更新时的应对	**修改注册会计师对风险的评估、评估错报、考虑注册会计师关于期后事项的责任**		

三、对审计报告的要求

如果在审计报告日存在下列两种情况之一，审计报告应当包括一个单独部分，以"其他信息"为标题：

（1）对于上市实体财务报表审计，注册会计师已获取或预期将获取其他信息；

（2）对于上市实体以外其他被审计单位的财务报表审计，注册会计师已获取部分或全部其他信息。

📝 **阶段性测试**

1. **【单选题】** 如果上期未解决事项对对应数

据产生重大影响，也对本期数据产生重大影响，注册会计师应当(   )。

A. 因为是上期的事项，注册会计师审计的是本期的财务报表，所以注册会计师仅有予以关注的责任

B. 要求被审计单位在报表中披露未解决事项对对应数据的重大影响

C. 提请被审计单位调整，如果被审计单位拒绝，应当对本期财务报表整体发表非无保留意见，在导致非无保留意见事项段中同时提及本期数据和对应数据

D. 在审计报告中增加强调事项段说明这一情况

2. 【单选题】下列关于比较信息的说法中，不正确的是(   )。

A. 实施本期审计，既包括对本期财务报表中所含的本期数据的审计，也包括对本期财务报表中所含的比较信息的审计

B. 管理层对上期财务报表中影响比较信息的重大错报进行更正而作出的任何重述，注册会计师均需要管理层提供特别书面声明

C. 如果上期导致非无保留意见的事项仍未解决，但未解决事项对本期数据的影响是不重大的，注册会计师不应因此对本期财务报表发表非无保留意见

D. 如果上期导致非无保留意见的事项已经解决，并已在财务报表中作出适当的披露，注册会计师应当仅对本期财务报表发

表审计意见

3. 【多选题】注册会计师应当阅读其他信息，在阅读时，注册会计师应当(   )。

A. 考虑其他信息和财务报表之间是否存在重大不一致

B. 注册会计师应将其他信息中选定的金额和其他项目与财务报表中的相应金额和其他项目进行比较，以评价其一致性

C. 在已获取审计证据和已得出审计结论的背景下，考虑其他信息与注册会计师在审计中了解到的情况是否存在重大不一致

D. 对与财务报表或注册会计师在审计过程中了解到的情况不相关的其他信息中似乎存在重大错报的迹象保持警觉

阶段性测试答案精析

1. C 【解析】未解决事项对对应数据和本期数据均产生重大影响，而被审计单位拒绝调整时，注册会计师应当对本期财务报表整体发表非无保留意见，在导致非无保留意见事项段中同时提及本期数据和对应数据。

2. C 【解析】如果上期导致非无保留意见的事项仍未解决，注册会计师应当对本期财务报表发表非无保留意见。

3. ABCD 【解析】参考《中国注册会计师审计准则第1521号——注册会计师对其他信息的责任》第15、16条。

本章综合练习 限时60分钟

一、单项选择题

1. 下列对审计报告作用的理解中，不恰当的是(   )。

A. 由于注册会计师是以超然独立的第三方身份，对被审计单位财务报表的合法性、公允性发表意见，因此这种意见具有鉴证作用

B. 审计报告可以提高或降低财务报表使用者对财务报表的信赖程度，在一定程度上对利害关系人的利益起到保护作用

C. 审计报告可以对审计工作质量是否符合准则要求起证明作用，从而达到消除审计风险的目的

D. 通过审计报告，可以证明注册会计师

对审计责任的履行情况

2. 某公司 2019 年未经审计总资产 10 亿元，净资产 5 亿元，利润总额 3 000 万元，注册会计师确定的财务报表层次的重要性水平为 500 万元，2019 年 10 月销售的一批产品于 2020 年 2 月（审计报告日之前）因质量问题退回，影响损益 3 600 万元。假定不存在其他情况，则注册会计师下列做法中正确的是（　　）。

A. 无须调整 2019 年报表，在附注中披露销售退回情况，出具标准审计报告

B. 无须调整 2019 年报表，在附注中披露销售退回情况，出具带强调事项段的无保留意见的审计报告

C. 注册会计师要求调整 2019 年报表，如公司未调整，出具否定意见的审计报告

D. 注册会计师要求调整 2019 年报表，如公司未调整，出具无法表示意见的审计报告

3. 乙公司为甲集团重要组成部分，其存货占集团资产总额 2%，因其位置特殊，注册会计师无法实施监盘，也没有满意的替代程序。则注册会计师对于甲集团财务报表应出具的意见类型是（　　）。

A. 标准无保留意见

B. 加强调事项段的无保留意见

C. 保留意见

D. 无法表示意见

4. 下列事项中，不会导致注册会计师在审计报告中增加强调事项段的是（　　）。

A. 在允许的情况下，提前应用对财务报表有广泛影响的新会计准则

B. 所审计财务报表采用特殊编制基础编制

C. 针对在审计报告日后至财务报表报出日前知悉的事实，注册会计师出具了新的审计报告

D. 管理层对审计范围施加的限制导致注册会计师无法获取充分、适当的审计证据，并且无法解除业务约定

5. 下列情形中，不属于注册会计师应当在审计报告中增加其他事项段予以说明的情形的是（　　）。

A. 极其特殊的情况由于管理层对审计范围施加的限制导致无法获取充分、适当的审计证据可能产生的影响具有广泛性，注册会计师也不能解除业务约定

B. 提前应用（在允许的情况下）对财务报表有广泛影响的新会计准则

C. 被审计单位按照我国的《企业会计准则》编制一套财务报表，同时按照《国际财务报告准则》编制另一套财务报表，并委托注册会计师同时对两套财务报表出具审计报告

D. 限制审计报告分发和使用的情形

6. 下列可以在审计报告强调事项段中提及对应数据的情形是（　　）。

A. 导致对上期财务报表发表非无保留意见的事项在本期尚未解决，仍对本期财务报表产生重大影响

B. 上期财务报表已由前任注册会计师审计

C. 上期财务报表存在重大错报，对应数据已在本期财务报表中得到适当重述或恰当披露

D. 上期财务报表未经审计

7. 甲公司 2018 年度财务报表由 ABC 会计师事务所审计，并发表了无保留意见的审计报告，2019 年度财务报表委托 EFG 会计师事务所进行审计，在审计的过程中发现了 2018 年度财务报表中的重大错报，下列说法中不恰当的是（　　）。

A. 注册会计师应当就此与适当层级的管理层沟通

B. 注册会计师应提请管理层告知前任注册会计师

C. 注册会计师应当与治理层进行沟通，除非治理层全部成员参与管理被审计单位

D. 如果存在错报的上期财务报表尚未更正，且未重新出具审计报告，但对应数据已在本期财务报表中得到恰当重述，则注册会计师可以在审计报告中增加其他事项

段，以描述这一事项

8. 如果前任注册会计师对上期财务报表出具了非无保留意见的审计报告，后任注册会计师在其审计报告中继续反映相关事项的最主要条件是（　　）。

A. 相关事项的错报金额和性质强弱

B. 前任确定的财务报表重要性水平

C. 相关事项是否影响本期财务报表

D. 后任所发表报告的具体意见类型

二、多项选择题

1. 下列各项中，属于审计报告中标题为"注册会计师对财务报表审计的责任"部分的内容的有（　　）。

A. 说明注册会计师与治理层就计划的审计范围、时间安排和重大审计发现等进行沟通，包括沟通注册会计师在审计中识别的值得关注的内部控制缺陷

B. 对于上市实体财务报表审计，指出注册会计师就遵守关于独立性的相关职业道德要求向治理层提供声明，并与治理层沟通可能被合理认为影响注册会计师独立性的所有关系和其他事项，以及相关的防范措施（如适用）

C. 评价管理层选用会计政策的恰当性和作出会计估计及相关披露的合理性

D. 说明注册会计师按照审计准则的规定执行了审计工作

2. 下列关于审计报告的关键审计事项的说法中，正确的有（　　）。

A. 关键审计事项是与治理层沟通过的事项

B. 在执行审计工作时重点关注过的事项都是关键审计事项

C. 在审计报告在披露的关键审计事项，是已经得到满意解决的事项，既不存在审计范围受到限制，也不存在与被审计单位管理层意见分歧的情况

D. 如果注册会计师根据被审计单位和审计业务的具体情况确定不存在需要在审计报告中沟通的关键审计事项，则无须就此

与治理层沟通

3. 注册会计师在确定某一与治理层沟通过的事项是否构成关键审计事项时，下列各项中，可能需要考虑的有（　　）。

A. 该事项对预期使用者理解财务报表整体的重要程度

B. 被审计单位管理层在对某事项选择适当的会计政策时，与同行业其他实体相比，涉及的复杂程度或主观程度

C. 与该事项相关的由于舞弊或错误导致的已更正错报和累积未更正错报的性质和重要程度

D. 识别出的与该事项相关的控制缺陷的严重程度

4. 如果法律法规允许，下列情形中，可能导致注册会计师解除业务约定的有（　　）。

A. 注册会计师与治理层之间的双向沟通不充分，并且这种情况得不到解决

B. 注册会计师发现由于舞弊导致的重大错报，对继续执行审计业务的能力产生怀疑

C. 管理层和治理层没有对违反法律法规的行为采取适当的补救措施

D. 管理层对审计范围施加限制，注册会计师认为这一限制可能导致对财务报表发表无法表示意见

5. 承接审计业务后，如果注意到被审计单位管理层对审计范围施加了限制，且认为这些限制可能导致对财务报表发表保留意见或无法表示意见，注册会计师采取的下列措施中，正确的有（　　）。

A. 要求管理层消除这些限制，如果管理层拒绝消除限制，应当与治理层沟通

B. 如果无法获取充分、适当的审计证据，且未发现的错报（如存在）对财务报表的影响重大且具有广泛性，应当在可行时解除业务约定

C. 如果无法获取充分、适当的审计证据，且未发现的错报（如存在）对财务报表的影响重大且具有广泛性，若解除业务约定不可行，应当发表无法表示意见

D. 如果无法获取充分、适当的审计证据，且未发现的错报（如存在）可能对财务报表的影响重大，但不具有广泛性，应当发表保留意见

6. 如果对财务报表发表非无保留意见，注册会计师的下列做法中正确的有（　　）。

A. 如果财务报表中存在与定性披露相关的重大错报，在形成非无保留意见的基础段中解释该错报错在何处

B. 如果财务报表中存在与具体金额（包括定量披露）相关的重大错报，在形成非无保留意见的基础段中说明并量化该错报的财务影响

C. 直接在审计意见段之后增加一个段落，并使用恰当的标题，说明导致发表非无保留意见的事项

D. 如果发表了否定意见或无法表示意见，就无须对注意到的、将导致发表非无保留意见的其他事项及其影响加以说明

7. 下列各项中，注册会计师可能认为需要增加强调事项段的有（　　）。

A. 被审计单位持续经营假设运用适当但存在重大不确定性，且财务报表已做充分披露

B. 异常诉讼的未来结果存在不确定性

C. 上期财务报表已由前任注册会计师审计，注册会计师决定在财务报表中提及前任注册会计师对对应数据出具的审计报告

D. 存在错报的上期财务报表尚未更正，并且没有重新出具审计报告，但对应数据已在本期财务报表中得到适当重述或披露

8. 在本期财务报表中列报比较财务报表的情形下，下列有关获取管理层书面声明的说法中，恰当的有（　　）。

A. 注册会计师需要要求管理层提供与审计意见所提及的所有期间相关的书面声明

B. 注册会计师仅需要要求管理层提供与本期财务报表数据相关的书面声明

C. 注册会计师无须就比较财务报表所包含的相关金额和披露获取管理层书面声明

D. 针对财务报表的编制，注册会计师应当要求管理层提供书面声明，确认其根据审计业务约定条款，履行了按照适用的财务报告编制基础编制财务报表并使其实现公允反映的责任

9. 下列有关其他信息的相关说法中，正确的有（　　）。

A. 财务报表的审计意见不涵盖其他信息，也不要求注册会计师获取超过形成财务报表审计意见所需要的审计证据

B. 无论注册会计师获取其他信息是在审计报告日之前还是之后，均适用注册会计师对其他信息的责任（除适用的报告责任外）

C. 公司治理情况说明不属于其他信息的范畴

D. 财务报表审计业务中，注册会计师对其他信息的责任，不构成对其他信息的鉴证业务，也不将对其他信息获取保证的义务强加于注册会计师

10. 如果注册会计师认为审计报告日后获取的其他信息存在重大错报，且与治理层沟通后仍未得到更正，注册会计师可能采取的措施有（　　）。

A. 向管理层提供含有指出其他信息重大错报的新的或修改后的审计报告

B. 在股东大会上通报该事项

C. 在审计报告的意见段后增加强调事项段

D. 与监管机构或相关职业团体沟通未更正的重大错报

三、简答题

1. ABC 会计师事务所的 A 注册会计师负责审计多家上市公司 2019 年度财务报表，遇到下列与审计报告相关的事项：

（1）A 注册会计师对甲公司关联方关系及交易实施审计程序并与治理层沟通后，对是否存在未在财务报表中披露的关联方关系及交易存在疑虑，拟将其作为关键审计事项在审计报告中沟通。

（2）ABC 会计师事务所首次接受委托，审

计丙公司 2019 年度审计报表。A 注册会计师拟在审计报告中增加其他事项段，说明上期财务报表由前任注册会计师审计及其出具的审计报告的日期。

（3）丁公司 2019 年发生重大经营亏损。A 注册会计师实施审计程序并与治理层沟通后，认为可能导致对持续经营能力产生重大疑虑的事项或情况不存在重大不确定性。因在审计工作中对该事项进行过重点关注，A 注册会计师拟将其作为关键审计事项在审计报告中沟通。

（4）戊公司管理层在 2019 年度财务报表附注中披露了 2020 年 1 月发生的一项重大收购。A 注册会计师认为该事项对财务报表使用者理解财务报表至关重要，拟在审计报告中增加其他事项段予以说明。

（5）A 注册会计师认为，己公司财务报表附注中未披露其对外提供的多项担保，构成重大错报，因拟就己公司持续经营问题对财务报表发表无法表示意见，不再在审计报告中说明披露错报。

要求：针对上述第（1）至（5）项，逐项指出 A 注册会计师的做法是否恰当。如不恰当，简要说明理由。

2. ABC 会计师事务所的 A 注册会计师担任多家被审计单位 2019 年度财务报表审计的项目合伙人，遇到下列导致出具非标准审计报告的事项：

（1）甲公司为 ABC 会计师事务所 2019 年度新承接的客户。前任注册会计师由于未就 2018 年 12 月 31 日存货余额获取充分、适当的审计证据，对甲公司 2018 年度财务报表发表了保留意见。审计项目组认为，导致保留意见的事项对本期数据本身没有影响。

（2）2019 年 10 月，上市公司乙公司因涉嫌信息披露违规被证券监管机构立案稽查。截至审计报告日，尚无稽查结论。管理层在财务报表附注中披露了上述事项。

（3）丙公司管理层对固定资产实施减值测试，按照未来现金流量现值与固定资产账面净值的差额确认了重大减值损失。管理层无法提供相关信息以支持现金流量预测中假设的未来 5 年营业收入，审计项目组也无法作出估计。

（4）2020 年 2 月，丁公司由于生产活动产生严重污染，被当地政府部门责令无限期停业整改。截至审计报告日，管理层的整改计划尚待董事会批准。管理层按照持续经营假设编制了 2019 年度财务报表，并在财务报表附注中披露了上述情况。审计项目组认为管理层运用持续经营假设符合丁公司的具体情况。

（5）戊公司于 2019 年 9 月起停止经营活动，董事会拟于 2020 年清算戊公司。2019 年 12 月 31 日，戊公司账面资产余额主要为货币资金、其他应收款以及办公家具等固定资产，账面负债余额主要为其他应付款和应付职工薪酬。管理层认为，如采用非持续经营编制基础，对上述资产和负债的计量并无重大影响，因此，仍以持续经营假设编制 2019 年度财务报表，并在财务报表附注中披露了清算计划。

（6）2019 年 1 月 1 日，己公司通过收购取得子公司庚公司。由于庚公司账目混乱，己公司管理层决定在编制 2019 年度合并财务报表时不将其纳入合并范围。庚公司 2019 年度的营业收入和税前利润约占己公司未审合并财务报表相应项目的 30%。

要求：针对上述第（1）至（6）项，假定不考虑其他条件，逐项指出 A 注册会计师应当出具何种类型的审计报告，并简要说明理由。

3. ABC 会计师事务所的 A 注册会计师担任多家被审计单位的 2019 年度财务报表审计的项目合伙人，遇到下列事项：

（1）A 注册会计师认为，导致对甲公司的持续经营能力产生重大疑虑的事项和情况存在重大不确定性。管理层不同意 A 注册会计师的结论，因此未在财务报表附注中作出与其持续经营能力有关的披露，A 注册会计师拟在审计报告中增加其他事项段。

(2)审计客户乙公司上期财务报表已由前任注册会计师审计，A 注册会计师决定在审计报告中添加其他事项段提及上期财务报表已由前任注册会计师审计、前任注册会计师发表的意见的类型以及前任注册会计师出具的审计报告的日期。

(3)丙公司大部分采购业务、销售交易为关联方交易，管理层在 2019 年度财务报表附注中披露关联方交易价格公允。由于缺乏公开的市场数据，A 注册会计师无法对该披露作出评估，鉴于关联方交易对丙公司的经营活动至关重要，A 注册会计师拟在审计报告中增加强调事项段，提请财务报表使用者关注附注中披露的关联方交易计价的公允性。

(4)A 注册会计师得出结论认为审计报告

日前获取的其他信息存在重大错报，且在与治理层沟通后其他信息仍未得到更正，因此 A 注册会计师拟在审计报告中增加其他事项段进行说明。

(5)戊公司 2019 年是基于破产清算假设条件下编制的财务报表，并公允反映了被审计单位的财务状况及现金流量，且充分披露了其特殊目的的编制基础。A 注册会计师在对其财务报表出具的审计报告中增加强调事项段，以提醒审计报告使用者关注财务报表按照特殊目的编制基础编制。

(6)庚公司管理层在财务报表附注中披露了某项重大会计估计存在高度估计不确定性。A 注册会计师认为该披露不充分，拟在审计报告中增加强调事项段。

要求：针对上述第(1)至(6)项，逐项指出 A 注册会计师采取的应对措施是否恰当。如不恰当，简要说明正确的应对措施。

本章综合练习参考答案及详细解析

一、单项选择题

1. C 【解析】审计风险只能降低不能完全消除，降低审计风险最重要的是需要注册会计师在执行审计工作时严格遵守审计准则的规定。

2. C 【解析】2020 年退回 2019 年销售的商品应作为财务报表日后调整事项调整 2019 年度的相关收入、成本和税金等。如果被审计单位不调整，则影响损益的金额 3 600 万元超过了重要性水平，也超过了利润总额，使得企业由盈利变为亏损，性质很严重，所以出具否定意见的审计报告。

3. C 【解析】占集团资产总额 2% 的存货无法获取充分适当的审计证据，但其影响程度不至于造成广泛影响，所以不至于对其出具无法表示意见，应发表保留意见。

4. D 【解析】选项 D 应当增加其他事项段。

5. B 【解析】提前应用(在允许的情况下)对财务报表有广泛影响的新会计准则属于在报告中增加强调事项段予以说明的情形。

6. C 【解析】选项 A，应出具保留意见或否定意见的审计报告；选项 B，注册会计师在审计报告的其他事项段中提及前任注册会计师对对应数据出具的审计报告；选项 D，上期财务报表未经审计，注册会计师应当在审计报告的其他事项段中说明对应数据未经审计。

7. D 【解析】注册会计师应在审计报告中增加强调事项段，而非其他事项段。

8. C 【解析】选项 C 具体体现了注册会计师审计期初余额的基本立场，即始终以是否影响本期财务报表为出发点。

二、多项选择题

1. ABC 【解析】参考《中国注册会计师审计

准则第 1501 号——对财务报表形成审计意见和出具审计报告》第 33 条至第 35 条。选项 D 属于"形成审计意见的基础"部分的内容。

2. AC 【解析】注册会计师需要从"在执行审计工作时重点关注过的事项"中选出"最为重要的事项",从而构成关键审计事项,选项 B 错误;根据被审计单位和审计业务的具体情况,注册会计师确定不存在需要在审计报告中沟通的关键审计事项,注册会计师需要就这一情况与治理层沟通,选项 D 错误。

3. ABCD

4. ABCD 【解析】选项 A,如果注册会计师与治理层之间的双向沟通不充分,并且这种情况得不到解决,在法律法规允许的情况下可以解除业务约定;选项 B,如果由于舞弊或舞弊嫌疑导致出现错报,致使注册会计师遇到对其继续执行审计业务的能力产生怀疑,可以考虑解除业务约定;选项 C,在例外情况下,如果管理层或治理层没有采取注册会计师认为适合具体情况的补救措施,即使违反法律法规行为对财务报表不重要,如果法律法规允许,注册会计师也可能考虑是否有必要解除业务约定;选项 D,当管理层对审计范围限制,并且这一限制可能导致对财务报表出具无法表示意见时,在允许解除业务约定的情形下,首先考虑解除业务约定。

5. ABCD 【解析】在承接审计业务后,如果注意到管理层对审计范围施加了限制,且认为这些限制可能导致对财务报表发表保留意见或无法表示意见,注册会计师应当要求管理层消除这些限制。如果管理层拒绝消除限制,除非治理层全部成员参与管理被审计单位,注册会计师应当就此事项与治理层沟通,并确定能否实施替代程序以获取充分、适当的审计证据。

6. ABC 【解析】即使发表了否定意见或无法表示意见,注册会计师也应当在形成非无保留意见的基础段中说明注意到的、将导致发表非无保留意见的所有其他事项及其影响。这是因为,对注册会计师注意到的其他事项的披露可能与财务报表使用者的信息需求相关。

7. BD 【解析】选项 A,应单独增加以"与持续经营相关的重大不确定性"为标题的部分,以提醒财务报表使用者关注财务报表附注中对相关事项的披露,并说明这些事项或情况表明存在可能导致对被审计单位持续经营能力产生重大疑虑的重大不确定性;选项 C,当注册会计师决定提及前任注册会计师对对应数据出具的审计报告时,应当在审计报告的其他事项段中说明。

8. AD 【解析】在比较财务报表的情形下,由于管理层需要再次确认其以前作出的与上期相关的书面声明仍然适当,注册会计师需要要求管理层提供与审计意见所提及的所有期间相关的书面声明。

9. ABD 【解析】选项 C,公司治理情况说明属于其他信息的范畴。

10. ABD

三、简答题

1.【答案】

(1)不恰当。关键审计事项必须是已经得到满意解决的事项/关键审计事项不能替代非无保留意见/应当发表非无保留意见。

(2)不恰当。应当说明前任注册会计师发表的审计意见类型。

(3)恰当。

(4)不恰当。应当增加强调事项段/其他事项段用于提及未在财务报表附注中列报或披露的事项/其他事项段与财务报表使用者理解审计工作、注册会计师的责任或审计报告相关。

(5)不恰当。应当在形成无法表示意见的基础部分说明存在的披露错报。

2.【答案】

针对事项(1),应出具保留意见审计报告。

2018 年度审计报告中导致保留意见的事项对本期数据和对应数据的可比性仍有影响。

针对事项（2），应出具带强调事项段的无保留意见审计报告。证券监管机构的稽查结果存在不确定性。

针对事项（3），应出具保留意见/无法表示意见审计报告。无法获取充分、适当的审计证据，审计范围受到限制。

针对事项（4），应出具带"与持续经营相关的重大不确定性"的无保留意见审计报告。导致对持续经营能力产生疑虑的事项或情况具有重大不确定性。

针对事项（5），应出具否定意见审计报告。运用持续经营假设不适当。

针对事项（6），应出具否定意见审计报告。重要子公司未合并，导致合并财务报表存在重大而广泛的错报。

3. 【答案】

事项（1）不恰当。管理层拒绝披露，应发表保留意见或否定意见。

事项（2）恰当。

事项（3）不恰当。注册会计师无法获取充分适当的审计证据，应提请被审计单位撤销该披露，如果被审计单位不同意撤销，则考虑对审计报告的影响。

事项（4）不恰当。此时注册会计师应当考虑对审计报告的影响，并与治理层沟通注册会计师计划在审计报告中如何处理重大错报；或者解除业务约定。

事项（5）恰当。

事项（6）不恰当。披露不充分，应提请被审计单位充分披露，管理层拒绝，考虑对审计意见的影响，而非增加强调事项段。

第六编

企业内部控制审计

　　本编主要针对如何执行企业内部控制审计的相关内容进行了详细介绍，包括内部控制审计的概念，如何计划审计工作，如何运用自上而下的方法识别、了解从而选择拟测试的控制，测试控制有效性的审计程序的类型、时间安排和范围，对各层面及信息系统的控制的测试，最终评价发现的缺陷并形成审计报告。

　　本编知识内容较多，可考性也较强。在 2017、2018 年考题中考查了多道客观题，预计在 2020 年的考试中，客观题、简答题都有可能考查本编内容。另外，考生应注意本编内容与财务报表审计的异同点。

第20章 企业内部控制审计

考情分析

▶ 历年考情分析

本章属于比较重要的内容，较为完整地介绍了注册会计师执行的企业内部控制审计业务从计划审计工作到出具内部控制审计报告的全过程。从这两年的考题来看，以考查客观题为主；但从本章内容及考试大纲的要求看，本章考查主观题的可能性也较大。考生应重点关注：企业内部控制审计的相关概念；自上而下的方法；内部控制缺陷的评价；出具审计报告等知识点。

▶ 本章2020年考试主要变化

本章内容无实质性变动。

核心考点及经典例题详解

考点一　企业内部控制审计的含义、范围和基准日 ★

扫我解疑难

📝 经典例题

【例题·多选题】（2017年）下列有关财务报表审计与内部控制审计的共同点的说法中，正确的有（   ）。

A. 两者识别的重要账户、列报及其相关认定相同

B. 两者的审计报告意见类型相同

C. 两者了解和测试内部控制设计和运行有效性的审计程序类型相同

D. 两者测试内部控制运行有效性的范围相同

【答案】AC

【解析】选项B，内部控制审计意见包括无保留意见、否定意见和无法表示意见三种类型，没有保留意见；选项D，在财务报表审计中，如果预期不信赖内部控制，可以不实施内部控制测试，不测试内部控制运行的有效性；在内部控制审计中，注册会计师应当针对所有重要账户和列报的每一个相关认定获取内部控制设计和运行有效性的审计证据，以便对内部控制整体的有效性发表审计意见。

📝 考点精析

1. 内部控制审计的含义

内部控制审计是指会计师事务所接受委托，对**特定基准日**内部控制设计与运行的有效性进行审计。

2. 内部控制审计的范围

对于**财务报告内部控制**，注册会计师对

其有**效性**发表审计意见；

对于内部控制审计过程中注意到的**非财务报告内部控制的重大缺陷**，注册会计师在内部控制审计报告中增加"**非财务报告内部控制重大缺陷描述段**"予以披露。

【**知识点拨**】第一，注册会计师执行的内部控制审计**严格限定**在财务报告内部控制审计。

第二，财务报告内部控制是旨在合理保证财务报告及相关信息真实、完整而设计和运行的内部控制，以及用于保护资产安全的内部控制中与财务报告可靠性目标相关的控制。

3. 内部控制审计基准日

内部控制审计基准日是注册会计师评价内部控制在某一时日是否有效所涉及的基准日，也是被审计单位评价基准日，即**最近一个会计期间截止日**。

注册会计师对特定基准日内部控制的有效性发表意见，并不意味着注册会计师只测试基准日这一天的内部控制，注册会计师应当获取内部控制在**基准日之前一段足够长的期间**内有效运行的审计证据。

在**整合审计**中，控制测试所涵盖的期间应当尽量**与财务报表审计**中拟信赖内部控制的期间**保持一致**。

考点二　自上而下的方法 ★★

扫我解疑难

📋 经典例题

【**例题·单选题**】（2017年）注册会计师执行内部控制审计时，下列有关识别重要账户、列报及其相关认定的说法中，错误的是（　）。

A. 注册会计师应当从定性和定量两个方面识别重要账户、列报及其相关认定

B. 注册会计师通常将超过报表整体重要性的账户认定为重要账户

C. 在确定重要账户、列报及其相关认定时，注册会计师应当考虑控制的影响

D. 在识别重要账户、列报及其相关认定时，注册会计师应当确定重大错报的可能来源

【**答案**】C

【**解析**】在识别重要账户、列报及其相关认定时，注册会计师不应考虑控制的影响，因为内部控制审计的目标本身就是评价控制的有效性。

📋 考点精析

注册会计师应当采用自上而下的方法选择拟测试的控制。

自上而下的方法分为下列步骤（见图20-1）：

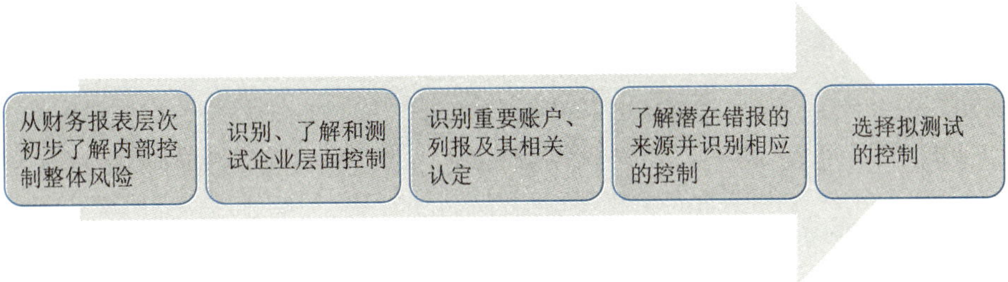

从财务报表层次初步了解内部控制整体风险 → 识别、了解和测试企业层面控制 → 识别重要账户、列报及其相关认定 → 了解潜在错报的来源并识别相应的控制 → 选择拟测试的控制

图20-1　自上而下的方法操作的步骤

一、识别、了解和测试企业层面控制

企业的内部控制分为**企业层面**控制和**业务流程、应用系统或交易层面**的控制两个层面。

1. 企业层面控制的内涵

企业层面的控制通常为应对企业财务报表整体层面的风险而设计，或作为其他控制运行的"基础设施"，通常在比业务流程更高

的层面上乃至整个企业范围内运行，其作用比较广泛，通常不局限于某个具体认定。

2. 企业层面控制对其他控制及其测试的影响

（1）某些企业层面控制可能影响注册会计师拟测试的其他控制及其对其他控制所执行程序的性质、时间安排和范围。

（2）某些企业层面控制能够监督其他控制的有效性。当这些控制运行有效时，注册会计师可以减少原本拟对其他控制的有效性进行的测试。

（3）某些企业层面控制本身能精确到足以及时防止或发现一个或多个相关认定中存在的重大错报。如果一项企业层面控制足以应对已评估的重大错报风险，注册会计师可以不必测试与该风险相关的其他控制。

【知识点拨】

第一，注册会计师对企业层面控制的评价，可能增加或减少本应对其他控制所进行的测试；

第二，注册会计师可以考虑在执行业务的早期阶段对企业层面控制进行测试。

二、识别重要账户、列报及其相关认定

在识别重要账户、列报及其相关认定时，注册会计师应当从定性和定量两个方面作出评价，包括考虑舞弊的影响。

（1）超过财务报表整体重要性的账户，无论是在内部控制审计还是财务报表审计中，通常情况下被认定为重要账户。

注意：

第一，一个账户或列报，即使从性质方面考虑与之相关的风险较小，其金额超过财务报表整体重要性越多，该账户或列报被认定为重要账户或列报的可能性就越大。

第二，一个账户或列报的金额超过财务报表整体重要性，并不必然表明其属于重要账户或列报，因为注册会计师还需要考虑定性的因素。

（2）从性质上说，注册会计师可能因为某账户或列报受固有风险或舞弊风险的影响而

将其确定为重要账户或列报，因为即使该账户或列报从金额上看并不重大，但这些固有风险或舞弊风险很有可能导致重大错报。

（3）注册会计师不仅应当在重要账户或列报层面考虑风险，而且应当深入账户或列报的成分，如果某账户或列报的各成分存在的风险差异较大，被审计单位可能需要采用不同的控制以应对这些风险，注册会计师应当分别予以考虑，并针对各自的风险设计审计程序。

注意：

第一，在识别重要账户、列报及其相关认定时，注册会计师不应考虑控制的影响，因为内部控制审计的目标本身就是评价控制的有效性。

第二，在确定某账户、列报是否重要和某认定是否相关时，注册会计师应当将所有可获得的信息加以综合考虑。

第三，以前年度审计中识别的错报会影响注册会计师对某账户、列报及其相关认定固有风险的评估。

第四，在内部控制审计中，注册会计师在识别重要账户、列报及其相关认定时应当评价的风险因素，与财务报表审计中考虑的因素相同。因此，在这两种审计中识别的重要账户、列报及其相关认定应当相同。

【知识点拨】财务报表审计与内部控制审计至少在以下几个方面是可以整合共享的：

（1）重要性水平的确定；

（2）固有风险的评估；

（3）集团审计中重要组成部分和非重要组成部分的确定；

（4）重要账户、列报及其相关认定的确定；

（5）内部控制设计与运行有效性的测试；

（6）内部控制缺陷的识别和评价。

三、了解潜在错报的来源并识别相应的控制

1. 了解潜在错报的来源

2. 实施穿行测试（见表20-1）

表 20-1　实施穿行测试

项目	具体内容	备注
(1)实施的情况	在某些特定情况下，注册会计师一般会实施穿行测试，这些情况包括：①存在较高固有风险的复杂领域；②以前年度审计中识别出的缺陷(需要考虑缺陷的严重程度)；③由于引入新的人员、新的系统、收购以及采取新的会计政策而导致流程发生重大变化	如注册会计师**首次**接受委托执行内部控制审计，通常预期会对重要流程实施**穿行测试**
(2)测试的范围	穿行测试涵盖交易生成、授权、记录、处理和报告整个过程，以及识别出的重要流程中的控制，包括针对**舞弊**风险的控制	——
(3)测试的要求	①一般而言，对每个重要流程，选取一笔交易或事项实施穿行测试即可。②注册会计师应当使用与被审计单位人员使用的相同的文件和信息技术对业务流程实施穿行测试，并向参与该流程或控制重要方面的相关人员进行询问	如果被审计单位采用集中化的系统为多个组成部分执行重要流程，则可能不必在每个重要的经营场所或业务单位选取一笔交易或事项实施穿行测试
(4)测试的方法	注册会计师在实施穿行测试时往往综合运用**询问**、**观察**、**检查**相关文件记录和**重新执行**	穿行测试是一种**评估设计有效性**的有效方法

四、选择拟测试的控制

1. 选择拟测试控制的基本要求

注册会计师应当针对每一相关认定获取控制有效性的审计证据，以便对内部控制整体的有效性发表意见，**但没有责任**对**单项控制**的有效性发表意见。

注册会计师**没有必要**测试与某项相关认定有关的**所有控制**。

在确定是否测试某项控制时，注册会计师应当考虑该项控制单独或连同其他控制，是否足以应对评估的某项相关认定的错报风险，而不论该项控制的分类和名称如何。

2. 选择拟测试的控制的考虑因素

注册会计师在选取拟测试的控制时，**通常不会选取**整个流程中的**所有控制**，而应选择**关键**控制。

注意：

第一，注册会计师无须测试那些即使有缺陷也合理预期不会导致财务报表重大错报的控制。

第二，如果识别并选取了能够充分应对重大错报风险的控制，则不需要再测试针对同样认定的其他控制。

第三，注册会计师在考虑是否有必要测试业务流程、应用系统或交易层面的控制之前，首先要考虑测试那些与重要账户的认定相关的企业层面控制的有效性。

如果企业层面控制是有效的且得到精确执行，能够及时防止或发现并纠正影响一个或多个认定的重大错报，注册会计师可能不必就所有流程、交易或应用层面的控制的运行有效性获取审计证据。

第四，对于与所有重要账户和列报相关的所有相关认定，注册会计师都需要取得关于控制设计和运行是否有效的证据。如果存在多个控制均应对相关认定的重大错报风险，注册会计师通常会选择那个(些)能够以最有效的方式予以测试的控制。

第五，企业管理层在执行内部控制自我评价时选择测试的控制，可能多于注册会计师认为为了评价内部控制的有效性有必要测试的控制。管理层的这种决定，不影响注册会计师的控制测试决策，注册会计师只需要测试那些对形成内部控制审计意见有重大影响的控制。

考点三　测试控制的有效性★★

扫我解疑难

【例题·单选题】（2018年）在执行内部控制审计时，下列有关注册会计师选择拟测试的控制的说法中，错误的是（　　）。

A. 注册会计师应当选择测试对形成内部控制审计意见有重大影响的控制

B. 注册会计师无须测试即使有缺陷也合理预期不会导致财务报表重大错报的控制

C. 注册会计师通常选择能够为一个或多个重要账户或列报的一个或多个相关认定提供最有效果或最有效率的证据进行测试

D. 注册会计师选择拟测试的控制，应当涵盖企业管理层在执行内部控制自我评价时测试的控制

【答案】D

【解析】选项A，注册会计师应当选择测试那些对形成内部控制审计意见有重大影响的控制；选项B，注册会计师无须测试那些即使有缺陷也合理预期不会导致财务报表重大错报的控制；选项C，注册会计师在选取拟测试的控制时，通常不会选取整个流程中的所有控制，而是选择关键控制，即能够为一个或多个重要账户或列报的一个或多个相关认定提供最有效果或最有效率的证据的控制；选项D，企业管理层在执行内部控制自我评价时选择测试的控制的范围是可能多于注册会计师认为为了评价内部控制的有效性有必要测试的控制。

一、内部控制的有效性

内部控制的有效性包括：（1）内部控制设计的有效性；（2）内部控制运行的有效性。

二、与控制相关的风险

与控制相关的风险包括一项控制可能无效的风险，以及如果该控制无效，可能导致重大缺陷的风险。与控制相关的风险越高，注册会计师需要获取的审计证据就越多。

三、测试控制有效性的程序的性质

注册会计师可以采用询问、观察、检查和重新执行测试控制的有效性。

四、控制测试的时间安排

（1）对于内部控制审计业务，注册会计师应当获取内部控制在基准日之前一段足够长的期间内有效运行的审计证据。

（2）在整合审计中，注册会计师控制测试所涵盖的期间应尽量与财务报表审计中拟信赖内部控制的期间保持一致。对控制有效性测试的实施时间越接近基准日，提供的控制有效性的审计证据越有力。

注册会计师应当在尽量接近基准日和需要涵盖足够长的期间这两个因素之间作出平衡，以确定测试的时间。

（3）在整合审计中测试控制在整个会计年度的运行有效性时，注册会计师可以进行期中测试，然后对剩余期间实施前推测试，或将样本分成两部分，一部分在期中测试，剩余部分在临近年末的期间测试。

注意：

①与所测试的控制相关的风险越低，注册会计师需要对该控制获取的审计证据就越少，可能对该控制实施期中测试就可以为其运行有效性提供充分、适当的审计证据。

②如果与所测试的控制相关的风险越高，需要获取的证据就越多，注册会计师应当取得一部分更接近基准日的证据。

③如果被审计单位为了提高控制效果和效率或整改控制缺陷而对控制作出改变，注

册会计师应当考虑这些变化并适当予以记录。如果注册会计师认为新的控制能够满足控制的相关目标，而且新控制已运行**足够长的时间**，足以使注册会计师通过实施控制测试评估其设计和运行的有效性，则注册会计师不再需要测试被取代的控制的设计和运行有效性。

④注册会计师执行内部控制审计业务旨在对**基准日**内部控制有效性出具报告。如果已获取有关控制在**期中运行有效性**的审计证据，注册会计师应当确定还需要获取哪些补充审计证据，以证实剩余期间控制的运行情况。在将期中测试结果**前推至基准日**时，注册会计师应当考虑相关因素以确定需获取的**补充审计证据**。

⑤如果信息技术一般控制有效且关键的自动化控制**未发生任何变化**，注册会计师就**不需要**对该自动化控制实施**前推测试**。

⑥如果重要的信息技术一般控制无效，且无法获得其他替代证据以证实关键的自动化控制自其上次被测试后未发生变化，注册会计师在执行内部控制审计时，通常就需要获取有关该自动化控制在接近基准日的期间内是否有效运行的证据。

五、控制测试的范围

注册会计师在测试控制的运行有效性时，应当在考虑与控制相关的风险的基础上，确定测试的范围(样本规模)。

1. 测试人工控制的最小样本规模(见表20-2)

表20-2　测试人工控制的最小样本规模区间

控制运行频率	控制运行的总次数	测试的最小样本规模区间
每年1次	1	1
每季1次	4	2
每月1次	12	2~5
每周1次	52	5~15
每天1次	250	20~40

续表

控制运行频率	控制运行的总次数	测试的最小样本规模区间
每天多次	大于250	25~60

【知识点拨】表20-2假设控制的运行偏差率预期为0，如果预期偏差率不为0，注册会计师应当扩大样本规模。

2. 测试自动化应用控制的最小样本规模

对于一项自动化应用控制，如果确定被审计单位正在执行该控制，注册会计师通常无须扩大控制测试的范围。

在信息技术一般控制有效的前提下，除非系统发生变动，注册会计师或其专家可能只需要对某项自动化应用控制的每一相关属性进行一次系统查询以检查其系统设置，即可得出所测试自动化应用控制是否运行有效的结论。

3. 发现偏差时的处理

如果发现的控制偏差是系统性偏差或人为有意造成的偏差，注册会计师应当考虑舞弊的可能迹象以及对审计方案的影响。

由于有效的内部控制不能为实现控制目标提供绝对保证，单项控制并非一定要毫无偏差地运行，才被认为有效。

考点四　内部控制缺陷评价★★★

扫我解疑难

📝**经典例题**

【例题1·单选题】(2019年)执行内部控制审计时，下列有关注册会计师评价控制缺陷的说法中，错误的是(　　)。

A. 在评价控制缺陷的严重程度时，注册会计师无需考虑错报是否发生

B. 在评价一项控制缺陷或多项控制缺陷组合是否构成重大缺陷时，注册会计师应当考虑补偿性控制的影响

C. 在评价控制缺陷是否可能导致错报时，注

册会计师无需量化错报发生的概率

D. 如果被审计单位在基准日完成了对所有存在缺陷的内部控制的整改，注册会计师可以评价认为内部控制在基准日运行有效

【答案】D

【解析】如果被审计单位在基准日前对存在缺陷的控制进行了整改，整改后的控制需要运行足够长的时间，才能使注册会计师得出其是否有效的审计结论。

【例题2·多选题】（2018年）在执行内部控制审计时，下列有关非财务报告内部控制重大缺陷的说法中，正确的有（　）。

A. 注册会计师应当以书面形式与被审计单位董事会沟通发现的非财务报告内部控制重大缺陷

B. 注册会计师可以以书面或口头形式与被审计单位经理层沟通发现的非财务报告内部控制重大缺陷

C. 注册会计师应当在内部控制审计报告中披露非财务报告内部控制重大缺陷

D. 非财务报告内部控制重大缺陷不影响内部控制审计报告的意见类型

【答案】ACD

【解析】注册会计师应当以书面形式与被审计单位经理层沟通发现的非财务报告内部控制重大缺陷。

📋考点精析

一、控制缺陷的分类（见表20-3）

表20-3　控制缺陷的分类

分类标准	内容
按其成因	设计缺陷、运行缺陷
按其影响程度	重大缺陷、重要缺陷、一般缺陷

二、评价控制缺陷的严重程度

控制缺陷的严重程度取决于：

（1）控制不能防止或发现并纠正账户或列报发生错报的可能性的大小；

（2）因一项或多项控制缺陷而导致的潜在错报的金额大小。

注意：

第一，在计划和实施审计工作时，不要求注册会计师寻找单独或组合起来不构成重大缺陷的控制缺陷。

第二，控制缺陷的严重程度取决于控制不能防止或发现并纠正错报的可能性的大小，与错报是否发生无关。

第三，评价控制缺陷是否可能导致错报时，注册会计师无须将错报发生的概率量化为某特定的百分比或区间。如果多项控制缺陷影响财务报表的同一账户或列报，错报发生的概率会增加。

第四，在评价潜在错报的金额大小时，账户余额或交易总额的最大多报金额通常是已记录的金额，但其最大少报金额可能超过已记录的金额。通常，小金额错报比大金额错报发生的概率更高。

第五，在评价补偿性控制是否能够弥补控制缺陷时，注册会计师应当考虑补偿性控制是否有足够的精确度以防止或发现并纠正可能发生的重大错报。

三、内部控制缺陷整改

如果被审计单位在基准日前对存在缺陷的控制进行了整改，整改后的控制需要运行足够长的时间，才能使注册会计师得出其是否有效的审计结论。

注册会计师应当根据控制的性质和与控制相关的风险，合理运用职业判断，确定整改后控制运行的最短期间（或整改后控制的最少运行次数）以及最少测试数量。

整改后控制运行的最短期间（或最少运行次数）和最少测试数量见表20-4。

表 20-4　整改后控制运行的最短期间(或最少运行次数)和最少测试数量

控制运行频率	整改后控制运行的最短期间或最少运行次数	最少测试数量
每季 1 次	2 个季度	2
每月 1 次	2 个月	2
每周 1 次	5 周	5
每天 1 次	20 天	20
每天多次	25 次(分布于涵盖多天的期间，通常不少于 15 天)	25

　　如果被审计单位在基准日前对存在重大缺陷的内部控制进行了**整改**，但新控制**尚没有运行足够长的时间**，注册会计师应当将其视为内部控制在基准日**存在重大缺陷**。

考点五　出具审计报告★★★

扫我解疑难

经典例题

【例题·多选题】(2018 年)在执行内部控制审计时，如果审计范围受到限制，导致注册会计师无法获取充分、适当的审计证据，下列做法中，正确的有(　)。

A. 在内部控制审计报告中指明已执行的有限程序

B. 出具无法表示意见的内部控制审计报告

C. 在内部控制审计报告中对在已执行的有限程序中发现的内部控制重大缺陷进行详细说明

D. 在内部控制审计报告中指明审计范围受到限制

【答案】BCD

【解析】选项 A，注册会计师不应在内部控制审计报告中指明所执行的程序，也不应描述内部控制审计的特征，以避免对无法表示意见的误解，如果在已执行的有限程序中发现内部控制存在重大缺陷，注册会计师应当在内部控制审计报告中对重大缺陷做出详细说明。

考点精析

一、形成审计意见

　　注册会计师应当对获取的证据进行评价，以对内部控制的有效性发表意见。

　　注意：

　　第一，如果审计范围受到限制，注册会计师需要解除业务约定或出具无法表示意见的内部控制审计报告。

　　第二，在对内部控制的有效性形成意见后，注册会计师应当评价企业内部控制评价报告对相关法律法规规定的要素的列报是否完整和恰当。

二、审计报告要素及类型

1. 审计报告要素

标准内部控制审计报告应当包括下列要素：

①标题；②收件人；③引言段；④企业对内部控制的责任段；⑤注册会计师的责任段；⑥内部控制固有局限性的说明段；⑦财务报告内部控制审计意见段；⑧注册会计师的签名和盖章；⑨会计师事务所的名称、地址及盖章；⑩报告日期。

　　在整合审计中，注册会计师在完成内部控制审计和财务报表审计后，应当分别对内部控制和财务报表出具审计报告，并**签署相同的日期**。

2. 审计报告类型

(1)无保留意见内部控制审计报告。

　　如果符合下列所有条件，注册会计师应当对内部控制出具无保留意见的内部控制审计报告：

①在基准日，被审计单位按照《企业内部控制基本规范》《企业内部控制应用指引》《企业内部控制评价指引》以及企业自身内部控制制度的要求，在所有重大方面保持了有效的内部控制；

②注册会计师已经按照《企业内部控制审计指引》的要求计划和实施审计工作，在审计过程中未受到限制。

（2）非无保留意见的内部控制审计报告。

①内部控制存在重大缺陷时的处理（见表20-5）。

表 20-5　内部控制存在重大缺陷时的处理

情形	审计意见	情形	注册会计师的处理
内部控制存在一项或多项重大缺陷	除非审计范围受到限制，对内部控制发表否定意见	重大缺陷尚未包含在企业内部控制评价报告中	应当在内部控制审计报告中说明重大缺陷已经识别，但没有包含在企业内部控制评价报告中
		内部控制评价报告中包含了重大缺陷，但注册会计师认为这些重大缺陷未在所有重大方面得到公允反映	应当在内部控制审计报告中说明这一结论，并公允表达有关重大缺陷的必要信息。此外，注册会计师还应当就这些情况以书面形式与治理层沟通

注意：

在整合审计中，如果拟对内部控制的有效性发表否定意见，注册会计师应考虑对财务报表审计的影响，注册会计师不应依赖存在重大缺陷的控制，而是通过实施实质性程序确定与该控制相关的账户是否存在重大错报。当实施实质性程序的结果表明该账户不存在重大错报时，注册会计师可对财务报表发表无保留意见的审计报告。无论对财务报表发表的审计意见是否受到影响，注册会计师均应当在内部控制审计报告的导致否定意见的事项段中增加说明。

②审计范围受到限制时的处理（见表20-6）。

表 20-6　审计范围受到限制时的处理

项目	内容	
审计范围受到限制	注册会计师应当解除业务约定或出具无法表示意见的内部控制审计报告。在因审计范围受到限制而无法表示意见时，注册会计师应当就未能完成整个内部控制审计工作的情况，以书面形式与管理层和治理层进行沟通	
不构成审计范围受到限制的情形	注册会计师应当在内部控制审计报告中增加强调事项段或者在注册会计师的责任段中，就这些实体未被纳入评价范围和内部控制审计范围这一情况，作出与被审计单位类似的恰当陈述	如果认为被审计单位有关该项豁免的陈述不恰当，注册会计师应当提请其作出适当修改。如果被审计单位未作出恰当修改，注册会计师应当在内部控制审计报告的强调事项段中说明被审计单位的陈述需要修改的理由

当注册会计师拟出具无法表示意见的审计报告时，如果已执行的有限程序使其认为内部控制存在重大缺陷，审计报告还应当包括下列内容：①重大缺陷的定义；②对识别出的重大缺陷的描述。

三、强调事项、非财务报告内部控制重大缺陷

1.强调事项

如果认为内部控制虽然不存在重大缺陷，但仍有一项或多项重大事项需要提请内部控制审计报告使用者注意，注册会计师应当在内部控制审计报告中增加强调事项段予以说明。注册会计师应当在强调事项段中指明，该段内容仅用于提醒内部控制审计报告使用者关注，并不影响对内部控制发表的审计意见。

如果存在下列情况，注册会计师应当考虑在内部控制审计报告中增加强调事项段：

（1）确定企业内部控制评价报告对要素的列报不完整或不恰当；

（2）注册会计师知悉在基准日并不存在、但在期后期间发生的事项，且这类期后事项对内部控制有重大影响。

2. 非财务报告内部控制重大缺陷

（1）与企业董事会和经理层沟通的形式：**书面形式**沟通，以提醒企业加以改进；

（2）在内部控制审计报告中反映的形式：**无须对其发表审计意见**，而是增加"非财务报告内部控制重大缺陷描述段"，对重大缺陷的性质及其对实现相关控制目标的影响程度进行披露，提示内部控制审计报告使用者注意相关风险。

📝 阶段性测试

1. 【单选题】下列关于穿行测试的说法中，错误的是（　）。

A. 在执行穿行测试时，针对重要处理程序发生的环节，注册会计师可以询问被审计单位员工对规定程序及控制的了解程度

B. 实施询问程序连同穿行测试中的其他程序，可以帮助注册会计师充分了解业务流程，识别必要控制设计无效或出现缺失的重要环节

C. 注册会计师关注穿行测试所选定的单笔交易进行询问即可

D. 注册会计师在执行穿行测试时，通常需要综合运用询问、观察、检查相关文件及重新执行等程序

2. 【单选题】注册会计师在评价一项控制缺陷是否可能导致错报时，下列说法中，正确的是（　）。

A. 注册会计师需要将错报发生的概率量化为某特定的百分比或区间

B. 控制缺陷之间的相互作用不影响对控制缺陷的评价

C. 如果多项控制缺陷影响财务报表的同一

账户或列报，错报发生的概率会增加

D. 在存在多项控制缺陷时，这些缺陷从单项看不重要，组合起来可能构成重大缺陷，也可能相互抵消

3. 【单选题】在企业内部控制审计中，下列关于控制测试的范围的说法中，错误的是（　）。

A. 对于每天运行多次的人工控制，注册会计师测试的最小样本规模为25个

B. 除非系统发生变动，注册会计师可能只需要对某项自动化应用控制的每一相关属性进行一次系统查询，以检查其系统设置，即可得出所测试自动化应用控制是否运行有效的结论

C. 除非系统发生变动，注册会计师通常不需要增加自动化控制的测试范围

D. 注册会计师在测试控制运行有效性时，应当在考虑与控制相关的风险的基础上确定测试的范围

4. 【多选题】下列有关财务报表审计与内部控制审计的共同点的说法中，正确的有（　）。

A. 两者识别的重要账户、列报及其相关认定相同

B. 两者的审计报告意见类型相同

C. 两者了解和测试内部控制设计和运行有效性的审计程序类型相同

D. 两者测试内部控制运行有效性的范围相同

📝 阶段性测试答案精析

1. C　【解析】为有助于了解业务流程处理的不同类型的重大交易，在实施询问程序时，注册会计师不应局限于关注穿行测试所选定的单笔交易。

2. C　【解析】评价控制缺陷是否可能导致错报时，注册会计师无须将错报发生的概率量化为某特定的百分比或区间，选项A错误；注册会计师在评价一项控制缺陷是否可能导致错报时，需要考虑控制缺陷之间

的相互作用，选项B错误；在存在多项控制缺陷时，即使这些缺陷从单项看不重要，但组合起来也可能构成重大缺陷，通常不会相互抵消，选项D错误。

3. B 【解析】选项B需要在信息技术一般控制有效的前提下才成立。

4. AC 【解析】选项B，企业内部控制审计意见包括无保留、否定和无法表示意见三种类型，没有保留意见。选项D，在财务报表审计中，如果预期不信赖内部控制，可以不实施内部控制测试，不测试内部控制的有效性；在内部控制审计中，注册会计师应当针对所有重要账户和列报的每一个相关认定获取控制设计运行有效性的审计证据，以便对内部控制整体的有效性发表审计意见。

本章综合练习 限时45分钟

一、单项选择题

1. 注册会计师执行内部控制审计时，下列有关评价控制缺陷的说法中，错误的是(   )。

   A. 如果一项控制缺陷存在补偿性控制，注册会计师不应将该控制缺陷评价为重大缺陷

   B. 注册会计师评价控制缺陷是否可能导致错报时，无须量化错报发生的概率

   C. 注册会计师评价控制缺陷导致的潜在错报的金额大小时，应当考虑本期或未来期间受控制缺陷影响的账户余额或各类交易涉及的交易量

   D. 注册会计师评价控制缺陷的严重程度时，无须考虑错报是否已经发生

2. 下列关于识别重要账户、列报及其相关认定的说法中，不正确的是(   )。

   A. 在内部控制审计中，注册会计师在识别重要账户、列报及其相关认定时应当评价的风险因素，与财务报表审计中考虑的因素不相同

   B. 在确定某账户、列报是否重要和某认定是否相关时，注册会计师应当将所有可获得的信息加以综合考虑

   C. 注册会计师不仅应当在重要账户或列报层面考虑风险，而且应当深入账户或列报的成份

   D. 如果某账户或列报金额不重大，但受舞弊风险的影响，注册会计师可能将其确定为重要账户或列报

3. 下列关于穿行测试的说法中，正确的是(   )。

   A. 穿行测试不适用于财务报表审计

   B. 穿行测试是指追踪某笔交易从发生到处理的整个过程

   C. 在执行穿行测试时，通常需要综合运用询问、观察、检查相关文件及重新执行等程序

   D. 穿行测试可以用来测试控制运行的有效性

4. 关于注册会计师选择拟测试的控制的考虑因素，下列说法中不正确的是(   )。

   A. 每个重要账户、认定和/或重大错报风险至少应当有一个对应的关键控制

   B. 注册会计师在选取拟测试的控制时，通常不会选取整个流程中的所有控制，而是选择关键控制

   C. 选取关键控制需要注册会计师作出职业判断

   D. 存在缺陷的内部控制一定会被注册会计师选择并测试

5. 下列有关业务流程、应用系统或交易层面的控制的测试的说法中，错误的是(   )。

   A. 注册会计师需要对所有业务流程、应用系统或交易层面的内部控制进行测试

   B. 业务流程越复杂，注册会计师越有必要询问信息系统人员，以辨别有关的控制

   C. 对于从级别较低人员处获取的信息，应向级别较高的人员核实其完整性

D. 注册会计师应当了解各层次监督和管理人员如何确认预定的预防性控制和检查性控制正在按计划运行

6. 下列关于信息技术内部控制测试的说法中，错误的是（　　）。

A. 在信息技术一般控制有效的前提下，除非系统发生变动，注册会计师只要对某自动化应用控制的每一相关属性进行一次系统查询，以检查其系统设置，即可得出所测试自动化应用控制是否运行有效的结论

B. 对于一项自动化应用控制，一旦确定被审计单位正在执行该项控制，注册会计师通常无须扩大控制测试的范围

C. 对于一项自动化应用控制，一旦确定被审计单位正在执行该项控制，则无需实施其他测试，即可确定该控制持续有效运行

D. 如果发现的控制偏差是系统性偏差，注册会计师应当考虑舞弊的可能迹象以及对审计方案的影响

7. 下列关于评价控制缺陷的说法中，错误的是（　　）。

A. 注册会计师应当评价其识别的各项控制缺陷的严重程度，以确定这些缺陷单独或组合起来，是否构成内部控制的重大缺陷

B. 在计划和实施审计工作时，注册会计师需要寻找单独或组合起来不构成重大缺陷的控制缺陷

C. 控制缺陷的严重程度与错报是否发生无关

D. 控制缺陷的严重程度取决于控制不能防止或发现并纠正错报的可能性的大小

8. 下列关于内部控制缺陷整改的说法中，正确的是（　　）。

A. 如果被审计单位在基准日后对存在缺陷的控制进行了整改，整改后的控制运行了足够长的时间，注册会计师即可将其视为内部控制在基准日不存在重大缺陷

B. 注册会计师确定整改后控制运行的最短

期间需要根据控制的性质和与控制相关的风险，无须运用职业判断

C. 只要被审计单位在基准日前对存在重大缺陷的内部控制进行了整改，注册会计师即可得出该内部控制有效的审计结论

D. 如果被审计单位在基准日前对存在重大缺陷的内部控制进行了整改，但新控制尚没有运行足够长的时间，注册会计师应当将其视为内部控制在基准日存在重大缺陷

9. 在内部控制审计中，下列关于审计范围受到限制的说法中，错误的是（　　）。

A. 如果审计范围受到限制，注册会计师应当解除业务约定或出具无法表示意见的内部控制审计报告

B. 在出具无法表示意见的内部控制审计报告时，注册会计师应当在内部控制审计报告中指明审计范围受到限制，无法对内部控制的有效性发表意见，并单设段落说明无法表示意见的实质性理由

C. 在出具无法表示意见的内部控制审计报告时，注册会计师应当在内部控制审计报告中指明所执行的程序，并描述内部控制审计的特征

D. 只要认为审计范围受到限制将导致无法获取发表审计意见所需的充分、适当的审计证据，注册会计师不必执行任何其他工作即可对内部控制出具无法表示意见的内部控制审计报告

二、多项选择题

1. 在整合审计的前提下，下列有关内部控制审计计划的提法中，恰当的有（　　）。

A. 注册会计师通过了解企业经营活动中面临的各种风险，并重点关注那些对财务报表可能产生重要影响的风险以及这些风险当年的变化，从而确定内部控制审计的重大风险

B. 注册会计师应当了解被审计单位本期内部控制发生的变化以及变化的程度，从而相应地调整审计计划

C. 注册会计师应当更多地关注内部控制审计的高风险领域，而没有必要测试那些即使有缺陷也不可能导致财务报表重大错报的控制

D. 内部控制的特定领域存在重大缺陷的风险越高，注册会计师所需获取的审计证据的客观性、可靠性越低

2. 下列与内部控制审计测试控制有效性有关的提法中，恰当的有（　　）。

A. 内部控制的有效性是指内部控制运行的有效性

B. 注册会计师应当根据与控制相关的风险，确定所需获取的审计证据

C. 对控制有效性的测试涵盖期越长，需要的审计证据越多

D. 在整合审计中，控制测试所涵盖的期间应尽量与财务报表审计中拟信赖内部控制的期间保持一致

3. 下列关于企业层面控制的说法中，正确的有（　　）。

A. 注册会计师对企业层面控制的评价，可能增加或减少本应对其他控制进行的测试

B. 某些企业层面控制对及时防止或发现并纠正相关认定的错报的可能性有间接影响

C. 某些企业层面控制旨在识别其他控制可能出现的失效情况，能够监督其他控制的有效性，当这些控制运行有效时，注册会计师可以减少对其他控制的测试

D. 即便一项企业层面控制能够应对已评估的错报风险，注册会计师仍需测试与该风险相关的其他控制

4. 在内部控制审计中，注册会计师需要采用自上而下的方法选择拟测试的控制，下列有关说法中，正确的有（　　）。

A. 注册会计师应当对被审计单位的控制是否足以应对评估的每个相关认定的错报风险形成结论

B. 注册会计师在选取拟测试的控制时，通常应选取整个流程中所有控制

C. 如果注册会计师识别并选取了能够充分应对重大错报风险的控制，则不需再测试针对同一认定的其他控制

D. 企业管理层在执行内部控制自我评价时选择测试的控制，可能多于注册会计师为评价控制有效性所测试的控制

5. 下列事项中，可能表明内部控制存在重大缺陷的有（　　）。

A. 注册会计师发现董事、监事和高级管理人员的任何舞弊

B. 被审计单位重述以前公布的财务报表，以更正由于舞弊或错误导致的重大错报

C. 注册会计师发现当期财务报表存在重大错报，而被审计单位内部控制在运行过程中未能发现该错报

D. 审计委员会和内部审计机构对内部控制的监督无效

6. 下列关于整改后控制运行的最短期间以及最少测试数量的说法中，正确的有（　　）。

A. 对于运行频率为每季 1 次的控制，整改后控制运行的最短期间为 1 个季度，且最少测试 2 个

B. 对于运行频率为每月 1 次的控制，整改后控制运行的最短期间为 2 个月，且最少测试 2 个

C. 对于运行频率为每周 1 次的控制，整改后控制运行的最短期间为 2 周，且最少测试 2 个

D. 对于运行频率为每天 1 次的控制，整改后控制运行的最短期间为 20 天，且最少测试 20 个

7. 下列情形中，注册会计师应当在内部控制审计报告增加强调事项段予以说明的有（　　）。

A. 被审计单位的企业内部控制评价报告要素列报不完整

B. 注册会计师知悉在基准日并不存在，但在期后期间发生的事项，且这类期后事项对财务报告的内部控制有重大影响

C. 被审计单位在基准日前对存在的财务报

告内部控制重大缺陷进行了整改且运行了足够长的时间

D. 被审计单位存在财务报告内部控制重要缺陷

8. 下列关于内部控制审计报告的说法中，正确的有( )。

A. 注册会计师在完成内部控制审计和财务报表审计后，应当分别对内部控制和财务报表出具审计报告，并签署相同的日期

B. 在审计范围未受到限制的情况下，如果认为内部控制存在一项或多项重大缺陷，注册会计师应当对内部控制发表否定意见

C. 只要认为审计范围受到限制将导致无法获取发表审计意见所需的充分、适当的审计证据，注册会计师不必执行任何其他工作即可对内部控制出具否定意见的内部控制审计报告

D. 如果对内部控制的有效性发表否定意见，注册会计师应当确定该意见对财务报表审计意见的影响，并在内部控制审计报告中予以说明

9. 下列事项中，注册会计师应当以书面形式与治理层进行沟通的有( )。

A. 非财务报告内部控制重大缺陷

B. 内部控制评价报告中包含了重大缺陷，但注册会计师认为这些重大缺陷未在所有重大方面得到公允反映

C. 注册会计师因审计范围受到限制而无法表示意见时未能完成整个内部控制审计工作的情况

D. 内部控制审计的总体审计策略

三、简答题

甲股份有限公司(以下简称甲公司)是ABC

会计师事务所的常年审计客户，A注册会计师作为项目合伙人负责对甲公司2019年财务报表和内部控制进行整合审计，在审计工作过程中，需要考虑的与内部控制审计相关事项如下：

(1)在确定与内部控制重大缺陷相关的重要性时，考虑到内部控制审计是对内部控制有效性发表意见，因此，A注册会计师以财务报表审计中财务报表整体重要性的75%作为内部控制审计的重要性。

(2)对内部控制审计采用自上而下的方法，A注册会计师决定从识别、了解和测试企业层面内部控制为起点。

(3)在针对了解被审计单位内部控制潜在错报来源执行程序时，由于A注册会计师工作繁忙，指定由经验丰富的外勤负责人执行，但A注册会计师对该负责人的工作进行了相应的监督。

(4)项目组在期中测试了甲公司重要的信息技术一般控制有效且关键控制未发生变化，A注册会计师认为无须对其实施前推测试，即可得出该控制在整个期间有效的结论。

(5)A注册会计师发现内部控制M存在设计缺陷，造成了100万元的漏记，内部控制N虽然也存在设计缺陷，但是并未造成错报发生，因此评价内部控制M比内部控制N存在的缺陷更为严重。

要求：针对上述第(1)至(5)项，逐项指出A注册会计师的做法是否恰当，如不恰当，简要说明理由。

本章综合练习参考答案及详细解析

一、单项选择题

1. A 【解析】即使存在补偿性控制，在满足一定的条件下也有可能评估为重大缺陷。

2. A 【解析】在内部控制审计中，注册会计师在识别重要账户、列报及其相关认定时应当评价的风险因素，与财务报表审计中

考虑的因素相同。

3. C 【解析】选项 A，在财务报表审计中了解被审计单位的内部控制时，也会用到穿行测试；选项 B，"处理"不是交易的终点，最终被反映在财务报表上才是交易的终点，穿行测试是指追踪某笔交易从发生到最终被反映在财务报表中的整个处理过程；选项 D，穿行测试是一种评估设计有效性的有效方法。

4. D 【解析】注册会计师无须测试那些即使有缺陷也能合理预期不会导致财务报表重大错报的控制。

5. A 【解析】注册会计师并不需要了解与每一个控制目标相关的所有控制。

6. C 【解析】注册会计师需考虑执行下列测试以确定该控制持续有效运行：(1)测试与该应用控制有关的一般控制的运行有效性；(2)确定系统是否发生变动，如果发生变动，是否存在适当的系统变动控制；(3)确定对交易的处理是否使用授权批准的软件版本。所以选项 C 的说法错误。

7. B 【解析】注册会计师应当评价其识别出的各项控制缺陷的严重程度，以确定这些缺陷单独或组合起来，是否构成内部控制的重大缺陷。注册会计师不需要寻找单独或组合起来不构成重大缺陷的控制缺陷。

8. D 【解析】如果被审计单位在基准日前对存在重大缺陷的内部控制进行了整改，整改后的内部控制尚需要时间来验证其有效性，所以如果新控制尚没有运行足够长的时间，注册会计师应当将其视为内部控制在基准日存在重大缺陷。

9. C 【解析】在出具无法表示意见的内部控制审计报告时，注册会计师不应在内部控制审计报告中指明所执行的程序，也不应描述内部控制审计的特征。

二、多项选择题

1. ABC 【解析】内部控制的特定领域存在重大缺陷的风险越高，注册会计师所需获取的审计证据的客观性、可靠性越高。

2. BCD 【解析】内部控制的有效性包括内部控制设计的有效性和内部控制运行的有效性。

3. ABC 【解析】某些企业层面控制本身能够精确到足以及时防止或发现并纠正相关认定的错报。如果一项企业层面控制足以应对已评估的错报风险，注册会计师就不必测试与该风险相关的其他控制。

4. ACD 【解析】注册会计师在选取拟测试的控制时，通常不会选取整个流程中的所有控制，而是选择关键控制。

5. ABCD 【解析】如果注册会计师确定发现的一项控制缺陷或多项控制缺陷的组合将导致审慎的管理人员在执行工作时，认为自身无法合理保证按照适用的财务报告编制基础记录交易，应当将这一项控制缺陷或多项控制缺陷的组合视为存在重大缺陷的迹象。上述选项 ABCD 都属于这类迹象。

6. BD 【解析】选项 A，整改后控制运行的最短期间为 2 个季度；选项 C，整改后控制运行的最短期间为 5 周，最少测试 5 个。

7. AB 【解析】如果存在下列情况，注册会计师应当考虑在内部控制审计报告中增加强调事项段：①如果确定企业内部控制评价报告对要素的列报不完整或不恰当，注册会计师应当在内部控制审计报告中增加强调事项段，说明这一情况并解释得出该结论的理由；②如果注册会计师知悉在基准日并不存在、但在期后期间发生的事项，且这类期后事项对内部控制有重大影响，注册会计师应当在内部控制审计报告中增加强调事项段，描述该事项及其影响，或提醒内部控制审计报告使用者关注企业内部控制评价报告中披露的该事项及其影响。

8. ABD 【解析】选项 C，注册会计师应出具无法表示意见的内部控制审计报告。

9. ABC 【解析】注册会计师无须就内部控制的总体审计策略与被审计单位治理层进行书面沟通。

三、简答题

【答案】

（1）不恰当。企业内部控制审计确定的重要性应与财务报表审计的重要性相同。

（2）不恰当。自上而下的方法应以财务报表层次为起点，以注册会计师对财务报告内部控制整体风险的了解开始。

（3）恰当。

（4）不恰当。注册会计师在期中对重要的信息技术一般控制实施了测试，则通常还需要对其实施前推程序。

（5）不恰当。控制缺陷的严重程度与错报是否发生无关，而取决于控制不能防止或发现并纠正错报的可能性的大小。

第七编

质量控制

　　本编介绍的是质量控制。主要阐述了会计师事务所业务质量控制，其中包括质量控制制度的目标和对业务质量承担的领导责任、相关职业道德要求、客户关系和具体业务的接受与保持、人力资源、业务执行和监控。

　　本编难度适中，主要以简答题的形式进行考查，特别是结合实务分析的简答题几乎是近几年每年必考的。预计在 2020 年的考试中，仍可能会出现简答题，所以 2020 年仍应继续关注本编的简答题。另外，建议考生对会计师事务所质量控制中有明确要求或规定（如年限、次数等）的内容进行适当记忆。

第21章 会计师事务所业务质量控制

考情分析

▶ 历年考情分析

本章属于非常重要的章节，主要介绍会计师事务所业务质量控制制度。从考题情况看，每年都会考查简答题，偶尔还会考查客观题，所以考生应给予足够的重视。应关注会计师事务所业务质量控制制度的要素，并掌握各个要素的关键点，尤其是项目质量控制复核、意见分歧等，经常在考题中出现。

▶ 本章2020年考试主要变化

本章主要是对"项目质量控制复核的范围"的相关表述进行了调整，其他内容无实质性变动。

核心考点及经典例题详解

考点一　质量控制制度的目标、要素和对业务质量承担的领导责任 ★

扫我解疑难

📝 经典例题

【例题·多选题】会计师事务所的领导层应当树立质量至上的意识，下列各项措施中，可以实现质量控制目的的有（　　）。

A. 制定以质量至上为理念的业绩评价、薪酬及晋升的政策和程序

B. 合理确定管理责任

C. 投入足够的资源制定和执行质量控制政策和程序，并形成相关文件记录

D. 在合伙人或员工故意违反会计师事务所的政策时未予以惩戒

【答案】ABC

【解析】选项D，会计师事务所应当对故意违反事务所政策和程序的行为采取惩戒措施。

📝 考点精析

一、质量控制制度的目标

质量控制制度的目标主要在以下两个方面提出合理保证：

（1）会计师事务所及其人员遵守职业准则和适用的法律法规的规定（过程）；

（2）会计师事务所和项目合伙人出具适合情况的报告（结果）。

注意：

第一，本准则适用于注册会计师执行的**所有业务**；

第二，项目合伙人，是指会计师事务所中**负责某项业务及其执行**，并**代表会计师事务所**在出具的报告上**签字**的合伙人。

二、质量控制制度的要素

会计师事务所的质量控制制度应当包括针对下列要素而制定的政策和程序，将质量控制政策和程序形成**书面文件**，并传达到全体人员：

（1）对业务质量承担的领导责任；

（2）相关职业道德要求；

（3）客户关系和具体业务的接受与保持；

（4）人力资源；

（5）业务执行；

（6）监控。

考点二　对业务质量承担的领导责任 ★★

扫我解疑难

📝经典例题

【例题·多选题】 下列关于质量控制中"对业务质量承担领导责任"的提法中，恰当的有( )。

A. 会计师事务所主任会计师对业务质量承担最终领导责任

B. 会计师事务所质量控制部门合伙人，对业务质量承担最终领导责任

C. 会计师事务所为保证质量控制制度的地位和作用，应建立强有力的高层基调

D. 会计师事务所的领导层应树立质量至上的意识

【答案】 ACD

📝考点精析

会计师事务所应当制定政策和程序，培育以质量为导向的内部文化。这些政策和程序应当要求会计师事务所**主任会计师**对质量控制制度承担最终责任。

【知识点拨】 会计师事务所的领导层应当树立质量至上的意识。

考点三　相关职业道德要求 ★★★

扫我解疑难

📝经典例题

【例题·单选题】 会计师事务所应当制定政策和程序，以合理保证会计师事务所及其人员遵守相关职业道德要求。下列相关说法中正确的是( )。

A. 注册会计师执行任何业务，都必须诚信、满足独立性要求、客观公正、具有专业胜任能力、保持应有的关注、遵守保密原则等

B. 会计师事务所应当每年至少一次向所有员工获取其遵守独立性政策和程序的书面声明

C. 会计师事务所必须为每位员工建立职业道德档案，记录个人违反相关职业道德要求的行为及其处理结果

D. 对所有上市实体财务报表审计业务，按照相关职业道德要求和法律法规的规定，在规定期限届满时轮换合伙人、项目质量控制复核人员

【答案】 D

【解析】 选项A，注册会计师在执行鉴证业务的情况下，才需要满足独立性要求；选项B，会计师事务所应当每年至少一次向所有需要按照相关职业道德要求保持独立性的人员获取其遵守独立性政策和程序的书面确认函；选项C，为员工建立职业道德档案不是准则的强制要求，会计师事务所可以为每位员工建立职业道德档案，记录个人违反相关职业道德要求的行为及其处理结果。

📝考点精析

一、遵守相关职业道德要求

会计师事务所及其人员执行任何类型的业务，不仅应当遵守相关职业道德所要求的诚信、独立性、客观和公正、专业胜任能力和应有的关注、保密、良好职业行为等，还包括遵守有关职业道德的具体规定。

二、会计师事务所强化遵守职业道德的途径

会计师事务所领导层的示范；教育和培训；监控；对违反职业道德规范要求行为的处理。

三、满足独立性要求

会计师事务所应当制定政策和程序，以合理保证会计师事务所及其人员，包括**雇用的专家**和其他需要满足独立性要求的人员，保持相关职业道德要求规定的独立性。

(1)会计师事务所一旦获知违反独立性政策和程序的情况，应当立即将相关信息告知有关项目合伙人和会计师事务所的其他适当人员，如认为必要，还应当立即告知会计师事务所雇用的专家和关联事务所的人员，以便他们采取适当的行动。

(2)获取**书面确认函**：会计师事务所应当**每年至少一次**向**所有**需要按照相关职业道德要求保持独立性的人员获取其遵守独立性政策和程序的书面确认函。

(3)防范长期由一个高级人员执行某项鉴证业务可能造成的密切关系对独立性产生的不利影响。

【知识点拨】 对上市实体财务报表审计，应定期(至多5年)轮换一次项目合伙人。

考点四 客户关系和具体业务的接受与保持★★

扫我解疑难

📝 **经典例题**

【例题·多选题】(2018年)下列各项，会计师事务所在执行客户接受与保持程序时应当获取的相关信息有( )。

A. 没有信息表明客户缺乏诚信

B. 具有执行业务必要的素质和专业胜任能力

C. 具有执行业务必要的时间和资源

D. 能够遵守相关职业道德要求

【答案】 ABCD

【解析】 在接受新客户的业务前，或决定是否保持现有业务或考虑接受现有客户的新业务时，会计师事务所应当执行有关客户接受与保持的程序，以获取如下信息：(1)考虑客户的诚信，没有信息表明客户缺乏诚信；(2)具有执行业务必要的素质、专业胜任能力、时间和资源；(3)能够遵守相关职业道德要求。

📝 **考点精析**

会计师事务所应当制定有关客户关系和具体业务接受与保持的政策和程序，以合理保证只有在下列情况下，才能接受或保持客户关系和具体业务：

(1)能够胜任该项业务，并具有执行该项业务必要的素质、时间和资源；

(2)能够遵守相关职业道德要求；

(3)已考虑客户的诚信，没有信息表明客户缺乏诚信。

当在了解被审计单位的过程中已经识别出问题，又决定接受或保持客户关系或具体业务时，会计师事务所应当记录问题如何得到解决。

【知识点拨】 ①如认为必要，会计师事务所可以考虑利用调查机构对客户的经营情况、管理人员及其他有问题的人员进行背景检查，并评价获取的与客户诚信相关的信息。

②注册会计师应当了解客户的诚信状况，拒绝不诚信的客户，以降低业务风险。

③会计师事务所在接受新业务前，还必须评价自身的执业能力，不得承接不能胜任和无法完成的业务。

考点五 人力资源★★

扫我解疑难

📝 **经典例题**

【例题·单选题】 下列关于会计师事务所人力资源的表述中，正确的是( )。

A. 会计师事务所应当制定业绩评价政策，对发展和拉动会计师事务所收入的人员给予应

有的奖励

B. 会计师事务所对每项业务最多委派一名项目合伙人

C. 会计师事务所应当长期委派相同的注册会计师组成同一审计客户的项目组

D. 会计师事务所应当要求项目合伙人将其身份和作用告知客户管理层和治理层的关键成员

【答案】D

【解析】选项A，会计师事务所应当制定业绩评价、工薪及晋升程序，对发展和保持胜任能力并遵守相关职业道德要求的人员给予应有的肯定和奖励；选项B，会计师事务所应当对每项业务至少委派一名项目合伙人；选项C，委派项目组成员时不仅要考虑人员的连续性，还要考虑轮换要求。

📋 **考点精析**

有关人力资源的相关规定见表21-1：

表 21-1 有关人力资源的相关规定

项目	内容
1. 总体要求	会计师事务所应当制定政策和程序，合理保证拥有足够的具有胜任能力和必要素质并承诺遵守相关职业道德要求的人员，以使会计师事务所和项目合伙人能够按照职业准则和适用的法律法规的规定执行业务，并能够促进适合具体情况的报告
2. 招聘	会计师事务所应当制定雇佣程序，以选择正直的，通过职业发展能够具备执行业务所需的必要素质和胜任能力，并有胜任工作所需的适当特征的人员
3. 人员素质、胜任能力和职业发展	会计师事务所应当采取措施确保人员持续保持必要的素质和胜任能力。会计师事务所应当在人力资源政策和程序中强调对各级人员进行继续培训的重要性，并提供必要的培训资源和帮助，以使人员能够发展和保持必要的素质和职业胜任能力
4. 业绩评价、工薪和晋升	(1)使人员知晓会计师事务所对业绩的期望和对遵守职业道德基本原则的要求； (2)向人员提供业绩、晋升和职业发展方面的评价和辅导； (3)帮助人员了解提高业务质量及遵守职业道德基本原则是晋升更高职位的主要途径，而不遵守会计师事务所的政策和程序可能招致惩戒
5. 项目组委派	项目组的委派要求：会计师事务所应当对每项业务委派至少一名项目合伙人，以便明确每项业务的质量控制责任，确保业务质量。 项目组其他成员的委派要求：会计师事务所应当委派具有必要素质、专业胜任能力和时间的员工。 对于高风险的审计项目，会计师事务所可以规定委派具有丰富经验的审计人员担任第二项目合伙人或质量控制复核负责人加强风险控制

考点六 业务执行 ★★★

扫我解疑难

📋 **经典例题**

【例题·多选题】(2016年)下列各项工作中，上市实体的项目质量控制复核人应当执行的有( )。

A. 与项目合伙人讨论重大事项

B. 复核财务报表和拟出具的审计报告

C. 考虑项目组就具体审计业务对会计师事务所独立性作出的评价

D. 复核与重大错报风险相关的所有审计工作底稿

【答案】ABC

【解析】选项D，并不是复核与重大错报风险相关的所有审计工作底稿。

📋 **考点精析**

一、指导、监督与复核

会计师事务所应当要求项目合伙人负责

组织对业务执行实施指导、监督与复核。

确定复核人员的原则是，由项目组内经验较多的人员复核经验较少的人员执行的工作。

二、咨询

项目组在业务执行中时常会遇到各种各样的疑难问题或者争议事项，在项目组内不能得到解决时，有必要向项目组之外的适当人员咨询。

【知识点拨】①咨询的人员包括会计师事务所内部或外部具有专业知识的人员；

②注册会计师应当完整记录咨询情况，且项目组就疑难问题或争议事项向其他专业人士咨询所形成的记录，应当经被咨询者认可。

三、意见分歧

1. 处理意见分歧的总体要求

注册会计师处理意见分歧应当符合下列两点要求：

（1）会计师事务所应当制定政策和程序，以处理和解决项目组内部、项目组与被咨询者之间以及项目合伙人与项目质量控制复核人员之间的意见分歧；

（2）形成的结论应当得以记录和执行。

2. 对出具报告的影响

只有意见分歧问题得到解决，项目合伙人才能出具报告。

四、项目质量控制复核

项目质量控制复核的要求见表21-2。

表21-2 项目质量控制复核的要求

项目	要求
复核的时间	出具报告前完成，但并非在出具审计报告前才实施复核，而是在业务过程中的适当阶段及时实施复核
复核的对象	①所有上市实体财务报表的审计；②除上市实体财务报表审计以外的其他业务，明确标准以确定是否应当实施项目质量控制复核；③所有符合标准的业务
复核的人员	①如果可行，不由项目合伙人挑选；②在复核期间不以其他方式参与该业务；③不代替项目组进行决策；④不存在可能损害复核人员客观性的其他情形
复核的范围	复核的范围取决于业务的复杂程度、客户是否为上市实体和出具不恰当报告等风险。针对上市实体财务报表审计，要求实施的项目质量控制复核包括：①项目组就具体业务对独立性作出的评价；②项目组是否已就涉及意见分歧的事项，或者其他疑难问题或争议事项进行适当咨询，以及咨询得出的结论；③选取的用于复核的业务工作底稿，是否反映针对重大判断执行的工作，以及是否支持得出的结论

【知识点拨】①项目质量控制复核并不减轻项目合伙人的责任，更不能替代项目合伙人的责任。

②项目质量控制复核人员需要具备履行职责所需的充分适当的技术专长、经验和权限。项目质量控制复核人员履行职责，不应受到项目合伙人职级的影响。

③如果被审计单位属于公众利益实体，相关关键审计合伙人任职时间不得超过五年，在任期结束后的两年内，不得为该被审计单位的审计业务实施质量控制复核。

④项目质量控制复核的具体要求。

『链接』本知识点结合《中国注册会计师审计准则问题解答第9号——项目质量控制复核》的内容进行学习。

考点七　监控★★★

扫我解疑难

📝经典例题

【例题·简答题】（2017年）ABC会计师事务所的质量控制制度部分内容摘录如下：

（1）项目合伙人对会计师事务所分派的业务的

总体质量负责。项目质量控制复核可以减轻但不能替代项目合伙人的责任。

(2)执行业务时,应当由项目组内经验较多的人员复核经验较少的人员执行的工作。

(3)除内部专家外,项目组成员应当在执行业务过程中严格遵守会计师事务所的质量控制政策和程序。

(4)质量控制部对新晋升的合伙人每年选取一项已完成的业务进行检查,连续检查三年;对晋升三年以上的合伙人每五年选取一项已完成的业务进行检查。

(5)业务工作底稿可以采用纸质、电子或其他介质,如将纸质工作底稿的电子扫描件存入业务档案,应当将纸质工作底稿一并归档。

要求:针对上述第(1)至第(5)项,逐项指出ABC会计师事务所的质量控制制度的内容是否恰当。如不恰当,简要说明理由。

【答案】

(1)不恰当。项目质量控制复核并不减轻项目合伙人的责任,更不能替代项目合伙人的责任。

(2)恰当。

(3)不恰当。内部专家可能是会计师事务所的合伙人或员工,因此要遵守所在会计师事务所的质量控制政策和程序。

(4)不恰当。会计师事务所应当周期性地选取已完成的业务进行检查,周期最长不得超过三年。

(5)恰当。

考点精析

监控质量控制制度的有效性,不断修订和完善质量控制制度,对于实现质量控制的两大目标也起着不可替代的作用,有关监控的具体要点见表21-3。

表21-3 监控人员、周期、结果处理

项目		内容
监控人员		会计师事务所可以委派主任会计师、副主任会计师或具有足够、适当经验和权限的其他人员履行监控责任
实施检查	检查周期	会计师事务所应当周期性地选取已完成的业务进行检查,周期最长不得超过三年。在每个周期内,应对每个项目合伙人的业务至少选取一项进行检查
	确定检查的时间、人员与范围	①检查时可以不事先告知相关项目组; ②参与业务执行或项目质量控制复核的人员不应承担该项业务的检查工作; ③在确定检查的范围时,会计师事务所可以考虑外部独立检查的范围或结论,但这些检查并不能替代自身的内部监控; ④小型会计师事务所的特殊考虑,考虑到小型会计师事务所可能缺乏适当的内部资源,小型会计师事务所可以利用具有适当资格的外部人员或其他会计师事务所执行业务检查及其他监控程序
监控结果的处理		①如果实施监控程序的结果表明出具的报告可能不适当,或在执行业务过程中遗漏了应有的程序,会计师事务所应当确定采取适当的进一步行动,以遵守职业道德准则及适用的法律法规的规定。同时,会计师事务所应当考虑征询法律意见。 ②会计师事务所应当每年至少一次将质量控制制度的监控结果传达给项目合伙人及会计师事务所内部的其他适当人员,以使会计师事务所及其相关人员能够在其职责范围内及时采取适当的行动

【知识点拨】向相关项目合伙人以外的人员传达已发现的缺陷,通常不指明涉及的具体业务,除非指明具体业务对这些人员适当履行职责是必要的。

1.【多选题】会计师事务所在制定业务承接的控制政策和程序时，应当考虑的有( )。

A. 客户的诚信情况

B. 是否具备执行业务的专业胜任能力

C. 是否具备执行业务的必要时间和资源

D. 能否遵守相关职业道德要求

2.【单选题】下列关于业务质量控制的说法中，正确的是( )。

A. 质量控制准则是每个注册会计师都必须遵守的技术标准

B. 业务质量控制仅仅适用于会计师事务所执行的财务报表审计业务

C. 会计师事务所的领导层应当树立质量至上的意识

D. 会计师事务所的项目经理对质量控制制度承担最终领导责任

3.【多选题】下列方式中，会计师事务所可以建立健康的高层基调的有( )。

A. 确保执行良好的业务和财务管理的政策

B. 定期和员工进行口头和书面沟通，强调事务所的价值观、保持诚信、客观、独立性、职业怀疑以及对公众的责任

C. 对质量控制部门明确分配工作职责

D. 对故意违反事务所政策的行为采取惩戒措施

4.【单选题】下列关于处理意见分歧的说法中，正确的是( )。

A. 会计师事务所应当制定政策和程序以处理和解决意见分歧

B. 意见分歧应当在业务执行临近结束时集中解决

C. 会计师事务所内部对业务问题的意见出现分歧是不正常现象，应当杜绝出现意见分歧

D. 项目合伙人对产生的意见分歧作出最终的结论

5.【多选题】会计师事务所应当对业务质量实施监控，包括对已完成的业务进行检查。下列说法中，错误的有( )。

A. 会计师事务所应当实行周期性的检查，周期最长不得超过4年

B. 在每个周期内，对每个项目合伙人的业务至少选取两项进行检查

C. 在选取单项业务进行检查时，可以不事先告知相关项目组

D. 参与某业务执行或该项目质量控制复核的人员应参与该项目的检查，以确保熟悉该项业务

6.【简答题】ABC会计师事务所接受委托，负责审计上市公司甲公司2017年度账务报表，并委派A注册会计师担任审计项目合伙人。在制定审计计划时，A注册会计师根据其审计甲公司的多年经验，认为甲公司2017年度财务报表不存在重大错报风险，应当直接实施进一步审计程序。在审计过程中，A注册会计师要求项目组成员之间相互复核工作底稿，并委派其所在业务部的B注册会计师负责甲公司项目质量控制复核。项目组内部在某项重大问题上存在分歧，经主任会计师批准，A注册会计师出具了审计报告。在审计报告出具后，B注册会计师随机选取若干份工作底稿进行了复核，没有发现重大问题。

要求：针对上述情形，指出存在哪些可能违反审计准则和质量控制准则的情况，并简要说明理由。

1. ABCD 【解析】会计师事务所应当制定有关客户关系和具体业务接受与保持的政策和程序，以合理保证只有在下列情况下，才能接受或保持客户关系和具体业务：①能够胜任该项业务，并具有执行该项业务必要的素质、时间和资源；②能够遵守相关职业道德要求；③已考虑客户的诚信，没有信息表明客户缺乏诚信。

2. C 【解析】选项 A，质量控制准则是每个注册会计师都必须遵守的管理标准；选项 B，业务质量控制适用于会计师事务所执行的所有业务；选项 D，会计师事务所的主任会计师对业务质量控制制度承担最终领导责任。

3. ABCD 【解析】会计师事务所可以通过下列方式建立健康的高层基调：确定事务所的目标、优先考虑事项和价值观；定期沟通；更新质量控制手册；使员工承担责任；提高员工的胜任能力，奖励高质量的工作；持续改进；树立典型。

4. A 【解析】选项 B，会计师事务所制定的政策和程序，应当鼓励在业务执行的较早阶段识别出意见分歧。选项 C，会计师事务所应当认识到对业务问题的意见出现分歧是正常现象，只有经过充分的讨论，才有利于意见分歧的解决。选项 D，并不一定是项目合伙人为产生的意见分歧作出结论，会计师事务所可以就意见分歧向适当的其他执业者、会计师事务所、职业团体或监管机构进行咨询。

5. ABD 【解析】选项 A，周期最长不得超过 3 年；选项 B，至少选取一项进行检查；选项 D，参与业务的人员或该项目质量控制复核的人员不应当承担该项目的检查工作。

6.【答案】

(1)未实施风险评估程序不符合规定。依据审计准则规定，A 注册会计师应了解甲公司及其环境，实施风险评估程序。

(2)项目组成员之间相互复核不符合规定。依据质量控制准则规定，应由项目组内经验较多人员复核经验较少人员的工作。

(3)项目质量控制复核人员的委派不符合规定。依据质量控制准则规定，项目质量控制复核人员应由会计师事务所委派，不应由审计项目合伙人委派。

(4)重大问题分歧未得到解决就出具审计报告不符合规定。依据质量控制准则规定，只有在项目组内部分歧解决以后才能出具审计报告。

(5)项目质量控制复核时间不符合规定。依据质量控制准则规定，项目质量控制复核应在审计报告日或报告日前完成。

(6)项目质量控制复核范围不符合规定。依据质量控制准则规定，项目质量控制复核人员应选取与项目组作出重大判断和得出的结论相关的业务工作底稿。

本章综合练习 限时55分钟

一、单项选择题

1. 会计师事务所承接业务后发现审计项目组出现下列情形，其中应当终止该项审计业务的是(　　)。

A. 管理层严重不诚信

B. 审计项目组不能在审计业务约定条款要求的时间内完成业务，必须推迟出具审计报告

C. 审计项目组采用积极式函证方式对某应收账款进行函证而未收到回函

D. 审计项目组对确定存货的数量和状况缺乏胜任能力，应考虑利用专家的工作

2. 下列关于接受新客户或现有客户的新业务的说法中，不正确的是(　　)。

A. 在接受新客户的业务前，需要考虑客户的诚信，确定没有信息表明客户缺乏诚信

B. 如果识别出潜在的利益冲突，会计师事务所确定接受业务是否适当

C. 在考虑接受现有客户的新业务时，由于以前承接过业务，因此可以不评价是否能够遵守相关职业道德要求

D. 当识别出问题而又决定接受或保持客户关系或具体业务时，会计师事务所应当记录问题如何得到解决

3. 下列关于咨询的说法中，错误的是（　　）。

A. 咨询包括向会计师事务所内部或外部具有专门知识的人员就疑难问题或争议问题进行的讨论

B. 会计师事务所的政策和程序应当鼓励会计师事务所人员就疑难问题或争议事项进行咨询

C. 注册会计师仅需要对寻求咨询的事项进行记录

D. 项目组就疑难问题或争议问题向其他专业人士咨询所形成的记录应当经被咨询者认可

4. 下列是会计师事务所在对甲公司财务报表审计业务中执行业务质量控制准则时制定的部分政策和程序，其中说法不正确的是（　　）。

A. 要求承担质量控制制度运作责任的人员具有必要的权限，是为了保证其能够实施质量控制政策和程序

B. 由于A注册会计师对该业务最为熟悉，又是具体项目合伙人，因此要求A对质量控制制度承担最终责任

C. 由于甲公司为上市公司，涉及公众利益的范围大，因此如果与甲公司建立长期的合作关系，要定期轮换项目合伙人

D. 确定项目组内复核人员的原则是，由项目组内经验较多的人员复核经验较少的人员执行的工作

5. 会计师事务所应当制定监控政策和程序，以合理保证质量控制制度中的政策和程序是相关、适当的，并正在有效运行。下列有关监控的说法中，正确的是（　　）。

A. 会计师事务所可以委派主任会计师、副主任会计师，或具有足够、适当经验和权限的其他人员履行监控责任

B. 持续地考虑和评价事务所的质量控制制度包括定期对每位合伙人至少选取一项业务（包括已完成的或未完成的）对其工作底稿进行检查

C. 会计师事务所应当将实施监控程序发现的缺陷及建议采取的适当补救措施，告知项目组内的所有人，便于采取行动

D. 会计师事务所的监控过程可以分为持续监控、间断监控和定期检查已完成的工作底稿

6. 下列有关质量控制制度的说法中，错误的是（　　）。

A. 会计师事务所应当至少每3年对已完成的业务进行一次检查

B. 会计师事务所应当要求在审计报告日后90天内尽快完成项目质量控制复核

C. 鉴证业务的工作底稿，应当在业务报告日后60日内进行归档

D. 为防范因长期关联产生密切关系影响独立性，关键审计合伙人连续执业的时间不超过5年

二、多项选择题

1. 下列各项中，属于会计师事务所制定质量控制制度的目标的有（　　）。

A. 在合理的时间内完成相关业务

B. 消除影响会计师事务所执业人员职业道德要求的因素

C. 会计师事务所及其人员遵守职业准则和适用的法律法规的规定

D. 会计师事务所和审计项目合伙人出具适合具体情况的审计报告

2. 下列有关业务质量控制的说法中，错误的有（　　）。

A. 注册会计师业务咨询形成的记录属于会计师事务所的工作底稿，无须经被咨询者认可

B. 项目组内部复核确定复核人员的原则是，由项目组内经验较多的人员复核经验较少的人员执行的工作

C. 项目质量控制复核可以减轻项目合伙人的责任

D. 只有意见分歧问题得到解决，项目合

伙人才能出具报告

3. 下列有关会计师事务所建立业务质量控制制度的目标和要素的说法中，正确的有（　　）。

A. 质量控制制度仅针对鉴证业务，而不约束非鉴证业务

B. 质量控制制度只能合理保证业务质量

C. 会计师事务所应当将质量控制政策和程序形成书面文件，并传达到全体人员

D. 会计师事务所主任会计师对质量控制制度承担最终责任

4. 下列各项情况中，可能导致会计师事务所对客户的诚信情况产生疑虑的有（　　）。

A. 在与为客户提供专业会计服务的前任人员进行沟通时得知其存在与客户意见严重不一致的事项

B. 注册会计师的工作范围受到不适当的限制

C. 询问与客户相关的金融机构得知客户管理层对于遵守法律法规要求的态度非常端正

D. 在与法律顾问的沟通中得知客户管理层存在严重违法行为

5. 下列各项中，属于会计师事务所业绩评价、工薪及晋升程序应当强调的内容的有（　　）。

A. 使人员知晓会计师事务所对业绩的期望和对遵守职业道德基本原则的要求

B. 向人员提供业绩、晋升和职业发展方面的评价和辅导

C. 帮助人员了解提高业务质量及遵守职业道德基本原则是晋升的主要途径

D. 帮助人员理解使客户满意是晋升的主要途径

6. 下列有关项目质量控制复核的说法中，正确的有（　　）。

A. 对所有符合标准的业务实施项目质量控制复核

B. 项目质量控制复核人员是由会计师事务所挑选不参与该业务的人员组成

C. 如果项目质量控制复核人未能发现审计过程中的重大失误，应与项目合伙人沟通并承担连带责任

D. 项目质量控制复核人员履行职责，不应受到项目合伙人职级的影响

7. 下列有关监控的说法中，正确的有（　　）。

A. 在每个周期内，应对每个项目合伙人的业务至少选取一项进行检查

B. 会计师事务所应当周期性地选取已完成的业务进行检查，周期最长不超过5年

C. 会计师事务所应当每三年一次将质量控制制度的监控结果，传达给项目合伙人及会计师事务所内部的其他适当人员

D. 监控结果表明出具的报告不适当时，会计师事务所应当确定采取适当的进一步行动，同时征询法律意见

三、简答题

1. ABC会计师事务所的质量控制制度部分内容摘录如下：

（1）在业务质量及职业道德考核成绩为优秀的前提下，连续两年业务收入排名靠前的高级经理可晋升合伙人。

（2）审计部员工须每年签署其遵守事务所独立性政策和程序的书面确认函，其他部门员工须每三年签署一次读书面确认函。

（3）对上市实体财务报表审计业务应实施项目质量控制复核，其他业务是否实施项目质量控制复核由各业务部门的主管合伙人决定。

（4）审计项目组成员应当在执行业务时遵守事务所质量控制政策和程序。参与审计项目的实习生和事务所外部专家不受上述规定的限制。

（5）历史财务信息审计和审阅业务的工作底稿应在业务报告日后60日内归档，除此之外的其他业务工作底稿应在业务报告日后90日内归档。

要求：针对上述第（1）至（5）项，逐项指出ABC会计师事务所的质量控制制度的内容是否恰当。如不恰当，简要说明理由。

2. ABC 会计师事务所接受委托，负责对甲上市公司 2018 年度财务报表进行审计，并委派 A 注册会计师担任项目合伙人，在审计中遇到如下事项：

(1)因 C 注册会计师过去五年连续担任甲公司财务报表审计项目合伙人，对甲公司非常熟悉，ABC 会计师事务所委派 C 注册会计师担任甲公司 2018 年财务报表审计项目质量控制复核人。

(2)A 注册会计师认为，经过对甲公司管理层的了解，其管理层非常诚信，不会出现舞弊情况，无须对甲公司进行项目质量控制复核。

(3)在审计过程中，A 注册会计师就所有重大问题与项目质量控制复核人进行讨论，最终由项目质量控制复核人作出决策，形成结论。

(4)A 注册会计师拟利用会计师事务所聘请的外部信息技术专家，对甲公司的信息系统进行测试，该专家不是项目组成员，但仍受到 ABC 会计师事务所质量控制政策和程序的约束。

(5)在审计中项目组内部就某一重大会计问题存在分歧，因已经到了应出具审计报告的日期，故 A 注册会计师决定先出具审计报告，再继续解决该分歧。

要求：针对上述第(1)至(5)项，逐项指出 ABC 会计师事务所及其项目组成员是否违反《会计师事务所质量控制准则》《中国注册会计师职业道德守则》等规定，若违反，请简要说明理由。

3. ABC 会计师事务所首次接受委托，负责审计上市公司甲公司 2018 年度财务报表，并委派 A 注册会计师担任审计项目合伙人。相关事项如下：

(1)ABC 会计师事务所委派 B 注册会计师担任该项目质量控制复核合伙人，并负责甲公司某重要子公司的审计。

(2)在接受委托后，A 注册会计师向甲公司前任注册会计师询问甲公司变更会计师事务所的原因，得知原因是甲公司在某一重大会计问题上与前任注册会计师存在分歧。

(3)A 注册会计师拟在审计完成阶段实施针对特定项目(包括持续经营、法律法规、关联方等)的必要程序。

(4)在签署审计报告前，A 注册会计师授权会计师事务所另一合伙人 C 注册会计师复核了所有审计工作底稿，并就重大事项与其进行了讨论。

(5)A 注册会计师就某一重大审计问题咨询会计师事务所技术部门，但直至审计报告日(2019 年 3 月 2 日)，仍未与技术部门达成一致意见。经与 B 注册会计师讨论，A 注册会计师出具了审计报告。

(6)B 注册会计师在 2019 年 3 月 5 日完成了项目质量控制复核。

要求：针对上述第(1)至第(6)项，逐项指出 ABC 会计师事务所及甲公司审计项目组成员是否违反审计准则和质量控制准则的规定，并简要说明理由。

本章综合练习参考答案及详细解析

一、单项选择题

1. A 【解析】会计师事务所只有在下列情况下才能承接审计业务：①会计师事务所及审计项目组能够胜任该项业务，并具有执行该项业务必要的素质、时间和资源；② 会计师事务所及审计项目组能够遵守相关职业道德要求；③会计师事务所及审计项目组已考虑客户的诚信，没有信息表明客户缺乏诚信。选项 A 的情形需要会计师事务所终止审计业务。

2. C 【解析】会计师事务所必须合理保证能够遵守相关职业道德要求才能够接受或保持客户关系和具体业务。

3. C 【解析】注册会计师应当完整详细地记录咨询情况，包括记录寻求咨询的事项，以及咨询的结果，包括做出的决策、决策依据以及决策的执行情况。

4. B 【解析】对质量控制制度承担最终责任的是会计师事务所的主任会计师，而不是具体项目合伙人。

5. A 【解析】持续地考虑和评价事务所的质量控制制度包括定期对每位合伙人至少选取一项已经完成的业务对其工作底稿进行检查，选项 B 错误；会计师事务所应当将实施监控程序发现的缺陷及建议采取的适当补救措施，告知相关项目合伙人及其他适当人员，而不是告知项目组内所有人，选项 C 错误；会计师事务所的监控过程可以分为持续监控和定期检查已完成的工作底稿，不包括间断监控，选项 D 错误。

6. B 【解析】会计师事务所要求在出具审计报告前完成项目质量控制复核。

二、多项选择题

1. CD 【解析】会计师事务所制定质量控制制度有两个目标：其一是保证会计师事务所及其人员遵守职业准则和适用的法律法规的规定；其二是保证会计师事务所和项目合伙人出具适合具体情况的审计报告。

2. AC 【解析】选项 A，注册会计师应当完整记录咨询情况，且项目组就疑难问题或争议事项向其他专业人士咨询所形成的记录，应当经被咨询者认可；选项 C，项目质量控制复核并不减轻项目合伙人的责任，更不能替代项目合伙人的责任。

3. BCD 【解析】业务质量控制准则是旨在规范会计师事务所建立并保持有关财务报表审计和审阅、其他鉴证和相关服务业务的质量控制制度，选项 A 错误。

4. ABD 【解析】客户与提供专业会计服务的前任人员有重大的不一致意见，反映客户在一些专业问题上可能不诚信；客户管理层的严重违法行为反映管理层对遵守法律法规的态度不端正，可能在诚信方面存在问题。

5. ABC 【解析】晋升的主要途径是提高业务质量及遵守职业道德基本原则，而不是盲目地使客户满意。

6. ABD 【解析】项目质量控制复核不减轻项目合伙人的责任。

7. AD 【解析】会计师事务所应当周期性地选取已完成的业务进行检查，周期最长不超过 3 年，选项 B 错误；会计师事务所应当每年至少一次将质量控制制度的监控结果，传达给项目合伙人及会计师事务所内部的其他适当人员，选项 C 错误。

三、简答题

1.【答案】

（1）恰当。

（2）不恰当。针对其他部门参与审计业务的人员/需要按照职业道德要求保持独立性的人员，会计师事务所也须每年至少一次获得这些人员遵守独立性政策和程序的书面确认函。

（3）不恰当。针对上市实体财务报表审计以外的其他业务，应根据事务所制定的明确标准确定是否应当实施项目质量控制复核/不应由各业务部主管合伙人自行决定。

（4）不恰当。参加审计项目的实习生属于项目组成员，应在提供服务期间遵守事务所质量控制政策和程序。

（5）不恰当。所有鉴证业务的工作底稿的归档期为业务报告日后 60 日内。

2.【答案】

（1）违反。C 注册会计师不应担任甲公司 2018 年财务报表审计项目质量控制复核人，根据《中国注册会计师职业道德守则》的规定，关键审计合伙人任职不得超过五年，在任期结束后的两年内，不得为该被审计单位的审计业务实施质量控制复核。

（2）违反。甲公司属于上市公司，根据质

量控制制度的规定，对所有上市实体财务报表审计均需实施项目质量控制复核。

（3）违反。项目质量控制复核人的客观性受到影响，根据质量控制制度的规定，项目质量控制复核人不能代替项目组进行决策。

（4）违反。会计师事务所的外部专家不是项目组成员，不受会计师事务所制定的质量控制政策和程序的约束。

（5）违反。重大问题分歧未解决就出具审计报告不符合规定，根据质量控制制度的规定，只有在意见分歧问题得到解决后，项目合伙人才能出具审计报告。

3.【答案】

（1）违反。项目质量控制复核人在复核期间不得以其他方式参与审计业务，否则影响其客观性。

（2）违反。应在接受委托前与前任注册会计师沟通变更事务所的原因，判断是否适宜接受委托。

（3）违反。应在计划阶段针对特定项目实施准则要求在计划阶段应实施的程序。

（4）违反。项目合伙人应复核工作底稿，而不应委托他人复核。

（5）违反。只有在项目组与被咨询方分歧解决后才能出具审计报告。

（6）违反。项目质量控制复核应在报告日或之前完成。

第八编

职业道德

本编主要以《中国注册会计师职业道德守则》为蓝本，重点阐述了职业道德基本原则以及审计业务对独立性的要求。

从学习的难度上来看，本编属于法规文件的集合，硬性规定较多，很多内容都需要理解；从考试的角度上来说，考生一定要依据教材，并通过多做题以对教材内容进行理解和掌握。在学习时，不妨自己设定几个小情境，按照一条条的规定，将理论放在实例中理解，不仅生动，而且印象深刻。

预计在2020年考试中，出现客观题或简答题的概率比较高，但整体难度通常不大。考生应着重掌握职业道德守则涉及的基本概念以及各种对职业道德产生不利影响的情形和防范措施。

第22章 职业道德基本原则和概念框架

J JINGDIAN TIJIE

考情分析

❖ 历年考情分析

本章属于比较重要的章节，系统介绍了中国注册会计师职业道德的基本原则和职业道德概念框架及其运用，是职业道德的核心内容。从历年命题形式来看，本章通常不单独命题，而是与《审计业务对独立性的要求》一章相结合，以客观题或简答题的形式出现。考生应关注的知识点包括：职业道德基本原则、职业道德概念框架的具体运用等。

❖ 本章 2020 年考试主要变化

本章内容无变化。

核心考点及经典例题详解

考点一 职业道德基本原则★★

扫我解疑难

📋 经典例题

【例题·多选题】(2017 年) 下列各项中，属于注册会计师应当遵守的职业道德基本原则的有(   )。

A. 诚信

B. 保密

C. 客观和公正

D. 专业胜任能力和应有的关注

【答案】ABCD

【解析】与职业道德有关的基本原则包括诚信、独立性、客观和公正、专业胜任能力和应有的关注、保密、良好职业行为。

📋 考点精析

职业道德基本原则包括：**诚信、独立性、客观和公正、专业胜任能力和应有的关注、保密、良好职业行为**。具体内容提示见表 22-1 所示。

表 22-1 职业道德基本原则

基本原则	具体要点提示
诚信	(1)会员保持正直和诚实，秉公处事、实事求是； (2)不得与有问题的信息发生牵连。如果发生牵连，应当消除牵连

续表

基本原则	具体要点提示
独立性	(1)对注册会计师执行鉴证业务的要求； (2)包括实质上的独立和形式上的独立； (3)为保持独立，应当从整体层面和具体业务层面采取措施。 【知识点拨】实质上的独立性是一种内心状态；形式上的独立性是一种外表上的独立
客观和公正	会员应当公正处事、实事求是，不得由于偏见、利益冲突或他人的不当影响而损害自己的职业判断
专业胜任能力和应有的关注	(1)不得承接不能胜任的业务； (2)会员应遵守执业准则和职业道德规范的要求，勤勉尽责，认真、全面、及时地完成工作任务； (3)在审计过程中保持职业怀疑态度
保密	(1)会员应当对获知的涉密信息予以保密。 (2)保密义务不因业务约定的终止而终止。 (3)保密义务的豁免： ①法律法规允许披露，并取得客户的授权； ②根据法律法规的要求，为法律诉讼、仲裁准备文件或提供证据，以及向监管机构报告发现的违法行为； ③法律法规允许的情况下，在法律诉讼、仲裁中维护自己的合法权益； ④接受注册会计师协会或监管机构的执业质量检查，答复其询问和调查； ⑤法律法规、执业准则和职业道德规范规定的其他情形
良好职业行为	(1)会员应当避免发生任何损害职业声誉的行为。 (2)在向公众传递信息以及推介自己和工作时，应当客观、真实、得体，不得损害职业形象。 (3)会员应当诚实、实事求是，不得有下列行为： ①夸大宣传提供的服务、拥有的资质或获得的经验； ②贬低或无根据地比较其他注册会计师的工作

考点二 职业道德概念框架的具体运用 ★★★

扫我解疑难

📝 经典例题

【例题·简答题】ABC 会计师事务所通过招投标程序接受委托，负责审计上市公司甲公司 2018 年度财务报表，并委派 A 注册会计师为审计项目合伙人，在招投标阶段和审计过程中，ABC 会计师事务所遇到下列与职业道德有关的事项：

(1)应邀投标时，ABC 会计师事务所在其投标书中说明，如果中标，需与前任注册会计师沟通后，才能与甲公司签订审计业务约定书。

(2)签订审计业务约定书时，ABC 会计师事务所与甲公司商定按六折收取审计费用，据此，审计项目组计划相应缩小审计范围，并就此事与甲公司治理层达成一致意见。

(3)签订审计业务约定书后，ABC 会计师事务所发现甲公司与本事务所另一常年审计客户乙公司存在直接竞争关系。ABC 会计师事务所未将这一情况告知甲公司和乙公司。

要求：针对上述第(1)至(3)项，分别指出 ABC 会计师事务所是否违反《中国注册会计师职业道德守则》，并简要说明理由。

【答案】

(1)不违反。ABC 会计师事务所在承接业务前应当与前任注册会计师沟通，以了解是否存在不应接受委托的理由。

(2)违反。ABC 会计师事务所因减少审计收费而不恰当地缩小审计范围，影响审计工作的质量。

（3）违反。ABC会计师事务所同时为两个存在竞争关系的审计客户提供审计服务，可能对客观和公正原则产生不利影响，应当告知甲、乙公司，并在征得它们同意的情况下才能执行业务。

📋**考点精析**

一、可能对职业道德基本原则产生不利影响的因素及防范措施

（1）可能对职业道德基本原则产生不利影响的因素包括：自身利益、自我评价、过度推介、密切关系和外在压力。

（2）应对不利影响的防范措施包括会计师事务所层面和具体业务层面。

二、专业服务委托

专业服务委托的情形，具体要求及防范措施见表22-2。

表22-2　专业服务委托

情形	具体要求	防范措施
接受客户关系	在接受客户关系前，注册会计师应当考虑客户的主要股东、关键管理人员和治理层**是否诚信**，以及客户**是否涉足非法活动**（如洗钱）或**存在可疑的财务报告问题**等	（1）对客户及其主要股东、关键管理人员、治理层和负责经营活动的人员进行了解； （2）要求客户对完善公司治理结构或内部控制作出承诺
承接业务	注册会计师应当遵循专业胜任能力和应有的关注原则，**仅向客户提供能够胜任的专业服务**。如果项目组不具备或不能获得执行业务所必需的胜任能力，注册会计师应当评价不利影响的严重程度，并在必要时采取防范措施消除不利影响或将其降至可接受的水平	（1）了解客户的业务性质、经营的复杂程度，以及所在行业的情况； （2）了解专业服务的具体要求和业务对象，以及注册会计师拟执行工作的目的、性质和范围； （3）了解相关监管要求或报告要求； （4）分派足够的具有胜任能力的员工； （5）必要时利用专家的工作； （6）就执行业务的时间安排与客户达成一致意见； （7）遵守质量控制政策和程序，以合理保证仅承接能够胜任的业务
客户变更委托	如果应客户要求或考虑以投标方式接替前任注册会计师，注册会计师应当从专业角度或其他方面确定应否承接该业务。由于客户变更委托的表面理由可能并未完全反映事实真相，根据业务性质，注册会计师可能需要与前任注册会计师直接沟通，核实与变更委托相关的事实和情况，以确定是否适宜承接该业务	（1）当应邀投标时，**在投标书中说明，在承接业务前需要与前任注册会计师沟通**，以了解是否存在不应接受委托的理由； （2）要求前任注册会计师提供已知悉的相关事实或情况，即前任注册会计师认为，后任注册会计师在作出承接业务的决定前，需要了解的事实或情况； （3）从其他渠道获取必要的信息

【知识点拨】注册会计师与前任注册会计师沟通前，应当征得客户的同意。

三、利益冲突

利益冲突的情形、防范措施见表22-3。

表 22-3　利益冲突的情形及防范措施

情形	防范措施
注册会计师与客户存在**直接竞争关系**，或与**客户的主要竞争者**存在**合资**或类似关系，可能对客观和公正原则产生不利影响	(1)如果会计事务所的商业利益或业务活动可能与客户存在利益冲突，注册会计师应当告知客户，并在征得其同意的情况下执行业务； (2)如果为存在利益冲突的两个以上客户服务，注册会计师应当告知所有已知相关方，并在征得他们同意的情况下执行业务； (3)如果为某一特定行业或领域中的两个以上客户提供服务，注册会计师应当**告知客户**，并在**征得他们同意**的情况下执行业务。
注册会计师为两个以上客户提供服务，而这些**客户之间**存在**利益冲突**或者对某一事项或交易**存在争议**，可能对客观和公正原则或保密原则产生不利影响	如果客户不同意注册会计师为存在利益冲突的其他客户提供服务，注册会计师应当**终止为其中一方或多方提供服务**。 除采取上述防范措施外，注册会计师还应当采取下列一种或多种防范措施： (1)分派不同的项目组为相关客户提供服务； (2)实施必要的保密程序，防止未经授权接触信息； (3)向项目组成员提供有关安全和保密问题的指引； (4)要求会计师事务所的合伙人和员工签订保密协议； (5)由未参与执行相关业务的高级员工定期复核防范措施的执行情况

四、应客户的要求提供第二次意见

在某客户运用会计准则对特定交易和事项进行处理，且已由前任注册会计师发表意见的情况下，如果注册会计师应客户的要求提供第二次意见，可能对职业道德基本原则产生不利影响。

如果第二次意见不是以前任注册会计师所获得的相同事实为基础，或依据的证据不充分，可能对专业胜任能力和应有的关注原则产生不利影响。

防范措施主要包括：

(1)征得客户同意与前任注册会计师沟通；

(2)在与客户沟通中说明注册会计师发表专业意见的局限性；

(3)向前任注册会计师**提供第二次意见的副本**。

五、收费

(1)收费过低——可能对专业胜任能力和应有的关注产生不利影响。

(2)或有收费——除法律法规允许外，注册会计师不得以或有收费方式提供鉴证服务，收费与否或收费多少不得以鉴证工作结果或实现特定目的为条件。

(3)支付或接受介绍费、佣金——可能对客观和公正、专业胜任能力以及应有的关注原则产生非常严重的不利影响，导致**没有防范措施**能够消除不利影响或将其降低至可接受的水平。

六、专业服务营销

注册会计师**不得**采用强迫、欺诈、利诱或骚扰等方式招揽业务。注册会计师不得对其能力进行广告宣传以招揽业务，但**可以利用媒体刊登设立、合并、分立、解散、迁址、名称变更和招聘员工**等信息。

七、礼品和款待

如果客户向注册会计师(或其近亲属)赠送礼品或给予招待，将对职业道德基本原则产生不利影响。如果款待超出业务活动中的正常往来，注册会计师应当**拒绝**。

八、保管客户资产

除非法律法规允许或要求，注册会计师**不得**提供保管客户资金或其他资产的服务。注册会计师保管客户资金或其他资产，应当履行相应的法定义务。

如果某项业务涉及保管客户资金或其他资产，注册会计师应当根据有关接受与保持客户关系和具体业务政策的要求，适当询问资产的来源，并考虑应当履行的法定义务。

阶段性测试

1.【单选题】下列有关职业道德基本原则的提法中，不恰当的是（　）。

A. 注册会计师在社会交往中应当履行保密的义务

B. 注册会计师只要执行业务就必须遵守独立性的要求

C. 客观公正原则要求会员不应因偏见、利益冲突以及他人的不当影响而损害职业判断；独立于鉴证客户是遵循客观公正基本原则的内在要求

D. 在推介自身和工作时，注册会计师不应对其能够提供的服务、拥有的资质及积累的经验进行夸大宣传

2.【多选题】下列各项关于职业道德概念框架的说法中，正确的有（　）。

A.《中国注册会计师职业道德守则》中并未禁止的利益、关系或服务，意味着它们是被允许的

B. 职业道德概念框架是指解决职业道德问题的思路和方法

C. 职业道德概念框架指导注册会计师识别对职业道德基本原则的不利影响

D. 职业道德概念框架指导注册会计师评价不利影响的严重程度

3.【多选题】下列情形中，属于因过度推介导致不利影响的有（　）。

A. 会计师事务所推介审计客户的股份

B. 会计师事务所过分依赖某一客户的收费

C. 会计师事务所受到客户解除业务关系的威胁

D. 注册会计师在被审计单位与第三方发生诉讼或纠纷时担任该客户的辩护人

阶段性测试答案精析

1. B 【解析】注册会计师只有在实施鉴证业务的时候，才需要保持独立性。

2. BCD 【解析】依据《中国注册会计师职业道德守则问题解答》对问题一的规定，《中国注册会计师职业道德守则》中并未禁止的利益、关系或服务，并不意味着它们是被允许的，需要运用职业道德概念框架进行评估。

3. AD 【解析】选项 B 属于因自身利益产生不利影响的情形；选项 C 属于因外在压力产生不利影响的情形。

本章综合练习 限时35分钟

一、单项选择题

1. 注册会计师在向公众传递信息时，应当维护职业声誉，下列注册会计师的行为中，不正确的是（　）。

A. 不得夸大宣传提供的服务、拥有的资质或获得的经验

B. 注册会计师不得利用媒体刊登设立、合并、分立等信息

C. 注册会计师不得无根据地比较其他注册会计师的工作

D. 注册会计师不得作出其他欺骗性的或可能导致误解的声明

2. 下列各项关于职业道德的表述中，属于注册会计师保持应有的关注要求的是（　）。

A. 注册会计师应当在所有的职业关系和商业关系中保持正直和诚实，秉公处事，实事求是

B. 注册会计师协会会员应当保持职业怀疑态度，运用专业知识、技能和经验，获取和评价审计证据

C. 注册会计师执行的业务必须是自己能够胜任的业务，不承接自己不能胜任的业务

D. 注册会计师不得兼营或兼任与其执行的审计或其他鉴证业务不相容的业务和职务

3. 下列有关职业道德的说法中，正确的是（　　）。

A. 会计师事务所收费报价的高与低，不会对专业胜任能力和应有的关注产生不利影响

B. 注册会计师在营销专业服务时，不应贬低或无根据地比较其他会计师事务所的工作

C. 会计师事务所的高级管理人员可以担任鉴证客户的独立董事

D. 注册会计师至少应口头承诺对在执行业务过程中知悉的客户信息保密

4. 下列有关专业服务委托的表述中，不正确的是（　　）。

A. 在接受客户关系前，如果不能将客户存在的问题产生的不利影响降低至可接受的水平，注册会计师应当拒绝接受客户关系

B. 注册会计师应当遵循专业胜任能力和应有的关注原则，仅向客户提供能够胜任的专业服务

C. 当客户变更委托时，注册会计师应直接与前任注册会计师进行沟通

D. 在承接某一客户业务前，注册会计师应当确定承接该业务是否对职业道德基本原则产生不利影响

5. 下列有关职业道德的说法中，错误的是（　　）。

A. 如果客户涉足非法活动，就有可能对注册会计师的诚信或良好职业行为构成潜在不利影响

B. 如果注册会计师在缺乏专业胜任能力的情况下提供了专业服务，就构成了一种欺诈

C. 注册会计师不应为存在利益冲突的两个或多个客户提供服务

D. 如果注册会计师为存在竞争的不同客户提供服务，注册会计师应当告知所有已知相关方这一情况，并在获得他们同意的情况下执行业务

6. 如果被要求提供第二次意见，注册会计师应当评价不利影响的重要程度，并在必要时采取防范措施消除不利影响或将其降低至可接受的水平，下列防范措施中不可行的是（　　）。

A. 在与客户沟通中说明注册会计师发表专业意见的局限性

B. 征得客户同意与前任注册会计师沟通

C. 在审计报告中提及前任注册会计师的工作

D. 向前任注册会计师提供第二次意见的副本

二、多项选择题

1. 甲公司（上市公司）拟聘请 ABC 会计师事务所审计其 2018 年度财务报表，下列情形中，将因自我评价产生不利影响的有（　　）。

A. ABC 会计师事务所派遣 A 注册会计师为甲公司提供编制 2018 年会计记录和财务报表服务，并且 A 为此次审计项目组成员

B. 2018 年 5 月中旬，在甲公司与其客户丙公司之间发生诉讼时，注册会计师 B 担任其辩护人，此次审计安排 B 加入审计项目组

C. ABC 会计师事务所的 C 注册会计师现兼任甲公司总经理，C 为此次审计项目组成员

D. 甲公司总经理的妻子 D 是 ABC 会计师事务所的员工，D 为此次审计项目组成员

2. 下列行为中，属于注册会计师违反保密原则的有（　　）。

A. 与客户发生意见分歧时，诉诸媒体

B. 接受同业复核，提供审计工作底稿

C. 向监管机构报告发现的违反法律法规行为

D. 利用获知的客户信息买卖客户的股票

3. 下列情形中，可能会对职业道德基本原则产生不利影响的情形有（　　）。

A. 甲注册会计师代 A 公司编制了 2017 年度财务报表，2018 年 1 月 20 日会计师事

务所接受 A 公司委托对其 2017 年度财务报表进行审计，并委派甲注册会计师为项目合伙人

B. 乙会计师事务所 1%的收费来源于 B 股份有限公司

C. 丙会计师事务所审计 C 股份有限公司 2017 年度财务报表，考虑到对 C 股份有限公司非常了解，推介其股份

D. 丁注册会计师的哥哥为审计客户 D 股份有限公司的独立董事

4. 下列情形中，可能因密切关系导致不利影响的有（　　）。

A. 审计项目组项目经理的父亲担任或最近曾经担任审计客户的董事或高级管理人员

B. 审计客户的董事最近曾是会计师事务所的合伙人

C. 会计师事务所推介审计客户的股份

D. 审计项目组成员与审计客户的董事存在主要近亲属关系

5. 下列关于注册会计师职业道德的描述中，不正确的有（　　）。

A. 注册会计师在执行鉴证业务时，不得因任何利害关系影响其客观、公正的立场

B. 前任注册会计师未经被审计单位同意提供给后任注册会计师工作底稿

C. 在终止与客户的关系之后，注册会计师无须对在职业活动中获知的信息保密

D. 注册会计师接受客户赠送的别墅，这种情况属于自我评价导致不利影响的情形

6. 下列各项中，属于会计师事务所层面的防范措施的有（　　）。

A. 轮换鉴证业务项目组合伙人和高级员工

B. 建立惩戒机制，保障相关政策和程序得到遵守

C. 指定高级管理人员负责监督质量控制系统是否有效运行

D. 制定有关政策和程序，防止项目组以外的人员对业务结果施加不当影响

7. 下列有关注册会计师在审计中遇到利益冲突问题的表述中，正确的有（　　）。

A. 如果利益冲突对职业道德基本原则产生不利影响，并且采取防范措施无法消除不利影响或将其降低至可接受的水平，注册会计师应当拒绝承接某一特定业务，或者解除一个或多个存在冲突的业务约定

B. 注册会计师与客户存在直接竞争关系，或与客户的主要竞争者存在合资或类似关系，可能对客观和公正原则产生不利影响

C. 如果为存在利益冲突的两个以上客户服务，注册会计师应当对这些客户均保密，防止存在利益冲突的客户知晓

D. 如果客户不同意注册会计师为存在利益冲突的其他客户提供服务，注册会计师应当终止为其中一方或多方提供服务

三、简答题

甲公司为一家上市公司，主要从事小型电子消费品的生产和销售，所有的经营活动以及财务处理都经过计算机系统处理，委托 ABC 会计师事务所审计其 2018 年度财务报表，ABC 会计师事务所委派 A 注册会计师为项目合伙人，A 注册会计师考虑到事务所没有相应计算机知识以及会计电算化审计经验，聘请外部专家加入项目组。A 注册会计师在审计过程中，发现数项重大错报，提请甲公司调整，甲公司拒绝调整，且不签署必要的管理层声明，A 注册会计师拟出具保留意见的审计报告。甲公司获悉此种情况，以解除业务关系威胁 A 注册会计师，逼迫其出具标准无保留意见。A 注册会计师将该种情况上报给事务所，事务所决定解除业务约定。甲公司决定委托 XYZ 会计师事务所审计其 2018 年度财务报表，XYZ 会计师事务所未与 ABC 会计师事务所沟通，就接受了委托。甲公司承诺，按照审计后净利润的 10%支付审计费用。XYZ 会计师事务所得知 B 注册会计师的妻子是甲公司的财务总监，鉴于其对甲公司熟悉，决定任命其为项目合伙

人，B 注册会计师发表了标准无保留意见。

要求：请说明上述资料中会计师事务所的

处理违反职业道德守则的情况，并简要说明原因。

本章综合练习参考答案及详细解析

一、单项选择题

1. B 【解析】注册会计师不得采用强迫、欺诈、利诱或骚扰等方式招揽业务。注册会计师不得对其能力进行广告宣传以招揽业务，但可以利用媒体刊登设立、合并、分立、解散、迁址、名称变更和招聘员工等信息。

2. B 【解析】选项 A 为诚信原则的要求；选项 B 为应有关注的要求；选项 C 属于注册会计师专业胜任能力的要求；选项 D 为独立性的要求。

3. B 【解析】选项 A，如果收费过低，进而降低执业质量，就会对专业胜任能力和应有的关注产生不利影响；选项 C，会计师事务所的高级管理人员不得担任鉴证客户的独立董事；选项 D，注册会计师应书面承诺对在执行业务过程中知悉的客户信息保密。

4. C 【解析】注册会计师与前任注册会计师沟通前，应当征得客户的同意。

5. C 【解析】如果注册会计师为存在利益冲突的两个或多个客户提供服务，注册会计师应当告知所有已知相关方这一情况，并在征得他们同意的情况下执行业务。

6. C 【解析】在审计报告中通常不应提及前任注册会计师的工作。

二、多项选择题

1. ABC 【解析】选项 D，属于因密切关系产生不利影响的情形。

2. AD 【解析】选项 A，与客户发生意见分歧时，应当与客户进行沟通，同时考虑对审计报告的影响，不能将该分歧诉诸媒体。选项 D，注册会计师利用所获知的涉

密信息为自己或第三方谋取利益违反了保密原则。

3. ACD 【解析】选项 A 属于自我评价导致的不利影响；选项 C 属于过度推介导致的不利影响；选项 D 属于密切关系导致的不利影响。

4. ABD 【解析】选项 A 可能因密切关系产生不利影响；选项 B 可能因密切关系、过度推介对独立性产生不利影响；选项 D 属于密切关系导致不利影响的情形；选项 C 属于过度推介导致不利影响的情形。

5. BCD 【解析】选项 B，前任注册会计师必须经被审计单位同意后，才能提供给后任注册会计师工作底稿；选项 C，在终止与客户或雇佣单位的关系之后，会员仍需对在职业关系和商业关系中获知的信息保密；选项 D 属于密切关系、自身利益导致不利影响的情形。

6. BCD 【解析】选项 A 属于具体业务层面的防范措施。

7. ABD 【解析】选项 C，如果为存在利益冲突的两个以上客户服务，注册会计师应当告知所有已知相关方，并在征得他们同意的情况下执行业务。

三、简答题

【答案】

(1) A 注册会计师不具备相应的计算机知识以及会计电算化审计经验，不应当接受委托，违反了专业胜任能力的原则。

(2) "XYZ 会计师事务所未与 ABC 会计师事务所沟通，就接受了委托"违反了《中国注册会计师职业道德守则》，在接受委托前，后任注册会计师应当与前任注册会计

师进行必要沟通，并对沟通结果进行评价，以确定是否接受委托。

（3）"甲公司承诺，按照审计后净利润的10%支付审计费用"，这属于或有收费，违反了《中国注册会计师职业道德守则》。

（4）B注册会计师的妻子是客户的财务总监，该种情形属于密切关系导致不利影响的情形，B注册会计师应该被调离项目组。

（5）"B注册会计师发表了标准无保留意见"违反了《中国注册会计师职业道德守则》，B注册会计师已经得知了甲公司存在种种的不合法的情况，仍然出具了标准无保留意见，说明其没有保持应有的关注，也没有保持独立性。

第23章 审计业务对独立性的要求

考情分析

▶▶ 历年考情分析

本章属于非常重要的内容，阐述注册会计师在执行审计业务时对独立性的要求。从命题形式来看，本章主要是结合实务考查分析性简答题，近年多是如此。考生应重点掌握各种具体情况对注册会计师独立性产生的不利影响及其防范措施。

▶▶ 本章 2020 年考试主要变化

本章内容无变化。

核心考点及经典例题详解

考点一 基本概念和要求 ★

扫我解疑难

📋 **经典例题**

【例题 1·单选题】下列关于独立性的基本概念和要求的说法中，错误的是（ ）。

A. 拥有数量众多且分布广泛的利益相关者的非上市实体属于公众利益实体

B. 事务所应当与网络中其他事务所的审计客户保持独立

C. 注册会计师在执行审阅业务时仅需保持实质上的独立性

D. 如果一个联合体旨在通过合作，在各实体中间共享收益或分担成本，应被视为网络

【答案】C

【解析】注册会计师在执行审计和审阅业务以及其他鉴证业务时，应当从实质上和形式上保持独立。

【例题 2·多选题】下列选项中，属于公众利益实体的有（ ）。

A. 保险公司

B. 电信公司

C. 大型未上市银行

D. 养老基金

【答案】ABCD

【解析】公众利益实体包括上市公司和下列实体：（1）法律法规界定的公众利益实体；（2）法律法规规定按照上市公司审计独立性的要求接受审计的实体。保险公司、银行、电信公司、养老基金等由于业务性质的特殊和规模，应当将其作为公众利益实体对待。

考点精析

一、独立性的概念框架

1. 独立性的内涵

独立性包括**实质上**的独立性和**形式上**的独立性。实质上的独立性是一种内心状态，形式上的独立性是一种外在表现。

2. 独立性概念框架的内涵

独立性概念框架是指解决独立性问题的思路和方法，用以指导注册会计师(见图23-1)：

图23-1 独立性概念框架的内涵

二、网络与网络事务所

(1)**以合作为目的**(实质上的合作)。

(2)通过合作实现下列一个或多个目的：共享收益或分担成本；共享所有权、控制权或管理权；共享统一的质量控制政策和程序；共享同一经营战略；使用同一品牌；共享重要的专业资源。

名义上，一个联合体中的一家会计师事务所和其他几家税务所、评估机构或咨询公司没有使用同一品牌，但实质上，它们在人员及客户资源方面存在共享的情况，则上述实体属于同一网络。

(3)事务所应当与网络中其他事务所的审计客户保持独立。

【知识点拨】注意不视为网络事务所的特殊情况。

三、公众利益实体

(1)在评价对独立性不利影响的重要程度以及为消除不利影响或将其降低至可接受水平采取的必要防范措施时，注册会计师应当考虑实体涉及公众利益的程度。

(2)公众利益实体包括上市公司和下列实体：

①法律法规界定的公众利益实体；

②法律法规规定按照上市公司审计独立性的要求接受审计的实体。

【知识点拨】如果公众利益实体以外的其他实体拥有数量众多且分布广泛的利益相关者，注册会计师应当考虑将其作为公众利益实体对待。需要考虑的因素包括该实体业务的性质(如金融业务、保险业务)、实体的规模和员工的数量等。

四、关联实体

(1)会计师事务所在考虑独立性时，应将审计客户的关联实体包括在内。

(2)审计客户如为上市公司，则审计客户包括该客户的所有关联实体；若为非上市公司，则审计客户仅包括该客户直接或间接控制的关联实体。

五、治理层

注册会计师应当根据职业判断，定期就可能影响独立性的关系和其他事项与治理层沟通。对于因外在压力和密切关系产生的不利影响，这种沟通尤其有效。

六、业务期间

(1)注册会计师应当在业务期间和财务报表涵盖的期间独立于审计客户。

(2)业务期间自审计项目组**开始执行审计业务之日起，至出具审计报告之日止**(见图23-2)。对于连续审计业务，业务期间结束日应以**其中一方通知解除业务关系或出具最终审计报告两者时间孰晚为准**。

图 23-2　业务期间

时间轴节点：
- 2018.1.1
- 2018.10.1　执行审计业务
- 2018.12.31　会计报表日
- 2019.3.15　审计报告日

业务期间

（3）如果一个实体委托会计师事务所对其财务报表发表意见，并且在该财务报表涵盖的期间或之后成为审计客户，会计师事务所应当确定下列因素是否对独立性产生不利影响：

①在财务报表涵盖的期间或之后、接受审计业务委托之前，与审计客户之间存在的经济利益或商业关系；

②以往向审计客户提供的服务。

如果在财务报表涵盖的期间或之后，在审计项目组开始执行审计业务之前，会计师事务所向审计客户提供了非鉴证服务，并且该非鉴证服务在审计期间不允许提供，会计师事务所应当评价提供的非鉴证服务对独立性产生的不利影响。

防范措施主要包括：①不允许提供非鉴证服务的人员担任审计项目组成员；②必要时由其他的注册会计师复核审计和非鉴证工作；③由其他会计师事务所评价非鉴证业务的结果，或由其他会计师事务所重新执行非鉴证业务，并且所执行工作的范围能够使其承担责任。

七、合并与收购

（1）如因合并或收购，某实体成为审计客户的关联实体，会计师事务所应识别和评价其与该关联实体以往和目前存在的利益或关系，并在考虑可能的防范措施后确定是否影响独立性，以及在合并或收购生效日后能否继续执行审计业务。

（2）会计师事务所应当在合并或收购生效日前采取必要措施终止目前存在的利益或关系。如果在合并或收购生效日前不能终止目前存在的利益或关系，会计师事务所应当评价产生的不利影响。

考点二　经济利益对独立性产生不利影响 ★★★

扫我解疑难

📝 **经典例题**

【例题·多选题】如果会计师事务所、合伙人或其主要近亲属、员工或其主要近亲属，通过继承、馈赠或合并从审计客户获得直接经济利益，下列防范措施中，恰当的有（　　）。

A. 如果会计师事务所获得经济利益，立即处置全部经济利益

B. 如果审计项目组成员或其主要近亲属获得经济利益，立即处置全部经济利益

C. 如果审计项目组以外的人员获得经济利益，在合理期间内尽快处置全部经济利益

D. 如果审计项目组成员或其主要近亲属获得经济利益，在合理期间内处置足够数量的经济利益

【答案】ABC

【解析】如果审计项目组成员或其主要近亲属获得经济利益，应"立即"处置"全部"经济利益，而不是在合理期间处置足够数量的经济利益。

📝**考点精析**

经济利益对独立性的不利影响(见表23-1)。

表 23-1　经济利益对独立性的不利影响

项目		实体			
受限制人员/实体		审计客户①	在审计客户中拥有控制权且审计客户对其重要的实体	在审计客户中拥有经济利益的非审计客户实体	审计客户的董事、高级管理人员或具有控制权的所有者拥有经济利益的实体
1. 会计师事务所		×	×	×③	评价不利影响
2. 审计项目组成员	(1) 自身及主要近亲属	×	×	×③	评价不利影响
	(2) 其他近亲属	评价不利影响	√	√	√
3. 与执行审计业务的项目合伙人同处一个分部的其他合伙人及为审计客户提供非审计服务的其他合伙人、管理人员	(1) 自身	×	视情况而定	√	√
	(2) 主要近亲属	×②	视情况而定	√	√

注:①包括通过继承、馈赠或因合并而获得经济利益。但不包括以受托人身份而获得经济利益。

②如果是作为审计客户的员工有权(例如通过退休金或股票期权计划)取得该经济利益,并且在必要时能够采取防范措施消除不利影响或将其降低至可接受的水平,则不被视为损害独立性。但是,如果拥有或取得处置该经济利益的权利,例如按照股票期权方案有权行使购买权,则应该尽快处置或放弃该经济利益。

③如果经济利益重大,并且审计客户能够对该实体施加重大影响。

考点三　贷款和担保以及商业关系、家庭和私人关系★★★

扫我解疑难

📝**经典例题**

【例题·单选题】 下列有关独立性的说法中,错误的是(　　)。

A. 只要会计师事务所、审计项目组成员或其

主要近亲属从银行或类似机构等审计客户取得贷款就会对独立性产生不利影响

B. 如果会计师事务所、审计项目组成员或其主要近亲属未按正常程序、条款和条件从银行或类似机构等审计客户取得贷款,将会对独立性产生严重的不利影响

C. 会计师事务所按照正常的商业条件在金融机构等审计客户开立存款或交易账户的,不会对独立性产生不利影响

D. 会计师事务所为甲公司在工商银行取得的

1亿元贷款提供了担保,在该情况下会计师事务所不应为甲公司提供鉴证服务

【答案】 A

【解析】 会计师事务所、审计项目组成员或其主要近亲属从银行或类似机构等审计客户取得贷款,或获取贷款担保,可能对独立性产生不利影响,并非一定会产生对独立性的不利影响,选项A的说法过于绝对。

考点精析

一、贷款和担保——自身利益

贷款和担保对独立性的影响如图23-3所示。

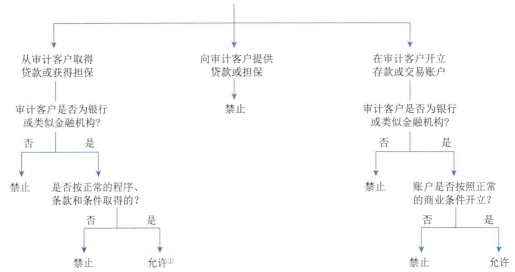

图23-3 贷款和担保对独立性的影响

注:①如果该贷款或担保对审计客户或事务所的影响是重大的,应采取防范措施。

二、商业关系——自身利益、外在压力

商业关系对独立性的不利影响如表23-2所示。

表23-2 商业关系对独立性的不利影响

商业关系的种类	说明
①在与客户或其控股股东、董事、高级管理人员共同开办的企业中拥有经济利益; ②按协议,将会计师事务所的产品或服务与客户的产品或服务结合在一起,并捆绑销售; ③按协议,会计师事务所销售或推广客户的产品或服务,或者客户销售或推广会计师事务所的产品或服务	如涉及会计师事务所:不得介入此类商业关系; 如涉及项目组成员:应当调离; 如涉及项目组成员的主要近亲属:应评价不利影响,必要时采取防范措施
会计师事务所、项目组成员或其主要近亲属,在某股东人数有限的实体中拥有经济利益,而审计客户或其董事、高级管理人员也在该实体拥有经济利益	如果这种商业关系对双方均不重要,且经济利益对投资者不重大,也不能使某投资者控制该实体,通常不会对独立性产生不利影响
从审计客户购买商品或服务	如果按照正常的商业程序公平交易,通常不会对独立性产生不利影响。但如果交易性质特殊或金额较大,可能会因自身利益产生不利影响,注册会计师应评价不利影响,必要时采取防范措施

三、家庭和私人关系——自身利益、密切关系、外在压力

家庭和私人关系对独立性的不利影响如表 23-3 所示。

表 23-3　家庭和私人关系对独立性的不利影响

具体情形	说明
项目组成员的主要近亲属是审计客户的董事、高级管理人员或特定员工，或在业务期间或报表涵盖期间曾担任上述职务	调离
审计项目组成员的主要近亲属可以对客户的财务状况、经营成果和现金流量施加重大影响	评价不利影响，必要时采取防范措施
项目组成员的其他近亲属处在重要职位或可以对财务报表施加重大影响	评价不利影响，必要时采取防范措施
项目组成员与审计客户重要职位的人员存在密切关系	咨询并评价不利影响，必要时采取防范措施
非项目组成员的合伙人或员工与审计客户重要职位的人员存在家庭或个人关系	咨询并评价不利影响，必要时采取防范措施

考点四　与审计客户发生人员交流 ★★★

扫我解疑难

📝 经典例题

【例题·多选题】项目组成员 A 注册会计师最近曾担任被审计单位的财务经理，那么可能会对独立性产生不利影响的因素包括(　　)。

A. 自身利益　　　　B. 自我评价

C. 过度推介　　　　D. 密切关系

【答案】ABD

【解析】如果审计项目组成员最近曾担任审计客户的董事、高级管理人员或特定员工，可能因自身利益、自我评价或密切关系产生不利影响。

📝 考点精析

一、审计项目组前任成员或会计师事务所前任合伙人担任审计客户的重要职位

审计项目组前任成员或前任合伙人担任审计客户的重要职位。如果该成员或合伙人仍与事务所保持重要联系，则对独立性产生非常严重的不利影响，导致没有防范措施能够将其降低至可接受的水平；如果未保持重要联系，则会计师事务所应评价不利影响，并采取防范措施。

二、前任合伙人加入的某一实体成为审计客户

会计师事务所前任合伙人加入某一实体，而该实体随后成为会计师事务所的审计客户，会计师事务所应评价不利影响的严重程度，必要时采取防范措施。

三、审计项目组成员拟加入审计客户

审计项目组成员拟加入审计客户，应向会计师事务所报告；会计师事务所应评价不利影响，并采取防范措施。

四、受雇于属于公众利益实体的审计客户

受雇于属于公众利益实体的审计客户对独立性的不利影响如表 23-4 所示。

表 23-4　受雇于属于公众利益实体的审计客户对独立性的不利影响

具体情形	对独立性的影响
关键审计合伙人加入审计客户担任重要职位——密切关系、外在压力	除非该合伙人不再担任关键审计合伙人（且不是项目组成员）后，审计客户发布了已审计财务报表，其涵盖期间不少于 12 个月，否则独立性将视为受到损害——在冷却期内不得加入该公众利益实体
前任高级合伙人加入审计客户担任重要职位	除非离职已超过 12 个月，否则损害独立性
由于企业合并，会计师事务所前任关键审计合伙人担任属于公众利益实体的审计客户的董事、高级管理人员或特定员工	在同时满足 4 个条件的情况下，可不被视为独立性受到损害

五、临时借调员工——自我评价

（1）会计师事务所应评价借出员工对独立性产生的不利影响，必要时采取防范措施。

（2）借出员工不得为审计客户提供职业道德禁止提供的非鉴证服务，也不得承担审计客户的管理层职责。

六、最近曾任审计客户的董事、高级管理人员或特定员工——自身利益、自我评价、密切关系

如果项目组成员曾在财务报表涵盖期间内任职被审计单位的董事、高级管理人员或特定员工，则会对独立性产生非常严重的不利影响，导致没有防范措施能够将其降低至可接受的水平；曾在财务报表涵盖期间之前任职，会计师事务所应评价对独立性的不利影响，必要时采取防范措施。

七、兼任审计客户的董事或高级管理人员——自身利益、自我评价

（1）会计师事务所的合伙人或员工不得兼任审计客户的董事或高级管理人员。

（2）会计师事务所的合伙人或员工不得兼任审计客户的公司秘书，这会因自我评价和过度推介产生非常严重的不利影响。

【知识点拨】会计师事务所提供日常和行政事务性的服务以支持公司秘书职能，或提供与公司秘书行政事项有关的建议，只要所有相关决策均由审计客户管理层作出，通常不会对独立性产生不利影响。

考点五　与审计客户长期存在业务关系★★★

扫我解疑难

📝 经典例题

【例题·单选题】会计师事务所在委派 2018 年财务报表审计业务项目合伙人的过程中，下列做法中不恰当的是（　　）。

A. 甲公司是一家于 2015 年首次公开发行股票并上市的公司，A 注册会计师从 2013 年起担任甲公司的财务报表审计的项目合伙人，会计师事务所拟安排仍由 A 注册会计师继续担任其 2018 年审计项目合伙人

B. 乙公司是一家保险公司，B 注册会计师担任了其 2013—2016 年的财务报表审计项目合伙人，乙公司于 2017 年上市，会计师事务所拟安排仍由 B 注册会计师继续担任乙公司 2017 年和 2018 年的财务报表审计项目合伙人

C. 丙公司是一家上市公司，C 注册会计师已经连续担任其 2013—2017 年的财务报表审计项目合伙人，由于计划接任本次审计的项目合伙人突发疾病住院，故由 C 注册会计师继续担任丙公司审计业务的项目合伙人

D. 丁公司是一家上市公司，D 注册会计师从 2011 年起担任审计项目的关键审计合伙人，因故没有参与 2015 年和 2016 年的审计且未以其他任何方式影响审计，事务所拟安排 D 注册会计师担任 2018 年财务报表审计项目合伙人

【答案】A

【解析】A 注册会计师在甲公司首次公开发行

股票后，担任关键审计合伙人的时间超过了 2 年，违反独立性的有关规定。

考点精析

关键审计合伙人是指项目合伙人、实施项目质量控制复核的负责人，以及审计项目组中负责对财务报表审计所涉及的重大事项作出关键决策或判断的其他审计合伙人，其他审计合伙人还包括负责审计重要子公司或分支机构的项目合伙人。

如果审计客户属于公众利益实体，执行其审计业务的关键审计合伙人任职时间**不得超过五年**。在任期结束后的**两年内**，该关键审计合伙人不得再次成为该客户的**审计项目组成员或关键审计合伙人**。在此期间内，该关键审计合伙人也不得有下列行为：

（1）**参与**该客户的审计业务；

（2）为该客户的审计业务实施**质量控制复核**；

（3）就有关技术或行业特定问题、交易或事项向项目组或该客户**提供咨询**；

（4）以其他方式直接影响业务结果。

【知识点拨】①如果注册会计师在审计项目组担任的职务均属于关键审计合伙人，其任职年限需要合并计算。

②如果关键审计合伙人发生任职中断一年，任职年限应从任职开始，但可扣除中断年限。

③在极其特殊的情况下，会计师事务所可能因无法预见和控制的情形而不能按时轮换关键审计合伙人。如果关键审计合伙人的连任对审计质量特别重要，并且通过采取防范措施能够消除对独立性产生的不利影响或将其降低至可接受的水平，则在法律法规允许的情况下，该关键审计合伙人在审计项目组的时限可以延长一年。

审计客户由非公众利益实体成为公众利益实体时，提供审计服务的任职期限见表23-5。

表 23-5　适用于客户成为公众利益实体后的轮换时间

在审计客户成为公众利益实体前的服务年限（X 年）	成为公众利益实体后继续提供服务的年限	"暂停"服务期间
X≤3 年	（5-X）年	2 年
X≥4 年	2 年	2 年
如客户是首次公开发行证券	2 年	2 年

【知识点拨】该两年的冷却期应为连续的两个完整年度。只有在完成了两个完整会计年度的冷却期后再次提供服务时，服务年限才可以重新计算。比如某合伙人自 2014 年度财务报表审计开始担任该审计客户的关键审计合伙人，其中，因故没有担任 2016 年度财务报表审计的关键审计合伙人，随后其继续担任 2017 年度及 2018 年度财务报表审计的关键审计合伙人。该合伙人的五年任期不应从 2017 年起重新计算，而应从 2014 年算起，但 2016 年不应计算在五年任期内。

考点六　为审计客户提供非鉴证服务★★★

扫我解疑难

经典例题

【例题·多选题】会计师事务所为属于公众利益实体的审计客户提供的下列非鉴证业务中，会对其独立性产生不利影响的有（　）。

A. 向审计客户推荐拟聘的财务总监

B. 与财务报表相关的工资服务

C. 提供的评估服务结果累积对财务报表具有重大影响

D. 编制纳税申报表, 审计客户管理层承担职责

【答案】ABC

【解析】由于纳税申报表须经税务机关审查或批准, 如果管理层对纳税申报表承担责任, 会计师事务所提供此类服务通常不对独立性产生不利影响。

📝 **考点精析**

为审计客户提供非鉴证服务对独立性的不利影响(见表23-6)。

表23-6 为审计客户提供非鉴证服务对独立性的不利影响

非鉴证业务	不影响独立性的情形	影响独立性的情形
编制会计记录和财务报表——自我评价	沟通审计相关的事项; 提供特定技术支持; 向非公众利益实体的审计客户提供日常性和机械性的工作; 非审计项目组成员向属于公众利益实体的审计客户的分支机构或关联实体提供日常性、机械性的工作(满足两条件之一); 在紧急或特殊情况下提供的会计和记账服务	除非出现紧急或极特殊的情况, 并征得相关监管机构的同意, 会计师事务所不得向属于公众利益实体的审计客户提供的服务有: 工资服务、编制所审计的财务报表、编制所审计财务报表依据的财务信息
评估服务——自我评价	帮助审计客户履行纳税申报义务或满足税务筹划目的, 且评估结果不对财务报表产生直接影响	①审计客户不属于公众利益实体时, 评估服务结果对财务报表具有重大影响, 且评估结果涉及高度主观性; ②审计客户属于公众利益实体时, 评估结果单独或累积对财务报表具有重大影响
税务服务——自我评价、过度推介	①编制纳税申报表服务, 且由管理层承担责任; ②提供的纳税筹划或税务咨询具有法律依据, 或得到税务机关的明确认可	①计算当期所得税或递延所得税; ②税务建议的有效性取决于某项特定会计处理或财务报表列报, 且项目组对相关处理或列报的适当性存有疑虑且其后果对财务报表产生重大影响; ③在公开审理或仲裁的税务纠纷中担任审计客户的辩护人且所涉金额对财务报表影响重大
内部审计服务——自我评价	在避免承担管理层职责的条件下(同时满足五项条件), 会计师事务所才能提供此服务	①会计师事务所在提供内部审计服务时只要承担了管理层职责或在审计财务报表时利用了自身提供的内部审计服务均对独立性产生不利影响; ②会计师事务所不得向属于公众利益实体的审计客户提供与下列方面有关的内部审计服务: 与财务报告相关的内部控制, 财务会计系统或对被审计财务报表具有重大影响的金额或披露
信息技术系统服务	在不承担管理层职责的前提下, 可提供的服务包括: ①设计或操作与财务报告内部控制无关的信息技术系统; ②设计或操作信息技术系统生成的信息, 该信息不构成会计记录或财务报表的重要组成部分; ③操作由第三方开发的会计或财务信息报告软件; ④对由第三方或审计客户设计并操作的系统进行评价和提出建议	①信息技术系统构成财务报告内部控制的重要组成部分; ②信息技术系统生成的信息对会计记录或被审计财务报表影响重大

非鉴证业务	不影响独立性的情形	影响独立性的情形
招聘服务——自身利益、密切关系、外在压力	①审查申请者的专业资格；②对申请者是否适合相关职位提出咨询意见；③对候选人进行面试；④对候选人在财务会计、行政管理或内部控制等职位上的胜任能力提出咨询意见	①会计师事务所不得承担管理层职责，聘用决策应由客户作出；②属于公众利益实体的审计客户拟招聘董事、高级管理人员或所处职位能够对会计记录、财务报表施加重大影响的高级管理人员，会计师事务所不得提供；寻找候选人或从候选人中挑选出适合相应职位的人员；对可能录用的候选人的证明文件进行核查

【知识点拨】 ①提供法律服务时，无论是担任审计客户的辩护人，还是担任法律顾问，均对独立性产生不利影响。

②会计师事务所如果为审计客户提供理财服务，会因自我评价、过度推介对独立性产生不利影响。

考点七 收费及其他 ★★

扫我解疑难

经典例题

【例题·多选题】下列选项中，属于或有收费的有(   )。

A. 以未审财务报表总资产为基准确定收费金额

B. 以审计小组成员在审计过程中预计花费的审计时间为基础确定收费金额

C. 以已审财务报表净利润为基准确定收费金额

D. 以最终审计客户是否能够依据已审财务报表取得贷款为基准确定收费金额

【答案】CD

【解析】或有收费是指收费与否或收费多少取决于交易的结果或所执行工作的结果。选项CD均属于收费金额取决于所执行工作的结果，属于或有收费。

考点精析

一、收费结构

(1)如果会计师事务所从某一客户收取的全部费用占其收费总额的比重很大，则对该客户的依赖及对可能失去该客户的担心将因自身利益或外在压力产生不利影响。会计师事务所应评价不利影响的严重程度，必要时采取防范措施。

注意：

第一，如果会计师事务所连续2年从属于公众利益实体的某一审计客户及其关联实体所收取的全部费用占其从所有客户收取全部费用的比重超过15%，除非该会计师事务所向审计客户治理层披露这一事实，并与之讨论采取防范措施以将不利影响降至可接受的水平，否则，所产生的自身利益不利影响将非常重大。

第二，会计师事务所在计算收费占比时，应以向该审计客户提供所有服务收取的全部费用(不仅仅是审计费用)为分子，以向所有客户提供所有服务收取的全部费用为分母。

(2)如果从某一审计客户收取的全部费用占某一合伙人从所有客户收取的费用总额比重很大，或占会计师事务所某一分部收取的费用总额比重很大，也将因自身利益或外在压力产生不利影响。

二、逾期收费——自身利益

如果审计客户长期未支付应付的审计费用，尤其是相当部分审计费用在出具下一年度审计报告之前仍未支付，可能因自身利益产生不利影响。会计师事务所还应当确定逾期收费是否可能被视同向客户贷款，并且根据逾期收费的重要程度确定是否继续执行审计业务。

三、或有收费——自身利益

会计师事务所**不得**对审计业务以直接或间接形式取得或有收费，否则将因自身利益产生非常严重的不利影响，导致没有防范措施能够将其降低至可接受的水平。

四、薪酬和业绩评价政策——自身利益

如果项目组成员的薪酬或业绩评价与其向审计客户推销的非鉴证服务挂钩，则会对独立性产生不利影响。

关键审计合伙人的薪酬或业绩评价不得与其向审计客户推销的非鉴证服务直接挂钩。

五、礼品和款待

会计师事务所或审计项目组成员接受审计客户的礼品或款待，可能因自身利益和密切关系产生不利影响。会计师事务所或审计项目组成员**不得**接受礼品。如果款待超出业务活动中的正常往来，会计师事务所或审计项目组成员应当拒绝接受。

六、诉讼或诉讼威胁

如果会计师事务所或审计项目组成员与审计客户发生诉讼或很可能发生诉讼，将因自身利益和外在压力产生不利影响。如果防范措施不能将不利影响降至可接受的水平，会计师事务所应当拒绝接受审计业务委托，或解除审计业务约定。

📋 **阶段性测试**

1. 【多选题】下列各项中，属于判断是否存在因自身利益导致的不利影响及其严重程度的决定因素的有( )。

A. 会计师事务所的类型以及客户的行业

B. 拥有经济利益人员的角色

C. 经济利益是直接的还是间接的

D. 经济利益的重要性

2. 【单选题】下列情形中，属于注册会计师在审计客户 A 公司中拥有间接经济利益的是( )。

A. 注册会计师的父亲持有 A 公司 2 000 元股票

B. 注册会计师将自己的一套写字楼委托房地产中介公司出租，中介公司将该房产出租给了 A 公司，中介公司代为管理并收取 5%的管理费

C. 注册会计师将自己的一套写字楼以固定价格包租给房地产中介公司，中介公司将该写字楼出租给了 A 公司

D. 注册会计师持有 A 公司价值 1 000 元的股票

3. 【单选题】A 注册会计师作为关键审计合伙人审计了甲上市公司 2017 年度的财务报表，随后，拟加入甲公司担任财务总监，之后未参与甲公司的审计工作。甲公司发布已审计 2018 年度财务报表的日期是 2019 年 3 月 31 日，则 A 注册会计师最早可加入甲公司的时间为( )。

A. 2019 年 4 月 1 日

B. 2018 年 12 月 31 日

C. 2017 年 12 月 31 日

D. 2019 年 1 月 1 日

📋 **阶段性测试答案精析**

1. BCD 【解析】在审计客户中拥有经济利益，可能因自身利益导致不利影响。不利影响存在与否及其严重程度取决于下列因素：拥有经济利益人员的角色；经济利益是直接的还是间接的；经济利益的重要性。

2. C 【解析】选项 A，项目组成员的主要近亲属拥有 A 公司股票，属于直接经济利益；选项 B，中介公司只收取管理费，最终的控制权在注册会计师手上，中介公司无法决定最终租给谁及租金为多少，此时产生的经济利益属于直接经济利益；选项 C，注册会计师以固定价格包租给房地产中介，最终写字楼出租给谁以及租金为多少，中介公司起到关键的控制作用，此时对于注册会计师来说产生的经济利益为间接经济利益；选项 D，项目组成员拥有被审计单位的股票，为直接经济利益，无论金额大小，都将对其独立性产生非常严重

的不利影响。

3. A 【解析】此题考查的是"冷却期"，除非该合伙人不再担任关键审计合伙人后，该公众利益实体发布已审计财务报表，其涵盖期间不少于12个月，并且该项目合伙人不是该财务报表的审计项目组成员，由此可判断 A 注册会计师最早加入甲公司的时间为 2019 年 4 月 1 日。

本章综合练习 限时75分钟

一、单项选择题

1. 下列选项中，属于网络事务所的是（　　）。
   A. 旨在通过合作，在各实体之间共享统一的质量控制政策和程序
   B. 会计师事务所仅与某一实体以联合方式提供服务或研发产品
   C. 共享培训资源，而并不交流人员、客户信息或市场信息
   D. 会计师事务所转让某一部分，但允许该部分在一定期间内继续使用其名称或名称中的要素

2. 注册会计师于 2016 年 9 月 25 日与 A 公司签订了 2016 年至 2018 年度财务报表审计工作，审计工作于 2016 年 10 月 8 日开始，于 2017 年 3 月 21 日完成了审计工作。A 公司管理层于 2017 年 3 月 21 日签署了财务报表。2017 年 6 月 2 日，由于客户原因解除了业务委托关系。则注册会计师应保持独立的期间为（　　）。
   A. 2016 年 1 月 1 日至 2017 年 3 月 21 日
   B. 2016 年 9 月 25 日至 2017 年 3 月 21 日
   C. 2016 年 1 月 1 日至 2017 年 6 月 2 日
   D. 2016 年 10 月 8 日至 2017 年 6 月 2 日

3. 如果会计师事务所前任高级合伙人加入属于公众利益实体的审计客户担任财务经理，将因外在压力产生不利影响，除非该高级合伙人离职已超过某一时限，否则独立性将被视为受到损害，该时限要求是（　　）。
   A. 3 个月　　　B. 6 个月
   C. 12 个月　　D. 24 个月

4. 与审计客户甲股份有限公司（以下简称甲公司）存在的下列经济利益中，不影响独立性的是（　　）。
   A. 项目组成员中某一助理人员持有少量甲公司的股票
   B. 项目合伙人张某所在分部的另一合伙人王某持有甲公司少量的股票
   C. 项目组成员李某持有乙股份有限公司少量股票，甲公司也持有该公司少量的股票
   D. 项目组成员周某的父亲持有丙股份有限公司大量股票，甲公司是丙股份有限公司的第二大股东

5. 下列对关键审计合伙人界定的说法中不正确的是（　　）。
   A. 负责对长期资产是否有重大减值作出结论的审计合伙人为关键审计合伙人
   B. 向负责对重大税项的不确定性作出结论的审计合伙人提出相关建议的审计合伙人为关键审计合伙人
   C. 实施项目质量控制复核的负责人为关键审计合伙人
   D. 项目合伙人为关键审计合伙人

6. ABC 会计师事务所拟接受甲公司委托审计其 2018 年度财务报表，经了解，审计项目组成员 A 与甲公司的总会计师共同出资开办了乙公司，以下说法中正确的是（　　）。
   A. 会计师事务所应当将 A 调离审计项目组
   B. 该事项并不影响审计项目组成员的独立性
   C. 会计师事务所不应当接受甲公司的委托
   D. 会计师事务所可以接受乙公司的委托

7. 审计经理 A 担任甲上市公司 2013—2014 年

财务报表审计的签字注册会计师，其晋升为合伙人后担任 2015—2016 年财务报表审计的项目合伙人，下列说法中错误的是（ ）。

A. A 注册会计师可以继续作为项目合伙人审计甲公司 2017 年的财务报表审计

B. 如果出现特殊情况，使得会计师事务所不能按时轮换关键审计合伙人，且能够采取防范措施消除对独立性产生的不利影响，在法律法规允许的情况下，A 注册会计师还可以继续服务两年

C. A 注册会计师可以作为审计项目组成员参与甲公司 2018 年财务报表的审计

D. A 注册会计师不能为甲公司 2018 年财务报表审计业务实施质量控制复核

8. ABC 会计师事务所在承接的下列业务中，不会对独立性产生不利影响的是（ ）。

A. ABC 会计师事务所可能接受委托对甲公司（非公众利益实体）的年度财务报表执行审计工作，由于公司规模小，财会人员难以编制财务报表，会计师事务所安排了项目组以外的人员根据试算平衡表中的信息编制财务报表

B. 乙公司是一家上市公司，由于其子公司未完成财务报表的编制工作，考虑到该子公司财务报表并不重大，审计项目组安排助理人员根据试算平衡表中的信息编制财务报表

C. 丙公司是一家上市公司，由于财务主管临时离职，受管理层的委托，审计项目组安排项目组成员为丙公司管理层寻找财务主管的候选人

D. 丁公司是一家上市公司，ABC 会计师事务所为其提供财务报表审计和与财务报表相关的内部审计服务，但不承担管理层责任

9. 会计师事务所在承接业务时，下列各项中属于应考虑拒绝接受审计委托的是（ ）。

A. 被审计单位由于人手紧张，从会计师事务所临时借调一名注册会计师负责工资

发放

B. 前任高级合伙人离职十个月后加入上市实体审计客户，担任 CFO

C. 会计师事务所员工兼任被审计单位文员，主要负责编写会议记录

D. 被审计单位上期财务报表审计业务费用一直拖欠未付，但被审计单位承诺在本年度财务报表审计报告出具之前支付

10. 下列事项将因自身利益和密切关系对独立性产生不利影响的是（ ）。

A. 注册会计师李某长期担任审计客户的关键审计合伙人

B. 注册会计师孙某为审计客户提供编制财务报表的服务

C. 注册会计师张某代表审计客户解决税务纠纷

D. 会计师事务所在提供审计服务时采用或有收费方式

二、多项选择题

1. 下列事务所中，应确定为 A 会计师事务所的网络事务所的有（ ）。

A. 甲会计师事务所与 A 会计师事务所基于合作，共享所有权、控制权

B. 乙税务师事务所与 A 会计师事务所未使用同一品牌，但在人员及客户资源方面存在共享的情况

C. 基于合作，丙会计师事务所的主任会计师是 A 会计师事务所的主要出资人之一

D. 丁会计师事务所与 A 会计师事务所共同聘请某专家讲授培训课程，并分担培训费用

2. 注册会计师在识别、评价对独立性的不利影响时，对关联实体作出下列判断，其中正确的有（ ）。

A. 在审计客户是上市公司的情况下，会计师事务所需要考虑该客户的所有关联实体

B. 在审计客户是非上市公司的情况下，会计师事务所仅需考虑该客户直接或间接控制的关联实体

C. 如果审计项目组认为某一情形涉及非上市公司审计客户的间接控制的关联实体，且与评价会计师事务所对该审计客户的独立性有关，审计项目组只需考虑该实体与评价独立性相关的利益或关系

D. 如果审计项目组认为某一情形涉及非上市公司审计客户的间接控制的关联实体，且与评价会计师事务所对该审计客户的独立性有关，审计项目组应当考虑会计师事务所与该关联实体相关的所有利益和关系

3. 下列情况中，无须将项目组成员 A 注册会计师调离审计项目组的情形有（　　）。

A. A 注册会计师的妻子是审计客户的财务总监

B. A 注册会计师的儿子是审计客户的一名普通的销售人员

C. A 注册会计师的邻居是审计客户的出纳

D. A 注册会计师的同学是审计客户的内审人员

4. 甲公司委托 ABC 会计师事务所审计其 2018 年度财务报表，因为时间有限，人手少，故甲公司向事务所借调两位员工为其进行一些基础的协助工作。针对该事项，以下说法中正确的有（　　）。

A. 不得使借出的员工承担管理层职责

B. 事务所要对借出的员工进行额外复核

C. 事务所要合理安排审计项目组成员的职责，使借出员工不对其在借调期间执行的工作进行审计

D. 该借调事项可能因外在压力产生不利影响

5. 下列关于关键审计合伙人为审计客户提供财务报表审计业务的说法中，正确的有（　　）。

A. 在审计客户成为公众利益实体之前，如果关键审计合伙人已为该客户服务的时间不超过三年，则该合伙人还可以为该客户继续服务两年

B. 如果关键审计合伙人为该客户服务了四年的时间，在该客户成为公众利益实体之后，合伙人还可以继续服务两年

C. 如果关键审计合伙人为公众利益实体审计客户提供了五年的财务报表审计服务，则暂停一年后，可以继续提供五年的连续服务

D. 如果审计客户是首次公开发行证券的公司，关键审计合伙人在该公司上市后连续提供审计服务的期限，不得超过两个完整的会计年度

6. XYZ 事务所为其审计客户甲上市公司提供的下列非鉴证业务中，不影响独立性的有（　　）。

A. XYZ 事务所为甲公司提供评估服务，以帮助其履行纳税申报义务，评估的结果对财务报表不产生直接影响

B. 由于缺乏专业的内部审计人员，XYZ 会计师事务所协助甲公司制定内部审计活动的战略方针

C. XYZ 会计师事务所中的一名注册会计师担任甲公司首席法律顾问

D. 乙公司为甲公司不重要的子公司，非审计项目组成员 D 根据试算平衡表中的信息编制乙公司的财务报表

7. 按照职业道德守则的要求，注册会计师在为审计客户提供的下列税务服务中，对独立性产生不利影响的有（　　）。

A. 在税收相关法规允许的前提下，为审计客户提供税务筹划建议

B. 税务建议的有效性取决于某项特定会计处理，并且审计项目组对于相关会计处理或财务报表列报的适当性存在疑问

C. 在所涉金额重大的税务纠纷案件中担任审计客户的辩护人

D. 基于编制会计分录的目的，为审计客户计算当期所得税或递延所得税负债

8. ABC 会计师事务所接受甲上市公司委托审计其 2016 年度财务报表，在审计过程中，甲公司拟招聘一名董事，下列各项服务中，会计师事务所可以提供的有（　　）。

A. 对候选人进行面试

B. 审查申请者的专业资格

C. 对可能录用的候选人的证明文件进行核查

D. 对申请者是否适合相关职位提出咨询意见

三、简答题

1. 上市公司甲公司是 ABC 会计师事务所的常年审计客户。XYZ 公司和 ABC 会计师事务所处于同一网络。审计项目组在甲公司 2019 年度财务报表审计中遇到下列事项：

(1) 项目合伙人 A 注册会计师的妻子在甲公司担任人事部经理并持有该公司股票期权 1 万股，该期权自 2020 年 1 月 1 日起可以行权。A 注册会计师的妻子于 2020 年 1 月 2 日行权后立即处置了该股票。

(2) B 注册会计师曾担任甲公司 2018 年度财务报表审计的项目质量控制复核人，于 2019 年 5 月退休，之后未和 ABC 会计师事务所保持交往。2020 年 1 月 1 日，B 注册会计师受聘担任甲公司独立董事。

(3) XYZ 公司合伙人 C 的丈夫于 2019 年 7 月加入甲公司并担任培训部经理。合伙人 G 没有为甲公司提供任何服务。

(4) 甲公司聘请系统实施服务商提供财务系统的优化设计和实施服务，聘请 XYZ 公司负责执行系统用户权限测试。系统实施服务商与 ABC 会计师事务所不属于同一网络。

(5) 甲公司内审部计划对新并购的子公司执行内部控制审计。因缺乏人手，甲公司聘请 XYZ 公司协助执行该项工作，但 XYZ 公司不参与制定内审计划或管理层决策。

(6) 乙公司是甲公司的子公司，从事小额贷款业务。2019 年 12 月，乙公司和 ABC 会计师事务所联合对外发布行业研究报告，对该行业现状与前景进行分析，并介绍了乙公司的业务。

要求：针对上述第(1)至(6)项，逐项指出是否可能存在违反中国注册会计师职业道德守则有关独立性规定的情况，并简要说明理由，填入表 23-7。

表 23-7 各事项违反《中国注册会计师职业道德守则》的情况

事项序号	是否违反(违反/不违反)	理由
(1)		
(2)		
(3)		
(4)		
(5)		
(6)		

2. 非上市公司甲电信公司(以下简称"甲公司")是 ABC 会计师事务所的常年审计客户，且规模较大。XYZ 公司与 ABC 会计师事务所同处一个网络。ABC 会计师事务所委派 A 注册会计师担任甲公司 2018 年度财务报表审计的项目合伙人。在对甲公司 2018 年度财务报表进行审计的过程中，遇到下列与职业道德相关的事项：

(1) A 注册会计师 2011 年度至 2013 年度担任甲公司审计项目经理，并签署了审计报告，2015 年度和 2016 年度担任甲公司审计项目合伙人，2014 年度和 2017 年度未参与审计，也未以任何方式影响审计结果。

(2) 审计业务约定书中约定，甲公司如上市成功，将另行奖励 ABC 会计师事务所，奖励金额按审计后资产总额的 0.1% 计算。

(3) 甲公司聘请 XYZ 公司担任某合同纠纷的诉讼代理人，诉讼结果将对甲公司财务报表产生重大影响。

(4)审计项目组成员 B 注册会计师的妻子持有甲公司对外发行的 100 股股票,市值 520 元。

(5)A 注册会计师受邀参加了甲公司年度股东大会,全体参会人员均获得甲公司日常销售的产品路由器作为参会小礼品。

要求:针对上述第(1)至(5)项,逐项指出是否存在违反中国注册会计师职业道德守则的有关独立性规定的情况,并简要说明理由。

3. 甲上市公司是 ABC 会计师事务所的常年审计客户,主要从事房地产开发。XYZ 会计师事务所是 ABC 会计师事务所的网络事务所。在对甲公司 2018 年财务报表执行审计的过程中,存在下列事项:

(1)ABC 会计师事务所的 A 注册会计师以市场价格购买甲公司开发的房产一套,一次性支付价款 1 000 万元。

(2)DEF 会计师事务所的 B 注册会计师曾在 2013 年度至 2017 年度期间担任甲公司财务报表审计的关键审计合伙人。DEF 会计师事务所于 2017 年并入 ABC 会计师事务所,B 注册会计师转为 ABC 会计师事务所合伙人。ABC 会计师事务所委派 B 注册会计师继续担任甲公司 2018 年度财务报表审计的关键审计合伙人。

(3)ABC 会计师事务所与甲公司达成协议,由甲公司向其客户推荐 ABC 会计师事务所的服务,每次推荐成功后,向甲公司支付少量的业务介绍费。

(4)2017 年 1 月起,XYZ 会计师事务所的 X 注册会计师担任甲公司子公司的公司秘书。

(5)C 注册会计师是 ABC 会计师事务所房地产业务部主管合伙人,其通过二级市场买入并持有甲公司 2 000 股股票。

(6)甲公司拟招聘一名首席内部审计执行官,考虑 ABC 会计师事务所审计经验丰富,让其帮忙推荐几名合适的人选。

要求:针对上述第(1)至(6)项,逐项指出是否存在违反《中国注册会计师职业道德守则》的情况,并简要说明理由,填写表 23-8。

表 23-8 各事项的具体情况

事项序号	是否存在违反《中国注册会计师职业道德守则》的情况(是/否)	理由
(1)		
(2)		
(3)		
(4)		
(5)		
(6)		

4. 上市公司甲公司系 ABC 会计师事务所的常年审计客户。2018 年 4 月 1 日,ABC 会计师事务所与甲公司续签了 2018 年度财务报表审计业务约定书。X 会计师事务所和 ABC 会计师事务所使用同一品牌,共享重要专业资源。ABC 会计师事务所遇到下列与职业道德有关的事项:

(1)ABC 会计师事务所委派 A 注册会计师担任甲公司 2018 年度财务报表审计项目合伙人。A 注册会计师曾担任甲公司 2012 年度至 2016 年度财务报表审计项目合伙人,但未担任甲公司 2017 年度财务报表审计项目合伙人。

(2)2018 年 9 月 15 日,甲公司收购了乙公司 80% 的股权,乙公司成为其控股子公司。A 注册会计师自 2017 年 1 月 1 日起担任乙公司的独立董事，任期5年。

(3)B注册会计师系ABC会计师事务所的合伙人，与A注册会计师同处一个业务部门。2018年3月1日，B注册会计师购买了甲公司股票5 000股，每股10元，由于尚未出售该股票，A会计师事务所未委派B注册会计师担任甲公司审计项目组成员。

(4)丙公司系甲公司的母公司，甲公司审计项目组成员C的妻子在丙公司担任财务总监。

(5)甲公司审计项目组成员D曾在甲公司人力资源部负责员工培训工作，于2018年2月10日离开甲公司，加入ABC会计师事务所。

(6)2018年2月25日，X会计师事务所接受甲公司委托，提供内部控制设计服务。

要求：针对资料第(1)至(6)，逐项指出ABC会计师事务所及其人员是否违反《中国注册会计师职业道德守则》，并简要说明理由，填入表23-9。

表23-9　各事项的具体情况

事项序号	是否存在违反《中国注册会计师职业道德守则》的情况(是/否)	理由
(1)		
(2)		
(3)		
(4)		
(5)		
(6)		

本章综合练习参考答案及详细解析

一、单项选择题

1. A 【解析】如果一个联合体旨在通过合作，在各实体之间共享统一的质量控制政策和程序，应被视为网络，选项A正确；如果会计师事务所与某一实体以联合方式提供服务或研发产品，虽然构成联合体，但不形成网络，选项B不正确；共享培训资源，而并不交流人员、客户信息或市场信息，这种情况下共享的资源被视为不重要，故不构成网络，选项C不正确；如果会计师事务所转让某一部分，虽然该部分不再与其有关联，但转让协议可能规定，允许该部分在一定期间内继续使用其名称或名称中的要素。在这种情况下，尽管会计师事务所和转让出的部分使用共同的名称执业，但不属于以合作为目的的联合体，因此不构成网络，选项D不正确。

2. C 【解析】注册会计师应在业务期间和财务报表涵盖期间保持独立。业务期间自审计项目组开始执行审计业务之日起，至出具审计报告之日止。对于连续审计，业务期间结束日应以其中一方通知解除业务关系或出具最终审计报告二者时间孰晚为准。故选项C正确。

3. C 【解析】如果会计师事务所前任高级合伙人加入属于公众利益实体的审计客户，担任董事、高级管理人员或特定员工，将因外在压力产生不利影响，除非该高级合伙人离职已超过12个月，否则独立性将被视为受到损害。

4. C 【解析】如果会计师事务所、审计项目组成员或其主要近亲属在某一实体拥有经济利益，同时审计客户也在该实体拥有经济利益，则可能产生自身利益不利影响。但如果该利益并不重大，并且审计客户不能对该实体产生重大影响，则可认为独立性未受到损害。如果该利益对任何一方是重大的，并且审计客户可以对该实体产生重大影响，则没有任何防范措施可以将不利影响降低至可接受水平。因此选项 C 不影响独立性。

5. B 【解析】如果仅向负责作出关键决策或判断的个人提出相关建议，提出建议的人本身不会因此而成为关键审计合伙人。

6. A 【解析】审计项目组成员在与客户的高级管理人员共同开办的企业中拥有经济利益，将因自身利益或外在压力产生严重的不利影响，会计师事务所应当将该成员调离审计项目组。

7. C 【解析】A 注册会计师作为关键审计合伙人连续审计了四年，还可以再审计一年，也就是继续作为审计项目合伙人审计 2017 年度财务报表，选项 A 正确。如果出现特殊情况，在满足条件的情况下，可以在 2016 年的基础上继续审计两年，选项 B 正确。如果不存在特殊情况，A 注册会计师不得作为 2018 年审计的关键审计合伙人和项目组成员审计 2018 年的财务报表，也不得负责 2018 年度审计业务的项目质量控制复核，选项 C 错误，选项 D 正确。

8. A 【解析】根据试算平衡表中的信息编制财务报表属机械性的工作，由审计项目组以外的人员向非公众利益实体的审计客户提供此类编制财务报表服务，不会损害独立性，选项 A 正确，选项 B 错误；如果属于公众利益实体的审计客户拟招聘董事、高级管理人员，或所处职位能够对客户会计记录或被审计财务报表的编制施加重大影响的高级管理人员，会计师事务所不得提供下列招聘服务：①寻找候选人，或从候选人中挑选出适合相应职位的人员；②对可能录用的候选人的证明文件进行核

查，选项 C 错误。在审计客户属于公众利益实体的情况下，会计师事务所不应提供与财务报告相关的内部控制、财务会计系统以及对被审计财务报表有重大影响的金额或披露相关的内部审计服务，选项 D 错误。

9. B 【解析】高级合伙人离职没有超过 12 个月，会计师事务所没有防范措施可以将不利影响降低至可接受的水平，不能接受委托。

10. A 【解析】选项 B，将因自我评价对独立性产生不利影响；选项 C，可能因过度推介或自我评价对独立性产生不利影响；选项 D，将因自身利益对独立性产生不利影响。

二、多项选择题

1. ABC 【解析】选项 A，如果一个联合体旨在通过合作，在各实体之间共享所有权、控制权或管理权，应被视为网络；选项 B，一个联合体当中，即使没有与会计师事务所使用同一品牌，但在实质上共享客户资源及人员，则属于同一网络；选项 C，共同出资且基于合作，此时实质上是共享了控制权，应被视为网络；选项 D，如果分担的成本不重要，不应被视为网络。

2. ABD 【解析】一旦审计项目组认为该关联实体与评价该会计师事务所独立性相关，则该会计师事务所与该关联实体相关的所有利益和关系都必须予以考虑。参考《中国注册会计师职业道德守则问题解答》对问题六的解答。

3. BCD 【解析】选项 BCD 均无须将甲注册会计师调离，可以合理安排甲注册会计师的职责，使其不处理与其有密切关系的人员职责范围内的事项。

4. ABC 【解析】会计师事务所向审计客户借出员工，可能因自我评价产生不利影响，而不是因外在压力产生不利影响。

5. BD 【解析】选项 A，在审计客户成为公众利益实体之前，如果关键审计合伙人已

为该客户服务的时间不超过三年,则该合伙人还可以为该客户继续提供服务的年限为五年减去已经服务的年限;选项C,只有在经过了两个完整的会计年度的冷却期后再次提供服务时,服务年限才可以重新计算。

6. AD 【解析】选项B,制定内部审计活动的战略方针属于承担管理层的责任,会对独立性产生非常严重的不利影响;选项C,首席法律顾问通常是一个高级管理职位,对公司法律事务承担广泛责任,会计师事务所人员不得担任审计客户的首席法律顾问。

7. BCD 【解析】选项B,比如将租赁支出作为税前扣除的税务建议的有效性,取决于在编制财务报表时将租赁作为经营性租赁进行会计处理。如果在这种情况下,审计项目组对该经营性租赁的会计处理的恰当性存有疑问,则不得为该审计客户提供此类税务服务。选项C,将因过度推介产生非常严重的不利影响,没有防范措施可以消除或将其降至可接受水平。选项D,基于编制会计分录的目的,为审计客户计算当期所得税或递延所得税负债(或资产),将因自我评价产生不利影响。

8. ABD

【解析】选项C,会计师事务所不得提供该项服务。

三、简答题

1.【答案】见表23-10。

表 23-10 各事项违反《中国注册会计师职业道德守则》的情况

事项序号	是否违反(违反/不违反)	理由
(1)	违反	A注册会计师不应参与甲公司审计/A注册会计师的妻子不得以任何形式/通过员工股票期权计划拥有甲公司的直接经济利益,否则将因自身利益对独立性产生严重不利影响
(2)	违反	B注册会计师在2019年已审财务报表发布前就已担任甲公司独立董事,因密切关系和外在压力对独立性产生严重不利影响
(3)	不违反	合伙人C不是审计项目组成员,且其丈夫的职位对所审计的财务报表的编制不能施加重大影响,不会对独立性产生不利影响
(4)	违反	为甲公司进行财务系统的用户权限测试属于财务系统实施服务/且涉及承担管理层职责,将因自我评价对独立性产生严重不利影响
(5)	违反	该内部审计服务涉及甲公司与财务报告相关的内部控制,将因自我评价对独立性产生严重不利影响
(6)	违反	ABC会计师事务所通过和乙公司共同发布的行业研究报告推广了乙公司的业务/属于禁止的商业关系

2.【答案】

(1)违反。甲公司属于公众利益实体,A注册会计师作为关键审计合伙人任职时间不得超过五年。A注册会计师不能再参与2018年的财务报表的审计工作。

(2)违反。提供审计服务不得采用或有收费,否则会产生因自身利益对独立性的不利影响。

(3)违反。XYZ公司为审计客户担任诉讼代理人,且该纠纷所涉金额对被审计财务报表有重大影响,且XYZ公司与ABC会计师事务所同处一个网络,将因自我评价和过度推介对独立性产生严重不利影响。

(4)违反。审计项目组成员的主要近亲属不得在审计客户中拥有直接经济利益。

(5)违反。A注册会计师不得收受甲公司的任何礼品。

3.【答案】见表 23-11。

表 23-11　各事项违反《中国注册会计师职业道德守则》的情况

事项序号	是否存在违反《中国注册会计师职业道德守则》的情况(是/否)	理由
(1)	是	虽然 A 注册会计师是按市场价格购买的，但由于金额较大，可能因自身利益产生不利影响
(2)	是	该合伙人作为该公众利益实体的关键审计合伙人已满 5 年，尽管客户更换了会计师事务所，但其为同一审计客户提供审计服务的年限应连续计算
(3)	是	会计师事务所不得向审计客户支付业务介绍费
(4)	是	担任公司秘书将因自我评价或过度推介对独立性产生严重不利影响
(5)	是	C 注册会计师与对甲公司执行审计业务的项目合伙人同处房地产业务部，且在审计客户中拥有直接经济利益，对独立性产生严重不利影响
(6)	是	首席审计执行官属于审计客户的高级管理人员，注册会计师不得为属于公众利益实体的审计客户寻找候选人或从候选人中挑选出适合相应职位的人员

4.【答案】见表 23-12。

表 23-12　各事项违反《中国注册会计师职业道德守则》的情况

事项序号	是否存在违反《中国注册会计师职业道德守则》的情况(是/否)	理由
(1)	是	A 注册会计师连续五年担任甲公司审计项目合伙人，虽然被轮换，但其轮换期未满两年
(2)	是	A 注册会计师在财务报表涵盖期间担任审计客户关联公司的独立董事，将对独立性产生不利影响
(3)	是	B 注册会计师为 ABC 会计师事务所的合伙人，与 A 注册会计师同处一个业务部门，不能在审计客户中拥有直接经济利益
(4)	是	项目组成员 C 的妻子作为其主要近亲属在审计客户关联公司中担任高级管理人员，将对独立性产生不利影响
(5)	否	项目组成员 D 在财务报表涵盖期间曾在被审计客户工作，但负责员工培训工作，不对甲公司财务状况、经营成果和现金流量产生重大影响
(6)	是	X 会计师事务所与 ABC 会计师事务所构成网络，且提供的内部控制设计服务涉及行使管理职能，故 ABC 会计师事务所不应承接甲公司 2017 年度财务报表审计业务

3

第三部分

跨章节主观题突破

JINGDIAN TIJIE

没有加倍的勤奋，就既没有才能，也没有天才。

——门捷列夫

跨章节主观题

JINGDIAN TIJIE

扫我做试题

一、简答题

1. 本题考核知识点：银行借款的函证、函证实施的时间、函证能够证实的认定、评价管理层不实施函证的理由、针对低估风险的函证

ABC会计师事务所的A注册会计师负责审计甲公司2019年度财务报表。审计工作底稿中与函证相关的部分内容摘录如下：

(1)甲公司2019年末的一笔大额银行借款已于2020年初到期归还。A注册会计师检查了还款凭证等支持性文件，结果满意，决定不实施函证程序，并在审计工作底稿中记录了不实施函证程序的理由。

(2)A注册会计师评估认为应收账款的重大错报风险较高，为尽早识别可能存在的错报，在期中审计时对截至2019年9月末的余额实施了函证程序，在期末审计时对剩余期间的发生额实施了细节测试，结果满意。

(3)A注册会计师对应收乙公司的款项实施了函证程序。因回函显示无差异，A注册会计师认可了管理层对应收乙公司款项不计提坏账准备的处理。

(4)A注册会计师拟对甲公司应付丙公司的款项实施函证程序。因甲公司与丙公司存在诉讼纠纷，管理层要求不实施函证程

序。A注册会计师认为其要求合理，实施了替代审计程序，结果满意。

(5)A注册会计师评估认为应付账款存在低估风险，因此，在询证函中未填列甲公司账面余额，而是要求被询证者提供余额信息。

要求：针对上述第(1)至(5)项，逐项指出A注册会计师的做法是否恰当。如不恰当，简要说明理由。

2. 本题考核知识点：审计工作底稿通常不包括的内容、审计工作底稿归档后的变动、审计工作底稿的保存期限、现金监盘、评价会计估计的合理性并确定错报

甲公司为ABC会计师事务所的常年审计客户，A注册会计师负责对甲公司2018年度财务报表进行审计。与审计工作底稿相关的部分事项如下：

(1)A注册会计师发现甲公司有虚减成本的舞弊风险，并将其作为重大事项记录在审计工作底稿中，而后A注册会计师阅读甲公司的纳税记录，发现与虚减成本的舞弊风险不一致，经详查是甲公司纳税记录有误，A注册会计师将甲公司的纳税记录情况以及虚减成本的舞弊风险等内容详细记录于工作底稿。

(2)2018年年末，甲公司厂房发生重大火

第三部分 跨章节
主观题突破

灾，甲公司管理层根据保险合同和损失情况确认了应收理赔款 150 万元，A 注册会计师在有相关证据支持的情况下，作出的区间估计为 50 万元至 100 万元，据此认为应收账款存在多计 50 万元的事实错报。

(3)考虑到甲公司现金收支业务较少，基于风险评估的结果判断无须对现金盘点的控制实施测试，A 注册会计师仅将现金监盘程序用作实质性程序。

(4)甲公司仅安排现金出纳员进行库存现金盘点，注册会计师进行监盘。

(5)2019 年 3 月 20 日，A 注册会计师知悉甲公司 2018 年 12 月 20 日销售的一批货物于 2019 年 2 月 1 日(审计报告日为 2019 年 2 月 10 日)发生了退回，此前未获知该信息。在得知后，注册会计师及时提请甲公司管理层进行了修改，并将该调整事项补记在审计工作底稿中。除此之外，并没有做任何其他记录。

(6)2019 年 9 月 10 日，会计师事务所与甲公司在 2019 年度财务报表审计收费方面无法达成一致意见，而解除了业务约定。会计师事务所不再承接甲公司审计业务，因此决定对甲公司 2018 年已归档的审计工作底稿在 5 年后销毁。

要求：针对上述第(1)至(6)项，逐项指出 A 注册会计师的做法是否恰当。如不恰当，简要说明理由。

3. **本题考核知识点：审计程序的适用性、信息系统控制测试、增加审计程序的不可预见性、控制测试中如何考虑以前审计获取的证据、控制测试中考虑偏差的性质和原因、存货监盘**

甲公司是 ABC 会计师事务所的常年审计客户。A 注册会计师是甲公司 2018 年度财务报表审计业务的项目合伙人。在应对评估的认定层次的重大错报风险时采用综合性方案。A 注册会计师在对审计工作底稿进行复核时，发现如下情况：

(1)甲公司的一项内部控制是由复核人员核对销售发票上的价格与统计价格单上的价格是否一致。A 注册会计师检查了复核人员在相关文件上的签字，据此认为该内部控制设计合理且运行有效。

(2)考虑到甲公司存货种类繁多，为提高工作效率，A 注册会计师根据存货账面记录事先选取了拟在存货监盘过程中抽盘的若干存货项目，并在存货盘点日前一天将拟抽盘的存货项目清单提供给了甲公司财务人员。

(3)在对甲公司 2017 年的财务报表进行审计时，A 注册会计师对不旨在减轻特别风险的相关的内部控制进行了测试，获取到控制有效性的审计证据。2018 年相关控制未发生变化，A 注册会计师根据职业判断确定本期审计中不再对其进行测试，直接信赖上年获取的运行有效性的审计证据。

(4)甲公司存货成本核算采用高度自动化的内部控制，A 注册会计师在 2017 年对该自动化控制进行了测试，控制运行有效。2018 年产品销售大幅增加，成本核算系统除运行频率增加外无其他变动，A 注册会计师测试了一般控制的运行有效性，未扩大控制测试的范围。

(5)甲公司运用审计抽样对销售交易的赊销审批的控制运行的有效性进行测试，抽取 25 个项目作为初始样本量，发现了 1 笔超过限额的交易，财务经理解释是因为记错了限额。A 注册会计师扩大样本量，再测试了 25 个样本，没有发现偏差，据此得出该项控制有效的结论。

要求：针对上述第(1)至(5)项，假定不考虑其他条件，逐项指出 A 注册会计师的做法是否恰当。如不恰当，简要说明理由。

二、综合题

1. **本题考核知识点：识别重大错报风险、与治理层的沟通、期初余额、应收账款函证的替代程序、仅实施实质性程序并不能提供认定层次充分适当的审计证据的处理、针对信息系统的测试、对函证过程的控**

制、期后事项、其他信息

ABC 会计师事务所首次接受委托，审计上市公司甲公司 2019 年财务报表，委托 A 注册会计师担任项目合伙人。A 注册会计师确定财务报表整体重要性为 1 200 万元，甲公司主要提供快递物流服务。

资料一：

A 注册会计师在审计工作底稿中记录了所了解的公司情况与环境，部分内容摘录如下：

(1) 2019 年 3 月，甲股东大会批准一项利润分享计划，如 2019 年实现净利润较上年度增长 20%，按净利润增长部分的 10% 给予管理层奖励。

(2) 2018 年 6 月，甲公司开始经营航空快递业务，以经营租赁方式租入 2 架飞机，租期五年。管理层按实际飞行小时和预计每飞行小时维修费率计提租赁期满退租时的大修费用。2019 年 1 月起，甲公司航空运输服务降价 40%，业务出现爆发式增长。

(3) 2019 年 9 月，甲公司出资 500 万元与非关联乙公司共同投资设立丙公司，持有其 45% 股权，并按持股比例享有其净资产。丙公司的重大经营与财务决策由股东双方共同作出。甲公司将丙作为合营企业核算。

(4) 2019 年 4 月，甲公司推出加盟运营模式，一次性收取加盟费 50 万元，提供五年加盟期间的培训和网络服务。2019 年度甲公司共收到加盟费 3 000 万元。

(5) 2019 年 6 月，甲公司向丁公司预付 1 000 万元用于某部电影拍摄，不享有收益权和版权。丁公司承诺在该电影中植入三分钟甲公司广告，如该电影不能上映，全额退款。2020 年 1 月，该电影已取得发行放映许可证，将于 2020 年春节上映。

资料二：

A 注册会计师在审计工作底稿中记录了甲公司的财务数据，部分内容摘录如表 1 所示：

表 1　甲公司部分财务数据

项目	未审数	已审数
	2019 年	2018 年
营业收入—航空运输收入	32 000	8 000
营业收入—加盟费收入	3 000	0
投资收益—丙公司	30	0
净利润	19 500	16 000
预付款项—丁公司	1 000	0
应付职工薪酬-管理层利润分享	350	0
长期应付款-退租大修费用	2 400	600

资料三：

A 注册会计师在审计工作底稿中记录了审计计划，部分内容摘录如下：

(1) A 注册会计师拟与治理层沟通计划的审计范围和时间安排，为避免损害审计的有效性，沟通内容不包括识别出的重大错报风险以及应对措施。

(2) A 注册会计师评价认为前任注册会计师具备专业胜任能力，因此，拟通过查阅其审计工作底稿，获取与非流动资产和非流动负债期初余额相关的审计证据。

(3) 甲公司应收账款会计每月末向排名前 10 的企业客户寄送对账单，并调查回函差异。因该控制仅涉及一小部分应收账款余额，A注册会计师拟不测试该控制，直接实施实质性程序。

（4）甲公司的个人快递业务交易量巨大，单笔额较小。因无法通过实施细节测试及实质性分析程序获取充分适当的审计证据，也无法有效实施实质性分析程序，A注册会计师拟审计该类收入时全部依赖控制测试。

资料四：

A注册会计师在审计工作底稿中记录了实施的进一步审计程序，部分内容摘录如下：

（1）在采用审计抽样测试甲公司付款审批控制时，A注册会计师确定总体为2019年度的所有付款单据，抽样单元为单张付款单据，选取2019年12月26日至12月31日的全部付款单共计80张作样本，测试结果满意。

（2）甲公司收入交易高度依赖信息系统。ABC会计师事务所的信息技术专家对甲公司的信息技术一般控制和与收入相关的信息技术应用控制进行了测试，结果满意。

（3）甲公司2019年末应收票据余额重大。A注册会计师于2019年12月31日检查了这些票据的复印件，并核对了相关信息，结果满意。

（4）甲公司的某企业客户利用甲公司的快递业务，向A注册会计师寄回了询证函回函，A注册会计师认为回函可靠性受到影响，重新发函并要求该客户通过其他快递公司寄回询证函。

（5）A注册会计师发现甲公司未与部分快递员签订劳动合同及未缴纳社保金。管理层解释系快递员流动频繁所致。A注册会计师检查甲公司人事部门的员工入职和离职记录，认为解释合理，未再施其他审计程序。

资料五：

A注册会计师在审计工作底稿中记录了审计完成阶段工作，部分内容摘录如下：

（1）甲公司2019年末的一项重大未决诉讼在审计报告日前终审结案，管理层根据判决调整了2019年度财务报表。A注册会计师检查了法院判决书以及甲公司的账务处理和披露，结果满意，未再实施其他审计程序。

（2）因仅实施替代程序无法获取充分、适当的审计证据，A注册会计师就一份重要询证函通过电话与被询证方确认了函证信息并被告知回函已寄出，于当日出具了报告。A注册会计师于次日收到回函，结果满意。

（3）A注册会计师未能在审计报告日前获取甲公司2019年年度报告的最终版本，因此，未要求管理层提供有关其他信息的书面声明。

要求：

（1）针对资料一第（1）至（5）项，结合资料二，假定不考虑其他条件，逐项指出资料一所列事项是否可能表明存在重大错报风险。如果认为可能表明存在重大错报风险，简要说明理由。如果认为该风险为认定层次重大错报风险，说明该风险主要与哪些财务报表项目（仅限于应收账款、预付款项、预收款项、应付职工薪酬、长期应付款、营业收入、营业成本、销售费用、投资收益）的哪些认定相关（不考虑税务影响）。

（2）针对资料三第（1）至（4），假定不考虑其他条件，逐项指出审计计划内容是否恰当。如不恰当，简要说明理由。

（3）针对资料四第（1）至（5）项，假定不考虑其他条件，逐项指出A注册会计师的做法是否恰当。如不恰当，简要说明理由。

（4）针对资料五第（1）至（3）项，假定不考虑其他条件，逐项指出A注册会计师的做法是否恰当。如不恰当，简要说明理由。

2. 本题考核知识点：识别重大错报风险、应收账款不实施函证的条件、存货监盘程序、现金监盘、强调事项段

ABC会计师事务所接受了甲公司2018年度财务报表的审计业务，并指派A注册会计师担任项目合伙人。甲公司为酿酒行业的上市公司，从事畅饮牌系列酒的酿造与销售，产品分为高、中、低三个档次。存货主要包括粮谷、甘薯干和罐装酒，其中粮谷和甘薯干贮存在8个简易棚内，罐装酒贮存在甲公司仓库内，甲公司对存货采用永续盘存制核算。其他相关资料如下：

资料一：

A注册会计师在审计工作底稿中记录了所了解的甲公司情况及其环境，部分内容摘录如下：

(1)行业资料及甲公司以往的财务数据表明，同类酒的销售旺季为每年的1月份、10月份、11月份和12月份，通常情况下，旺季的营业收入占全年的比例约为50%。但2018年10月初，国务院有关禁止公款消费高档酒等一系列规定发布后，甲公司的股价下降60%，10月份销售额环比下降50%。为刺激消费，甲公司拟自2019年年初开始按3~5折的价格销售部分高档酒。

(2)2017年年末甲公司参照行业情况制定的2018年度业绩增长目标为10%，并承诺如果业绩目标能够顺利实现，将给相关管理人员及销售人员发放高额年终奖，截至2018年年末，经测算，甲公司业绩增长率为10.03%。

(3)自2018年年初开始，甲公司高层管理人员有5人突然先后离职，甲公司在管理人员储备上处于被动境况。

(4)2018年7月，由于发生重大施工安全事故，甲公司2018年1月开始建设的新生产线被有关部门勒令停建整顿。2018年年末，有关部门同意甲公司重新开通，但受国务院相关政策的影响，新生产线拟生产的高端酒市场前景不佳，甲公司董事会决定暂不启动新生产线的建设。

资料二：

A注册会计师在审计工作底稿中记录了所获取的甲公司的财务数据，部分内容摘录如表2、表3所示：

表2　2018年每季度的营业收入与营业成本　　　　　金额单位：万元

项目	第一季度	第二季度	第三季度	第四季度
营业收入	11 580	10 380	10 300	37 850
营业成本	4 863	4 360	4 326	15 897

表3　2017年、2018年部分资产负债表数据列示　　　　　金额单位：万元

项目	2018年12月31日	2017年12月31日
存货		
账面余额	274 000	210 800
减：存货跌价准备	0	0
账面价值	274 000	210 800
在建工程		
账面余额	1 360	0
减：在建工程减值准备	0	0
账面价值	1 360	0

资料三：

A注册会计师在审计工作底稿中记录了货币资金审计的审计计划，部分内容摘录

如下：

(1)在就计划的审计范围和时间安排与治理层进行沟通时，A注册会计师与甲公司

治理层商定库存现金的盘点时间为12月份的第二个周日。

(2)因审计工作时间安排紧张，A注册会计师拟不函证应收账款，直接实施替代审计程序。

(3)A注册会计师将盘点金额与库存现金日记账金额进行核对，发现差异金额小于重要性水平，认为无须进一步调查。

资料四：

A注册会计师在审计工作底稿中记录了存货监盘的审计计划，部分内容摘录如下：

(1)与存货相关的内部控制比较有效，且存货单位价值不高，因此将存货认定层次重大错报风险评估为低水平。

(2)在对罐装酒品进行审查时，采用观察甲公司相关人员盘点及检查与之相关的收、发、存凭证和记录的方法，确定存货的数量。

(3)由于甲公司年末正处于销售旺季，产品收发频繁，人手有限，故拟定在2018年12月31日盘点3个简易棚内的粮谷和甘薯干，在2019年1月5日再对其他5个简易棚储存的粮谷和甘薯干进行盘点，根据甲公司的盘点计划，ABC会计师事务所要求审计项目组成员在上述时间对存货实施监盘程序。

资料五：

2018年3月15日，甲公司所在地政府收到投诉，因购买并饮用甲公司生产的酒品而导致酒精中毒，致肾脏损伤，甲公司所在地政府相关部门非常重视，已成立联合专案组进行调查。截至审计报告日，尚未公布调查结果。甲公司在财务报表附注中披露了相关事项。

要求：

(1)针对资料一第(1)至(4)项，结合资料二，假定不考虑其他条件，逐项指出资料一所列事项是否可能表明存在重大错报风险。如果认为可能存在重大错报风险，简要说明理由，并说明该风险主要与哪些财务报表项目(仅限于存货、在建工程、营业收入、营业成本、资产减值损失)的哪些认定相关(不考虑税务影响)。

(2)针对资料三第(1)至(3)项，假定不考虑其他条件，逐项指出审计计划的内容是否恰当。如不恰当，简要说明理由。

(3)针对资料四第(1)至(3)项，假定不考虑其他条件，逐项指出审计计划的内容是否存在缺陷。如果存在缺陷，简要提出改进建议。

(4)针对资料五中所述情况，不考虑其他情况，请指出A注册会计师是否需要在审计报告中进行反映。如认为需要，请代为起草相关的段落，指出段落在审计报告中的位置，并写明段落的标题。

3. 本题考核知识点：识别重大错报风险、增加程序的不可预见性、询问程序、测试货币资金的内部控制

从事小型家用电器产品生产和销售的XYZ股份有限公司(以下简称XYZ公司)，日常交易采用自动化信息系统和人工控制相结合的方式进行。自动化信息系统自2017年设置以来没有发生变化。XYZ公司将产品主要销售给国内各大城市的电子消费品经销商，从开业至今，平均年利润达到450万元。ABC会计师事务所的A和B注册会计师负责审计XYZ公司2018年度财务报表，于2018年10月1日进驻XYZ公司进行审计。

资料一：

A和B注册会计师在审计工作底稿中记录了所了解的XYZ公司及其环境的情况，部分内容摘录如下：

(1)2016年5月XYZ公司向境外A国投资2 000万元建设生产本公司产品的工厂，投资资金主要来源于在国内银行2016年5月借入的3年期贷款，工程预计在2019年2月竣工并投入使用。2018年10月，A国发生政治暴动，波及全国，投资建设的工厂被迫停工，截至审计日尚无法预计今后的局势。

（2）XYZ公司负责存货会计核算的会计人员李某是公司副董事长的妹妹，由于专业胜任能力有限，工作时常出现问题，被财务总监多次批评，但由于副董事长的干预，在存货会计核算岗位上已经工作5年，由于不会使用计算机，在公司设置了自动化控制后，对于该岗位上涉及的计算机化操作往往临时找其他会计人员帮忙。

（3）XYZ公司的产品面临快速更新换代的压力，市场竞争激烈。为巩固市场占有率，XYZ公司于2018年4月将主要产品（C产品）的销售价格下调了8%至10%。另外，XYZ公司在2018年8月推出了C1产品（C产品的改良型号），市场表现良好，计划在2019年全面扩大产量，并在2019年1月停止C产品的生产。为了加快

资金流转，XYZ公司于2019年1月针对C产品开始实施新一轮的降价促销，平均降价幅度达到30%。

（4）XYZ公司销售的产品均由经客户认可的外部运输公司实施运输，运输费由XYZ公司承担，但运输途中风险仍由客户自行承担。由于受能源价格上涨影响，2018年的运输单价比上年平均上升了15%，但运输商同意将运费结算周期从原来的30天延长至60天。

（5）XYZ公司2018年没有增加固定资产，固定资产折旧核算办法一直为平均年限法，也没有进行变化。

资料二：

A注册会计师在审计工作底稿中记录了所获取的甲公司财务数据，部分内容摘录如表4所示：

表4　XYZ公司2018年度、2017年度部分财务数据　　金额单位：万元

项目	2018年		2017年	
	C产品	C1产品	C产品	C1产品
产成品	2 000	1 800	2 500	0
存货跌价准备	0		0	
主营业务收入	18 500	8 000	20 000	0
主营业务成本	17 000	5 600	16 800	0
销售费用				
——运输费	1 200		1 150	
折旧费用	300		125	

资料三：

A注册会计师在审计工作底稿中记录了风险应对的情况，部分内容摘录如下：

（1）A注册会计师向负责复核银行存款余额调节表的人员询问如何复核，包括复核的要点、发现不符事项如何处理等，以测试银行存款余额调节表复核这一控制的运行有效性。

（2）A注册会计师对甲公司应收票据项目的重大错报风险评估后，认为应收票据的重大错报风险为低，预期控制的运行是有

效的，决定实施控制测试。

（3）A注册会计师对甲公司装运单据进行抽样，以发现已装运但未确认为销售的交易所导致的低估销售问题。

（4）针对收入确认方面存在的舞弊风险，为增加审计程序的不可预见性，A注册会计师决定在期中执行实质性程序，并将期中得出的结论合理延伸至期末。

（5）甲公司C仓库中有一批代乙公司保管的货物，A注册会计师询问了甲公司仓库保管员后未再对其进行关注。

资料四：

A 和 B 注册会计师对销售与收款循环的内部控制实施测试，并在审计工作底稿中记录了测试情况，部分内容摘录如下：

（1）A 注册会计师观察了财务部门人员收取款项的过程，并从库存现金和银行存款日记账入手，选取收款记录实施测试，未发现异常。

（2）B 注册会计师询问了财务部门甲会计、乙出纳和丙会计，关于应收账款账户收款信息登记的内部控制过程，甲会计和乙出纳反映丙会计 2018 年度并未与两人核对过收款信息，丙会计说明由于 2017 年度核对信息中没有发现错误，所以在 2018 年为了提高工作效率，就自己决定不再进行核对信息，在 2018 年年末会核对一次余额。注册会计师采用抽样方法进行了测试，在抽取的样本中没有发现误差。

要求：

（1）针对资料一结合资料二，假定不考虑其他条件，请逐项指出资料一第（1）至（5）所列事项是否可能表明存在重大错报风险。如果认为存在，请简要说明理由，并分别说明该风险是属于财务报表层次还是认定层次。如果认为属于认定层次，请指出相关事项与哪些财务报表项目（仅限于存货、资产减值损失、固定资产、营业收入、营业成本和销售费用）的哪些主要认定相关。

（2）针对资料三第（1）至（5）项，假定不考虑其他条件，逐项指出 A 注册会计师的做法是否恰当。如不恰当，简要说明理由。

（3）针对资料四第（1）至（2）项，假定不考虑其他条件，请逐项指出上述测试结果是否表明相关内部控制得到有效执行。如果表明相关内部控制未能得到有效执行，请简要说明理由。

4. 本题考核知识点：财务报表整体重要性的确定、总体方案的确定、识别重大错报风

险、实质性分析程序、销售与收款循环的实质性程序

甲公司是 ABC 会计师事务所的常年审计客户，主要从事医疗机械设备的生产和销售。A 类产品为大中型医疗器械设备，主要销往医院；B 类产品为小型医疗器械设备，主要通过经销商销往药店。X 注册会计师负责审计甲公司 2018 年度财务报表。

资料一：

X 注册会计师在审计工作底稿中记录了所了解的甲公司情况及环境，部分内容摘录如下：

（1）2018 年年初，甲公司在 5 个城市增设了销售服务处，使销售服务处数量增加到 11 个，销售服务人员数量比上年年末增加 50%。

（2）对于 A 类产品，甲公司负责将设备运送到医院并安装调试，医院验收合格后签署设备验收单，甲公司根据设备验收单确认销售收入。甲公司自 2018 年起向医院提供 1 个月的免费试用期，医院在试用期结束后签署设备验收单。

（3）由于市场上 B 类产品竞争激烈，甲公司在 2018 年年初将 B 类产品的价格平均下调 10%。

（4）甲公司从 2017 年起推出针对经销商的返利计划。根据经销商已付款采购额的 3% 到 6% 比例，在年度终了后 12 个月内向经销商支付返利。甲公司未与经销商就返利计划签订书面协议，而由销售人员口头传达。

（5）2018 年 12 月，一名已离职员工向甲公司董事会举报，称销售总监有虚报销售费用的行为。甲公司已对此事展开调查，目前尚无结论。

资料二：

X 注册会计师在审计工作底稿中记录了所获取的甲公司的财务数据，部分内容摘录如表 5 所示：

表 5　甲公司 2018 年度、2017 年度部分财务数据　　　　　金额单位：万元

项目	未审数		已审数	
	2018 年		2017 年	
	A 类产品	B 类产品	A 类产品	B 类产品
主营业务收入	6 800	6 300	4 500	6 000
减：销售返利	0	300	0	280
营业收入	6 800	6 000	4 500	5 720
营业成本	3 500	4 300	2 700	3 700
销售费用				
——员工薪酬	1 300		800	
——办公室租金	390		350	
利润总额	2 000		1 200	
坏账准备				
应收账款	4 900		3 500	
坏账准备	(100)		(80)	
存货				
——发出商品	410		400	
其他应付款				
——返利	420		280	
——租金	120		90	

资料三：

X 注册会计师在审计工作底稿中记录了审计计划，部分内容摘录如下：

(1)2017 年度财务报表整体的重要性为利润总额的 5%，即 60 万元。考虑到本项目属于连续审计业务，以往年度审计调整少，风险较低，因此将 2018 年度财务报表整体的重要性确定为利润总额的 10%，即 200 万元。

(2)根据以往年度审计结果，甲公司针对主要业务流程(包括销售与收款、采购与付款以及生产与存货)的内部控制是有效的，因此在 2018 年度审计中将继续采用综合性方案。

资料四：

X 注册会计师在审计工作底稿中记录了拟实施的实质性程序，部分内容摘录如下：

(1)取得 5 个新设销售服务处的办公室租赁合同，连同以前年度获得的 6 个销售服务处的租赁合同，估算本年度办公室租金费用。

(2)计算 2018 年度每月毛利率，如果存在较大波动，向管理层询问波动原因。

(3)检查 2017 年度计提的销售返利的实际支付情况，并向管理层询问予以佐证，评估 2018 年度计提的销售返利金额的合理性。

(4)从 A 类产品销售收入明细账中选取若干笔记录，检查销售合同、发票和设备验收单，确定记录的销售收入金额是否与合同和发票一致，收入确认的时点是否与合同约定的交易条款和设备验收单的日期相符。

(5)检查年末应收账款的账龄分析以及年

内实际发生的坏账，评估坏账准备的合理性。

(6)分别在 2018 年 11 月 30 日和 2018 年 12 月 31 日对甲公司的存货盘点实施监盘。

要求：

(1)针对资料一第(1)至(5)项，结合资料二，假定不考虑其他条件，逐项指出资料一所列事项是否可能表明存在重大错报风险。如果认为存在重大错报风险，简要说明理由，并说明该风险主要与哪些项目(仅限于营业收入、营业成本、销售费用、应收账款、存货和其他应付款)的哪些认定相关。

(2)针对资料三第(1)至(2)项，假定不考虑其他条件，逐项指出审计计划是否恰当。如不恰当，简要说明理由。

(3)针对资料四第(1)至(6)项，假定不考虑其他条件，逐项指出实质性程序与根据资料一(结合资料二)识别的重大错报风险是否直接相关。如果直接相关，指出对应的是识别的哪一项重大错报风险，并简要说明理由。

5. 本题考核知识点：初步业务活动、识别重大错报风险、前后任注册会计师的沟通

甲公司主要从事小型电子消费品的生产和销售，产品销售以甲公司仓库为交货地点。ABC 会计师事务所负责审计甲公司

2018 年度财务报表，并委派 A 注册会计师担任项目合伙人。

资料一：

A 注册会计师在审计工作底稿中记录了所了解的甲公司情况及其环境，部分内容摘录如下：

(1)由于 2017 年销售业绩未达到董事会制定的目标，甲公司于 2018 年 2 月更换了公司负责销售的副总经理。

(2)2018 年，甲公司主要原材料价格平均上涨约 5%，但为了争夺市场，以最大限度地争取市场占有率，甲公司决定将主要产品售价降低 6%。

(3)甲公司主要竞争对手于 2018 年年末纷纷推出降价促销活动。为了巩固市场份额，甲公司于 2019 年元旦再次全面下调了主要产品的建议零售价，不同规格的主要产品降价幅度从 5% 到 20% 不等。

(4)甲公司于 2018 年 7 月完工投入使用的一个仓库被有关部门认定为违章建筑，要求在 2019 年 6 月底前拆除。

(5)2018 年年末，甲公司的母公司宣布在未来 2 年内将逐步增加对甲公司的投资。

资料二：

A 注册会计师在审计工作底稿中记录了所获取的甲公司财务数据，部分内容摘录如表 6 和表 7 所示：

表 6 甲公司 2018 年度、2017 年度部分财务数据　　金额单位：万元

项目	2018 年(未审数)	2017 年(已审数)
营业收入	64 750	58 480
营业成本	55 440	46 730
存货账面原值	8 892	8 723
减：存货跌价准备	370	480
存货账面价值	8 522	8 243

表 7 甲公司 2018 年度部分财务数据　　金额单位：万元

项目	2018 年年初数	本年增加	本年减少	2018 年年末数
固定资产原值	4 461	150	0	4 611
累计折旧	2 031	140	0	2 171

项目	2018 年年初数	本年增加	本年减少	2018 年年末数
固定资产减值准备	0	0	0	0

资料三：

因审计项目组在业务执行过程中与甲公司意见不统一，2019 年 2 月 12 日，甲公司准备要求 ABC 会计师事务所中止该审计工作，将该业务委托给 EFG 会计师事务所。考虑到发现的甲公司财务报表中的舞弊风险，出于职业道德以及对同行负责的目的，ABC 会计师事务所将该事项直接告知了 EFG 会计师事务所的注册会计师。EFG 会计师事务所不顾 ABC 会计师事务所的建议，并且没有对相关行业和甲公司的业务进行了解即承接了甲公司 2018 年财务报表的审计业务。

要求：

(1)针对资料一第(1)至(5)项，结合资料二，假定不考虑其他条件，逐项指出资料一所列事项是否可能表明存在重大错报风险。如果认为存在，简要说明理由，并分别说明该风险属于财务报表层次还是认定层次。如果认为属于认定层次，指出相关事项主要与哪些财务报表项目(仅限于营业收入、营业成本、应收账款、存货、固定资产、资产减值损失)的哪些认定相关。

(2)针对资料三，请指出 ABC 和 EFG 会计师事务所在承接业务过程中存在哪些问题？

6. 本题考核知识点：识别特征、对回函差异的考虑、识别重大错报风险、存货监盘程序、组成部分重要性的确定、对重要组成部分需执行的工作、参与组成部分注册会计师的工作

甲集团是 ABC 会计师事务所的常年审计客户。A 注册会计师负责审计甲集团 2018 年度财务报表，确定财务报表整体的重要性为 200 万元。

资料一：

(1)甲集团利用 ERP 系统核算应收账款，在以前年度，利用 ERP 系统之外的 Q 软件手工输入相关数据后进行应收账款账龄的统计和分析。2018 年，信息技术部门在 ERP 系统中开发了应收账款账龄分析子模块，于每月末自动生成应收账款账龄报告。甲集团会计政策规定，应当结合应收账款账龄等因素计算坏账准备。

(2)甲集团的固定资产自 2018 年起分批启用先进设备，淘汰旧设备，新设备的产量大幅增加，旧设备给企业带来经济利益的预期实现方式已发生重大改变。甲集团会计部门决定自 2018 年起，将旧设备的折旧方法由年限平均法改为双倍余额递减法。甲集团其他固定资产未发生大幅变动。

(3)甲集团自 2018 年 8 月 1 日起将全部 a 产品的销售改为附有销售退回条件的销售模式，客户在购买产品一个月后付款；如果在购买产品半年内发现质量问题，客户有权退回 a 产品。甲集团不能合理估计退货率。截至 2018 年年底，a 产品的销售量较 2017 年同期相比上升一倍。

(4)b 产品曾经是甲集团的主要产品之一，随着 2018 年行业环保标准的提升，2018 年 b 产品的销量较 2017 年大幅度下跌，甲集团采用打折的方式促销 b 产品，折扣力度为 3~5 折。

(5)甲集团于 2018 年 3 月 1 日借入 2 000 万元、年利率为 8% 的专门借款，用于已开工建设并预计于 2019 年年末完工的新生产线。甲集团无其他带息债务。因甲集团与施工方对工程质量存在纠纷，该工程于 2018 年 5 月 1 日至 2018 年 9 月 30 日中断。

资料二：

A 注册会计师在审计工作底稿中记录了有关制造费用的财务数据，部分内容摘录如

表8所示：

表8 有关制造费用的财务数据(部分)　　　　　　　　金额单位：万元

项目	2018年(未审数)		2017年(已审数)	
产品	a产品	b产品	a产品	b产品
销售收入	2 400	560	1 000	600
存货跌价准备	0	90	0	100
折旧费用	800		1 000	
在建工程—借款利息	130		0	

资料三：

A注册会计师在审计工作底稿中记录了审计计划，部分内容摘录如下：

(1)乙公司为甲集团的子公司，负责甲集团主要原材料的进口业务，通过外汇交易管理风险，A注册会计师拟利用组成部分重要性对乙公司实施审阅。

(2)XYZ会计师事务所作为组成部分注册会计师负责审计甲集团子公司丁公司的财务信息，其审计项目组按照丁公司利润总额的5%确定重要性水平为30万元，实际执行的重要性为15万元。

(3)甲集团子公司戊公司从事高新技术开发，2018年度新增无形资产1 000万元，为自行研发专利技术。A注册会计师认为其收入占甲集团份额较低，决定在集团层面对其实施分析程序。

(4)A注册会计师考虑到甲集团联营企业庚公司的组成部分注册会计师不符合集团审计相关的独立性要求，决定参与组成部分注册会计师的工作，实施追加的风险评估程序来消除组成部分注册会计师不具有独立性的影响。

资料四：

A注册会计师在审计工作底稿中记录了实施的进一步审计程序，部分内容摘录如下：

(1)甲集团生产设备所使用备件的购买和领用不频繁，但各类备件的种类繁多。A注册会计师与管理层协商后决定在2018年11月30日对备件进行监盘，其余存货在2018年12月31日进行监盘。

(2)甲集团年末应收账款余额为1 000万元。A注册会计师选取前5大购货方实施函证，均收到回函。回函显示一笔100万元的差异，经询问甲集团财务经理得知，回函差异是由于该购货方的回函金额已扣除其在2018年12月31日以电汇方式向甲集团支付的一笔100万元的货款，甲集团于2019年1月4日实际收到该笔款项，并计入2019年应收账款明细账中。A注册会计师认为该回函差异不构成错报，无须实施进一步审计程序。

资料五：

A注册会计师在编制审计工作底稿时，遇到的项目和事项如表9所示：

表9 审计工作底稿中记录的相关项目和事项

序号	相关项目或事项
(1)	对被审计单位生成的验收单进行测试，被审计单位对验收单按年进行依次编号
(2)	对被审计单位生成的订购单进行测试，被审计单位对订购单以序号进行依次编号
(3)	甲集团对发运单顺序编号，注册会计师采用系统选样的方式选取样本
(4)	询问甲集团中特定人员

要求：

（1）针对资料一第（1）至（5）项，结合资料二，假定不考虑其他条件，逐项指出资料一所列事项是否可能表明存在重大错报风险。如果认为存在重大错报风险，简要说明理由，并说明该风险主要与哪些财务报表项目（仅限于存货、资产减值损失、固定资产、营业收入、营业成本、应收账款、应付职工薪酬、信用减值损失和在建工程）的哪些认定相关。

（2）针对资料三第（1）至（4）项，逐项指出审计计划是否恰当。如不恰当，简要说明理由。

（3）针对资料四第（1）至（2）项，假定不考虑其他条件，逐项指出实质性程序是否恰当。如不恰当，简要说明理由。

（4）针对资料五第（1）至（4）项，设计出相关项目或事项的识别特征。

跨章节主观题参考答案及解析

JINGDIAN TIJIE

一、简答题

1.【答案】

(1)不恰当。应当对重要的银行借款实施函证程序。

(2)不恰当。重大错报风险较高时,应在期末或接近期末实施函证/在期末审计时应再次发函。/只有重大错报风险评估为低水平,才可以在期中实施函证。

(3)不恰当。函证不能为计价与分摊认定/应收账款坏账准备的计提提供充分证据。

(4)不恰当。还应考虑可能存在重大的舞弊或错误,以及管理层的诚信度。

(5)恰当。

2.【答案】

(1)不恰当。审计工作底稿无须保留错误的信息。

(2)不恰当。根据 A 注册会计师的区间估计,只能得出错报不小于 50 万元的结论,并不能确定就是 50 万元。该错报是判断错报,不是事实错报。

(3)恰当。

(4)不恰当。会计主管人员必须参加库存现金的盘点。

(5)不恰当。应记录修改或增加底稿的时间和人员,以及复核的时间和人员;记录修改或增加底稿的理由。

(6)不恰当。在完成归档后,不应在规定保管期限届满前删除或废弃任何审计工作底稿。

3.【答案】

(1)不恰当。仅检查签字无法证实复核人员进行了认真核对。

(2)不恰当。A 注册会计师应当尽可能避免让被审计单位事先了解将要抽盘的存货项目。

(3)恰当。

(4)恰当。

(5)不恰当。偏差是误解了规定导致的系统偏差,扩大样本规模通常无效。

二、综合题

1.【答案】

(1)见表 10。

表 10 各事项是否可能表明存在认定层次的重大错报风险、理由与影响的报表项目及认定

事项序号	是否可能表明存在重大错报(是/否)	理由	财务报表项目名称及认定
(1)	是	甲公司管理层为获得利润增长奖励,具有实施舞弊的动机和压力/2019年度的净利润勉强达到利润分享条件,可能表明财务报表存在舞弊导致的重大错报风险	——
(2)	是	甲公司新业务收入增长迅猛且金额重大/可能存在多计收入的风险。甲公司按实际飞行小时计提退租大修费用,2019年度计提的该项费用较上年的增长比例远低于航空货运收入/实际飞行小时的增长比例/存在少计大修费用的风险	应收账款(存在)营业收入(发生)营业成本(完整性/准确性)长期应付款(完整性/计价和分摊)
(3)	否	——	——

事项序号	是否可能表明存在重大错报(是/否)	理由	财务报表项目名称及认定
(4)	是	加盟费应当在整个加盟期间确认/不能一次性计入收入	预收款项(完整性) 营业收入(发生)
(5)	否	——	——

(2)见表11。

表11　审计计划是否恰当及理由

事项序号	是否恰当(是/否)	理由
(1)	否	注册会计师应当与治理层沟通识别的特别风险
(2)	否	注册会计师应当评价前任注册会计师的独立性
(3)	是	——
(4)	否	个人快递业务收入重大,注册会计师应当实施实质性程序

(3)见表12。

表12　注册会计师的做法是否恰当及理由

事项序号	是否恰当(是/否)	理由
(1)	否	整群选样通常不适用于审计抽样/应从全年的付款单据中选取样本
(2)	是	——
(3)	否	注册会计师应当检查应收票据原件/仅检查应收票据复印件不能获取充分、适当的审计证据/还应实施其他审计程序
(4)	是	——
(5)	否	注册会计师应当评价违法违规行为对财务报表可能产生的影响/与治理层进行沟通

(4)见表13。

表13　注册会计师的做法是否恰当及理由

事项序号	是否恰当(是/否)	理由
(1)	是	——
(2)	否	口头回复不能作为可靠的审计证据/审计报告日前审计工作未完成/未获取充分、适当的审计证据
(3)	否	未能在审计报告日前获取年度报告的最终版本,应当要求管理层提供书面声明

2.【答案】

(1)见表14。

表 14　各事项是否可能表明存在重大错报风险、理由与影响的报表项目及认定

事项序号	是否可能表明存在重大错报风险(是/否)	理由	财务报表项目名称及认定
(1)	是	通常情况下，销售旺季四个月的营业收入占全年收入的比例为 50%，但资料二表明仅第四季度三个月的营业收入占全年收入的比例就达到了 53.99%，虽然第四季度均为销售旺季，但受国务院相关规定的影响，自 2018 年 10 月份销售额环比下降 50%，甲公司在 2018 年第四季度销售额仍实现大幅度增长，可能存在高估营业收入的重大错报风险；降价销售之前的毛利率为 58%，如按 3 折销售，预期毛利率将降低为 40%，表明部分高档酒的可变现净值低于成本，可能需要计提跌价准备，但资料二表明甲公司没有计提跌价准备	营业收入(发生) 营业成本(发生) 存货(计价和分摊) 资产减值损失(完整性)
(2)	是	甲公司销售业绩增长目标与年终奖相挂钩，且在国务院相关政策出台后，甲公司 2018 年实际业绩增长率刚刚达到增长目标，很可能存在为完成目标拿到年终奖而高估收入的重大错报风险	营业收入(发生)
(3)	是	关键管理人员的变动将对甲公司整体产生重大影响	—
(4)	是	在建工程因故停建，且暂不启动新生产线的建设，拟生产产品的市场前景不佳，可收回金额可能低于账面价值，但是甲公司在建工程的减值准备却为零，存在少计提减值准备的风险	在建工程(计价和分摊) 资产减值损失(完整性)

(2)事项(1)不恰当。对库存现金的监盘最好实施突击性的检查，实施审计程序的具体时间不能告知被审计单位。

事项(2)不恰当。除非有充分证据表明应收账款对财务报表而言是不重要的，或函证很可能是无效的，否则注册会计师应当对应收账款实施函证。注册会计师不能够由于时间、成本等原因，减少必要的审计程序。

事项(3)不恰当。针对存在的差异，应当要求被审计单位查明原因，必要时应提请被审计单位作出调整。

(3)监盘计划一存在缺陷。建议：将认定层次重大错报风险评估为高水平，重点关注粮谷和甘薯干储存的相关控制以及质量情况。

监盘计划二存在缺陷。建议：应当使用容器进行监盘或通过预先编号的清单列表加以确定；使用浸蘸、测量棒、工程报告分析以及依赖永续存货记录；选择样品进行化验与分析，或利用专家的工作。

监盘计划三存在缺陷。建议：应建议管理层同时对 8 个简易棚内的粮谷和甘薯干进行盘点，并按照盘点时间进行监盘。

(4)A 注册会计师应当在审计报告的"形成审计意见的基础"部分后增加"强调事项"段反映资料五中所述情况。起草的强调事项段如下：

五、强调事项

我们提醒财务报表使用者关注，如财务报表附注×所述，政府相关部门针对因饮用甲公司酒品而导致酒精中毒，致肾脏损伤的投诉专案调查仍在进行中，其结果具有不确定性。本段内容不影响已发表的审计意见。

3.【答案】

(1)见表 15。

表 15　各事项是否可能表明存在重大错报风险、理由与影响的报表项目及认定

事项序号	是否可能表明存在重大错报风险(是/否)	理由	重大错报风险属于财务报表层次还是认定层次	财务报表项目及相关认定
(1)	是	XYZ公司在政治、经济不稳定的国家开展业务,投资额主要来源于将要到期的贷款,同时投资额巨大,达到年均利润总额的4倍以上,对XYZ公司整体产生的影响重大且广泛	财务报表层次	—
(2)	是	XYZ公司负责存货会计核算的会计人员李某不具备胜任能力,且时常找其他人员参与存货会计核算的计算机信息化操作,造成多人未经授权参与核算工作,可能存在存货业务核算方面的重大错报风险	认定层次	存货(计价和分摊、完整性、存在)
(3)	是	C产品在2018年的毛利率为8.1%[(18 500-17 000)/18 500×100%],在2019年1月将价格下调30%后,C产品的可变现净值将小于其成本,很有可能存在高估存货成本的风险	认定层次	存货(计价和分摊) 资产减值损失(完整性)
(4)	是	2018年产品总销量大于2017年,并且运输单价平均上升了15%,但是运输费只上升了4.3%[(1 200-1 150)/1 150×100%],可能存在低估2018年运输费用的风险。 2018年运输费用没有较大的变化,可能表明销售量变化不大,高估销售收入	认定层次	销售费用(完整性) 营业收入(发生) 应收账款(存在)
(5)	是	XYZ公司2018年度固定资产没有增加,且折旧核算方法均采用平均年限法,当年折旧费用不应该有较大变化,但是当年折旧费用增长了140%[(300-125)/125×100%],说明XYZ公司折旧费用核算存在重大错报风险	认定层次	固定资产(计价和分摊)

(2)事项(1)不恰当。询问本身并不足以测试控制运行的有效性,因此,注册会计师需要将询问与其他审计程序结合使用。

事项(2)恰当。

事项(3)恰当。

事项(4)不恰当。对于已识别出由于舞弊导致的重大错报风险,为将期中得出的结论延伸至期末而实施的审计程序通常是无效的,注册会计师应当考虑在期末或者接近期末实施实质性程序。

事项(5)不恰当。对所有权不属于被审计单位的存货,注册会计师应当取得其规格、数量等有关资料,确定是否已单独存放、标明,且未被纳入盘点范围。在存货监盘过程中,注册会计师应当根据取得的所有权不属于被审计单位的存货的有关资料,观察这些存货的实际存放情况,确保其未被纳入盘点范围。

(3)见表16。

表 16　内部控制是否得到有效执行及理由

事项序号	是否得到有效执行	理由
(1)	是	—

事项序号	是否得到有效执行	理由
(2)	否	检查核对收款信息属于有效的检查性控制，但是 XYZ 公司的丙会计没有有效的执行，控制没有得到一贯执行。使得该项内部控制形同虚设，虽然最后没有发现问题，但是仍然表明内部控制没有得到有效的执行

4.【答案】

(1)见表 17。

表 17　各事项是否可能表明存在重大错报风险、理由与影响的报表项目及认定

事项序号	是否可能表明存在重大错报风险(是/否)	理由	项目名称及认定
(1)	是	2018 年年初，被审计单位销售服务处数量增加到 11 个，销售服务人员数量比上年年末增加 50%，而销售费用中的办公室租金仅增长 11.42%，存在少记销售费用的风险	销售费用(完整性) 其他应付款(完整性)
(2)	是	甲公司自 2018 年起向医院提供 1 个月的免费试用期，医院在试用期结束后签署设备验收单，这样就延长一个月的确认收入时间。而被审计单位在 2018 年年末发出商品科目余额仅比上年同期增长 10 万元，可能存在提前确认收入的风险	营业收入(发生) 应收账款(存在) 营业成本(发生) 存货(完整性)
(3)	否	—	—
(4)	是	根据对当年发生额和期初、期末余额的分析，2018 年年末的应付返利余额中包含 2017 年度计提但未支付的返利 120 万元(420-300)，可能表明有多计销售返利的风险	营业收入(完整性) 其他应付款(存在)
(5)	是	一名已离职员工向甲公司董事会举报，称销售总监有虚报销售费用的行为。被审计单位销售费用有高估风险，表明公司资产有被侵占的风险	销售费用(发生)

(2)事项(1)不恰当。确定财务报表整体的重要性，体现了注册会计师对财务报表使用者对财务信息需求的认识，不考虑审计风险，也不受以往审计错报的影响，不能随意调整重要性。

事项(2)不恰当。应当根据本年对认定层次重大错报风险的评估结果，考虑控制是否发生变化，是否出现其他因素使信赖控制不再适当等因素来确定是否继续选用综合性方案。比如，本题资料中，考虑到有离职员工举报销售总监虚报销售费用，如果甲公司的调查证实销售总监的确长期多次虚报费用，则注册会计师可能就不再信赖采购与付款循环中涉及销售费用的控制，而通过实施更多的实质性程序获取审计证据。

(3)见表 18。

表 18　识别的重大错报风险是否直接相关

实质性程序序号	是否与根据资料一（结合资料二）识别的重大错报风险直接相关（是/否）	与根据资料一哪一项（结合资料二）识别的重大错报风险直接相关（资料一序号）	理由
（1）	是	（1）	被审计单位有虚减销售租金的风险，通过实施该程序，可以帮助确认销售办公用房租金
（2）	否	—	—
（3）	是	（4）	通过检查 2017 年度计提的销售返利的实际支付情况，并向管理层询问予以佐证，评估 2018 年度计提的销售返利金额的合理性，可以识别可能存在的多计销售返利的问题
（4）	是	（2）	通过检查销售合同、发票和设备验收单，确定记录的销售收入金额是否与合同和发票一致，收入确认的时点是否与合同约定的交易条款和设备验收单的日期相符，可以帮助确认是否存在提前确认收入的问题
（5）	否	—	—
（6）	否	—	—

5.【答案】

（1）见表19。

表 19　各事项是否可能表明存在重大错报风险、理由与影响的报表项目及认定

事项序号	是否可能表明存在重大错报风险（是/否）	理由	重大错报风险属于财务报表层次还是认定层次（财务报表层次/认定层次）	财务报表项目及相关认定
（1）	是	关键管理人员的变化，因为 2017 年销售业绩未达到董事会制定的目标，2018 年就更换了销售副总，对新的副总经理会形成很大的压力，增加了 2018 年高估营业收入的风险	认定层次	营业收入（发生）应收账款（存在）
（2）	是	2017 年度的毛利率为 20.1%，2018 年度的毛利率为 14.4%，考虑 2018 年建议零售价低于 2017 年 6% 以及主要原材料价格平均上涨 5%，但 2018 年度的毛利率仅下降了 5.7%，所以有可能存在多计营业收入或少计营业成本的风险	认定层次	营业收入（发生）应收账款（存在）营业成本（完整性）存货（存在）
（3）	是	2018 年度的毛利率为 14.4%，同时 2019 年年初再次下调主要产品的售价，下调幅度达到 20%，说明企业存货在 2018 年年底就可能存在减值的迹象，另外分析 2018 年度比 2017 年度存货跌价准备的计提减少了 22.92%，说明很可能存在少计提存货跌价准备的风险	认定层次	存货（计价和分摊）资产减值损失（完整性）

事项序号	是否可能表明存在重大错报风险（是/否）	理由	重大错报风险属于财务报表层次还是认定层次（财务报表层次/认定层次）	财务报表项目及相关认定
（4）	是	新建设的固定资产因属违建要被拆迁，应计提固定资产减值准备，但是当年没有计提，可能存在高估固定资产和低估资产减值损失的风险	认定层次	固定资产（计价和分摊）资产减值损失（完整性）
（5）	否	—	—	—

（2）①ABC 会计师事务所在未经甲公司同意的情况下主动与 EFG 会计师事务所的注册会计师联系，违背了保密的原则。ABC 事务所的注册会计师应当在征得客户同意情况下确定是否与 EFG 会计师事务所的注册会计师讨论有关客户事项。

②EFG 会计师事务所在接替业务前没有对相关行业和甲公司的业务进行了解就承接了业务，不符合注册会计师的职业谨慎性原则。

6.【答案】

（1）见表 20。

表 20　各事项是否可能表明存在重大错报风险、理由与影响的报表项目及认定

事项序号	是否可能表明存在重大错报风险（是/否）	理由	财务报表项目名称及认定
（1）	是	存在信息技术控制薄弱导致账龄分析不准确的风险，影响坏账准备的准确性	应收账款（计价和分摊）信用减值损失（准确性）
（2）	是	折旧方法由年限平均法改为双倍余额递减法，加速计提折旧，而 2018 年与 2017 年折旧费用相比不增反降，存在少计提固定资产折旧的风险	固定资产（计价和分摊）存货（计价和分摊）营业成本（准确性）
（3）	是	a 产品附有销售退回条件，且不能合理估计退货可能性，不满足收入确认条件，可能存在多计营业收入和成本的风险	营业收入（发生）应收账款（存在）营业成本（发生）存货（完整性）
（4）	是	b 产品不符合环保标准，甲公司采用打折方式销售 b 产品，折扣力度为 3～5 折，很可能存在减值风险，但 2018 年年末 b 产品的存货跌价准备较 2017 年并没有增加，存在少计提存货减值的风险；同时销量大幅度下跌，并采用打折方式，b 产品的销售收入却下降不明显，存在多计营业收入风险	存货（计价和分摊）资产减值损失（完整性）营业收入（发生）
（5）	是	工程非正常中断超过 3 个月，应当暂停利息资本化，$2\,000 \times 8\% / 12 \times (10 - 5) \approx 66.7$（万元），而 2018 年年末在建工程——借款利息的余额为 130 万元，可能存在多计资本化金额的风险	在建工程（计价和分摊）

（2）事项（1）不恰当。乙公司涉及的外汇交易可能存在导致集团财务报表发生重大错报的特别风险，属于重要组成部分，A注册会计师应当对该组成部分财务信息执行审计。

事项（2）不恰当。如果组成部分注册会计师对组成部分财务信息实施审计或审阅，应当由集团项目组为该组成部分确定组成部分重要性。

事项（3）不恰当。虽然戊公司对甲集团不具有财务重大性，但可能存在导致集团财务报表产生重大错报的特别风险，集团项目组应将其识别为重要组成部分，对其财务信息实施审计。

事项（4）不恰当。如果组成部分注册会计师不符合与集团审计相关的独立性要求，集团项目组不能通过参与组成部分注册会计师的工作、实施追加的风险评估程序或对组成部分财务信息实施进一步审计程序来消除组成部分注册会计师不具有独立性的影响。

（3）事项（1）恰当。

事项（2）不恰当。A注册会计师只是取得甲集团财务经理的口头解释，没有执行进一步的检查程序以佐证财务经理的说法。

（4）见表21。

表21　各相关项目或事项的识别特征

序号	相关项目或事项	识别特征
（1）	对被审计单位生成的验收单进行测试，被审计单位对验收单按年进行依次编号	年度及验收单编号
（2）	对被审计单位生成的订购单进行测试，被审计单位对订购单以序号进行依次编号	订购单的编号
（3）	甲集团对发运单顺序编号，注册会计师采用系统选样的方式选取样本	样本的来源、抽样的起点及抽样间隔
（4）	询问甲集团中特定人员	询问的时间、被询问人的姓名及职位

第四部分

机考通关模拟
试题演练

没有人事先了解自己到底有多大的力量，直到他试过以后才知道。

——歌德

机考通关模拟试题

模拟试卷（一）

扫我做试题

一、**单项选择题**（本题型共25小题，每题1分，共25分。每题只有一个正确答案，请从每题的备选答案中选出一个你认为正确的答案。）

1. 关于审计重要性，下列说法中错误的是（　）。

A. 注册会计师在制定具体审计计划时，应当确定财务报表整体的重要性

B. 注册会计师在确定重要性水平时，不需要考虑与具体项目计量相关的固有不确定性

C. 实际执行的重要性可能是一个或多个金额

D. 注册会计师在审计过程中发现，实际财务成果与最初确定财务报表整体重要性时使用的预期本期财务成果相比存在很大差异，则需要修改重要性

2. 下列关于审计业务与审阅业务的说法中，正确的是（　）。

A. 审计业务提供绝对保证，审阅业务提供合理保证

B. 审计业务的检查风险较高，审阅业务的检查风险较低

C. 审计业务所需证据数量比审阅业务所需证据数量少

D. 经过审计的财务报表的可信性比经过审阅的财务报表的可信性高

3. 下列关于控制测试的说法中，正确的是（　）。

A. 检查非常适用于测试留有书面证据的控制运行情况

B. 观察程序适用于所有控制测试

C. 询问本身可以为测试控制运行的有效性提供充分适当的审计证据

D. 分析程序可以用于控制测试

4. 下列有关货币单元抽样的说法中，错误的是（　）。

A. 货币单元抽样不适用于测试总体的低估

B. 货币单元抽样适用于从大规模总体中选取大金额样本

C. 当预计总体错报的金额增加时，货币单元抽样的样本规模可能大于传统变量抽样所需的规模

D. 确定货币单元抽样的样本规模时需要考虑被审计金额的预计变异性

5. 下列关于职业怀疑的说法中错误的是（　）。

A. 职业怀疑在本质上要求秉持一种质疑的理念

B. 职业怀疑要求对相互矛盾的审计证据保持警觉

C. 职业怀疑要求假设管理层是不诚信的

D. 职业怀疑要求审慎评价审计证据

6. 下列各项中，无须列入书面声明的是（　）。

A. 管理层已向注册会计师提供所有相关信息并允许注册会计师不受限制地接触所有相关信息以及被审计单位内部人员或其他相关人员

B. 被审计单位将及时支付审计费用

C. 管理层和治理层认可其设计、执行和维护内部控制以防止和发现舞弊的责任

D. 管理层认为在作出会计估计时使用的重要假设是合理的

7. 下列各项中，不属于应在审计报告的"审计意见"段中说明的内容是( )。

A. 被审计单位的名称

B. 形成审计意见的基础

C. 财务报表附注

D. 财务报表已经审计

8. 在实施财务报表审计时，注册会计师需要特别关注被审计单位是否存在舞弊行为。下列与此相关的说法中，正确的是( )。

A. 将被审计单位资产挪为私用，通常属于对财务信息做出虚假报告的具体方式

B. 注册会计师应当依据法律判定舞弊是否已发生，进而评估舞弊导致的重大错报风险

C. 虽说舞弊的隐蔽性较强，注册会计师仍应对舞弊导致的重大错报获取合理保证

D. 如果注意到被审计单位大量采用分销渠道，应怀疑发生侵占资产导致错报的风险较高

9. 注册会计师在期中执行了控制测试，还需要针对剩余期间获取补充审计证据，下列相关考虑中，正确的是( )。

A. 评估的重大错报风险对财务报表的影响越大，需要获取的剩余期间的补充证据越少

B. 控制环境越薄弱，所需要获取的剩余期间的补充证据越少

C. 在信赖控制的基础上拟缩小实质性程序的范围越大，需要获取的剩余期间的补充证据就越多

D. 在期中对相关控制获取的审计证据越充分，针对剩余期间获取的补充证据就应该越多

10. 下列关于评价审计过程中发现的错报的说法中，错误的是( )。

A. 确定分类错报是否重大不需要进行定性评估

B. 即使某些错报低于财务报表整体的重要性，注册会计师也可能将其评估为重大错报

C. 如果注册会计师认为某一单项错报是重大的，则该项错报不太可能被其他错报抵销

D. 对于同一账户余额或同一类别的交易内部的错报的抵销需要考虑可能存在其他未被发现的错报的风险

11. 下列各项中，不属于控制环境要素的是( )。

A. 与诚信和道德价值观念的沟通与落实

B. 管理层的理念和风格

C. 组织结构及职权与责任的分配

D. 与财务报告相关的信息系统和沟通

12. 关于管理层偏向，下列说法中错误的是( )。

A. 注册会计师应当复核管理层在作出会计估计时的判断和决策，以识别是否可能存在管理层偏向的迹象

B. 识别出可能存在管理层偏向的迹象可能影响注册会计师对财务报表整体是否不存在重大错报的评估

C. 在得出某项会计估计是否合理的结论时，存在管理层偏向的迹象表明存在错报

D. 管理层选择带有乐观或悲观情绪的点估计，表明可能存在管理层偏向

13. 关于审计抽样，下列说法中正确的是( )。

A. 抽样风险与样本规模呈同方向变动

B. 误拒风险和信赖不足风险影响审计效果

C. 实施实质性分析程序不宜采用审计抽样

D. 抽样风险可能由于注册会计师选择的总体不适合于测试目标而导致

14. 下列有关注册会计师实施进一步审计程序的范围的说法中，错误的是( )。

A. 确定的重要性水平越低，注册会计师实施进一步审计程序的范围越广

B. 评估的重大错报风险越高，实施的进一步审计程序的范围越广

C. 扩大进一步审计程序的范围可以弥补审计程序本身与特定风险相关性的不足

D. 在既定的可容忍误差下，预计总体误差越大，所需的样本规模越大

15. 注册会计师在本期审计业务开始时需要开展初步业务活动，下列活动中不属于初步业务活动的是( )。

A. 针对保持客户关系和具体审计业务实施相应的质量控制程序

B. 评价遵守相关职业道德规范要求的情况

C. 深入了解被审计单位及其环境

D. 就审计业务约定条款达成一致意见

16. 下列阶段中，注册会计师必须执行分析程序的是( )。

A. 业务承接

B. 总体复核

C. 实质性程序

D. 了解内部控制

17. 注册会计师在使用统计抽样测试与被审计单位的发票有关的控制时，下列做法中，正确的是( )。

A. 采用随意选样法选取样本

B. 如果注册会计师能够确定抽到的空白发票是正常的且不构成对设定控制的偏差，就要用另外的发票替代

C. 如果注册会计师高估了总体规模和编号范围，选取的样本中超出实际编号的所有数字都被视为偏差

D. 如果注册会计师无法对选取的项目实施计划的审计程序或使用的替代程序，就换用一个替代的发票进行检查

18. 下列关于注册会计师评价管理层对持续经营能力做出的评估的说法中，不正确的是( )。

A. 注册会计师的评价期间应当与管理层按照适用的财务报告编制基础或法律法规的规定作出评估的涵盖期间相同

B. 如果管理层评估持续经营能力涵盖的期间短于自财务报表日起的十二个月，

注册会计师应当提请管理层将其至少延长至财务报表日起的十二个月

C. 如果适用的财务报告编制基础不要求管理层对持续经营能力作出专门评估，注册会计师没有责任对被审计单位的持续经营能力是否存在重大不确定性作出评估

D. 在评价管理层作出的评估时，注册会计师应当考虑管理层作出评估的过程、依据的假设以及应对计划

19. 注册会计师应当与向治理层和管理层通报值得关注的内部控制缺陷，下列说法中，正确的是( )。

A. 缺少用以及时防止或发现并纠正财务报表错报的必要控制就是注册会计师认为值得治理层关注的内部控制缺陷

B. 注册会计师应当以书面形式在审计工作完成阶段向治理层通报值得关注的内部控制缺陷

C. 注册会计师向治理层报告的事项仅限于注册会计师在审计过程中识别出的、认为足够重要从而值得向治理层报告的缺陷

D. 如果注册会计师在审计过程中没有发现错报，就不存在值得关注的内部控制缺陷

20. 下列关于企业内部控制审计的说法中，不正确的是( )。

A. 注册会计师应当就审计过程中发现的重大缺陷和重要缺陷以书面形式与董事会和治理层沟通

B. 如果认为内部控制存在一项或多项重大缺陷，注册会计师应当对内部控制发表否定意见

C. 如果拟对内部控制的有效性发表否定意见，在财务报表审计中，注册会计师不应依赖存在重大缺陷的控制

D. 如果拟对内部控制的有效性发表否定意见，注册会计师应当确定该意见对财务报表审计意见的影响，并在内部控制

审计报告的导致否定意见的事项段中进行说明

21. 下列关于注册会计师利用专家工作的说法中，正确的是(   )。

A. 适用于注册会计师的相关职业道德要求中的保密条款同样适用于内部专家，但不适用于外部专家

B. 无论是外部专家还是内部专家，都受到会计师事务所制定的质量控制政策和程序的约束

C. 无论是对外部专家还是内部专家，注册会计师应当就各自的角色与责任、沟通的性质、时间安排和范围等与专家达成一致意见，并根据需要形成书面协议

D. 专家的工作底稿属于审计工作底稿的一部分

22. 下列关于错报的说法中，错误的是(   )。

A. 明显微小错报不需要累积

B. 错报可能是管理层对会计估计作出不合理的判断或不恰当地选择和运用会计政策而导致的差异

C. 报表附注中体现出的与事实的差异不属于错报

D. 审计过程中累积错报的汇总数接近重要性，则表明可能存在比可接受的低风险水平更大的风险

23. 在评估和应对与关联方交易相关的重大错报风险时，下列说法中正确的是(   )。

A. 并非所有的关联方交易和余额都存在重大错报风险

B. 实施实质性程序应对关联方交易相关的重大错报风险更有效，因此无须了解和评价与关联方关系和交易相关的内部控制

C. 被审计单位管理层披露重大关联方交易为公平交易，注册会计师无法获取充分、适当的审计证据合理确信该披露公允，应当在审计报告中增加强调事项段加以说明

D. 注册会计师应当评价所有关联方交易

的商业理由

24. 下列关于注册会计师对甲公司 2018 年度财务报表审计工作底稿归档日期的说法中，错误的是(   )。

A. 注册会计师于 2019 年 2 月 28 日完成审计工作并出具了对甲公司 2018 年度财务报表的审计报告，所形成的审计工作底稿于 2019 年 3 月 30 日归档

B. 注册会计师于 2019 年 2 月 28 日完成了对甲公司 2018 年度财务报表的审计工作，并于 3 月 6 日出具了否定意见的审计报告。3 月 9 日，会计师事务所根据新的重大情况撤销了审计报告并不再实施进一步审计工作，相关的审计工作底稿已于 2019 年 5 月 1 日归档

C. 按照时间预算的规划，审计项目组应于 2019 年 3 月 1 日至 10 日实施对甲公司 2018 年度财务报表的审计工作。3 月 6 日，因发现甲公司存在重大舞弊事项后会计师事务所决定终止该项审计业务，此时，将已形成的审计工作底稿全部作废

D. 2019 年 2 月 2 日注册会计师将其负责的甲公司 2018 年度财务报表审计业务相关工作底稿整理归档，该项审计工作于 1 月 25 日完成并出具了审计报告

25. 下列关于选取并测试会计分录和其他调整时考虑的因素的说法中，错误的是(   )。

A. 针对会计分录和其他调整的编制和过账所实施的有效控制，可以缩小所需实施的实质性程序的范围

B. 会计分录和其他调整的处理过程可能同时涉及人工和自动化的程序和控制

C. 在审计拥有多个组成部分的被审计单位时，注册会计师需考虑从不同的组成部分选取会计分录进行测试

D. 针对非标准会计分录实施的控制的水平与针对为记录日常交易所作出的分录实施的控制的水平相同

二、多项选择题（本题型共 10 小题，每题 2 分，共 20 分。每题均有多个正确答案，请从每题的备选答案中选出你认为正确的答案。每题所有答案选择正确的得分；不答、错答、漏答均不得分。）

1. 下列用于衡量注册会计师作出职业判断质量的标准有（　　）。

   A. 准确性或意见一致性

   B. 决策一贯性和稳定性

   C. 完整性和独立性

   D. 可辩护性

2. 在下列情形中，可能表明管理层存在舞弊动机或压力的有（　　）。

   A. 竞争激烈或市场饱和，主营业务利润率不断下降

   B. 需要大量举债才能满足研究开发支出的需求，以保持竞争力

   C. 从事重大、异常或高度复杂的交易

   D. 盈利能力或财务状况必须满足债务协议规定的条件

3. 下列关于注册会计师针对期后事项的专门审计程序的说法中，正确的有（　　）。

   A. 其实施时间越远离财务报表日越好，但不能晚于审计报告日

   B. 注册会计师可以询问管理层和治理层，以确定是否已发生可能影响财务报表的期后事项

   C. 注册会计师可以查阅被审计单位在财务报表日后举行会议的纪要

   D. 注册会计师直接信赖并利用被审计单位最近的中期财务报表的结果

4. 下列有关实质性程序的说法中，正确的有（　　）。

   A. 当仅实施实质性程序并不能提供认定层次充分、适当的审计证据时，注册会计师应当实施控制测试，以获取内部控制运行有效性的审计证据

   B. 当使用分析程序比细节测试能更有效地将认定层次的检查风险降低至可接受的水平时，分析程序可以用作实质性程序

   C. 如果实施控制测试很可能不符合成本效益原则，注册会计师可能认为仅实施实质性程序就是适当的

   D. 注册会计师评估的某项认定的重大错报风险越高，针对该认定所需获取的审计证据的相关性和可靠性要求越低，注册会计师越应当考虑将实质性程序集中于期中实施

5. 下列关于注册会计师对期初余额审计的说法中，正确的有（　　）。

   A. 如果不能获取充分适当的审计证据，注册会计师可能需要在审计报告中发表保留意见或无法表示意见

   B. 如果期初余额存在对本期财务报表产生重大影响的错报，注册会计师应当告知管理层

   C. 注册会计师在本期审计时，只要上期审计存在范围限制，就应对本期发表非无保留意见

   D. 如果与期初余额相关的会计政策未能在本期得到一贯运用，注册会计师应当对财务报表发表保留意见或否定意见

6. 下列关于前后任注册会计师沟通的说法中，正确的有（　　）。

   A. 前任注册会计师和后任注册会计师的沟通通常由后任注册会计师发起，但需征得被审计单位的同意

   B. 后任注册会计师必须采用书面方式与前任注册会计师沟通，并评价沟通结果

   C. 接受委托前，在征得被审计单位同意的前提下，与前任注册会计师沟通是必要的审计程序

   D. 后任注册会计师应当提请被审计单位以书面形式同意前任注册会计师对其询问做出的充分答复

7. 如果控制环境存在缺陷，注册会计师在对拟实施审计程序的性质、时间安排和范围做出总体修改时，应考虑的内容有（　　）。

   A. 在期末而非期中实施更多的审计程序

   B. 通过实施更多的实质性分析程序获取更

第四部分 机考通关 模拟试题演练

广泛的审计证据

  C. 增加拟纳入审计范围的经营地点的数量

  D. 通过实施细节测试获取更广泛的审计证据

8. 在整合审计中，注册会计师确定恰当的控制测试的时间需要考虑的有(　　)。

  A. 尽量在接近基准日实施测试

  B. 尽量在接近财务报表报出日实施测试

  C. 实施的测试需要涵盖足够长的期间

  D. 实施的测试需要尽量集中在基准日

9. 被审计单位的下列控制中，属于预防性控制的有(　　)。

  A. 计算机程序自动生成收货报告，同时也更新采购档案

  B. 定期编制银行存款余额调节表，跟踪调查挂账的项目

  C. 每季度复核应收账款贷方余额并找出原因

  D. 销售发票上的价格根据价格清单上的信息确定

10. 下列关于关键审计事项的说法中，恰当的有(　　)。

  A. 对于关键审计事项的沟通，注册会计师应当在审计报告中单设"关键审计事项"段落以描述关键审计事项

  B. 注册会计师应对关键审计事项单独发表意见

  C. 注册会计师应在关键审计事项部分中说明"关键审计事项是注册会计师根据职业判断，认为对当期财务报表审计最为重要的事项"

  D. 如果某些事项导致注册会计师发表非无保留意见，注册会计师不得在审计报告的关键审计事项部分沟通该事项，但应当在关键审计事项部分提及形成保留（否定）意见的基础部分

三、简答题(本题型共 6 小题 36 分。)

1. A 注册会计师负责对甲公司 2018 年度财务报表实施审计。审计工作底稿中记录了与存货监盘相关的内容，部分内容摘录如下：

(1)存货盘点前，A 注册会计师与甲公司管理层就存货盘点计划和监盘计划进行详细沟通，以保证监盘工作顺利进行。

(2)在与管理层沟通的基础上，根据甲公司存货类型对监盘人员的职责进行了分工。

(3)在存货监盘过程中，监盘人员除了关注存货的数量外，还需要特别关注存货是否出现毁损、陈旧、过时及残次冷背等情况。

(4)对存货监盘过程中收到的存货，要求甲公司单独码放，不纳入存货盘点范围。

(5)受雾霾天气影响，A 注册会计师无法在预定时间飞往异地仓库执行监盘，A 注册会计师决定另择日期实施监盘，并对间隔期内发生的交易实施审计程序。

(6)对第三方保管的存货，实施函证程序，并考虑第三方的诚信。

要求：针对上述第(1)至(6)项，逐项指出 A 注册会计师的做法是否恰当。如不恰当，简要说明理由。

2. ABC 会计师事务所最近制定了新的业务质量控制制度，有关内容摘录如下：

(1)合伙人的工薪制度规定，业务收入额排名前三位的合伙人可享受年终奖，业务收入额排名后三位的合伙人降级为高级经理。

(2)有关独立性政策规定，会计师事务所应当每年至少一次向关键审计合伙人获取其遵守独立性政策和程序的书面确认函。

(3)业务执行政策规定，会计师事务所应当考虑就重大的技术、职业道德及其他事项向会计师事务所内部或外部具备适当知识、资历和经验的专业人士咨询。如果出现意见分歧，以项目合伙人的意见为准进行记录和执行。

(4)项目质量控制复核制度规定，在执行审计过程中，项目合伙人可以向项目质量控制复核人员咨询，项目合伙人咨询项目

质量控制复核人员后作出的判断，可以为项目质量控制复核人员所接受。

(5)内部业务检查制度规定，参与项目质量控制复核的人员可以担任该项业务的检查工作，将项目质量控制复核与业务检查一并执行。

(6)有关独立性政策规定，如果被审计单位属于公众利益实体，相关关键审计合伙人连续任职时间不得超过 5 年，在任期结束后，可以为该被审计单位的审计业务实施质量控制复核。

要求：针对上述第(1)至(6)项，分别指出 ABC 会计师事务所业务质量控制制度是否符合会计师事务所质量控制准则的规定。如不符合，简要说明理由。

3. A 注册会计师是甲公司 2018 年度财务报表审计业务的项目合伙人。根据评估的重大错报风险，A 注册会计师决定针对应收账款项目的计价和分摊目标实施传统变量抽样，以确定财务报表上列示的应收账款是否存在高估或低估。A 注册会计师确定的应收账款项目的可容忍错报为 21 000 元。由于预计只存在少量差异，确定的预计总体错报为 0。其他相关情况如下：

(1)A 注册会计师将甲公司 2018 年 12 月 31 日应收账款明细表中列示的全部应收账款定义为抽样总体，而将明细表中涉及的每个客户定义为抽样单元。

(2)在确定样本规模时，为在确保审计效果的前提下提高审计的效率，同时考虑到风险后果的严重性，A 注册会计师确定的误受风险为 5%，误拒风险为 10%。

(3)为实现计价和分摊目标，A 注册会计师计划对抽取的抽样单元实施积极式的函证程序，并针对无法收到回函等特殊情况计划了替代审计程序。除此之外未计划实施其他审计程序。

(4)对样本实施审计程序后，确认的样本审定金额与样本的账面金额非常接近。A 注册会计师据此认为在推断总体错报点估

计值时采用差额法和比率法更为适宜。

(5)A 注册会计师认为当总体规模越大时，需要确定的样本量也就越大。

要求：针对上述第(1)至(5)项，单独考虑上述每一种情况，请逐项指出 A 注册会计师的决策和做法是否恰当。如不恰当，简要说明理由。

4. 甲银行是 ABC 会计师事务所的常年审计客户，在对甲银行 2018 年度财务报表执行审计的过程中遇到下列事项：

(1)ABC 会计师事务所于 2018 年 1 月 1 日与甲银行共同组成服务团队向潜在客户提供审计、公司财务顾问等一揽子专业服务。

(2)审计项目组成员 A 注册会计师与甲银行财务经理毕业于同一所财经院校。

(3)B 注册会计师在 2017 年度担任甲银行的独立董事，在 2018 年 3 月 1 日从甲银行离职，加入甲银行财务报表审计的项目组中。

(4)甲银行 H 支行由于年末结账，向 ABC 会计师事务所借调人员从事财务报表数据录入工作。ABC 会计师事务所安排审计项目组成员 C 注册会计师协助 H 支行的工作。

(5)乙保险公司与甲银行均为丙公司的重要子公司。丙公司于 2017 年 2 月将乙保险公司与丁保险公司合并成为戊保险公司。审计项目组成员 D 注册会计师购买戊公司 1 000 股股票。截至 2018 年 12 月 31 日，这些股票市值为 30 000 元。

(6)E 注册会计师担任甲银行 2013 至 2015 年度财务报表审计的签字注册会计师，其晋升为合伙人后担任 2016 年度至 2017 年度财务报表审计的项目合伙人。ABC 会计师事务所委派其担任甲银行 2018 年度财务报表的负责人。

要求：针对上述第(1)至(6)项，逐项指出是否存在违反中国注册会计师职业道德守则的情况，并简要说明理由。

5. ABC 会计师事务所的业务质量控制制度相关内容摘录如下：

(1) 会计师事务所在接受业务时，应当考虑客户中是否与事务所人员之间有亲属关系，如果有，可以指派该员工与客户沟通，以达到良好的效果。

(2) 内部业务检查制度规定，以每五年为一个周期进行，每年选取已完成业务中总资产规模最大的前 5 名进行检查。

(3) 对于某些小项目，一到两名员工即可完成的业务，可以不指派项目合伙人。

(4) 对于出现内部意见不统一的业务必须经过质量控制复核程序，其余项目无须进行项目质量复核。

(5) ABC 会计师事务所强调业务质量，在业务执行过程中，工作底稿在项目组内要进行互相复核，互相检查。

要求：针对上述第 (1) 至 (5) 项，分别指出 ABC 会计师事务所业务质量控制制度是否符合质量控制准则的规定，并简要说明理由。

6. A 注册会计师负责审计上市公司甲公司 2018 年度财务报表，审计过程中的部分工作底稿内容摘录如下：

(1) A 注册会计师在审计报告日后知悉甲公司一项在财务报表日之前已存在的、涉及金额重大的诉讼案结案，甲公司需要赔偿对方损失，金额较之前确认的预计负债更大，A 注册会计师提请管理层修改财务报表，且管理层同意修改。A 注册会计师决定就此出具新的审计报告。

(2) 甲公司持续经营假设适当但存在重大不确定性，财务报表附注中对此未作充分披露，A 注册会计师拟在审计报告中增加强调事项段。

(3) A 注册会计师已经获取上期财务报表存在重大错报的审计证据，而以前对该财务报表发表了无保留意见，且对应数据未经适当重述或恰当披露，A 注册会计师认为，上述情形不会影响审计意见，因此无

须采取任何行动。

(4) 甲公司 2017 年度财务报表经其他会计师事务所审计并发表了无保留意见。A 注册会计师在审计报告中增加其他事项段说明了上期财务报表已由前任注册会计师审计以及前任注册会计师发表的意见的类型。

(5) 甲公司管理层拒绝提供确认会计政策的选择和运用适当的书面声明。A 注册会计师认为该项书面声明是必要的书面声明，拟对此采取行动。

要求：

(1) 针对上述第 (1) 至 (4) 项，分别指出 A 注册会计师采取的措施是否恰当。如果不恰当，简要说明正确的应对措施。

(2) 针对上述第 (5) 项，指出 A 注册会计师应采取的具体应对措施。

四、综合题 (本题共 19 分。)

ABC 会计师事务所首次接受委托审计甲股份有限公司 (以下简称甲公司) 2018 年度财务报表，甲公司 2013 年度至 2017 年度财务报表由 XYZ 会计师事务所审计。甲公司的主营业务为钢材的生产与销售。ABC 会计师事务所委派 A 注册会计师担任项目合伙人。A 注册会计师在了解甲公司及其环境后，按照 2018 年度甲公司经常性业务的税前利润的 5% 确定了财务报表整体的重要性为 300 万元。

资料一：

A 注册会计师在审计工作底稿中记录了所了解的甲公司情况及其环境，部分内容摘录如下：

(1) 甲公司所在的钢材行业受经济形势影响，2018 年度产销量下滑明显，整体下滑 20%。甲公司 2018 年度较 2017 年度销售收入增长 12%，超过了管理层于年初确定的 11.5% 的增长目标。行业的平均毛利率为 6%。

(2) 甲公司于 2016 年开工建设的新生产线 M 于 2018 年 6 月试运行投产，2018 年 9

月停止资本化。

(3)甲公司预计原材料价格将持续上涨，于2018年12月大量采购，以满足2019年第一季度的生产需求，但相关原材料价格自2019年1月1日后持续下跌。

(4)2018年11月，由于钢材生产导致污染，给附近居民造成严重影响。附近居民鱼塘的鱼大量死亡，要求甲公司予以赔偿。根据相关法律法规，甲公司法律顾问认为赔偿金额可能高达200万元。甲公司拟淘汰旧设备，从欧洲进口一批低污染设备解决污染问题。因甲公司没有主动赔偿，周围居民已经提起诉讼。

资料二：A注册会计师在审计工作底稿中记录了所获取的甲公司的财务数据，部分内容摘录如表1、表2所示(甲公司固定资产残值率为5%)。

表1 甲公司的部分财务数据

金额单位：万元

项目	2018年(未审数)
营业收入	12 000
营业成本	9 800
预计负债	0
资产减值损失	0
存货	—
账面余额	6 700
减：存货跌价准备	0
账面价值	6 700

表2 甲公司的在建工程数据

金额单位：万元

项目	2018年1月1日(已审数)	本年增加(未审数)	本年减少(未审数)	2018年12月31日(未审数)
在建工程——M生产线	25 167	542	15 000	10 709
减：在建工程减值准备	0	0	0	0
在建工程账面价值	25 167	342	15 000	10 709
其中：利息资本化	256	48	—	304

资料三：

A注册会计师在审计工作底稿中记录了拟实施的进一步审计程序，部分内容摘录如下：

(1)计算本年度重要产品的毛利率，与同行业进行比较，检查是否存在异常，是否存在较大波动，查明异常与波动原因。

(2)查阅资本支出预算、公司相关会议决议等，检查本年增加的在建工程是否全部得到记录。

(3)抽取本年营业收入一定数量的记账凭证，检查相应的销售发票、销售合同是否与存货出库日期、品名、数量等一致。

(4)独立测算主要存货项目的年末可变现净值，将测算结果与甲公司的计算结果进行比较，分析差异原因。

(5)获取产品价格目录，抽查售价是否符合价格政策，并注意销售给关联方或关系密切的重要客户的产品价格是否合理，有无以低价或高价结算的方法相互之间转移利润的现象。

(6)依据借款和工程建设情况计算借款费用资本化金额，并与被审计单位实际的借款费用资本化情况进行比较。

资料四：

甲公司2018年年初购入2 500万元股票，作为其他权益工具投资核算，2018年年末该其他权益工具投资公允价值3 100万元，甲公司将公允价值变动计入投资收益。甲公司管理层不同意注册会计师的调整建议。

要求:

(1)针对资料一第(1)至(4)项,结合资料二,假定不考虑其他条件,逐项指出资料一所列事项是否可能表明存在重大错报风险。如果认为存在重大错报风险,简要说明理由,并说明该风险主要与哪些财务报表项目(仅限于营业收入、营业成本、存货、在建工程、财务费用、资产减值损失、营业外支出、预计负债)的哪些认定相关。

(2)结合资料三第(1)至(6)项,假定不考虑其他条件,逐项指出审计程序与资料一(结合资料二)识别的重大错报风险是否直接相关。如果直接相关,指出对应的是识别的哪一项重大错报风险,并简要说明理由。

(3)针对资料四,假定不考虑其他条件,代 A 注册会计师判断应出具何种类型的审计报告,并编写与该事项有关的两个段落。

模拟试卷（二）

扫我做试题

一、单项选择题(本题型共25小题，每题1分，共25分。每题只有一个正确答案，请从每题的备选答案中选出一个你认为正确的答案。)

1. 如果已在财务报表中披露的某事项不会导致发表非无保留意见，也未被确定为将要在审计报告中沟通的关键审计事项，但根据职业判断认为对财务报表使用者理解财务报表至关重要的，注册会计师的下列做法中恰当的是(　　)。

   A. 在审计报告中增加强调事项段描述

   B. 在审计报告中增加其他事项段描述

   C. 在审计报告中的"形成审计意见的基础"段进行描述

   D. 在审计报告中的"关键审计事项"段进行描述

2. 下列有关注册会计师在实施分析程序时的说法中，错误的是(　　)。

   A. 实质性分析程序仅仅是细节测试的一种补充

   B. 当使用分析程序比细节测试能更有效地将认定层次的检查风险降至可接受的水平时，分析程序可以用作实质性程序

   C. 在风险评估过程中使用分析程序的目的在于了解被审计单位及其环境并评估财务报表层次和认定层次的重大错报风险

   D. 在审计结束或临近结束时，注册会计师运用分析程序的目的是确定财务报表整体是否与其对被审计单位的了解一致

3. 如果识别出由于舞弊导致的影响存货数量的重大错报风险，下列应对措施中，针对性较差的是(　　)。

   A. 在不预先通知的情况下对特定存放地点的存货实施监盘

   B. 在同一天对所有存放地点的存货实施监盘

   C. 在连续审计中，注册会计师可以考虑在不同期间的审计中变更所选择实施监盘的地点

   D. 对以往进行监盘的存货进行复盘

4. 注册会计师计划实施审计抽样，从而获取充分、适当的审计证据，下列说法中正确的是(　　)。

   A. 注册会计师应当根据具体情况并运用职业判断，确定使用统计抽样或非统计抽样方法，以最有效率地获取审计证据

   B. 审计抽样适用于控制测试和实质性程序中的所有审计程序

   C. 统计抽样和非统计抽样方法的选用，影响运用于样本的审计程序的选择

   D. 注册会计师采用不适当的审计程序可能导致抽样风险

5. 集团项目组通过集团管理层获取了重大敏感信息，该信息可能对组成部分财务报表产生重大影响而组成部分管理层尚未知悉。集团管理层要求集团项目组对该信息保密，集团项目组的下列处理中，错误的是(　　)。

   A. 要求集团管理层将该信息告知组成部分管理层

   B. 如果集团管理层拒绝向组成部分管理层通报，与集团治理层沟通

   C. 如果该事项没有得到解决，集团项目组在遵守保密原则的前提下，建议组成部分注册会计师在该事项未得到解决前，不对组成部分财务报表发表意见

   D. 如果该事项没有得到解决，视为审计范围受到限制，出具保留或无法表示意见的审计报告

6. 在制定财务报表整体重要性水平时，需要确定适当的百分比，以下关于确定百分比的说法中，错误的是(　　)。

   A. 当财务报表含有高度不确定性的大额估计，注册会计师可能需要考虑制定一个较低的重要性水平

   B. 在确定百分比时需要考虑财务报表使用

393

者对基准数据的敏感程度

C. 如果被审计单位为公众利益实体，制定较低的百分比

D. 当被审计单位由集团内部关联方提供融资时，通常会选择一个比较较低的百分比

7. 下列有关注册会计师与内部审计关系的说法中，错误的是( )。

A. 为支持所得出的结论，两种审计中审计人员都需要获取充分、适当的审计证据，都可以运用观察、询问、函证等审计方法

B. 注册会计师应对其发表的审计意见独立承担责任，不能因利用内部审计人员的工作而减轻

C. 内部审计在审计目标、审计程序、审计方法等方面与注册会计师审计是一致的

D. 如果内部审计的工作结果表明被审计单位的财务报表在某些领域存在重大错报风险，注册会计师就应当对这些领域给予特别关注

8. 关于被审计单位持续经营能力对审计报告的影响，下列情形中，应当发表带强调事项段的无保留意见的是( )。

A. 被审计单位运用的持续经营假设是合理的，也不存在可能导致对被审计单位持续经营能力产生重大疑虑的事项或情况

B. 管理层认定持续经营假设不恰当，并恰当解释原因，以及说明编制非持续经营财务报表所采用的会计政策的内容，注册会计师认为该结论是适当的

C. 存在可能导致对被审计单位持续经营能力产生重大疑虑的事项或情况有关的重大不确定性，但财务报表未作出充分披露

D. 财务报表已在持续经营基础上编制，注册会计师根据判断认为运用持续经营假设不适当

9. 在对内部控制进行初步评价并进行风险评估时，下列各项中，注册会计师不需要在审计工作底稿中形成结论的是( )。

A. 控制是否得到执行

B. 控制本身的设计是否有效

C. 是否信赖控制并实施控制测试

D. 是否实施实质性程序

10. 以下关于注册会计师对存货检查的表述不正确的是( )。

A. 检查的目的既可以是为了证实被审计单位的盘点计划得到适当的执行，也可以是为了证实被审计单位的存货实物总额

B. 如果观察程序能够表明被审计单位的组织管理得当，盘点、监督以及复核程序充分有效，注册会计师可据此减少所需检查的存货项目

C. 检查的范围通常包括所有盘点工作小组的盘点内容以及难以盘点或隐蔽性较强的存货

D. 注册会计师应当观察管理层制定的盘点程序的执行情况，以获取有关存货真实存在的审计证据

11. 随着审计推进，注册会计师有可能修正重要性水平。下列事项中，可以作为注册会计师修正重要性水平合理理由的是( )。

A. 被审计单位及其经营环境发生变化

B. 约定的审计收费发生变化

C. 压缩审计预算

D. 被审计单位拟在下一年度采用新的固定资产折旧政策

12. 下列各项中，不属于通过编制虚假财务报告以达到舞弊目的的手段的是( )。

A. 在财务报表中故意隐瞒交易、事项或其他重要信息

B. 操纵、伪造或篡改财务报表所依据的会计记录或相关文件记录

C. 故意误用与确认、计量、分类或列报有关的会计政策和会计估计

D. 管理层在购货时收取回扣

13. 下列事项中，注册会计师不应与治理层沟通的是( )。

A. 计划的审计范围和时间安排的总体情况

B. 注册会计师识别出的特别风险

C. 审计工作中遇到的重大困难

D. 财务报表整体重要性水平

14. 如果有迹象表明被审计单位存在管理层非法侵占货币资金的舞弊风险，注册会计师需要考虑实施的审计程序有( )。

A. 函证银行存款余额

B. 获取管理层已将全部银行存款账户信息提供给注册会计师的书面声明

C. 检查 12 月 31 日的银行存款余额调节表

D. 对货币资金发生额进行审计

15. 审计风险取决于重大错报风险和检查风险，下列表述正确的是( )。

A. 在既定的审计风险水平下，注册会计师应当实施审计程序，将重大错报风险降至可接受的低水平

B. 注册会计师应当合理设计审计程序的性质、时间安排和范围，并有效执行审计程序，以控制重大错报风险

C. 注册会计师应当合理设计审计程序的性质、时间安排和范围，并有效执行审计程序，以消除检查风险

D. 注册会计师应当获得充分、适当的审计证据，以便在完成审计工作时，能够以可接受的低审计风险对财务报表整体发表意见

16. 下列关于信息技术一般控制、应用控制与公司层面控制的说法中，错误的是( )。

A. 注册会计师执行公司层面信息技术控制审计无法识别出信息技术一般控制和应用控制的主要风险点

B. 公司层面信息技术控制决定了信息技术一般控制和信息技术应用控制的风险基调

C. 信息技术一般控制的有效性直接关系到应用控制的有效性

D. 公司层面信息技术控制是公司信息技术整体控制环境

17. 被审计单位的下列事项中，违反分类目标的是( )。

A. 应收账款账龄分析混乱，导致坏账准备计提不准确

B. 将他人寄售的商品列入被审计单位的存货中

C. 将临近资产负债表日的销售业务计入下一期营业收入项目

D. 将出售经营性固定资产所得收入记入营业收入

18. 下列关于特别风险的说法中，错误的是( )。

A. 注册会计师应当采用实质性方案应对特别风险

B. 会计估计的估计不确定性的披露不充分可能导致特别风险

C. 如果拟信赖针对特别风险的内部控制，应当每年进行测试

D. 针对特别风险，应当了解与该风险相关的控制

19. 下列有关注册会计师利用外部专家工作的说法中，错误的是( )。

A. 注册会计师不应在无保留意见的审计报告中提及专家的工作，除非法律法规另有规定

B. 外部专家不受会计师事务所按照质量控制准则制定的质量控制政策和程序的约束

C. 当专家是项目组的成员时，专家的工作底稿是审计工作底稿的一部分

D. 如果注册会计师决定明确自身与专家各自对审计报告的责任，应当在无保留意见的审计报告中提及专家的工作

20. 下列有关职业判断的相关说法中，错误的是( )。

A. 职业判断贯穿于注册会计师执业的始终

B. 职业判断能力是注册会计师胜任能力

的核心

C. 注册会计师运用职业判断是主观能动的作用结果，不需要记录于审计工作底稿

D. 决策一贯性和稳定性，是衡量职业判断质量的考虑因素之一

21. 下列有关错报的说法中，正确的是( )。

A. 错报，是指某一财务报表项目的金额、分类，与按照适用的财务报告编制基础应当列示的金额、分类之间存在的差异

B. 注册会计师需要累积明显微小错报

C. 由于疏忽或明显误解有关事实而作出不正确的会计估计导致的错报，属于事实错报

D. 注册会计师需要在制定审计策略和审计计划时，确定一个明显微小错报的临界值

22. 下列有关函证的说法中，正确的是( )。

A. 在针对应收账款账户余额的存在认定获取审计证据时，注册会计师可以在询证函中列明相关信息，要求对方核对确认

B. 如果被审计单位有关银行存款的相关内部控制良好，注册会计师可适当减少函证的样本量

C. 若重大错报风险评估为低水平，注册会计师通常采用消极的函证方式发函

D. 针对银行存款函证，可以采用积极式或消极式函证方式发函

23. 下列有关对内部控制审计理解的表述中正确的是( )。

A. 内部控制审计是由注册会计师接受委托，对特定基准日内部控制设计与运行的有效性进行审计

B. 内部控制审计是对财务报表涵盖的整个期间(如一年)的内部控制的有效性发表意见

C. 企业内部控制审计基于特定基准日，意味着注册会计师只关注企业基准日当

天的内部控制

D. 注册会计师在内部控制审计过程中注意到的企业非财务报告内部控制的重大缺陷，应当提示投资者、债权人和其他利益相关者关注

24. 下列有关审计工作底稿的说法中，正确的是( )。

A. 注册会计师在审计工作底稿归档之后收到了一份银行询证函回函原件，于是用原件替换审计档案中的回函传真件

B. 对于询问被审计单位特定人员的程序，注册会计师在形成审计工作底稿时，以询问的时间、被询问人的姓名和岗位名称为识别特征

C. 在确定审计工作底稿的格式、要素和范围时，注册会计师无须考虑识别出的例外事项的性质和范围

D. 对如何解决不一致的记录要求，意味着注册会计师需要保留不正确的或被取代的审计工作底稿

25. 下列各项中，属于认定层次重大错报风险的是( )。

A. 管理层的胜任能力存在严重缺陷

B. 对管理层的诚信产生严重疑虑

C. 被审计单位存货的可变现净值具有高度不确定性

D. 对被审计单位会计记录的状况和可靠性的疑虑，可能使注册会计师认为很难获取充分、适当的审计证据，以支持对财务报表发表无保留意见

二、多项选择题(本题型共10小题，每题2分，共20分。每题均有多个正确答案，请从每题的备选答案中选出你认为正确的答案。每题所有答案选择正确的得分；不答、错答、漏答均不得分。)

1. 管理层需要对持续经营能力的评估涉及在特定时点对事项或情况的未来结果作出判断，下列相关说法中，正确的有( )。

A. 某一事项或情况或其结果出现的时点距离管理层作出评估的时点越远，与事项

或情况的结果相关的不确定性程度将降低

B. 对未来的所有判断并不都以作出判断时可获得的信息为基础

C. 被审计单位的规模和复杂程度、经营活动的性质和状况以及被审计单位受外部因素影响的程度，将影响对管理层作出的判断

D. 持续经营能力的评估涉及在特定时点对事项或情况的未来结果具有固有不确定性

2. 下列关于期初余额的说法中，正确的有(　　)。

A. 期初余额是期初已存在的账户余额

B. 反映了以前期间的交易和上期采用的会计政策的结果

C. 期初余额与注册会计师首次承接审计业务相联系

D. 期初余额从金额上应等于上期期末余额

3. 分析管理层要求不实施函证的原因时，注册会计师应当保持职业怀疑态度，并且需要考虑一些特定因素，这些因素有(　　)。

A. 管理层是否诚信

B. 是否可能存在重大的舞弊或错误

C. 替代审计程序能否提供与这些账户余额或其他信息相关的充分、适当的审计证据

D. 能否获取管理层的书面声明

4. 在集团财务报表审计中，下列各项重要性水平，必须由集团项目组确定的有(　　)。

A. 集团财务报表计划的重要性水平

B. 重要组成部分计划的重要性水平

C. 由组成部分注册会计师对其财务信息实施审计或审阅业务的组成部分的计划的重要性水平

D. 组成部分实际执行的重要性水平

5. 在确定特别风险时，注册会计师的下列做法正确的有(　　)。

A. 将被审计单位管理层舞弊导致的重大错报风险确定为特别风险

B. 直接假定被审计单位收入确认存在特别风险

C. 将被审计单位管理层凌驾于控制之上的风险确定为特别风险

D. 直接假定被审计单位固定资产存在特别风险

6. 注册会计师若因舞弊无法继续执行审计业务会考虑解除业务约定，属于影响其得出结论的因素有(　　)。

A. 管理层或治理层成员参与舞弊可能产生的影响

B. 已经执行审计业务的工作量

C. 之前评估的被审计单位重大错报风险的水平

D. 与被审计单位之间保持客户关系对注册会计师的影响

7. 下列有关期初余额审计的说法中，正确的有(　　)。

A. 如果财务报表经前任注册会计师审计，后任注册会计师在查阅前任注册会计师审计工作底稿后未能获取充分适当的审计证据，则应当发表保留或无法表示意见

B. 后任注册会计师在审计期初余额时，发现导致前任注册会计师发表非无保留意见的事项本期依然存在，则应当继续发表非无保留意见

C. 注册会计师在对财务报表进行审计时，一般无须专门对期初余额发表审计意见

D. 只有当期初余额对本期财务报表重要时，注册会计师才需要对其予以特别关注并实施专门的审计程序

8. 如果注册会计师认为审计报告日前获取的其他信息存在重大错报，且在与治理层沟通后其他信息仍未得到更正，注册会计师应当采取的措施有(　　)。

A. 考虑对审计报告的影响

B. 在法律法规允许的情况下，解除业务约定

C. 复核管理层为与收到其他信息(如果之前已经公告)的人士沟通并告知其修改而采取的步骤

D. 确定更正已经完成

9. 下列有关审计的固有限制的说法中，注册会计师认为正确的有（　　）。

A. 审计工作可能因审计程序的性质而受到限制

B. 审计工作可能因审计收费过低而受到限制

C. 审计工作可能因财务报告的及时性和成本效益的权衡而受到限制

D. 审计工作可能因财务报告的性质而受到限制

10. 如果注册会计师在审计过程中调低了最初确定的财务报表整体的重要性，下列各项中，正确的有（　　）。

A. 注册会计师应当调低可接受的检查风险

B. 注册会计师应当重新考虑实际执行的重要性

C. 注册会计师应当重新考虑进一步审计程序的性质、时间安排和范围的适当性

D. 注册会计师在评估未更正错报对财务报表的影响时应使用调整前财务报表整体的重要性

三、简答题（本题型共6小题36分。）

1. ABC会计师事务所通过招投标程序接受委托，负责审计房地产企业甲公司（上市公司）2018年度财务报表，并委派A注册会计师为审计项目合伙人。在招投标阶段和审计过程中，ABC会计师事务所遇到下列与职业道德有关的事项：

（1）应邀投标时，ABC会计师事务所在投标书中说明，如果中标，必须与前任注册会计师沟通后，才能承接甲公司的审计业务。

（2）签订审计业务约定书时，ABC会计师事务所根据有关部门的要求，与甲公司商定以每一专业人员适当的小时收费标准为基础计算审计费用。在审计过程中，ABC会计师事务所成员每向甲公司推荐一位购房客户，甲公司向ABC会计师事务所支付

与市场价格相同的介绍费。

（3）签订审计业务约定书后，ABC会计师事务所发现本事务所另一常年审计客户乙公司是甲公司多种建造原料的供应商，ABC会计师事务所发现双方的交易价格要比乙公司向其他方销售的价格高得多。ABC会计师事务所未将这一情况告知甲公司。

（4）审计开始前，应甲公司要求，ABC会计师事务所指派一名审计项目组以外的员工协助甲公司提供日常和行政事务性的服务以支持甲公司秘书的工作，所有相关决策均由甲公司管理层作出。

（5）审计过程中，税务机关通知审计客户拒绝接受其对某项具体问题的主张，并且税务机关已将该问题纳入正式的法律程序，A注册会计师应甲公司要求代表甲公司解决此税务纠纷。

（6）丙公司是甲公司房地产产品的销售公司，甲公司50%以上的收入来源于丙公司。审计过程中，适逢丙公司年底结账，ABC会计师事务所应甲公司的要求委派非审计项目组成员B注册会计师到丙公司根据其试算平衡表中的信息编制财务报表。

要求：针对上述第（1）至（6）项，逐项指出是否存在违反中国注册会计师职业道德守则的情况，并简要说明理由。

2. 甲公司是ABC会计师事务所常年审计客户。A注册会计师负责审计甲公司2018年度财务报表，确定财务报表整体的重要性为200万元，审计工作底稿中与会计估计审计相关的部分事项摘录如下：

（1）2016年甲公司涉及的一项未决诉讼在2018年9月宣判，甲公司需缴纳的罚款金额与上期财务报表中确认的预计负债金额不同，A注册会计师据此认为上期财务报表存在错报。

（2）甲公司生产的a产品期末存货跌价准备为0，A注册会计师根据预审时获取到的a产品的市价评估a产品不存在减值迹

象，据此认为该产品账面价值合理。期后不久甲公司新型产品 b 产品全面替代 a 产品，并将 a 产品的存货全部半价出售。

（3）2018 年年末，甲公司厂房发生重大火灾，甲公司管理层根据保险合同和损失情况确认了应收理赔款 150 万元，审计项目组在有相关证据支持的情况下，作出的区间估计为 50 万元至 100 万元，据此认为应收账款存在多计 50 万元的事实错报。

（4）甲公司管理层实施无形资产减值测试时采用的重大假设具有高度估计不确定性，导致特别风险。A 注册会计师在实施进一步实质性程序时重点评价了管理层是如何评估估计不确定性对会计估计的影响，以及这种不确定性对财务报表中会计估计的确认的恰当性可能产生的影响后结果满意，据此认为管理层的减值测试结果合理。

（5）A 注册会计师就甲公司财务报表中确认或披露的会计估计获取了有关期后事项的书面声明，管理层声明不存在需要对财务报表中会计估计和披露作出调整的期后事项。A 注册会计师据此认为无须再对期后事项实施审计程序。

（6）A 注册会计师发现管理层针对某项长期股权投资公允价值估值所采用的自有假设与可观察到的市场假设不一致，但仍使用被审计单位的自有假设，A 注册会计师据此认为存在管理层偏向的迹象，并考虑对有关风险评估结果和相关应对措施以及审计其他方面产生的影响。

要求：针对上述第（1）至（6）项，逐项指出 A 注册会计师做法是否恰当。如不恰当，简要说明理由。

3. A 注册会计师负责对甲公司 2018 年度财务报表进行审计。在针对应收账款实施函证程序时，A 注册会计师采用了货币单元抽样方法。相关事项如下：

（1）A 注册会计师将 2018 年全年的每一笔应收账款明细账定义为抽样单元。

（2）为了保证抽取的样本能更好地代表总体，A 注册会计师对总体进行了分层。

（3）A 注册会计师将应收账款与预收款项一并进行审计，其预计甲公司预收款项存在低估风险，故对预收款项也实施了货币单元抽样予以验证。

（4）A 注册会计师认为采用货币单元抽样能够保证以更高的效率抽取错报金额较大的项目。

（5）推断的总体错报上限小于可容忍错报，A 注册会计师作出了接受总体的审计结论。

要求：针对事项第（1）至（5），逐项指出 A 注册会计师的做法是否恰当。如不恰当，简要说明理由。

4. 甲集团公司拥有乙公司等 5 家全资子公司。ABC 会计师事务所负责审计甲集团公司 2018 年度财务报表。集团项目组在审计工作底稿中记录了集团审计策略，部分内容摘录如下：

（1）集团项目组初步预期甲集团公司集团层面控制运行有效，并拟实施控制测试。

（2）乙公司为甲集团公司重要组成部分，其实际执行的重要性由来自于其他会计师事务所的组成部分注册会计师自行确定，集团项目组未对其进行评价。

（3）丙公司为甲集团公司非重要组成部分，集团项目组拟对其实施集团层面的分析程序，不利用丙公司注册会计师的工作，因此未对其进行了解。

（4）丁公司为甲集团公司非重要组成部分，集团项目组打算对其实施审阅程序，故没有确定该组成部分重要性。

（5）戊公司为甲集团公司非重要组成部分，集团项目组拟对其实施集团层面的分析程序，没有确定该组成部分的重要性。

（6）己公司为甲集团公司非重要组成部分，基于职业怀疑态度，集团项目组仍然决定对其实施审计，但并未确定该组成部分的实际执行的重要性。

要求：针对上述第（1）至（6）项，逐项指出集团项目组作出的集团审计策略是否恰当。如不恰当，简单说明理由。

5. ABC 会计师事务所承接多家公司 2018 年度财务报表审计业务。审计项目组在审计工作底稿中记录了与特殊项目相关的审计情况，部分内容摘录如下：

(1)A 注册会计师首次接受委托对甲公司 2018 年度财务报表进行审计，期初余额存在明显微小的错报，A 注册会计师认为无须对此提出审计调整或披露建议。

(2)B 注册会计师在得出"乙公司固定资产减值准备相关的会计估计"是否合理的结论时发现，存在管理层偏向的迹象，B 注册会计师将其认定为错报。

(3)C 注册会计师在对丙公司进行审计时，对其持续经营能力产生重大疑虑，决定就此事项或情况与治理层沟通下列内容：①这些事项或情况是否构成重大不确定性；②在财务报表编制和列报中运用持续经营假设是否适当。

(4)D 注册会计师在对丁公司进行审计时，发现存在可能导致对丁公司持续经营能力产生重大疑虑的事项和情况，且财务报表附注未作充分披露，据此发表带其他事项段的无保留意见审计报告。

(5)E 注册会计师对戊公司进行审计时，识别出超出正常经营过程的重大关联方交易，且有相关合同，E 注册会计师决定对其予以检查，并评价下列事项：①交易的商业理由(或缺乏商业理由)是否表明被审计单位从事交易的目的可能是对财务信息作出虚假报告或为了隐瞒侵占资产的行为；②交易条款是否与管理层的解释一致。

(6)F 注册会计师对己公司进行审计，决定向管理层和治理层(如适用)获取下列书面声明：已经向注册会计师披露了全部已知的关联方名称和特征、关联方关系及其交易。

要求：针对上述第(1)至(6)项，分别指出

A、B、C、D、E、F 注册会计师的做法是否恰当。如不恰当，简要说明理由。

6. 2018 年 1 月，ABC 会计师事务所与 XYZ 会计师事务所合并成立 DEF 会计师事务所，DEF 会计师事务所拟订了一份新的质量控制制度，相关规定摘录如下：

(1)项目经理对质量控制制度承担最终责任。

(2)基于保证事务所业绩考虑，每位项目经理每年至少完成 1 000 万元的业绩。

(3)仅针对接受鉴证业务时，注册会计师需要遵守相关职业道德要求。

(4)以两年为周期，周期内至少两次向所有需要按照相关职业道德要求保持独立性的人员获取其遵守独立性政策和程序的书面确认函。

(5)当有其他会计师事务所参与执行部分业务时，会计师事务所无须考虑向其获取有关独立性的书面确认函。

(6)由人事管理部门负责招聘活动，招聘过程严格按照规定进行。比如在招聘高级业务人员时，应进行背景检查、询问是否存在未决的法律问题。

要求：针对上述第(1)至(6)项，分别指出 ABC 会计师事务所的做法是否恰当。如不恰当，简要说明理由。

四、综合题(本题共 19 分。)

甲集团公司从事电商行业，是 ABC 会计师事务所的常年审计客户。A 注册会计师负责审计甲集团公司 2018 年度财务报表，确定集团财务报表整体的重要性为 600 万元，明显微小错报的临界值为 20 万元。2019 年 2 月 20 日审计报告和已审计财务报表一并对外报出。

资料一：

A 注册会计师在审计工作底稿中记录了审计计划，部分内容摘录如下：

(1)A 注册会计师拟在审计计划阶段与治理层沟通，主要内容为：注册会计师与财务报表审计相关的责任；计划的审计范围

和时间安排的总体情况；注册会计师的独立性。

（2）乙公司属于甲集团公司重要组成部分，预期其在收入确认方面存在特别风险，拟仅通过实施控制测试获取相关审计证据。

（3）丙公司属于甲集团公司重要组成部分，组成部分注册会计师在对其应收账款项目进行审计时发现，函证很可能无效，故实施了替代审计程序获取相关充分、适当的审计证据。

（4）丁公司属于甲集团公司重要组成部分，组成部分注册会计师在对其应收账款项目进行审计时，于临近审计结束时寄发了询证函，以获取应收账款存在认定方面的审计证据。

（5）A注册会计师在对甲集团公司应付账款进行审计时，针对全部应付账款实施了函证程序，以验证应付账款的完整性认定。

资料二：

A注册会计师在审计工作底稿中记录了风险评估与风险应对的情况，部分内容摘录如下：

（1）A注册会计师发现甲集团公司2018年度存在较多的研究开发支出，对于资本化的开发阶段支出，存在未能满足会计准则对开发支出资本化条件的风险。针对上述风险，A注册会计师实施的审计程序包括：向有关技术人员了解各项研发项目的进展；检查管理层编制的有关可行性报告和研发项目预算等文件资料；检查管理层对研发支出在研究阶段和开发阶段的划分是否正确；检查开发支出是否满足会计准则关于开发支出资本化条件的有关规定；检查各项支出是否与研究开发直接相关。

（2）A注册会计师发现甲集团公司2018年度被证券监管机构检查时，曾被发现大股东H通过"虚构销售交易收取甲公司预付货款"的方式变相占用上市公司资金的情况，A注册会计师询问甲集团公司，其声

称已改正，A注册会计师拟信赖该答复。

（3）A注册会计师发现甲集团公司自营A1店的存货余额较大，并且增长迅速，超过营业收入的增长，且分散于各经销网点。A注册会计师拟通过检查原始凭证至相关账簿记录的路径，获取存货存在认定方面的审计证据。

（4）甲集团公司自营A2店主营牛奶、饮料、酒类等商品的销售，A注册会计师在对该类存货进行监盘时，通过清点包装箱的数量以及记录每个包装箱上标记的数量的方法予以验证。

资料三：

A注册会计师在审计工作底稿中记录了重大事项的处理情况，部分内容摘录如下：

（1）因审计中利用的外部专家并非注册会计师，A注册会计师未要求其遵守本所质量控制的相关规定。

（2）甲集团公司与丙公司存在非经营所需的、名义金额重大的衍生金融工具交易，A注册会计师将其定性为重大非常规交易，并对其实施了会计分录测试获取相关审计证据，测试结果满意。

（3）为了应对管理层凌驾于内部控制之上的风险，A注册会计师对甲集团公司实施会计分录测试。A注册会计师在具体设计和实施审计程序，以测试日常会计核算过程中作出的会计分录以及编制财务报表过程中作出的其他调整是否适当时，实施了下列审计程序：①向参与财务报告过程的人员询问与处理会计分录和其他调整相关的不恰当或异常的活动；②选择在报告期末作出的会计分录和其他调整。

（4）A注册会计师根据甲集团公司管理层提供的2018年年末会计分录和其他调整清单，选取了测试样本。

资料四：

A注册会计师在审计工作底稿中记录了风险评估中的一些的事项，部分内容摘录如下：

(1)甲集团公司受企业扩张影响,企业经营业绩不稳定,2017 年、2018 年已连续两年亏损。

(2)甲集团公司缺少强制休假制度,且对于重要资产管理或控制岗位的员工在近三年内未给予轮岗。甲集团公司大部分员工只享受到养老险,医疗保险尚未办理。员工认为自己没有得到应有的待遇或报酬,对公司存在敌对情绪。

(3)甲集团公司如果 2018 年扭亏为盈、实现预定的指标要求,管理层将享有大额奖金。

要求:

(1)针对资料一第(1)至(5)项,假定不考虑其他条件,逐项指出资料一所列审计计划是否恰当。如不恰当,简要说明理由。

(2)针对资料二第(1)至(4)项,假定不考虑其他条件,逐项指出 A 注册会计师的做法是否恰当。如不恰当,简要说明理由。

(3)针对资料三第(1)至(4)项,假定不考虑其他条件,逐项指出 A 注册会计师的做法是否恰当。如不恰当,简要说明理由。

(4)针对资料四第(1)至(3)项,假定不考虑其他条件,逐项指出各事项是否表明存在舞弊风险。如果表明存在舞弊风险,指出所涉及的舞弊风险因素。

机考通关模拟试题参考答案及解析

J INGDIAN TIJIE

模拟试卷（一）
参考答案及详细解析

一、单项选择题

1. A 【解析】注册会计师在制定总体审计策略时，应当确定财务报表整体的重要性。

2. D 【解析】审计业务提供的是合理保证，审阅业务提供的是有限保证，选项A错误；审计业务的检查风险比审阅业务的检查风险低，选项B错误；审计业务所需证据数量比审阅业务所需数量多，选项C错误。

3. A 【解析】观察是测试不留下书面记录的控制的运行情况的有效方法，比如职责分离，选项B错误；询问本身不足以测试控制运行的有效性，注册会计师应当将询问与其他审计程序结合使用，选项C错误；分析程序适用于风险评估程序、实质性程序和总体复核阶段，通常在控制测试中不会运用分析程序，选项D错误。

4. D 【解析】货币单元抽样以货币单元作为抽样单元，所以无须考虑抽样单元的变异性，选项D错误。

5. C 【解析】职业怀疑要求客观评价管理层，不应假设管理层是诚信的，但也不能把管理层当作罪犯看待，直接假设管理层是不诚信的，一切需凭证据说话。关于职业怀疑的相关内容，请参考《中国注册会计师审计准则问题解答第1号——职业怀疑》。

6. B 【解析】依据《中国注册会计师审计准则第1341号——书面声明》附录，选项ACD都应当列入书面声明。选项B，及时

支付审计费用无须列入书面声明。

7. B 【解析】选项B与"审计意见"段同属于审计报告要素，为并列关系而不是在审计意见段中应说明的内容。

8. C 【解析】选项A，属于侵占资产的舞弊方式；选项B，审计准则并不要求注册会计师对舞弊是否已发生做出法律上的判定；选项D，应怀疑被审计单位对财务信息做出虚假报告的舞弊风险更高一些。

9. C 【解析】选项A，评估的重大错报风险对财务报表的影响越大，需要获取的剩余期间的补充证据越多；选项B，在信赖内部控制的基础上，控制环境越薄弱，所需要获取的剩余期间的补充证据越多；选项D，在期中对相关控制获取的审计证据比较充分，可以考虑适当减少需要获取的剩余期间的补充证据。

10. A 【解析】选项A，分类错报也可能对财务报表使用者理解财务报表产生影响。例如分类错报对负债或其他合同条款的影响，对单个财务报表项目或小计数的影响，以及对关键比率的影响，所以也需要定性评估。

11. D 【解析】选项D属于内部控制的要素之一。

12. C 【解析】在得出某项会计估计是否合理的结论时，可能存在管理层偏向的迹象本身并不构成错报。

13. C 【解析】选项A，抽样风险与样本规模呈反方向变动；选项B，误拒风险和信赖不足风险影响的是审计效率；选项D，注册会计师选择的总体不适合于测试目标导致的是非抽样风险。

14. C 【解析】随着重大错报风险的增加，

注册会计师应当考虑扩大审计程序的范围，但是，只有当审计程序本身与特定风险相关时，扩大审计程序的范围才是有效的。

15. C 【解析】深入了解被审计单位及其环境是在审计开始后，实施风险评估程序时进行的，不属于开展的初步业务活动的内容。

16. B 【解析】注册会计师在风险评估和总体复核阶段运用分析程序是强制性要求。需要注意的是，虽然风险评估中要求使用分析程序，但分析程序并不是适用于风险评估的任何一个方面，例如，分析程序并不适用于了解内部控制。

17. B 【解析】在控制测试中使用统计抽样方法，注册会计师可用的选样方法有随机选样和系统选样，不能使用随意选样，因为其不具有随机性，选项 A 错误；如果注册会计师高估了总体规模和编号范围，选取的样本中超出实际编号的所有数字都被视为未使用发票，而不是偏差，选项 C 错误；如果注册会计师无法对选取的项目实施计划的审计程序或使用的替代程序，就要考虑在评价样本时将该样本项目视为控制偏差，选项 D 错误。

18. C 【解析】注册会计师的责任是就管理层在编制和列报财务报表时运用持续经营假设的适当性获取充分、适当的审计证据，并就持续经营能力是否存在重大不确定性得出结论。即使编制财务报表时采用的财务报告编制基础没有明确要求管理层对持续经营能力作出专门评估，注册会计师的这种责任仍然存在。

19. C 【解析】选项 A 所述属于内部控制缺陷，尚未构成值得关注的内部控制缺陷。选项 B，注册会计师应当以书面形式及时向治理层通报，而不是在审计工作完成阶段才报告。选项 D，内部控制的一个缺陷或多个缺陷的组合的重要性，不仅取决于是否实际发生了错报，而且取决于

错报发生的可能性和错报的潜在重要程度。因此，即使注册会计师在审计过程中没有发现错报，也可能存在值得关注的内部控制缺陷。

20. B 【解析】如果认为内部控制存在一项或多项重大缺陷，除非审计范围受到限制，注册会计师应当对内部控制发表否定意见。

21. C 【解析】适用于注册会计师的相关职业道德要求中的保密条款同样适用于内部、外部专家，选项 A 错误；外部专家不受会计师事务所制定的质量控制政策和程序的约束，选项 B 错误；当专家是项目组成员时，专家的工作底稿是审计工作底稿的一部分，外部专家的工作底稿属于外部专家，除非协议另作安排，选项 D 错误。

22. C 【解析】错报，是指某一财务报表项目的金额、分类、列报或披露，与按照适用的财务报告编制基础应当列示的金额、分类、列报或披露之间存在的差异，选项 C 错误。

23. A 【解析】选项 A，许多关联方交易是在正常经营过程中发生的，与类似的非关联方交易相比，这些关联方交易可能并不具有更高的财务报表重大错报风险；选项 B，了解内部控制是必要的审计程序，注册会计师应当询问管理层和被审计单位内部其他人员，实施其他适当的风险评估程序，以获取对相关控制的了解；选项 C，如果无法获取充分、适当的审计证据，合理确信管理层关于关联方交易是公平交易的披露，注册会计师可以要求管理层撤销此披露，如果管理层不同意撤销，注册会计师应当考虑其对审计报告的影响；选项 D，注册会计师针对超出正常经营过程的重大交易的性质进行询问，通常涉及了解交易的商业理由、交易的条款和条件。

24. C 【解析】选项 C 如果完成了部分审计

工作但未能出具审计报告，归档期限为审计业务中止后的60天内，而不能将已形成的工作底稿作废。

25. D 【解析】针对非标准会计分录实施的控制的水平可能高于针对为记录日常交易所作出的分录实施的控制的水平。

二、多项选择题

1. ABD 【解析】衡量职业判断质量可以基于下列三个方面：①准确性或意见一致性；②决策一贯性和稳定性；③可辩护性。

2. ABD 【解析】选项C，属于是存在舞弊的机会，并不是动机和压力。

3. ABC 【解析】注册会计师可以查阅被审计单位最近的中期财务报表，但是不能直接信赖。

4. ABC 【解析】选项D，注册会计师评估的某项认定的重大错报风险越高，针对该认定所需获取的审计证据的相关性和可靠性要求越高，注册会计师越应当考虑将实质性程序集中于期末或接近期末实施。

5. ABD 【解析】上期存在范围限制，但在本期如果导致范围限制的事项已得到解决，那么注册会计师在本期审计时就无须因此而发表非无保留意见。

6. ACD 【解析】前任注册会计师与后任注册会计师的沟通可以采用书面或口头的方式。

7. ACD 【解析】控制环境存在缺陷，说明重大错报风险大，应通过实施细节测试获取更广泛的审计证据，而不是实施实质性分析程序，选项B错误。

8. AC 【解析】为了获取充分、适当的审计证据，注册会计师应当在下列两个因素之间作出平衡，以确定测试的时间：①尽量在接近基准日实施测试；②实施的测试需要涵盖足够长的期间。

9. AD 【解析】选项BC属于检查性控制。

10. ACD 【解析】选项B，关键审计事项的处理是以对财务报表整体进行审计为背景的，注册会计师对财务报表整体形成审计意见，而不对关键审计事项单独发表意见。

三、简答题

1.【答案】

（1）不恰当。盘点前就存货监盘计划进行详细沟通，会降低监盘程序的有效性。

（2）不恰当。注册会计师应当根据被审计单位参加存货盘点人员分工、分组情况，存货盘点工作量的大小和人员素质情况，确定参加存货监盘的人员组成以及各组成人员的职责和具体的分工情况。

（3）恰当。

（4）不恰当。注册会计师应当确定该存货是否应计入2018年12月31日的存货，如果需要计入，应纳入存货盘点范围。

（5）恰当。

（6）恰当。

2.【答案】

（1）不符合。根据会计师事务所质量控制准则的规定，会计师事务所应当建立以质量为导向的业绩评价、薪酬及晋升的政策和程序。

（2）不符合。根据会计师事务所质量控制准则的规定，事务所应当每年至少一次向所有受独立性要求约束的人员获取遵守独立性政策和程序的书面确认函。

（3）不符合。会计师事务所应当认识到对业务问题的意见出现分歧是正常现象，只有经过充分的讨论，才能确定结论，而不是都以项目合伙人的意见为准。

（4）符合。

（5）不符合。参与项目质量控制复核的人员不应承担该项业务的检查工作。

（6）不符合。在关键审计合伙人任期结束后的两年内，不得为该被审计单位的审计业务实施质量控制复核。

3.【答案】

（1）不恰当。与计价和分摊目标相关的审计程序是针对单笔应收账款实施的，应将明细表中列示的每一笔应收账款定义为抽样单元。

(2)恰当。

【思路点拨】误受风险影响审计效果，误拒风险影响审计效率，因此误受风险的后果更为严重，故可接受的误受风险水平应低于误拒风险水平。

(3)不恰当。仅实施函证程序无法证实应收账款的计价和分摊认定。A注册会计师应同时实施分析应收账款账龄、检查坏账准备计提等必要审计程序。

(4)不恰当。使用统计抽样时，如果预计只发现少量差异，不应使用比率法和差额法。

(5)不恰当。除非总体非常小，一般而言，总体规模对样本规模的影响几乎为零。

4.【答案】见表3。

表3　各事项是否违反中国注册会计师职业道德守则及理由

事项序号	是否存在违反中国注册会计师职业道德守则的情况(是/否)	理由
(1)	是	ABC会计师事务所与审计客户存在密切商业关系，将因自身利益或外在压力产生严重的不利影响
(2)	否	项目组成员A与财务总监不构成密切关系，不对独立性产生不利影响
(3)	是	审计项目组成员B曾在财务报表涵盖期间担任审计客户的独立董事，将因自身利益、自我评价或密切关系产生不利影响
(4)	是	审计项目组成员向属于公众利益实体的审计客户的分支机构提供编制日常性、机械性的工作，将因自我评价产生不利影响
(5)	是	乙保险公司为审计客户甲银行的关联实体，与丁公司合并成为一个新的实体，同样为甲银行的关联实体。在审计客户的关联实体中存在利益或关系的人员不得作为审计项目组成员
(6)	是	E注册会计师作为公众利益实体甲银行的关键审计合伙人的年限已满五年，不能委派其连续第六年担任甲银行的关键审计合伙人，否则将因密切关系或外在压力对独立性产生严重不利影响

5.【答案】

(1)不符合。在业务承接时要考虑独立性。如事务所员工和客户有亲属关系，并让该员工进行沟通将对独立性产生不利影响。

(2)不符合。依据质量控制准则规定检查周期最长不超过3年，且项目的选择不是根据规模，而是对于每个项目合伙人至少选取一项业务进行检查。

(3)不符合。每项业务至少指派一名项目合伙人。

(4)不符合。依据质量控制准则规定，对所有上市实体和法律法规有规定的业务必须进行项目质量控制复核，另外，会计师事务所还可以自行判断对风险较高的业务进行项目质量控制复核。

(5)不符合。项目组内复核应该是经验多的人员复核经验少人员的工作。

6.【答案】

(1)事项(1)恰当。

事项(2)不恰当。财务报表附注未作充分披露，应当发表保留或否定意见。

事项(3)不恰当。注册会计师应当就包括在财务报表中的对应数据，在审计报告中对本期财务报表发表保留意见或否定意见。

事项(4)不恰当。A注册会计师还应当在其他事项段中说明前任注册会计师出具审计报告的日期。

（2）与管理层讨论该事项；重新评价管理层的诚信，并评价该事项对书面或口头声明和审计证据总体的可靠性可能产生的影响；采取适当措施，包括确定该事项对审计意见可能产生的影响。

四、综合题

【答案】

（1）见表4。

表4　各事项是否可能表明存在重大错报风险

事项序号	是否可能表明存在重大错报风险（是/否）	理由	财务报表项目名称及其认定
（1）	是	行业整体下滑20%，甲公司销量增长12%；行业平均毛利率为6%，甲公司毛利率高达18.33%，可能存在高估收入或低估成本的重大错报风险	营业收入（发生）营业成本（完整性）
（2）	是	甲公司M生产线2018年6月试运行，9月停止资本化，可能少计财务费用，多计工程成本；另外，6月份试运行投产，结转的在建工程金额仅为15 000万元，可能存在结转错误	财务费用（完整性）在建工程（计价和分摊）
（3）	是	甲公司储存了大量原材料，2019年年初原材料价格持续下跌，可能存在减值风险，但甲公司存货减值准备金额为0，存在少计提减值准备的风险	资产减值损失（完整性）存货（计价和分摊）
（4）	是	甲公司面临被诉讼并赔偿周围居民损失的风险，应确认预计负债	营业外支出（完整性）预计负债（完整性）

（2）见表5。

表5　各事项重大错报风险

事项序号	是否与根据资料一（结合资料二）识别的重大错报风险直接相关（是/否）	与根据资料一哪一项（结合资料二）识别的重大错报风险直接相关（资料一序号）	理由
（1）	是	（1）	通过估算甲公司毛利率，与同行业毛利率比较，可以识别高估收入、低估成本的问题
（2）	否	—	—
（3）	是	（1）	以截至财务报表日已经入账的营业收入记账凭证为起点，查看到相应的销售发票、销售合同是否与存货出库日期、品名、数量等一致，可以获取营业收入提前入账或虚构营业收入的证据
（4）	是	（3）	通过计算期末存货的可变现净值，并与存货账面价值进行比较，可以识别可能存在少计存货跌价准备的问题
（5）	否	—	—
（6）	是	（2）	通过重新计算，可以发现甲公司利息资本化金额的错误

（3）意见类型：保留意见。

起草的审计报告如下：

（一）保留意见

我们审计了甲股份有限公司（以下简称甲

公司)财务报表，包括 2018 年 12 月 31 日的资产负债表，2018 年度的利润表、现金流量表、股东权益变动表以及财务报表附注。

我们认为，除"形成保留意见的基础"部分所述事项产生的影响外，后附的财务报表在所有重大方面按照企业会计准则的规定编制，公允反映了甲公司 2018 年 12 月 31 日的财务状况以及 2018 年度的经营成果和现金流量。

(二)形成保留意见的基础

甲公司 2018 年 12 月 31 日资产负债表中列示的其他权益工具投资为 3 100 万元，该其他权益工具投资为年初购入，购入时成本 2 500 万元，公允价值变动 600 万元。甲公司将公允价值变动计入投资收益，这不符合企业会计准则的规定。如果将公允价值变动计入其他综合收益，甲公司 2018 年度利润表中投资收益将减少 600 万元，资产负债表中其他综合收益将增加 600 万元。相应地，利润总额将减少 600 万元。

我们按照中国注册会计师审计准则的规定执行了审计工作。审计报告的"注册会计师对财务报表审计的责任"部分进一步阐述了我们在这些准则下的责任。按照中国注册会计师职业道德守则，我们独立于甲公司，并履行了职业道德方面的其他责任。我们相信，我们获取的审计证据是充分、适当的，为发表保留意见提供了基础。

模拟试卷(二)
参考答案及详细解析

一、单项选择题

1. A 【解析】如果认为有必要提醒财务报表使用者关注已在财务报表中列报或披露，且根据职业判断认为对财务报表使用者理解财务报表至关重要的事项，在同时满足下列条件时，注册会计师应当在审计报告中增加强调事项段：①该事项不会导致注册会计师发表非无保留意见；②该事项未被确定为将要在审计报告中沟通的关键审计事项。

2. A 【解析】实质性分析程序不仅仅是细节测试的一种补充，在某些审计领域，如果重大错报风险较低且数据之间具有稳定的预期关系，注册会计师可以单独使用分析程序获取充分、适当的审计证据。

3. D 【解析】针对由于舞弊导致的重大错报风险，应当在设计审计程序时增加审计程序的不可预见性，选项 D 并没有增加不可预见性，针对性较差。

4. A 【解析】审计抽样在实质性程序中只适用于细节测试，在实施实质性分析程序时，注册会计师不宜使用审计抽样。只有当控制的运行留下轨迹时，才可考虑使用审计抽样的方法实施控制测试，选项 B 错误；抽样方法的选择并不影响运用于样本的审计程序，选项 C 错误；注册会计师采用不适当的审计程序可能导致非抽样风险，而不是抽样风险，选项 D 错误。

5. D 【解析】该种情形并不存在审计范围受限的情况。

6. A 【解析】注册会计师在确定重要性水平时，不需考虑与具体项目计量相关的固有不确定性。故即使财务报表存在高度不确定性的大额估计，注册会计师也不会因此而确定一个比不含有该估计的财务报表更高或更低的财务报表整体重要性。

7. C 【解析】内部审计的审计目标与注册会计师审计不一致，选项 C 错误。

8. B 【解析】选项 A，应当发表标准无保留意见；选项 C，应当根据具体情况发表保留意见或否定意见；选项 D，应当发表否定意见。

9. D 【解析】在对控制进行初步评价及风险评估后，注册会计师需要利用获得的信息，回答以下问题：①控制本身的设计是否合理；②控制是否得到执行；③是否更多地信赖控制并拟实施控制测试。

10. D 【解析】选项D，注册会计师观察管理层制订的盘点程序(如对盘点时及其前后的存货移动的控制程序)的执行情况，有助于注册会计师获取有关管理层指令和程序是否得到适当设计和执行的审计证据。

11. A 【解析】选项A，经营环境变化是注册会计师修正重要性水平的合理理由；选项BC，注册会计师不能因为收费降低或预算减少而不执行必要的审计程序，或通过调整重要性水平调节审计程序的范围；选项D，被审计单位拟在下一年度采用新的折旧政策不影响重要性。

12. D 【解析】选项D是侵占资产的舞弊手段。

13. D 【解析】具体的重要性水平金额不应与被审计单位治理层沟通。

14. D 【解析】如果有迹象表明被审计单位存在编制虚假财务报告、管理层或员工非法侵占货币资金的舞弊风险，注册会计师通常需要考虑对货币资金发生额进行审计。选项AC是常规审计程序；选项B，是针对被审计单位银行账户完整性考虑执行的审计程序。

15. D 【解析】选项A，重大错报风险是客观存在的，注册会计师对其只能进行识别和评估，而不能控制和消除；选项B，注册会计师应当合理设计审计程序的性质、时间安排和范围，并有效执行审计程序，以控制检查风险；选项C，检查风险只能控制不能消除。

16. A 【解析】因为公司层面信息技术控制情况代表了该公司的信息技术控制的整体环境，会影响该公司的信息技术一般控制和应用控制的部署与落实，所以注册会计师在执行信息技术一般控制和应用控制审计之前，会首先执行配套的公司层面信息技术审计，以了解公司

的信息技术整体控制环境，并基于此识别出信息技术一般控制和应用控制的主要风险点以及审计重点。

17. D 【解析】选项A，坏账准备计提不准确，影响与期末账户余额相关(应收账款)的计价和分摊目标；选项B，违反与期末账户余额相关(存货)的存在、权利和义务目标；选项C，影响与各类交易和事项相关(营业收入)的截止目标。

18. A 【解析】选项A错误，应对特别风险，也可以采用综合性方案。

19. D 【解析】注册会计师不应在无保留意见的审计报告中提及专家的工作，除非法律法规另有规定，选项D错误。

20. C 【解析】注册会计师需要对职业判断作出适当的书面记录，对下列事项进行书面记录，有利于提高职业判断的可辩护性：对职业判断问题和目标的描述；解决职业判断相关问题的思路；收集到的相关信息；得出的结论以及得出结论的理由；就决策结论与被审计单位进行沟通的方式和时间。

21. D 【解析】选项A，列报、披露方面的差异也构成错报；选项B，注册会计师可能将低于某一金额的错报界定为明显微小的错报，对这类错报不需要累积，因为注册会计师认为这些错报的汇总数明显不会对财务报表产生重大影响；选项C属于判断错报。

22. A 【解析】选项B，注册会计师应当对银行存款(包括零余额账户和在本期内注销的账户)、借款及与金融机构往来的其他重要信息实施函证程序，除非有充分证据表明某一银行存款、借款及与金融机构往来的其他重要信息对财务报表不重要且与之相关的重大错报风险很低。不因内部控制设计良好而减少函证的量。选项C，注册会计师采用消极的函证方式，需要同时满足下列四个条件：重大错报风险评估为低水平；涉及大量余额

较小的账户；预期不存在大量的错误；没有理由相信被询证者不认真对待函证。选项 D，银行存款函证均为积极式函证。

23. D 【解析】选项 A，内部控制审计是由会计师事务所接受委托进行的审计，不是由注册会计师接受委托；选项 B，内部控制审计是注册会计师基于特定基准日（如年末 12 月 31 日）内部控制的有效性发表意见；选项 C，企业内部控制审计基于特定基准日，并不意味着注册会计师只关注企业基准日当天的内部控制，而是要考察企业足够长一段时间内部控制的设计和运行的情况。

24. B 【解析】选项 A，在完成归档后，不应在规定保管期限届满前删除或废弃任何审计工作底稿；选项 C，需要考虑识别出的例外事项的性质和范围，有时注册会计师在执行审计程序时会发现例外事项，由此可能导致审计工作底稿在格式、内容和范围方面的不同；选项 D，对如何解决不一致的记录要求并不意味着注册会计师需要保留不正确的或被取代的审计工作底稿。

25. C 【解析】选项 ABD 属于财务报表层次重大错报风险。

二、多项选择题

1. CD 【解析】某一事项或情况或其结果出现的时点距离管理层作出评估的时点越远，与事项或情况的结果相关的不确定性程度将显著增加，选项 A 错误；管理层作出的判断在当时情况下可能是合理的，但之后发生的事项可能导致事项或情况的结果与作出的判断不一致，所以对未来的所有判断都以作出判断时可获得的信息为基础，选项 B 错误。

2. ABC 【解析】期初余额以上期期末余额为基础，不一定等于上期期末余额，故选项 D 错误。

3. ABC 【解析】分析管理层要求不实施函证的原因时，能否获取书面声明不是应考虑的因素。

4. ABC 【解析】组成部分实际执行的重要性，可能由集团项目组确定，也可能由组成部分注册会计师确定。如果由组成部分注册会计师制定，集团项目组应当评价组成部分实际执行的重要性的恰当性。

5. ABC 【解析】特别风险通常与非常规的交易和判断事项有关，对于收入而言，注册会计师会认为其存在舞弊的风险非常大，所以选项 ABC 会认为其存在特别风险。

6. AD 【解析】由于可能出现的情形各不相同，因而难以准确的说明在何时解除业务约定是适当的。影响注册会计师得出结论的因素包括管理层或治理层参与舞弊可能产生的影响（可能会影响到管理层声明的可靠性），以及与被审计单位之间保持客户关系对注册会计师的影响。

7. CD 【解析】选项 A 不能直接认为审计范围受限，应当设计并执行其他的审计程序来获取审计证据；选项 B 不是应当发表非无保留意见，而是要根据具体情况和对当前审计业务的潜在影响（是否仍然相关和重大），出具恰当的审计报告。

8. AB 【解析】选项 CD 属于其他信息已经得到更正时的应对措施。

9. ACD 【解析】审计收费过低不能作为注册会计师省略不可替代的审计程序或满足于说服力不足的审计证据的正当理由，不属于审计的固有限制。

10. ABC 【解析】注册会计师在评估未更正错报对财务报表的影响时应使用调整后财务报表整体的重要性。

三、简答题

1.【答案】见表 6。

表6 是否存在违反中国注册会计师职业道德守则的情况及理由

事项序号	是否存在违反《中国注册会计师职业道德守则》的情况(是/否)	理由
(1)	否	ABC会计师事务所在接受委托前,应当与前任注册会计师进行沟通
(2)	是	注册会计师收取与客户相关的介绍费或佣金,可能对客观和公正原则以及专业胜任能力和应有的关注原则产生严重的不利影响,导致没有防范措施能够消除不利影响或将其降至可接受的水平
(3)	是	ABC会计师事务所为两家存在利益冲突的客户提供审计服务,应当告知甲公司和乙公司,并在签约前取得他们的同意
(4)	否	非项目组成员为审计客户提供日常和行政事务性的服务以支持公司秘书职能,只要所有相关决策均由审计客户管理层作出,通常不会损害独立性
(5)	是	税务机关已将该问题纳入正式的法律程序,A注册会计师代表甲公司解决税务纠纷,则可能因过度推介或自我评价产生不利影响
(6)	是	接受服务的分支机构丙公司从总体上对甲公司财务报表具有重要性,虽然是由非审计项目组成员向其提供日常性和机械性的工作,仍然损害其独立性

2.【答案】

(1)不恰当。会计估计的结果与上期财务报表中已确认金额之间的差异并不必然表明上期财务存在错报。

(2)不恰当。注册会计师应当确定截至审计报告日发生的事项是否提供用以证实或否定会计估计的审计证据。

(3)不恰当。根据审计项目组的区间估计,只能得出错报不小于50万元的结论,并不能确定就是50万元。该错报是判断错报,不是事实错报。

(4)不恰当。注册会计师还应当重点评价相关披露的充分性。

(5)不恰当。书面声明本身并不为所涉及的任何事项提供充分适当的审计证据。/管理层已提供可靠书面声明的事实,并不影响注册会计师就具体认定获取的其他审计证据的性质和范围。

(6)恰当。

3.【答案】

(1)不恰当。货币单元抽样以货币单元作为抽样单元。

(2)不恰当。货币单元抽样中项目被选取的概率与其货币金额大小成比例,因而生成的样本自动分层,无须人为分层。

(3)不恰当。货币单元抽样不适合用于测试低估。

(4)不恰当。总体中某一项目被选中的概率等于该项目的金额与总体金额的比率,项目金额越大(而不是错报金额),被选中的概率就越大。

(5)恰当。

4.【答案】

(1)恰当。

(2)不恰当。如果基于集团审计目的,由组成部分注册会计师对组成部分财务信息执行审计工作,集团项目组应当评价在组成部分层面确定的实际执行的重要性的适当性。

(3)恰当。

(4)不恰当。如果对组成部分财务信息执行审阅(也属于鉴证业务),应当确定组成部分重要性。

(5)恰当。

(6)不恰当。集团项目组既然已经决定亲自对该组成部分实施审计,就应该为该组成部分确定组成部分的重要性,并确定实际执行的重要性。

5.【答案】

（1）恰当。

（2）不恰当。在得出某项会计估计是否合理的结论时，可能存在管理层偏向的迹象本身并不构成错报。

（3）不恰当。除此之外还应当沟通"财务报表中的相关披露是否充分"。

（4）不恰当。此时应当发表保留或否定意见的审计报告。

（5）不恰当。除此之外，还应评价"关联方交易是否已按照适用的财务报告编制基础得到恰当会计处理和披露"。

（6）不恰当。除此之外，还应就"已经按照适用的财务报告编制基础的规定，对关联方关系及其交易进行了恰当的会计处理和披露"获取书面声明。

6.【答案】

（1）不恰当。会计师事务所主任会计师对质量控制制度承担最终责任。

（2）不恰当。会计师事务所应当树立质量至上的意识，给项目经理制定过高的销售业绩，可能会牺牲服务质量。

（3）不恰当。会计师事务所及其人员执行任何类型的业务，都应当遵守相关职业道德要求。

（4）不恰当。会计师事务所应当每年至少一次向所有需要按照相关职业道德要求保持独立性的人员获取其遵守独立性政策和程序的书面确认函。

（5）不恰当。当有其他会计师事务所参与执行部分业务时，会计师事务所也可以考虑向其获取有关独立性的书面确认函。

（6）恰当。

四、综合题

【答案】

（1）见表7。

表7　审计计划恰当与否及理由

事项序号	是否恰当（是/否）	理由
（1）	是	—
（2）	否	注册会计师应当对所有重大类别的交易、账户余额和披露设计和实施实质性程序
（3）	是	—
（4）	否	寄发询证函的时间较晚，不能保证出具审计报告时能收到回函（解析：注册会计师通常以资产负债表日为截止日，在资产负债表日后"适当时间"内实施函证，给回函预留出时间）
（5）	否	一般情况下，函证主要验证的是存在认定，而非完整性认定，故并非必须函证应付账款，这是因为函证不能保证查出未记录的应付账款

（2）见表8。

表8　注册会计师的做法恰当与否及理由

事项序号	是否恰当（是/否）	理由
（1）	是	—

事项序号	是否恰当(是/否)	理由
(2)	否	虽然甲公司已声称改正，但仍应关注虚构预付账款实为大股东占用资金的风险，并应针对预付款项实施进一步审计程序。 【思路点拨】比如，①分析预付款项账龄及余额构成，特别关注账龄时间长的或与关联交易相关的大额项目，该款项是否根据有关合同进行支付；②选择大额或与关联交易相关的预付款项函证其余额和交易条款；③检查资产负债表日后的预付款项、存货及在建工程明细账，并检查相关凭证，核实期后是否实际收到实物并转销预付账款，分析资产负债表日预付账款的存在
(3)	否	通过检查原始凭证至相关账簿记录验证的是完整性认定，而不是存在认定。 【思路点拨】针对存货的存在认定，应该严格执行存货监盘程序予以验证
(4)	否	包装箱标记的数量与箱内的真实数量可能不相符，存货监盘的目标不仅是获取存货的数量真实完整的审计证据，还需要检查存货有无毁损、陈旧、过时、残次和短缺等情况

(3)见表9。

表9 注册会计师的做法恰当与否及理由

事项序号	是否恰当(是/否)	理由
(1)	是	—
(2)	否	仅实施会计分录测试是不足够的，还应评价重大会计政策的选择和运用，评价交易的商业理由，必要时实施函证等程序
(3)	否	还应考虑是否有必要测试整个会计期间的会计分录和其他调整
(4)	否	在针对会计分录和其他调整清单选取样本测试前，应首先测试总体的完整性

(4)见表10。

表10 各事项所涉及的舞弊风险因素

事项序号	是否表明存在舞弊风险(是/否)	舞弊风险因素
(1)	是	动机或压力
(2)	是	机会、动机或压力、态度或借口 【思路点拨】缺少强制休假制度，且对于重要资产管理或控制岗位的员工在近三年内未给予轮岗，这与机会因素相关。员工认为自己没有得到应有的待遇或报酬，这与动机或压力因素相关。对公司产生敌对情绪，这与态度或借口因素相关
(3)	是	动机或压力

致亲爱的读者

　　"梦想成真"系列辅导丛书自出版以来，以严谨细致的专业内容和清晰简洁的编撰风格受到了广大读者的一致好评，但因水平和时间有限，书中难免会存在一些疏漏和错误。读者如有发现本书不足，可扫描"扫我来纠错"二维码上传纠错信息，审核后每处错误奖励10元购课代金券。（多人反馈同一错误，只奖励首位反馈者。请关注"中华会计网校"微信公众号接收奖励通知。）

　　在此，诚恳地希望各位学员不吝批评指正，帮助我们不断提高完善。

邮箱：mxcc@cdeledu.com

微博：@ 正保文化

扫我来纠错

中华会计网校
微信公众号